해커스변호사

Law Man
형법

Criminal Law

핵심암기장

이재철

해커스변호사

서문

먼저 2022년에 새로운 모습으로 출간된 「Law Man 형법 upgrade 핵심암기장」과 2023년에 출간된 「Law Man 형법 upgrade 핵심암기장(제2판)」에 많은 성원을 보내주신 독자분들에게 감사의 말씀을 전합니다. 그리고 이에 힘입어 한층 더 upgrade된 「Law Man 형법 핵심암기장(2025 변호사시험 대비 최신판)」 교재를 출간하게 되었습니다.

그런데 2024년부터 한림법학원에서 해커스변호사 학원으로의 이적이 있게 되어 출판사도 윌비스 출판사에서 해커스변호사 출판사로 변경하여 출판을 하게 되었고, 이러한 출판사의 변경으로 인하여 교재의 제목에도 어느 정도 변화가 있게 되었습니다. 즉, 종래에는 「Law Man 형법 핵심암기장(제0판)」 등으로 교재의 명칭을 표기하였으나, 앞으로는 해커스변호사 출판사에서 공통으로 사용하는 「Law Man 형법 핵심암기장(2025 변호사시험 대비 최신판)」으로 표기하게 되었습니다.

본서는 기본적으로 변호사시험이나 5급공채시험, 법원행정고시 등에서 고득점을 하기 위해 암기할 사항을 충실하게 정리한 교재입니다. 따라서 본서는 형법의 체계적 이해를 위하여 정확하게 기억해야 할 형법상의 기본 개념과 내용을 모두 적시하였고, 사례형으로 출제될 가능성이 높은 기본 쟁점과 중요 쟁점들을 자세히 정리하고, 사례형이나 기록형 및 선택형으로 출제될 수 있는 판례들의 판례 문구를 정확히 수록한 교재입니다.

「Law Man 형법 핵심암기장(2025 변호사시험 대비 최신판)」 교재는 「Law Man 형법 upgrade 핵심암기장(제2판)」 교재를 바탕으로 하면서도 다음과 같은 점을 upgrade하였습니다.

즉, 본서는 기본적으로 사례형 시험을 대비하기 위한 교재이므로 2012년부터 2024년까지 시행된 변호사시험과 법전협 모의고사 사례형으로 출제된 쟁점에 대한 내용을 모두 수록하고 출전을 표기하였습니다.

또한 변호사시험 수험생들이 시간적인 제약으로 인하여 기본서를 익힐 시간이 부족하므로 암기장으로 선택형까지 대비하려는 경향이 있어 「Law Man 형법 핵심암기장(2025 변호사시험 대비 최신판)」 교재에서는 선택형 대비를 할 수 있도록 충분한 내용을 수록하였습니다.

즉 2012년부터 시행된 변호사시험의 선택형 기출지문의 내용을 모두 수록함과 동시에 출전을 표시하였으며, 이에 더하여 2025년 변호사시험에 가장 출제될 확률이 높은 2021년부터 2023년에 시행된 법전협 모의고사 선택형 760여개 지문의 내용을 모두 수록함과 동시에 출전을 표시하였습니다. 따라서 본 교재만으로도 변호사시험의 선택형 시험에 대한 충분한 대비가 될 것입니다.

이러한 「Law Man 형법 핵심암기장(2025 변호사시험 대비 최신판)」 교재의 내용을 간단히 설시하면 다음과 같습니다.

1. 형법 전반의 기본 개념과 내용의 체계적인 정리
2. 출제가능성이 높은 중요 쟁점을 학·판·검 순서로 정리
3. 변호사시험과 법전협 모고 사례형 기출문제의 내용 수록과 출전 표시
4. 2012~2024 변호사시험 선택형 기출지문 내용 수록과 출전 표시
5. 2021~2023 법전협 모고 선택형 760여개의 지문 내용 수록과 출전 표시
6. 2024년 3월까지의 최신 법령과 판례의 반영

「Law Man 형법 핵심암기장(2025 변호사시험 대비 최신판)」 교재는 기본서는 아니지만, 그에 준하는 내용이 들어 있습니다. 따라서 어느 정도 형법에 대한 기본 소양을 갖추신 분들이 휴대용으로 지니고 다니시면서 자투리 시간을 이용하여 형법의 기본 개념과 중요 쟁점 및 출제가능한 판례의 법리 등을 익히시면 적지 않은 도움이 될 수 있을 것입니다.

마지막으로 본서가 출간됨에 있어 해커스 출판사 임직원분들에게도 감사의 말을 전합니다. 그럼 본서가 '일촌광음불가경(一寸光陰不可輕)'의 마음으로 정진하시는 분들에게 조금이라도 도움이 되기를 바라며 이만 줄입니다.

2024. 4. 15.

우정에서 이재철

(http://cafe.daum.net/ljc7329)

목차

목차

제3편 **형벌론**

목차

목차

제5편 사회적 법익에 관한 죄

목차

목차

해커스변호사
law.Hackers.com

해커스변호사
Law Man 형법 핵심암기장

제1편

형법서론

제1절 | 형법의 의의와 기능

I. 형법의 의의

- 형법의 개념 : 형법(criminal law, Strafrecht)이란 범죄와 형벌에 관한 법을 말한다.

II. 형법의 성격 : 공법, 사법법, 실체법

III. 형법의 기능

1. (신)고전적 범죄체계의 기능
- 인권보장기능 : 형법은 국가형벌권의 행사와 한계를 명확하게 규정하여 구성요건으로 규정된 것 이외의 행위에 대하여는 개인의 자유를 보장하는 기능을 한다.
- 법익보호기능 : 형법은 법익을 침해하는 일정한 행위를 범죄로 규정하고 그 효과로서 형벌을 과함으로써 법으로 보호할 일정한 생활이익인 법익을 보호하는 기능을 한다.

2. 목적적 범죄체계의 기능
- 질서유지기능 : 형법은 기본적으로 국가나 사회의 질서를 침해하는 범죄에 대하여 제재를 가함으로써 사회질서를 유지하고 보호하는 기능을 한다.
- 사회윤리보호기능 : 형법은 사회공동체의 일원으로서 개인이 실천해야 할 윤리적 의무를 이행할 것을 요구함으로써 윤리 그 자체를 보호하는 기능을 한다.

3. 합일태적 범죄체계의 기능 : 1.과 2.의 결합

제2절 | 죄형법정주의

I. 죄형법정주의의 의의

- 죄형법정주의 : 범죄와 형벌을 성문의 법률로 미리 정하라는 원칙을 말한다.

II. 죄형법정주의의 내용

1. 법률주의
- 국회제정법주의 원칙(관습형법금지의 원칙) : 범죄와 형벌은 성문법률에 의하여 규정되어야 하며, 관습법에 의하여 범죄를 인정하거나 형벌을 가중하여서는 안 된다는 원칙을 말한다.

□ 예비·음모의 처벌규정이 없으면 처벌할 수 없다는 판례 : 형법 제28조에 의하면 범죄의 예비 또는 음모는 특별한 죄형규정이 있을 때에 한하여 처벌할 수 있도록 되어 있는데 부정선거관련자처벌법 제5조 제4항에 의하면 동조 제1항에 예비·음모와 미수는 처벌한다고 규정하고 있으나 동 예비·음모의 형에 관하여 아무런 규정이 없으며, 이를 본범이나 미수범에 준하여 처벌함은 죄형법정주의 원칙상 허용할 수 없으니 결국 위 소위는 처벌할 수 없다(77도251) (14 변시)(21 2차)

□ 「형법」 제355조 제1항의 횡령죄가 성립하기 위해 요구되는 위탁관계를 계약이나 사무관리, 법률의 규정 외에 관습에 의해서도 발생하는 것으로 해석하는 것은 관습형법금지의 원칙에 반하지 않는다. (22 1차)

• 국회제정법주의의 예외(위임입법과 그 한계) : 예외적으로 법률에 의하여 구체적·개별적 위임입법이 있는 경우에는 명령이나 규칙 등에 의하여 범죄와 형벌을 규정하는 것이 가능하지만, 포괄적·일반적인 위임입법은 인정되지 않는다.

□ 입법의 위임이 헌법상 죄형법정주의의 원칙에 위배되는지 여부를 판단할 때 해당 사건의 법률 적용 대상자가 위법한 행위를 하지 않을 수 있는 지식 또는 지위를 갖추고 있는가를 고려해서는 안 된다(2005도7474) (21 3차)

2. 소급효금지의 원칙

• 소급효금지의 원칙 : 형벌법규는 해당법규가 시행된 이후의 행위에 대하여만 적용되고 그 시행이전의 행위에 대하여 소급하여 적용할 수 없다는 원칙을 말한다. 이 원칙은 국민의 형벌규범에 대한 **예측가능성과 신뢰를 보호**하자는 취지이며 ① 입법자에게는 소급입법금지를 명하고 ② 사법부에는 소급적용금지를 명한다.

□ 신설된 상습강제추행죄의 적용범위 : 포괄일죄에 관한 기존 처벌법규에 대하여 그 표현이나 형량과 관련한 개정을 하는 경우가 아니라 애초에 죄가 되지 아니하던 행위를 구성요건의 신설로 포괄일죄의 처벌대상으로 삼는 경우에는 신설된 포괄일죄 처벌법규가 시행되기 이전의 행위에 대하여는 신설된 법규를 적용하여 처벌할 수 없다(형법 제1조 제1항). 이는 신설된 처벌법규가 상습범을 처벌하는 구성요건인 경우에도 마찬가지라고 할 것이므로, 구성요건이 신설된 상습강제추행죄가 시행되기 이전의 범행은 상습강제추행죄로는 처벌할 수 없고 행위시법에 기초하여 강제추행죄로 처벌할 수 있을 뿐이며, 이 경우 그 소추요건도 상습강제추행죄에 관한 것이 아니라 강제추행죄에 관한 것이 구비되어야 한다(2015도15669) [COMMENT] 같은 취지의 판례로는 특가법 제2조 제2항에 규정된 벌금형 산정 기준이 되는 수뢰액 사건(2011도4260), 보험사기방지법 신설 사건(2021도10855), 상습 아동·청소년성착취물 사건(2022도10660) 등이 있다. (19 변시)(23 변시)(23 2차)(23 3차)

□ 대법원 양형위원회 '양형기준' 사건 : 대법원 양형위원회가 설정한 '양형기준'은 법적 구속력을 가지지 아니하므로 '양형기준'이 발효하기 전에 공소가 제기된 범죄에 대하여 위 '양형기준'을 참고하여 형을 양정한 사안에서, 피고인에게 불리한 법률을 소급하여 적용한 위법이 있다고 할 수 없다고 한 사례(2009도11448) (12 변시)(21 2차)

□ 위헌결정을 받은 법률에 의해 기소된 피고 사건은 무죄라는 판례 : 헌법재판소의 위헌 결정으로 인하여 형벌에 관한 법률 또는 법률조항이 소급하여 그 효력을 상실한 경우에는 당해 법조를 적용하여 기소한 피고 사건은 범죄로 되지 아니하는 때에 해당하므로, 결국 이 부분 공소사실은 무죄라 할 것이다(99도3003) (20 변시)(23 변시) (23 3차)

□ 재심이 개시된 사건에서 형벌에 관한 법령이 재심판결 당시 폐지된 경우, 그 폐지가 당초부터 헌법에 위배되어 효력이 없는 법령에 대한 것인 때에는 그 법령을 적용하여 공소가 제기된 피고사건에 대하여 법원은 무죄를 선고하여야 한다(2011도2631 전합) (23 2차)

□ 헌법재판소의 위헌결정에 소급효를 인정하는 것은 개별 사건에서 정의 내지 평등의 원칙을 구현하는 측면이 있는 반면, 법적 안정성 내지 신뢰보호의 원칙에는 배치되는 측면도 있어 그 중 어느 원칙을 보다 중시할 것인지는 원칙적으로 입법적 선택의 문제라 할 수 있다(2010도5605) (21 3차)

• **공소시효의 연장** : 종소시효가 진행중이거나 완성된 경우에 공소시효를 연장하는 특별법을 제정하는 것이 소급효금지의 원칙에 반하는지에 대하여 논의가 있다. 생각건대 ① 진정소급효의 경우에는 행위시법주의 및 법적 안정성의 관점에 입각하여 소급효금지의 원칙을 적용하여야 할 것이며 ② 부진정소급효의 경우에는 범죄자의 인권보장의 필요성은 본래 범죄와 형벌의 존부·정도에 미치는 것이며, 공소시효의 진행·완성에 대한 신뢰보호는 상대적인 보호에 불과하므로 소급효금지의 원칙을 적용할 필요는 없다고 보는 절충설이 타당하다. ③ 이에 대하여 헌재는 입법을 정당화할 수 있는 공익을 기준으로 소급효금지 여부를 판단하고 있다.

□ 5·18특별법은 입법을 정당화할 수 있는 공익이 인정되므로 합헌이라는 헌재 판례 : 이른바 12·12 및 5·18 사건의 경우 그 이전에 있었던 다른 헌정질서파괴범과 비교해 보면, 공소시효의 완성 여부에 관한 논의가 아직 진행중이고, 집권과정에서의 불법적 요소나 올바른 헌정사의 정립을 위한 과거청산의 요청에 미루어 볼 때 비록 특별법이 개별사건법률이라고 하더라도 입법을 정당화할 수 있는 공익이 인정될 수 있으므로 위 법률조항은 헌법에 위반되지 않는다(96헌가2) (12 변시)

• **보안처분** : 형벌 이외의 국가의 또 다른 제재수단인 보안처분을 과하는 경우에도 소급효 금지의 원칙이 적용되는지에 대하여 논의가 있다. 이에 대하여 판례는 ① 보호관찰과 관련된 판례 등에서 보안처분은 원칙적으로 소급효금지의 적용대상이 아니라고 보고 있으나 ② 예외적으로 가정폭력법상 사회봉사명령과 관련된 판례 등에서는 소급효금지의 적용대상이라고 보고 있어 개별적 적용설이라고 평가할 수 있다.

□ **보호관찰 사건** : 형법 제62조의2 제1항의 보호관찰은 형벌이 아니라 보안처분의 성격을 갖는 것이어서, 과거의 불법에 대한 책임에 기초하고 있는 제재가 아니라 장래의 위험성으로부터 행위자를 보호하고 사회를 방위하기 위한 합목적적인 조치이므로 반드시 행위 이전에 규정되어 있어야 하는 것은 아니고 재판시의 규정에 의하여 보호관찰을 받을 것을 명할 수 있다고 보아야 할 것이고 이와 같은 해석이 형법불소급의 원칙 내지 죄형법정주의에 위배되는 것은 아니다(97도703) (21 변시)

□ **전자장치부착기간 연장 사건** : 전자감시제도는 범죄행위를 한 자에 대한 응보를 주된 목적으로 그 책임을 추궁하는 사후적 처분인 형벌과 구별되어 그 본질을 달리하는 것으로서 형벌에 관한 소급입법금지의 원칙이 그대로 적용되지 않으므로, 위 법률이 개정되어 부착명령 기간을 연장하도록 규정하고 있더라도 그것이 소급입법금지의 원칙에 반한다고 볼 수 없다(2010도1199) (23 1차)

□ **아청법상의 공개명령제도 사건** : 공개명령 제도는 범죄행위를 한 자에 대한 응보 등을 목적으로 그 책임을 추궁하는 사후적 처분인 형벌과 구별되어 그 본질을 달리하는 것으로서 형벌에 관한 소급입법금지의 원칙이 그대로 적용되지 않으므로, 공개명령 제도가 시행된 2010.1.1. 이전에 범한 범죄에도 공개명령 제도를 적용하도록 아동·청소년의 성보호에 관한 법률이 2010.7.23. 법률 제10391호로 개정되었다고 하더라도 그것이 소급입법금지의 원칙에 반한다고 볼 수 없다(2010도14393) (21 1차)

□ **가정폭력법상 사회봉사명령 사건** : 가정폭력법상 사회봉사명령은 가정폭력범죄행위에 대하여 형사처벌 대신 부과되는 것으로서, 가정폭력범죄를 범한 자에게 의무적 노동을 부과하고 여가시간을 박탈하여 실질적으로는 신체적 자유를 제한하게 되므로, 이에 대하여는 원칙적으로 형벌불소급의 원칙에 따라 행위시법을 적용함이 상당하다(2008어4) (12 변시)(21 변시)(21 1차)

□ 전자장치 부착명령 하한 가중 사건 : [1] 특정범죄자에 대한 보호관찰 및 전자장치부
착 등에 관한 법률상 전자장치 부착명령에 관하여 피고인에게 실질적인 불이익을
추가하는 내용의 법 개정이 있고, 그 규정의 소급적용에 관한 명확한 경과규정이
없는 한 그 규정의 소급적용은 이를 부정하는 것이 피고인의 권익 보장이나, 법
부칙에서 일부 조항을 특정하여 그 소급적용에 관한 경과규정을 둔 입법자의 의사
에 부합한다고 할 것이다. [2] '특정 범죄자에 대한 보호관찰 및 전자장치 부착
등에 관한 법률' 제9조 제1항 단서에서 정한 전자장치 부착기간 하한가중 규정이
같은 법 시행 전에 19세 미만의 사람에 대하여 특정범죄를 저지른 경우에 소급적용
될 수 없다고 본 사례(2013도6424)

• **판례의 변경** : 종래 판례에 의하면 처벌하지 않았던 행위를 새로이 판례를 변경하면서 처
벌할 수 있는지, 즉 판례가 불리하게 변경되는 사안에서 소급효금지의 원칙을 적용할 것
인지에 대하여 논의가 있지만, 판례는 부정설의 입장이다.

□ **판례의 변경은 소급효금지의 원칙이 적용되지 않는다는 판례** : 형사처벌의 근거가 되
는 것은 법률이지 판례가 아니고, 형법 조항에 관한 판례의 변경은 그 법률조항의
내용을 확인하는 것에 지나지 아니하여 이로써 그 법률조항 자체가 변경된 것이라
고 볼 수는 없으므로, 행위 당시의 판례에 의하면 처벌대상이 되지 아니하는 것으
로 해석되었던 행위를 판례의 변경에 따라 확인된 내용의 형법조항에 근거하여
처벌한다고 하여 그것이 헌법상 평등의 원칙과 형벌불소급의 원칙에 반한다고 할
수는 없다(97도3349) (12 변시)(21 1차)(21 3차)(22 1차)

3. 명확성의 원칙

• **명확성의 원칙** : 법률이 처벌하고자 하는 행위가 무엇이며 그에 대한 형벌이 어떠한 것인
지를 누구나 예견할 수 있고, 그에 따라 자신의 행위를 결정할 수 있도록 명확하게 규정
하는 것을 의미한다(2006도920).

□ **명확성의 원칙** : 형벌법규는 어떠한 행위를 처벌할 것인지 일반인이 예견할 수 있어
야 하고, 그에 따라 자신의 행위를 결정할 수 있도록 구성요건을 명확하게 규정할
것을 요구한다(2022도7290)

□ **명확성의 원칙은 최소한의 명확성의 요구라는 판례** : 명확성의 원칙이란 최대한이 아
닌 최소한의 명확성을 요구하는 것으로서, 그 문언이 법관의 보충적인 가치판단을
통해서 그 의미내용을 확인할 수 있고, 그러한 보충적 해석이 해석자의 개인적인
취향에 따라 좌우될 가능성이 없다면 죄형법정주의에 반하지 않는다(2008초기264)
(13 변시)

□ 「형법」 제349조 제1항(부당이득죄) 중 '궁박', '현저하게 부당한 이익'이라는 개념은 구체적 사안에 있어서 일정한 해석을 통하여 적용할 수 있는 일반적, 규범적 개념의 하나로서 명확성 원칙에 위배되지 아니한다(2005헌바9) (23 1차)

4. 유추해석금지의 원칙

- 유추해석금지의 원칙 : 유추란 어떤 사실관계에 적용할 법률이 존재하지 않을 경우에 그 사실과 유사한 사실관계에 적용되는 법률규정을 찾아내어 적용하는 것을 말한다. 그러나 이러한 유추는 법의 흠결을 메우기 위해 법문의 가능한 의미를 초월하여 명문규정이 없는 사실에까지 적용한다는 점에서 법의 해석이라기보다는 **법관에 의한 법의 창조이므로** 금지된다는 원칙을 유추해석금지의 원칙이라고 한다.

□ **법률 문언의 해석 방법** : 죄형법정주의는 국가형벌권의 자의적인 행사로부터 개인의 자유와 권리를 보호하기 위하여 범죄와 형벌을 법률로 정할 것을 요구한다. 그러한 취지에 비추어 보면 형벌법규의 해석은 엄격하여야 하고, 문언의 가능한 의미를 벗어나 피고인에게 불리한 방향으로 해석하는 것은 죄형법정주의의 내용인 확장해석금지에 따라 허용되지 아니한다. 법률을 해석할 때 입법 취지와 목적, 제·개정 연혁, 법질서 전체와의 조화, 다른 법령과의 관계 등을 고려하는 체계적·논리적 해석방법을 사용할 수 있으나, 문언 자체가 비교적 명확한 개념으로 구성되어 있다면 원칙적으로 이러한 해석방법은 활용할 필요가 없거나 제한될 수밖에 없다. 죄형법정주의 원칙이 적용되는 형벌법규의 해석에서는 더욱 그러하다 (2015도8335 전합) (21 3차)(22 2차)

□ 형벌법규를 해석함에 있어서 법령에서 쓰인 용어에 관해 정의규정이 없는 경우에는 원칙적으로 사전적(辭典的) 정의 등 일반적으로 받아들여진 의미에 따라야 한다(2015도8335 전합) (22 1차)

□ 지상의 항공기가 이동할 때 '운항 중'이 된다는 이유만으로 항공기가 이동하는 지상의 길까지 '항로'로 해석하는 것은 문언의 가능한 의미를 벗어난다. (21 1차)

□ **피고인에게 유리한 유추해석의 한계** : 형벌법규의 해석에 있어서 유추해석이나 확장해석도 피고인에게 유리한 경우에는 가능한 것이나, 문리를 넘어서는 이러한 해석은 그렇게 해석하지 아니하면 그 결과가 현저히 형평과 정의에 반하거나 심각한 불합리가 초래되는 경우에 한하여야 할 것이고, 그렇지 아니하는 한 입법자가 그 나름대로의 근거와 합리성을 가지고 입법한 경우에는 입법자의 재량을 존중하여야 하는 것이다(2004도4049)

☐ **위법성 및 책임의 조각사유나 소추조건 또는 처벌조각사유인 형면제 사유에 관하여도 그 범위를 제한적으로 유추적용할 수 없다는 판례** : 형벌법규의 해석에서 법규정 문언의 가능한 의미를 벗어나는 경우에는 유추해석으로서 죄형법정주의에 위반하게 되고, 이러한 유추해석금지의 원칙은 모든 형벌법규의 구성요건과 가벌성에 관한 규정에 준용되는데, 위법성 및 책임의 조각사유나 소추조건 또는 처벌조각사유인 형면제 사유에 관하여도 그 범위를 제한적으로 유추적용하게 되면 행위자의 가벌성의 범위는 확대되어 행위자에게 불리하게 되는바, 이는 가능한 문언의 의미를 넘어 범죄구성요건을 유추적용하는 것과 같은 결과가 초래되므로 죄형법정주의의 파생원칙인 유추해석금지의 원칙에 위반하여 허용될 수 없다(2008도4762)

☐ **소송조건에도 유추해석금지의 원칙이 적용된다는 판례** : 처벌을 희망하지 않는다는 의사표시 또는 처벌희망 의사표시의 철회는 이른바 소극적 소송조건에 해당하고, 소송조건에는 죄형법정주의의 파생원칙인 유추해석금지의 원칙이 적용된다고 할 것인데, 명문의 근거 없이 그 의사표시에 법정대리인의 동의가 필요하다고 보는 것은 유추해석에 의하여 소극적 소송조건의 요건을 제한하고 피고인 또는 피의자에 대한 처벌가능성의 범위를 확대하는 결과가 되어 죄형법정주의 내지 거기에서 파생된 유추해석금지의 원칙에도 반한다(2009도6058 전합) (17 변시)(22 1차)

☐ 소추요건인 고발의 주체와 시기의 범위를 가능한 문언의 의미를 벗어나 행위자에게 불리하게 확대하는 것은 유추해석금지의 원칙에 반한다(2017도14749 전합) (21 3차)

☐ 「공직선거법」 제262조에서의 '자수'를 '범행발각 전에 자수한 경우'로 한정하여 해석하는 것은 자수라는 단어가 통상 관용적으로 사용되는 용례에서 갖는 개념 외에 '범행발각 전'이라는 또 다른 개념을 추가하는 것으로서 유추해석금지 원칙에 반한다(96도1167 전합) (23 1차)

☐ **군인 동성애 사건** : 군인에 대하여 항문성교나 그 밖의 추행을 한 사람을 처벌하는 「군형법」 제92조의6은 동성(同性)인 군인 사이의 항문성교나 그 밖에 이와 유사한 행위가 사적 공간에서 자발적 의사 합치에 따라 이루어지는 등 군이라는 공동사회의 건전한 생활과 군기를 직접적, 구체적으로 침해한 것으로 보기 어려운 경우에는 적용되지 않는다고 해석하는 것은 죄형법정주의에 위배되지 아니한다(2019도3047 전합) (23 1차)

☐ 「군형법」 제64조 제1항의 상관면전모욕죄의 구성요건은 '상관을 그 면전에서 모욕하는' 것인데, 여기에서 '면전에서'라 함은 얼굴을 마주 대한 상태를 의미하는 것임이 분명하므로, 전화를 통하여 통화하는 것을 면전에서의 대화라고는 할 수 없다(2015도11286) (22 2차)

5. 적정성의 원칙
- **적정성의 원칙** : 형식적으로 적법한 절차를 거쳐서 제정된 법률이라 할지라도 범죄로 마땅히 처벌될 만한 행위만을 처벌해야 하고, 그 처벌의 양도 그 행위의 불법과 책임의 양에 상응하도록 정해야 한다는 원칙을 말한다.

제3절 ∣ 형법의 적용범위

Ⅰ. 시간적 적용범위

1. 행위시법주의 원칙
- **제1조 (범죄의 성립과 처벌)** ① 범죄의 성립과 처벌은 행위 시의 법률에 의한다.

  □ **제1조 제1항의 '행위시'는 범죄행위 종료시라는 판례** : 범죄의 성립과 처벌은 행위 시의 법률에 의한다고 할 때의 '행위시'라 함은 범죄행위의 종료시를 말한다(94도563) (23 변시)

  □ **포괄일죄와 행위시법주의** : 포괄일죄로 되는 개개의 범죄행위가 법 개정의 전후에 걸쳐서 행하여진 경우에는 신·구법의 법정형에 대한 경중을 비교하여 볼 것도 없이 범죄 실행 종료시의 법이라고 할 수 있는 신법을 적용하여 포괄일죄로 처단하여야 한다(97도183) (15 변시)(23 2차)

  □ **계속범과 부칙** : 일반적으로 계속범의 경우 실행행위가 종료되는 시점에서의 법률이 적용되어야 할 것이나, 법률이 개정되면서 그 부칙에서 '개정된 법 시행 전의 행위에 대한 벌칙의 적용에 있어서는 종전의 규정에 의한다'는 경과규정을 두고 있는 경우 개정된 법이 시행되기 전의 행위에 대해서는 개정 전의 법을, 그 이후의 행위에 대해서는 개정된 법을 각각 적용하여야 한다(2001도3990) (14 변시) [COMMENT] 사안은 1기, 2기, 3기에 걸쳐 계속범이 진행되었는데 1기의 법률은 위헌이 되고, 2기의 법률에 의하면 범죄가 되고, 3기의 법률에 의하면 범죄가 되지 않는 상황에서 3기의 법률에 '개정된 법 시행 전의 행위에 대한 벌칙의 적용에 있어서는 종전의 규정에 의한다'는 경과규정을 두고 있는 특이한 경우이다. 이러한 경우 본 판례의 법리에 의하면 2기의 법률로 처벌되게 된다.

2. 행위시법주의의 예외
- **제1조 (범죄의 성립과 처벌)** ② 범죄 후 법률의 변경에 의하여 그 행위가 범죄를 구성하지 아니하거나 형이 구법보다 가벼워진 경우에는 신법에 의한다. ③ 재판이 확정된 후 법률의 변경에 의하여 그 행위가 범죄를 구성하지 아니하게 된 경우에는 형의 집행을 면제한다.
- **범죄 후** : 실행행위의 종료 후를 말하며 결과발생은 포함되지 않는다.

- **법률의 변경** : 가벌성의 존부와 정도에 관계되는 **총체적 법률상태의 변경**을 의미한다. 따라서 여기에서의 법률이란 형법과 기타의 법률·명령·규칙 모두를 포함하는 개념이다.

- **범죄를 구성하지 않는 경우** : '범죄를 구성하지 않는 경우'란 구성요건이 폐지되었거나, 위법성조각사유나 책임조각사유 등 범죄성립과 관련된 사항의 변경으로 범죄가 성립되지 않는 경우를 말한다.

- **형이 구법보다 가벼워진 경우** : '형이 구법보다 가벼워진 경우'란 동일한 범죄의 형이 보다 가볍게 변경된 경우를 의미한다. 형의 경중의 비교는 법정형에 의하여 판단하며, 형의 가중·감경이 있는 경우에는 가중·감경한 처단형을 비교한다. 또한 주형뿐만 아니라 부가형도 비교해야 한다.

> ☐ **형의 경중의 비교는 원칙적으로 법정형을 기준으로 한다는 판례** : 형의 경중의 비교는 원칙적으로 법정형을 표준으로 할 것이고 처단형이나 선고형에 의할 것이 아니며, 법정형의 경중을 비교함에 있어서 법정형 중 병과형 또는 선택형이 있을 때에는 이 중 가장 중한 형을 기준으로 하여 다른 형과 경중을 정하는 것이 원칙이다(92도2194)

> ☐ **수 차례의 법률변경이 있는 경우에는 가장 경한 법을 적용해야 한다는 판례** : 행위시와 재판시 사이에 수차 법령의 변경이 있는 경우에는 이 점에 관한 당사자의 주장이 없더라도 본조 제2항에 의하여 직권으로 행위시법과 제1, 2 심판시법의 세가지 규정에 의한 형의 경중을 비교하여 그중 가장 형이 경한 법규정을 적용하여 심판하여야 한다(68도1324) (15 변시)

- **형이 구법과 동일한 경우** : 형이 구법과 동일한 경우에는 행위시법주의의 원칙에 따라 구법이 적용된다.

> ☐ **법률의 변경 후 형의 변경이 없는 사건** : 범죄 후 법률의 변경이 있더라도 형이 중하게 변경되는 경우나 형의 변경이 없는 경우에는 형법 제1조 제1항에 따라 행위시법을 적용하여야 할 것이다(2016도8627) (15 변시)(23 변시)

爭點 001

동기설의 내용과 동기설을 폐기한 전합 판례 정리

1. 동기설의 의의

동기설이란 신법에 의하여 형이 폐지되거나 경하게 변경된 경우에 그 변경의 동기가 ① 법률이념의 변경인 경우에는 피고인에게 유리한 신법을 적용하여야 하지만 ② 단순한 사실관계의 변경인 경우에는 구법을 적용하여야 한다는 이론을 말한다.

2. 동기설을 폐기한 전합 판례

☐ **전동킥보드 음주운전 사건 – 동기설을 폐기한 전합 판례 :** [1] 범죄의 성립과 처벌에 관하여 규정한 형벌법규 자체 또는 그로부터 수권 내지 위임을 받은 법령의 변경에 따라 범죄를 구성하지 아니하게 되거나 형이 가벼워진 경우에는, 종전 법령이 범죄로 정하여 처벌한 것이 부당하였다거나 과형이 과중하였다는 반성적 고려에 따라 변경된 것인지 여부를 따지지 않고 원칙적으로 형법 제1조 제2항과 형사소송법 제326조 제4호가 적용된다. [2] 형벌법규가 대통령령, 총리령, 부령과 같은 법규명령이 아닌 고시 등 행정규칙·행정명령, 조례 등(이하 '고시 등 규정'이라고 한다)에 구성요건의 일부를 수권 내지 위임한 경우에도 이러한 고시 등 규정이 위임입법의 한계를 벗어나지 않는 한 형벌법규와 결합하여 법령을 보충하는 기능을 하는 것이므로, 그 변경에 따라 범죄를 구성하지 아니하게 되거나 형이 가벼워졌다면 마찬가지로 형법 제1조 제2항과 형사소송법 제326조 제4호가 적용된다. [3] 그러나 해당 형벌법규 자체 또는 그로부터 수권 내지 위임을 받은 법령이 아닌 다른 법령이 변경된 경우 형법 제1조 제2항과 형사소송법 제326조 제4호를 적용하려면, 해당 형벌법규에 따른 범죄의 성립 및 처벌과 직접적으로 관련된 형사법적 관점의 변화를 주된 근거로 하는 법령의 변경에 해당하여야 하므로, 이와 관련이 없는 법령의 변경으로 인하여 해당 형벌법규의 가벌성에 영향을 미치게 되는 경우에는 형법 제1조 제2항과 형사소송법 제326조 제4호가 적용되지 않는다. [4] 한편 법령이 개정 내지 폐지된 경우가 아니라, 스스로 유효기간을 구체적인 일자나 기간으로 특정하여 효력의 상실을 예정하고 있던 법령이 그 유효기간을 경과함으로써 더 이상 효력을 갖지 않게 된 경우도 형법 제1조 제2항과 형사소송법 제326조 제4호에서 말하는 법령의 변경에 해당한다고 볼 수 없다(2020도16420 전합) (23 2차)(23 3차)

☐ **법무사법 개정 사건 :** 법무사인 피고인이 개인파산·회생사건 관련 법률사무를 위임받아 취급하는 것을 변호사가 아니면서 「변호사법」 제109조 제1호 가목의 비송사건을 대리한 것으로 해석되어 변호사법위반으로 기소되었는데, 범행 이후에 개정된 「법무사법」 제2조 제1항 제6호에 의하여 '개인의 파산사건 및 개인회생사건 신청의 대리'가 법무사의 업무로 추가된 경우, 위 「법무사법」 개정은 형사법적 관점의 변화를 주된 근거로 하는 법령의 변경에 해당하지 아니하여 「형법」 제1조 제2항이 적용되지 않는다(2022도6434) (23 3차)

- 부칙과의 관계

  □ 부칙으로 종전의 형벌법규를 적용하도록 한 것은 가능하다고 본 판례 : 형법 제1조 제2항 및 제8조에 의하면 범죄 후 법률의 변경에 의하여 형이 구법보다 경한 때에는 신법에 의한다고 규정하고 있으나 신법에 경과규정을 두어 이러한 신법의 적용을 배제하는 것도 허용되는 것으로서, 형을 종전보다 가볍게 형벌법규를 개정하면서 그 부칙으로 개정된 법의 시행 전의 범죄에 대하여 종전의 형벌법규를 적용하도록 규정한다 하여 헌법상의 형벌불소급의 원칙이나 신법우선주의에 반한다고 할 수 없다(2011도1303) (15 변시)(21 변시)(23 변시)

Ⅱ. 장소적 적용범위

- 속지주의 : 제2조 (국내범) 본법은 대한민국 영역 내에서 죄를 범한 내국인과 외국인에게 적용한다.

  □ 공모지도 범죄지로 본 판례 : 형법 제2조를 적용함에 있어서 공모공동정범의 경우 공모지도 범죄지로 보아야 한다(98도2734)

  □ 금품의 수수가 대한민국에서 이루어진 사건 : 외국인이 대한민국 공무원에게 알선한다는 명목으로 금품을 수수하는 행위가 대한민국 영역 내에서 이루어진 이상, 비록 금품수수의 명목이 된 알선행위를 하는 장소가 대한민국 영역 외라 하더라도 대한민국 영역 내에서 죄를 범한 것이라고 하여야 할 것이다(99도3403) (19 변시)

- 속인주의 : 제3조 (내국인의 국외범) 본법은 대한민국 영역 외에서 죄를 범한 내국인에게 적용한다.

  □ 한국인이 필리핀 카지노에서 도박하면 속인주의가 적용된다는 판례 : 형법 제3조는 '본법은 대한민국 영역 외에서 죄를 범한 내국인에게 적용한다.'고 하여 형법의 적용 범위에 관한 속인주의를 규정하고 있는바, 필리핀에서 카지노의 외국인 출입이 허용되어 있다 하여도, 형법 제3조에 따라, 필리핀에서 도박을 한 피고인에게 우리나라 형법이 당연히 적용된다(99도3337) (15 변시)(21 변시)

- 기국주의 : 제4조 (국외에 있는 내국선박등에서 외국인이 범한 죄) 본법은 대한민국 영역 외에 있는 대한민국의 선박 또는 항공기내에서 죄를 범한 외국인에게 적용한다. (24 변시)
- 제5조의 보호주의 : 제5조 (외국인의 국외범) 본법은 대한민국 영역 외에서 다음에 기재한 죄를 범한 외국인에게 적용한다. 1. 내란의 죄 2. 외환의 죄 3. 국기에 관한 죄 4. 통화에 관한 죄 5. 유가증권, 우표와 인지에 관한 죄 6. 문서에 관한 죄중 제225조 내지 제230조 7. 인장에 관한 죄중 제238조 (24 변시)

- 제6조의 보호주의 : 제6조 (대한민국과 대한민국국민에 대한 국외범) 본법은 대한민국 영역외에서 대한민국 또는 대한민국국민에 대하여 전조에 기재한 이외의 죄를 범한 외국인에게 적용한다. 단 행위지의 법률에 의하여 범죄를 구성하지 아니하거나 소추 또는 형의 집행을 면제할 경우에는 예외로 한다.

- 제6조의 '대한민국 또는 대한민국국민'의 의미 : 제6조의 해석과 관련하여 판례는 '대한민국 또는 대한민국 국민의 법익이 직접적으로 침해되는 결과를 야기하는 죄를 범한 경우를 의미한다'라고 하여 그 범위를 제한하여 해석하고 있다. 이러한 판례의 태도에 의하면 **사회적 법익에 관한 죄**는 제6조의 대상에 포함되지 않는다. 그러나 최근 판례는 '대한민국 국민'에는 **내국법인이 포함**된다고 판시하고 있다.

  ☐ **제6조의 의미** : 형법 제5조, 제6조의 각 규정에 의하면, 외국인이 외국에서 죄를 범한 경우에는 형법 제5조 제1호 내지 제7호에 열거된 죄를 범한 때와 형법 제5조 제1호 내지 제7호에 열거된 죄 이외에 대한민국 또는 대한민국 국민에 대하여 죄를 범한 때에만 대한민국 형법이 적용되어 우리나라에 재판권이 있게 되고, 여기서 '대한민국 또는 대한민국 국민에 대하여 죄를 범한 때'란 대한민국 또는 대한민국 국민의 법익이 직접적으로 침해되는 결과를 야기하는 죄를 범한 경우를 의미한다 (2011도6507) (21 변시)(22 2차)

  ☐ **피해자가 내국법인이라면 우리 법원에 재판권이 있다는 판례** : 내국 법인의 대표자인 외국인이 내국 법인이 외국에 설립한 특수목적법인에 위탁해 둔 자금을 정해진 목적과 용도 외에 임의로 사용한 데 따른 횡령죄의 피해자는 당해 금전을 위탁한 내국 법인이다. 따라서 그 행위가 외국에서 이루어진 경우에도 행위지의 법률에 의하여 범죄를 구성하지 아니하거나 소추 또는 형의 집행을 면제할 경우가 아니라면 그 외국인에 대해서도 우리 형법이 적용되어(형법 제6조), 우리 법원에 재판권이 있다(2016도17465)

  ☐ **북경시 영사관 사건** : 중국 북경시에 소재한 대한민국 영사관 내부는 여전히 중국의 영토에 속할 뿐 이를 대한민국의 영토로서 그 영역에 해당한다고 볼 수 없을 뿐 아니라, 사문서위조죄가 형법 제6조의 대한민국 또는 대한민국 국민에 대하여 범한 죄에 해당하지 아니함은 명백하다. 따라서 내국인이 아닌 피고인이 위 영사관 내에서 공소외인 명의의 여권발급신청서 1장을 위조한 경우 외국인의 국외범에 해당하므로 피고인에 대해서는 재판권이 없다(2006도5010) (15 변시)(21 변시)

- 세계주의 : 종래 우리 형법에는 세계주의에 대한 조문이 없었다. 그러나 2013년의 개정으로 약취와 유인의 죄에 대하여 제296조의2를 신설하여 대한민국 영역 밖에서 죄를 범한 외국인에게도 적용될 수 있도록 세계주의 규정을 도입하였다. (24 변시)

Ⅲ. 인적 적용범위 : 대통령, 국회의원

Ⅳ. 외국에서 받은 형집행의 효력

- **제7조 (외국에서 집행된 형의 산입)** 죄를 지어 외국에서 형의 전부 또는 일부가 집행된 사람에 대해서는 그 집행된 형의 전부 또는 일부를 선고하는 형에 산입한다.[전문개정 2016.12.20.] (24 변시)

> □ **필리핀 살인 사건** : [1] '외국에서 형의 전부 또는 일부가 집행된 사람'이란 그 문언과 취지에 비추어 '외국 법원의 유죄판결에 의하여 자유형이나 벌금형 등 형의 전부 또는 일부가 실제로 집행된 사람'을 말한다고 해석하여야 한다. [2] 형사사건으로 외국 법원에 기소되었다가 무죄판결을 받은 사람에 대해서는 재판과정에서 미결 구금되었더라도, '외국에서 형의 전부 또는 일부가 집행된 사람'에 해당한다고 볼 수 없으므로 형법 제7조를 직접 적용할 수 없을 뿐만 아니라, 형법 제7조를 유추적 용하는 것도 허용될 수 없다(2017도5977 전합) (18 변시)(23 2차)

Ⅴ. 형법총칙의 다른 법령에의 적용

- **제8조 (총칙의 적용)** 본법 총칙은 타법령에 정한 죄에 적용한다. 단, 그 법령에 특별한 규정이 있는 때에는 예외로 한다.

해커스변호사
Law Man 형법 핵심암기장

제2편

범죄론

제1장 | 범죄론 서론

I. 범죄의 의의

- **형식적 범죄개념** : 범죄를 형식적으로 파악하여 범죄란 형벌법규에 의하여 형벌이 과해지는 행위, 즉 구성요건에 해당하는 위법하고 책임있는 행위를 의미한다.
- **범죄성립의 3요소** : 형법상의 범죄는 구성요건에 해당하고 위법·유책한 행위를 말한다. 따라서 어떤 행위가 형법상의 범죄로 되기 위해서는 구성요건해당성, 위법성, 책임의 범죄성립 3요소를 갖추어야 한다.
- **구성요건해당성** : 구체적인 행위가 법조문에 규정된 구성요건에 해당하는가를 평가하여 이에 해당하는 것을 말한다.
- **위법성** : 구성요건에 해당하는 구체적인 행위가 법질서 전체의 입장에서 판단하였을 때 허용되지 않는 것을 말한다.
- **책임** : 구성요건에 해당하는 구체적인 위법한 행위를 한 행위자에 대하여 개인적인 관점에서 행위자를 비난할 수 있는 것을 말한다.
- **범죄의 처벌조건** : 처벌조건이란 성립된 범죄에 대하여 국가형벌권의 발생을 위하여 필요한 조건을 말한다.
- **객관적 처벌조건** : 범죄가 성립된 경우에도 다시 형벌권을 발생시키기 위해서 필요한 외부적, 객관적 사유를 말한다. 예 사전수뢰죄에 있어서의 '공무원 또는 중재인이 된 때'(제129조 제2항)
- **인적 처벌조건** : 이미 성립한 범죄에 관하여 행위자의 특별한 신분관계 또는 태도로 인하여 형벌권의 발생을 저지시키는 인적 사정을 말한다. 예 친족상도례에 관한 제328조 제1항
- **범죄의 소추조건** : 범죄가 성립하고 형벌권이 발생한 경우라도 그 범죄를 소추하기 위하여 소송법상 필요한 조건을 말한다. 이에는 친고죄와 반의사불벌죄가 있다. 이러한 소추조건이 결여되면 법원은 **공소기각판결**을 하게 된다.
- **친고죄** : 피해자 기타 고소권자의 고소가 있어야만 공소제기를 할 수 있는 범죄를 말하며, 정지조건부 범죄라고도 한다.
- **절대적 친고죄** : 상대적 친고죄 이외의 친고죄를 말한다. 일반적으로 친고죄라 하면 절대적 친고죄를 말한다. 예 사자명예훼손죄, 모욕죄, 비밀침해죄
- **상대적 친고죄** : 범인과 피해자 사이에 일정한 신분관계가 있음으로써 비로소 친고죄로 되는 것을 말한다. 예 친족상도례에 관한 제328조 제2항
- **반의사불벌죄** : 일정한 범죄에서 피해자가 처벌을 원하지 않는다는 의사를 표시한 경우에 소추가 불가능한 범죄를 말하며, **해제조건부 범죄**라고도 한다. 예 폭행죄, 협박죄, 과실치상죄, 명예훼손죄 등

Ⅱ. 범죄의 분류

〈범죄의 분류〉

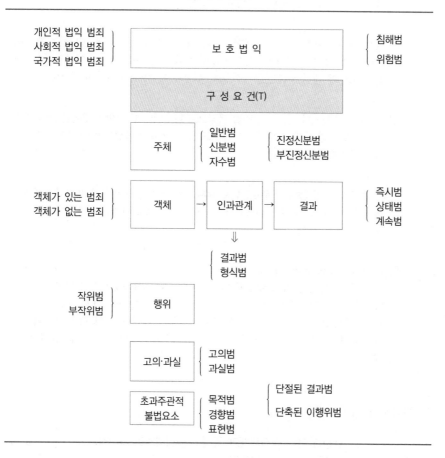

□ 추상적 위험범에서 위험은 입법의 이유이지만 범죄의 요소로 법률에 규정되어 있지는 않다. (21 1차)

□ 결과범에서는 실행행위와 결과발생 간에 인과관계가 요구되지만, 거동범에서는 그렇지 않다. (21 1차)

□ 학대죄는 상태범 또는 즉시범이므로 수십 회에 걸쳐서 계속되는 일련의 폭행행위가 있었다 하더라도 그중 친권자로서의 징계권의 범위에 속하여 위법성이 조각되는 부분이 있다면 그 부분을 따로 떼어 무죄의 판결을 할 수 있다(84도2922) (21 2차)

□ 입찰방해죄는 위험범으로서 결과의 불공정성이 현실적으로 나타나는 것을 요하지 않고, 가격결정의 공정을 해하는 행위뿐 아니라, 적법하고 공정한 경쟁방법을 해하는 행위도 입찰방해에 포함된다(94도2142) (21 1차)

□ 현주건조물방화죄는 공중의 생명, 신체, 재산 등에 대한 위험을 예방하기 위하여 공공의 안전을 제1차적인 보호법익으로 하고 제2차적으로는 개인의 재산권을 보호하는데, 공공에 대한 위험은 구체적으로 그 결과가 발생함을 요하지 않는다. (21 1차)

□ 국토를 참절하거나 국헌을 문란할 목적으로 다수인이 한 지방의 평온을 해할 정도의 폭동을 하였을 때 이미 내란의 구성요건은 완전히 충족된다고 할 것이어서 내란죄는 상태범이다(96도3376 전합) (21 2차)

□ 게시행위로서 범죄행위가 종료된다는 판례 : 정보통신망을 이용한 명예훼손행위는 게시행위의 종료만으로 범죄행위가 종료하는 것이므로 이때부터 공소시효를 기산하여야 한다(2006도346) (21 2차)

□ 건설폐기물 처리 사건 : 건설폐기물을 무허가 처리업체에 위탁하여 처리하는 행위는 위탁처리를 위한 도급계약에 따른 건설폐기물의 처리행위를 계속함으로써 위법상태가 지속되는 동안 범죄행위도 종료되지 않고 계속되는 계속범이므로, 도급계약이 처벌조문이 신설되기 전에 체결되었다고 하더라도 그에 따른 건설폐기물의 처리행위가 처벌규정의 신설 후에도 계속적으로 이루어진 이상 처벌할 수 있다 (2008도8607) (21 2차)

Ⅲ. 행위론과 범죄체계론

〈(신)고전적 범죄체계와 목적적 범죄체계의 차이점〉

	(신)고전적 범죄체계	목적적 범죄체계
형법의 기능	인권보장기능과 법익보호기능	질서유지기능과 윤리보호기능
불법의 실질	결과반가치	행위반가치
행위론	인과적 행위론	목적적 행위론
고의의 위치	책임론에 위치시킴	구성요건론에 위치시킴
객관적 위법성	평가 대상의 객관이라는 의미	평가 방법의 객관이라는 의미
위법성의 인식	고의설(위법성인식은 고의의 내용)	책임설(고의와 위법성인식의 분리)

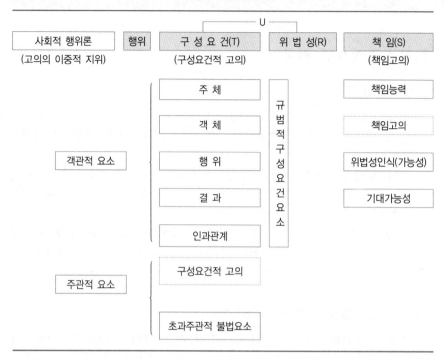

〈합일태적 범죄체계〉

제2장 | 구성요건론

제1절 | 구성요건 서론

I. 구성요건의 개념

- **구성요건의 개념** : 구성요건이란 형법상 금지 또는 요구되는 행위가 무엇인가를 추상적·일반적으로 기술해 놓은 것을 말한다. 즉, 구성요건이란 **범죄를 규정한 해당 법조문**을 말한다.
- **구성요건해당성** : 구성요건해당성이란 구체적인 사례가 구성요건에 합치되는가를 평가하는 논리과정을 말한다. 따라서 구성요건이 정적인 유형개념인 반면에 구성요건해당성은 동적인 평가개념이라는 점에서 구별된다.
- **구성요건의 충족** : 특정 행위가 구성요건에 완전히 합치된다고 평가되어진 것으로 구성요건 단계에서 기수가 성립되었음을 의미한다. 구성요건에 해당하지만 충족되지 못한 경우에는 미수가 성립할 수 있을 뿐이다.

II. 불법의 실질(결과반가치와 행위반가치)

- **결과반가치의 개념** : 결과반가치란 **법익보호의 관점**에서 범죄에 의한 법익의 침해 내지 위험을 불법의 실질로 보는 견해이다. 주로 고전적 범죄체계에서 일반적으로 취하고 있는 개념이다. 이러한 결과반가치와 결과는 다르다는 점을 주의하여야 한다. 결과는 사실적인 개념이지만, 결과반가치는 보호법익을 중심으로 가치판단을 하는 규범적인 개념이므로 양자는 다르다.
- **행위반가치의 개념** : 행위반가치란 행위자의 행위의 관점에서 범죄자의 반윤리적 의사 내지 행위를 불법의 실질로 보는 견해이다. 주로 목적적 범죄체계에서 일반적으로 취하고 있는 개념이다. 이러한 행위반가치는 주로 고의나 과실 등 주관적 요소에서 발생된다.
- **불법이원론** : 현재 확립되어 있는 합일태적 범죄체계하에서는 불법의 실질에 대하여 결과반가치와 행위반가치가 모두 존재하여야 불법이 성립하게 된다는 불법이원론을 취하게 된다.

  □ 불가벌적 불능범과 가벌적 불능미수는 위험성 평가와 관련된 결과불법의 정도가 다르다. (21 3차)

  □ 살인죄와 상해치사죄 및 과실치사죄의 법정형이 서로 다른 것은 결과불법보다 행위불법 측면을 중시한 결과이다. (21 3차)

□ 업무상과실범의 성립을 신뢰의 원칙에 따라 제한하려는 입장은 결과불법 측면보다 행위불법 측면을 중시한다. (21 3차)

□ 성매매알선 등 행위는 법에 의하여 원천적으로 금지된 행위로서 형사처벌의 대상이 되는 중대한 범죄행위일 뿐 아니라 정의관념상 용인될 수 없는 정도로 반사회성을 띠는 경우에 해당하여 결과불법이 인정될 수 없으므로 업무방해죄의 보호대상이 되는 업무라고 볼 수 없다. (21 3차)

□ 판례에 따르면 횡령죄가 성립하기 위해서는 행위자가 객체가 된 재물이 타인의 소유임을 인식하는 것으로 충분하므로, 진정한 소유자가 누구인지 인식했느냐는 행위불법과 결과불법에 영향을 미치지 않는다(2017도17494 전합) (21 3차)

제2절 | 범죄의 주체

Ⅰ. 서 론

Ⅱ. 법인의 범죄능력

• **법인의 범죄능력** : 판례는 전합인 '상가이중분양 사건'에서 '형법 제355조 제2항의 배임죄에 있어서 타인의 사무를 처리할 의무의 주체는 법인이 되는 경우라도 법인은 다만 사법상의 의무주체가 될 뿐 범죄능력이 없다'라고 하여 **부정설**의 입장을 따르고 있다.

□ **상가 이중 분양 사건(법인은 범죄능력이 없고, 대표이사에게 배임죄가 성립한다는 판례)** : [다수의견] 형법 제355조 제2항의 배임죄에 있어서 타인의 사무를 처리할 의무의 주체는 법인이 되는 경우라도 법인은 다만 사법상의 의무주체가 될 뿐 범죄능력이 없는 것이며 그 타인의 사무는 법인을 대표하는 자연인인 대표기관의 의사결정에 따른 대표행위에 의하여 실현될 수밖에 없어 그 대표기관은 마땅히 법인이 타인에게 부담하고 있는 의무내용대로 사무를 처리할 임무가 있다할 것이므로 자연인인 대표기관이 바로 타인의 사무를 처리하는 자 즉 배임죄의 주체가 된다(82도2595 전합) (13 변시)(16 변시)(21 2차)

• **법인격 없는 단체의 범죄능력**

□ **법인격 없는 단체의 범죄능력** : 법인격 없는 사단과 같은 단체는 법인과 마찬가지로 사법상의 권리의무의 주체가 될 수 있음은 별론으로 하더라도 법률에 명문의 규정이 없는 한 그 범죄능력은 없다(96도524)

Ⅲ. 양벌규정

- **양벌규정의 의의** : 실정법상 행위자 개인이외에 법인이나 사업주를 같이 처벌하는 규정을 양벌규정이라고 한다.
- **과실책임을 명시하지 않는 경우 책임의 근거** : 양벌규정의 입법 형식상 법인이나 사업주의 처벌에 아무런 조건이나 면책사유를 규정하지 않은 경우에 법인이나 사업주의 처벌근거가 무엇인지에 대하여는 논의가 있다. 이에 대하여 판례는 ① 개인인 업주의 양벌규정에 의한 처벌은 과실책임설을 따르고 ② 법인의 양벌규정에 의한 처벌은 ㉠ 종업원 등의 위반행위에 대하여는 과실책임설을 ㉡ 대표자의 위반행위에 대하여 무과실책임설을 따르고 있다.

> ☐ 법인에게 종업원의 위반행위에 대하여는 과실책임을 인정하고, 대표자의 위반행위에 대하여는 무과실책임을 인정한 헌재 결정(2009헌가25) (21 변시)

> ☐ 법인의 대리인·사용인 기타의 종업원이 그 법인의 업무에 관하여 위반행위를 한 경우 법인도 처벌하는 양벌조항은, 형벌의 자기책임원칙에 비추어 보면 위반행위가 발생한 그 업무와 관련하여 법인이 상당한 주의 또는 관리감독 의무를 게을리한 때에 한하여 적용된다(2009도6968) (21 2차)

> ☐ 종업원의 업무 관련 무면허의료행위가 있으면 이에 대해 영업주가 비난받을 만한 행위가 있었는지 여부와 관계없이 자동적으로 영업주도 처벌하도록 규정하는 「(구)보건범죄단속에 관한 특별조치법」은 책임주의에 반한다(2012헌가2) (21 2차)

> ☐ 법인은 기관을 통하여 행위하므로 법인이 대표자를 선임한 이상 그의 행위로 인한 법률효과는 법인에게 귀속되어야 하고, 법인대표자의 범죄행위에 대하여는 법인 자신이 자신의 행위에 대한 책임을 부담하여야 하는바, 법인 대표자의 법규위반행위에 대한 법인의 책임은 법인 자신의 법규위반행위로 평가될 수 있는 행위에 대한 법인의 직접책임이다(2013도6962) (21 2차)

Ⅳ. 양벌규정에 의한 수범자 범위의 확장

- **양벌규정에 의한 수범자 범위의 확장** : 행정형법 중 일부 법률은 '사업자(법인 또는 개인)'에게만 의무를 부과하는 규정을 두고, 처벌규정에서는 '행위자를 벌하는 외에 당해 법인 또는 개인을 … 의 벌금에 처한다'라고 하여 의무자인 법인 또는 개인이외에 의무자가 아닌 실제 행위자도 처벌하는 것으로 규정되어 있다. 이러한 입법형식인 경우에 의무자가 아닌 행위자를 처벌할 수 있는지에 대하여 논의가 있지만, 판례는 긍정설을 따르고 있다.

제3절 | 인과관계와 객관적 귀속

Ⅰ. 인과관계의 의의

- **인과관계의 의의** : 인과관계란 결과범에 있어서 결과를 행위자의 행위에 의한 것으로 귀속시키는 데에 필요로 하는 원인행위와 결과발생 사이의 관련성을 말한다.
- **인과관계의 기능** : 인과관계는 결과범에서 결과가 발생한 경우에 범죄의 기수·미수, 범죄의 성립·불성립을 판단하는 기능을 한다.

Ⅱ. 인과관계론의 발전 (22 변시)[2023 3차]

- **조건설** : 조건설에는 ① 자연과학적 입장에서 결과발생에 영향을 끼친 모든 원인행위는 모두 인과관계가 인정된다는 견해인 **등가설**과 ② '만약 선행사실이 없었다면, 후행 결과발생도 없었을 것이다.'라는 가설적 제거공식을 사용하여 결과발생에 영향을 끼친 조건이 이 공식에 부합되면 인과관계가 인정되고, 부합되지 않으면 인과관계를 부정하는 견해인 **절대적 제약공식에 의한 조건설**이 있다.

  □ 가설적 제거절차에 의하여 인과관계를 판단하는 조건설은 택일적 인과관계를 부정하게 된다. (22 1차)

- **상당인과관계설** : 상당인과관계설은 일반적인 경험법칙상 상당한 조건만이 인과관계가 있다고 보는 견해이다. 종래의 인과관계에 관한 학설이 자연과학적인 입장에서 사실적인 측면만을 강조하였으나 상당인과관계설은 사실적인 측면뿐만 아니라 **상당**이라는 규범적인 측면도 같이 고려하는 입장이다.
- **합법칙적 조건설과 객관적 귀속이론의 결합설** : 합법칙적 조건설과 객관적 귀속이론의 결합형태에서는 사실적인 합법칙적 인과관계만 인정된다고 하여 기수가 되는 것이 아니라 규범적인 객관적 귀속까지 인정되어야 기수가 된다. 그리고 객관적 귀속을 논의하기 위해서는 먼저 합법칙적 조건설에 입각한 사실적인 인과관계가 인정되어야 한다.

- **합법칙적 조건설의 의의** : 합법칙적 조건설이란 조건설의 결함을 일상경험법칙에 합치되도록 수정한 것이다. 즉, 어떤 선행행위가 후행결과에 합법칙적으로 연결되어 있는 경우에만 인과관계를 인정하려는 견해이다.
- **객관적 귀속의 의의** : 사실적인 면에서 합법칙적 조건설에 의하여 인과관계가 인정되는 결과를 규범적인 면에서 평가하여 행위자의 객관적인 작품으로 귀속시킬 수 있는가를 확정하는 이론을 말한다.
- **객관적 귀속의 확정** : 인과관계가 인정된 행위에 대하여 객관적 귀속을 인정하기 위하여는 일반적으로 행위자가 ① 그 상황을 지배할 수 있었고 ② 허용되지 않는 위험을 창출시키거나 증대시켰고 ③ 위험이 실현되었고 ④ 결과가 침해된 규범의 보호범위 안에서 발생하였을 것을 요한다.

> ☐ 위험증대설은 적법한 대체행위를 하였다고 하더라도 동일한 결과가 발생하였을 것이 확실한 경우에 객관적 귀속을 긍정하지 않는다. (22 1차)

Ⅲ. 판례의 태도

- 현재 우리나라의 판례는 **상당인과관계설**을 따르고 있으며, 그 중에서도 절충적 상당인과관계설을 따르고 있다. 그러나 부진정부작위범과 관련해서는 조건설을 반전시켜 적용한 판례도 있다.

> ☐ **상당인과관계설을 따른 판례** : 의사가 설명의무를 위반한 채 의료행위를 하였다가 환자에게 상해 또는 사망의 결과가 발생한 경우 의사에게 업무상 과실로 인한 형사책임을 지우기 위해서는 의사의 설명의무 위반과 환자의 상해 또는 사망 사이에 상당인과관계가 존재하여야 한다(2014도11315) (23 변시)(22 1차)

> ☐ **보행자가 자동차의 급정거에 놀라 상해를 입은 사건** : 자동차의 운전자가 통상 예견되는 상황에 대비하여 결과를 회피할 수 있는 정도의 주의의무를 다하지 못한 것이 교통사고 발생의 직접적인 원인이 되었다면, 비록 자동차가 보행자를 직접 충격한 것이 아니고 보행자가 자동차의 급정거에 놀라 도로에 넘어져 상해를 입은 경우라고 할지라도, 업무상 주의의무 위반과 교통사고 발생 사이에 상당인과관계를 인정할 수 있다(2022도1401) (23 2차)

> ☐ **가습기 살균제 사건** : 가습기 살균제 제조업자가 가습기 살균제의 주요 성분인 PHMG 원료물질에 대한 급성 흡입독성시험을 실시하였다면 해당 제품의 유해성을 확인할 수 있었음에도 불구하고 그와 같은 시험을 실시하지 아니하였고 해당 가습기 살균제를 사용한 다수의 사람이 가습기 살균제의 독성으로 인하여 사망한 경우, 급성 흡입독성시험을 실시하지 않은 업무상과실과 피해자의 사망 사이에 인과관계가 인정된다(2017도12537) (23 2차)

☐ 행위자가 간음의 목적으로 피해자인 아동·청소년에게 간음행위 자체가 아니라 간음행위와 결부된 금전적·비금전적 대가에 대해 오인, 착각, 부지를 일으키고 피해자의 그러한 심적 상태를 이용하여 간음의 목적을 달성한 경우, 위계와 간음행위 사이에 인과관계를 인정할 수 있다(2015도9436 전합) (23 2차)

☐ **금융기관 신용조사 사건** : 전문적으로 대출을 취급하면서 차용인에 대한 체계적인 신용조사를 행하는 금융기관이 금원을 대출하는 경우에는, 비록 대출신청 당시 차용인에게 변제기 안에 대출금을 변제할 능력이 없었고 자체 신용조사 결과에는 관계없이 '변제기 안에 대출금을 변제하겠다'는 취지의 차용인 말을 그대로 믿고 대출하였더라도, 차용인의 이러한 기망행위와 금융기관의 대출행위 사이에 인과관계를 인정할 수 없다(2000도1155) (22 1차)

☐ 사기죄는 타인을 기망하여 착오에 빠뜨리고 그로 인하여 피기망자(기망행위의 상대방)가 처분행위를 하도록 유발하여 재물 또는 재산상의 이익을 얻음으로써 성립하는 범죄이다. 따라서 사기죄가 성립하려면 행위자의 기망행위, 피기망자의 착오와 그에 따른 처분행위, 그리고 행위자 등의 재물이나 재산상 이익의 취득이 있고, 그 사이에 순차적인 인과관계가 존재하여야 한다(2017도8449) (21 3차)

☐ 사기죄의 피해자가 법인이나 단체인 경우에 기망행위로 인한 착오, 인과관계 등이 있었는지는 최종 의사결정권자 또는 내부적인 권한 위임 등에 따라 실질적으로 법인의 의사를 결정하고 처분을 할 권한을 가지고 있는 사람을 기준으로 판단하여야 한다(2017도8449) (23 1차)

☐ 사기죄의 피해자가 법인이나 단체인 경우, 그 법인이나 단체의 대표자 또는 실질적으로 의사결정을 하는 최종결재권자 등이 기망행위자와 동일인이거나 기망행위자와 공모하는 등 기망행위임을 알고 있었던 경우에는 기망행위로 인한 착오가 있다고 볼 수 없고, 재물 교부 등의 처분행위가 있었다고 하더라도 기망행위와 인과관계가 있다고 보기 어렵다(2017도8449) (23 2차)

☐ **부진정부작위범에서 조건설을 반전시켜 적용한 판례** : 그 부작위는 작위에 의한 살인행위와 동등한 형법적 가치를 가진다고 할 것이고, 이와 같이 작위의무를 이행하였다면 그 결과가 발생하지 않았을 것이라는 관계가 인정될 경우에는 그 작위를 하지 않은 부작위와 사망의 결과 사이에 인과관계가 있는 것으로 보아야 할 것이다(2015도6809 전합) (18 변시)(23 2차)

Ⅳ. 비유형적 인과관계

爭點 002

비유형적 인과관계 [2021 1차]

1. 비유형적 인과관계의 의의

비유형적 인과관계란 일정한 행위가 결과에 대하여 원인이 되지만 그 결과에 이르는 과정에 다른 원인이 결합되어 그 결과가 발생한 경우를 말한다. 예를 들면 甲이 살인의 의사로 乙을 상해하였는데 ① 피해자가 특수체질(혈우병 등)이라든가 ② 피해자의 고의 또는 과실행위(치료소홀 등)가 개입하거나 ③ 제3자의 고의 또는 과실행위(의사의 의료과오 등)가 개입하거나 ④ 자연현상 내지 천재지변(지진발생시 피해자가 다리부상으로 대피하지 못한 경우 등)으로 乙이 사망하였을 경우를 말한다. 그리고 ① 내지 ④의 사유가 경합한 경우도 비유형적 인과관계가 된다.

2. 비유형적 인과관계의 처리

비유형적 인과관계의 처리는 ① 피해자나 제3자의 경과실이 개입된 경우처럼 통상 예견할 수 있는 것에 지나지 않는다면 결과는 선행행위에 귀속되나 ② 피해자나 제3자의 고의·중과실 또는 천재지변 등 통상 예견할 수 없는 경우에는 결과를 선행행위에 귀속시킬 수 없다고 할 수 있다. 그러나 결국 개별적인 사안마다 구체적으로 검토하여야 할 것이다.

3. 관련 판례

비유형적 인과관계의 사안에서 판례는 '비정상적인 얇은 두개골 사건'을 제외한 대부분의 사건에서 인과관계를 긍정하고 있다.

> ☐ **김밥·콜라 사건** : 살인의 실행행위가 피해자의 사망이라는 결과를 발생하게 한 유일한 원인이거나 직접적인 원인이어야만 되는 것은 아니므로, 살인의 실행행위와 피해자의 사망과의 사이에 다른 사실이 개재되어 그 사실이 치사의 직접적인 원인이 되었다고 하더라도 그와 같은 사실이 통상 예견할 수 있는 것에 지나지 않는다면 살인의 실행행위와 피해자의 사망과의 사이에 인과관계가 있는 것으로 보아야 한다(93도3612) (18 변시)(22 변시)(23 변시)(22 1차)(23 1차)

> ☐ **비정상적인 얇은 두개골 사건** : 고등학교 교사가 제자의 잘못을 징계코자 왼쪽뺨을 때려 뒤로 넘어지면서 사망에 이르게 한 경우 위 피해자는 두께 0.5미리 밖에 안되는 비정상적인 얇은 두개골이었고 또 뇌수종을 가진 심신허약자로서 좌측뺨을 때리자 급성뇌성압상승으로 넘어지게 된 것이라면 위 소위와 피해자의 사망간에는 이른바 인과관계가 없는 경우에 해당한다 (78도1961)

제4절 | 구성요건적 고의

I. 서 론

- 구성요건적 고의의 개념 : 객관적 구성요건의 실현에 대한 인식과 의사이다.

II. 고의의 내용 : 지적 요소와 의적 요소

- 구성요건적 고의의 지적 요소 : 객관적 구성요건요소인 주체, 객체, 행위(행위상황 포함)와 인과관계 및 결과발생가능성(구체적 위험발생 가능성 포함)이 인식의 대상이 된다. (17 변시)(18 변시)

  ☐ 고의를 구성요건적 고의와 책임고의로 나누어 고의의 이중적 지위(기능)를 인정하는 견해에 의하면 책임고의에는 객관적 행위상황의 인식 및 위법성인식이 포함되지 않는다. (22 3차)

  ☐ 친족상도례가 적용되기 위해서는 친족관계가 객관적으로 존재하면 족하고 행위자가 이를 인식할 필요는 없다. (22 3차)

- 구성요건적 고의의 의적 요소 : 객관적 구성요건요소인 결과가 의욕의 대상이 된다.

III. 고의의 분류

- 미필적 고의 : 미필적 고의란 행위자가 결과발생가능성을 인식한 것을 전제로 하여 그 결과발생을 확실히 의욕하지 않은 경우에도 고의로 취급되는 경우를 말한다.
- 인식 있는 과실 : 인식있는 과실이란 행위자가 결과발생가능성은 인식하였으나 고의로 취급되지 않고 과실로 취급되는 경우를 말한다.

爭點 003

미필적 고의와 인식 있는 과실의 구별 기준 [2013 2차][2017 변시]

1. 논의점

미필적 고의와 인식있는 과실을 구별하는 기준에 대하여 논의가 있다.

---

2. 견해의 대립

이에 대하여는 ① 결과발생의 가능성이 있음을 인식한 경우에는 고의가 성립하고, 그렇지 않은 경우에는 과실이라는 **가능성설** ② 결과발생에 대한 개연성(고도의 가능성)이 있음을 인식한 경우에는 고의가 성립하고, 그렇지 않은 경우에는 과실이라는 **개연성설** ③ 결과발생을 내심으로 용인한 때에는 고의가 성립하고, 내심으로 부인한 때에는 과실이라는 **인용설** ④ 결과발생을 감수한 경우에는 고의가 성립하고, 감수하지 않은 경우에는 과실이라는 **감수설**이 대립하고 있다.

3. 판례의 태도

판례는 '이른바 미필적 고의라 함은 결과의 발생이 불확실한 경우 즉 행위자에 있어서 그 결과발생에 대한 확실한 예견은 없었으나 그 가능성은 인정하는 것으로, 이러한 미필적 고의가 있었다고 하려면 결과발생의 가능성에 대한 인식이 있음은 물론 나아가 결과발생을 용인하는 내심의 의사가 있음을 요한다'라고 하여 **인용설**을 따르고 있다.

4. 검 토

생각건대 현재 학계에서 확립된 합일태적 범죄체계입장에 따르면 감수설이 타당하지만, 감수설과 인용설은 실제적인 면에서 큰 차이가 없으므로 판례의 태도인 인용설을 따른다. 따라서 행위자가 '결과가 발생해도 어쩔 수 없다'라는 인용의 의사가 있으면 미필적 고의가 성립하고, 그렇지 않으면 인식있는 과실이 된다.

5. 관련 판례

☐ 미필적 고의에 대해 인용설을 따르고 있는 판례(86도2338) (18 변시)(21 2차)

☐ **인용의 판단** : 행위자가 범죄사실이 발생할 가능성을 용인하고 있었는지는 행위자의 진술에 의존하지 않고 외부에 나타난 행위의 형태와 행위의 상황 등 구체적인 사정을 기초로 일반인이라면 범죄사실이 발생할 가능성을 어떻게 평가할 것인지를 고려하면서 행위자의 입장에서 그 심리상태를 추인하여야 한다(2016도15470) (21 2차)

☐ **살인죄의 고의** : 살인죄의 범의는 자기의 행위로 인하여 피해자가 사망할 수도 있다는 사실을 인식·예견하는 것으로 족하지 피해자의 사망을 희망하거나 목적으로 할 필요는 없고, 확정적 고의가 아닌 미필적 고의로도 족하다(94도2511) (21 2차)

☐ **명예훼손죄의 고의** : 전파가능성을 이유로 명예훼손죄의 공연성을 인정하는 경우에는 적어도 범죄구성요건의 주관적 요소로서 미필적 고의가 필요하므로 전파가능성에 대한 인식이 있음은 물론 나아가 그 위험을 용인하는 내심의 의사가 있어야 한다(2004도340) (21 2차)(22 1차)

☐ 「형법」에서 고의는 행위자의 동기 내지 최종 목적을 의미하는 것은 아니므로 회사의 경영상의 비리를 고발하기 위하여 회사 소유의 하드디스크를 절취한 때에도 절도죄의 고의가 인정된다(2010도9570) (14 변시)(22 1차)

☐ **제136조 제1항의 고의와 방해의사** : 공무집행방해죄에 있어서의 범의는 상대방이 직무를 집행하는 공무원이라는 사실, 그리고 이에 대하여 폭행 또는 협박을 한다는 사실을 인식하는 것을 그 내용으로 하고, 그 인식은 불확정적인 것이라도 소위 미필적 고의가 있다고 보아야 하며, 그 직무집행을 방해할 의사를 필요로 하지 아니한다(94도1949) (22 3차)

☐ 무고죄에 있어서의 범의는 확정적 고의임을 요하지 아니하고 미필적 고의로써 족하다 할 것이므로 신고자가 진실하다는 확신이 없는 사실을 신고함으로써 무고죄는 성립하고 그 신고사실이 허위라는 것을 확신할 것까지는 없다(91도2127) (23 변시) (23 3차)

☐ 청소년유해업소의 업주로서는 청소년이 자신의 신분과 연령을 감추고 유흥업소 취업을 감행하는 사례가 적지 않은 유흥업계의 취약한 고용실태 등에 비추어 대상자의 연령을 공적 증명에 의하여 확실히 확인할 수 있는 때까지 그 채용을 보류하거나 거부하여야 함에도 불구하고, 주민등록증의 사진과 얼굴이 다르다는 의문을 가지면서도 고용계약을 하였다면 청소년임에도 불구하고 그들을 고용한다는 점에 관한 미필적 고의가 있었던 것이다(2013도8385) (21 2차)

☐ 甲의 전화통화 행위가 A의 불안감 또는 공포심을 일으키는 것으로 평가되면, 甲이 A의 휴대전화 상태나 전화수신 여부를 알 수 없었더라도 甲으로서는 적어도 미수신시 A의 휴대전화에서 벨소리나 진동음이 울리거나 부재중 전화 문구 등이 표시된다는 점을 알 수 있었고 그러한 결과의 발생을 용인하는 의사가 있는 경우에는 스토킹범죄의처벌등에관한법률 위반죄에 있어 고의를 인정할 수 있다(2022도12037) (23 3차)

☐ 구성요건인 목적은 고의 외에 추가로 요구되는 초과주관적 위법요소로서 엄격한 증명사항에 속하고 직접적임을 요하나 결과발생의 희망, 의욕임을 필요로 한다고는 할 수 없고, 또 확정적 인식임을 요하지 아니하며, 다만 미필적인식이 있으면 족하다 할 것이다(80도306 전합) (21 3차)

☐ 사문서의 작성자가 '행사할 목적'으로 자격을 모용하여 문서를 작성한 이상, 문서행사의 상대방이 자격모용 사실을 알았다거나 작성자가 그 문서에 모용한 자격과 무관한 직인을 날인하였더라도 자격모용에 의한 사문서작성죄의 행사할 목적은 인정된다(2021도17712) (23 3차)

제5절 | 구성요건적 착오

Ⅰ. 착오론 일반

- **착오의 의의** : 일반적으로 착오란 행위자가 주관적으로 인식한 것과 객관적으로 발생한 사실이 일치하지 않는 것을 말한다.
- **소극적 착오** : 행위자가 객관적으로 범죄결과가 발생함에도 불구하고 이를 인식하지 못한 경우를 말한다. 이에는 범죄사실에 대한 소극적 착오인 **사실의 착오**(구성요건적 착오)와 위법성의 인식에 대한 소극적 착오인 **법률의 착오**(위법성의 착오 · 금지의 착오)가 있다.
- **적극적 착오** : 행위자가 객관적으로 범죄결과가 발생할 수 없음에도 불구하고 범죄결과가 발생된다고 인식한 경우를 말한다. 이에는 범죄사실에 대한 적극적 착오인 **불능범**(또는 불능미수)와 위법성의 인식에 대한 적극적 착오인 **환각범**이 있다.

  > ☐ 간통이 범죄가 된다고 생각한 甲이 배우자 있는 乙과 간음한 경우는 '반전된 법률의 착오'에 해당한다. (23 2차)

- **사실의 착오** : 행위자가 범죄사실이 될 구성요건요소에 대한 소극적 착오가 있는 경우이다.
- **법률의 착오** : 행위자가 범죄사실이 될 구성요건요소에 대한 착오는 없었지만, 그 행위가 법질서에 반한다는 위법성의 인식에 소극적 착오가 있는 경우이다.

Ⅱ. 사실의 착오(구성요건적 착오)

1. 사실의 착오와 고의
- **사실의 착오** : 행위자가 범죄사실이 될 구성요건요소에 대한 인식이 없는 경우 즉, 소극적 착오가 있는 경우이다.

  > ☐ 자신이 흉기를 휴대한 사실을 알지 못하고 타인의 재물을 절취한 경우에는 특수(흉기 휴대)절도로 처벌할 수 없다. (22 3차)

  > ☐ 甲이 A가 공무원임을 알았으나 그가 공무집행 중임을 모르고 폭행하여 공무집행방해의 결과를 발생시킨 경우, 공무집행방해죄가 성립하지 않는다. (23 2차)

- **불능미수와 사실의 착오** : 불능미수는 행위자가 실제로 존재하지 않는 사실을 존재한다고 오인하였다는 측면에서 존재하는 사실을 인식하지 못한 사실의 착오와 다르다(2018도16002 전합).

2. 사실의 착오의 원칙적 효과 [2023 변시]
- **사실의 착오의 원칙적 효과** : 사실의 착오의 원칙적으로 구성요건요소에 착오가 있는 경우에는 구성요건적 고의가 조각되어 고의범이 성립하지 않는다(제13조). 그러나 과실범에 해당하는 경우에는 과실범으로 처벌될 수 있다(제14조 참조).

3. 규범적 구성요건요소에 대한 착오

- 규범적 구성요건의 착오 : 규범적 구성요건요소에 대한 인식을 하지 못한 경우 즉 규범적 구성요건요소에 대한 착오의 취급에 대하여 논의가 있지만, 판례의 태도는 명확하지 않다. 다만, 절도죄와 관련된 일부 판례에서는 '재물의 타인성'인 규범적 구성요건의 착오의 경우에 고의를 조각시키고는 있으나 ① 범죄사실에 대한 인식이 있다고 할 수 없으므로 범의가 조각된다는 판례(평원 닭집 고양이 사건)와 ② 오인하는 데에 정당한 사유가 인정되는 한 절도의 범의를 인정할 수 없다는 판례(두부상자 사건)가 혼재하고 있어 그 체계적 지위와 관련하여 논의가 있다.

> ☐ **평원 닭집 고양이 사건** : 절도죄에 있어서 재물의 타인성을 오신하여 그 재물이 자기에게 취득(빌린 것)할 것이 허용된 동일한 물건으로 오인하고 가져온 경우에는 범죄사실에 대한 인식이 있다고 할 수 없으므로 범의가 조각되어 절도죄가 성립하지 아니한다(83도1762) (13 변시)(19 변시)(23 변시)

> ☐ **두부 상자 사건** : 절도의 범의는 타인의 점유하에 있는 타인소유물을 그 의사에 반하여 자기 또는 제3자의 점유 하에 이전하는 데에 대한 인식을 말하므로, 타인이 그 소유권을 포기하고 버린 물건으로 오인하여 이를 취득하였다면 이와 같이 오인하는 데에 정당한 사유가 인정되는 한 절도의 범의를 인정할 수 없다(88도971)

Ⅲ. 사실의 착오의 한계로서의 부합설

1. 사실의 착오의 태양

- **구체적 사실의 착오** : 인식한 사실과 발생한 사실이 **동일한 구성요건**에 해당하나 구체적 사실이 다른 착오이다. 예 甲을 살해하려 총을 쏘았으나 옆에 있던 乙을 사망시킨 경우
- **추상적 사실의 착오** : 인식한 사실과 발생한 사실이 **이종의 구성요건**에 해당하는 착오를 말한다. 예 甲을 살해하려 총을 쏘았으나 甲의 집의 골동품을 깨뜨린 경우
- **객체의 착오** : 행위대상을 잘못 인식한 착오로서, 동일성에 관한 착오라고 한다. 예 甲을 살해하려 하였으나 乙을 甲으로 착각하고 총을 쏘아 乙을 살해한 경우
- **방법의 착오(타격의 착오)** : 행위객체를 혼동한 것이 아니라 행위의 수단·방법이 잘못되어 의도하지 않은 대상에 결과가 발생한 경우를 말한다. 예 甲을 살해하려 총을 쏘았으나 옆에 있던 乙을 사망시킨 경우

2. 사실의 착오의 해결에 관한 학설 [2013 2차][2015 2차][2016 2차][2018 2차][2019 변시][2020 1차] [2023 변시]

> **爭點 004**
>
> ### 사실의 착오의 한계인 부합설 (13 변시)(22 변시)(24 변시)
>
> #### 1. 논의점
>
> 주관적으로 의도한 사실과 객관적으로 발생한 사실이 모두 범죄사실이지만 일치하지 않는 경우에 의도한 사실의 고의가 어느 정도 범위까지 발생한 결과의 고의로 전용될 수 있는지에 대하여 논의가 있다.
>
> #### 2. 견해의 대립
>
> ##### (1) 구체적 부합설
>
> 구체적 부합설은 행위자가 구체적으로 인식한 사실까지 고의의 성립을 인정하는 견해이다. 이에 의하면 객관적으로 발생한 사실이 구체적 사실의 착오 중 객체의 착오의 경우에만 고의가 인정되어 발생사실의 고의 기수범을 인정하게 된다. 이러한 견해는 ① 고의의 사실적 성격에 충실하여 인권보장을 잘 할 수 있다는 장점이 있으나 ② 고의기수의 인정범위가 너무 좁다는 비판이 있다.
>
> ##### (2) 법정적 부합설
>
> 법정적 부합설은 행위자가 인식한 범죄와 동가치가 인정되는 범위까지 고의의 성립을 인정하는 견해이다. 이에 의하면 객관적으로 발생한 사실이 구체적 사실의 착오라면 객체의 착오와 방법의 착오를 불문하고 발생사실에 대한 고의의 기수범이 성립하게 된다. 이러한 견해는 다시 구체적 사실의 착오의 범위를 놓고 ① 동일한 구성요건상의 착오만을 구체적 사실의 착오로 보는 구성요건적 부합설과 ② 동일한 구성요건상의 착오 이외에 구성요건이 다르더라도 죄질이 동일한 구성요건간의 착오를 구체적 사실의 착오로 보는 죄질부합설이 논의되고 있다. 이러한 견해는 일반인의 법감정에는 충실할 수 있는 장점이 있으나, ① 고의의 사실적 측면에 반한다는 점 ② 고의 내용의 구체성과 특정성에 반한다는 점 ③ 객체의 착오와 방법의 착오를 동일하게 취급하는 것은 부당하다는 비판이 있다.
>
> ##### (3) 추상적 부합설
>
> 추상적 부합설은 행위자의 반사회적 성격을 강조하는 주관주의 입장에서 주장되는 견해이다. 이에 의하면 ① 구체적 사실의 착오의 경우에는 객체의 착오이든 방법의 착오이든 불문하고 모두 발생사실의 고의 기수범을 인정하고 ② 추상적 사실의 착오의 경우에는 객체의 착오이든 방법의 착오이든 불문하고 경한 범죄와 중한 범죄로 구분한 후, 경한 범죄를 의도했을 때에는 경한 범죄의 기수와 중한 발생사실의 과실을 인정하고, 중한 범죄를 의도한 경우에는 중한 범죄의 미수와 경한 범죄의 기수로 처벌하자는 견해이다. 이러한 견해는 ① 극단적인 주관주의 입장이므로 인권보장에 반하고 ② 경한 범죄를 의도한 경우에는 결과발생이 없음에도 기수로 처벌하는 것은 일반 상식에 반하며 ③ 중한 범죄를 의도한 경우에는 고의가 수 개가 된다는 비판이 있으며 이 학설을 주장하는 사람은 현재는 거의 없어 보인다.

3. 판례의 태도

판례는 이른바 '형수 조카 사건'에서 '소위 타격의 착오가 있는 경우라 할지라도 행위자의 살인의 범의성립에 방해가 되지 않는다'라고 하여 **법정적 부합설**의 입장을 따르고 있다.

4. 검 토

생각건대 고의는 원칙적으로 심리적 사실이기는 하지만, 일반인의 법감정에 충실한 법정적 부합설이 타당하다.

5. 관련 판례

☐ **형수 조카 사건 :** 소위 타격의 착오가 있는 경우라 할지라도 행위자의 살인의 범의성립에 방해가 되지 않는다(83도2813)

3. 사실의 착오의 학설 정리

구 분		객체의 착오	방법의 착오
구체적 부합설	구체적 사실의 착오	발생사실의 기수	의도한 범죄의 미수 + 발생사실에 대한 과실
	추상적 사실의 착오	의도한 범죄의 불능미수 또는 불능범 + 발생사실의 과실	의도한 범죄의 미수 + 발생사실에 대한 과실
법정적 부합설	구체적 사실의 착오	발생사실의 기수	발생사실의 기수
	추상적 사실의 착오	의도한 범죄의 불능미수 또는 불능범 + 발생사실의 과실	의도한 범죄의 미수 + 발생사실에 대한 과실
추상적 부합설	구체적 사실의 착오	발생사실의 기수	발생사실의 기수
	추상적 사실의 착오	1. 중한 범죄를 의도했으나 경한 범죄가 발생된 경우 중한 죄의 미수 + 경한 죄의 기수 2. 경한 범죄를 의도했으나 중한 범죄가 발행한 경우 경한 죄의 기수 + 중한 죄의 과실	

☐ 사람을 살해할 목적으로 총을 발사한 이상 그것이 행위자가 인식했으나 목적하지 아니한 다른 사람에게 명중되어 사망의 결과가 발생하였더라도 사망한 자에 대한 살인죄의 고의가 인정된다. (22 1차)

☐ 甲이 상해의 의도로 식칼을 들어 A를 상대로 휘두르다가 이를 말리면서 식칼을 뺏으려던 B의 귀를 찔러 상해를 입힌 경우 甲의 행위는 B에 대한 과실치상죄가 아닌 고의에 의한 특수상해죄에 해당한다. (21 3차)

☐ 甲은 A를 살해하기 위해 총을 발사하였으나 총알이 빗나가서 그 옆에 있던 B가 맞아 사망하였다. 행위자가 인식한 사실과 발생한 결과가 동일한 구성요건에 해당하면 발생결과에 대한 고의기수를 인정하는 견해에 의하면 살인죄가 성립한다. (23 3차)

☐ 甲은 층간 소음문제로 다툼이 있어 보복 차원에서 C의 자동차 전면 유리를 파손시키기 위해 벽돌을 집어 던졌으나 빗나가 마침 자동차 옆에 있던 C의 머리에 맞아 전치 4주의 상해를 입었다. 행위자가 인식한 사실과 발생한 결과가 구체적으로 부합하는 경우에만 발생결과에 대한 고의기수를 인정하는 견해에 의하면 재물손괴죄의 미수범과 과실치상죄의 상상적 경합범이 성립한다. (23 3차)

☐ 甲은 층간 소음문제로 다툼이 있어 보복 차원에서 C의 자동차 전면 유리를 파손시키기 위해 벽돌을 집어 던졌으나 빗나가 마침 자동차 옆에 있던 C의 머리에 맞아 전치 4주의 상해를 입었다. 행위자가 인식한 사실과 발생한 결과가 동일한 구성요건에 해당하면 발생결과에 대한 고의기수를 인정하는 견해에 의하면 재물손괴죄의 미수범과 과실치상죄의 상상적 경합범이 성립한다. (23 3차)

☐ 甲은 평소 직장내에서 폭언을 일삼으며 괴롭히던 D를 살해하기로 결심하고 골목에서 기다리던 중 외모가 비슷한 D의 쌍둥이 동생 E가 나타나자 E를 D로 오인하고 총격을 가하여 살해하였다. 행위자가 인식한 사실과 발생한 결과가 구체적으로 부합하는 경우에만 발생결과에 대한 고의기수를 인정하는 견해에 의하면 살인죄가 성립한다. (23 3차)

☐ 甲이 상해의 고의로 A에게 쇠파이프를 휘둘렀으나 A가 피하는 바람에 그 옆에 있던 공기청정기가 파손된 경우, 법정적 부합설에 의하면 특수상해미수죄만 성립한다. (23 2차)

☐ 상해의 고의로 사람에게 돌을 던졌으나 빗나가서 그 사람 옆에 주차되어 있던 자동차 앞 유리에 맞아 유리가 파손되었다면 상해미수죄로 처벌된다. (22 3차)

4. 로오제 – 로자알(Rose–Rosahl) 사건(교사의 착오) [2013 2차][2015 2차][2016 2차][2018 2차] [2019 변시][2020 1차][2023 3차]

爭點 005

로오제 – 로자알 사건(교사의 구체적 사실의 착오) : 로자알(A)은 로오제(B)에게 금품제공을 약속하고 정하여진 시각에 숲속을 지나던 슈리이베(C)를 살해하라고 교사하였다. 로오제는 그 시각에 숲속을 지나던 사람을 살해하였으나 살해된 사람은 슈리이베가 아닌 하이니슈(D)였다. 로자알(A)과 로오제(B)의 형사책임은?

1. 논의점

사안에서 로오제(B)는 구체적 사실의 착오 중 객체의 착오를 범하고 있으므로 어떠한 부합설에 따르더라도 하이니슈(D)에 대한 살인기수죄의 죄책을 부담한다. 다만, 로자알(A)의 경우에는 어떠한 죄책을 부담하느냐에 대하여 논의가 있다.

2. 견해의 대립

이에 대하여 ① 법정적 부합설은 구체적 사실의 착오의 경우에는 객체의 착오와 방법의 착오의 효과가 동일하므로 발생사실인 살인기수의 교사범으로서의 책임을 인정하지만 ② 구체적 부합설은 ㉠ 의도한 객체에 대한 살인미수죄의 교사범과 발생사실에 대한 단독의 과실치사의 상상적 경합을 인정하는 견해 ㉡ 의도한 객체에 대한 살인미수죄의 교사범만 인정하는 견해 ㉢ 발생사실에 대한 살인기수의 교사의 책임을 인정하는 견해가 대립하고 있다.

3. 검토

생각건대 로오제 – 로자알 사건은 구체적 부합설에 의하면 어떠한 견해를 따르더라도 일정한 비판이 따를 수밖에 없으므로 보다 간명하고 일반인의 법감정에 충실한 법정적 부합설이 타당하다. 이 사건에 대하여 프로이센 대법원은 로오제에게 살인기수를 인정하고, 로자알에게도 살인기수의 교사범을 인정하였다. 이는 법정적 부합설과 유사한 결론이다.

☐ 동일한 구성요건 간의 착오의 해결에 대한 법정적 부합설의 입장에서는 피교사자가 객체의 착오를 일으킨 경우에도 교사자에게 발생한 결과에 대한 고의기수의 교사범 성립을 인정한다. (22 2차)

Ⅳ. 형법 제15조 제1항의 문제

1. 제15조 제1항의 적용

- 제15조 (사실의 착오) ① 특별히 무거운 죄가 되는 사실을 인식하지 못한 행위는 무거운 죄로 벌하지 아니한다.
- 제15조 제1항의 해석 : 보통살인을 의도하였으나 존속살해죄를 범한 경우 학설은 일반적으로 제15조 제1항을 적용하여 존속살해죄의 고의가 조각되어 보통살인죄가 성립한다고 보고 있다. (24 변시)

2. 제15조 제1항의 반전된 사례의 적용 [2020 3차][2023 변시]

> **爭點 006**
>
> #### 존속살해의 고의로 보통살인죄를 범한 경우
>
> **1. 논의점**
>
> 제15조 제1항의 반전된 사례인 존속살해의 고의로 보통살인죄가 발생한 경우에 대한 처리에 대하여 논의가 있다.
>
> **2. 견해의 대립**
>
> 이에 대하여는 ① 발생사실인 보통살인죄만 성립한다는 견해 ② 존속살해죄의 불능미수와 과실치사죄의 상상적 경합이 성립한다는 견해 ③ 존속살해죄의 불능미수와 보통살인죄의 기수의 상상적 경합이 성립한다는 견해 등이 대립하고 있다.
>
> **3. 검 토**
>
> 생각건대 사안의 경우에 최소한 보통살인죄의 기수책임은 인정하여야 하며, 존속을 살해하려고 한 부분에 대한 평가도 고려되어야 한다. 이러한 점에서 존속살해의 불능미수와 보통살인죄의 기수의 상상적 경합설이 타당하다.

V. 인과과정의 착오

인과과정의 착오(인과관계의 착오)

1. 인과과정의 착오의 의의

(1) 개 념

행위자가 주관적으로 의도한 결과와 객관적으로 발생한 결과가 일치하지만, 행위자가 인식·예견한 과정과 다른 과정을 거쳐서 범죄결과가 발생한 경우를 말한다. 예를 들면 다리 위에서 사람을 익사시키려고 밀었는데 피해자가 다리에서 떨어지면서 교각에 머리가 부딪혀 죽은 경우이다.

(2) 인과관계의 착오를 논하는 실익

일반적으로 논의하는 인과관계의 착오는 인과과정의 착오를 말하므로 다른 구성요건요소의 착오와는 달리 고의가 존재한다는 점을 전제로 하여 발생결과에 대한 기수인가 미수인가만을 논하는 것이다. 즉, 인과관계의 착오를 논하는 실익은 실행의 착수 이후에 다른 인과과정을 통하여 결과가 발생한 경우에 인과관계를 인정하여 기수를 인정할 것인가 아니면 인과관계를 부정하여 미수만을 인정할 것인가에 있는 것이다.

2. 인과과정의 착오의 해결에 대한 견해대립

인과과정의 착오의 해결에 대하여는 ① 인과과정이 본질적으로 다른 경우에는 미수로 취급하고, 인과과정이 비본질적으로 다른 경우에는 기수로 취급하는 인과과정의 상위(相違)기준설과 ② 행위자가 의도한 인과관계와 발생한 인과관계가 일반인의 관점에서 행위자에게 객관적으로 귀속시킬 수 있느냐 여부에 따라 미수와 기수를 구별하자는 객관적 귀속설 등이 대립하고 있다.

생각건대 각 학설들의 실제적 치이는 크지 않으므로 큰 구별실익은 없다. 다만, 개괄적 고의 사례의 해결을 위한 학설 대립의 전제로서 의미가 있을 뿐이다.

Ⅵ. 개괄적 고의와 개괄적 과실

1. 개괄적 고의 [2014 2차][2020 변시][2020 3차]

爭點 008

개괄적 고의 사례의 해결

1. 논의점

개괄적 고의란 행위자가 제1의 행위에 의하여 의도한 결과가 발생했다고 생각했으나, 실제로는 제1의 행위에 의하여 의도된 결과가 발생한 것이 아니라 연속된 제2, 3의 행위에 의하여 제1의 행위시에 의도한 결과가 발생한 경우를 말한다. 이러한 경우의 처리를 두고 논의가 있다.

2. 견해의 대립

이에 대하여는 ① 제1행위와 제2행위에 대해 하나의 고의를 인정하여 발생사실의 기수를 인정하자는 **개괄적 고의설** ② 제1행위의 미수와 제2행위에 대한 과실의 실체적 경합으로 처벌하자는 **미수설** ③ 개괄적 고의의 사례를 인과관계의 착오의 특별유형으로는 보는 **인과관계의 특수유형설** ④ 개괄적 고의의 사례는 객관적 귀속의 문제로 해결하여야 한다는 **객관적 귀속설** 등이 대립하고 있다.

3. 판례의 태도

판례는 소위 '배우자 희롱 사건'에서 '피해자가 피고인들의 살해의 의도로 행한 구타행위에 의하여 직접 사망한 것은 아니라 죄적을 인멸할 목적으로 행한 매장행위에 의하여 사망하게 되었다 하더라도 전과정을 개괄적으로 보면 피해자의 살해라는 처음에 예견된 사실이 결국은 실현된 것으로서 피고인들은 살인죄의 죄책을 면할 수 없다'라고 하여 개괄적 고의를 인정하고 있다.

4. 검토

생각건대 개괄적 고의사례에서의 제2의 행위는 일반적으로 제1의 행위를 할 때 예견된 경우이므로 일반인의 법감정에 충실하기 위하여 개괄적 고의를 긍정하는 개괄적 고의설이 타당하다.

5. 관련 판례

☐ **배우자 희롱 사건** : 개괄적 고의를 긍정한 판례(88도650) (13 변시)(14 변시)(16 변시)(17 변시)(24 변시)(22 1차)

---

2. 개괄적 과실

개괄적 과실 사례의 해결

1. 논의점

결과적 가중범에 있어서 제1의 고의행위에서 중한 결과가 발생하지 않았음에도 중한 결과가 발생한 것으로 오인하여 제2의 행위를 한 결과 제1의 행위에서 발생하지 않았던 중한 결과가 실현되었을 때 이를 단일의 결과적 가중범으로 처벌하는 것을 개괄적 과실이라고 한다. 이러한 개괄적 과실을 인정할 것인지에 대하여 논의가 있다.

2. 견해의 대립

이에 대하여는 ① 개괄적 과실사례를 전체적으로 보아 기본범죄인 제1행위와 제2행위에 의한 중한 결과를 포괄하여 단일의 결과적 가중범의 성립을 인정하는 **긍정설**과 ② 개괄적 과실사례를 개별적으로 분리하여 제1의 행위에 대한 고의범과 제2행위에 대한 과실범의 실체적 경합범으로 보아 결과적 가중범의 성립을 부정하는 **부정설**의 대립이 있다.

3. 판 례

판례는 '자살위장사건'에서 '피고인의 구타행위로 상해를 입은 피해자가 정신을 잃고 빈사상태에 빠지자 사망한 것으로 오인하고, 자신의 행위를 은폐하고 피해자가 자살한 것처럼 가장하기 위하여 피해자를 베란다 아래의 바닥으로 떨어뜨려 사망케 하였다면, 피고인의 행위는 포괄하여 단일의 상해치사죄에 해당한다'라고 하여 **개괄적 과실을 긍정**하고 있다.

4. 검 토

생각건대 결과적 가중범과 관련된 개괄적 과실 사례의 경우에 제1의 행위이외에 제2의 행위에 의하여 제1의 행위를 통하여 발생할 수 있는 전형적 위험이 실현된 것이기는 하지만, 이는 단일의 행위에 의하여 전형적 위험이 발생된 것과 큰 차이가 없으므로 개괄적 과실을 인정하여 결과적 가중범으로 처벌하는 것이 타당하다.

5. 관련 판례

☐ **자살위장 사건** : 개괄적 과실을 긍정한 판례(94도2361) (13 변시)(14 변시)(19 변시) (22 변시)(21 1차)(21 3차)

제3장 | 위법성

제1절 | 위법성 서론

Ⅰ. 위법성의 의의

- **위법성의 개념** : 구성요건에 해당하는 행위에 대하여 법질서 전체의 관점에서 객관적으로 행하여지는 부정적 가치판단을 말한다.

Ⅱ. 위법성의 이론

- **주관적 위법성론** : 규범의 개인적 측면인 행위규범 및 의사결정규범성을 강조하여 스스로의 의사를 결정할 수 있는 자만이 위법한 행위를 할 수 있다고 보는 견해이다.
- **객관적 위법성론** : 규범의 사회적 측면인 평가규범 및 재판규범성을 강조하여 사회가 보호하는 법익이나 가치가 침해되는 경우에는 위법하다고 보는 견해이다.
- **객관적 위법성론의 의미의 변천** : 고전적 범죄체계에서는 평가대상의 객관이라는 의미였지만, 목적적 범죄체계이후에는 평가방법의 객관이라는 의미로 변화된다.

Ⅲ. 위법성조각사유의 일반원리

- **결과반가치적인 측면** : 구성요건에 해당하는 행위가 위법성이 조각되기 위해서는 객관적 구성요건해당 행위에서 추정된 결과반가치를 탈락시켜야 한다. 따라서 위법성이 조각되는 행위는 구성요건에 해당하는 행위이지만 ① 법익을 침해하지 않거나(타인을 살해하려는 사람을 살해하는 경우) ② 보다 더 큰 법익을 위하여 작은 법익을 침해하는 행위(자기의 생명을 구하기 위하여 타인의 주거에 침입하는 행위)이어야 한다.
- **행위반가치적인 측면관적 위법성론** : 구성요건에 해당하는 행위가 위법성이 조각되기 위해서는 주관적 구성요건해당 행위에서 추정된 행위반가치를 탈락시켜야 한다. 따라서 위법성이 조각되는 행위는 구성요건에 해당하는 행위이지만 반윤리적 내지는 반사회적인 행위가 아니어야 한다.

Ⅳ. 주관적 정당화요소

- **주관적 정당화요소의 의의** : 위법성이 조각되기 위한 주관적 요소를 주관적 정당화요소라 한다. 이러한 주관적 정당화요소가 필요한지에 대하여 논의가 있었으나, 현재는 필요하다는 것으로 확립되어 있다.

☐ **주관적 정당화요소가 필요하다고 본 판례** : 긴급피난이 성립하기 위하여는 행위자에게 피난의 의사가 있어야 할 것인데, 기록에 의하면 피고인들이 병력을 동원한 것은 위난을 피할 의사에 의한 것이 아니고 반란목적을 달성할 의도에 의한 것이라고 보이므로, 피고인들에게 피난의 의사가 있었다고도 할 수 없다(96도3376 전합) (12 변시)(24 변시)

- **주관적 정당화요소의 내용** : 주관적 정당화요소의 내용에 대하여 논의가 있었으나, 현재는 인식과 의사로 이루어진다는 것으로 확립되어 있다.

Ⅴ. 주관적 정당화요소를 결한 경우의 효과 [2015 3차][2017 3차][2020 1차][2021 변시][2022 3차][2023 1차]

┌───

爭點 010

우연방위의 해결

1. 논의점

우연방위란 위법성조각사유의 객관적 요건은 충족되었지만 행위자가 그러한 객관적 상황에 대한 인식 내지 자신의 행위를 정당화시키려는 의사없이 행위한 경우를 말한다. 이러한 우연방위의 해결을 두고 논의가 있다.

2. 견해의 대립

이에 대하여는 ① 주관적 정당화요소는 필요없다는 입장(결과반가치 일원론)에서 우연방위는 결과반가치가 없으므로 무죄라는 **무죄설** ② 주관적 정당화요소가 필요하다는 입장(행위반가치 일원론)에서 우연방위는 정당방위가 성립하지 않고 행위반가치는 기수범과 차이가 없으므로 기수가 된다는 **기수설** ③ 주관적 정당화요소가 필요하다는 입장(불법이원론)에서 우연방위는 정당방위가 성립될 수 없으나 결과반가치가 축소되어 불능미수가 성립된다는 **불능미수설**이 대립하고 있다.

3. 검토

생각건대 합일태적 범죄체계를 전제로 할 때 우연방위는 주관적 정당화요소가 결여되어 위법하지만, 객관적 정당화상황의 존재로 인하여 결과반가치가 축소되므로 불능미수범만 인정하는 불능미수범설이 타당하다.

└───

☐ 위법성을 조각하기 위한 행위에 주관적 정당화요소가 필요하지 않다는 견해에 따르면 버스기사의 운전을 방해하여 버스정류장에 연착하게 만들었는데, 이로 인해 마침 도착예정 시각에 발생한 주유소 폭발사고를 우연히 피하게 만든 경우에는 위법성이 조각된다. (21 3차)

□ 손괴죄의 구성요건에 해당하지만 우연피난을 한 甲의 행위에 대하여 행위반가치만을 고려하여 불법의 본질을 파악하면 甲이 기수라는 결론에 도달할 수 있다. (23 2차)

□ 손괴죄의 구성요건에 해당하지만 우연피난을 한 甲의 행위에 대하여 甲이 무죄라는 견해에 대해서는 주관적 정당화사유가 있는 경우와 없는 경우를 동일하게 취급한다는 비판을 제기할 수 있다. (23 2차)

□ 손괴죄의 구성요건에 해당하지만 우연피난을 한 甲의 행위에 대하여 甲에게 손괴죄의 기수범이 성립한다고 보는 견해는 위법성조각사유가 성립하기 위해서는 객관적 요건과 주관적 요건이 모두 충족되어야 한다고 본다. (23 2차)

□ 손괴죄의 구성요건에 해당하지만 우연피난을 한 甲의 행위에 대하여 甲에게 손괴죄의 불능미수범이 성립한다고 보는 견해에 대해서는 구성요건적 결과가 발생하였음에도 불구하고 미수에 불과하다고 하는 것은 부당하다는 비판을 제기할 수 있다. (23 2차)

□ 손괴죄의 구성요건에 해당하지만 우연피난을 한 甲의 행위에 대하여 결과반가치만을 고려하여 불법의 본질을 파악하면 甲에게 무죄가 성립한다는 결론에 도달할 수 있다. (23 2차)

제2절 | 정당방위

I. 정당방위의 의의

- **정당방위의 의의** : 정당방위란 자기 또는 타인의 법익에 대한 현재의 부당한 침해를 방위하기 위한 상당한 이유가 있는 행위를 말한다.

II. 정당방위의 성립요건

- **정당방위의 성립요건** : 정당방위가 성립되기 위해서는 객관적 요소로 ① 자기 또는 타인의 법익에 대한 현재의 부당한 침해(정당방위 상황)이 있고 ② 그 침해를 방위하기 위한 행위(방위행위)가 있어야 하며 ③ 방위행위는 상당한 이유(상당성)가 있어야 한다. 그리고 주관적 요소로 ④ 주관적 정당화요소가 필요하다. [2017 변시]

1. 정당방위상황

- **자기 또는 타인의 법익** : 자기란 방위행위자 자신을 말하며, 타인이란 방위행위자 이외의 자연인 · 법인 · 법인격 없는 단체 · 사법상 권리 · 의무의 귀속주체인 국가를 말한다. 타인의 개인적 법익에 대한 정당방위를 특히 긴급구조라 한다.

  > ☐ **긴급구조 사건** : 자기의 법익뿐 아니라 타인의 법익에 대한 현재의 부당한 침해를 방위하기 위한 행위도 상당한 이유가 있으면 형법 제21조의 정당방위에 해당하여 위법성이 조각된다(2013도2168)

- **침해의 현재성** : 침해의 현재성이 인정되는 경우는 법익에 대한 ① 침해행위가 목전에 임박한 경우 ② 침해행위가 현재 진행 중인 경우 ③ 침해행위가 기수는 되었으나 종료되지 않은 경우이다.

  > ☐ **배척(속칭 빠루) 사건** : 피해자의 침해행위에 대하여 자기의 권리를 방위하기 위한 부득이한 행위가 아니고, 그 침해행위에서 벗어난 후 분을 풀려는 목적에서 나온 공격행위는 정당방위에 해당한다고 할 수 없다(96도241)

- **예방적 정당방위** : 예방적 정당방위란 장차 예견되는 침해에 대하여 아직 그 침해가 없음에도 불구하고 미리 예방적 차원에서 방위행위를 하는 것을 말한다. 실효적 방위시설에 의하면 현재성이 인정될 수 있겠으나, 미수근접예비설에 의하면 예방적 정당방위는 현재성이 결여되어 정당방위를 인정할 수 없게 된다. [2020 2차]

- **지속적 위난의 현재성 인정여부** : 이른바 '지속적 위난'이란 과거부터 침해가 줄곧 있어 왔고 또 그러한 침해가 반복하여 계속될 염려가 있는 상황을 말한다. 이러한 지속적 위난에 대하여 정당방위의 현재성을 긍정할 것인지에 대하여 ① 단순히 이전까지 없던 침해행위가 예상되는 것이 아니라 계속되어 온 침해행위였기 때문에 침해의 현재성을 긍정해야 한다는 긍정설도 있지만, ② 다수설은 정당방위의 침해의 현재성은 엄격하게 해석되어야 하므로 현재성을 부정하는 부정설의 입장이다. 이에 대해 판례는 소위 '김보은양 사건'에서 지속적 위난의 경우에도 현재성을 인정하는 듯한 판시를 하고 있어 논란이 되고 있다.

  > ☐ **김보은양 사건** : 피고인 김△은이 약 12살때부터 의붓아버지인 피해자의 강간행위에 의하여 정조를 유린당한 후 계속적으로 이 사건 범행 무렵까지 피해자와의 성관계를 강요 받아왔고, 그 밖에 피해자로부터 행동의 자유를 간섭받아 왔으며, 또한 그러한 침해행위가 그 후에도 반복하여 계속될 염려가 있었다면, 피고인들의 이 사건 범행당시 피고인 김△은의 신체나 자유 등에 대한 현재의 부당한 침해상태가 있었다고 볼 여지가 없는 것은 아니나, 그렇다고 하여도 판시와 같은 경위로 이루어진 피고인들의 이 사건 살인행위가 형법 제21조 소정의 정당방위나 과잉방위에 해당한다고 하기는 어렵다(92도2540)

- **부당한 침해(침해의 부당성)** : 부당한 침해란 위법한 침해, 즉 침해행위가 객관적으로 전체의 법질서에 위반됨을 의미한다.

□ **정당한 침해 사건** : 어떠한 행위가 정당방위로 인정되려면 그 행위가 자기 또는 타인의 법익에 대한 현재의 부당한 침해를 방어하기 위한 것으로서 상당성이 있어야 하므로, 위법하지 않은 정당한 침해에 대한 정당방위는 인정되지 않는다(2013도2168)

□ **위법한 현행범체포 사건** : 경찰관이 피고인을 체포한 행위는 적법한 공무집행이라고 볼 수 없고, 피고인이 체포를 면하려고 반항하는 과정에서 상해를 가한 것은 불법체포로 인한 신체에 대한 현재의 부당한 침해에서 벗어나기 위한 행위로서 정당방위에 해당한다는 이유로, 피고인에 대한 상해 및 공무집행방해의 공소사실을 무죄로 인정한 원심판단을 수긍한 사례(2011도3682) [2016 3차](18 변시)

□ **자진출석자 긴급체포 사건** : 검사가 참고인 조사를 받는 줄 알고 검찰청에 자진출석한 변호사사무실 사무장을 합리적 근거 없이 긴급체포하자 그 변호사가 이를 제지하는 과정에서 위 검사에게 상해를 가한 것이 정당방위에 해당한다고 본 사례(2006도148) (12 변시)(23 2차)

• **싸움과 정당방위** : 싸움의 경우에는 **원칙적으로** 정당방위가 인정되지 않는다. 왜냐하면 싸움은 ① 상호간의 침해를 유발한 것이며 ② 일방만이 위법한 침해라고 할 수 없고 ③ 방위의사가 아닌 공격의사를 가지고 있기 때문이다. 그러나 **예외적으로** 싸움도중에 일방이 당연히 예상할 수 있는 정도를 초과한 경우에는 이에 대하여 정당방위가 가능하다.

□ **싸움과 정당방위** : 싸움과 같은 일련의 상호투쟁 중에 이루어진 구타행위는 서로 상대방의 폭력행위를 유발한 것이므로 정당방위가 성립되지 않는다(95도2945) (14 변시)(22 변시)

□ **싸움 중 예상 초과한 사건** : 싸움을 함에 있어서 격투를 하는 자 중의 한사람의 공격이 그 격투에서 당연히 예상할 수 있는 정도를 초과하여 살인의 흉기 등을 사용하여온 경우에는 이를 '부당한 침해'라고 아니할 수 없으므로 이에 대하여는 정당방위를 허용하여야 한다고 해석하여야 할 것이다(68도370)

• **외관상으로 싸움으로 보이는 경우**

□ **외관상 격투 사건** : 외관상 서로 격투를 하는 것처럼 보이는 경우라고 할지라도 실지로는 한쪽 당사자가 일방적으로 불법한 공격을 가하고 상대방은 이러한 불법한 공격으로부터 자신을 보호하고 이를 벗어나기 위한 저항수단으로 유형력을 행사한 경우라면, 그 행위가 적극적인 반격이 아니라 소극적인 방위의 한도를 벗어나지 않는 한 그 행위에 이르게 된 경위와 그 목적수단 및 행위자의 의사 등 제반 사정을 비추어 볼 때 사회통념상 허용될만한 상당성이 있는 행위로서 위법성이 조각된다고 보아야 할 것이다(99도3377) (14 변시)(17 변시)

□ 자신의 남편과 甲이 불륜을 저지른 것으로 의심한 乙이 이를 따지기 위해 아들과 함께 甲의 집 안으로 들어가서 아들과 합세하여 甲을 구타하자 甲이 그로부터 벗어나기 위해 손을 휘저으며 발버둥치는 과정에서 乙에게 상해를 가한 경우, 甲의 행위의 위법성이 조각되지 않는다(99도3377) (23 2차)

2. 방위행위

• **방위행위의 의의** : 방위행위란 부당한 침해를 벗어나기 위한 행위를 말하며, 그 행위가 구성요건에 해당하여야 한다.

□ **적극적인 반격행위도 방위행위에 포함된다는 판례** : 정당방위가 성립하려면 침해행위에 의하여 침해되는 법익의 종류, 정도, 침해의 방법, 침해행위의 완급과 방위행위에 의하여 침해될 법익의 종류, 정도 등 일체의 구체적 사정들을 참작하여 방위행위가 사회적으로 상당한 것이어야 하고, 정당방위의 성립요건으로서의 방어행위에는 순수한 수비적 방어뿐 아니라 적극적 반격을 포함하는 반격방어의 형태도 포함되나, 그 방어행위는 자기 또는 타인의 법익침해를 방위하기 위한 행위로서 상당한 이유가 있어야 한다(92도2540) (12 변시)

3. 상당한 이유

• **상당한 이유** : 상당한 이유란 방위행위가 사회상규에 비추어 상당한 정도를 넘지 아니하고 당연시되는 것으로 방위의 필요성과 방위행위에 대한 사회윤리적 제한이 포함되는 것으로 본다.

□ **상당한 이유의 판단** : 방위행위가 사회적으로 상당한 것인지는 침해행위에 의해 침해되는 법익의 종류와 정도, 침해의 방법, 침해행위의 완급, 방위행위에 의해 침해될 법익의 종류와 정도 등 일체의 구체적 사정들을 참작하여 판단하여야 한다(2013도2168)

□ **3분간 누른 사건** : 피해자가 피고인 운전의 차량 앞에 뛰어 들어 함부로 타려고 하자 이에 항의하는 피고인의 바지춤을 잡아 당겨 찢고 피고인을 끌고 가려다가 넘어지자, 피고인이 피해자의 양 손목을 경찰관이 도착할 때까지 약 3분간 잡아 누른 경우는 정당방위에 해당한다(99도943) (20 변시)

□ A가 후보자 합동연설회장에서 甲에 관해 적시한 내용이 명예훼손에 해당하나 「형법」 제310조에 의하여 그 위법성이 조각됨에도 불구하고 甲이 A의 연설을 방해한 경우 甲에게는 정당방위가 인정되지 않아 범죄가 성립한다(2003도3606) (22 1차)

4. 주관적 정당화요소

Ⅲ. 정당방위의 효과 : 위법성 조각

제3절 | 긴급피난

I. 긴급피난의 의의

- 긴급피난의 개념 : 긴급피난이란 자기 또는 타인의 법익에 대한 현재의 위난을 피하기 위한 상당한 이유가 있는 행위를 말한다.

II. 긴급피난의 성립요건

- 긴급피난의 성립 요건 : 긴급피난이 성립되기 위해서는 객관적 요소로 ① 자기 또는 타인의 법익에 대한 현재의 위난(긴급피난 상황)이 있고 ② 그 위난을 피하기 위한 행위(피난행위)가 있어야 하며 ③ 피난행위는 상당한 이유(상당성)가 있어야 한다. 그리고 주관적 요소로 ④ 주관적 정당화요소가 필요하다.

1. 긴급피난 상황

- 자기 또는 타인의 법익 : 긴급피난으로 보호되는 법익은 법에 의하여 보호되는 자기 또는 타인의 모든 법익이다.
- 현재성 : 긴급피난의 상황으로서의 현재성이란 이미 발생한 위난상태에 처해있거나 위난의 발생이 거의 확실할 것으로 예상되는 경우를 말한다. 긴급피난은 **예측개념을 포함**하고 있으므로 현재성의 범위가 정당방위보다 넓으므로 지속적 위난의 경우에도 현재성이 인정된다.
- 위난의 원인 : 현재의 위난만 있으면 족하며 위난이 위법할 것을 요하지 않는다.
- 자초위난 : 자초위난은 현재의 위난이 피난자의 책임있는 사유로 발생한 경우를 말한다. 이에 대하여는 ① 긴급피난을 할 수 없다는 **부정설**도 있지만, ② 현재의 다수설과 판례는 상당성이 인정되는 한 가능하다고 보는 **긍정설**의 입장이다.

> □ **샤클 사건** : 선박의 이동에도 새로운 공유수면 점용허가가 있어야 하고 휴지선을 이동하는데는 예인선이 따로 필요한 관계로 비용이 많이 들어 다른 해상으로 이동을 하지 못하고 있는 사이에 태풍을 만나게 되고 그와 같은 위급한 상황에서 선박과 선원들의 안전을 위하여 사회통념상 가장 적절하고 필요불가결하다고 인정되는 조치를 취하였다면 형법상 긴급피난으로서 위법성이 없어서 범죄가 성립하지 아니한다고 보아야 하고 미리 선박을 이동시켜 놓아야 할 책임을 다하지 아니함으로써 위와 같은 긴급한 위난을 당하였다는 점만으로는 긴급피난을 인정하는 데 아무런 방해가 되지 아니한다(85도221) (14 변시)(18 변시)

□ 강간범이 손가락 깨물린 사건 : 피고인이 스스로 야기한 강간 범행의 와중에서 피해자가 피고인의 손가락을 깨물며 반항하자 물린 손가락을 비틀며 잡아 뽑다가 피해자에게 치아결손의 상해를 입힌 소위를 가리켜 법에 의하여 용인되는 피난행위라 할 수 없다(94도2781) [2018 3차](22 변시)(21 3차)

2. 피난행위

- **피난행위의 의의** : 긴급피난에서의 피난행위란 현재의 위난을 모면하기 위한 행위를 말하며, 이러한 피난행위 구성요건에 해당하여야 한다.

3. 상당성

- **보충성의 원칙** : 긴급피난이 성립하기 위해서는 피난행위가 달리 피할 방법이 없어 위난에 처한 법익을 보호하기 위한 유일한 수단이어야 하고, 부득이 피난행위를 하는 경우에도 여러 방법이 있을 경우 피해자에게 가장 경미한 피해를 주는 방법을 택해야 한다.

> □ 긴급피난과 자구행위에 의한 위법성조각을 위해서는 공통적으로 상당한 이유가 있는 것으로 평가되어야 하고, 상당한 이유가 있는 것으로 평가받기 위해서는 공통적으로 보충성의 원칙이 적용되어야 한다. (22 3차)

- **법익균형성의 원칙** : 피난행위에 의하여 보호되는 이익은 침해되는 이익보다 본질적으로 우월한 이익이어야 하는 원칙을 말한다.

- **수단의 적합성의 원칙** : 피난행위가 피난 목적에 적합하고, 사회상규에 위배되지 않는 수단에 의해 이루어져야 한다는 원칙을 수단의 적합성의 원칙 내지는 실질적 상당성의 원칙이라고 한다.

> □ 판례에서의 긴급피난의 상당성 요건 : 여기서 '상당한 이유 있는 행위'에 해당하려면, 첫째 피난행위는 위난에 처한 법익을 보호하기 위한 유일한 수단이어야 하고, 둘째 피해자에게 가장 경미한 손해를 주는 방법을 택하여야 하며, 셋째 피난행위에 의하여 보전되는 이익은 이로 인하여 침해되는 이익보다 우월해야 하고, 넷째 피난행위는 그 자체가 사회윤리나 법질서 전체의 정신에 비추어 적합한 수단일 것을 요하는 등의 요건을 갖추어야 한다(2014도2477) (17 변시)(18 변시)

4. 주관적 정당화 요소 : 피난의사

Ⅲ. 효과 : 위법성 조각

Ⅳ. 긴급피난의 특칙

- **원칙과 예외** : 제22조 제2항에서 '위난을 피하지 못할 책임 있는 자에게는 긴급피난이 허용되지 않는다'고 규정하고 있다. 이 규정은 특별한 의무지위에 있는 자들은 일반적인 높은 감수의무가 있으므로 일반적인 긴급피난을 제한하려는데 목적이 있다. 다만, 위난을 피하지 못할 책임 있는 자라도 예외적인 경우에는 긴급피난이 허용될 수 있다.

제4절 | 의무의 충돌

☐ 부작위의무와 부작위의무를 동시에 이행해야 할 경우는 의무의 충돌에 해당하지 않는다. (21 3차)

제5절 | 자구행위

Ⅰ. 자구행위의 의의

- **자구행위의 의의** : 자구행위란 법률에서 정한 절차에 따라서는 청구권을 보전할 수 없는 경우에 그 청구권의 실행이 불가능해지거나 현저히 곤란해지는 상황을 피하기 위하여 한 행위는 상당한 행위를 말한다.

Ⅱ. 자구행위의 성립요건

- **자구행위의 성립요건** : 자구행위가 성립하기 위해서는 객관적 요건으로 ① 법률에서 정한 절차에 따라서는 청구권을 보전할 수 없는 경우일 것 ② 청구권의 실행이 불가능해지거나 현저히 곤란해지는 상황을 피하기 위한 행위일 것 ③ 상당한 이유가 있을 것이라는 세 가지 요건이 갖추어져야 한다. 그리고 주관적 요건으로 ④ 주관적 정당화요소가 필요하다.

☐ **석고상 사건** : 피고인이 피해자에게 석고를 납품한 대금을 받지 못하고 있던 중 피해자가 화랑을 폐쇄하고 도주하자, 피고인이 야간에 폐쇄된 화랑의 베니아판 문을 미리 준비한 드라이버로 뜯어내고 피고인의 물건을 몰래 가지고 나왔다면, 위와 같은 피고인의 강제적 채권추심 내지 이를 목적으로 하는 물품의 취거행위를 형법 제23조 소정의 자구행위라고 볼 수 없다(84도2582) (21 3차)

□ **아스팔트를 걷어낸 것 사건** : 인근 상가의 통행로로 이용되고 있는 토지의 사실상 지배권자가 위 토지에 철주와 철망을 설치하고 포장된 아스팔트를 걷어냄으로써 통행로로 이용하지 못하게 한 경우, 이는 일반교통방해죄를 구성하고 자구행위에 해당하지 않는다고 한 사례(2007도7717) (14 변시)

Ⅲ. 자구행위의 효과 : 위법성 조각

제6절 ┃ 피해자의 승낙

Ⅰ. 피해자의 동의

- 범죄가 성립하고 형의 감경도 되지 않는 경우 : 미성년자의제강간죄, 피구금자간음죄 등
- 범죄가 성립하지만 형이 감경되는 경우 : 살인죄에 대한 촉탁·승낙살인죄 등
- 구성요건해당성을 배제하는 경우(양해) : 상해죄를 제외한 일반적인 경우로서 절도죄, 강간죄, 주거침입죄 등
- 구성요건에 해당하지만 위법성이 조각되는 경우(피해자의 승낙) : 상해죄 등

Ⅱ. 양 해

- 양해의 의의 : 양해란 구성요건의 의미·내용·보호법익 등을 고려하여 피해자의 의사에 반한 행위만이 형법적 의미를 가지며, 동의가 있는 경우에는 애당초 행위의 구성요건해 당성이 배제되는 경우를 말한다.
- 하자있는 양해의 효력 : 개별적 검토설의 입장에서는 ① 자연적 의사능력으로 족한 범죄 는 하자있는 양해도 유효하여 구성요건이 배제되지만, ② 판단능력이 필요한 범죄는 하 자있는 양해는 유효하지 않아 구성요건이 배제되지 않는다.

  □ **밍크 사건(하자있는 양해는 유효하다는 판례)** : 피고인이 피해자에게 이 사건 밍크 45마리에 관하여 자기에게 그 권리가 있다고 주장하면서 이를 가져간 데 대하여 피해자의 묵시적인 동의가 있었다면 피고인의 주장이 후에 허위로 밝혀졌더라도 피고인의 행위는 절도죄의 절취행위에는 해당하지 않는다(90도1211)

- 양해가 있는데 없다고 착오한 경우 : 구성요건의 착오 중 적극적 착오의 경우이므로 이론 상 불능미수가 문제된다.
- 양해가 없는데 있다고 착오한 경우 : 구성요건의 착오 중 소극적 착오의 경우이므로 사실 의 착오가 되어 고의가 조각된다. [2023 변시]

Ⅲ. 피해자의 승낙

1. 피해자의 승낙의 의의
- 피해자의 승낙의 의의 : 피해자의 승낙이란 법익의 주체가 타인에게 자기의 법익을 침해할 것을 동의한 경우에, 타인의 법익침해행위가 구성요건에 해당하지만 일정한 요건 하에 위법성을 조각시키는 동의를 말한다.

2. 피해자 승낙의 요건
- 피해자 승낙의 성립 요건 : 피해자 승낙이 인정되기 위해서는 객관적 요건으로서 ① 피해자의 승낙이 있고(법률에 특별한 규정이 없을 것) ② 피해자의 승낙에 따른 법익침해행위 ③ 상당성(사회상규에 어긋나지 않을 것)의 요건이 필요하다. 그리고 주관적 요건으로 ④ 주관적 정당화사유가 필요하다.
- 하자있는 승낙 : 판례에 의하면 하자 있는 승낙은 효력이 없다.

> □ 자궁적출 사건(하자있는 피해자의 승낙은 유효하지 않다는 판례) : 피해자의 병증이 자궁외 임신인지, 자궁근종인지를 판별하기 위한 정밀한 진단방법을 실시하지 아니한 채 피해자의 병명을 자궁근종으로 오진하고 이에 근거하여 의학에 대한 전문지식이 없는 피해자에게 자궁적출수술의 불가피성만을 강조하였을 뿐 위와 같은 진단상의 과오가 없었으면 당연히 설명 받았을 자궁외 임신에 관한 내용을 설명받지 못한 피해자로부터 수술승낙을 받았다면 위 승낙은 부정확 또는 불충분한 설명을 근거로 이루어진 것으로서 수술의 위법성을 조각할 유효한 승낙이라고 볼 수 없다(92도2345) (13 변시)(16 변시)(21 변시)

> □ 과실범에서도 피해자의 승낙에 의해 위법성이 조각될 수 있다. (22 3차)

- 승낙의 표시의 정도 : 피해자의 승낙의 의사표시의 정도에 대하여는 ① 법률행위적 의사표시처럼 승낙의 의사가 외부로 표시되어야 한다는 의사표시설과 ② 피해자의 내적 동의만으로 족하다는 의사방향설도 있지만 ③ 현재의 다수설은 민법상의 법률행위적 의사표시까지는 필요치 않으나, 어떠한 방법으로도 상대방에게 인식하게 하면 된다는 절충설의 입장이다. 이러한 절충설에 따르면 **묵시적인 승낙도 가능**하다.
- 승낙의 시기 : 사전승낙이나 행위시의 승낙은 가능하지만 사후승낙은 인정되지 아니한다. 또한 승낙자는 승낙을 철회할 수는 있지만 철회전의 행위에 대하여는 영향이 없다.
- 승낙의 철회 : 위법성조각사유로서의 피해자의 승낙은 언제든지 자유롭게 철회할 수 있다고 할 것이고, 그 철회의 방법에는 아무런 제한이 없다.

> □ 피해자의 승낙은 언제든지 자유롭게 철회할 수 있다는 판례 : 위법성조각사유로서의 피해자의 승낙은 언제든지 자유롭게 철회할 수 있다고 할 것이고, 그 철회의 방법에는 아무런 제한이 없다(2010도9962) (16 변시)(22 2차)

- **상당성** : 승낙에 의한 행위는 윤리적 · 도덕적으로 사회상규에 위배되지 않아야 한다. 제 24조에는 상당성을 명시하지 않았으나 당연히 요구되는 것으로 보아야 한다.

> ☐ **피해자의 승낙은 사회상규에 반하는 것이 아니어야 한다는 판례** : 형법 제24조의 규정에 의하여 위법성이 조각되는 피해자의 승낙은 개인적 법익을 훼손하는 경우에 법률상 이를 처분할 수 있는 사람의 승낙을 말할 뿐만 아니라 그 승낙이 윤리적, 도덕적으로 사회상규에 반하는 것이 아니어야 한다(85도1892) (12 변시)(21 변시)(22 2차)

> ☐ **보험금 편취 목적 상해 사건** : 피고인이 피해자와 공모하여 교통사고를 가장하여 보험금을 편취할 목적으로 피해자에게 상해를 가하였다면 피해자의 승낙이 있었다고 하더라도 이는 위법한 목적에 이용하기 위한 것이므로 피고인의 행위가 피해자의 승낙에 의하여 위법성이 조각된다고 할 수 없다(2008도9606) [2012 변시](12 변시)(16 변시)(22 변시)(23 변시)(22 1차)(23 2차)

3. 효과 : 위법성 조각
- **승낙이 없음에도 있다고 착오한 경우** : 구성요건해당성이 없는 양해의 경우에는 구성요건의 소극적 착오가 되나, 위법성이 조각되는 피해자의 승낙의 경우에는 위법성조각사유의 전제사실의 착오의 문제로 해결한다. [2023 변시]
- **승낙이 있음에도 없다고 착오한 경우** : 일종의 우연승낙의 경우이다. 우연승낙의 경우이므로 우연방위에 대한 이론이 그대로 유추적용된다.

제7절 | 추정적 승낙

Ⅰ. 추정적 승낙의 의의

- **추정적 승낙의 의의** : 추정적 승낙이란 피해자의 현실적인 승낙은 없었으나 행위당시의 객관적인 사정에 비추어서 만일 피해자 내지 승낙권자가 그 사태를 인식하였더라면 당연히 승낙할 것으로 기대되는 경우를 말한다.

Ⅱ. 추정적 승낙의 성립 요건

- **추정적 승낙의 성립 요건** : 추정적 승낙이 인정되기 위해서는 객관적 요건으로서 ① 법익주체의 승낙이 불가능한 상황이 있고 ② 기대되는 법익침해행위 ③ 상당성의 요건이 필요하다. 그리고 주관적 요건으로 ④ 주관적 정당화사유가 필요하다.

> ☐ **명의자가 당연히 승낙했을 것이라고 추정되는 사건** : 행위 당시 명의자의 현실적인 승낙은 없었지만 행위 당시의 모든 객관적 사정을 종합하여 명의자가 행위 당시 그 사실을 알았다면 당연히 승낙했을 것이라고 추정되는 경우 역시 사문서의 위 · 변조죄가 성립하지 않는다(2002도235) (19 변시)

□ **추정적 승낙에 대하여 객관적 추정설을 따른 판례** : 추정적 승낙이란 피해자의 현실적인 승낙이 없었다고 하더라도 행위 당시의 모든 객관적 사정에 비추어 볼 때만일 피해자가 행위의 내용을 알았더라면 당연히 승낙하였을 것으로 예견되는 경우를 말하는 것이다(2005도8081) (19 변시)(21 2차)

□ 甲이 A에 대한 물품대금 채권을 다른 채권자들보다 우선적으로 확보할 목적으로 A가 부도를 낸 다음날 새벽에 A의 승낙을 받지 아니한 채 A의 가구점의 시정장치를 쇠톱으로 절단하고 그곳에 침입하여 A의 가구들을 화물차에 싣고 가 다른 장소에 옮겨 놓은 경우 甲에게는 피해자의 추정적 승낙이 있다고 볼 수 없어 범죄가 성립한다(2005도8081) (22 1차)

□ 건물의 소유자라고 주장하는 피고인과 그것을 점유관리하고 있는 피해자 사이에 건물의 소유권에 대한 분쟁이 계속되고 있는 상황이라면 피고인이 그 건물에 침입하는 것에 대한 피해자의 추정적 승낙이 있었다고 볼 수 없다(89도889) (22 2차)

□ **명의자가 당연히 승낙했을 것이라고 추정되는 사건** : 사문서를 작성·수정하는 행위 당시 명의자의 현실적인 승낙은 없었지만 행위 당시의 모든 객관적 사정을 종합하여 명의자가 행위 당시 그 사실을 알았다면 당연히 승낙했을 것이라고 추정되는 경우 역시 사문서의 위·변조죄가 성립하지 않는다(2002도235) (19 변시)(21 2차)(21 3차)(22 2차)

Ⅲ. 효과 : 위법성 조각

제8절 | 정당행위

Ⅰ. 서 론

• **정당행위의 의의** : 정당행위란 사회상규에 위배되지 아니하여 국가적·사회적으로 정당시되는 행위를 말한다.

□ 어떠한 행위가 범죄구성요건에 해당하지만 정당행위라는 이유로 위법성이 조각된다는 것은 그 행위가 적극적으로 용인, 권장된다는 의미가 아니라 단지 특정한 상황 하에서 그 행위가 범죄행위로서 처벌대상이 될 정도의 위법성을 갖추지 못하였다는 것을 의미한다(2018도1917)

Ⅱ. 법령에 의한 행위

1. 의의
- 법령에 의한 행위 : 법령에 근거하여 행하여지는 행위를 말한다.

> ☐ **민사소송법 제335조에 따라 감정평가업자가 아닌 사람이 감정한 사건** : 민사소송법 제 335조에 따른 법원의 감정인 지정결정 또는 같은 법 제341조 제1항에 따른 법원의 감정촉탁을 받은 경우에는 감정평가업자가 아닌 사람이더라도 그 감정사항에 포함된 토지 등의 감정평가를 할 수 있고, 이러한 행위는 법령에 근거한 법원의 적법한 결정이나 촉탁에 따른 것으로 형법 제20조의 정당행위에 해당하여 위법성이 조각된다고 보아야 한다(2017도10634)

2. 공무원의 직무집행행위
- 법령에 근거한 직무집행행위 : 공무원이 법령에 의하여 정하여진 직무를 수행하는 행위는 위법성이 조각된다. **예** 사형집행, 영장집행행위 등
- 위법한 상관의 명령이 구속력이 있는 경우 : 위법한 상관의 명령이 구속력이 있는 경우에 이를 따른 부하의 죄책에 대하여는 ① 구속력 있는 상관의 명령의 위법성이 경미한 경우일 때에는 위법성을 조각하지만, 중대한 경우일 때에는 책임이 조각될 수 있다는 **이분설**도 있지만 ② 다수설은 구속력 있는 상관의 위법한 명령의 경우에는 위법하지만, 절대적 구속력이 있어서 거역할 수 없는 경우에는 기대가능성이론에 따라 책임이 조각될 수 있다는 **책임조각설**의 입장이다.

3. 징계행위
- 징계행위 : 법령상 허용된 징계권의 적정한 행사인 경우에는 위법성이 조각된다. **예** 학교장의 학생징계행위, 부모의 자녀징계행위 등
- 징계행위의 요건 : 징계행위가 위법성이 조각되기 위해서는 객관적으로 ① 충분한 징계사유가 존재하여야 하고 ② 징계행위는 교육목적의 달성에 필요한 정도이어야 하고, 주관적으로는 ③ 행위자는 징계를 교육의 의사로 행하여야 한다.

> ☐ **교장직무대리가 훈계 목적으로 학생 뺨 때린 행위는 정당행위라는 판례** : 교육법 제75조에 의하면 각 학교의 장은 교육상 필요할 때는 학생에게 징계 또는 처벌을 할 수 있도록 규정하고 있으므로 교장 직무대리가 훈계의 목적으로 교칙위반 학생에게 뺨을 몇 차례 때린 정도는 감호교육상의 견지에서 볼 때 징계의 방법으로서 사회관념상 비난의 대상이 될 만큼 사회상규를 벗어난 것이라 할 수 없는 정당행위로서 처벌의 대상이 되지 아니한다(75도115)

4. 쟁의행위

- **쟁의행위** : 근로자의 쟁의행위는 법령(노동조합 및 노동관계조정법)에 의한 행위로서 업무방해죄의 구성요건에 해당하더라도 위법성이 조각된다.
- **쟁의행위의 요건** : 쟁의행위가 위법성을 조각하기 위해서는 ① 쟁의행위는 근로조건의 개선과 임금향상을 목적으로 행하여져야 하며 ② 쟁의행위는 폭력이나 파괴행위를 수단으로 행하여져서는 안 된다.

5. 사인의 현행범 체포행위

- **사인의 현행범 체포행위** : 사인이 현행범인을 체포하는 경우에는 형사소송법 제212조에 따라 위법성이 조각된다.

Ⅲ. 업무로 인한 행위

1. 의 의

- 업무로 인한 행위 : 업무란 사람이 그의 사회생활 지위에 기해서 계속·반복의 의사로써 행하는 사무를 말하며, 이러한 업무로 인한 행위는 사회상규에 위배되지 아니하는 한 위법성이 조각된다.

2. 의사의 치료행위

- 의사의 치료행위 : 의사의 치료행위란 주관적으로 치료의 목적을 가지고 객관적으로는 의술의 법칙에 맞추어 행하여지는 신체침해행위를 말한다.

- 의사의 치료행위의 정당화 근거 : 의사의 치료행위가 범죄가 성립되지 않는다고 할 때의 그 근거에 대하여 논의가 있지만, 다수설은 의사의 치료행위는 상해죄의 구성요건에 해당하지만 업무로 인한 정당행위 또는 피해자의 승낙에 의한 행위로서 위법성이 조각된다는 입장이다.

> ☐ **부항 시술행위 사건** : 피고인이 행한 부항 시술행위가 보건위생상 위해가 발생할 우려가 전혀 없다고 볼 수 없는데다가, 피고인이 한의사 자격이나 이에 관한 어떠한 면허도 없이 영리를 목적으로 위와 같은 치료행위를 한 것이고, 단순히 수지침 정도의 수준에 그치지 아니하고 부항침과 부항을 이용하여 체내의 혈액을 밖으로 배출되도록 한 것이므로, 이러한 피고인의 시술행위는 의료법을 포함한 법질서 전체의 정신이나 사회통념에 비추어 용인될 수 있는 행위에 해당한다고 볼 수는 없고, 따라서 사회상규에 위배되지 아니하는 행위로서 위법성이 조각되는 경우에 해당한다고 할 수 없다(2004도3405) (19 변시)

> ☐ **속눈썹 이식 사건** : 의사가 모발이식시술을 하면서 이에 관하여 어느 정도 지식을 가지고 있는 간호조무사로 하여금 모발이식시술행위 중 일정 부분을 직접 하도록 맡겨둔 채 별반 관여하지 않은 것이 정당행위에 해당하지 않는다고 한 사례(2005도8317) (16 변시)

3. 변호사·성직자 등의 직무수행행위

Ⅳ. 기타 사회상규에 위배되지 않는 행위

1. 사회상규의 판단기준

- 학설의 입장 : 사회상규는 '법익의 균형과 목적과 수단의 상당성'을 판단기준으로 한다. 이는 신고전적 목적적 합일체계와 불법이원론을 전제로 한 결과이다. 즉 법익의 균형에 의하여 결과반가치가 탈락하고, 목적과 수단의 상당성에 의하여 행위반가치가 탈락하여 위법성이 조각되게 된다.

□ 「형법」 제20조의 사회상규에 반하지 않는 행위는 국가질서의 존중이라는 인식을 바탕으로 한 국민일반의 건전한 도의적 감정에 반하지 아니하는 행위를 가리키는 것으로, 초법규적인 기준에 의하여 이를 평가할 것이다(83도2224) (22 3차)

• **일반적인 범죄의 경우에 판례의 기준** : 사회상규에 반하지 않는 정당행위라고 하기 위해서는 ① 행위의 동기와 목적의 정당성 ② 행위의 수단이나 방법의 상당성 ③ 보호이익과 침해이익의 법익균형성 ④ 긴급성 ⑤ 다른 수단이나 방법이 없다는 보충성을 갖추었는가를 합목적적 합리적으로 판단하여 결정해야 한다. (13 변시)(16 변시)

□ **정당행위의 성립 요건과 상호간의 관계** : [1] 형법 제20조는 '사회상규에 위배되지 아니하는 행위'를 정당행위로서 위법성이 조각되는 사유로 규정하고 있다. 위 규정에 따라 사회상규에 의한 정당행위를 인정하려면, 첫째 그 행위의 동기나 목적의 정당성, 둘째 행위의 수단이나 방법의 상당성, 셋째 보호이익과 침해이익과의 법익균형성, 넷째 긴급성, 다섯째로 그 행위 외에 다른 수단이나 방법이 없다는 보충성 등의 요건을 갖추어야 하는데, 위 '목적·동기', '수단', '법익균형', '긴급성', '보충성'은 불가분적으로 연관되어 하나의 행위를 이루는 요소들로 종합적으로 평가되어야 한다. [2] '목적의 정당성'과 '수단의 상당성' 요건은 행위의 측면에서 사회상규의 판단기준이 된다. 사회상규에 위배되지 아니하는 행위로 평가되려면 행위의 동기와 목적을 고려하여 그것이 법질서의 정신이나 사회윤리에 비추어 용인될 수 있어야 한다. 수단의 상당성·적합성도 고려되어야 한다. 또한 보호이익과 침해이익 사이의 법익균형은 결과의 측면에서 사회상규에 위배되는지를 판단하기 위한 기준이다. 이에 비하여 행위의 긴급성과 보충성은 수단의 상당성을 판단할 때 고려요소의 하나로 참작하여야 하고 이를 넘어 독립적인 요건으로 요구할 것은 아니다. 또한 그 내용 역시 다른 실효성 있는 적법한 수단이 없는 경우를 의미하고 '일체의 법률적인 적법한 수단이 존재하지 않을 것'을 의미하는 것은 아니라고 보아야 한다(2017도2760)

• **표현의 자유와 관련된 판례의 새로운 판단기준(법학전문대학원 교수 사건)** : 최근 판례에서는 표현의 자유와 관련하여 ① 행위의 동기와 목적의 정당성 ② 행위의 수단이나 방법의 상당성 ③ 보호이익과 침해이익의 법익균형성만을 요건으로 하고 있다(2012도13352).

□ **법학전문대학원 교수 사건** : 결합 표현물인 게시물을 통한 사진들의 게시는 목적의 정당성, 수단이나 방법의 상당성, 보호법익과 침해법익 간의 법익균형성이 인정되어 법질서 전체의 정신이나 그 배후에 놓여 있는 사회윤리 내지 사회통념에 비추어 용인될 수 있는 행위에 해당한다(2012도13352)

2. 소극적 저항행위

- **소극적 저항행위** : 소극적 저항행위란 상대방의 부당한 행패를 저지하기 위한 본능적인 소극적 방어행위에 지나지 않는 사회통념상 상당성이 있는 행위를 말한다. 이는 판례를 통하여 형성된 개념이다. [2023 2차]

    ☐ **가정주부 행패 사건** : 피고인의 위와 같은 행위는 피해자의 부당한 행패를 저지하기 위한 본능적인 소극적 방어행위에 지나지 아니하여 사회통념상 용인될 수 있는 정도의 상당성이 있어 형법 제20조에 정한 정당행위에 해당한다(92도37)

    ☐ **넥타이 잡힌 사건** : 乙이 양손으로 甲의 넥타이를 잡고 늘어져 후경부피하출혈상을 입을 정도로 목이 졸리게 되자, 乙을 떼어놓기 위하여 왼손으로 자신의 목 부근 넥타이를 잡은 상태에서 오른손으로 乙의 손을 잡아 비틀면서 서로 밀고 당긴 甲의 행위는 소극적인 저항행위에 불과하여 정당행위에 해당한다(96도979) (21 2차)

V. 정당행위 관련 판례

☐ 임대차계약 체결 이후 차임이나 관리비를 단 1회도 연체한 적이 없는 임차인이 임대차계약의 종료 후 임대료와 관리비를 인상하는 내용의 갱신계약 여부에 관한 의사표시나 명도의무를 지체하고 있다는 이유만으로 그 종료일로부터 16일 만에 임차인의 사무실에 대하여 단전조치를 취한 임대인의 행위는 정당행위로 볼 수 없다(2005도8074) (21 2차)

☐ 甲이 공영방송 감독기관의 이사장인 A의 공적 활동과 관련해 자신의 비판적 의견을 담은 글을 작성하면서 페이스북에 "철면피, 파렴치, 양두구육, 극우부패세력"이라는 표현을 게시하여 A를 모욕한 행위는 정당행위에 해당할 여지가 있다(2020도16897) (23 2차)

제4장 | 책임론

제1절 | 책임론 서론

Ⅰ. 책임의 의의

- **책임의 개념** : 책임이란 규범이 요구하는 합법을 결의하고 이에 따라 행동할 수 있었음에도 불법을 결의하고 행위하였다는 것에 대하여 가해지는 **행위자에 대한 비난가능성**이다.

Ⅱ. 책임주의

- **소극적 책임주의** : 불법과 책임은 일치하는 것이 원칙이지만, 불법이 있더라도 책임이 없으면 범죄는 성립하지 않고, 불법이 있더라도 책임이 불법의 양보다 작을 때에는 책임의 양만큼만 형벌을 과할 수 있다는 원칙을 말한다. 이러한 책임주의는 '책임 없으면 형벌 없다'라는 표어로 표현되며 이를 소극적 책임주의라고 한다.

Ⅲ. 책임의 근거

- **도의적 책임론** : 책임의 근거를 의사자유론에 두고 윤리적 존재인 사람이 윤리에 맞는 행위를 하지 않고 감히 불법한 행위로 나갔다는 점에서 행위자에게 가해지는 윤리적·도의적 비난이 책임의 근거라고 보는 견해이다.
- **사회적 책임론** : 책임의 근거를 의사비자유론에 두고 범죄는 소질과 환경에 의해 결정된다는 결정론의 입장을 바탕으로 반사회적 성격을 지닌 사람을 사회에 방치하는 것은 사회를 위태롭게 하므로 이에 사회를 보전하기 위한 비난이 책임의 근거라는 견해이다.

Ⅳ. 책임의 본질

- **심리적 책임론** : 책임을 결과(행위)에 대한 행위자의 심리적 관계로 이해하여 책임의 본질은 행위자의 심리적 관계인 고의·과실에 있다고 보는 견해이다. 이러한 심리적 책임론의 핵심개념은 고의·과실이며 고의·과실을 책임조건(책임형식)이라 한다.
- **규범적 책임론** : 책임을 심리적 사실관계가 아니라 규범적·평가적 가치관계로 이해하여 행위자에 대한 비난가능성을 책임의 본질로 보는 견해이다. 규범적 책임론의 핵심개념은 기대가능성과 위법성 인식(가능성)이다.
- **기능적 책임론** : 기능적 책임론은 형사정책적인 예방기능을 책임의 본질로 파악하는 견해이다. 이는 다시 ① 책임의 상한선을 인정하면서 예방적 기능을 고려하는 입장인 Roxin의 답책성론과 ② 종래 책임주의의 입장을 포기하고 오로지 예방기능만이 책임을 구성한다고 보는 Jakobs의 기능적 책임론으로 나누어진다.

□ 기능적 책임론이란 책임의 내용은 형벌의 목적, 특히 일반예방의 목적에 의하여 결정되어야 한다는 책임이론이다. (22 3차)

□ 기능적 책임론은 형법과 형사정책의 관계를 혼동함으로써 책임주의를 무의미하게 만든다는 비판을 받는다. (22 3차)

V. 책임판단의 대상

- **행위책임** : 의사자유론을 바탕으로 한 구파의 이론으로서 범죄행위시에 드러난 고의·과실에 의한 구체적인 행위가 책임판단의 대상으로 된다고 보는 견해이다.
- **행위자 책임(성격책임)** : 의사비자유론을 바탕으로 한 신파의 이론으로서 범죄행위는 행위자가 소질과 환경에 의하여 형성된 반사회적 성격의 표현에 불과하므로 그 반사회적 성격 자체가 책임판단의 대상으로 된다고 보는 견해이다.

제2절 | 책임능력

I. 책임능력의 의의

- **책임능력의 개념** : 책임능력이란 행위자가 법규범의 의미내용을 이해하여 명령과 금지를 인식할 수 있는 통찰능력과 이 통찰에 따라 행위할 수 있는 조종능력을 말한다. 이러한 책임능력이 없는 자의 행위는 비난할 수 없으므로 책임능력은 **책임을 묻기 위한 전제조건**으로서의 의미가 있다.

II. 책임무능력자

1. 형사미성년자

- 제9조 (형사미성년자) 14세 되지 아니한 자의 행위는 벌하지 아니한다.

□ **'소년'의 판단시점은 사실심판결 선고시라는 판례** : 소년법이 적용되는 '소년'이란 심판시에 19세 미만인 사람을 말하므로, 소년법의 적용을 받으려면 심판시에 19세 미만이어야 한다. 따라서 소년법 제60조 제2항의 적용대상인 '소년'인지의 여부도 심판시, 즉 사실심판결 선고시를 기준으로 판단되어야 한다(2009도2682) (14 변시)(22 변시)(23 3차)

2. 심신상실자

- 제10조 (심신장애인) ① 심신장애로 인하여 사물을 변별할 능력이 없거나 의사를 결정할 능력이 없는 자의 행위는 벌하지 아니한다.

> ☐ 음주로 인한 심신상실 상태에서 공연음란죄를 저지른 자는 책임능력이 없어 처벌되지 않는다. (22 2차)

- 판단의 기준시기 : 심신장애 여부의 판단은 행위자의 행위시를 기준으로 판단한다.

> ☐ **정신적 장애 있는 자라도 범행 당시 정상이라면 심신장애로 볼 수 없다는 판례** : 형법 제10조에 규정된 심신장애는 생물학적 요소로서 정신병 또는 비정상적 정신상태와 같은 정신적 장애가 있는 외에 심리학적 요소로서 이와 같은 정신적 장애로 말미암아 사물에 대한 변별능력과 그에 따른 행위통제능력이 결여되거나 감소되었음을 요하므로, 정신적 장애가 있는 자라고 하여도 범행 당시 정상적인 사물변별능력이나 행위통제능력이 있었다면 심신장애로 볼 수 없다(2006도7900) (20 변시)(21 변시)(22 변시)

> ☐ **범행을 기억 못해도 심신상실 상태라고 단정할 수 없다는 판례** : 형법상 심신상실자라고 하려면 그 범행당시에 심신장애로 인하여 사물의 시비선악을 변식할 능력이나 또 그 변식하는 바에 따라 행동할 능력이 없어 그 행위의 위법성을 의식하지 못하고 또는 이에 따라 행위를 할 수 없는 상태에 있어야 하며 범행을 기억하고 있지 않다는 사실만으로 바로 범행당시 심신상실 상태에 있었다고 단정할 수는 없다(85도361) (22 1차)

> ☐ 범행 당시 정신분열증으로 심신장애의 상태에 있었던 피고인이 피해자를 살해한다는 명확한 의식이 있었고 범행의 경위를 소상하게 기억하고 있다고 하더라도, 피고인이 범행당시 사물의 변별능력이나 의사결정능력이 결여된 정도가 아니라 미약한 상태에 있었다고 단정할 수는 없다(90도1328) (22 2차)

> ☐ **충동조절장애와 심신상실** : 충동조절장애와 같은 성격적 결함은 **원칙적**으로 형의 감면사유인 심신장애에 해당하지 아니한다고 봄이 상당하지만, **예외적**으로 충동조절장애와 같은 성격적 결함이라 할지라도 그것이 매우 심각하여 원래의 의미의 정신병을 가진 사람과 동등하다고 평가할 수 있는 경우에는 그로 인한 범행은 심신장애로 인한 범행으로 보아야 한다(2006도5360) [COMMENT] 같은 취지의 판례로는 생리도벽 사건(99도693), 소아기호증 사건(2006도7900), 성주물성애증 사건(2012도12689) 등이 있다. (15 변시)(17 변시)(19 변시)(20 변시)(21 변시)(23 변시)(21 2차)(22 1차)(23 3차)

Ⅲ. 한정책임능력자

1. 심신미약자

- 제10조 (심신장애자) ② 심신장애로 인하여 전항의 능력이 미약한 자의 행위는 **형을 감경할** 수 있다.
- **심신미약의 효과** : 심신미약의 효과에 대하여는 종래 필요적 감경으로 되어 있었으나, 2018.12.18.의 개정으로 임의적 감경사유로 변경되었다. 그리고 부칙에서는 공포한 날로부터 시행한다고 규정되어 있다.

  ☐ 심신장애로 인하여 사물을 변별할 능력이 없거나 의사를 결정할 능력이 없는 자의 행위는 벌하지 않지만, 심신장애로 인하여 위와 같은 능력이 미약한 자의 행위는 반드시 형을 감경하여야 하는 것은 아니다. (22 1차)

  ☐ 음주 또는 약물로 인한 심신장애 상태에서 「형법」 제243조(음화반포등)의 죄를 범한 경우, 「형법」 제10조 제1항에 의하여 벌하지 아니하거나 같은 조 제2항에 따라 형을 감경할 수 있다. (21 2차)

2. 청각 및 언어 장애인

- 제11조 (청각 및 언어 장애인) 듣거나 말하는 데 모두 장애가 있는 사람의 행위에 대해서는 형을 감경한다.

Ⅳ. 심신장애의 판단

- **판단의 방법** : 심신상실 여부의 판단은 사실문제가 아니고 **법률문제이므로 법관이 법적ㆍ규범적으로 판단한다.**

  ☐ **심신장애의 판단** : 형법 제10조 제1항, 제2항에 규정된 심신장애의 유무 및 정도의 판단은 법률적 판단으로서 반드시 전문감정인의 의견에 기속되어야 하는 것은 아니고, 정신분열증의 종류와 정도, 범행의 동기, 경위, 수단과 태양, 범행 전후의 피고인의 행동, 반성의 정도 등 여러 사정을 종합하여 법원이 독자적으로 판단할 수 있다(98도3812) (17 변시)(20 변시)(21 변시)(21 2차)(22 1차)

  ☐ 정신지체 3급 장애인으로 지능이 45점 수준의 정신박약과 주의력결핍 과잉행동장애(ADHD)가 있는 소년인 피고인이 흉기를 휴대하고 자신의 선생님이었던 피해자를 강제추행하여 상해를 입혔다고 하여 기소되었다면, 법원은 피고인이 이 사건 범행 당시 심신장애의 상태에 있었는지 여부에 대한 감정을 실시하여 그 결과까지 종합해 본 다음 과연 피고인이 이 사건 범행 당시 심신상실 내지 심신미약의 상태에 있었는지 여부를 판단하여야 한다(2011도4398) (22 2차)

V. 원인에 있어 자유로운 행위

- 원인에 있어 자유로운 행위의 의의 : 원인에 있어 자유로운 행위란 행위자가 자의로 자기를 심신상실 또는 심신미약의 상태에 빠지게 한 후 이러한 상태에서 법익침해행위를 범하는 것을 말한다. 이러한 원인에 있어 자유로운 행위는 자기를 수단으로 삼는 점에서 타인을 도구로 사용하는 간접정범과 구별된다.
- 원인에 있어 자유로운 행위의 실행의 착수시기

> **爭點 011**
>
> ### 원인에 있어 자유로운 행위의 실행의 착수시기
>
> #### 1. 논의점
>
> 원인에 있어 자유로운 행위의 실행의 착수 문제는 고의범의 경우에만 문제가 되고, 과실범의 경우에는 미수처벌규정이 없으므로 논할 실익이 없다. 다만 고의의 원인에 있어 자유로운 행위의 경우에 실행의 착수시기를 언제로 볼 것인지에 대하여 논의가 있다.
>
> #### 2. 견해의 대립
>
> 이에 대하여는 ① 주관주의 입장에서 행위자의 반사회적 성격이 나타나는 원인설정행위시에 실행의 착수가 있다는 **원인설정행위시설** ② 객관주의 입장에서 행위자가 법익침해를 향한 구성요건에 해당하는 행위를 개시하였을 때 실행의 착수가 있다는 **법익침해행위시설**이 대립하고 있다.
>
> #### 3. 검 토
>
> 생각건대 원인설정시설에 따르면 원인설정행위를 할 경우에 실행의 착수가 있다고 보게 되나 이는 구성요건의 정형성을 해치게 되고, 가벌성의 범위가 지나치게 확장되므로 타당하지 않다. 따라서 구성요건의 정형성을 구비하여 인권보장정신에 부합할 수 있는 법익침해행위시설이 타당하다.

- 원인에 있어 자유로운 행위의 가벌성의 근거

> **爭點 012**
>
> ### 원인에 있어 자유로운 행위의 가벌성의 근거
>
> #### 1. 논의점
>
> 행위 · 책임동시존재의 원칙이란 법익침해행위시에 책임이 있어야 한다는 원칙을 말한다. 그런데 원인에 있어 자유로운 행위의 경우에는 법익침해행위시에 책임능력이 없거나 미약한 경우이므로 가벌성의 근거와 관련하여 문제점이 생겨나게 된다.

2. 견해의 대립

이에 대하여는 ① 원인설정행위시를 실행의 착수로 보는 입장에서는 행위 · 책임동시존재의 원칙이 그대로 견지될 수 있으므로 가벌성의 근거에 대한 논의는 생겨나지 않지만 ② 법익침해행위시를 실행의 착수로 보는 입장에서는 ⑦ 원인설정행위는 실행행위는 아니지만 실행행위와 불가분적 관련이 있으므로 원인설정시에서 가벌성의 근거를 구하는 견해 ⑥ 법익침해행위시의 반무의식상태에서 가벌성의 근거를 구하는 견해가 대립하고 있다.

3. 검토

생각건대 실행의 착수에 대하여 원인설정시설을 택하는 견해는 원인설정시에 실행의 착수가 있다고 보게 되므로 구성요건의 정형성을 해치게 되어 타당하지 않다. 실행의 착수에 대하여 법익침해행위시설을 따를 때 법익침해행위시에 가벌성의 근거가 있다고 보는 견해는 책임능력이 문제되는 대부분의 경우에 책임능력을 인정하게 되어 법적안정성을 해할 위험이 있으므로 인권보장적 견지에서 행위 · 책임동시존재의 원칙에 대한 예외를 인정하는 견해가 타당하다.

□ 원인에 있어서 자유로운 행위의 가벌성 근거와 관련하여 원인설정행위를 실행행위로 보는 구성요건모델은 실행행위의 정형성에 반한다는 비판을 받는다. (23 3차)

□ 원인에 있어서 자유로운 행위의 가벌성의 근거를 원인행위와 실행행위의 불가분적 연관성에서 찾는 견해는 실행의 착수시기를 법익침해행위시라고 본다. (21 2차)

• **고의에 의한 원인에 있어 자유로운 행위** : 행위자가 의도한 범죄를 실행시키기 위하여 자의로 심신장애 상태를 야기시키고, 심신장애 상태 하에서 의도했던 고의범에 해당하는 구성요건을 실현한 경우를 말한다. (21 변시)

• **과실에 의한 원인에 있어 자유로운 행위** : 주의의무를 지켜야 할 행위자가 부주의하여 자의로 심신장애 상태를 야기시키고, 심신장애 상태 하에서 지켜야 할 주의의무 위반으로 과실범의 구성요건을 실현한 경우를 말한다.

□ **음주 뺑소니 사건(과실에 의한 원자행을 긍정한 판례)** : 형법 제10조 제3항은 고의에 의한 원인에 있어 자유로운 행위만이 아니라 과실에 의한 원인에 있어서의 자유로운 행위까지도 포함하는 것으로서 위험의 발생을 예견할 수 있었는데도 자의로 심신상실을 야기한 경우도 그 적용대상이 된다(92도999) (21 변시)(23 변시)(22 1차)

□ 원인행위시 심신장애 상태에서의 위법행위로 나아갈 예견가능성이 없었던 경우라면 「형법」제10조 제3항이 적용되지 않는다. (21 2차)

• **원인에 있어 자유로운 행위의 처벌** : 제10조 제1항과 제2항 부적용 [2020 2차]

제3절 │ 위법성의 인식과 법률의 착오

I. 위법성의 인식의 의의

- 학설에서의 위법성의 인식(협의설) : 위법성의 인식이란 행위자가 자신의 행위가 **법질서에** 반한다는 것을 인식하는 것을 말한다.
- 판례에서의 위법성의 인식(광의설) : 위법성의 인식이란 행위자가 자신의 행위가 **사회정의** 와 조리에 어긋난다는 인식만 있으면 족하다는 견해이다.

> ☐ **위법성의 인식은 사회정의와 조리에 어긋난다는 인식으로 족하다는 판례** : 범죄의 성립에 있어서 위법성의 인식은 그 범죄사실이 사회정의와 조리에 어긋난다는 것을 인식하는 것으로서 족하고 구체적인 해당 법조문까지 인식할 것을 요하는 것은 아니므로 설사 형법상의 허위공문서작성죄에 해당되는 줄 몰랐다고 가정하더라도 그와 같은 사유만으로서는 위법성의 인식이 없었다고 할 수 없다(86도2673) (21 1차)

II. 위법성의 인식의 체계적 지위

爭點 013

위법성의 인식의 체계적 지위

1. 논의점

위법성의 인식이란 자기행위가 법질서에 반한다는 것을 인식하는 것이다. 이러한 위법성인식의 체계적 지위에 대하여 범죄체계론의 발전과 관련하여 논의가 있다.

2. 고의설 이전

고의범이 성립함에는 범죄될 사실의 인식만 있으면 족하고 위법성의 인식은 필요하지 않다고 하는 견해이다. 이러한 견해에 대하여는 인권보장에 미흡하다는 비판이 있다.

3. 고의설

(1) 엄격고의설(위법성인식 필요설)

고의가 성립하기 위하여는 구성요건에 해당하는 객관적 사실의 인식 이외에 현실적 인 위법성의 인식이 있어야 한다는 견해이다. 이러한 견해는 범죄사실의 인식 이외에 위법성의 인식이 현실적으로 있는 경우에만 고의범의 성립을 인정하므로 인권보장에 충실하게 되지만, 과도하게 인권보장을 하게 되어 형사정책적 문제가 발생하게 된다.

---

(2) 제한고의설(위법성인식 가능성설)

고의가 성립하기 위해서는 구성요건에 해당하는 객관적 사실의 인식과 위법성의 인식가능성만 있으면 충분하고 현실적인 위법성의 인식은 필요하지 않다는 견해이다. 이러한 견해는 ① 현실적인 위법성의 인식이 없어도 위법성의 인식가능성만으로도 고의범이 성립할 수 있다고 보므로 엄격고의설의 형사정책적인 문제점을 해결할 수 있지만 ② 중대하고 사실적 요소인 고의의 성부가 보다 경하고 규범적 성질이 있는 과실(인식가능성)에 의해 좌우된다는 문제가 있다.

4. 책임설

범죄사실을 인식하는 고의는 주관적 구성요건에 속하고, 위법성의 인식(가능성)은 고의와는 분리된 독자적인 책임요소가 된다는 견해이다. 이러한 책임설은 다시 위법성조각사유의 전제사실의 착오에 대한 처리를 두고 엄격책임설과 제한책임설로 나뉘나, 양자 모두 ① 고의와 위법성의 인식(가능성)이 분리되어 있으며 ② 위법성의 인식(가능성)은 책임론에 위치한다는 것은 동일하므로 위법성 인식(가능성)의 체계적지위에 있어서는 차이가 있다고 할 수 없다.

5. 검토

생각건대 위법성의 인식이 형법에 도입되므로써 인권보장에 기여하였다는 점에서 위법성인식불요설 및 자연범·법정범 구별설은 타당하지 아니하다. 또한 위법성의 인식 내지는 위법성 인식가능성이 심리적 사실인 고의의 성립에 영향을 미치는 고의설 및 제한고의설은 타당하지 못하다. 따라서 고의와 위법성의 인식은 별개의 요소로 보는 책임설이 타당하다.

Ⅲ. 법률의 착오

• **법률의 착오의 개념** : 법률의 착오란 행위자가 행위시에 구성요건적 사실은 인식하였으나 자신의 행위가 위법함을 인식하지 못한 경우를 말한다.

• **법률의 착오의 태양**

爭點 014

법률의 착오의 태양

1. 법률의 착오의 분류

법률의 착오는 ① 행위자가 자기의 행위를 직접적으로 금지하는 법규범이 있는데도 그것을 오인하여 자기의 행위가 허용된다고 믿는 직접적 착오(금지규범의 착오)와 ② 행위자가 자기의 행위가 위법성조각사유와 관련이 없는 데에도 위법성조각사유에 해당된다고 오인한 간접적 착오(위법성조각사유의 착오, 허용규범의 착오)가 있다.

2. 직접적 착오

(1) **법률의 부지** : 행위자가 자기의 행위를 금지 또는 명령하는 규범 그 자체를 인식하지 못한 경우이다. **예** 법률의 규정이 있는 것을 모른 경우

(2) **효력의 착오** : 행위자가 자신의 행위를 금지하는 규정이 있음을 알았으나 그 규정이 상위규범에 위배되어 효력이 없다고 착오한 경우이다. **예** 존속살해죄가 있음을 알았으나 헌법의 평등의 원칙에 반하여 효력이 없다고 생각하고 존속을 살해한 경우

(3) **포섭의 착오** : 행위자가 자신의 행위를 금지하는 규정이 있음은 알았으나 그 규정을 너무 좁게 해석하여 자기의 행위가 허용된다고 착오한 경우이다. **예** 음화판매죄를 처벌한다는 것을 알고는 있었으나 자기가 갖고 있는 음화를 음화가 아닌 것으로 알고 판매한 경우

3. 간접적 착오

(1) **위법성조각사유의 존재에 관한 착오** : 위법성조각사유의 규정이 존재하지 않는데도 존재한다고 오인하여 자기의 행위가 허용된다고 착오한 경우이다. **예** 남편이 아내에게 징계권이 있다고 착오하여 아내를 구타한 경우

(2) **위법성조각사유의 한계에 관한 착오** : 위법성조각사유가 존재하고 이를 인식하였으나 위법성조각사유의 효력범위를 확대해석하여 자기의 행위는 허용된다고 착오한 경우를 말한다. **예** 사인이 현행범을 체포하는 경우 주거침입이 허용된다고 착오한 경우

4. 판례에서의 법률의 착오

판례는 법률의 착오를 '일반적으로 범죄가 되는 행위이지만 자기의 특수한 경우에는 법령에 의하여 허용된 행위로서 죄가 되지 아니한다고 그릇 인식한 경우'만을 법률의 착오로 보고 있다. 이러한 판례의 태도에 의하면 다수설에 비하여 법률의 착오의 범위가 좁게 되는데, 이는 위법성의 인식을 '사회정의와 조리에 어긋난다는 인식으로 족하다'라고 보아 그 범위를 너무 넓게 보기 때문이다.

5. 관련 판례

☐ **판례에서의 법률의 착오** : 형법 제16조는 단순한 법률의 부지의 경우를 말하는 것이 아니고 일반적으로 범죄가 되는 행위이지만 자기의 특수한 경우에는 법령에 의하여 허용된 행위로서 죄가 되지 아니한다고 그릇 인식하고 그와 같이 그릇 인식함에 있어서 정당한 이유가 있는 경우에는 벌하지 아니한다는 취지이다(85도25) (16 변시)(24 변시)

☐ 법이 인정하지 않는 위법성조각사유를 존재하는 것으로 오신한 경우는 위법성조각사유의 존재에 관한 착오에 해당하여 법률의 착오로 해결한다. (21 1차)

• 법률의 착오의 이론상의 효과

爭點 015

법률의 착오의 이론상의 효과

1. 논의점

객관적으로 위법한 행위이지만 행위자에게 위법성의 인식이 없는 법률의 착오의 이론상의 효과에 대하여 위법성인식의 체계적 지위와 관련하여 논의가 있다.

2. 위법성인식 불요설의 입장

고전적 범죄체계를 전제로 하여 아직까지 위법성의 인식이 책임론에 들어오기 이전의 단계이므로 법률의 착오는 착오로 인정받지 아니하고 고의범으로 처벌되게 된다.

3. 엄격고의설의 입장

엄격고의설에 따르면 고의가 성립하기 위해서는 객관적 구성요건표지인 사실의 인식이 있을 뿐만 아니라 현실적인 위법성의 인식도 있어야 하므로, 법률의 착오도 사실의 착오와 마찬가지로 고의를 조각하고, 다만 그 착오에 과실이 있는 경우에는 과실범이 성립할 수 있다고 한다.

4. 제한고의설의 입장

제한고의설에 따르면 객관적 구성요건표지인 사실의 인식이 있는 이외에 위법성의 인식이 있거나 위법성의 인식가능성만 있으면 고의가 성립하므로, 법률의 착오가 있는 경우에 위법성의 인식가능성이 있을 경우에는 고의가 조각되지 않지만, 위법성의 인식가능성도 없는 경우에는 고의가 조각되게 된다.

5. 책임설의 입장

책임설에 의하면 법률의 착오가 있는 경우에는 고의는 성립하지만 책임만이 감경·조각될 수 있다고 본다. 독일형법 제17조에 따르면 법률의 착오의 경우에는 고의범이 성립하나 회피 불가능한 경우에는 책임이 조각되고, 회피 가능한 경우에는 책임이 감경될 수 있지만, 우리 현행 형법 제16조에서는 '정당한 이유가 있는 때에 한하여 벌하지 아니한다.'라고 규정하여 감경사유를 인정하지 않고 있다.

☐ 엄격고의설에 의하면 타인을 살해한 사람이 법외면적이고 법적대적 태도로 인하여 자신의 행위의 위법성을 인식하지 못하였다면 고의범으로 처벌할 수는 없지만, 과실범으로는 처벌할 수 있다. (21 1차)

• 제16조에서의 정당한 이유

爭點 016

제16조에서의 정당한 이유 [2018 1차][2020 변시]

1. 논의점
제16조의 '정당한 이유가 있는 때'의 판단기준에 대하여 논의가 있다.

2. 견해의 대립
이에 대하여는 ① 행위자가 행위시에 양심을 긴장하여 심사숙고하거나 조회를 하였다면 행위의 위법성을 알 수 있었던 경우에는 착오가 회피가능하므로 정당한 이유가 없다는 양심의 긴장설 ② 위법성을 인식할 능력이 행위자에게 있었음에도 불구하고 그 능력을 발휘하지 못하여 위법성을 인식하지 못한 경우에는 착오가 회피가능하므로 정당한 이유가 없다는 지적인식능력기준설이 대립하고 있다.

3. 판례의 태도
판례는 종래 '오인에 과실이 없는 때'를 정당한 이유의 기준으로 보고 있었으나, 최근 판례에서는 '이러한 정당한 이유가 있는지 여부는 자신의 지적능력을 다하여 이를 회피하기 위한 진지한 노력을 다하였더라면 스스로의 행위에 대하여 위법성을 인식할 수 있는 가능성이 있었음에도 이를 다하지 못한 결과 자기 행위의 위법성을 인식하지 못한 것인지 여부에 따라 판단하여야 한다'라고 하여 지적인식능력기준설을 따르고 있다.

4. 검 토
생각건대 정당한 이유의 문제는 사실인식의 문제가 아니라 규범에 대한 행위자의 인식과 관련된 규범적 평가의 문제이다. 따라서 규범적 책임론에 입각한다면 정당한 이유가 있는지 여부는 행위자에게 자기 행위의 위법가능성에 대해 자신의 지적능력을 다하여 이를 회피하기 위한 진지한 노력을 다했는가에 따라 결정하는 지적인식능력설이 타당하다.

5. 관련 판례

☐ **국회의원 의정보고서 사건(정당한 이유의 판단에 대하여 지적인식능력기준설에 따른 현재 판례)** : 정당한 이유가 있는지 여부는 행위자에게 자기 행위의 위법의 가능성에 대해 심사숙고하거나 조회할 수 있는 계기가 있어 자신의 지적능력을 다하여 이를 회피하기 위한 진지한 노력을 다하였더라면 스스로의 행위에 대하여 위법성을 인식할 수 있는 가능성이 있었음에도 이를 다하지 못한 결과 자기 행위의 위법성을 인식하지 못한 것인지 여부에 따라 판단하여야 할 것이고, 이러한 위법성의 인식에 필요한 노력의 정도는 구체적인 행위정황과 행위자 개인의 인식능력 그리고 행위자가 속한 사회집단에 따라 달리 평가되어야 한다(2005도3717) (14 변시)(16 변시)(19 변시)(23 변시)(24 변시)(21 1차)(22 2차)

□ 피고인이 도시정비법상 정비사업 관련 자료의 열람·복사 허용에 관한 의무조항과 관련하여 조합의 자문변호사로부터 조합원의 전화번호와 신축건물 동호수 배정 결과를 공개하지 않는 것이 좋겠다는 취지의 답변을 받은 경우, 이는 자문변호사 개인의 독자적 견해에 불과하고 도시정비법의 전체적 규율 내용에 관한 면밀한 검토와 체계적 해석에 터 잡은 법률해석으로는 보이지 않으므로 자신의 행위가 도시정비법 위반의 범죄가 되지 않는다고 오인한 것에 정당한 이유가 인정될 수 없다(2019도18700) (23 3차)

Ⅳ. 위법성조각사유의 전제사실의 착오 [2013 1차][2014 2차][2018 변시][2020 1차]

爭點 017

위법성조각사유의 전제사실의 착오 (12 변시)(13 변시)(17 변시)(21 변시)(24 변시)

1. 위법성조각사유의 전제사실의 착오의 의의

위법성조각사유의 전제사실에 대한 착오란 객관적인 위법성조각사유의 상황이 존재하지 않음에도 불구하고 존재한다고 오신하고 위법성조각사유에 해당하는 행위를 하는 것을 말한다.

2. 견해의 대립

이에 대하여는 ① 행위자가 구성요건적 사실에 대한 인식은 있으나, 자기 행위의 위법성을 인식하지 못한 경우이므로 위법성의 착오로 보는 **엄격책임설** ② 사실의 착오는 아니지만, 사실의 착오와의 구조적 유사성이 있으므로 사실의 착오를 유추적용하자는 **제한책임설** ③ 소극적 구성요건표지이론에 의하면 위법성조각사유의 전제사실은 소극적 구성요건요소가 되므로 이에 대한 착오를 사실의 착오로 취급하는 **소극적 구성요건표지이론** ④ 고의의 이중적 지위를 바탕으로 하여 위법성조각사유의 전제사실의 착오는 구성요건적 고의는 인정되지만 책임고의가 없으므로 과실책임 여부만이 문제된다는 **법효과제한적 책임설**이 대립하고 있다.

3. 판례의 태도

위법성조각사유의 전제사실에 대한 착오에 대한 최근 판례는 피고인이 당시 죄가 되지 않는 것으로 오인한 것에 대해 '정당한 이유'가 있으면 위법성이 조각된다는 취지로 판시하고 있다.

4. 검 토

생각건대 현재 일반적으로 확립된 합일태적 범죄체계인 고의의 이중적 지위를 전제로 하고 있는 법효과제한적 책임설이 ① 구체적 타당성 ② 논리적 우수성 ③ 체계적합성 ④ 악의의 공범자의 처벌가능성을 모두 구비하고 있으므로 가장 타당하다.

5. 관련 판례

☐ **배희칠랑 사건(정당방위사안이지만, 가상적으로 오상방위에 대해 정당한 사유를 언급하여 법률의 착오로 의율한 듯한 판례)** : 격투를 하는 자 중의 한사람의 공격이 그 격투에서 당연히 예상을 할 수 있는 정도를 초과하여 살인의 흉기 등을 사용하여 온 경우에는 이는 역시 부당한 침해라고 아니할 수 없으므로 이에 대하여는 정당방위를 허용하여야 한다고 해석하여야 할 것이다. 가사 피해자에게 피고인을 살해할 의사가 없고 객관적으로 급박하고 부당한 침해가 없었다고 가정하더라도 피고인으로서는 현재의 급박하고도 부당한 침해가 있을 것으로 오인하는데 대한 정당한 사유가 있는 데 해당된다고 아니할 수 없음에도 불구하고, 원심이 위와 같은 이유로서 피고인이 정당방위의 주장을 배척하였음은 역시 오상방위에 관한 법리를 오해한 위법이 있다(68도370)

☐ **당번병 사건(오상정당행위를 정당한 이유가 있어 위법성이 없다고 본 판례)** : 당번병의 관사이탈행위는 중대장의 직접적인 허가가 없었다 하더라도 당번병으로서의 그 임무범위 내에 속하는 일로 오인하고 한 행위로서 그 오인에 정당한 이유가 있어 위법성이 없다고 볼 것이다(86도1406) (22 1차)

☐ **위전착 관련 최신 판례** : 위전착에 빠진 행위에 대하여 죄가 되지 않는 것으로 오인한 것에 정당한 이유가 없다고 판단하여 유죄판단을 한 원심에 대하여 정당한 이유가 있다고 보아 원심을 파기환송한 사례(2023도10768)

☐ 엄격책임설에 의하면 위법성의 인식 여부는 고의 성립에 영향을 미치지 않는다. (21 1차)

☐ 엄격책임설은 위법성조각사유의 객관적 전제사실에 관한 착오와 구성요건적 착오의 유사한 측면을 간과하고 있다는 비판을 받는다. (21 3차)

☐ 甲이 밤늦게 배송을 위해 찾아온 택배기사 A를 강도범으로 오인하였고 甲이 오인한 것을 알고 있던 乙이 甲에게 A에 대한 상해를 교사하여 甲이 방위의사로 A를 상해한 경우, 공범성립에 관한 제한적 종속성설을 전제로 할 때 사실의 착오 유추적용설(유추적용제한책임설)은 乙을 상해죄의 교사범으로 처벌할 수 없다는 결론에 도달한다. (23 2차)

□ 행위자가 공공의 위험을 방지하려는 의도로 진실인 사실을 알리는 것으로 생각하였으나, 실제로는 허위사실이었으며 이로 인해 피해자의 명예가 훼손된 경우, 이에 대한 법효과제한적 책임설에 따르면 고의의 이중적 지위를 논하는 실익이 있다. (21 3차)

• 위법성조각사유의 전제사실의 착오에 빠진 자에게 가담한 사람의 죄책 : 이에 대하여는 ① 제한 책임설과 소극적 구성요건표지이론에 의할 경우에는 제한종속의 정도를 구비하지 못하였으므로 간접정범이 성립하게 되며 ② 법효과제한적책임설에 의할 경우에 제한종속의 정도를 구비하였으나, 정범개념의 우위성에 따라 정범표지를 구비하였으면 간접정범이 성립하고 정범표지를 구비하지 못하였으면 교사범이 성립하게 되며 ③ 엄격책임설에 의할 경우 책임이 조각되어 범죄가 성립하지 않으면 법효과제한적책임설의 결론과 같은 결론이 도출되고, 책임이 조각되지 않아 범죄가 성립하게 되면 정범배후의 정범이론이 논의되게 된다. [2016 변시][2018 변시]

제4절 | 기대가능성

I. 서 론

• 기대가능성의 의의 : 기대가능성이란 행위시의 구체적인 사정으로 보아 행위자가 범죄행위를 하지 않고 적법행위를 할 것을 기대할 수 있는 가능성을 말한다.

□ 기대가능성은 평균인의 관점에서 판단해야 한다는 판례 : 피고인에게 적법행위를 기대할 가능성이 있는지 여부를 판단하기 위하여는 행위 당시의 구체적인 상황하에 행위자 대신에 사회적 평균인을 두고 이 평균인의 관점에서 그 기대가능성 유무를 판단하여야 한다(2004도2965 전합) (12 변시)(18 변시)(23 변시)

□ 퇴직금 사건 : 사용자가 기업이 불황이라는 사유만을 이유로 하여 임금이나 퇴직금을 지급하지 않거나 체불하는 것은 근로기준법이 허용하지 않는 바이나, 사용자가 모든 성의와 노력을 다했어도 임금의 체불이나 미불을 방지할 수 없었다는 것이 사회통념상 긍정할 정도가 되어 사용자에게 더 이상의 적법행위를 기대할 수 없다거나, 사용자가 퇴직금 지급을 위하여 최선의 노력을 다하였으나 경영부진으로 인한 자금사정 등으로 도저히 지급기일 내에 퇴직금을 지급할 수 없었다는 등의 불가피한 사정이 인정되는 경우에는 그러한 사유는 근로기준법 제36조, 제42조 각 위반범죄의 책임조각사유로 된다(2008도5984) (19 변시)(20 변시)(23 3차)

Ⅱ. 기대불가능성으로 인한 책임조각규정

- **총론상 책임이 조각되는 경우** : 강요된 행위(제12조), 과잉방위(제21조 제3항), 과잉피난 (제22조 제3항) 등
- **총론상 책임이 조각·감경되는 경우** : 과잉방위(제21조 제2항), 과잉피난(제22조 제3항) 등
- **각론상 책임이 조각되는 경우** : 친족간의 범인은닉(제151조 제2항), 친족간의 증거인멸(제 155조 제4항) 등
- **각론상 책임이 감경되는 경우** : 단순도주죄(제145조 제1항), 위조통화취득 후 지정행사죄 (제210조) 등

Ⅲ. 강요된 행위

- **제12조 (강요된 행위)** 저항할 수 없는 폭력이나 자기 또는 친족의 생명 신체에 대한 위해를 방어할 방법이 없는 협박에 의하여 강요된 행위는 벌하지 아니한다.
- **저항할 수 없는 폭력** : 심리적인 의미에 있어서 육체적으로 어떤 행위를 절대적으로 하지 아니할 수 없게 하는 경우와 윤리적 의미에 있어서 강압된 경우를 말한다.

> ☐ **제12조 관련 개념** : 형법 제12조 소정의 저항할 수 없는 폭력은, 심리적인 의미에 있어서 육체적으로 어떤 행위를 절대적으로 하지 아니할 수 없게 하는 경우와 윤리 적 의미에 있어서 강압된 경우를 말하고, 협박이란 자기 또는 친족의 생명, 신체에 대한 위해를 달리 막을 방법이 없는 협박을 말하며, 강요라 함은 피강요자의 자유 스런 의사결정을 하지 못하게 하면서 특정한 행위를 하게 하는 것을 말한다(83도 2276) (17 변시)(18 변시)(22 변시)

- **자기 또는 친족의 생명·신체에 대한 위해를 방어할 방법이 없는 협박** : 친족의 범위에는 행 위자에게 유리한 경우이므로 사실상의 친족도 포함된다. 협박이란 자기 또는 친족의 생 명, 신체에 대한 위해를 달리 막을 방법이 없는 협박을 말한다.
- **자초한 강제상태** : 행위자가 강제상태를 자초한 경우에는 본조에 해당하지 아니한다(판례).

> ☐ **납북을 자초한 경우에는 강요된 행위라고 할 수 없다는 판례** : 피고인이 그전에 선원 으로 월선조업을 하다가 납북되었다가 돌아온 경험이 있는 자로서 월선하자고 상 의하여 월선조업을 하다가 납치되어 북괴의 물음에 답하여 제공한 사실을 강요된 행위라 할 수 없다(70도2629)

Ⅳ. 과잉방위, 과잉피난 등

☐ 방위행위, 피난행위 그리고 자구행위가 그 정도를 초과한 때에는 정황에 따라 형을 감경 또는 면제할 수 있다. (22 3차)

☐ **낫을 빼앗아 10여 차례 찌른 사건** : [1] 피고인이 피해자와 말다툼을 하다가 건초더미에 있던 낫을 들고 반항하는 피해자로부터 낫을 빼앗아 그 낫으로 피해자의 가슴, 배, 등, 뒤통수, 목, 왼쪽 허벅지 부위 등을 10여 차례 찔러 피해자로 하여금 다발성 자상에 의한 기흉 등으로 사망하게 하였다면, 피고인에게는 이 사건 범행 당시 적어도 살인의 미필적 고의는 있었다. [2] 피해자가 피고인에게 한 가해의 수단 및 정도, 그에 비교되는 피고인의 행위의 수단, 방법과 행위의 결과 등 제반 사정에 비추어, 피고인의 이 사건 범행행위가 피해자의 피고인에 대한 현재의 부당한 침해를 방위하거나 그러한 침해를 예방하기 위한 행위로 상당한 이유가 있는 경우에 해당한다고 볼 수 없고, 또 피고인의 이 사건 범행행위는 방위행위가 그 정도를 초과한 때에 해당하거나 정도를 초과한 방위행위가 야간 기타 불안스러운 상태하에서 공포, 경악, 흥분 또는 당황으로 인한 때에 해당한다고 볼 수도 없다(2007도 1794) (17 변시)(22 변시)

Ⅴ. 오상과잉방위

┌─────────────┐
│ 爭點 **018** │
└─────────────┘

오상과잉방위

1. 오상과잉방위의 의의

오상과잉방위란 현재의 부당한 침해 상황이 없음에도 불구하고 존재한다고 오인하고, 고의로 상당성을 넘는 방위행위를 한 것 즉, 오상방위와 과잉방위가 결합된 경우를 말한다. 이 경우의 처리를 두고 논의가 있다.

2. 견해의 대립

이에 대하여는 ① 오상과잉방위를 과잉방위로 취급하자는 **과잉방위설**(차용석) ② 오상과잉방위를 오상방위로 취급하자는 오상방위설이 대립하고 있으며, 오상방위설은 다시 ㉠ 오상과잉방위를 오상방위로 처리하되 **엄격책임설**의 입장을 따르는 견해(정성근) ㉡ 오상과잉방위를 오상방위로 처리하되 **제한책임설**의 입장을 따르는 견해(이재상)로 나뉘고 있다.

3. 판례의 태도

우리나라에서는 아직까지 오상과잉방위와 관련된 판례는 없어 보인다. 일본최고재판소는 오상과잉방위 사안에 대하여 고의범의 성립을 인정한 연후에 과잉방위의 규정을 적용하여 형을 감경하고 있으므로 과잉방위설의 입장을 취하고 있다(日最決, 昭和 41.7.7. 刑集 20.6).

4. 검 토

생각건대 오상방위설 중 제한책임설은 고의를 조각시키므로 구체적 타당성을 결하였으므로 타당하지 않다. 오상방위설 중 엄격책임설을 따르는 경우 현행법 제16조를 적용하지만 현행법은 정당한 이유가 있는 경우에만 책임을 조각시킬 수 있을 뿐이다. 그러나 과잉방위설을 따르는 경우에는 제21조 제2항, 제3항의 적용으로 책임을 조각시키는 것 이외에 책임의 감경으로 형을 감경할 수도 있으므로 구체적 타당성이란 측면에서 과잉방위설이 가장 타당하다.

제5장 | 미수론

제1절 | 미수론 서론

- **미수의 의의** : 미수란 범죄의 실행에 착수하였으나 행위를 종료하지 못하였거나 종료하였더라도 결과가 발생하지 아니한 경우 즉 범죄가 미완성인 경우를 말한다.

  ☐ 범죄의 실행에 착수하여 행위를 종료하지 못하였거나 결과가 발생하지 아니한 경우는 해당 죄에 미수범 처벌규정이 있는 경우에만 그 행위를 미수범으로 처벌할 수 있다. (21 1차)

제2절 | 장애미수

- **장애미수의 의의** : 행위자가 실행에 착수하였고, 결과의 발생이 가능하였으나 행위자의 의사에 반하여 외부적 장애로 행위를 종료하지 못하였거나(착수미수) 실행행위는 종료하였으나 결과가 발생하지 아니하여(실행미수) 범죄가 미완성에 그친 경우를 말한다. 일반적으로 미수라 함은 장애미수를 말한다.

- **장애미수의 성립요건** : 장애미수가 성립하기 위해서는 주관적 요건으로서의 ① 고의, 객관적 요건으로서의 ② 실행의 착수 ③ 범죄의 미완성(결과가 발생하지 않거나, 결과가 발생하였어도 인과관계가 없는 경우)이 필요하다.

  ☐ 미수범은 범죄의 실행에 착수하여 행위를 종료하지 못하였거나 결과가 발생하지 아니한 경우로 현행법상 고의범만 미수를 처벌하고 과실범은 미수를 처벌하지 않는다. (22 3차)

- **실행의 착수에 대한 논의** : 실행의 착수를 기준으로 하여 실행의 착수 이전은 예비 · 음모가 되지만, 실행의 착수 이후는 미수가 된다. 이러한 예비 · 음모와 미수의 구별기준인 실행의 착수시기에 대하여는 ① 구성요건에 해당하는 행위가 있을 때에 실행의 착수를 인정하는 **형식적 객관설** ② 법익침해에 밀접한 행위를 한 때에 실행의 착수를 인정하는 **실질적 객관설** ③ 범죄의사의 비약적 표동이 있는 때에 실행의 착수를 인정하는 **주관설** ④ 범죄의 주관적인 면과 객관적인 면을 모두 고려하여 실행의 착수를 인정하는 **절충설**(주관적 객관설, 개별적 객관설)이 대립하고 있다.

- **실행의 착수에 대한 판례의 태도** : 판례의 태도는 일정하지 않다. 즉, 판례는 ① 방화죄의 경우에는 형식적 객관설을 따르고 ② 절도죄의 경우에는 실질적 객관설인 밀접행위설을 따르고 ③ 대남 간첩의 경우에는 주관설을 따르는 등 개별 범죄마다 실행의 착수시기를 다른 기준으로 판단하고 있다. 그리고 동일한 범죄라도 구체적인 태양에 따라 실행의 착수시기를 달리 판단하고 있다.

☐ **소를 흥정하고 있는 자에게 접근한 사건** : 소를 흥정하고 있는 피해자의 뒤에 접근하여 그가 들고 있던 가방으로 돈이 들어 있는 피해자의 하의 왼쪽 주머니를 스치면서 지나간 행위는 단지 피해자의 주의력을 흐트러 주머니 속에 들은 금원을 절취하기 위한 예비단계의 행위에 불과한 것이고 이로써 실행의 착수에 이른 것이라고는 볼 수 없다(86도1109) (22 1차)

☐ 성폭력범죄의처벌등에관한특례법위반(주거침입강간)죄는 사람의 주거 등을 침입한 자가 피해자를 간음한 경우에 성립하는데, 그 실행의 착수시기는 주거침입 행위 후 강간죄의 실행행위에 나아간 때이다(2020도17796) (23 3차)

☐ **성폭력범죄의 처벌 등에 관한 특례법 위반(카메라등이용촬영)죄의 실행의 착수** : [1] 범인이 피해자를 촬영하기 위하여 육안 또는 캠코더의 줌 기능을 이용하여 피해자가 있는지 여부를 탐색하다가 피해자를 발견하지 못하고 촬영을 포기한 경우에는 촬영을 위한 준비행위에 불과하여 성폭력처벌법위반(카메라등이용촬영)죄의 실행에 착수한 것으로 볼 수 없다. [2] 이에 반하여 범인이 카메라 기능이 설치된 휴대전화를 피해자의 치마 밑으로 들이밀거나, 피해자가 용변을 보고 있는 화장실 칸 밑 공간 사이로 집어넣는 등 카메라 등 이용 촬영 범행에 밀접한 행위를 개시한 경우에는 성폭력처벌법위반(카메라등이용촬영)죄의 실행에 착수하였다고 볼 수 있다 (2021도749) (23 3차)

☐ 필로폰을 매수하려는 자에게서 필로폰을 구해 달라는 부탁과 함께 돈을 지급받았다고 하더라도, 당시 필로폰을 소지 또는 입수한 상태에 있었거나 그것이 가능하였다는 등 매매행위에 근접·밀착한 상태에서 대금을 지급받은 것이 아니라 단순히 필로폰을 구해 달라는 부탁과 함께 대금 명목으로 돈을 지급받은 것에 불과한 경우에는 필로폰 매매행위의 실행의 착수에 이른 것이라고 볼 수 없다(2014도16920)

• 장애미수의 효과 : 임의적 감경이다.

제3절 | 중지미수

• **중지미수의 의의** : 중지미수란 범죄의 실행에 착수한 자가 그 범죄의 기수에 이르기 전에 자의로 범행을 중지하거나 범행으로 인한 결과의 발생을 방지한 경우를 말한다.

• **중지미수의 성립요건** : 중지미수도 미수의 일종이므로 장애미수와 동일하게 주관적 요건으로서의 ① 고의, 객관적 요건으로서의 ② 실행의 착수 ③ 범죄의 미완성이 필요하다. 그러나 중지미수는 이 이외에 ① 특별한 주관적 요건인 자의성과 ② 특별한 객관적 요건인 착수중지와 실행중지가 문제된다. [2024 변시]

• 중지미수의 자의성

중지미수의 자의성 [2011 3차][2023 1차]

1. 논의점

중지미수가 인정되기 위하여는 고의 이외에 특별한 주관적 요건으로서 '자의성'이 요구되고 있는바, 이러한 자의성을 어떠한 기준에 따라 판단할 것인지에 대하여 논의가 있다.

2. 견해의 대립

이에 대하여는 ① 범죄의 미완성이 외부적 사정으로 인한 경우에는 장애미수이고, 내부적 동기로 인한 경우에는 중지미수라는 객관설 ② 범죄의 미완성이 후회·동정·연민 등 기타 윤리적 동기로 인한 경우에는 중지미수이고 그 외의 요인으로 인한 경우에는 장애미수라는 주관설 ③ 할 수 있었음에도 불구하고 하기를 원하지 않아서 중지한 경우에는 중지미수이고, 하려고 하였으나 할 수가 없어서 중지한 경우에는 장애미수라는 Frank의 공식설 ④ 일반 사회통념상 범죄수행에 장애가 될 만한 사유가 있는 경우에는 장애미수이지만, 그러한 사유가 없음에도 불구하고 자율적으로 중지한 경우에는 중지미수라는 절충설 등이 대립하고 있다.

3. 판례의 태도

판례는 '중지미수와 장애미수를 구분하는데 있어서는 범죄의 미수가 자의에 의한 중지이냐 또는 어떤 장애에 의한 미수이냐에 따라 가려야 하고 특히 자의에 의한 중지중에서도 일반사회통념상 장애에 의한 미수라고 보여지는 경우를 제외한 것을 중지미수라고 풀이함이 일반이다'라고 하여 절충설의 입장을 따르고 있다.

4. 검 토

생각건대 범죄는 주관과 객관의 결합이어야 하므로 행위당시의 객관적인 면과 주관적인 면의 여러 사정을 고려하여 일반인의 입장에서 자율적이라고 판단되면 자의성을 인정하는 절충설이 타당하다.

5. 관련 판례

☐ **자의성의 판단에 대하여 절충설을 따른 판례** : 중지미수라 함은 범죄의 실행행위에 착수하고 그 범죄가 완수되기 전에 자기의 자유로운 의사에 따라 범죄의 실행행위를 중지하는 것으로서 장애미수와 대칭되는 개념이나 중지미수와 장애미수를 구분하는데 있어서는 범죄의 미수가 자의에 의한 중지이냐 또는 어떤 장애에 의한 미수이냐에 따라 가려야 하고 특히 자의에 의한 중지중에서도 일반사회통념상 장애에 의한 미수라고 보여지는 경우를 제외한 것을 중지미수라고 풀이함이 일반이다(85도2002) (20 변시)

☐ **친해지면 사건** : 피고인이 피해자를 강간하려다가 피해자의 다음번에 만나 친해지면 응해 주겠다는 취지의 간곡한 부탁으로 인하여 그 목적을 이루지 못한 후 피해자를 자신의 차에 태워 집에까지 데려다 주었다면 피고인은 자의로 피해자에 대한 강간행위를 중지한 것이고 피해자의 다음에 만나 친해지면 응해 주겠다는 취지의 간곡한 부탁은 사회통념상 범죄실행에 대한 장애라고 여겨지지는 아니하므로 피고인의 행위는 중지미수에 해당한다 (93도1851)

• **두려움에 의한 중지에 대한 논의** : 다수설과 판례는 절충설을 취하면서도 '행위자가 경악하거나 겁을 먹어 중지한 경우'에 대해 견해를 달리하고 있다. 판례는 자의성을 부정하지만, 학설은 일반적으로 자의성을 긍정하고 있다. 다수설은 우리나라의 중지미수는 독일과 달리 감경도 할 수 있으므로 자의성의 범위를 좁게 해석할 이유가 없다는 점을 근거로 하고 있으며 타당하다고 생각한다. [2014 1차][2014 변시]

☐ **겁이 나서 불끈 것은 자의성이 인정되지 않는다는 판례** : 치솟는 불길에 놀라거나 자신의 신체 안전에 대한 위해 또는 범행 발각시의 처벌 등에 두려움을 느끼는 것은 일반사회통념상 범죄를 완수함에 장애가 되는 사정에 해당한다고 보아야 할 것이므로 이를 자의에 의한 중지라고는 볼 수 없다(97도957) (23 변시)(21 1차)(22 1차)

☐ **차용 포기 사건** : 피고인이 甲에게 위조한 예금통장 사본 등을 보여주면서 외국회사에서 투자금을 받았다고 거짓말하며 자금 대여를 요청하였으나, 甲과 함께 그 입금 여부를 확인하기 위해 은행에 가던 중 은행 입구에서 차용을 포기하고 돌아가 사기미수로 기소된 사안에서, 피고인이 범행이 발각될 것이 두려워 범행을 중지한 것으로서 일반 사회통념상 범죄를 완수함에 장애가 되는 사정에 해당하여 자의에 의한 중지미수로 볼 수 없다고 한 사례(2011도10539) (16 변시)

• **범행의 종국적 포기 아닌 경우의 자의성 인정 여부**

> **爭點 020**

범행의 종국적 포기 아닌 경우의 자의성 인정 여부 [2016 1차]

1. 논의점

범행을 종국적으로 포기한 것이 아니라 더 좋은 기회로 미룬 경우에 중지미수가 인정될 수 있는지 즉 실행행위를 종국적으로 포기하여야 중지미수가 성립될 것인지에 대하여 논의가 있다.

2. 견해의 대립

이에 대하여는 ① 기본적으로 이미 실행에 착수한 범죄의 결과발생을 방지하는 데에 중지미수의 취지가 있으므로 잠정적 중지도 중지미수라는 **긍정설** ② 행위자가 합법의 세계로 돌아온 경우에만 중지미수의 의미가 있다고 보아 잠정적 중지는 중지미수가 아니라는 **부정설**이 대립하고 있다.

3. 검 토

생각건대 현행법은 독일 형법과 달리 중지미수의 효과에 감경도 규정하고 있으므로 중지미수를 엄격하게 해석할 필요가 없으며, 중지라는 표현은 어떤 동기이든지 실행의 계속을 멈추는 것을 의미하고 종국적 포기만을 의미한 것은 아니므로 중지미수 긍정설이 타당하다.

- **착수중지의 성립요건** : 착수중지는 실행에 착수한 실행행위를 종료하지 않는 부작위에 의하여 중지미수가 성립한다.

- **실행중지의 성립요건** : 실행중지의 경우에는 실행행위를 종료하고 결과발생의 적극적인 방지행위에 의하여 결과가 방지되어야 중지미수가 인정된다. 만약 결과가 발생하였다면 중지미수가 성립하지 아니하고 기수범이 성립하게 된다. [2023 1차]

  ☐ 실행미수(종료미수)가 중지범으로 인정되기 위해서는 실행에 착수한 행위의 계속을 포기하는 것으로 충분하지 않고 행위자가 자의에 의하여 결과의 발생을 방지할 필요가 있다. (22 3차)

  ☐ 甲이 A에게 치사량의 독약을 먹인 후 자신의 행위를 후회하고 A를 병원으로 옮겨 생명을 구하였는데, 예기치 않은 병원의 화재로 인하여 A가 사망한 경우, 甲이 자의로 결과발생을 방지하기 위해 노력하였다면 결과가 발생하더라도 중지미수가 인정될 수 있다. (23 1차)

  ☐ **횡령죄 기수 사건** : 타인의 재물을 공유하는 자가 공유자의 승낙을 받지 않고 공유 대지를 담보에 제공하고 가등기를 경료한 경우 횡령행위는 기수에 이르고 그후 가등기를 말소했다고 하여 중지미수에 해당하는 것이 아니다(78도2175)

• **불능미수의 중지미수**

불능미수의 중지미수 [2015 3차]

1. 논의점

결과발생이 처음부터 불가능하였지만 위험성이 있어 불능미수가 성립한 사례에서, 행위자가 실행중지의 요건을 모두 구비한 경우에 중지미수를 인정할 것인지에 대하여 논의가 있다.

2. 견해의 대립

이에 대하여는 ① 중지미수의 성립요건을 형식적으로 고찰하여 행위자의 방지행위에 의하여 결과가 발생하지 않은 것은 아니므로 중지미수가 성립할 여지가 없어 불능미수에 대한 중지미수의 성립을 부정하는 **부정설** ② 중지미수의 성립요건을 실질적으로 고찰하여 불능미수에 대하여 중지미수의 규정을 적용하지 않는 경우에는 형의 불균형이 발생하게 되므로 불능미수에 대한 중지미수의 성립을 긍정하는 **긍정설**이 대립하고 있다.

3. 검 토

생각건대 피고인의 인권보장을 위하고, 결과발생이 가능한 경우와의 균형을 이루기 위해서라도 중지미수의 성립을 인정하는 긍정설이 타당하다. 입법론으로는 독일 형법 제24조와 같은 명문규정을 두는 것이 바람직하다.

• **중지미수의 효과** : 필요적 감면이다.
• **공동정범의 중지미수의 성립요건** : 중지미수의 효과는 자의성을 가지고 중지미수의 객관적 요건을 구비한 자에게만 미친다. 따라서 자의성을 가지고 중지미수의 객관적 요건을 구비한 자 이외의 다른 공범은 장애미수가 성립한다. [2015 3차][2023 1차]

□ 다른 공범자의 강간범행이 기수에 이른 후에는 중지미수가 성립할 수 없다는 판례 : 다른 공범의 범행을 중지하게 하지 아니한 이상 자기만의 범의를 철회, 포기하여도 중지미수로는 인정될 수 없는 것이다(2004도8259) (15 변시)(16 변시)(21 1차)(23 1차)

제4절 | 불능미수

• **불능미수의 의의** : 불능미수란 사실상 결과발생이 불가능한 범죄의 실행에 착수하였으나 규범적으로 위험성이 있어 처벌되는 경우를 말한다. [2024 변시]

□ 행위자가 결과발생이 불가능하다는 것을 알면서 실행에 착수하여 결과가 발생하지 않았다면 위험성이 있는 경우라도 불능미수는 성립하지 않는다. (22 3차)

□ **장애미수 또는 중지미수와 불능미수의 구별** : 장애미수 또는 중지미수는 범죄의 실행에 착수할 당시 실행행위를 놓고 판단하였을 때 행위자가 의도한 범죄의 기수가 성립할 가능성이 있었으므로 처음부터 기수가 될 가능성이 객관적으로 배제되는 불능미수와 구별된다(2018도16002 전합)

• **수단 또는 대상의 착오** : 현행법에서는 제27조에서 '수단 또는 대상의 착오'를 명시하고 있다. '수단의 착오'란 수단의 불가능성을 의미하며, '대상의 착오'란 객체의 불가능성을 의미한다.

• **주체의 착오에 대한 논의** : 주체의 적극적 착오에 대하여 불능미수를 인정할 것인가에 대하여는 견해의 대립이 있으나, 죄형법정주의의 내용 중 유추해석금지의 원칙에 의하여 불능미수의 성립을 부정하는 것이 타당하다.

• **결과 발생의 불가능의 의미**

□ **결과 발생의 불가능의 의미** : 형법 제27조에서의 '결과 발생의 불가능'은 실행의 수단 또는 대상의 원시적 불가능성으로 인하여 범죄가 기수에 이를 수 없는 것을 의미한다고 보아야 한다(2018도16002 전합)

• **불능미수의 위험성**

爭點 022

불능미수의 위험성 [2014 3차][2017 2차][2019 3차][2022 1차][2023 1차]

1. 논의점

불능미수에 있어 규범적 · 평가적 개념인 위험성의 유무를 판단하는 구체적인 구별기준에 대하여 논의가 있다.

2. 견해의 대립

이에 대하여는 ① 절대적 불능은 불능범, 상대적 불능은 불능미수로 보자는 **구객관설** ② 행위당시에 행위자가 인식한 사정 및 일반인이 인식할 수 있었던 사정을 판단의 기초로 하여 일반인의 기준으로 판단하자는 **구체적 위험설** ③ 행위당시에 행위자가 인식한 사정을 판단의 기초로 하여 일반인의 기준으로 판단하자는 **추상적 위험설** ④ 범죄실현 의사를 표현하는 행위가 있으면 불능미수가 된다는 **주관설**이 대립하고 있다.

3. 판례의 태도

종래는 구객관설을 따르는 판례와 추상적 위험설을 따르는 판례가 혼재하고 있었지만, 최근 전합판례에서는 추상적 위험설을 따르고 있다.

4. 검토

생각건대 불능미수의 위험성은 추상적인 법질서 전체의 입장에서의 위험성을 의미하는 것이므로 추상적 위험설이 타당하다.

5. 관련 판례

☐ **초우뿌리 사건(구객관설을 따른 판례)** : 불능범은 범죄행위의 성질상 결과발생 또는 법익침해의 가능성이 절대로 있을 수 없는 경우를 말하는 것이다. 일정량 이상을 먹으면 사람이 죽을 수도 있는 '초우뿌리'나 '부자' 달인 물로 살해하려 하였다면 불능미수라는 판례(2007도3687) (23 변시)

☐ **준강간 불능미수 전합 판례(추상적 위험설을 따른 판례)** : 피고인이 행위 당시에 인식한 사정을 놓고 일반인이 객관적으로 판단하여 보았을 때 준강간의 결과가 발생할 위험성이 있었으므로 준강간죄의 불능미수가 성립한다(2018도16002 전합) (21 변시)

☐ **유치권 경매 사건** : 유치권에 의한 경매를 신청한 유치권자는 일반채권자와 마찬가지로 피담보채권액에 기초하여 배당을 받게 되는 결과 피담보채권인 공사대금 채권을 실제와 달리 허위로 크게 부풀려 유치권에 의한 경매를 신청할 경우 정당한 채권액에 의하여 경매를 신청한 경우보다 더 많은 배당금을 받을 수도 있으므로, 이는 법원을 기망하여 배당이라는 법원의 처분행위에 의하여 재산상 이익을 취득하려는 행위로서, 불능범에 해당한다고 볼 수 없고, 소송사기죄의 실행의 착수에 해당한다고 할 것이다(2012도9603) (15 변시)

☐ **소송비용지급을 소송비용액 확정절차로 하지 않고 손해배상청구의 소를 제기한 것은 불능범이라는 판례** : 민사소송법상 소송비용의 청구는 소송비용액 확정절차에 의하도록 규정하고 있으므로, 위 절차에 의하지 아니하고 손해배상금 청구의 소 등으로 소송비용의 지급을 구하는 것은 소의 이익이 없는 부적법한 소로서 허용될 수 없다고 할 것이다. 따라서 소송비용을 편취할 의사로 소송비용의 지급을 구하는 손해배상청구의 소를 제기하였다고 하더라도 이는 객관적으로 소송비용의 청구방법에 관한 법률적 지식을 가진 일반인의 판단으로 보아 결과 발생의 가능성이 없어 위험성이 인정되지 않는다고 할 것이다(2005도8105) (12 변시)(13 변시)(15 변시)(23 변시)

☐ 불능범과 구별되는 불능미수의 성립요건인 '위험성'은 행위자가 행위 당시에 인식한 사정을 놓고 객관적으로 판단하여 결과 발생의 가능성이 있는지 여부를 따져야 한다. (22 1차)

□ 불능미수의 성립요건인 위험성의 판단에 관한 추상적 위험설에 대해서는 행위자가 경솔하게 잘못 안 경우에도 그 사실을 기초로 위험성을 판단하는 것은 부당하다는 비판이 제기된다. (22 3차)

□ 설탕이라고 표기된 병 안의 설탕을 독약으로 오인하고 이를 먹여 살해하려고 한 경우 추상적 위험설에 따르면 불능미수가 되고, 설탕으로도 사람을 죽일 수 있다고 생각하고 설탕을 먹인 경우 주관설에 따르면 불능미수이다. (23 1차)

□ **농약 배추국 사건** : 甲이 A에게 치사량에 미달한 독약을 탄 음료수를 먹게 하여 살해하려고 하였으나 A가 음료수를 토해서 살인에 실패한 경우, 법원은 해당 독약의 치사량을 심리한 다음 살인죄의 장애미수인지 불능미수인지를 판단해야 한다(83도2967) (23 2차)

• 준강간 불능미수 전합 판례의 정리

爭點 023

준강간 불능미수 전합 판례 정리 [2019 3차][2022 변시]

1. 논의점

甲은 A女가 심신상실 또는 항거불능의 상태에 있다고 생각하고 간음하였으나, 실제로 A女는 의식이 없는 상태가 아니었다. 이러한 경우에 甲에게 준강간죄의 불능미수가 성립할 수 있는지에 대하여 논의가 있다.

2. 전합의 다수의견

전합의 다수의견은 ① 준강간죄의 객체를 '심신상실 또는 항거불능의 상태에 있는 사람'으로 보고 ② 불능미수의 '결과 발생의 불가능'은 실행의 수단 또는 대상의 원시적 불가능성으로 인하여 범죄가 기수에 이를 수 없는 것을 의미한다고 보고 ③ 불능미수의 '위험성'의 판단에대하여 추상적 위험설을 바탕으로 하여, 사안과 같은 경우에는 불능미수가 성립한다고 보고 있다.

3. 전합의 반대의견

전합의 반대의견은 ① 준강간죄의 객체를 '사람'으로 보고 ② 불능미수의 '결과 발생의 불가능'은 범죄기수의 불가능뿐만 아니라 범죄실현의 불가능을 포함하는 개념으로 보고 ③ 불능미수의 '위험성'의 판단에 대하여 추상적 위험설을 바탕으로 하여, 사안과 같은 경우에는 불능미수가 성립하지 않는다고 보고 있다.

4. 사안의 해결

사안의 경우에 전합의 다수의견에 따르면 甲에게는 형법 제300조, 제299조, 제27조에 따른 준강간죄의 불능미수범이 성립한다.

5. 관련 판례

• 불능미수의 효과 : 임의적 감면이다.

제5절 | 예비와 음모

• 예비의 의의 : 예비란 특정 범죄를 실현할 목적으로 행하여지는 **외부적 준비행위**로서 아직 실행의 착수에 이르지 아니한 일체의 행위를 말한다.

☐ 흉기를 휴대하거나 2명 이상이 합동하여 피해자에 대하여 강제추행죄를 저지를 목적으로 예비 또는 음모한 자는 성폭력범죄의처벌등에관한특례법상 특수강제추행죄의 예비 또는 음모로 처벌된다. (22 2차)

☐ "정당한 이유 없이 이 법에 규정된 범죄에 공용될 우려가 있는 흉기나 그 밖의 위험한 물건을 휴대하거나 제공 또는 알선한 사람"을 처벌하는 「폭력행위 등 처벌에 관한 법률」 제7조는 대상범죄인 "이 법에 규정된 범죄"의 예비죄로서의 성격을 지니고 있다. (21 2차)

• 음모의 의의 : 음모란 2인 이상이 특정한 범죄를 실행할 목적으로 합의하는 것을 말한다.

☐ **'한탕하자' 사건** : 형법상 음모죄가 성립하는 경우의 음모란 2인 이상의 자 사이에 성립한 범죄실행의 합의를 말하는 것으로, 범죄실행의 합의가 있다고 하기 위하여는 단순히 범죄결심을 외부에 표시, 전달하는 것만으로는 부족하고, 객관적으로 보아 특정한 범죄의 실행을 위한 준비행위라는 것이 명백히 인식되고, 그 합의에 실질적인 위험성이 인정될 때에 비로소 음모죄가 성립한다(99도3801) (24 변시)

☐ **음모죄의 성립 요건** : 음모는 실행의 착수 이전에 2인 이상의 자 사이에 성립한 범죄실행의 합의로서, 합의 자체는 행위로 표출되지 않은 합의 당사자들 사이의 의사표시에 불과한 만큼 실행행위로서의 정형이 없기 때문에, 어떤 범죄를 실행하기로 막연하게 합의한 경우나 특정한 범죄와 관련하여 단순히 의견을 교환한 경우까지 모두 음모죄가 성립한다고 하면 음모죄의 성립범위가 과도하게 확대될 위험이 있다 (2014도10978 전합) (22 2차)

□ 밀항 도항비 사건(음모는 예비의 전단계라는 판례) : 일본으로 밀항하고자 공소 외 다른 사람에게 도항비로 일화 100만엔을 주기로 약속한 바 있었으나 그 후 이 밀항을 포기하였다면 이는 밀항의 음모에 지나지 않는 것으로 밀항의 예비정도에는 이르지 아니한 것이다(86도437) (21 2차)

• **예비죄의 성립요건** : 예비죄가 성립하기 위하여는 주관적인 요건으로 ① 예비행위에 대한 인식인 고의 ② 기본범죄를 범하려는 목적, 그리고 객관적 요건으로서 ③ 일체의 외적인 준비행위인 예비행위가 있어야 한다.

□ 살인예비죄가 성립하기 위해서는 살인죄를 범할 목적 외에도 살인의 준비에 관한 고의가 있어야 하며, 실행의 착수에는 이르지 아니하는 살인죄의 실현을 위한 준비행위가 있어야 한다(2009도7150) (21 2차)(22 2차)

□ 甲이 A를 살해하기 위하여 乙을 고용하면서 그에게 살인의 대가 지급을 약속한 경우, 甲에게는 살인예비죄가 성립한다(2009도7150) (18 변시)(21 변시)(23 2차)

• **예비의 특정성** : 예비죄가 성립하기 위하여는 기본범죄가 특정되어야 한다. 그러나 특정의 정도는 전속적 법익인 경우와 비전속적인 경우에 차이가 있다.

□ **살해 대상자를 확정하지 아니한 사건** : 살해의 용도에 공하기 위한 흉기를 준비하였다 하더라도 그 흉기로서 살해할 대상자가 확정되지 아니한 한 살인예비죄로 다스릴 수 없다(4292형상387)

□ **강도를 하기 위해 통행인을 기다린 사건** : 강도에 공할 흉기를 휴대하고 통행인의 출현을 대기하는 행위는 강도예비에 해당한다(4281형상80)

• **자기예비** : 자기예비란 자신이 실행행위를 할 목적으로 스스로 혹은 타인과 공동으로 하는 예비행위를 말하며 이는 당연히 예비가 된다.

• **타인예비** : 타인예비란 자기 자신이 정범이 되지 못하는 타인의 범죄를 위하여 준비행위를 하는 경우를 말한다. 타인예비가 예비가 될 수 있는지에 대해서 ① 타인예비도 법익침해의 실질적 위험성을 지니고 있어 자기예비와 차이가 없으므로 타인예비를 긍정하는 **긍정설**도 있지만 ② 다수설은 준비하는 행위와 준비에 도움을 주는 행위는 구별되어야 하므로 타인예비를 부정하는 **부정설**의 입장이다. [2023 변시]

• 예비의 중지

爭點 024

예비의 중지 [2015 2차][2016 1차][2017 변시][2021 2차]

1. 논의점

예비의 중지란 예비행위를 한 자가 자의로 예비행위를 중지하거나 자의로 실행의 착수를 포기하는 것을 말한다. 예비는 그 성질상 미수를 인정할 수 없으므로 예비의 중지미수란 존재할 수 없지만, 이러한 예비의 중지의 경우에도 중지미수규정을 유추적용할 수 있는지에 대해 논의가 있다.

2. 견해의 대립

이에 대하여는 ① 예비죄의 중지범은 성립할 수 없으므로 중지미수의 규정을 유추해서는 안 된다는 **전면부정설** ② 원칙적으로 중지미수를 유추할 수는 없으나, 중지가 자수에 이른 정도의 경우에 한해 자수에 관한 필요적 감면 규정을 유추적용하자는 **자수유추적용설** ③ 예비죄의 형이 기본범죄에 대하여 중지미수규정을 적용한 것보다 무거운 때에는 형의 불균형을 시정하기 위하여 중지미수의 규정을 유추하자는 **제한적용설** ④ 예비의 중지에 있어서는 언제나 중지미수의 규정을 유추하여야 하며, 감경 또는 면제의 대상도 기수형이 아니라 예비·음모형이어야 한다는 **전면적용설**이 대립하고 있다.

3. 판례의 태도

판례는 '중지범은 범죄의 실행에 착수한 후 자의로 그 행위를 중지한 때를 말하는 것이고 실행의 착수가 있기 전인 예비·음모의 행위를 처벌하는 경우에 있어서 중지범의 관념은 이를 인정할 수 없다'라고 하여 **전면부정설**의 입장이다.

4. 검토

생각건대 예비의 미수는 논리상 인정될 수 없으므로 원칙적으로 예비죄에 중지미수의 규정을 유추하지 않아야 하지만, 예외적으로 예비의 형이 중지미수의 형보다 무거울 때에는 구체적 타당성이란 측면을 고려해 중지미수를 유추하여 이를 시정할 필요가 있으므로 예비죄와 중지미수의 형의 불균형한 경우에만 유추하는 제한적용설이 타당하다.

5. 관련 판례

☐ 예비·음모의 경우에는 중지범의 관념을 부정한 판례(99도424) (12 변시)(15 변시)(21 변시)(24 변시)(21 2차)

• **예비죄의 공동정범의 성부** : 예비죄의 공동정범의 성부에 대하여는 ① 예비행위의 실행행위성을 긍정하는 입장에서 예비죄의 공동정범을 인정할 수 있다는 긍정설과 ② 예비죄의 실행행위성을 부정하는 입장에서 예비죄의 공동정범을 인정할 수 없다는 부정설이 대립하고 있으며, 판례는 예비죄의 공동정범을 긍정하고 있다. 생각건대 예비죄도 수정된 구성요건이며, 실행행위성을 인정할 수 있으므로 긍정설이 타당하다.

□ **손도끼 구입 사건(예비죄의 공동정범은 가능하지만, 예비죄의 종범은 성립할 수 없다는 판례)** : 형법 제32조 제1항 소정 타인의 범죄란 정범이 범죄의 실현에 착수한 경우를 말하는 것이므로 종범이 처벌되기 위하여는 정범의 실행의 착수가 있는 경우에만 가능하고 형법 전체의 정신에 비추어 정범이 실행의 착수에 이르지 아니한 예비의 단계에 그친 경우에는 이에 가공하는 행위가 예비의 공동정범이 되는 경우를 제외하고는 종범의 성립을 부정하고 있다고 보는 것이 타당하다(75도1549) (12 변시) (14 변시)(15 변시)(21 변시)(24 변시)

제6장 | 공범론

제1절 | 공범론 서론

I. 공범의 의의

- **임의적 공범의 의의** : 1인이 단독으로도 실행할 수 있는 범죄를 2인 이상이 협력하여 실행하는 경우의 공범형태를 말한다. 이러한 임의적 공범이 공범의 일반적인 형태이다.
- **필요적 공범의 의의** : 구성요건 자체가 처음부터 2인 이상이 참가해서만 실행할 수 있도록 규정된 공범형태를 말한다. 이러한 필요적 공범은 다시 대향범과 집합범으로 분류된다.

  □ **필요적 공범과 처벌** : 재물을 공여하는 사람이 부정한 청탁을 하였다 하더라도 그 청탁을 받아들임이 없이 그 청탁과는 관계없이 금품을 받은 경우에는 배임수재죄는 성립하지 아니한다고 봄이 상당하고, 금품을 주고받는 사람이 서로 필요적 공범관계에 있다 하여 예외없이 공범자 모두가 처벌되어야 하는 것은 아니다(82도874)

- **필요적 공범의 내부참가자간에 형법 총칙의 적용 여부** : 필요적 공범에서의 내부참가자는 총칙상의 공범이 아니라 각칙상의 이미 예정된 개별적 구성요건의 문제이기 때문에, 임의적 공범에 적용되는 총칙상의 공범규정이 적용될 여지가 없다. [2023 3차]

  □ **변호사 사무실 직원 사건** : 2인 이상 서로 대향된 행위의 존재를 필요로 하는 대향범에 대하여는 공범에 관한 형법총칙 규정이 적용될 수 없는데, 형법 제127조는 공무원 또는 공무원이었던 자가 법령에 의한 직무상 비밀을 누설하는 행위만을 처벌하고 있을 뿐 직무상 비밀을 누설받은 상대방을 처벌하는 규정이 없는 점에 비추어, 직무상 비밀을 누설받은 자에 대하여는 공범에 관한 형법총칙 규정이 적용될 수 없다고 보는 것이 타당하다(2009도3642) [2014 변시][2016 2차][2017 3차][2023 변시](15 변시)(19 변시)(21 3차)(22 3차)

  □ **매도인에게 처벌규정이 없는 사건** : 매도, 매수와 같이 2인 이상의 서로 대향된 행위의 존재를 필요로 하는 관계에 있어서는 공범이나 방조범에 관한 형법총칙 규정의 적용이 있을 수 없고, 따라서 매도인에게 따로 처벌규정이 없는 이상 매도인의 매도행위는 그와 대향적 행위의 존재를 필요로 하는 상대방의 매수범행에 대하여 공범이나 방조범관계가 성립되지 아니한다(2001도5158) (15 변시)(17 변시)

□ **구성요건상 단독으로 실행할 수 있는 사건(대향범 법리의 적용 한계)** : 대향범에 대하여 공범에 관한 형법 총칙 규정이 적용될 수 없다는 법리는 해당 처벌규정의 구성요건 자체에서 2인 이상의 서로 대향적 행위의 존재를 필요로 하는 필요적 공범인 대향범을 전제로 하므로, 따라서 구성요건상으로는 단독으로 실행할 수 있는 형식으로 되어 있는데 단지 구성요건이 대향범의 형태로 실행되는 경우에도 대향범에 관한 법리가 적용된다고 볼 수는 없다(2020도7866) (24 변시)

- 필요적 공범의 외부관여자에 대한 공범규정 적용 여부 : 필요적 공범의 외부에서 관여하는 자에 대해서는 원칙적으로 총칙상의 공범규정을 적용할 수 있다. 다만, 처벌되지 않는 자에게 관여한 경우에는 총칙상의 공범규정을 적용할 수 없다.

□ **대향범 중 처벌되지 아니하는 자에게 관여한 자는 처벌할 수 없다는 판례** : 금품 등을 공여한 자에게 따로 처벌규정이 없는 이상, 그 공여행위는 그와 대향적 행위의 존재를 필요로 하는 상대방의 범행에 대하여 공범관계가 성립되지 아니하고, 오로지 금품 등을 공여한 자의 행위에 대하여만 관여하여 그 공여행위를 교사하거나 방조한 행위도 상대방의 범행에 대하여 공범관계가 성립되지 아니한다(2013도6969) (18 변시)(21 변시)(22 변시)

II. 공범독립성설과 공범종속성설 [2018 2차]

爭點 025

공범독립성설과 공범종속성설

1. 논의점

정범·공범분리방식에 따라 정범과 공범을 구별할 때 ① 공범(교사범과 종범)은 정범에 종속하여 성립하는지 아니면 독립하여 성립하는지가 논의되고 있으며 ② 다수설과 판례의 입장인 공범종속설을 따를 경우에는 정범이 범죄의 성립요건을 어느 정도 갖추었을 때 공범이 성립할 수 있는지, 즉 공범종속성의 정도에 대하여 논의가 있다.

2. 공범독립성설과 공범종속성설

(1) 공범독립성설 : 주관주의 입장

공범은 독립된 범죄이므로, 교사·방조행위가 있으면 정범의 실행행위가 없더라도 공범이 성립할 수 있다는 견해이다. 공범독립성설에 따르면, ① 간접정범은 정범이 아닌 공범이 되며 ② 기도된 교사인 효과 없는 교사와 실패한 교사도 교사범으로 처벌가능하며 ③ 제33조 본문은 예외규정이고 단서는 당연규정이고 ④ 자살관여죄는 당연규정의 성격을 갖는다고 한다.

(2) 공범종속성설 : 객관주의 입장

공범은 스스로는 범죄를 실행하는 것은 아니므로 정범의 범죄실행행위에 종속하여 성립할 수 있다는 견해이다(다수설 · 판례). 공범종속성설에 따르면 ① 간접정범은 공범과 구별되어 정범이 되며 ② 기도된 교사인 효과 없는 교사와 실패한 교사는 교사범으로 처벌할 수 없으며 ③ 제33조 본문은 당연규정이고 단서는 예외규정의 성격을 갖고 ④ 자살관여죄는 특별규정의 성격을 갖는다고 한다.

3. 공범종속성의 정도

(1) 이론상의 종속의 정도 : M.E.Mayer

1) **최소한 종속형식** : 정범의 행위가 구성요건에만 해당되면 위법 · 유책하지 않더라도 공범성립이 가능하다고 하는 견해이다. 이러한 최소종속형식에 의하면 공범의 성립범위가 가장 넓어질 수 있다.

2) **제한적 종속형식** : 정범의 행위가 구성요건에 해당하고 위법하면 공범이 성립하고, 정범의 행위가 책임성까지 있어야 할 필요는 없다는 견해이다(다수설 · 판례).

3) **극단적 종속형식** : 정범의 행위가 구성요건에 해당하고 위법 · 유책해야만, 즉 범죄의 성립요건을 완전히 구비해야만 공범이 성립한다는 견해이다.

4) **초극단적 종속형식** : 정범의 행위가 구성요건에 해당하고, 위법 · 유책할 뿐만 아니라 더 나아가 가벌성의 모든 조건까지 완전히 갖춘 경우에 공범성립이 가능하다고 하는 견해이다.

(2) 현행법의 태도에 대한 논의

공범종속성을 인정하는 것이 다수설과 판례의 태도이지만, 공범종속성의 정도에 대하여 현행법이 어떠한 형식을 취하고 있는가에 대하여 ① 극단적 종속형식의 입장이라는 견해와 ② 제한적 종속형식의 입장이라는 견해가 대립하고 있으나, 다수설과 판례는 제한종속형식을 취하고 있다.

> ☐ **제한종속설을 따른 판례** : 범인이 자신을 위하여 타인으로 하여금 허위의 자백을 하게 하여 범인도피죄를 범하게 하는 행위는 방어권의 남용으로 범인도피교사죄에 해당하는바, 이 경우 그 타인이 형법 제151조 제2항에 의하여 처벌을 받지 아니하는 친족, 호주 또는 동거 가족에 해당한다 하여 달리 볼 것은 아니다(2005도3707)

☐ 甲이 형사미성년자인 乙을 교사하여 절도죄를 저지르게 하였을 경우, 극단적 종속형식에 따르면 甲은 절도죄의 교사범이 성립될 수 없다. (22 2차)

Ⅲ. 정범과 공범의 구별 [2021 1차][2021 2차][2022 2차]

爭點 026

정범과 공범의 구별

1. 논의점 : 정범개념의 우위성

정범과 공범의 구별이 어려운 경우, 공범(교사범·종범)은 정범을 전제로 하는 개념 (공범종속설)이므로 정범의 개념을 정립하면 반사적으로 공범이 정해질 수 있다. 따라서 정범과 공범을 구별할 경우에 정범개념을 먼저 정립하여야 하는데 이를 정범개념의 우위성이라고 한다. 우리형법에는 정범개념에 관한 명문규정이 없어 어떠한 기준에 따라 정범과 공범을 구별할 것인가에 대하여 논의가 있다.

2. 학설의 전개

(1) 주관설 : 인과관계의 조건설의 입장

등가설의 의하면 객관적인 면에서는 모든 것이 등가하므로 정범과 공범을 구별할 수 없다. 따라서 주관적인 면에서만 정범과 공범을 구별할 수 있게 된다. 이에는 ① 자기를 위한 의사인 경우에는 정범이고 타인을 위한 의사인 경우에는 공범이라는 **의사설**과 ② 자기의 이익을 위한 경우에는 정범이고 타인의 이익을 위한 경우에는 공범이라는 **이익설**이 있다.

(2) 실질적 객관설 : 인과관계의 원인설의 입장

원인설의 입장에서는 객관적인 면에서의 구별이 가능하므로 객관설이라 이름 짓고, 객관적인 면을 실질적으로 비교하여 인과관계의 유무를 가리므로 실질적 객관설이라 한다. 이에는 동시설, 필연설, 우세설 등의 학설이 있으나 현재에는 원인설을 주장하는 사람이 없으므로 실익이 없다.

(3) 형식적 객관설 : 구성요건에 해당하는 행위를 기준

구성요건을 기준으로 하여 구성요건에 해당하는 행위를 한 자는 정범이고, 기타의 행위를 한 자는 공범이라고 하는 견해이다. 이러한 견해를 형식적 객관설로 명명하는 것은 구성요건은 법률에 규정되어 있는 형식적인 것이며, 고전적 범죄체계에서의 구성요건은 객관적 요소로만 구성되어 있었기 때문이다. 이러한 형식적 객관설 입장에서는 원칙적으로 구성요건에 해당하는 정범만을 처벌하여야하지만, 구성요건에 해당하는 행위를 하지 않은 교사·방조범을 처벌하는 공범규정은 형벌확장사유가 된다.

(4) 주관설 : 확장적 정범개념 입장

형식적 객관설이 구성요건에 해당하는 행위를 한 사람만을 정범으로 보는 것에 대립되는 견해로서 범죄의 결과발생에 관여한 자는 모두 정범이라고 보아 공범을 부정하는 견해이다. 이러한 주관설에 의할 때 정범개념은 확장적 정범개념을 택하게 된다. 확장적 정범개념 입장에서 방조범의 경우를 보면 이론상 정범이지만 규정상 형을 감경하는데 이러한 공범규정은 형벌축소사유가 된다.

(5) 목적적 행위지배설의 입장

목적적 행위지배를 한 자를 정범, 그렇지 않은 자는 공범이라고 하여 목적적 행위지배
의 유무에 따라 정범과 공범을 구별하려는 견해이다. 그러나 이러한 견해에 대하여는
너무 주관적인 면에 치우쳐있다는 비판이 있다.

3. Roxin의 행위지배설의 입장

(1) 의 의

Roxin의 행위지배설은 목적적 행위지배설이 주관적인 측면에 치우쳤다고 비판하고,
주관적인 면과 객관적인 면을 모두 참조하여 행위지배가 있으면 정범이고, 행위지배가
없으면 공범이라고 하는 견해이다. 그러나 이러한 입장에서도 모든 범죄를 행위지배 유
무에 따라 정범과 공범을 구별하는 것이 아니라 범죄를 ① 일반범(지배범) ② 의무범(신
분범) ③ 자수범으로 나누고 일반범의 경우에만 행위지배의 유무에 따라 정범과 공범을
구별하고 있다.

(2) 정범표지

1) **일반범(지배범)의 정범표지** : ㉠ 직접의 단독정범 : 사태의 진행을 조종 · 장악하여
스스로 구성요건 내용을 직접 실행하는 **실행지배**가 정범표지가 된다.(직접적 실행
지배) ㉡ 간접정범 : 우월적 지위에서 조종의사에 의하여 강요나 정을 모르는 자
를 조종 · 장악하여 자신의 범행계획에 따라 구성요건의 결과를 실현하는 **의사지**
배가 정범표지가 된다.(우월적 의사지배) ㉢ 공동정범 : 공동의 결의에 의하여 분
업적 협력으로 전체적 범행계획을 실현함에 있어 불가결한 행위기여를 하는 **기능**
적 행위지배가 정범표지가 된다.(기능적 행위지배)
2) **의무범(신분범)** : 의무자의 전구성요건적 의무위반이 정범표지가 된다.
3) **자수범** : 자신이 구성요건을 실행하는 자수성이 정범표지가 된다.

□ 확장적 정범개념에 의할 때 형법이 방조범을 별도로 규정하여 형을 필요적 감경하
도록 해놓은 것은 형벌제한사유에 해당한다. (21 1차)

Ⅳ. 공범의 처벌근거

• **공범의 처벌근거** : 공범의 처벌근거에 대하여는 ① 책임가담설 ② 불법가담설 ③ 야기설
④ 종속야기설 ⑤ 혼합야기설(행위반가치 · 결과반가치 구별설과 종속적 법익침해설)의
대립이 있다.

□ 공범의 처벌근거에 관한 종속적 야기설은 공범의 불법을 정범의 불법에서 도출함
으로써 공범의 독립적인 불법요소를 인정하지 않는다. (21 1차)

□ 공범의 처벌근거에 관한 행위반가치·결과반가치 구별설은 공범의 행위반가치는 공범 자신의 교사·방조행위에서 독립적으로 인정되고 공범의 결과반가치는 정범에 종속한다고 본다. (21 1차)

제2절 | 공동정범

Ⅰ. 공동정범의 의의

• **공동정범의 의의** : 공동정범이란 2인 이상의 자가 주관적으로 의사의 합치가 있고 객관적으로 행위를 분담함으로써 성립하는 정범형태를 말한다. 이러한 공동정범은 각자가 실행행위의 일부를 분담하지만 전체적인 결과에 대하여 책임을 지는 **일부실행·전부책임의 원리**가 지배하게 된다.

□ 공동정범의 본질은 기능적 행위지배에 있다는 판례 : 공동정범의 본질은 분업적 역할 분담에 의한 기능적 행위지배에 있으므로 공동정범은 공동의사에 의한 기능적 행위지배가 있음에 반하여 종범은 그 행위지배가 없는 점에서 양자가 구별된다(88도1247) (18 변시)

• **공동정범의 본질** : 공동정범의 본질에 대하여는 ① 고의를 같이 할 때만 공동정범이 성립할 수 있다는 범죄공동설(고의공동설)과 ② 행위를 같이 하는 경우에는 공동정범이 성립할 수 있다는 행위공동설이 대립하고 있다.

□ 공동하여 특정한 범죄를 실현하는 경우만을 공동정범으로 이해하는 견해에 따르면 과실범의 공동정범을 인정할 수 있다. (23 2차)

□ 공동정범을 전법률적·자연적 의미의 행위를 공동으로 행하여 범죄를 실행하는 경우로 보는 견해는 과실범의 공동정범과 결과적 가중범의 공동정범을 모두 긍정한다. (21 1차)

Ⅱ. 공동정범의 성립 요건

• **공동정범의 성립 요건** : 공동정범이 성립하기 위하여는 ① 주관적 요건으로서 공동가공의 의사와 ② 객관적 요건으로서 공동의사에 기한 기능적 행위지배를 통한 범죄의 실행사실이 필요하다.

□ **공동정범의 성립 요건** : 형법 제30조의 공동정범은 2인 이상이 공동하여 죄를 범하는 것으로서, 공동정범이 성립하기 위하여는 주관적 요건으로서 공동가공의 의사와 객관적 요건으로서 공동의사에 기한 기능적 행위지배를 통한 범죄의 실행사실이 필요하고, 공동가공의 의사는 타인의 범행을 인식하면서도 이를 제지하지 아니하고 용인하는 것만으로는 부족하고 공동의 의사로 특정한 범죄행위를 하기 위하여 일체가 되어 서로 다른 사람의 행위를 이용하여 자기의 의사를 실행에 옮기는 것을 내용으로 하는 것이어야 한다(2012도3676) (15 변시)(24 변시)(23 3차)

1. 주관적 요건

• **공동실행의 의사의 합치** : 공동실행의 의사는 2인 이상이 공동하여 범죄를 실현하려는 의사를 말하며, 공동실행의 의사가 성립하기 위해서는 공동정범 모두에게 각자의 역할분담과 공동작용에 대한 상호양해, 즉 의사의 연락이 있어야 한다. 이러한 의사의 연락에 의하여 개별적인 행위가 전체로 결합되어 범죄의 전체에 대한 책임을 지게 되므로 의사의 연락이 기능적 행위지배의 본질적 요소가 된다.

□ **수인이 순차적·암묵적으로 상통해도 공모관계가 성립한다는 판례** : 2인 이상이 범죄에 공동가공하는 공범관계에서 공모는 법률상 어떤 정형을 요구하는 것이 아니고 2인 이상이 공모하여 범죄에 공동가공하여 범죄를 실현하려는 의사의 결합만 있으면 되는 것으로서, 비록 전체의 모의과정이 없더라도 수인 사이에 순차적으로 또는 암묵적으로 상통하여 의사의 결합이 이루어지면 공모관계가 성립한다. 그리고 이러한 공모관계를 인정하기 위해서는 엄격한 증명이 요구된다(2011도9721) (13 변시)(21 변시)(23 3차)

□ **공동실행의사는 범죄행위시에 존재하면 족하다는 판례** : 공동정범의 성립에 필요로 하는 범죄를 공동 실행할 의사는 범죄행위시에 존재하면 족하고 반드시 사전모의가 있어야만 하는 것은 아니다(84도1373)

□ 건설 관련 회사 대표인 甲이 장기간에 걸쳐 건설공사 현장소장들의 뇌물공여행위를 보고받고 이를 확인·결재하는 등의 방법으로 위 행위에 관여하였다면, 비록 사전에 구체적인 대상 및 액수를 정하여 뇌물공여를 지시하지 아니하였다고 하더라도 그 핵심적 경과를 계획적으로 조종하거나 촉진하는 등으로 기능적 행위지배를 한 것이다(2009도12878) (23 2차)

□ 공무원이 직권남용권리행사방해 범행을 공모·실행하고 퇴임한 경우, 퇴임 후에도 실질적 영향력을 행사하는 등 퇴임 전 공모한 범행에 관한 기능적 행위지배가 계속되었다고 인정할만한 특별한 사정이 있으면 퇴임 후의 범행에 관하여 공동정범의 책임을 진다(2019도5186) (21 2차)

- **편면적 공동정범의 문제** : 공동실행의 의사가 어느 일방에만 있는 경우에는 공동정범이 성립되지 아니하고 동시범 또는 방조범이 성립될 수 있다.

  □ **편면적 공동정범을 부정한 판례** : 공동정범은 행위자 상호간에 범죄행위를 공동으로 한다는 공동가공의 의사를 가지고 범죄를 공동실행하는 경우에 성립하는 것으로서, 여기에서의 공동가공의 의사는 공동행위자 상호간에 있어야 하며 행위자 일방의 가공의사만으로는 공동정범관계가 성립할 수 없다(84도2118)

- **동시범** : 동시범이란 2인 이상의 자가 상호간에 공동의 범행결의 없이 동일객체에 대하여 동시 또는 이시에 각자의 범죄를 실행하는 경우를 말하며, 2인 이상이 죄를 범했다 하더라도 공동실행의 의사가 없으므로 공동정범은 성립할 수 없고 각자를 원칙적으로 미수범으로 처벌한다(제19조). 그러나 상해죄의 경우에는 동시범의 특례가 적용되어 공동정범의 예에 의한다(제263조).

- **승계적 공동정범의 의의** : 선행행위자의 행위가 실행의 착수 이후 기수 내지는 완료(감금죄와 같은 계속범의 경우)에 이르기 전에 후행가담자가 선행행위자와 의사의 합치와 실행행위의 분담을 한 경우를 승계적 공동정범이라고 한다.

- **승계적 공동정범의 죄책 범위**

> **爭點 027**
>
> **승계적 공동정범의 죄책 범위** [2012 변시][2016 3차][2023 2차]
>
> **1. 논의점**
>
> 승계적 공동정범의 경우에 후행가담자의 가담 이후의 행위에 대하여는 기능적 행위지배에 따라 공동정범 여부를 판단하여야 한다. 다만, 후행행위에 대하여 공동정범이 성립한다고 할 때 후행가담자에게 가담 이전의 행위에 대하여도 책임을 물을 수 있는지를 두고 논의가 있다.
>
> **2. 견해의 대립**
>
> 이에 대하여는 ① 주관주의 입장에서 후행위자가 선행사실을 용인하고 이를 이용한 이상 선행행위 부분에 대하여도 책임을 져야 한다는 **긍정설** ② 객관주의 입장에서 후행위자는 자기책임의 원칙상 가담 이후의 부분에 대하여만 책임을 져야 한다는 **부정설**이 대립하고 있다.
>
> **3. 판례의 태도**
>
> 판례는 ① 포괄일죄와 관련된 사안에서는 가담 이후의 범행에 대해서만 공동정범으로서의 책임을 진다고 하여 가담이전 부분에 대한 죄책을 부정하고 ② 결합범과 관련된 사안에서는 전체범죄에 대한 방조만을 인정함으로써 전체범죄에 대한 공동정범의 성립을 인정하지 않고 있어 **부정설**의 입장이다.

4. 결론

승계적 공동정범의 경우에도 행위책임의 원칙이 실현되어야 하므로 부정설이 타당하다. 이에 의하면 ① 불법이 분리될 수 없는 경우(범죄의 성립과 죄수가 동일한 경우)에는 해당범죄의 공동정범의 성립이 가능하며 공동정범으로서 죄책을 져야하지만 ② 불법이 분리될 수 있는 경우(범죄의 성립이 달라지는 경우)에는 가담 이전의 범죄에 대하여는 공동정범이 성립되지 않는다.

5. 관련 판례

□ **포괄일죄 사건** : 포괄일죄의 범행 도중에 공동정범으로 범행에 가담한 자는 비록 그가 그 범행에 가담할 때에 이미 이루어진 종전의 범행을 알았다 하더라도 그 가담 이후의 범행에 대하여만 공동정범으로 책임을 진다(97도163) (13 변시)(21 2차)

□ **여고생 협박 전화 사건** : 결합범의 일부에 가담한 경우에 전체범죄에 대한 방조범을 인정한 판례(82도2024)

- 과실범의 공동정범의 의의 : 과실범의 공동정범이란 2인 이상이 공동의 과실에 의해 과실범의 구성요건적 결과를 발생하게 하는 것을 말한다.
- 과실범의 공동정범의 인정 여부

爭點 028

과실범의 공동정범의 인정 여부 [2012 3차][2022 1차](15 변시)

1. 논의점

원칙적으로 공동정범에서의 주관적 요건인 의사의 합치는 사실적인 의사 곧 고의의 합치를 말한다. 따라서 과실이라는 규범적인 요소의 경우에는 의사의 합치라는 관념은 상정하기 어렵다. 그러나 실무의 형사정책적 요청과 규범적 방법론을 중요시하는 견해가 등장하면서 과실범의 경우에도 공동정범이 성립할 수 있는지가 논의되고 있다.

2. 견해의 대립

이에 대하여는 ① 공동정범의 본질은 기능적 행위지배에 있고, 이는 공동의 고의에 기초한 역할분담을 의미하므로 과실범에 있어서는 공동정범이 성립할 여지가 없다는 **부정설** ② 공동정범은 특정한 고의범죄를 공동으로 하는 것이 아니라 행위를 공동으로 하는 것이므로 과실범의 공동정범을 인정할 수 있다는 **긍정설**이 대립하고 있다.

3. 판례의 태도

판례는 '그대로 가자 사건'에서 '형법 제30조의 공동하여 죄를 범한 때' 죄는 고의범이고 과실범이고를 불문한다고 해석하여야 하고, 2인 이상이 어떠한 과실행위를 서로의 의사연락아래 범죄되는 결과를 발생케 한 것이라면 과실범의 공동정범이 성립한다라고 하여 과실의 공동정범을 긍정한 이래로 **긍정설**로 일관하고 있다.

4. 검 토

생각건대 과실범의 공동정범을 부정하게 되면 형사정책적 문제가 발생하고, 특히 현대에 있어서는 행정기관과 기업에 의한 거대 조직에 의한 범죄를 규율할 필요성도 있으므로 긍정설이 타당하다.

5. 관련 판례

☐ **그대로 가자 사건** : 과실의 공동정범을 긍정한 최초 판례(4294형상598)

☐ 동승자가 교통사고 후 운전자와 공모하여 운전자의 도주행위에 적극 가담하였는데 동승자에게 교통사고에 대하여 과실범의 공동정범을 부담시킬 수 있는 경우, 동승자를 특정범죄가중처벌등에관한법률위반(도주치사상)죄의 공동정범으로 처벌할 수 있다(2007도2919) (21 2차)

2. 객관적 요건

- **실행행위 공동** : 공동정범이 성립하기 위하여는 공동실행의 의사 이외에 객관적으로 공동의 실행행위가 있어야 한다. 실행행위의 공동이란 각자가 전체범행계획에 따라 실행행위를 분담하여 실행하는 것을 말한다. 즉, 공동정범은 공동의 행위계획에 따른 객관적 행위기여가 있어야 성립한다.

- **실행행위의 공동의 시기** : 원칙적으로 범죄의 실행의 착수 이후 기수 이전에 공동가공이 있어야 한다. 따라서 범죄의 기수이후에 가담한 행위는 공동정범의 실행행위가 될 수 없다.

☐ **영업비밀 무단 반출 사건** : 회사직원이 영업비밀을 경쟁업체에 유출하거나 스스로의 이익을 위하여 이용할 목적으로 무단으로 반출한 때 업무상배임죄의 기수에 이르렀다고 할 것이고, 그 이후에 위 직원과 접촉하여 영업비밀을 취득하려고 한 자는 업무상배임죄의 공동정범이 될 수 없다고 한 사례(2003도4382) (12 변시)

• 공모공동정범의 인정 여부에 대한 논의

爭點 029

공모공동정범의 인정 여부에 대한 논의 [2024 변시]

1. 논의점

공모공동정범이란 2인 이상이 공모를 하고 일부의 자가 실행에 나아갔으나 일부의 자가 실행에 나아가지 아니한 경우에 실행에 나아가지 아니한 자를 공동정범으로 처벌하려는 이론을 말한다. 이러한 공모공동정범을 인정할 것인지에 대하여 논의가 있다.

2. 견해의 대립

이에 대하여는 ① 2인 이상이 일정한 범죄를 실현하려고 모의하여 공동의사주체를 형성하였다면 직접 실행행위로 나아가지 아니한 공모자도 공동정범이 인정된다는 **긍정설** ② 형법의 해석상으로는 실행행위를 분담한 때에만 공동정범이 성립하므로 실행행위의 분담이 없는 공모공동정범은 인정할 수 없다는 **부정설** ③ 공모만 하였더라도 전체 계획의 중요한 기능을 담당하여 기능적 행위지배가 인정된다면 공동정범이 성립한다는 **기능적 행위지배설**이 대립하고 있다.

3. 판례의 태도

예전에는 공동의사주체설에 입각한 판례가 주류를 이루었으나, 2000년대 이후의 판례는 공모자 중 일부가 직접 분담하여 실행하지 않은 경우라 할지라도 전체범죄에 대한 본질적 기여를 통한 기능적 행위지배가 존재하는 것으로 인정되면 공모공동정범으로 처벌하고 있어 **기능적 행위지배설**을 따르고 있다.

4. 검토

생각건대 인권보장과 형사정책적 요청을 고려하면 공모만으로도 기능적 행위지배를 인정할 수 있는 경우에 한하여 공동정범을 인정하는 기능적 행위지배설이 타당하다. 공모만으로도 기능적 행위지배를 인정할 수 있기 위해서는 **주모자**이거나 범죄행위에 대한 **본질적 기여**가 있어야 한다.

5. 관련 판례

☐ 공모공동정범의 성립에 대하여 기능적 행위지배설을 따른 판례 : 구성요건행위를 직접 분담하여 실행하지 않은 공모자가 공모공동정범으로 인정되기 위해서는 전체 범죄에서 그가 차지하는 지위·역할, 범죄 경과에 대한 지배나 장악력 등을 종합하여 그가 단순한 공모자에 그치는 것이 아니라 범죄에 대한 본질적 기여를 통한 기능적 행위지배가 존재한다고 인정되어야 한다 (2017도14322 전합) (15 변시)(21 변시)(22 변시)

□ **상명하복 관계에 있는 자들과 공동정범** : 상명하복 관계에 있는 자들 사이에 있어서도 범행에 공동 가공한 이상 공동정범이 성립하는 데 아무런 지장이 없는 것이다(2010도10739) (21 변시)

□ **특정 금액 사건** : 공범자 중 1인이 금품이나 이익을 수수하였다면, 사전에 특정 금액 이하로만 받기로 약정하였다든가 수수한 금액이 공모 과정에서 도저히 예상할 수 없는 고액이라는 등과 같은 특별한 사정이 없는 한, 그 수수한 금품이나 이익 전부에 관하여 위 각 죄의 공모공동정범이 성립하는 것이고, 이와 같은 법리는 특정경제범죄 가중처벌 등에 관한 법률 제5조가 정한 수재의 공모공동정범에서도 마찬가지로 적용된다(2010도387) (13 변시)

□ 甲, 乙, 丙이 절도를 범하기로 공모하였으나 실행의 착수 이전에 단순가담자인 甲이 공모관계에서 이탈하고 나서 乙, 丙은 절도범행을 실행한 경우, 甲은 乙, 丙이 범한 절도범행의 공동정범이 되지 않는다. (23 2차)

□ **집회·시위의 단순참가자 사건** : 법률에 따라 적법한 신고를 마친 집회·시위 과정에서 당초 신고된 범위를 현저히 일탈하거나 법률에 따른 조건을 중대하게 위반하여 도로 교통을 방해함으로써 통행이 불가능하게 하거나 현저하게 곤란하게 된 경우, 참가자 모두가 아니라 참가 경위나 관여 정도 등에 비추어 공모공동정범의 죄책을 물을 수 있는 자에 대하여서만 일반교통방해죄의 공모공동정범의 죄책을 부담시킬 수 있다(2017도11408) (21 2차)

• **공모관계에서의 이탈** : 기능적 행위지배가 인정되는 모의는 같이 하였으나 다른 공모자들이 실행행위에 이르기 전에 그 공모관계에서 이탈한 경우에는 그 이탈자는 다른 공모자의 실행행위 부분에 대한 책임을 부담하지 않는다는 이론을 말한다.

• **공모관계에서의 이탈의 요건**

> **爭點 030**
>
> **공모관계에서의 이탈의 요건** [2013 3차][2015 1차][2018 1차]
>
> **1. 논의점**
>
> 현재 확립되어 있는 기능적 행위지배설의 입장에서는 단순공모자는 공모공동정범이 될 수 없고 주모자나 본질적 기여자만이 공모공동정범이 될 수 있다.

이러한 경우에 주모자나 본질적 기여자가 공모관계로 부터의 이탈을 인정받기 위해서는 ① 실행의 착수전에 이탈이 인정되어야 하는 점에는 이론이 없지만, ② 주모자나 본질적 기여자가 자신이 설정한 **기능적행위지배**를 제거하여야 하는지에 대하여 논의가 있다.

2. 판례의 태도

판례는 '공모관계에서의 이탈은 공모자가 공모에 의하여 담당한 기능적 행위지배를 해소하는 것이 필요하므로 공모자가 공모에 주도적으로 참여하여 다른 공모자의 실행에 영향을 미친 때에는 범행을 저지하기 위하여 적극적으로 노력하는 등 실행에 미친 영향력을 제거하지 아니하는 한 공모관계에서 이탈하였다고 할 수 없다'라고 하여 **기능적 행위지배 제거필요설**을 따르고 있다.

3. 검토

생각건대 공모단계부터 행위기여가 있는 자는 단순한 이탈의 의사표시만으로는 공동정범의 본질적인 표지인 기능적 행위지배가 제거되었다고 볼 수 없다. 따라서 공모나 예비단계에서 이루어 놓은 기여행위의 영향력을 제거해야만 공동정범이 부정될 수 있을 것이므로 기능적행위지배제거필요설이 타당하다.

4. 관련 판례

☐ **'어?' 사건** : 기능적 행위지배 제거필요설을 따른 판례(2008도1274) (12 변시)(13 변시)(14 변시)(15 변시)

Ⅲ. 공동정범의 처벌 : 각자를 정범으로 처벌

Ⅳ. 관련 문제

• **공동정범과 착오** : 공동정범의 착오란 공동정범 상호간의 합치된 의사와 현실적으로 발생한 사실이 불일치한 경우를 말한다. 이러한 공동정범의 착오에 관하여는 착오론 일반론에 의한다. 따라서 공동정범은 공동의사의 범위 안에서만 성립하므로 공동정범 중 1인이 공동결의한 범죄를 초과하여 실현한 부분은 공동정범이 아니라 **초과실현한 자만이 단독정범**이 되는 것이 원칙이다. 다만, 결과적 가중범이 문제될 수 있는 사안에서 초과부분의 실현을 다른 공동자가 예견할 수 있었을 때에는 결과적 가중범이 성립할 수 있다. [2013 변시][2022 변시]

☐ **공동정범과 착오** : 수인이 가벼운 상해 또는 폭행 등의 범의로 범행 중 1인의 소위로 살인의 결과를 발생케 한 경우, 그 나머지 자들은 상해 또는 폭행죄 등과 결과적 가중범의 관계에 있는 상해치사 또는 폭행치사 등의 죄책은 면할 수 없다고 하더라도 위 살인 등 소위는 전연 예기치 못하였다 할 것이므로 그들에게 살인죄의 죄책을 물을 수는 없다 할 것이다(84도1544).

제3절 | 교사범

Ⅰ. 교사범의 의의

- 교사범 : 타인을 교사하여 죄를 범하게 한 자, 즉 애당초 범죄를 범할 의사가 없는 타인으로 하여금 특정한 범죄실행을 결의하게 하고 이 결의에 의하여 범죄를 실행하게 하는 자를 말한다.

Ⅱ. 교사범의 성립요건

1. 교사자에 관한 주관적 요건

- 이중의 고의 : 교사자의 고의는 피교사자에게 범행을 결의하게 하여 피교사자로 하여금 범죄의 기수까지 실행하게 할 고의를 말한다.

  ☐ 교사자가 2인 이상일 때에는 공동교사가 성립할 수 있지만 과실에 의한 교사는 불가능하다. (21 3차)

- 교사의 특정성 : 교사의 특정성이란 교사자가 특정한 피교사자에게 특정한 범죄실행의 결의를 갖게 한다는 교사행위에 대한 인식과 의사를 말한다.

  ☐ 일제 드라이버 사건('열심히 하라'는 말과 함께 일제드라이버를 주었기에 교사범이 성립한다는 판례) : [1] 막연히 '범죄를 하라'거나 '절도를 하라'고 하는 등의 행위만으로는 교사행위가 되기에는 부족하다 하겠으나, 타인으로 하여금 일정한 범죄를 실행할 결의를 생기게 하는 행위를 하면 되는 것으로서 교사의 수단, 방법에 제한이 없다 할 것이므로, 교사범이 성립하기 위하여는 범행의 일시, 장소, 방법 등의 세부적인 사항까지를 특정하여 교사할 필요는 없는 것이고, 정범으로 하여금 일정한 범죄의 실행을 결의할 정도에 이르게 하면 교사범이 성립한다. [2] 교사범의 교사가 정범이 죄를 범한 유일한 조건일 필요는 없으므로, 교사행위에 의하여 정범이 실행을 결의하게 된 이상 비록 정범에게 범죄의 습벽이 있어 그 습벽과 함께 교사행위가 원인이 되어 정범이 범죄를 실행한 경우에도 교사범의 성립에 영향이 없다 (91도542) (22 1차)(23 1차)

- 미수의 교사 : 피교사자의 행위가 미수에 그칠 것을 예견하면서 교사하는 경우를 말한다. 종래에는 미수의 교사의 교사범 인정 여부에 대하여 학설의 대립이 있었으나 현재는 교사범의 경우에는 이중의 고의가 필요하다는 입장에서 미수의 교사의 경우에는 교사범의 성립을 부정하는 것이 일반적이다.

2. 교사자에 관한 객관적 요건

- 교사행위 : 교사행위란 범죄를 범할 의사가 없는 자에게 범죄행위의 결의를 가지게 하는 것을 말한다. 교사의 수단과 방법에는 제한이 없지만, 부작위에 의한 교사는 불가하다.

□ **이미 범의를 가진 자를 교사할 수 없다는 판례** : 교사범이란 정범으로 하여금 범죄를 결의하게 하여 그 죄를 범하게 한 때에 성립하는 것이고, 피교사자는 교사범의 교사에 의하여 범죄실행을 결의하여야 하는 것이므로, 피교사자가 이미 범죄의 결의를 가지고 있을 때에는 교사범이 성립할 여지가 없다(2010도13694) (21 1차)

□ 부작위는 타인의 범행결의에 인과적으로 작용할 수 없기 때문에 부작위를 통해서는 범행결의를 야기하게 할 수 없다고 보는 견해에서는 부작위에 의한 교사를 부정한다. (22 2차)

• **교사범의 공범관계의 이탈** : 교사범이 그 공범 관계로부터 이탈하기 위해서는 피교사자가 범죄의 실행행위에 나아가기 전에 교사범에 의하여 형성된 **피교사자의 범죄 실행의 결의를 해소하는 것이 필요**하다. [2020 변시][2018 1차][2023 3차]

□ **불륜관계 공갈 사건(공범 관계로부터의 이탈을 부정한 판례)** : 교사범이 그 공범 관계로부터 이탈하기 위해서는 피교사자가 범죄의 실행행위에 나아가기 전에 교사범에 의하여 형성된 피교사자의 범죄 실행의 결의를 해소하는 것이 필요하다(2012도7407) (23 변시)(23 1차)

3. 피교사자(정범자)에 관한 요건

• **고의범죄에 대한 범행결의** : 피교사자는 교사행위에 의하여 범죄실행을 결의하여야 한다. 이때의 범죄는 고의범에 한정되고 과실범을 교사한 경우에는 간접정범이 성립할 뿐이다(제34조 제1항). 초과주관적 요소가 필요한 범죄의 경우에는 초과주관적인 요소가 구비되어야 한다.

• **교사자의 교사행위와 범행의 결의간에 인과관계** : 교사자의 교사행위와 범행결의 간에 인과관계가 있어야 한다. 따라서 교사를 하였으나 피교사자가 승낙하지 않은 경우에는 제31조 제3항에 따라 교사자만 예비·음모에 준하여 처벌한다. 또한 이미 범행결의가 있었던 자에게 교사를 한 교사자는 교사가 아닌 방조범으로 처벌될 수 있을 뿐이다.

□ **낙태 사건(남성이 여성에게 낙태를 권유하다가 거부당했으나 이후 여성이 남성에게 알리지 않고 낙태하였다면 인과관계가 단절되었다고 볼 수 없어 낙태교사죄가 성립한다는 판례)** : 피교사자가 교사자의 교사행위 당시에는 일응 범행을 승낙하지 아니한 것으로 보여진다 하더라도 이후 그 교사행위에 의하여 범행을 결의한 것으로 인정되는 이상 교사범의 성립에는 영향이 없다고 할 것이다(2012도2744) (21 1차)(23 1차)

• **교사범과 공범종속성** : 교사범이 성립하기 위해서는 교사자의 교사행위와 정범의 실행행위가 있어야 하는 것이므로, 정범의 성립은 교사범의 구성요건의 일부를 형성하고 교사범이 성립함에는 정범의 범죄행위가 인정되는 것이 그 전제요건이 된다.

- 제한종속설에 따른 실행의 착수 : 공범종속성설에 따라 정범의 실행의 착수가 있어야 하며, 다수설과 판례의 태도인 제한종속설의 입장에서는 피교사자(정범)의 실행행위는 구성요건에 해당하고 위법하면 족하다.

> □ 형제 사건(제한종속설을 따른 판례) : 범인이 자신을 위하여 타인으로 하여금 허위의 자백을 하게 하여 범인도피죄를 범하게 하는 행위는 방어권의 남용으로 범인도피 교사죄에 해당하는바, 이 경우 그 타인이 형법 제151조 제2항에 의하여 처벌을 받지 아니하는 친족, 호주 또는 동거 가족에 해당한다 하여 달리 볼 것은 아니다 (2005도3707) (12 변시)(14 변시)(17 변시)(22 변시)(23 변시)

Ⅲ. 교사의 착오

1. 피교사자에 대한 착오 : 간접정범과 교사범의 구별에 대하여 교사범만 인정

2. 실행행위에 대한 착오

- 교사의 구체적 사실의 착오 : 교사행위의 구체적 사실의 착오란 교사한 행위와 피교사자의 실행행위가 일치하지는 않지만 동일구성요건에 해당하는 경우를 말한다. 이러한 구체적 사실의 착오의 경우에는 착오론 일반에 따라 해결하면 족하다. 〈사실의 착오 부분의 로제 – 로자알 사건 참조〉
- 교사의 추상적 사실의 착오

爭點 031

교사의 추상적 사실의 착오 [2012 2차][2023 변시]

1. 의 의

교사행위의 추상적 사실의 착오란 교사한 행위와 피교사자의 실행행위가 불일치하면서 서로 다른 이종구성요건에 해당하는 경우를 말한다. 이는 다시 양적인 착오와 질적인 착오로 나뉘며 각각 그 해결방법을 달리한다.

2. 양적 착오

(1) 양적인 착오의 의의

교사한 행위와 실행한 행위가 일치하지는 않지만 죄질이 같은 경우를 말하여 이는 다시 교사한 행위보다 실행행위의 대소여하에 따라 해결 방법이 달라진다.

(2) 교사 내용보다 작은 것을 실행한 경우

1) 사례 : 甲이 乙에게 강도를 교사하였으나 乙이 절도만 실행한 경우
2) 피교사자의 처벌 : 乙이 승낙한 부분에 대하여는 제31조 제2항의 적용에 따라 강도예비 · 음모죄가 성립하고, 실행행위 부분에 대하여는 절도죄가 성립한다.

3) 교사자의 처벌 : 甲이 乙에게 교사한 부분에 대하여는 제31조 제2항의 적용에 따라 강도예비·음모죄가 성립하고, 乙의 실행행위 부분에 대하여는 객관적으로 불법이 발생한 부분인 절도죄에 대한 교사범이 성립한다.

(3) 교사 내용보다 큰 것을 실행한 경우

1) 사례 : 甲이 乙에게 절도를 교사하였으나 乙이 강도를 행한 경우

2) 피교사자의 처벌 : 乙이 승낙한 부분에 대하여는 제31조 제2항이 적용되지만 절도 죄의 예비·음모 처벌규정이 없으므로 처벌되지 않고, 실행행위 부분인 강도죄로만 처벌된다.

3) 교사자의 처벌 : 甲이 乙에게 절도죄를 교사한 부분에 대하여는 제31조 제2항이 적용되지만 절도죄의 예비·음모 처벌규정이 없으므로 처벌되지 않고, 피교사자의 실행행위 부분인 강도죄에 대하여는 교사자의 자기책임범위인 절도죄에 대한 교사범이 성립한다.

3. 질적 착오

(1) 질적인 착오의 의의

교사한 행위와 실행한 행위가 일치하지 않고 상이한 구성요건에 해당하면서도 죄질이 다른 경우의 착오이다.

(2) 사 례

甲이 乙에게 방화죄를 교사하였으나 乙이 강간을 행한 경우

(3) 피교사자의 처벌

乙이 승낙한 부분에 대하여는 제31조 제2항에 따라 방화죄의 예비·음모죄가 성립하고, 실행행위 부분인 강간죄가 성립한다.

(4) 교사자의 처벌

甲이 乙에게 교사한 부분에 대하여는 제31조 제2항에 따라 방화죄의 예비·음모죄가 성립하고, 피교사자의 실행행위 부분에 대하여는 전혀 질적으로 다른 범죄이므로 이에 대하여는 책임을 지지 않는다.

IV. 교사범의 처벌 : 정범과 동일한 형으로 처벌

□ **교사범의 처벌** : 제31조 제1항의 "타인을 교사하여 죄를 범하게 한 자는 죄를 실행한 자와 동일한 형으로 처벌한다"의 법의는 피교사자가 범한 죄의 소정형의 범위 내에서 교사범을 처벌한다는데 있는 것이고 그 구체적 선고형이 양자가 동일하여야 한다는 것이 아니다(4288형상220)

V. 관련문제

1. 교사의 미수

- **협의의 교사의 미수** : 교사자의 교사에 의하여 피교사자가 실행행위에 착수하였으나 범죄가 미완성에 그친 경우를 말한다.
- **기도된 교사** : 기도된 교사는 교사자의 교사행위는 있었지만 피교사자의 실행행위가 없는 경우 즉 피교사자가 실행의 착수에 이르지 아니한 경우를 말한다. 이러한 기도된 교사에는 효과 없는 교사와 실패한 교사가 있다.
- **효과 없는 교사** : 효과 없는 교사란 교사자의 교사행위가 있었고 피교사자도 승낙은 하였지만 피교사자가 실행의 착수에 이르지 아니한 경우를 말한다. 효과 없는 교사의 경우에는 제31조 제2항에 따라 교사자와 피교사자 모두 예비 · 음모에 준하여 처벌한다.
- **실패한 교사** : 실패한 교사란 교사자의 교사행위가 있었지만 피교사자가 승낙을 하지 아니한 경우이다. 제31조 제3항에 따라 교사자만 예비 · 음모에 준하여 처벌한다. [2023 3차]

  ☐ 형법은 실패한 교사와 효과 없는 교사를 구별하여 전자의 경우에는 교사자를, 효과 없는 교사의 경우에는 교사자와 피교사자 모두를 처벌하는 규정을 두고 있다. (23 1차)

  ☐ **실패한 교사 사건** : 교사범이란 정범인 피교사자로 하여금 범죄를 결의하게 하여 그 죄를 범하게 한 때에 성립하므로, 교사자의 교사행위에도 불구하고 피교사자가 범행을 승낙하지 아니하거나 피교사자의 범행결의가 교사자의 교사행위에 의하여 생긴 것으로 보기 어려운 경우에는 이른바 실패한 교사로서 형법 제31조 제3항에 의하여 교사자를 음모 또는 예비에 준하여 처벌할 수 있을 뿐이다(2012도2744)

2. 공범과 교사

- **간접교사의 의의(광의)** : 교사를 받은 교사자가 다시 타인을 교사하여 범죄를 실행하게 하는 것이다. 이러한 광의의 간접교사에는 협의의 간접교사와 재교사 및 연쇄교사가 있다.
- **간접교사의 가벌성에 대한 논의** : 간접교사의 교사범 성립여부에 대하여는 ① 현행 형법에서는 구형법상의 '교사자의 교사자도 처벌한다'라는 제62조 제2항의 규정이 삭제되었으므로 간접교사의 가벌성을 부정하는 **부정설**도 있으나 ② 다수설과 판례는 형법은 교사범의 요건으로 '타인을 교사하여 죄를 범한 자'라고만 규정하고 있을 뿐 그 방법에는 제한이 없으므로 피교사자가 반드시 정범이어야 하는 것은 아니므로 간접교사의 가벌성을 긍정하는 **긍정설**의 입장이다. 생각건대 교사범이란 사람을 교사하여 범죄를 실행시킨다는 수정된 구성요건이므로 교사범의 교사실행을 교사한 간접교사도 교사범이라고 보는 긍정설이 타당하다. [2016 2차][2021 1차]

□ **간접교사를 긍정한 판례** : 갑이 을에게 범죄를 저지르도록 요청한다 함을 알면서 갑의 부탁을 받고 갑의 요청을 을에게 전달하여 을로 하여금 범의를 야기케 하는 것은 교사에 해당한다(73도3104)

제4절 | 방조범

I. 방조범의 의의

- **방조범의 의의** : 방조범이란 범죄의 결의를 하고 있는 자를 유형적·무형적 방법으로 도와주어 정범의 결의를 강화하거나 실행행위를 용이하게 하는 자를 말한다.

II. 방조범의 성립요건

1. 방조자에 관한 주관적 요건
- **이중의 고의** : 교사범의 주관적 요건과 동일하게 이중의 고의를 필요로 한다. 따라서 ① 방조행위에 대한 인식과 의사인 방조의 고의와 ② 기본범죄의 기수를 범하려는 인식과 의사인 기수의 고의가 있어야 방조범이 성립한다.

□ 방조범에게는 이른바 방조의 고의와 정범의 고의가 있어야 하므로 과실에 의한 방조행위를 방조범으로 처벌할 수 없다. (23 2차)

□ **방조범의 성립에는 방조의 고의와 정범의 고의가 있어야 한다는 판례** : 형법상 방조행위는 정범이 범행을 한다는 정을 알면서 그 실행행위를 용이하게 하는 직접·간접의 행위를 말하므로, 방조범은 정범의 실행을 방조한다는 이른바 방조의 고의와 정범의 행위가 구성요건에 해당하는 행위인 점에 대한 정범의 고의가 있어야 한다 (2003도6056) (12 변시)(19 변시)(22 변시)(23 변시)

□ **방조는 정범의 침해행위에 대한 미필적 고의가 있는 것으로 충분하다는 판례** : (방조의 고의는) 정범에 의하여 실행되는 복제권 침해행위에 대한 미필적 고의가 있는 것으로 충분하고 정범의 복제권 침해행위가 실행되는 일시, 장소, 객체 등을 구체적으로 인식할 필요가 없으며, 나아가 정범이 누구인지 확정적으로 인식할 필요도 없다 (2005도872) (12 변시)(21 변시)(21 1차)(21 3차)(22 1차)(22 3차)

□ **방조의 고의와 불법성에 대한 인식** : 방조범에게 요구되는 정범 등의 고의는 정범에 의하여 실현되는 범죄의 구체적 내용을 인식해야 하는 것은 아니고 미필적 인식이나 예견으로 충분하지만, 이는 정범의 범행 등의 불법성에 대한 인식이 필요하다는 점과 모순되지 않는다(2020도7866) (24 변시)

• **편면적 방조** : 정범과 방조범 사이에 의사의 연락이 없어 정범이 방조받고 있다는 사실을 인식하지 못한 경우를 말한다.

☐ **편면적 종범도 정범의 범죄행위가 필요하다는 판례** : 편면적 종범에서도 정범의 범죄 행위 없이 방조범만이 성립될 수 없다(74도509) (13 변시)

2. 방조자에 관한 객관적 요건

• **방조자의 방조행위** : 방조자의 방조행위란 정범의 범죄 실행행위를 용이하게 하거나 범행결의를 강화하는 일체의 행위를 말한다.

☐ **방조의 개념** : 방조란 정범의 구체적인 범행준비나 범행사실을 알고 그 실행행위를 가능·촉진·용이하게 하는 지원행위 또는 정범의 범죄행위가 종료하기 전에 정범 에 의한 법익침해를 강화·증대시키는 행위로서, 정범의 범죄 실현과 밀접한 관련 이 있는 행위를 말한다(2017도19025 전합)

☐ **방조의 개념** : 방조범이 성립하려면 방조행위가 정범의 범죄 실현과 밀접한 관련이 있고 정범으로 하여금 구체적 위험을 실현시키거나 범죄결과를 발생시킬 기회를 높이는 등으로 정범의 범죄 실현에 현실적인 기여를 하였다고 평가할 수 있어야 한다. 정범의 범죄 실현과 밀접한 관련이 없는 행위를 도와준 데 지나지 않는 경우 에는 방조범이 성립하지 않는다(2022도15537) (24 변시)

☐ **방조의 방법** : 형법상 방조행위는 정범이 범행을 한다는 사정을 알면서 그 실행행 위를 용이하게 하는 직접, 간접의 모든 행위를 가리키는 것으로서 그 방조는 유형 적, 물질적인 방조뿐만 아니라 정범에게 범행의 결의를 강화하도록 하는 것과 같은 무형적, 정신적 방조행위까지도 이에 해당한다(96도2427)

☐ 甲이 정범 乙이 공중송신권을 침해한다는 사실을 충분히 인식하면서 乙의 저작권 침해 게시물에 연결되는 링크를 자신이 운영하는 인터넷 사이트에 영리적·계속적 으로 게시함으로써 공중의 구성원이 개별적으로 선택한 시간과 장소에서 침해 게 시물에 쉽게 접근할 수 있도록 한 경우, 甲에게 공중송신권 침해로 인한 저작권법 위반죄의 방조범이 성립한다(2017도19025 전합) (22 3차)

• **부작위에 의한 방조** : 방조행위는 작위에 의한 행위가 보통이지만 부작위에 의한 방조도 가능하다.

☐ **부작위에 의한 방조를 긍정한 판례** : 형법상 방조는 작위에 의하여 정범의 실행을 용이하게 하는 경우는 물론, 직무상의 의무가 있는 자가 정범의 범죄행위를 인식하 면서도 그것을 방지하여야 할 제반 조치를 취하지 아니하는 부작위로 인하여 정범 의 실행행위를 용이하게 하는 경우에도 성립된다(95도2551) (12 변시)(14 변시)(15 변시) (22 변시)(23 변시)(23 3차)

- 실행의 착수 이전의 방조(사전방조) : 공범종속성의 원칙상 정범의 실행의 착수가 있다면 방조범이 성립한다.

  □ **사전방조도 정범의 실행행위가 있으면 성립가능하다는 판례** : 종범은 정범이 실행행위에 착수하여 범행을 하는 과정에서 이를 방조한 경우뿐 아니라, 정범의 실행의 착수 이전에 장래의 실행행위를 미필적으로나마 예상하고 이를 용이하게 하기 위하여 방조한 경우에도 그 후 정범이 실행행위에 나아갔다면 성립할 수 있다(2013도 7494) (12 변시)(15 변시)(17 변시)(21 1차)(21 3차)

- 실행의 착수 이후 기수 전의 방조 : 이러한 경우가 방조의 전형적인 경우로 방조범의 성립이 당연히 가능하다.
- 기수 이후 종료 전의 방조 : 기수 이후 종료 전의 방조의 경우에도 방조범이 성립한다.

  □ **무면허의료 행위가 있은 후에 의사가 진료부에 기재하면 방조에 해당한다는 판례** : 진료부는 환자의 계속적인 진료에 참고로 공하여지는 진료상황부이므로 간호보조원의 무면허 진료행위가 있은 후에 이를 의사가 진료부에다 기재하는 행위는 정범의 실행행위종료 후의 단순한 사후행위에 불과하다고 볼 수 없고 무면허 의료행위의 방조에 해당한다(82도122) (12 변시)

- 방조의 인과관계

爭點 032

방조의 인과관계 [2016 1차][2023 3차]

1. 논의점

방조행위와 정범의 행위 사이에 인과관계가 필요한지에 대하여 논의가 있다.

2. 견해의 대립

이에 대하여는 ① 정범의 행위를 사실상 촉진시키거나 용이하게 해 주었으면 충분하므로 인과관계는 필요하지 않다는 인과관계불요설과 ② 공범종속성의 원칙상 인과관계가 필요하다는 인과관계필요설이 대립하고 있다.

3. 판례의 태도

최근 전합 판례는 '방조범은 정범에 종속하여 성립하는 범죄이므로 방조행위와 정범의 범죄 실현 사이에는 인과관계가 필요하다. 방조범이 성립하려면 방조행위가 정범의 범죄 실현과 밀접한 관련이 있고 정범으로 하여금 구체적 위험을 실현시키거나 범죄결과를 발생시킬 기회를 높이는 등으로 정범의 범죄 실현에 현실적인 기여를 하였다고 평가할 수 있어야 한다.'라고 하여 인과관계필요설의 입장이다.

4. 검 토

생각건대 인과관계불요설은 현재 확립되어 있는 공범종속성의 원칙에 부합하지 않는다. 따라서 방조의 인과관계는 필요하다고 보는 인과관계필요설이 타당하다.

5. 관련 판례

☐ 방조의 인과관계가 필요하다는 전합 판례(2017도19025 전합)

3. 피방조자(정범자)에 대한 요건 : 고의와 제한종속 구비

☐ **정범의 실행의 착수가 없으면 방조범도 성립할 수 없다는 판례** : 방조죄는 정범의 범죄에 종속하여 성립하는 것으로서 방조의 대상이 되는 정범의 실행행위의 착수가 없는 이상 방조죄만이 독립하여 성립될 수 없다(78도3113)

Ⅲ. 방조범의 처벌 : 필요적 감경

Ⅳ. 관련문제

1. 실행행위에 대한 착오

☐ **방조에 대한 실행행위의 착오** : 방조자의 인식과 정범의 실행간에 착오가 있고 양자의 구성요건을 달리한 경우에는 원칙적으로 방조자의 고의는 조각되는 것이나 그 구성요건이 중첩되는 부분이 있는 경우에는 그 중첩되는 한도 내에서 방조자의 죄책을 인정하여야 할 것이다(84도2987)

2. 방조의 미수

- 협의의 방조의 미수 : 정범이 실행에 착수하였으나 미수에 그친 경우를 말하며 이 경우에 방조자는 미수범의 종범으로 처벌된다.
- 기도된 방조 : 방조범이 방조를 하였으나 정범이 실행에 착수하지 아니한 경우를 말하며, 현행법은 방조범의 경우에는 교사범의 경우와 같은 제31조 제2항, 제3항의 규정이 없으므로 처벌되지 아니한다.

• 예비의 방조

爭點 033

예비의 방조 [2022 1차]

1. 논의점

예비죄에 대한 방조범은 기수의 고의로 정범을 방조하였으나 정범이 실행의 착수에 이르지 아니하고 예비에 그친 경우를 말한다. 교사범과는 달리 예비의 방조의 경우에는 방조범에 관한 규정인 제32조에서 기도된 방조에 대한 처벌규정을 두고 있지 않으므로 논의가 있다.

2. 견해의 대립

이에 대하여는 ① 정범이 예비죄로 처벌되는 이상 공범을 방조범으로 처벌하는 것은 공범종속성의 원칙상 당연하므로 예비죄의 방조범을 인정할 수 있다는 **긍정설** ② 방조의 방법에 제한이 없고, 예비의 방법도 무정형이므로 예비의 방조범을 처벌하는 경우에는 처벌이 부당하게 확대될 염려가 있으므로 예비죄의 방조범은 인정할 수 없다는 **부정설**이 대립하고 있다.

3. 판례의 태도

판례는 '손도끼 구입 사건'에서 '종범이 처벌되기 위하여는 정범의 실행의 착수가 있는 경우에만 가능하고 정범이 실행의 착수에 이르지 아니한 예비의 단계에 그친 경우에는 이에 가공하는 행위가 예비의 공동정범이 되는 경우를 제외하고는 이를 종범으로 처벌할 수 없다'라고 하여 **부정설**의 입장이다.

4. 검토

생각건대 현재 확립되어 있는 공범종속성설에 의하는 한 방조범이 성립되기 위해서는 원칙적으로 정범의 실행의 착수는 있어야 하며, 교사범의 경우에는 기도된 교사를 처벌하는 특별규정을 두었으나 방조범의 경우에는 이를 두지 않았다는 것은 입법자들도 예비의 방조를 처벌하지 않겠다는 의도로 보아야 하므로 예비의 방조는 부정하는 것이 타당하다.

5. 관련 판례

☐ **손도끼 구입 사건** : 예비죄의 공동정범은 가능하지만, 예비죄의 종범은 성립할 수 없다는 판례(75도1549) (12 변시)(14 변시)(15 변시)(21 변시)(23 2차)

112 제2편 **범죄론** | 제6장 **공범론**

제5절 | 간접정범

Ⅰ. 간접정범의 의의

- 간접정범 : 간접정범이란 어느 행위로 인하여 처벌되지 아니하는 자 또는 과실범으로 처벌되는 자를 교사 또는 방조하여 범죄행위의 결과를 발생하게 하는 범죄이다.

  ☐ 형법상 과실범으로 처벌되는 자를 방조하여 범죄행위의 결과를 발생하게 한 자는 방조의 예에 의하여 처벌된다. (22 3차)

- 간접정범의 본질 : 간접정범의 본질에 대하여는 정범설과 공범설이 대립하고 있다.

  ☐ 확장적 정범개념에 의하면 직접·간접으로 구성요건실현에 조건을 제공한 모든 자는 정범이 되므로 간접정범도 당연히 정범이 된다. (22 3차)

Ⅱ. 간접정범의 성립요건

1. 간접정범의 요건
- 간접정범의 주관적 요건 : 간접정범이 성립하기 위하여는 특정된 피이용자를 이용하여 자기의 특정한 범죄를 완성한다는 인식과 의사가 있어야 한다.
- 간접정범의 객관적 요건 : 간접정범의 실행행위란 특정의 피이용자를 이용하여 자신의 특정한 범죄를 범하려는 이용행위를 말한다.

  ☐ 타인의 의사 억압과 간접정범 : 처벌되지 아니하는 타인의 행위를 적극적으로 유발하고 이를 이용하여 자신의 범죄를 실현한 자는 형법 제34조 제1항이 정하는 간접정범의 죄책을 지게 되고, 그 과정에서 타인의 의사를 부당하게 억압하여야만 간접정범에 해당하는 것은 아니다(2007도7204) (19 변시)(22 3차)

2. 피이용자의 범위
- 간접정범의 피이용자의 범위

  ☐ 간접정범의 피이용자의 범위 : 형법 제34조 제1항이 정하는 간접정범은 어느 행위로 인하여 처벌되지 아니하는 자 또는 과실범으로 처벌되는 자를 교사 또는 방조하여 범죄행위의 결과를 발생케 하는 것으로 이 어느 행위로 인하여 처벌되지 아니하는 자는 시비를 판별할 능력이 없거나 강제에 의하여 의사의 자유를 억압당하고 있는 자, 구성요건적 범의가 없는 자와 목적범이거나 신분범일 때 그 목적이나 신분이 없는 자, 형법상 정당방위, 정당행위, 긴급피난 또는 자구행위로 인정되어 위법성이 없는자 등을 말하는 것으로 이와 같은 책임무능력자, 범죄사실의 인식이 없는 자, 의사의 자유를 억압 당하고 있는 자, 목적범, 신분인 경우 그 목적 또는 신분이 없는 자, 위법성이 조각되는 자 등을 마치 도구나 손발과 같이 이용하여 간접으로 죄의 구성요소를 실행한 자를 간접정범으로 처벌하는 것이다(83도515 전합)

• 신분자가 신분 없는 고의 있는 도구를 이용한 경우

爭點 034

신분자가 신분 없는 고의 있는 도구를 이용한 경우 [2018 3차]

1. 논의점

    신분범에 있어 신분있는 자가 신분 없는 고의 있는 도구를 이용하는 경우에 행위지배설의 입장에서는 피이용자에게 고의가 있어 의사지배를 하고 있다고 보기 어려우므로 신분있는 자가 간접정범이 성립될 수 있는지에 대하여 논의가 있다.

2. 견해의 대립

    이에 대하여는 ① 행위지배설의 입장에서 이용자의 이용행위를 사회적·규범적 행위지배로 파악하거나, 의무범의 경우에는 정범표지가 규범적인 의무위반에 있다고 보는 입장에서 신분 있는 자의 이용행위는 의무위반이므로 간접정범을 긍정할 수 있다는 긍정설과 ② 신분 없는 고의 있는 도구를 이용하는 경우에는 행위지배가 성립할 수 없으므로 이용자는 간접정범이 성립할 수 없다는 **부정설**이 대립하고 있다.

3. 결언

    생각건대 신분범에 있어서 법규범의 명령과 금지는 신분 있는 자에게만 과하여지는 규범적인 것이므로 이를 규범적으로 파악하는 것이 바람직하다. 따라서 신분자가 신분 없는 고의 있는 도구를 이용한 경우에는 자연적인 의사지배는 없더라도 신분 있는 자의 관여없이는 범죄가 성립하지 아니하므로 법적·규범적·사회적 행위지배를 인정하여 간접정범을 인정하는 것이 타당하다.

• 고의 없는 행위를 이용하는 경우 : 고의 없는 행위인 경우에는 과실범이 되거나 처벌되지 않는 경우를 말하며 이러한 경우에는 일반적으로 이용자의 행위지배가 인정되어 간접정범이 성립한다. [2024 변시]

> ☐ **고의 없는 보증인을 이용하면 간접정범이 성립한다는 판례** : 보증인이 아닌 자가 허위 보증서 작성의 고의 없는 보증인들을 이용하여 허위의 보증서를 작성하게 한 경우, 부동산소유권 이전등기 등에 관한 특별조치법 제13조 제1항 제3호에 정한 '허위보 증서작성죄'의 간접정범이 성립한다(2009도7815)

• 목적 있는 자가 목적 없는 고의 있는 도구를 이용한 경우 : 목적있는 자가 목적 없는 고의 있는 도구를 이용하는 경우에 행위지배설의 입장에서는 피이용자에게 고의가 있으므로 자연적인 의사지배를 하고 있다고 보기 어려우므로 이에 대하여 논의가 있다. 이에 대하여는 ① 목적 없는 고의 있는 도구를 이용한 경우에는 이용자에게 의사지배를 인정하기 어렵기 때문에 간접정범이 인정되지 않는 **부정설**도 있으나 ② 다수설과 판례는 목적 없는 고의 있는 도구를 이용한 경우에는 이용자에게 규범적 행위지배 또는 사회적 행위지배가 인정되기 때문에 간접정범이 성립한다는 **긍정설**의 입장이다.

□ 5 · 18 사건 : 범죄는 '어느 행위로 인하여 처벌되지 아니하는 자'를 이용하여서도
이를 실행할 수 있으므로(형법 제34조 제1항), 내란죄의 경우에도 '국헌문란의 목
적'을 가진 자가 그러한 목적이 없는 자를 이용하여 이를 실행할 수도 있다(96도3376
전합)

- **구성요건에 해당하는 위법한 행위이지만 책임이 없는 행위를 이용하는 경우** : 현재에는 **정범
개념의 우위성**이 일반적으로 확립되어 있으므로 책임이 조각되는 경우라도 ① 먼저 의사
지배 유무에 따라 간접정범의 성립 여부를 검토한 후에 의사지배가 인정되면 간접정범이
성립하며 ② 의사지배가 인정되지 않아 간접정범이 성립되지 않을 때에 보충적으로 교사
범의 성립을 인정하여야 할 것이다.
- **정범배후의 정범이론(Dohna사건)** : 정범배후의 정범이론이란 피이용자의 행위가 고의범의
구성요건에 해당하고 위법 · 유책하여 따라서 가벌성이 인정된다 하더라도 배후자의 행위
지배가 가능한 경우에는 그 배후자를 (간접)정범으로 처벌할 수 있다는 이론을 말한다.

爭點 035

정범배후의 정범이론(Dohna사건) : 甲은 乙이 자기를 죽이기 위하여 한적한 곳에 잠복해 있음
을 알고, 자기와 원한관계에 있는 丙을 살해할 생각으로 그곳으로 유인하여 丙을 甲으로 오인
한 乙에 의하여 살해당하도록 하였다. 甲의 죄책은?

1. 논의점

정범배후의 정범이론을 긍정할 수 있는지에 대하여 논의가 있다.

2. 견해의 대립

이에 대하여는 ① 행위지배설의 입장에서 정범배후자가 우월적 의사를 가지고 있는
한 고의의 정범을 이용하더라도 간접정범이 될 수 있다고 보는 **긍정설** ② 실정법을 중시
하여 고의의 정범배후자를 간접정범으로 처벌하는 것은 제34조 제1항에 반하므로 현행
법의 해석상 이를 받아들일 수 없다는 **부정설**이 대립하고 있다.

3. 검 토

생각건대 간접정범의 본질에 대하여 행위지배설을 따르는 한 고의범으로 처벌되는
자를 이용한 경우에도 간접정범을 인정하는 것이 타당하다. 제34조 제1항에 반하는 점
도 있지만, 이는 입법으로 보완이 필요한 부분이라고 할 것이다.

Ⅲ. 간접정범의 처벌 : 교사 또는 방조의 예로 처벌

Ⅳ. 특수교사 · 방조

- **특수교사 · 방조** : 특수 교사 · 방조란 자기의 지휘 · 감독을 받는 자를 교사 · 방조하여 제34조 제1항의 결과를 발생하게 한 경우 형이 가중되는 범죄를 말한다.

Ⅴ. 자수범

- **자수범의 의의** : 자수범이란 타인을 이용하여 간접정범의 형태로는 범죄를 실현할 수 없고 행위자 자신이 구성요건적 행위를 직접 실행해야만 범할 수 있는 범죄를 말한다. 따라서 자수범에 대하여는 간접정범이나 공동정범이 성립될 수 없고, 협의의 공범만이 성립할 수 있다.
- **판례에서의 자수범** : 위증죄, 부정수표단속법상 허위신고죄, 농협법상 호별방문죄 등

  ☐ 허위진술인지 모르는 사람을 교사하여 그 사람으로 하여금 선서하고 증언하게 한 경우라도 위증죄의 간접정범이 성립하지 아니한다. (22 3차)

  ☐ **농협법상 호별방문죄 사건** : 농업협동조합법 제50조 제2항 소정의 호별방문죄는 '임원이 되고자 하는 자'라는 신분자가 스스로 호별방문을 한 경우만을 처벌하는 것으로 보아야 하고, 비록 신분자가 비신분자와 통모하였거나 신분자가 비신분자를 시켜 방문케 하였다고 하더라도 비신분자만이 호별방문을 한 경우에는 신분자는 물론 비신분자도 같은 죄로 의율하여 처벌할 수는 없다(2003도889) (21 1차)

제6절 | 공범과 신분

Ⅰ. 신분의 의의

- **신분의 의의** : 신분이란 행위자와 관련된 특별한 인적 특성 · 관계 · 상황을 말한다.

  ☐ **판례에서의 신분** : 형법 제33조 소정의 이른바 신분관계라 함은 남녀의 성별, 내 · 외국인의 구별, 친족관계, 공무원인 자격과 같은 관계뿐만 아니라 널리 일정한 범죄행위에 관련된 범인의 인적관계인 특수한 지위 또는 상태를 지칭하는 것이다(93도1002)

  ☐ **상습범의 상습성은 행위자 관련적 요소로서 신분이라는 판례** : 상습도박의 죄나 상습도박방조의 죄에 있어서의 상습성은 행위의 속성이 아니라 행위자의 속성으로서 도박을 반복해서 거듭하는 습벽을 말하는 것이다(84도195) (16 변시)

□ '모해할 목적'을 신분이라고 본 판례 : 형법 제152조 제1항과 제2항은 위증을 한 범인이 형사사건의 피고인 등을 '모해할 목적'을 가지고 있었는가 아니면 그러한 목적이 없었는가 하는 범인의 특수한 상태의 차이에 따라 범인에게 과할 형의 경중을 구별하고 있으므로, 이는 바로 형법 제33조 단서 소정의 '신분관계로 인하여 형의 경중이 있는 경우'에 해당한다고 봄이 타당하다(93도1002) (16 변시)(19 변시)

Ⅱ. 형법 제33조의 불완전성

• 제33조의 불완전성 : 제33조는 공범과 신분에 관하여 적극적 신분에 관하여만 규정하고 있다. 그리고 단서의 내용을 살펴보면 신분관계로 인하여 형이 가벼워지는 자가 신분관계로 인하여 형이 가중되는 자에게 가담한 경우만을 규정하고 있다. 따라서 '소극적 신분' 및 '신분관계로 인하여 형이 무거운 자가 신분관계로 인하여 형이 가벼운 자에게 가담한 경우'에는 이론에 맡겨져 있다고 보아야 할 것이다.

Ⅲ. 적극적 신분과 공범

1. 진정신분범과 제33조(제33조 본문 적용)

• 진정신분범과 제33조(제33조 본문 적용) : 비신분자가 진정신분범에 가담한 경우에는 제33조 본문에 의하여 비신분자도 진정신분범의 공범으로 처벌된다는 점에서는 이론이 없다. 그러나 진정신분범이 고의 등이 없어 처벌되지 않는 경우에는 비신분자도 원칙적으로 범죄가 성립하지 않는다.

□ 권리행사방해죄 사건 : 물건의 소유자가 아닌 사람은 형법 제33조 본문에 따라 소유자의 권리행사방해 범행에 가담한 경우에 한하여 그의 공범이 될 수 있을 뿐이다. 그러나 권리행사방해죄의 공범으로 기소된 물건의 소유자에게 고의가 없는 등으로 범죄가 성립하지 않는다면 공동정범이 성립할 여지가 없다(2017도4578) (20 변시) (21 변시)

□ 비공무원이 공무원과 공동가공의 의사와 이를 기초로 한 기능적 행위지배를 통하여 공무원의 직무에 관하여 부정한 청탁을 받고 뇌물을 수수하더라도 공무원과 비공무원은 제3자뇌물수수죄의 공동정범이 되지 않는다. (23 2차)

2. 부진정신분범과 제33조

• 비신분자가 가중적 신분범에 가담한 경우

爭點 036

비신분자가 가중적 신분범에 가담한 경우 [2014 변시][2016 3차][2017 변시][2023 1차]

1. 논의점

비신분자가 가중적 신분을 지닌 부진정신분범에 가담한 경우에 제33조의 본문과 단서의 해석에 대해 논의가 있다.

2. 견해의 대립

가중적 신분인 부진정신분범에 가담한 비신분자는 ① 제33조 단서에 따라 공범의 성립과 과형을 정해야 한다고 보는 다수설 ② 제33조 본문에 의하여 부진정신분범이 성립하지만, 제33조 단서에 따라 과형을 정해야 한다고 보는 소수설 등이 대립하고 있다.

3. 판례의 태도

판례는 이중신분범이 문제된 사안에서 '신분관계가 없는 자에게도 일단 업무상배임죄가 성립한 다음 형법 제33조 단서에 의하여 중한 형이 아닌 단순배임죄의 형으로 처벌되는 것이다'라고 하여 소수설의 입장이다.

4. 검 토

생각건대 원칙적으로 범죄의 성립과 처벌은 일치하여야 하므로 제33조 본문은 진정신분범에게 적용되고, 제33조 단서는 부진정신분범에게 적용된다고 보는 다수설의 입장이 타당하다.

5. 관련 판례

☐ 비신분자가 업무상배임죄에 가담한 경우에는 업무상배임죄가 성립하지만, 단순배임죄의 형으로 처단되어야 한다는 판례(99도883) (12 변시)(16 변시)(19 변시)(21 변시)(23 변시)(24 변시)(22 1차)

• 가중적 신분자가 비신분자에게 가담한 경우

爭點 037

가중적 신분자가 비신분자에게 가담한 경우 [2014 변시][2018 3차]

1. 논의점

　가중적 신분자가 비신분에게 가담한 경우에는 제33조가 규정하지 않고 있으므로 가중적 신분자의 죄책에 대하여 논의가 있다.

2. 견해의 대립

　이에 대하여는 ① 공범종속성의 원칙에 따라 단순범죄의 공범만 성립된다는 견해 ② 책임의 개별화 원칙에 의해 제33조 단서의 적용으로 가중적 신분범의 공범이 성립된다는 견해가 대립하고 있다.

3. 판 례

　판례는 '신분관계로 인하여 형의 경중이 있는 경우에 신분이 있는 자가 신분이 없는 자를 교사하여 죄를 범하게 한 때에는 형법 제33조 단서가 형법 제31조 제1항에 우선하여 적용됨으로써 신분이 있는 교사범이 신분이 없는 정범보다 중하게 처벌된다'라고 하여 가중적 신분범의 공범설의 입장이다.

4. 검 토

　생각건대 진정신분범이 아닌 부진정신분범의 경우에는 개별적인 사유로 인한 것이어서 책임의 개별화가 우선되는 것이 타당하므로 가중적 신분범의 공범설이 타당하다.

5. 참조 판례

　　☐ **모해위증교사 사건** : 정범이 단순위증으로 처벌되었어도 교사자에게 모해 목적이 있으면 교사자는 모해위증교사범이 성립한다는 판례(93도1002) (12 변시)(14 변시)(16 변시)(23 변시)(24 변시)

• 비신분자가 감경적 신분자에 가담한 경우 : 비신분자가 감경적 신분자에게 가담한 경우에는 가중적 신분자가 비신분자에게 가담한 경우와 동일한 논리가 적용된다.
• 감경적 신분자가 비신분자에게 가담한 경우 : 감경적 신분자가 비신분자에게 가담한 경우에는 비신분자가 가중적 신분자에게 가담한 경우와 동일한 논리가 적용된다.

Ⅳ. 소극적 신분과 공범

- **불구성적 신분(위법조각적 신분)** : 일반인에게는 금지되어 있는 것을 특정한 신분을 가진 자에게는 허용하는 경우의 신분을 말한다. 예 면허의료행위에서의 의사
- **불구성적 신분자가 비신분자에게 가담한 경우** : 비신분자의 행위는 불법을 창출하므로 범죄가 성립하고, 이에 가담한 신분자는 자신이 직접 행위를 한 경우에는 불법을 창출하지 않지만, 타인의 범죄에 가담한 경우에는 새로운 불법을 창출하는데 기여하였으므로 범죄가 성립한다.

> ☐ **치과의사 사건** : 치과의사가 환자의 대량유치를 위하여 치과기공사들에게 내원환자들에게 진료행위를 하도록 지시하여 동인들이 각 단독으로 전항과 같은 진료행위를 하였다면 무면허의료행위의 교사범에 해당한다(86도749) (21 변시)

> ☐ **의사와 간호사가 공모한 사건** : 의사가 간호사에게 의료행위의 실시를 개별적으로 지시하거나 위임한 적이 없음에도 간호사가 그의 주도 아래 전반적인 의료행위의 실시 여부를 결정하고 간호사에 의한 의료행위의 실시과정에도 의사가 지시·관여하지 아니한 경우라면, 이는 구 의료법 제27조 제1항이 금지하는 무면허의료행위에 해당한다고 볼 것이다. 그리고 의사가 이러한 방식으로 의료행위가 실시되는데 간호사와 함께 공모하여 그 공동의사에 의한 기능적 행위지배가 있었다면, 의사도 무면허의료행위의 공동정범으로서의 죄책을 진다(2010도5964) (16 변시)

> ☐ **약사 사건** : 약사라 할지라도 약사 또는 한약사가 아닌 자의 약국 개설행위에 공모하여 가담하면 약사법 위반죄의 공동정범에 해당한다(2017도16593-1 전합) (21 2차)

제7장 | 특별한 범죄유형

제1절 | 과실범

I. 과실 일반론

1. 과실범의 의의

- **과실의 개념** : 과실이란 정상의 주의의무를 태만히 하는 것을 말한다.
- **과실범의 처벌 규정** : 과실범은 형법상 원칙적으로 처벌하는 것이 아니라 예외적으로 법률에 특별한 규정이 있을 때만 처벌되며, 과실범을 처벌하는 규정은 명백·명료하여야 한다.

  > ☐ **과실범을 처벌하는 규정은 명백·명료하여야 한다는 판례** : 과실범은 법률에 특별한 규정이 있는 경우에 한하여 처벌되며 형벌법규의 성질상 과실범을 처벌하는 특별규정은 그 명문에 의하여 명백·명료하여야 한다(83도2467)

  > ☐ **행정단속법규와 과실범** : 행정상의 단속을 주안으로 하는 법규라 하더라도 '명문규정이 있거나 해석상 과실도 벌할 뜻이 명확한 경우'를 제외하고는 형법의 원칙에 따라 '고의'가 있어야 벌할 수 있다(2009도9807) (13 변시)

- **인식 없는 과실** : 인식 없는 과실이란 행위자가 주의의무위반으로 인하여 구성요건의 실현가능성을 인식하지 못한 경우를 말한다. (24 변시)
- **인식 있는 과실** : 인식 있는 과실이란 행위자가 구성요건의 실현가능성을 예견했음에도 불구하고 주의의무위반으로 결과가 발생하지 않을 것이라고 신뢰한 경우를 말한다.

  > ☐ 인식 있는 과실은 인식 없는 과실보다 법률상 중하게 처벌되는 것은 아니다. (22 3차)

- **업무상과실의 의의** : 일정한 업무에 종사하는 자가 당해 업무 수행상 요구되는 주의의무를 위반한 것을 말한다.

  > ☐ 업무자는 일반인에 비해 더 높은 주의의무가 요구되기 때문에 업무상 과실이 가중 처벌된다는 입장에 의하면 업무상 과실범은 불법가중사유이다. (22 3차)

- **중과실의 의의** : 주의의무를 현저히 태만한 경우로서, 극히 근소한 주의만 기울였다면 결과발생을 방지할 수 있었던 경우의 과실을 말한다.

□ **중과실의 개념** : 중과실은 행위자가 극히 근소한 주의를 함으로써 결과발생을 예견할 수 있었음에도 불구하고 부주의로 이를 예견하지 못하는 경우를 말하는 것으로서 중과실과 경과실의 구별은 구체적인 경우에 사회통념을 고려하여 결정될 문제이다(79도305)

Ⅱ. 과실범의 구성요건

1. 결과의 발생 : 미수 처벌 규정 없음

2. 주의의무위반(과실)

• 주의의무위반(과실)의 판단기준

爭點 038

주의의무위반(과실)의 판단기준

1. 논의점

과실범의 성립요건인 과실은 주의의무를 위반하는 것이다. 이러한 주의의무위반을 어떤 기준으로 판단할 것인지에 대하여 논의가 있다.

2. 견해의 대립

이에 대하여는 ① 주의의무위반 여부를 일반인의 주의능력을 기준으로 판단하자는 **객관설** ② 주의의무위반 여부를 개개인의 주의능력을 기준으로 판단하자는 **주관설**이 대립하고 있다.

3. 판례의 태도

판례는 의사의 주의의무위반을 판단함에 있어 '그 과실의 유무를 판단함에는 같은 업무와 직무에 종사하는 일반적 보통인의 주의 정도를 표준으로 하여야 하며, 이에는 사고 당시의 일반적인 의학의 수준과 의료환경 및 조건, 의료행위의 특수성이 고려되어야 한다'라고 하여 객관설의 입장이다.

4. 검 토

생각건대 주의의무위반의 평가는 동일사정에서 행위하는 일반인이 준수할 수 있다는 것을 전제로 하고 있으며, 형법 제14조도 '정상의 주의의무'라는 표현을 쓰고 있으므로 객관설이 타당하다.

5. 관련 판례

□ 주의의무위반의 판단기준에 대하여 객관설을 따른 판례(2001도3292) (13 변시)

□ 과실범의 불법구성요건으로서 주의의무위반을 일반인의 주의능력을 기준으로 판단하는 객관설은 예측가능성을 담보할 수 있으므로 평등원칙에 충실하다. (23 3차)

□ 주의의무의 판단기준에 관한 주관설에 따르면 행위자가 평균인 이하의 능력을 가졌기 때문에 결과발생을 예견할 가능성이 없다면 주의의무위반에 따른 결과가 발생하더라도 과실범의 불법은 부정된다. (22 3차)

- **주의의무의 의의와 근거** : 객관적 과실론에 의하면 구성요건에서의 과실이란 일반인이 사회생활상 요구되는 객관적 주의의무위반을 말한다. 이러한 주의의무위반의 근거는 법령·관습 및 조리 등을 포함한다.
- **신뢰의 원칙**

爭點 039

신뢰의 원칙

1. 의 의

스스로 교통규칙을 준수하는 사람은 다른 교통관여자도 교통규칙을 지키리라는 것을 신뢰하면 충분하고 다른 교통관여자의 교통규칙위반사실을 인식할 수 있는 특별한 사정이 없는 한 다른 교통관여자가 교통규칙에 위반하여 행위할 것을 예견하고 이에 대해 방어조치를 취할 의무는 없다는 원칙을 말한다.

2. 연 혁

독일에서는 1935년도에서부터 독일제국법원이 최초로 이 원칙을 받아들였고, 우리나라에서는 대법원이 1957년 기관사조수견습생에게 인정한 이래, 1971년에는 고속도로상의 교통에 있어서, 1972년에는 시내자동차 교통에 있어서도 이 원칙을 인정하고 있다. 단, 대법원은 ① 자동차와 자동차간 ② 자동차와 자전거간에는 신뢰의 원칙을 널리 적용하는 반면 ③ 자동차와 사람간에는 신뢰의 원칙을 제한적으로 적용한다.

3. 적용범위의 확대

(1) 적용범위의 확대화 경향

신뢰의 원칙은 도로교통과 관련하여 발전하였으나 현재는 도로교통의 범위를 벗어난 영역 즉 다수인의 업무분담이 요구되는 모든 과실범의 경우로 점차 확대 적용되고 있다. 특히 공동의료작업의 경우에 그 확대화 경향이 현저하다.

(2) 수평적 분업관계

공동의료작업의 경우 중 의사와 의사 사이처럼 대등한 분업관계인 수평적 분업관계에서는 신뢰의 원칙이 적용되는 것이 원칙이다. 그러나 의사들 사이에 일방이 타방에 대한 지휘·감독관계에 있을 경우에는 수직적 분업관계가 되므로 상급 의사는 하급 의사에 대해 신뢰의 원칙이 인정되지 않는다.

(3) 수직적 분업관계

공동의료작업의 경우 중 의사와 간호사 사이처럼 일방이 지휘·감독관계에 있는 수
직적 분업관계에서는 원칙적으로 신뢰의 원칙은 적용되지 않는다. 그러나 의사의 지
휘·감독의 내용에 대하여는 ① 일반적·추상적 지휘감독으로 족한 경우와 ② 구체적·
개별적인 지휘감독을 해야 하는 경우로 나눌 수 있다(판례).

4. 신뢰의 원칙의 제한

신뢰의 원칙이 제한되는 대표적인 경우로는 ① 스스로 주의의무를 위반한 경우 ② 상
대방의 주의의무위반을 이미 인식한 경우 ③ 상대방의 규칙준수를 기대할 수 없는 경우
등을 들 수 있다.

5. 관련 판례

□ **수혈환자 사망사건** : 의사는 당해 의료행위가 환자에게 위해가 미칠 위험이
있는 이상 간호사가 과오를 범하지 않도록 충분히 지도·감독을 하여 사고
의 발생을 미연에 방지하여야 할 주의의무가 있고, 이를 소홀히 한 채 만연
히 간호사를 신뢰하여 간호사에게 당해 의료행위를 일임함으로써 간호사
의 과오로 환자에게 위해가 발생하였다면 의사는 그에 대한 과실책임을
면할 수 없다(97도2812)

□ **정맥주사 사건** : 간호사가 '진료의 보조'를 함에 있어서는 모든 행위 하나하
나마다 항상 의사가 현장에 입회하여 일일이 지도·감독하여야 한다고 할
수는 없고, 경우에 따라서는 의사가 진료의 보조행위 현장에 입회할 필요
없이 일반적인 지도·감독을 하는 것으로 족한 경우도 있을 수 있다 할 것
이다(2001도3667) (22 변시)

3. 인과관계와 객관적 귀속

• **과실범의 인과관계** : 과실범에서의 인과관계는 고의범에서와 원칙적으로 동일하다. 따라
서 학계에서는 인과관계를 인과관계와 객관적 귀속으로 나누어 설명하지만, 판례는 상
당인과관계설에 따라 인과관계를 판단하고 있다.

• 적법한 대체행위 사례 해결

爭點 040

적법한 대체행위 사례 해결 [2021 변시]

1. 논의점

행위자가 주의의무를 위반한 과실행위로 구성요건적 결과를 야기한 경우에 어떠한 기준에 따라 객관적 귀속을 인정할 수 있는가가 문제된다. 이는 특히 적법한 대체행위 사례를 두고 논의가 있다.

2. 견해의 대립과 판례의 태도

이에 대하여는 ① 행위자가 적법한 행위를 한 경우를 가정하고 사안에 적용을 하여 인과관계를 판단하자는 적법한 대체행위 이론 ② 주의의무를 위반한 과실행위가 있으면 법익이 침해될 위험이 증가하였으므로 인과관계를 긍정하자는 위험증대설 ③ 적법한 대체행위이론과 위험증대설을 결합한 절충설 등이 대립하고 있으며, ④ 판례는 원칙적으로 상당인과관계설을 따르고 있지만 '할로테인 마취 사건' 등 일부 판례에서는 일응 적법한 대체행위이론을 따르는 듯한 판시를 하고 있다

3. 결언

생각건대 인권보장과 과실범이 결과범이라는 본질에 가장 부합하는 적법한 대체행위 이론이 타당하다.

4. 관련 판례

□ 할로테인 마취 사건(적법한 대체행위 이론을 적용하여 인과관계를 부정한 판례) : 혈청에 의한 간기능검사를 시행하지 않거나 이를 확인하지 않은 피고인들의 과실과 피해자의 사망간에 인과관계가 있다고 하려면 피고인들이 수술 전에 피해자에 대한 간기능검사를 하였더라면 피해자가 사망하지 않았을 것임이 입증되어야 할 것이다(90도694)

□ 교통신호 위반 사건(적법한 대체행위 이론을 적용하였어도 인과관계를 긍정한 판례) : 피고인이 적색 등화에 따라 정지선 직전에 정지하였더라면 교통사고는 발생하지 않았을 것임이 분명하여 피고인의 신호위반행위가 교통사고 발생의 직접적인 원인이 되었다고 보아야 한다(2011도17117)

Ⅲ. 과실범의 처벌 : 각론에 개별적으로 규정(5가지 유형)

• 과실범의 처벌 : 현행법은 ① 과실치사상죄 ② 장물죄 ③ 방화죄 ④ 일수죄 ⑤ 교통방해죄에서 과실범을 처벌하는 규정을 두고 있다.

□ 자동차의 운전자는 횡단보행자용 신호기가 설치되어 있지 않은 횡단보도를 건너는 보행자가 있을 경우에 그대로 진행하더라도 보행을 방해하지 않거나 통행에 위험을 초래하지 않을 경우를 제외하고는, 횡단보도에 먼저 진입하였는지 여부와 관계없이 차를 일시정지 하는 등의 조치를 취함으로써 보행자의 통행이 방해되지 않도록 할 의무가 있다(2020도8675) (23 3차)

□ 의료기관 내의 직책상 주된 의사의 지위에서 지휘·감독 관계에 있는 다른 의사에게 특정 의료행위를 위임하는 수직적 분업의 경우, 그 다른 의사에게 전적으로 위임된 것이 아닌 이상 주된 의사는 자신이 주로 담당하는 환자에 대하여 다른 의사가 하는 의료행위의 내용이 적절한 것인지 여부를 확인하고 감독하여야 할 업무상 주의의무가 있다(2022도1499) (23 3차)

□ 정당방위, 긴급피난, 피해자의 승낙은 과실범의 경우에도 위법성조각사유가 될 수 있다. (23 2차)

제2절 | 결과적 가중범

Ⅰ. 결과적 가중범의 의의

• **결과적 가중범의 의의** : 고의에 의한 기본범죄에 의하여 행위자가 예견하지 못한 중한 결과가 발생한 경우 그 형이 가중되는 경우를 말한다.

□ 결과적 가중범은 고의 있는 기본범죄에 전형적으로 내포된 잠재적인 위험이 중한 결과로 실현된 것이라는 점에서 일반 과실범에 의한 결과 실현보다 행위반가치가 크다. (22 3차)

Ⅱ. 결과적 가중범의 종류

• **진정 결과적 가중범** : 고의에 의한 기본범죄에 의하여 전형적으로 내포되어 있는 중한 결과의 발생을 과실에 의하여 발생시킨 경우를 말한다.
• **부진정 결과적 가중범** : 중한 결과의 발생을 과실에 의하여 발생시킨 경우뿐만 아니라 고의에 의하여 발생시킨 경우를 포함하는 결과적 가중범을 말한다. 부진정결과적 가중범의 예로는 중상해죄(제258조), 현주건조물방화치사상죄(제164조 제2항), 현주건조물일수치상죄(제177조 제2항), 특수공무집행방해치상죄(제144조 제2항), 교통방해치상죄(제188조) 등을 들 수 있다. (16 변시)(24 변시)

□ 부진정결과적 가중범도 기본범죄가 고의범인 경우에만 인정되고 기본범죄가 과실범인 경우에는 인정되지 않는다. (23 3차)

Ⅲ. 결과적 가중범의 구성요건

• **결과적 가중범의 구성요건** : 결과적 가중범이 성립하기 위해서는 원칙적으로 ① 고의에 의한 기본범죄 ② 중한 결과의 발생 ③ 인과관계 ④ 예견가능성이 필요하다.

□ 결과적 가중범에서 그 행위와 결과 사이에 피해자나 제3자의 과실 등 다른 사실이 개재된 때에도 그와 같은 사실이 통상 예견될 수 있는 것이라면 상당인과관계를 인정할 수 있다(2014도6206) (23 1차)

□ **결과적 가중범과 예견가능성** : 형법 제15조 제2항이 규정하고 있는 이른바 결과적 가중범은 행위자가 행위시에 그 결과의 발생을 예견할 수 없을 때에는 비록 그 행위와 결과 사이에 인과관계가 있다 하더라도 중한 죄로 벌할 수 없다(88도178) (21 3차)(22 1차)(23 3차)

□ **삿대질 사건** : [1] 피고인이 물건을 손에 들고 피해자의 면전에서 삿대질을 하여두어 걸음 뒷걸음치게 만든 행위는 피해자에 대한 유형력의 행사로서 폭행에 해당하므로 피해자가 뒤로 넘어지면서 시멘트 바닥에 머리를 부딪쳐 두개골골절 등의 상해를 입고 사망하였다면 위 폭행과 사망의 결과 사이에 인과관계가 있다고 할 수 있다. [2] 당시 피해자가 서있던 바닥에 원심판시와 같은 장애물이 있어서 뒷걸음치면 장애물에 걸려 넘어질 수 있다는 것까지는 예견할 수 있었다고 하더라도, 그 정도로 넘어지면서 머리를 바닥에 부딪쳐 두개골골절로 사망한다는 것은 이례적인 일이어서 통상적으로 일반인이 예견하기 어려운 결과라고 하지 않을 수 없다(90도1596)

□ **삿대질 사건** : 폭행치사죄에서 사망의 결과에 대한 예견가능성, 즉 과실의 유무는 폭행의 정도와 피해자의 대응상태 등 구체적 상황을 살펴서 엄격하게 가려야 하며, 예견가능성의 범위를 확대해석함으로써 「형법」 제15조 제2항이 결과적 가중범에 책임주의를 조화시킨 취지를 몰각하여 과실책임의 한계를 벗어나 형사처벌을 확대하는 일은 피하여야 한다(90도1596) (21 1차)

Ⅳ. 관련문제

1. 결과적 가중범의 미수 [2016 변시][2019 1차][2021 변시][2023 1차][2024 변시]

☐ 고의 또는 과실에 의해 중한 결과를 발생시킨 부진정결과적가중범의 미수를 처벌하는 규정으로는 현행법상 제182조가 있다. (23 2차)

☐ 강간이 미수에 그친 경우라도 강간의 수단이 된 폭행으로 인하여 피해자가 상해를 입었다면 강간치상죄가 성립할 수 있고, 이 경우 피고인이 자의로 실행에 착수한 행위를 중지하였더라도 마찬가지이다. (22 1차)

> **爭點 041**
>
> ### 진정 결과적 가중범의 미수
>
> #### 1. 논의점
>
> 종래 결과적 가중범의 해석상으로는 기본범죄의 미수·기수를 불문하고 결과가 발생한 경우에는 결과적 가중범의 기수가 성립한다는 것이 원칙이었다. 그러나 현행 형법에는 인질강요죄와 강도죄에서 그 결과적 가중범인 인질치사상죄(제324의5)와 강도치사상죄(제342조)에 대한 미수범 처벌규정을 두고 있어 결과적 가중범의 미수 성립 여부에 대한 논의가 있다.
>
> #### 2. 견해의 대립
>
> 이에 대하여는 ① 결과적 가중범은 그 본질상 미수를 인정할 수 없으며, 결과적 가중범의 미수를 둔 조항은 입법의 과오이므로 결과적 가중범의 미수를 인정할 수 없다는 미수부정설 ② 현행법상 강요죄와 강도죄에서 미수처벌규정을 두고 있으며, 이러한 미수규정은 가벌성의 범위를 시정하여 책임원칙을 지키기 위한 입법적 개선이므로 결과적 가중범의 미수도 인정할 수 있다는 미수긍정설이 대립하고 있다.
>
> #### 3. 판례의 태도
>
> 최근 대법원 판례는 '전자충격기로 강간한 사건'에서 '특수강간이 미수에 그쳤다고 하더라도 그로 인하여 피해자가 상해를 입었으면 특수강간치상죄가 성립하는 것이다'라고 하여 미수부정설의 입장이다.
>
> #### 4. 검토
>
> 생각건대 부진정결과적가중범의 미수와는 달리 진정결과적가중범의 미수는 고의범과 과실범의 결합이므로 그 본질상 미수를 인정하기 곤란하고, 진정결과적가중범을 처벌하는 조문들은 형법 전체적인 조문들과 균형을 이룬 것이라고 보기는 어려우므로 부정설이 타당하다.

5. 관련 판례

2. 결과적 가중범의 공동정범 [2015 변시][2021 2차][2023 1차]

爭點 042

결과적 가중범의 공동정범

1. 논의점

공동정범의 경우에 있어서 공동정범자들이 의도한 결과 이상의 중한 결과를 발생시킨 경우에, 의도한 기본범죄의 공동정범 이외에 중한 결과에 대한 결과적 가중범의 공동정범이 성립할 수 있는가에 대하여 논의가 있다.

2. 견해의 대립

이에 대하여는 ① 고의범인 기본범죄 부분의 공동정범이 성립되면, 중한 결과부분에 대하여도 공동정범이 성립할 수 있다는 **긍정설** ② 고의범인 기본범죄 부분의 공동정범이 성립하더라도, 중한 결과부분에 대하여는 공동정범은 성립하지 않고 동시범이 될 뿐이라는 **부정설**이 대립하고 있다.

3. 판례의 태도

판례는 '결과적 가중범인 상해치사죄의 공동정범은 폭행 기타의 신체침해 행위를 공동으로 할 의사가 있으면 성립되고 결과를 공동으로 할 의사는 필요없으며, 사망의 결과를 예견할 수 없는 때가 아닌 한 상해치사의 죄책을 면할 수 없다'라고 하여 **긍정설**의 입장이다.

4. 검토

생각건대 논리적으로 과실범의 공동정범을 긍정하는 한 결과적가중범의 공동정범도 부정할 이유가 없으며, 형사정책적으로도 결과적가중범을 인정해야할 필요성이 있으므로 긍정설이 타당하다.

5. 관련 판례

3. 결과적 가중범의 교사 · 방조

- 결과적 가중범의 교사 · 방조범의 성립요건 : 기본범죄에 대한 교사 · 방조를 하였으나 정범자가 중한 결과를 야기한 경우에 교사 · 방조한 자가 중한 결과발생의 예견가능성이 있는 경우에는 결과적 가중범의 교사 또는 방조범이 성립한다. 이 경우 정범의 범죄성립과는 관계없이 공범자의 예견가능성에 의하여 결과적 가중범의 공범이 성립한다는 점을 주의하여야 한다.

> □ **결과적 가중범의 교사범** : 교사자가 피교사자에 대하여 상해 또는 중상해를 교사하였는데 피교사자가 이를 넘어 살인을 실행한 경우 일반적으로 교사자는 상해죄 또는 중상해죄의 교사범이 되지만 이 경우 교사자에게 피해자의 사망이라는 결과에 대하여 과실 내지 예견가능성이 있는 때에는 상해치사죄의 교사범으로서의 죄책을 지울 수 있다(93도1873) (14 변시)(16 변시)(23 변시)(24 변시)(21 1차)(22 3차)(23 1차) (23 2차)

4. 부진정 결과적 가중범의 죄수문제 [2011 3차][2018 2차][2018 3차][2022 2차][2023 2차]

爭點 043

부진정 결과적 가중범의 죄수문제 [2024 변시]

1. 논의점

부진정 결과적 가중범의 경우에 중한 결과에 대한 고의범과의 죄수문제가 논의되고 있다. 부진정 결과적 가중범은 고의와 고의의 결합형태를 취할 수 있으므로 논의가 있게 되는 것이다.

2. 판례의 태도

판례는 ① 중한 결과에 대한 고의범의 형량이 부진정 결과적 가중범의 형량보다 더 높은 경우에는 부진정 결과적 가중범과 고의범죄의 상상적 경합을 인정하고 ② 중한 결과에 대한 고의범의 형량이 부진정 결과적 가중범의 형량보다 낮거나 동일한 경우에는 부진정 결과적 가중범이 특별관계에 있으므로 부진정결과적 가중범만을 인정한다.

3. 다수설의 태도

다수설은 일반적으로 판례의 태도를 비판하며 부진정결과적 가중범의 형량이 고의범죄보다 높거나 낮거나를 불문하고 부진정 결과적 가중범과 고의범죄의 상상적 경합설을 주장한다.

4. 검토

생각건대 부진정결과적 가중범과 고의범의 죄수판단에 대하여는 중한 결과에 고의가 있는 경우와 없는 경우를 명확히 하기 위하여 상상적 경합설을 따르는 것이 타당하다.

---

5. 관련 판례

□ **부진정결과적 가중범과 고의범의 죄수 판단** : 기본범죄를 통하여 고의로 중한 결과를 발생하게 한 경우에 가중처벌하는 부진정결과적 가중범에서, 고의로 중한 결과를 발생하게 한 행위가 별도의 구성요건에 해당하고 그 고의범에 대하여 결과적 가중범에 정한 형보다 더 무겁게 처벌하는 규정이 있는 경우에는 그 고의범과 결과적 가중범이 상상적 경합관계에 있지만, 위와 같이 고의범에 대하여 더 무겁게 처벌하는 규정이 없는 경우에는 결과적 가중범이 고의범에 대하여 특별관계에 있으므로 결과적 가중범만 성립하고 이와 법조경합의 관계에 있는 고의범에 대하여는 별도로 죄를 구성하지 않는다(2008도7311) (13 변시)(15 변시)(16 변시)(20 변시)(23 변시)(21 1차)(21 3차)(23 1차)

□ **은봉암 방화 사건** : 현주건조물방화치사죄보다 형이 가벼운 살인죄는 이에 흡수된다는 판례(82도2341) (20 변시)(22 변시)(21 3차)(22 1차)

□ **방화 강도살인 사건** : 현주건조물방화치사죄보다 형이 무거운 강도살인죄와는 상상적 경합범이라는 판례(98도3416) (14 변시)(17 변시)(18 변시)(20 변시)(22 변시)(23 3차)

□ 존속을 살해할 목적으로 현주건조물에 방화하여 사망에 이르게 한 경우에는 법조경합에 의해 존속살인죄는 현주건조물방화치사죄에 흡수되는 것은 아니다. (21 3차)

□ 직무를 집행하는 공무원에 대하여 위험한 물건을 휴대하여 고의로 상해를 가한 경우 특수공무집행방해치상죄만 성립할 뿐 별도로 특수상해죄가 성립하지는 않는다. (22 2차)

□ 甲은 A가 거주하는 건조물에 방화한 후 건조물에서 빠져나오려는 A를 살해의 의사로 가로막아 A를 불에 타서 숨지게 한 경우, 甲에게는 현주건조물방화죄와 살인죄가 성립하고 양 죄는 실체적 경합의 관계에 있다. (23 3차)

제3절 | 부작위범

I. 부작위

1. 부작위의 의의
- **부작위의 의의** : 부작위란 규범적으로 요구되는 일정한 신체운동을 하지 않는 소극적 태도를 말한다.

2. 부작위와 작위의 구별기준
- **부작위와 작위의 구별기준** : 작위와 부작위를 구별하는 기준에 대하여는 논의가 있지만, 판례는 "어떠한 범죄가 적극적 작위에 의하여 이루어질 수 있음은 물론 결과의 발생을 방지하지 아니하는 소극적 부작위에 의하여도 실현될 수 있는 경우에, 행위자가 자신의 신체적 활동이나 물리적·화학적 작용을 통하여 적극적으로 타인의 법익 상황을 악화시킴으로써 결국 그 타인의 법익을 침해하기에 이르렀다면, 이는 작위에 의한 범죄로 봄이 원칙이다"라고 하여 자연과학적 척도에 따른 방법을 택하고 있다.

> ☐ **보라매 병원 사건** : 환자를 퇴원시켜 사망에 이르게 한 의사의 방조행위가 문제된 사안에서 신체적 활동이 있었다면 작위로 보는 것이 원칙이라는 판례(2002도995)
> (12 변시)(13 변시)(14 변시)(16 변시)(21 변시)(21 2차)(22 1차)(23 1차)

II. 부작위범의 의의와 종류

- **부작위범의 의의** : 부작위범이란 부작위에 의한 범죄를 말한다. 부작위범은 작위의무 있는 자가 작위의무를 위반한 경우에만 성립하므로 진정신분범에 해당한다.
- **진정부작위범** : 법률의 규정형식이 요구규범의 형식으로 되어있어 부작위에 의해서만 구성요건이 실현될 수 있는 범죄를 말한다. **예** 퇴거불응죄, 집합명령위반죄
- **부진정부작위범** : 법률의 규정형식이 금지규범의 형식으로 되어 있어 원칙적으로 작위범의 형식으로 범죄를 행하여야 하지만 이러한 작위범의 구성요건을 일정한 행위를 할 작위의무 있는 자가 부작위로 범죄를 실현하는 경우를 말한다.

III. 부작위범의 일반적 성립요건

1. 행위 : 일반적 행위가능성

> ☐ **부작위의 행위성** : 부작위의 행위성을 사회적 행위론에 따라 인정하고, 부작위의 행위성을 인정받기 위해서는 일반적 행위가능성이 있어야 한다는 판례(2015도6809 전합)

□ 「형법」제18조의 부작위는 법적 기대라는 규범적 가치판단요소에 의하여 사회적 중요성을 가지는 사람의 행태가 되어 법적 의미에서 작위와 함께 행위의 기본 형태를 이루게 된다(2015도6809 전합) (21 2차)

2. 구성요건

- **객관적 상황의 존재** : 작위가 요구되는 객관적 상황이 존재하여야 한다. 구체적인 내용은 진정부작위범의 경우에는 개별범죄의 구성요건에 규정되어 있으며, 부진정부작위범은 구성요건적 결과발생의 위험성이 구성요건적 상황이 된다.

- **개별적 행위가능성** : 행위자가 작위의무를 이행할 수 있는 개인적 행위가능성이 있어야 한다. 개별적인 행위가능성이 아닌 일반적 행위가능성은 구성요건단계가 아니라 행위론 단계에서 검토된다.

- **요구된 행위의 부작위** : 행위자가 법규범이 요구하는 작위의무에 위반하여 행위를 하지 않은 부작위가 있어야 한다.

- **결과의 발생** : 진정부작위범의 경우에는 거동범에 해당하므로 구성요건적 결과의 발생을 요하지 않으나, 부진정부작위범의 경우에는 ① 작위범의 태양이 결과범인 경우에는 결과의 발생이 필요하고, ② 작위범의 태양이 거동범인 경우에는 결과의 발생은 필요하지 않다.

□ **행정청의 지시 불이행 사건** : 일정한 기간 내에 잘못된 상태를 바로잡으라는 행정청의 지시를 이행하지 않았다는 것을 구성요건으로 하는 범죄는 이른바 진정부작위범으로서 그 의무이행기간이 경과하는 시점에 기수가 된다(93도1731) (22 1차)(23 1차)

□ **행정청의 지시 불이행 사건** : 2개월 내에 작위의무를 이행하라는 행정청의 지시를 이행하지 아니한 행위와 7개월 후 다시 같은 내용의 지시를 받고 이를 이행하지 아니한 행위는 성립의 근거와 일시 및 이행기간이 뚜렷이 구별되어 서로 양립이 가능한 전혀 별개의 범죄로서 동일성이 없다(93도1731) (23 변시)

- **인과관계** : 진정부작위범의 경우에는 거동범에 해당하므로 인과관계와 객관적 귀속을 요구하지 않으나, 부진정부작위범 중 결과범의 경우에는 인과관계가 인정되어야 한다.

□ **부진정부작위범의 인과관계를 조건설에 따라 판단한 판례** : 이와 같이 작위의무를 이행하였다면 그 결과가 발생하지 않았을 것이라는 관계가 인정될 경우에는 그 작위를 하지 않은 부작위와 사망의 결과 사이에 인과관계가 있는 것으로 보아야 할 것이다(2015도6809 전합) (18 변시)(23 변시)

- **주관적 구성요건으로서의 고의** : 고의에 의한 부작위범이 성립하기 위하여는 객관적 구성요건요소에 대한 인식과 결과발생을 인용하는 고의가 있어야 한다.

□ 부진정부작위범의 고의는 미필적고의로도 족하다는 판례 : 부진정 부작위범의 고의는 반드시 구성요건적 결과발생에 대한 목적이나 계획적인 범행 의도가 있어야 하는 것은 아니고 법익침해의 결과발생을 방지할 법적 작위의무를 가지고 있는 자가 그 의무를 이행함으로써 그 결과발생을 쉽게 방지할 수 있었음을 예견하고도 결과의 발생을 용인하고 이를 방관한 채 그 의무를 이행하지 아니한다는 인식을 하면 족하며, 이러한 작위의무자의 예견 또는 인식 등은 확정적인 것은 물론 불확정적인 것이더라도 미필적 고의로 인정될 수 있다(2015도6809 전합) (18 변시)(24 변시)(21 2차)(23 3차)

□ 부진정부작위범에 있어서의 고의 유무를 판단함에 있어서는 작위의무의 발생근거, 법익침해의 태양과 위험성뿐만 아니라 요구되는 작위의무의 내용과 이행의 용이성도 고려된다(2015도6809 전합) (22 3차)

3. 위법성 : 의무의 충돌

Ⅳ. 부진정부작위범의 특별한 구성요건

1. 부진정부작위범의 동가치성
- 부진정부작위범의 동가치성 : 진정부작위범의 경우에는 특별한 법규정이 있으므로 문제될 것이 없으나, 부진정부작위범의 경우에는 작위범의 구성요건을 부작위로 실현하는 것이므로 부작위를 작위와 동일한 가치를 인정할 경우에만 부작위범이 성립한다. 이를 부진정부작위범의 동가치성이라고 한다. 이러한 동가치성을 인정하기 위하여는 ① 구성요건에 해당하는 결과를 방지하지 않은 자가 결과의 발생을 방지할 의무가 있는 자 즉 보증인일 것을 요하며(제1의 동치성) ② 보증인의 부작위가 작위에 의한 구성요건의 실행과 같이 평가할 수 있는 요소를 갖추어야 한다(제2의 동치성 – 행위정형의 동가치성). 제2의 동치성은 크게 문제될 것이 없으므로 아래에서는 제1의 동치성에 대하여만 살펴본다.

□ 부진정부작위범의 요건으로 행위태양의 동가치성을 요구하는 것은 부진정부작위범의 형사처벌을 축소하는 기능을 한다. (23 3차)

2. 보증인적 지위와 작위의무의 의의
- 보증인적 지위의 의의 : 부진정부작위범이 성립하기 위해서는 부작위범이 결과발생을 방지해야 할 보증인이 되지 않으면 안되는 바, 이를 보증인적 지위라고 한다. 이러한 보증인적 지위를 인정하기 위해서는 ① 법익의 담당자가 위협되는 침해에 대하여 스스로 보호할 능력이 없는 구성요건적 상황이 있어야 하며 ② 부작위범에게 그 위험으로부터 법익을 보호해야 할 의무인 작위의무가 있어야 하며 ③ 부작위범에게 법익침해의 야기사태를 지배할 수 있는 개별적인 행위가능성이 있어야 한다. 그러나 일반적인 경우에는 구성요건적 상황과 개별적인 행위가능성은 사실적으로 주어지므로 보증인 지위를 인정하기 위한 가장 핵심적인 요소는 작위의무가 된다. [2012 2차][2014 3차][2015 3차]

□ **판례에서의 보증인적 지위** : 살인죄와 같이 일반적으로 작위를 내용으로 하는 범죄를 부작위에 의하여 범하는 이른바 부진정 부작위범의 경우에는 보호법익의 주체가 그 법익에 대한 침해위협에 대처할 보호능력이 없고, 부작위행위자에게 그 침해위협으로부터 법익을 보호해 주어야 할 법적 작위의무가 있을 뿐 아니라, 부작위행위자가 그러한 보호적 지위에서 법익침해를 일으키는 사태를 지배하고 있어 그 작위의무의 이행으로 결과발생을 쉽게 방지할 수 있어야 그 부작위로 인한 법익침해가 작위에 의한 법익침해와 동등한 형법적 가치가 있는 것으로서 범죄의 실행행위로 평가될 수 있다(2015도6809 전합) (22 1차)

□ **모텔 화재 사건(개별적 행위가능성이 없어 보증인적 지위를 부정한 판례)** : 모텔 방에 투숙하여 담배를 피운 후 재떨이에 담배를 끄게 되었으나 담뱃불이 완전히 꺼졌는지 여부를 확인하지 않은 채 불이 붙기 쉬운 휴지를 재떨이에 버리고 잠을 잔 과실로 담뱃불이 휴지와 침대시트에 옮겨 붙게 함으로써 화재가 발생한 사안에서, 위 화재가 중대한 과실 있는 선행행위로 발생한 이상 화재를 소화할 법률상 의무는 있다 할 것이나, 화재 발생 사실을 안 상태에서 모텔을 빠져나오면서도 모텔 주인이나 다른 투숙객들에게 이를 알리지 아니하였다는 사정만으로는 화재를 용이하게 소화할 수 있었다고 보기 어렵다는 이유로, 부작위에 의한 현주건조물방화치사상죄의 공소사실에 대해 무죄를 선고한 원심의 판단을 수긍한 사례(2009도12109) (13 변시)

• 작위의무의 의의 : 부진정부작위범에 있어 구성요건요소인 보증인적 지위의 기초가 되는 법적 의무를 작위의무라고 한다.

3. 보증인적 지위와 작위의무의 체계적 지위

爭點 044

보증인적 지위와 작위의무의 체계적 지위

1. 논의점

부진정부작위범의 특유한 성립요소인 보증인적 지위와 작위의무의 체계적 지위에 대하여 논의가 있다.

2. 견해의 대립

이에 대하여는 ① 작위의무를 위법성의 요소로 이해하는 **위법요소설** ② 보증인적 지위와 그 기초가 되는 작위의무는 구성요건 요소가 되어야 한다는 **구성요건요소설** ③ 보증인지위와 그 기초가 되는 작위의무를 구별하여, 보증인적 지위는 주체와 관련된 구성요건요소이고, 작위의무는 규범성으로 인하여 위법요소라고 해석하는 **이원설**이 대립하고 있다.

3. 검토 및 사안의 해결

생각건대 보증인적 지위는 구성요건상의 주체와 관련되어 있고, 작위의무는 구성요건의 전제적인 규범에 관련된 것이므로 양자를 구별하는 이분설이 타당하다. 이러한 이분설에 따르면 보증인적 지위에 있는 사람만이 구성요건상의 주체가 되므로 이에 대한 착오는 사실의 착오로 보아 고의를 조각시키게 되고, 보증인적 지위에 서게 될 전구성요건(법률)적인 작위의무는 위법성의 요소로 보게 되어 이에 대한 착오는 금지의 착오로 의율하게 된다.

4. 작위의무의 발생근거 및 범위
• 작위의무의 발생근거 및 범위

爭點 045

작위의무의 발생근거 및 범위

1. 논의점

형법 제18조는 '위험의 발생을 방지할 의무가 있거나 자기의 행위로 인하여 위험발생의 원인을 야기한 자가 그 위험발생을 방지하지 아니한 때에는 그 발생된 결과에 의하여 처벌한다.'라고 규정하고 있다. 이러한 제18조의 해석에 있어 후단의 경우에는 작위의무가 발생하는 근거가 명백하지만, 전단의 경우에는 작위의무의 발생근거가 명백하지 아니하여 이 부분에 대한 해석을 두고 논의가 있다.

2. 견해의 대립

이에 대하여는 ① 형식적인 관점 즉 '법령, 계약, 선행행위로 인한 경우 및 조리' 등을 작위의무의 발생근거로 들고 있는 **형식설(법원설)** ② 실질적인 관점 즉 일정한 법익을 보호하는 기능을 가지는 '보호의무'와 위험원을 감독 · 감시하는 '안전의무'를 작위의무의 발생근거로 들고 있는 **기능설(실질설)** ③ 형식설과 기능설을 결합하여 형식적인 관점과 실질적인 관점을 고려하여 작위의무를 인정해야 한다는 **결합설**이 대립하고 있다.

3. 판례의 태도

판례는 '작위의무는 법적인 의무이어야 하므로 단순한 도덕상 또는 종교상의 의무는 포함되지 않으나 작위의무가 법적인 의무인 한 성문법이건 불문법이건 상관없고 또 공법이건 사법이건 불문하므로 법령, 법률행위, 선행행위로 인한 경우는 물론이고 기타 신의성실의 원칙이나 사회상규 혹은 조리상 작위의무가 기대되는 경우에도 법적인 의무가 있다'라고 하여 **기본적으로 형식설**을 바탕으로 하고 있다.

4. 검토

생각건대 형식설 또는 실질설 중 하나의 학설만을 취하는 것은 작위의무의 범위가 너무 넓어질 수 있으므로 결합설이 타당하다. 다만 어떤 것을 우선시 할 것이냐가 문제되겠지만, 형식설이 상대적으로 보다 간명하고 명확하다는 장점이 있으므로 형식설을 원칙으로 하되 그 범위가 너무 확대되는 것을 실질설의 입장을 받아들여 보완하여야 할 것이다.

5. 관련 판례

☐ **작위의무의 범위** : 부작위범의 작위의무는 법적인 의무이어야 하므로 단순한 도덕상 또는 종교상의 의무는 포함되지 않는다(95도2551)

☐ **작위의무의 범위** : 부작위범의 작위의무는 성문법과 불문법, 공법과 사법을 불문하고 법령, 법률행위, 선행행위로 인한 경우는 물론, 기타 신의성실의 원칙이나 사회상규 혹은 조리상 작위의무가 기대되는 경우에도 인정된다 할 것이다(2015도6809 전합) (12 변시)(15 변시)(23 변시)(24 변시)

• 적법한 선행행위와 작위의무

爭點 046

적법한 선행행위와 작위의무 : 甲은 乙이 자신을 살해하려 하자, 甲은 살기 위해 길바닥에 있던 벽돌로 乙의 머리를 내리쳤다. 甲은 벽돌에 맞고 쓰러져 피를 많이 흘린 乙을 그대로 두면 죽을 수도 있다고 생각했고 인근에 병원도 있었지만 겁을 먹고 현장을 빠져나와 버렸고, 얼마 후 乙은 현장에서 과다출혈로 사망하였다. 甲의 죄책은? [2022 1차]

1. 논의점

사안에서 甲에게 부작위에 의한 살인죄가 성립될 수 있는지와 관련하여 적법한 선행행위를 한 경우에도 작위의무가 인정될 수 있는지에 대하여 논의가 있다.

2. 견해의 대립

이에 대하여는 ① 선행행위로 인한 작위의무는 적법과 위법을 불문하고 위험을 야기시키는 선행행위만으로 충분하다고 하는 긍정설 ② 선행행위로 인한 작위의무는 위법해야 하므로 정당한 선행행위인 경우에는 작위의무가 인정될 수 없다는 부정설이 대립하고 있다.

3. 검토 및 사안의 해결

생각건대 위법하지 않은 선행행위로부터 작위의무가 발생한다는 것은 일반 법원리에 반하므로 부정설이 타당하다. 따라서 사안에서 甲에게는 부작위에 의한 살인죄는 성립하지 않는다.

V. 부작위범의 처벌

• **부작위범의 처벌** : 진정부작위범의 경우에는 각칙에서 개개의 처벌규정을 두고 있다. 부진정부작위범의 경우에는 현행법상 아무런 규정이 없으므로 작위범과 동일하게 처벌하게 된다.

> ☐ 부작위는 작위에 비해 일반적으로 불법의 정도와 책임이 낮기 때문에 임의적 감경사유로 규정하여 처벌하는 것이 바람직하지만, 현행법은 감경사유로 규정하고 있지 않다. (23 3차)

VI. 관련문제

1. 부작위범의 미수와 실행의 착수

• **진정부작위범의 미수** : 진정부작위범은 결과범이 아닌 형식범이므로 원칙적으로 미수가 불가능하다. 그러나 형법에는 진정부작위범인 퇴거불응죄와 집합명령위반죄의 미수를 처벌하는 규정을 두고 있다.

• **부진정부작위범의 실행의 착수시기** : 부진정부작위범의 경우 범죄가 결과범이고 미수범 처벌규정이 있다면 미수범의 성립이 가능하다. 이러한 부진정부작위범의 경우에 미수범의 인정을 위한 실행의 착수시기에 대하여 ① 최초의 구조가능성 기준설 ② 법익에 대한 직접적인 위험야기·증대 기준설(절충설) ③ 최후의 구조가능성 기준설이 대립하고 있다. [2013 2차]

> ☐ 형법상 진정부작위범의 미수범을 처벌하는 규정이 있으며, 부진정부작위범의 미수범은 작위범의 미수가 처벌되면 처벌이 가능하다. (22 3차)

> ☐ **부작위에 의한 업무상배임죄의 실행의 착수 여부가 문제된 사건** : 업무상배임죄는 타인과의 신뢰관계에서 일정한 임무에 따라 사무를 처리할 법적 의무가 있는 자가 그 상황에서 당연히 할 것이 법적으로 요구되는 행위를 하지 않는 부작위에 의해서도 성립할 수 있다. 그러한 부작위를 실행의 착수로 볼 수 있기 위해서는 작위의무가 이행되지 않으면 사무처리의 임무를 부여한 사람이 재산권을 행사할 수 없으리라고 객관적으로 예견되는 등으로 구성요건적 결과 발생의 위험이 구체화한 상황에서 부작위가 이루어져야 한다. 그리고 행위자는 부작위 당시 자신에게 주어진 임무를 위반한다는 점과 그 부작위로 인해 손해가 발생할 위험이 있다는 점을 인식하였어야 한다(2020도15529) (23 1차)

2. 부작위범에 있어서 정범과 공범의 구별 [2019 3차][2023 1차]

爭點 047

부작위범에 있어서 정범과 공범의 구별

1. 논의점

작위범의 경우 범행지배 여부에 따라 정범과 공범을 구별하는 것이 일반적이지만, 의무범인 부작위범의 경우에는 당해 사건에 대한 현실적 지배가 결여되어 범행지배라는 기준을 원용하기가 곤란하다. 따라서 부작위범의 경우에는 어떤 기준에 따라 정범과 종범을 구별할 것인지에 대하여 논의가 있다.

2. 견해의 대립

이에 대하여는 ① 작위와 부작위를 구별할 필요없이 작위범에 있어서 구별기준을 그대로 적용하면 된다는 **작위·부작위 구별 불요설** ② 작위와 부작위의 형태로 수인이 범행에 참가한 경우에 부작위에 의해 참가한 자는 원칙적으로 종범이 된다는 **원칙적 종범설** ③ 원칙적으로 정범이 되지만, 일정한 경우에는 제한적으로 종범이 성립한다는 **원칙적 정범설** 등이 대립하고 있다.

3. 판례의 태도

판례는 '은행지점장 배임방조 사건'에서 '은행지점장이 정범인 부하직원들의 범행을 인식하면서도 그들의 은행에 대한 배임행위를 방치하였다면 업무상 배임죄의 방조범이 성립한다'라고 하여 작위의무 있는 자의 편면적 가담에 대하여 부작위에 의한 방조를 인정하고 있어 일응 **원칙적 종범설**을 택하였다고 볼 수 있다.

4. 검 토

생각건대 ① 편면적인 작위의무자의 부작위는 행위지배를 인정하기 어려워 정범성을 인정할 수 없고 ② 부작위범에 대하여 임의적 감경을 하지 않는 현행법하에서는 부작위로 가담한 자를 방조범으로 처벌함으로써 입법상의 불비를 해석론상 보완할 수 있으므로 원칙적 종범설이 타당하다.

5. 관련 판례

☐ **부작위범에 있어서 정범과 공범의 구별** : 형법상 방조는 작위에 의하여 정범의 실행을 용이하게 하는 경우는 물론, 직무상의 의무가 있는 자가 정범의 범죄행위를 인식하면서도 그것을 방지하여야 할 제반 조치를 취하지 아니하는 부작위로 인하여 정범의 실행행위를 용이하게 하는 경우에도 성립된다(95도2551) (14 변시)(15 변시)

3. 부작위범의 공범

- 부작위에 의한 공동정범 : 가능하다고 보는 것이 일반적이다. 따라서 작위의무 있는 수인이 공동하여 부작위에 의한 공동정범도 범할 수 있으며, 부작위범과 작위범 사이의 공동정범도 가능하다.

> ☐ **부작위범 사이의 공동정범** : 부작위범 사이의 공동정범은 다수의 부작위범에게 공통된 의무가 부여되어 있고 그 의무를 공통으로 이행할 수 있을 때에만 성립한다 (2008도89) (12 변시)(17 변시)(24 변시)(23 1차)

> ☐ 진정부작위범인 주식 등 변경 보고의무 위반으로 인한 자본시장법위반죄의 공동정범은 그 의무가 수인에게 공통으로 부여되어 있는데도 수인이 공모하여 전원이 그 의무를 이행하지 않았을 때 성립한다(2021도11110) (23 3차)

- 부작위에 의한 교사범 : 교사의 성질상 부작위에 의한 교사는 부정하는 것이 일반적이다.
- 부작위에 의한 방조범 : 방조의 성질상 부작위에 의한 방조도 인정하는 것이 일반적이다.
- 부작위범에 대한 교사 · 방조 : 가능하다.

> ☐ 부작위범에 대한 교사범은 보증인적 지위에 있는 자로 한정되지 않으나, 부작위에 의한 방조범은 보증인적 지위에 있는 자로 한정된다. (22 3차)

제8장 | 죄수론

제1절 | 죄수론 서론

- **죄수론의 의의** : 범죄의 수가 일 죄인가 또는 수 죄인가를 다루는 이론을 죄수론이라고 한다.

제2절 | 일 죄

- **단순일죄** : 단순일죄라고 하는 것은 죄수판단의 어떠한 기준에 따르더라도 1죄가 성립되는 경우이다.
- **법조경합** : 법조경합이란 한 개 또는 수 개의 행위가 외관상 수 개의 구성요건에 해당하는 것처럼 보이나 구성요건의 성질상 하나의 구성요건만이 적용되고 다른 구성요건의 적용을 배제하여 일죄만 성립하는 경우를 말한다.

  ☐ **법조경합의 개념** : 법조경합은 1개의 행위가 외관상 수개의 죄의 구성요건에 해당하는 것처럼 보이나 실질적으로 1죄만을 구성하는 경우를 말하며, 실질적으로 1죄인가 또는 수죄인가는 구성요건적 평가와 보호법익의 측면에서 고찰하여 판단하여야 한다(2000도5318) (21 3차)

  ☐ **특별관계의 개념** : 법조경합의 한 형태인 특별관계란 어느 구성요건이 다른 구성요건의 모든 요소를 포함하는 이외에 다른 요소를 구비하여야 성립하는 경우로서 특별관계에 있어서는 특별법의 구성요건을 충족하는 행위는 일반법의 구성요건을 충족하지만 반대로 일반법의 구성요건을 충족하는 행위는 특별법의 구성요건을 충족하지 못한다(97도1085)

  ☐ **불가벌적 수반행위의 개념** : 이른바 '불가벌적 수반행위'란 법조경합의 한 형태인 흡수관계에 속하는 것으로서, 행위자가 특정한 죄를 범하면 비록 논리 필연적인 것은 아니지만 일반적·전형적으로 다른 구성요건을 충족하고 이때 그 구성요건의 불법이나 책임 내용이 주된 범죄에 비하여 경미하기 때문에 처벌이 별도로 고려되지 않는 경우를 말한다(2012도1895)

- **포괄일죄** : 포괄일죄란 수개의 행위가 포괄적으로 하나의 구성요건에 해당하여 일죄를 구성하는 경우를 말한다. 포괄일죄에는 ① 협의의 포괄일죄 ② 결합범 ③ 계속범 ④ 접속범 ⑤ 연속범 ⑥ 집합범 등이 있다.

□ 무면허운전의 죄수관계 : [1] 무면허운전으로 인한 도로교통법 위반죄에 관해서는 어느 날에 운전을 시작하여 다음 날까지 동일한 기회에 일련의 과정에서 계속 운전을 한 경우 등 특별한 경우를 제외하고는 사회통념상 운전한 날을 기준으로 운전한 날마다 1개의 운전행위가 있다고 보는 것이 상당하므로 운전한 날마다 무면허운전으로 인한 도로교통법 위반의 1죄가 성립한다고 보아야 한다. [2] 한편 같은 날 무면허운전 행위를 여러 차례 반복한 경우라도 그 범의의 단일성 내지 계속성이 인정되지 않거나 범행 방법 등이 동일하지 않은 경우 각 무면허운전 범행은 실체적 경합관계에 있다고 볼 수 있으나, 그와 같은 특별한 사정이 없다면 각 무면허운전 행위는 동일 죄명에 해당하는 수 개의 동종 행위가 동일한 의사에 의하여 반복되거나 접속·연속하여 행하여진 것으로 봄이 상당하고 그로 인한 피해법익도 동일한 이상, 각 무면허운전 행위를 통틀어 포괄일죄로 처단하여여 한다(2022도8806) (23 2차)

제3절 | 수 죄

Ⅰ. 상상적 경합

• 상상적 경합의 의의 : 상상적 경합이란 1개의 행위가 수개의 죄에 해당하는 경우를 말한다. 이러한 상상적 경합은 수개의 죄가 동일한가의 여부에 따라 동종류의 상상적 경합과 이종류의 상상적 경합으로 분류되기도 한다.

□ 하나의 행위가 작위범과 부작위범의 구성요건을 동시에 충족할 수 있다. (22 3차)

• 연결효과에 의한 상상적 경합

爭點 048

연결효과에 의한 상상적 경합 [2014 2차][2022 3차]

1. 논의점

두 개의 독립적 범죄가 서로 실체적 경합관계에 있지만 제3의 범죄행위와 각각 상상적 경합관계에 있을 경우에 두 개의 독립된 행위와 제3의 범죄행위를 연결시켜 상상적 경합으로 볼 수 있는지에 대하여 논의가 있다.

2. 견해의 대립

이에 대하여는 ① 연결하는 제3의 행위의 불법내용이 다른 2개의 행위에 비하여 경하지 않을 것을 조건으로 하여 상상적 경합을 인정하는 **긍정설** ② 실체적 경합관계에 있는 서로 다른 행위가 제3의 행위에 의하여 1개가 될 수 없으므로 연결효과의 상상적 경합을 부정하는 부정설이 대립하고 있다.

3. 판례의 태도

판례는 ① 수뢰후 부정처사죄와 허위공문서작성죄 및 동행사죄와 관련된 판결에서는 가장 중한 죄에 정한 형으로 처단되면 된다고 판시하고 ② 부정처사후수뢰죄와 허위공문서작성죄를 실체적 경합을 본 판례가 있어 그 태도가 명확하지 않다.

4. 검 토

생각건대 연결효과에 의한 상상적 경합 개념을 받아들일 필요없이 실체적 경합관계에 있는 범죄들을 먼저 실체적 경합을 하고, 그 이후에 제3의 범죄와 상상적 경합으로 의율하면 충분하므로 부정설이 타당하다.

5. 관련 판례

☐ 연결효과의 상상적 경합이란 표현을 쓰지 않았지만 동일한 효과를 인정한 판례 : 형법 제131조 제1항의 수뢰후 부정처사죄에 있어서 공무원이 수뢰후 행한 부정행위가 허위공문서 작성 및 동행사죄와 같이 보호법익을 달리하는 별개 범죄의 구성요건을 충족하는 경우에는 수뢰후 부정처사죄 외에 별도로 허위 공문서작성 및 동행사죄가 성립하나 이들 죄와 수뢰후부정처사죄는 각각 상상적 경합관계에 있으므로 허위공문서작성죄와 동행사죄 상호간은 실체적 경합관계에 있다고 할지라도 수뢰후 부정처사죄와 대비하여 가장 중한 죄에 정한 형으로 처단되면 되고 별도로 경합 가중을 할 필요가 없다(83도1378)

• **상상적 경합의 실체법적 효과** : 상상적 경합은 실체법상 수죄이지만 수죄 중 가장 중한 죄에 정한 형으로 처벌한다. 가장 중한 죄의 형에 대하여는 ① 수죄의 형 중 가장 중한 형만 대조하면 족하다는 **중점적 대조주의**도 있으나 ② 다수설과 판례는 수죄의 형 중에서 상한도 가장 중한 죄를 기준으로 설정하고 하한도 가장 중한 죄를 기준으로 설정하여야 한다는 **전체적 대조주의**의 입장이다.

☐ 전체적 대조주의를 따른 판례 : 형법 제40조가 규정하는 1개의 행위가 수개의 죄에 해당하는 경우에는 '가장 중한 죄에 정한 형으로 처벌한다.' 함은 그 수개의 죄명 중 가장 중한 형을 규정한 법조에 의하여 처단한다는 취지와 함께 다른 법조의 최하한의 형보다 가볍게 처단할 수는 없다는 취지 즉, 각 법조의 상한과 하한을 모두 중한 형의 범위 내에서 처단한다는 것을 포함하는 것으로 새겨야 한다(2005도8704)

Ⅱ. 실체적 경합

• **실체적 경합범의 의의** : 실체적 경합범이란 한 사람이 수개의 행위에 의해서 범한 수개의 죄를 말한다. 이러한 실체적 경합은 행위의 수가 수개이므로 수죄이지만 행위의 수가 하나인 상상적 경합과 구별된다.

□ 보이스피싱 사기 범죄단체 활동과 사기행위는 실체적 경합이라는 판례 : 피고인이 보이스피싱 사기 범죄단체에 가입한 후 사기범죄의 피해자들로부터 돈을 편취하는 등 그 구성원으로서 활동하였다는 내용의 공소사실이 유죄로 인정된 사안에서, 범죄단체 가입행위 또는 범죄단체 구성원으로서 활동하는 행위와 사기행위는 각각 별개의 범죄구성요건을 충족하는 독립된 행위이고 서로 보호법익도 달라 법조경합 관계로 목적된 범죄인 사기죄만 성립하는 것은 아니라고 본 원심판단을 수긍한 사례(2017도8600) (23 변시)

□ 범죄단체 조직원 甲이 다른 조직원들과 공동으로 저지른 폭력행위등처벌에관한법률위반(단체등의공동강요)죄의 개별적 범행과 폭력행위등처벌에관한법률위반(단체등의활동)죄는 범행의 목적이나 행위 등 측면에서 일부 중첩되는 부분이 있더라도 상상적 경합이 아닌 실체적 경합관계에 있다(2022도6993) (23 2차)

• **실체적 경합범의 종류** : 실체적 경합범에는 ① 판결이 확정되지 아니한 수개의 범죄인 동시적 경합범(제37조 전단)과 ② 금고 이상의 형에 처한 판결이 확정된 죄와 판결 확정되기 이전의 범죄인 **사후적 경합범(제37조 후단)**이 있다. (24 변시)

□ 피고인이 A, B, C죄를 순차적으로 범하고 이 중 A죄에 대하여 벌금형에 처한 판결이 확정된 후 그 판결확정 전에 범한 B죄와 판결확정 후에 범한 C죄가 기소된 경우, 법원은 B죄와 C죄가 동시적 경합범 관계에 있으므로 이에 대하여 하나의 형을 선고하여야 한다. (21 3차)

□ 벌금이나 약식명령이 확정된 죄와 제37조 후단 : 형법 제37조 후단에서 '금고 이상의 형에 처한 판결이 확정된 죄와 그 판결확정 전에 범한 죄'를 경합범으로 규정하고 있으므로, 벌금형을 선고한 판결이나 약식명령이 확정된 죄는 형법 제37조 후단의 경합범이 될 수 없다(2017도7287) (21 1차)

□ '확정판결'에는 집행유예와 선고유예의 판결도 포함된다는 판례 : 형법 제37조 후단의 확정판결에는 집행유예의 판결과 선고유예의 판결도 포함되고 집행유예의 선고나 형의 선고유예를 받은 후 유예기간이 경과하여 형의 선고가 실효되었거나 면소된 것으로 간주되었다 하더라도 마찬가지이다(92도1417) (17 변시)(22 변시)

□ '확정판결'에는 일반사면으로 형의 선고의 효력이 상실된 경우도 포함된다는 판례 : 형법 제37조 후단의 경합범에 있어서 '판결이 확정된 죄'라 함은 수 개의 독립된 죄 중의 어느 죄에 대하여 확정판결이 있었던 사실 자체를 의미하고 일반사면으로 형의 선고의 효력이 상실된 여부는 묻지 않으므로 1995.12.2. 대통령령 제14818호로 일반사면령에 의하여 제1심 판시의 확정된 도로교통법위반의 죄가 사면됨으로써 사면법 제5조 제1항 제1호에 따라 형의 선고의 효력이 상실되었다고 하더라도 확정판결을 받은 죄의 존재가 이에 의하여 소멸되지 않는 이상 형법 제37조 후단의 판결이 확정된 죄에 해당한다(95도2114) (17 변시)(22 변시)

□ 확정판결 전·후의 범죄 : 확정판결 전에 저지른 범죄와 그 판결 후에 저지른 범죄는 서로 겹쳐 있으나 본조의 경합범관계에 있는 것은 아니므로 두 개의 주문으로 각각 따로 처벌한 조치는 정당하다(70도2271) (15 변시)(21 1차)

□ 선행 확정판결에 대하여 재심이 개시된 사건 : 유죄의 확정판결을 받은 사람이 그 후 별개의 후행범죄를 저질렀는데 유죄의 확정판결에 대하여 재심이 개시된 경우, 후행범죄가 그 재심대상판결에 대한 재심판결 확정 전에 범하여졌다 하더라도 아직 판결을 받지 아니한 후행범죄와 재심판결이 확정된 선행범죄 사이에는 후단 경합범이 성립하지 않는다(2018도20698 전합) (24 변시)(21 1차)

□ 재심판결에서 금고 이상의 형이 확정된 사건 : 재심의 대상이 된 범죄에 관한 유죄 확정판결에 대하여 재심이 개시되어 재심판결에서 다시 금고 이상의 형이 확정되었다면, 재심대상판결 이전 범죄와 재심대상판결 이후 범죄 사이에는 형법 제37조 전단의 경합범 관계가 성립하지 않으므로, 그 각 범죄에 대해 별도로 형을 정하여 선고하여야 한다(2023도10545)

• 동시적 경합범의 처벌

□ 제38조 제1항 제2호의 의미 : 경합범의 처벌에 관하여 형법 제38조 제1항 제2호 본문은 각 죄에 정한 형이 사형 또는 무기징역이나 무기금고 이외의 동종의 형인 때에는 가장 중한 죄에 정한 장기 또는 다액에 그 2분의 1까지 가중하도록 규정하고 그 단기에 대하여는 명문을 두고 있지 않고 있으나 가장 중한 죄 아닌 죄에 정한 형의 단기가 가장 중한 죄에 정한 형의 단기보다 중한 때에는 위 본문 규정취지에 비추어 그 중한 단기를 하한으로 한다고 새겨야 할 것이다(84도2890) (17 변시)

□ 형법 제38조 제1항 제3호와 작량감경 : 형법 제38조 제1항 제3호에 의하여 징역형과 벌금형을 병과하는 경우에는 각 형에 대한 범죄의 정상에 차이가 있을 수 있으므로 징역형에만 작량감경을 하고 벌금형에는 작량감경을 하지 아니하였다고 하여 이를 위법하다고 할 수 없다(2006도107) (22 변시)

• 사후적 경합범의 처벌규정인 제39조 제1항의 '형평을 고려하여'의 의미 : '형평을 고려하여'
의 의미에 대하여 대법원은 '형법 제37조의 후단 경합범에 대하여 심판하는 법원은 판결
이 확정된 죄와 후단 경합범의 죄를 동시에 판결할 경우와 형평을 고려하여 후단 경합범
의 처단형의 범위 내에서 책임에 상응하는 합리적이고 적절한 선고형을 정할 수 있는 것
이고, 후단 경합범에 대한 형을 감경 또는 면제할 것인지는 원칙적으로 그 죄에 대하여
심판하는 법원이 재량에 따라 판단할 수 있다'고 하고 있다.

☐ 사후적 경합범에서 판결을 받지 아니한 죄에 대하여 형을 선고함에 있어서는 판결
이 확정된 죄를 동시에 판결할 경우와 형평을 고려하여 그 형을 감경 또는 면제할
수 있다. (21 1차)

☐ **무기징역과 사후적 경합** : 무기징역에 처하는 판결이 확정된 죄와 형법 제37조의
후단 경합범의 관계에 있는 죄에 대하여 공소가 제기된 경우, 법원은 두 죄를 동시
에 판결할 경우와 형평을 고려하여 후단 경합범에 대한 처단형의 범위 내에서 후단
경합범에 대한 선고형을 정할 수 있고, 형법 제38조 제1항 제1호가 형법 제37조의
전단 경합범 중 가장 중한 죄에 정한 처단형이 무기징역인 때에는 흡수주의를 취하
였다고 하여 뒤에 공소제기된 후단 경합범에 대한 형을 필요적으로 면제하여야
하는 것은 아니다(2006도8376) (15 변시)

☐ **제39조 제1항의 감경은 법률상 감경이라는 전합 판례** : 형법 제37조 후단 경합범에
대하여 형법 제39조 제1항에 의하여 형을 감경할 때에도 법률상 감경에 관한 형법
제55조 제1항이 적용되어 유기징역을 감경할 때에는 그 형기의 2분의 1 미만으로
는 감경할 수 없다(2017도14609 전합) (22 변시)(24 변시)(21 1차)(21 3차)

해커스변호사
law.Hackers.com

제3편

형벌론

제1절 | 형벌의 의의와 종류

Ⅰ. 형벌의 의의

- 형벌의 의의 : 형벌이란 국가가 범죄에 대한 법률상의 효과로서 범죄자에 대하여 과하는 일방적인 법익의 박탈과 제한을 말한다.

Ⅱ. 형벌의 종류

1. 생명형 : 사형

2. 자유형 : 징역, 금고, 구류

- 징역 : 수형자를 교도소내에 구치하여 정역에 복무케 하는 것을 내용으로 하는 형벌이다. 이는 기간에 따라 무기징역과 유기징역으로 구분된다. 2010년의 개정으로 유기징역은 1월 이상 30년 이하인 것이 원칙이나, 형을 가중하는 경우에는 50년까지 연장될 수 있다.
- 금고 : 수형자를 교도소내에 구치하여 자유를 박탈하는 것을 내용으로 하되 정역에 종사하지 않는 점에서 징역과 구별된다. 이는 기간에 따라 무기금고와 유기금고로 구분된다.
- 구류 : 수형자를 교도소내에 구치하여 자유를 박탈하는 것을 내용으로 하되 그 기간이 1일 이상 30일 미만이라는 점에서 징역·금고와 구별된다.

3. 재산형 : 벌금, 과료, 몰수

- 벌금 : 벌금형은 범죄인으로 하여금 일정한 금액을 지불하도록 강제하는 형벌이며, 5만 원 이상을 대상으로 하는 점에서 과료와 구별되며, 채권적 효과만이 인정된다는 점에서 물권적 효과가 인정되는 몰수와 구별된다.
- 과료 : 과료는 2천 원 이상 5만 원 미만의 금액의 납부의무를 지우는 형벌을 말하며 벌금형과 내용이 동일하지만 액수면에서 차이가 있다.
- 노역장 유치 : 수형자가 벌금 또는 과료를 납부하지 않을 때에 그 환형처분으로서 일정한 비율에 따라 환산한 기간 동안 수형자를 노역장에 유치하는 것을 말한다.
- 노역장 유치기간 : 벌금을 납입하지 아니한 자는 1일 이상 3년 이하, 과료를 납입하지 아니한 자는 1일 이상 30일 미만의 기간 노역장에 유치하여 작업에 복무하게 한다. 그리고 선고하는 벌금이 1억 원 이상 5억 원 미만인 경우에는 300일 이상, 5억 원 이상 50억 원 미만인 경우에는 500일 이상, 50억 원 이상인 경우에는 1,000일 이상의 유치기간을 정하여야 한다.
- 몰수 : 몰수라 함은 범죄의 반복을 막거나 범죄에 의한 이득을 얻지 못하게 할 목적으로 범죄행위와 관련된 재산을 박탈하여 국고에 귀속시키는 형벌이다.

> □ 공소의 제기가 없다면 몰수나 추징을 할 수 없다는 판례 : 우리 법제상 공소의 제기 없이 별도로 몰수나 추징만을 선고할 수 있는 제도가 마련되어 있지 아니하므로 위 규정에 근거하여 몰수나 추징을 선고하기 위하여서는 몰수나 추징의 요건이 공소가 제기된 공소사실과 관련되어 있어야 하고, 공소가 제기되지 아니한 별개의 범죄사실을 법원이 인정하여 그에 관하여 몰수나 추징을 선고하는 것은 불고불리의 원칙에 위반되어 허용되지 아니한다(2009도11732) (12 변시)(24 변시)

□ **별도의 공소제기가 없더라도 공소사실과 관련성이 있는 경우에는 몰수나 추징이 가능하다는 판례** : 우리 법제상 공소의 제기 없이 별도로 몰수나 추징만을 선고할 수 있는 제도가 마련되어 있지 않지만 몰수나 추징의 요건이 공소가 제기된 공소사실과 관련성이 있는 경우에는 형법 제49조 단서에 따라 몰수나 추징이 가능하고, 범죄수익은닉의 규제 및 처벌 등에 관한 법률 제8조 제1항에 따라 범죄수익을 몰수할 경우에도 같다(2020도960)

□ **공소시효가 완성되면 몰수나 추징을 할 수 없다는 판례** : 몰수나 추징이 공소사실과 관련이 있다 하더라도 그 공소사실에 관하여 이미 공소시효가 완성되어 유죄의 선고를 할 수 없는 경우에는 몰수나 추징도 할 수 없다(92도700) (24 변시)

□ **형법 제48조 제1항 제1호의 '범죄행위에 제공한 물건'의 의미** : 형법 제48조 제1항 제1호의 '범죄행위에 제공한 물건'은, 가령 살인행위에 사용한 칼 등 범죄의 실행행위 자체에 사용한 물건에만 한정되는 것이 아니며, 실행행위의 착수 전의 행위 또는 실행행위의 종료 후의 행위에 사용한 물건이더라도 그것이 범죄행위의 수행에 실질적으로 기여하였다고 인정되는 한 위 법조 소정의 제공한 물건에 포함된다(2006도4075) (24 변시)

□ **'범죄행위에 제공하였거나 제공하려고 한 물건'의 의미** : 형법 제48조 제1항 제1호는 몰수할 수 있는 물건으로서 '범죄행위에 제공하였거나 제공하려고 한 물건'을 규정하고 있는데, 여기서 범죄행위에 제공하려고 한 물건이란 범죄행위에 사용하려고 준비하였으나 실제 사용하지 못한 물건을 의미하는바, 형법상의 몰수가 공소사실에 대하여 형사재판을 받는 피고인에 대한 유죄판결에서 다른 형에 부가하여 선고되는 형인 점에 비추어, 어떠한 물건을 '범죄행위에 제공하려고 한 물건'으로서 몰수하기 위하여는 그 물건이 유죄로 인정되는 당해 범죄행위에 제공하려고 한 물건임이 인정되어야 한다(2007도10034)

□ **형법 제48조의 취득의 의미** : 형법 제48조가 규정하는 몰수 · 추징의 대상은 범인이 범죄행위로 인하여 취득한 물건을 뜻하고, 여기서 '취득'이란 해당 범죄행위로 인하여 결과적으로 이를 취득한 때를 말한다고 제한적으로 해석함이 타당하다(2020도10970) (22 2차)

□ **전자기록도 몰수 할 수 있다는 판례** : 전자기록은 일정한 저장매체에 전자방식이나 자기방식에 의하여 저장된 기록으로서 저장매체를 매개로 존재하는 물건이므로 형법 제48조 제1항 각호의 사유가 있는 때에는 이를 몰수할 수 있다(2017도5905) (23 변시)

□ **제48조 제1항의 '범인'의 범위** : 형법 제48조 제1항의 '범인'에는 공범자도 포함되므로 피고인의 소유물은 물론 공범자의 소유물도 그 공범자의 소추 여부를 불문하고 몰수할 수 있고, 여기에서의 공범자에는 공동정범, 교사범, 방조범에 해당하는 자는 물론 필요적 공범관계에 있는 자도 포함된다(2006도5586) (12 변시)(19 변시)(22 변시) (22 2차)(23 3차)

□ 법원이나 수사기관은 필요한 때에는 증거물 또는 몰수할 것으로 사료하는 물건을 압수할 수 있으나, 몰수 대상 물건이 압수되어 있는가 하는 점 및 적법한 절차에 의하여 압수되었는가 하는 점은 몰수의 요건이 아니다(2003도705) (22 2차)

□ **몰수물의 소유 판단** : 밀수전용의 선박·자동차 기타 운반기구가 관세법 제183조에 의하여 몰수대상이 되는지의 여부를 판단함에 있어 당해 운반기구가 누구의 소유에 속하는가 하는 것은 그 공부상의 명의 여하에 불구하고 권리의 실질적인 귀속관계에 따라 판단하여야 한다(99도3478) (22 2차)

□ 제48조의 몰수는 임의적인 것이어서 그 요건에 해당되더라도 실제로 이를 몰수할 것인지 여부는 법원의 재량에 맡겨져 있지만, 형벌 일반에 적용되는 비례의 원칙에 따른 제한을 받는다(2021도5723)

• **추징** : 몰수의 대상인 물건이 사실상의 원인으로 몰수하기 불능한 경우에 몰수에 갈음하여 그 가액의 납부를 명하는 **사법처분**이며 몰수의 취지를 관철하기 위한 제도라는 점에서 부가형의 성질을 지닌다.

□ **금품 무상대여 사건** : 정치자금법 제45조 제3항의 규정에 의한 필요적 몰수 또는 추징은 같은 법 제45조 제1항 및 제2항을 위반한 자에게 제공된 금품 기타 재산상 이익을 박탈하여 그들로 하여금 부정한 이익을 보유하지 못하게 함에 그 목적이 있고, 금품의 무상대여를 통하여 위법한 정치자금을 기부받은 경우 범인이 받은 부정한 이익은 무상 대여금에 대한 금융이익 상당액이라 할 것이므로, 여기서 몰수 또는 추징의 대상이 되는 것은 무상으로 대여받은 금품 그 자체가 아니라 위 금융이익 상당액이다(2006도7241) (19 변시)

□ **범죄행위에 이용한 웹사이트 매각대금 사건** : 피고인이 범죄행위에 이용한 웹사이트는 형법 제48조 제1항 제2호에서 몰수의 대상으로 정한 '범죄행위로 인하여 생(生)하였거나 이로 인하여 취득한 물건'에 해당하지 않으므로, 그 웹사이트 매각을 통해 취득한 대가는 형법 제48조 제1항 제2호, 제2항이 규정한 추징의 대상에 해당하지 않는다(2021도7168) (23 변시)

4. 자격형 : 자격상실, 자격정지

- **자격상실** : 사형, 무기징역이나 무기금고를 선고받은 경우 그 형의 효력으로서 일정한 자격이 당연히 상실되는 경우이다. 자격상실은 당연상실만이 있다.
- **자격정지** : 일정기간 동안 일정자격의 전부 또는 일부를 정지시키는 형벌이다. 이에는 당연정지와 선고정지가 있다.

제2절 | 형의 양정

- **형의 양정의 의의** : 형의 양정 또는 양형이란 일정한 범죄에 대하여 규정된 법정형의 종류와 범위 내에서 법관이 구체적인 행위자에 대하여 선고할 형벌의 종류와 양을 정하는 것을 말한다.
- **법정형** : 법정형이란 입법자가 각 구성요건의 전형적인 불법을 일반적으로 평가한 형벌의 범위로서 형법 각칙상 구성요건에 규정되어 있는 형벌을 의미한다.
- **처단형** : 처단형이란 법정형을 구체적인 범죄사실에 적용함에 있어서 법정형에서 선택된 형종에 법률상·재판상 가중·감경을 하여 처단형의 범위가 구체화된 형벌을 의미한다.
- **선고형** : 선고형이란 법원이 처단형의 범위 내에서 여러 가지 구체적 사정을 고려하여 당해 피고인에게 선고하는 형을 말한다.
- **자수** : 자수란 범인이 자발적으로 자신의 범죄사실을 수사기관에 신고하여 그 소추를 구하는 의사표시를 말한다. 따라서 수사기관의 직무상의 질문 또는 조사에 응하여 범죄사실을 진술하는 것은 자백일 뿐 자수로는 되지 않는다.

  ☐ 자수는 범인이 수사기관에 의사표시를 함으로써 성립하는 것이므로 내심적 의사만으로는 부족하고 외부로 표시되어야 하며, 수사기관의 직무상 질문이나 조사에 응하여 범죄사실을 진술하는 것은 자백일 뿐 자수로는 되지 아니한다(2011도12041) (23 3차)

  ☐ **신고 내용이 범행부인인 사건** : 수사기관에의 신고가 자발적이라고 하더라도 그 신고의 내용이 자기의 범행을 명백히 부인하는 등의 내용으로 자기의 범행으로서 범죄성립요건을 갖추지 아니한 사실일 경우에는 자수는 성립하지 않고, 일단 자수가 성립하지 아니한 이상 그 이후의 수사과정이나 재판과정에서 범행을 시인하였다 하더라도 새롭게 자수가 성립할 여지는 없다(94도2130) (21 2차)

  ☐ **자수감경은 임의적이라는 판례** : 피고인이 자수하였다 하더라도 자수한 자에 대하여는 법원이 임의로 감경할 수 있음에 불과한 것으로서 자수감경을 하지 아니하였다 하여 위법하다고 할 수 없다(2001도872) [COMMENT] 주의할 것은 자수의 효과는 임의적 감면이다. (19 변시)(22 변시)

- **자복** : 자복이란 반의사불벌죄 즉, 피해자의 명시한 의사에 반하여 처벌할 수 없는 범죄에서 피해자에게 범죄를 고백하는 것을 말한다.

  ☐ 甲이 A에 대하여 폭행죄를 범한 후 A에게 자신의 범죄사실을 고백하고 용서를 구하는 의사표시를 한 경우, 「형법」 제52조(자수, 자복)에 의하여 형을 감경 또는 면제할 수 있다. (21 2차)

- **재판상의 감경(정상참작감경 · 작량감경)** : 법률상 특별한 감경사유가 없는 경우에도 피고인에게 정상참작의 여지가 있을 때 법원이 재량으로 하는 감경사유이다.

  ☐ **작량감경의 시기** : 형법 제56조는 형을 가중 감경할 사유가 경합된 경우 가중 감경의 순서를 정하고 있고, 이에 따르면 법률상 감경을 먼저하고 마지막으로 작량감경을 하게 되어 있으므로, 법률상 감경사유가 있을 때에는 작량감경보다 우선하여 하여야 할 것이고, 작량감경은 이와 같은 법률상 감경을 다하고도 그 처단형보다 낮은 형을 선고하고자 할 때에 하는 것이 옳다(93도3608) (16 변시)

  ☐ **하나의 죄에 대한 병과형과 작량감경** : 하나의 죄에 대하여 징역형과 벌금형을 병과하는 경우, 특별한 규정이 없는 한 징역형에만 작량감경을 하고 벌금형에는 작량감경을 하지 않는 것은 위법하다(2008도6551) (21 2차)

- **형의 감경의 정도와 방법** : 법률상의 감경의 정도는 제55조의 규정에 의한다. 주의할 것은 ① 법률상 감경할 사유가 수개 있는 때에는 거듭 감경할 수 있으며 ② '그 형기의 2분의 1'로 규정되어 있으나 그 상한과 함께 하한도 2분의 1로 내려가며 ③ 벌금의 감경의 경우 '다액의 2분의 1'로 규정되어 있으나 그 상한과 함께 하한도 2분의 1로 내려간다고 하는 것이 판례의 태도이다.

  ☐ **심신미약 상태하에서 두 범행을 범한 사건** : 시간 장소가 계속 접근한 관련성 있는 범죄이고 피고인이 그 양 범행 당시 심신미약상태에 있었음을 인정하는 한 양죄 공히 감경하여야 할 것이다(60도509) (17 변시)

  ☐ **유기징역의 감경** : 형법 제55조 제1항 제3호에 의하여 형기를 감경할 경우 여기서의 형기라 함은 장기와 단기를 모두 포함하는 것으로서 당해 처벌조항에 장기 또는 단기의 정함이 없을 때에는 형법 제42조에 의하여 장기는 15년, 단기는 1월이라고 볼 것이어서 형법 제250조의 소정형 중 5년 이상의 유기징역형을 선택한 이상 그 장기는 15년이므로 법률상 감경을 한다면 장기 7년 6월, 단기 2년 6월의 범위 내에서 처단형을 정하여야 한다(83도2370) [COMMENT] 판례는 장기를 15년이라고 하고 있으나, 현행법에 따르면 장기는 30년이다. (17 변시)

□ **벌금의 감경** : 형법 제55조 제1항 제6호의 벌금을 감경할 때의 '다액'의 2분의 1이라는 문구는 '금액'의 2분의 1이라고 해석하여 그 상한과 함께 하한도 2분의 1로 내려가는 것으로 해석하여야 한다(78도246 전합) (17 변시)

□ **임의적 감경 사건** : 필요적 감경의 경우에는 감경사유의 존재가 인정되면 반드시 형법 제55조 제1항에 따른 법률상 감경을 하여야 함에 반해, 임의적 감경의 경우에는 감경사유의 존재가 인정되더라도 법관이 형법 제55조 제1항에 따른 법률상 감경을 할 수도 있고 하지 않을 수도 있다. 나아가 임의적 감경사유의 존재가 인정되고 법관이 그에 따라 징역형에 대해 법률상 감경을 하는 이상 형법 제55조 제1항 제3호에 따라 상한과 하한을 모두 2분의 1로 감경한다. 이러한 현재 판례와 실무의 해석은 여전히 타당하다(2018도5475 전합) (23 변시)(24 변시)(22 1차)(23 1차)

• **형의 면제** : 형의 면제란 범죄가 성립하여 형벌권은 발생하였으나 일정한 사유로 인하여 형벌을 과하지 않는 것으로 유죄판결의 일종이다. 형의 면제는 법률상의 면제만이 인정되며 재판상의 면제는 인정되지 않는다.
• **판결선고 전 구금** : 판결선고 전 구금이란 범죄의 혐의를 받고 있는 자를 재판이 확정될 때까지 체포 · 구속된 기간 즉 미결구금을 말한다.
• **미결구금일수의 통산의 의의** : 미결구금은 형벌은 아니지만 자유를 박탈당한다는 점에서는 형벌과 차이가 없다. 따라서 피고인의 인권보장을 위하여 형법은 미결구금을 형벌의 대체로 인정하고 이를 형벌을 집행함에 고려하고 있는 것이다.
• **판결의 공시** : 판결의 공시란 피해자의 이익이나 피고인의 명예회복을 위하여 판결의 선고와 동시에 관보 또는 일간신문 등을 통하여 판결의 전부 또는 일부를 공적으로 주지시키는 제도이다.

제3절 | 누범

• **누범** : 금고 이상의 형을 선고받아 그 집행을 종료하거나 면제를 받은 후 3년 내에 금고 이상에 해당하는 범죄를 다시 범한 경우를 말하며, 장기의 2배까지 가중한다. (21 2차)

□ **벌금형 선택과 누범** : 형법 제35조 제1항에 규정된 '금고 이상에 해당하는 죄'라 함은 유기금고형이나 유기징역형으로 처단할 경우에 해당하는 죄를 의미하는 것으로서, 법정형 중 벌금형을 선택한 경우에는 누범가중을 할 수 없다(82도1702) (17 변시)

제4절 | 집행유예와 선고유예 및 가석방

Ⅰ. 집행유예

- **집행유예의 의의** : 집행유예란 일단 유죄를 인정하여 형을 선고하되 일정한 요건아래 일 정기간 그 형의 집행을 유예하고 그것이 취소·실효됨이 없이 유예기간을 경과한 때에는 형의 선고의 효력을 상실케하는 제도이다. 이는 **단기자유형의 폐해를 시정**하는 데 그 주된 취지가 있다.

- **제62조 (집행유예의 요건)** ① 3년 이하의 징역이나 금고 또는 500만원 이하의 벌금의 형을 선고할 경우에 제51조의 사항을 참작하여 그 정상에 참작할 만한 사유가 있는 때에는 1년 이상 5년 이하의 기간 형의 집행을 유예할 수 있다. 다만, 금고 이상의 형을 선고한 판결 이 확정된 때부터 그 집행을 종료하거나 면제된 후 3년까지의 기간에 범한 죄에 대하여 형을 선고하는 경우에는 그러하지 아니하다. ② 형을 병과할 경우에는 그 형의 일부에 대 하여 집행을 유예할 수 있다.

- **금고 이상의 형이 집행유예인 경우** : 집행유예의 소극적 요건인 제62조 제1항 단서의 '금고 이상의 형'은 기본적으로 실형을 전제로 하고 있으므로 '금고 이상의 형'이 집행유예인 경우에 대하여 논의가 있다. 판례의 태도를 정리하면 ① 제62조 제1항 단서의 '금고 이상의 형'에는 집행유예가 포함되며 ② 집행유예결격기간은 집행유예기간이며 ③ 집행유예결격기간 내에 범한 범죄를 집행유예결격기간 후에 선고할 경우에는 집행유예를 선고할 수 있다고 한다.

> ☐ **형법 제62조 제1항 단서의 의미** : 형법 제62조 제1항 단서는 집행유예 결격사유로 '금고 이상의 형을 선고한 판결이 확정된 때부터 그 집행을 종료하거나 면제된 후 3년까지의 기간에 범한 죄에 대하여 형을 선고하는 경우'를 정하고 있다. 이는 ① 실형을 선고받고 집행종료나 집행면제 후 3년이 지나지 않은 시점에서 범한 죄에 대하여 형을 선고하는 경우뿐만 아니라, ② 집행유예 기간 중에 범한 죄에 대하여 형을 선고할 때 이미 집행유예가 실효 또는 취소된 경우와 ③ 그 선고 시점에 집행유예 기간이 지나지 않아 형 선고의 효력이 실효되지 않은 채로 남아 있는 경우도 포함한다(2018도17589) (22 변시)

> ☐ **집행유예기간 도과와 집행유예선고** : 집행유예 기간 중에 범한 범죄라고 할지라도 집행유예가 실효 취소됨이 없이 그 유예기간이 경과한 경우에는 이에 대해 다시 집행유예의 선고가 가능하다(2006도6196) (14 변시)(20 변시)

> ☐ **재벌회장 사건** : 재벌그룹 회장의 횡령행위 등에 대하여 집행유예를 선고하면서 사회봉사명령으로서 일정액의 금전출연을 주된 내용으로 하는 사회공헌계획의 성실한 이행을 명하는 것은 시간 단위로 부과될 수 있는 일 또는 근로활동이 아닌 것을 명하는 것이어서 허용될 수 없고, 준법경영을 주제로 하는 강연과 기고를 명하는 것은 헌법상 양심의 자유 등에 대한 심각하고 중대한 침해가능성, 사회봉사명령의 의미나 내용에 대한 다툼의 여지 등의 문제가 있어 허용될 수 없다고 본 사례(2007도8373) (14 변시)

□ **보호관찰과 사회봉사명령의 동시 부과도 가능하다는 판례** : 형법 제62조에 의하여 집행유예를 선고할 경우에는 같은 법 제62조의2 제1항에 규정된 보호관찰과 사회봉사 또는 수강을 동시에 명할 수 있다고 해석함이 상당하다(98도98) (23 변시)

□ **집행유예의 선고 취소는 '집행유예 기간 중'에만 가능하다는 시간적 한계가 있다** (2023모1007)

□ **'형의 선고는 효력을 잃는다'의 의미** : 형법 제65조 소정의 '형의 선고는 효력을 잃는다'는 취의는 형의 선고의 법률적 효과가 없어진다는 것일 뿐 형의 선고가 있었다는 기왕의 사실 자체까지 없어진다는 뜻이 아니다(83모8) (14 변시)

II. 선고유예

- **선고유예의 의의** : 선고유예란 죄질이 경미한 범인에 대하여 일정기간 형의 선고를 유예하고 그 유예기간을 특별한 사고 없이 경과한 때에는 면소된 것으로 간주하는 제도이다. 집행유예와 마찬가지로 단기자유형의 폐해를 방지함에 그 취지가 있다.

- **제59조 (선고유예의 요건)** ① 1년 이하의 징역이나 금고, 자격정지 또는 벌금의 형을 선고할 경우에 제51조의 사항을 참작하여 개전의 정상이 현저한 때에는 그 선고를 유예할 수 있다. 단, 자격정지 이상의 형을 받은 전과가 있는 자에 대하여는 예외로 한다. ② 형을 병과할 경우에도 형의 전부 또는 일부에 대하여 그 선고를 유예할 수 있다. (21 1차)

□ 「형법」 제59조에 의하여 형의 선고를 유예하는 판결을 할 경우에 판결이유에서 선고할 형의 종류와 양을 정해 놓아야 하고, 그 선고를 유예하는 형이 벌금형일 경우에는 그 벌금액뿐만 아니라 환형유치처분까지 해 두어야 한다(2014도15120) (23 3차)

□ **죄의 뉘우침과 선고유예** : 선고유예의 요건 중 '개전의 정상이 현저한 때'라고 함은, 반성의 정도를 포함하여 널리 형법 제51조가 규정하는 양형의 조건을 종합적으로 참작하여 볼 때 형을 선고하지 않더라도 피고인이 다시 범행을 저지르지 않으리라는 사정이 현저하게 기대되는 경우를 가리킨다고 해석할 것이고, 이와 달리 여기서의 '개전의 정상이 현저한 때'가 반드시 피고인이 죄를 깊이 뉘우치는 경우만을 뜻하는 것으로 제한하여 해석하거나, 피고인이 범죄사실을 자백하지 않고 부인할 경우에는 언제나 선고유예를 할 수 없다고 해석할 것은 아니다(2001도6138 전합) (14 변시)(21 1차)

☐ **금고이상의 형에 처한 확정판결 전의 사건에 대하여 선고유예할 수 없다는 판례** : 형법 제39조 제1항에 의하여 형법 제37조 후단 경합범 중 판결을 받지 아니한 죄에 대하여 형을 선고하는 경우에 있어서 형법 제37조 후단에 규정된 금고 이상의 형에 처한 판결이 확정된 죄의 형도 형법 제59조 제1항 단서에서 정한 '자격정지 이상의 형을 받은 전과'에 포함된다고 봄이 상당하다(2010도931) (14 변시)

☐ **양벌규정과 선고유예** : 회사 대표자의 위반행위에 대하여 징역형의 형량을 작량감경하고 병과하는 벌금형에 대하여 선고유예를 한 이상 양벌규정에 따라 그 회사를 처단함에 있어서도 같은 조치를 취하여야 한다는 논지는 독자적인 견해에 지나지 아니하여 받아들일 수 없다(95도1893) (13 변시)

☐ **주형과 몰수ㆍ추징의 선고유예** : 형법 제59조에 의하더라도 몰수는 선고유예의 대상으로 규정되어 있지 아니하고 다만, 몰수 또는 이에 갈음하는 추징은 부가형적 성질을 띠고 있어 그 주형에 대하여 선고를 유예하는 경우에는 그 부가할 몰수ㆍ추징에 대해서도 선고를 유예할 수 있으나, 그 주형에 대하여 선고를 유예하지 아니하면서 이에 부가한 몰수ㆍ추징에 대하여서만 선고를 유예할 수는 없다(88도551) (21 1차)

☐ 징역형의 집행유예를 선고받은 자가 그 선고가 실효 또는 취소됨이 없이 정해진 유예기간을 경과하여 형의 선고가 효력을 잃게 된 이후 다른 범죄를 범한 경우, 그 형의 선고유예를 할 수 없다(2007도9405) (21 1차)

Ⅲ. 가석방

- **가석방의 의의** : 가석방이란 자유형을 집행받고 있는 자가 개전의 정이 현저하다고 인정되는 때에 형기 만료 전에 조건부로 수형자를 석방하고 일정한 기간을 경과한 때에는 형의 집행을 종료한 것으로 간주하는 제도이다.

제5절 | 형의 시효·소멸

- **형의 시효** : 형의 시효란 형의 선고를 받아 재판이 확정된 후 그 형의 집행을 받지 않고 일 정기간을 경과하면 형의 집행이 면제되는 것을 말한다.

  > ☐ **검사의 집행명령서 사건** : 추징형의 시효는 강제처분을 개시함으로써 중단되는데 (형법 제80조), 추징형은 검사의 명령에 의하여 민사집행법을 준용하여 집행하거 나 국세징수법에 따른 국세체납처분의 예에 따라 집행한다(형사소송법 제477조). 추징형의 집행을 채권에 대한 강제집행의 방법으로 하는 경우에는 검사가 집행명 령서에 기하여 법원에 채권압류명령을 신청하는 때에 강제처분인 집행행위의 개 시가 있는 것이므로 특별한 사정이 없는 한 그때 시효중단의 효력이 발생한다(2021 모3227) (23 3차)

- **형의 소멸** : 형의 소멸이란 유죄판결의 확정에 의하여 발생한 형의 집행권을 소멸시키는 제도이다. 예로써 형집행의 종료, 가석방 기간의 경과, 형집행의 면제, 형의 시효의 완 성, 범인의 사망 등을 들 수 있다.

해커스변호사
Law Man 형법 핵심암기장

제4편

개인적 법익에 관한 죄

제1장 | 생명과 신체에 관한 죄

제1절 | 살인의 죄

Ⅰ. 보통살인죄 (미수범 처벌, 예비·음모 처벌)

- **사람** : 살아있는 사람인 이상 생존능력의 유무는 불문하며, 자살 도중의 사람도 객체가 된다. [2023 3차]

  ☐ **자살 도중 사건** : 피해자가 자살도중이라고 하더라도 이에 가공하여 살해의 목적을 달성한 경우에는 살인죄의 성립을 인정한다(4281형상38)

- **사람의 시기**

  ☐ **사람의 시기와 제왕절개수술** : [1] 사람의 생명과 신체의 안전을 보호법익으로 하고 있는 형법의 해석으로는 규칙적인 진통을 동반하면서 분만이 개시된 때(소위 진통설 또는 분만개시설)가 사람의 시기라고 봄이 타당하다. [2] 제왕절개 수술의 경우 '의학적으로 제왕절개 수술이 가능하였고 규범적으로 수술이 필요하였던 시기'는 판단하는 사람 및 상황에 따라 다를 수 있어, 분만개시 시점 즉, 사람의 시기도 불명확하게 되므로 이 시점을 분만의 시기로 볼 수는 없다(2005도3832) (18 변시)

- **살해** : 살해란 고의로 타인의 생명을 자연적인 사기에 앞서서 단절시키는 것을 말한다. 살해의 수단과 방법에는 제한이 없다.

- **고의** : 사람을 살해한다는 인식과 의사가 있어야 한다. 그리고 순간적인 격정범이나 우발적 범행의 경우에도 고의는 존재할 수 있다.

  ☐ **살인죄의 고의** : 살인죄의 범의는 자기의 행위로 인하여 피해자가 사망할 수도 있다는 사실을 인식·예견하는 것으로 족하고 피해자의 사망을 희망하거나 목적으로 할 필요는 없고, 또 확정적인 고의가 아닌 미필적 고의로도 족한 것이다(94도2511)

  ☐ **설골 사건** : 건장한 체격의 군인이 왜소한 체격의 피해자를 폭행하고 특히 급소인 목을 설골이 부러질 정도로 세게 졸라 사망케 한 행위에 살인의 범의가 있다고 본 사례(2000도5590) (18 변시)

- **죄수 및 타죄와의 관계**

  ☐ 살해의 목적으로 동일인에게 일시 장소를 달리한 수 차의 공격을 가하였으나 미수에 그치다가 드디어 그 목적을 달성한 경우 그 공격행위가 동일한 의사발동에서 나왔고 그 사이에 범의의 갱신이 없는 한 포괄적으로 보아 한 개의 살인기수죄로 처단할 것이다(65도695) (22 2차)

☐ **살해 후 시체유기한 사건** : 사람을 살해한 다음 그 범죄의 흔적을 은폐하기 위하여 그 시체를 다른 장소로 옮겨 유기하였을 때에는 살인죄와 사체유기죄의 경합범이 성립하는 것이므로, 사체유기는 불가벌적 사후행위라는 피고인측 주장은 독자적 견해로서 채용할 것이 되지 못한다(84도2263) (19 변시)

Ⅱ. 존속살해죄 (미수범 처벌, 예비·음모 처벌, 부진정신분범)

- **직계존속** : 직계존속은 법률상의 직계존속에 한정된다. 그리고 직계존속은 실질에 따라 결정되므로 형식적인 호적의 기재 여하에 따라 좌우되지 않는다.

  ☐ **호적법상 기재 사건** : 친자관계라는 사실은 호적법상의 기재 여하에 의하여 좌우되는 것은 아니며 호적상 친권자라고 등재되어 있다 하더라도 사실에 있어서 그렇지 않은 경우에는 법률상 친자관계가 생길 수 없다(83도996)

- **혼인외의 출생자인 경우** : 어머니의 경우에는 출산으로 당연히 존속이 되지만, 아버지의 경우에는 인지를 요한다. 즉, 사실상 부자관계의 경우에는 인지절차를 거치지 않는 한 직계존속이 아니다.

  ☐ **생모 사건** : 혼인 외의 출생자와 생모간에는 생모의 인지나 출생신고를 기다리지 않고 자의 출생으로 당연히 법률상의 친족관계가 생기는 것이다(80도1731)

- **입양의 경우** : 타인 사이라 할지라도 합법절차에 의하여 입양관계가 성립하면 법률상 직계존속이 되므로 양부모는 법률상의 직계존속이 된다. 그리고 입양된 양자가 **실부모를 살해한 경우**에도 존속살해죄가 성립한다.

  ☐ **양자가 친생부모를 살해한 사건** : 양자가 양가 친족과 법정 혈족 관계를 맺더라도 친생부모와의 자연 혈족 관계는 소멸하지 않으므로 양자가 친생부모를 살해하면 존속살해죄가 성립한다(66도1483)

- **친자의 형식으로 입양한 경우** : 입양이 요식행위이므로 양친자관계는 원칙적으로 부정되나, 민법상의 무효행위의 전환이 되는 경우에는 **예외적으로** 존속이 될 수 있다.

  ☐ **입양 요건이 구비된 사건** : 피고인이 입양의 의사로 친생자 출생신고를 하고 자신을 계속 양육하여 온 사람을 살해한 경우, 위 출생신고는 입양신고의 효력이 있으므로 존속살해죄가 성립한다고 한 사례(2007도8333)

Ⅲ. 영아살해죄 - 삭제 〈2023.8.8.〉

Ⅳ. 촉탁 · 승낙 살인죄 (미수범 처벌)

- **객체** : 촉탁 · 승낙자는 죽음의 의미를 이해할 수 있는 생명에 대한 가치판단능력과 자유로운 의사결정능력이 있는 자이어야 한다.
- **고의** : 촉탁 · 승낙의 인식 및 촉탁 · 승낙자를 살해한다는 인식과 의사가 있어야 한다.

Ⅴ. 자살 교사 · 방조죄 (미수범 처벌)

- **자살의 교사** : 자살의 교사란 자살의사가 없는 자에게 자살을 결의하게 하는 것을 말하며, 수단과 방법에는 제한이 없다.
- **자살의 방조** : 자살의 방조란 이미 자살을 결의하고 있는 자에게 도움을 주어 자살을 용이하게 하는 일체의 행위를 말한다.

  > ☐ **자살방조의 방법** : 형법 제252조 제2항의 자살방조죄는 자살하려는 사람의 자살행위를 도와주어 용이하게 실행하도록 함으로써 성립되는 것으로서, 그 방법에는 자살도구인 총, 칼 등을 빌려주거나 독약을 만들어 주거나, 조언 또는 격려를 한다거나 기타 적극적, 소극적, 물질적, 정신적 방법이 모두 포함된다(92도1148)

- **자살방조죄의 고의**

  > ☐ **자살방조죄의 고의** : 형법 제252조 제2항의 자살방조죄는 자살하려는 사람의 자살행위를 도와주어 용이하게 실행하도록 함으로써 성립되는 것으로서, 이러한 자살방조죄가 성립하기 위해서는 그 방조 상대방의 구체적인 자살의 실행을 원조하여 이를 용이하게 하는 행위의 존재와 그 점에 대한 행위자의 인식이 요구된다(2010도2328)

Ⅵ. 위계 등에 의한 촉탁살인 등 죄 (미수범 처벌, 예비 · 음모 처벌)

Ⅶ. 살인예비 · 음모죄

> ☐ **살인예비죄의 준비행위** : [1] 형법 제255조, 제250조의 살인예비죄가 성립하기 위하여는 형법 제255조에서 명문으로 요구하는 살인죄를 범할 목적 외에도 살인의 준비에 관한 고의가 있어야 하며, 나아가 실행의 착수까지에는 이르지 아니하는 살인죄의 실현을 위한 준비행위가 있어야 한다. 여기서의 준비행위는 물적인 것에 한정되지 아니하며 특별한 정형이 있는 것도 아니지만, 단순히 범행의 의사 또는 계획만으로는 그것이 있다고 할 수 없고 객관적으로 보아서 살인죄의 실현에 실질적으로 기여할 수 있는 외적 행위를 필요로 한다. [2] 갑이 을을 살해하기 위하여 병, 정 등을 고용하면서 그들에게 대가의 지급을 약속한 경우, 갑에게는 살인죄를 범할 목적 및 살인의 준비에 관한 고의뿐만 아니라 살인죄의 실현을 위한 준비행위를 하였음을 인정할 수 있다는 이유로 살인예비죄의 성립을 인정한 사례(2009도7150). (18 변시)(21 변시)

제2절 | 상해와 폭행의 죄

Ⅰ. 상해죄 (미수범 처벌)

- **낙태와 산모에 대한 상해** : 태아를 상해 또는 사망에 이르게 한 행위에 대하여 산모에 대한 상해죄를 인정할 수 있는지에 대하여 논의가 있지만 ① 자기낙태를 처벌하는 취지에 비추어 태아를 모체의 일부라 할 수 없고 ② 산모에 대한 상해죄를 인정하면 낙태의 고의가 있는 자에게 중한 상해죄를 인정하게 되는 불합리한 결과가 되므로 **부정하는 것이 일반적**이다.

  > □ **낙태행위는 임산부에 대한 상해가 아니라는 판례** : 우리형법은 태아를 임산부 신체의 일부로 보거나, 낙태행위가 임산부의 태아양육, 출산 기능의 침해라는 측면에서 낙태죄와는 별개로 임산부에 대한 상해죄를 구성하는 것으로 보지는 않는다고 해석된다(2005도3832) (23 1차)

- **상해** : 상해죄의 기수가 성립하기 위해서는 상해의 결과가 발생하여야 한다. 이러한 상해의 개념을 어떻게 파악할 것인지에 대하여는 ① 신체의 완전성 침해설 ② 생리적 기능장애설 ③ 절충설 등이 대립하고 있으며, ④ 판례는 신체의 완전성설을 따른 판례와 신체의 완전성과 생리적 기능장애설을 결합한 판례 그리고 생리적 기능장애설을 따른 판례가 혼재하고 있지만, 기본적으로는 생리적 기능장애설을 따르고 있다고 볼 수 있다.

  > □ **정신적 스트레스 사건** : 생리적 기능에는 육체적 기능뿐만 아니라 정신적 기능도 포함하기 때문에 정신과적 증상인 외상 후 스트레스 장애도 상해에 해당한다(98도3732)

  > □ **보행불능, 수면장애, 식욕감퇴 사건** : 타인의 신체에 폭행을 가하여 보행불능, 수면장애, 식욕감퇴 등 기능의 장해를 일으킨 때에는 외관상 상처가 없더라도 형법상 상해를 입힌 경우에 해당한다 할 것이다(69도161) (23 1차)

  > □ **기절 사건** : 오랜 시간 동안의 협박과 폭행을 이기지 못하고 실신하여 범인들이 불러온 구급차 안에서야 정신을 차리게 되었다면, 외부적으로 어떤 상처가 발생하지 않았다고 하더라도 생리적 기능에 훼손을 입어 신체에 대한 상해가 있었다고 봄이 상당하다(96도2529) (23 1차)

- **상해판단의 기준** : 판례는 기본적으로 상해를 판단함에 있어 일상생활성과 자연치유가능성을 기준으로 상해 여부를 판단하고 있지만, 이에 대하여 예외도 인정하고 있다(강간치상죄 부분 참조). [2023 2차]

□ **동전크기 멍 사건** : 위 상해는 피고인이 피해자와 연행문제로 시비하는 과정에서 생긴, 치료도 필요없는 가벼운 상처로서 그 정도와 상처는 일상생활에서 얼마든지 생길 수 있는 극히 경미한 상처이므로 굳이 따로 치료할 필요도 없는 것이어서 그로 인하여 인체의 완전성을 해하거나 건강상태를 불량하게 변경하였다고 보기 어려우므로, 피해자가 입은 약 1주간의 치료를 요하는 동전크기의 멍이 든 상처를 가지고서 상해죄에서 말하는 상해에 해당한다고 할 수 없다(96도2673)

□ **상해부위의 판시없는 상해죄의 인정은 위법하다는 판례** : 상해죄의 성립에는 상해의 고의와 신체의 완전성을 해하는 행위 및 이로 인하여 발생하는 인과관계 있는 상해의 결과가 있어야 하므로 상해죄에 있어서는 신체의 완전성을 해하는 행위와 그로 인한 상해의 부위와 정도가 증거에 의하여 명백하게 확정되어야 하고, 상해부위의 판시없는 상해죄의 인정은 위법하다(82도2588) (23 1차)

• **상해의 고의** : 사람의 생리적 기능을 훼손한다는 인식과 의사가 있어야 한다. 현행법은 구법과는 달리 상해죄와 폭행죄를 구별하고 있으므로 상해의 고의를 가진 경우에만 상해죄가 성립한다고 보아야 한다. 다만 판례의 주류는 상해의 원인인 폭행에 관한 인식만 있으면 족하다고 보고 있으나, 상해의 고의를 언급한 판례도 있다.

□ **상해죄의 고의** : 상해죄는 결과범이므로 그 성립에는 상해의 원인인 폭행에 관한 인식이 있으면 충분하고 상해를 가할 의사의 존재는 필요하지 않으나, 폭행을 가한다는 인식이 없는 행위의 결과로 피해자가 상해를 입었던 경우에는 상해죄가 성립하지 아니한다(99도4341)

Ⅱ. 존속상해죄 (미수범 처벌, 부진정신분범)

Ⅲ. 중상해죄, 존속중상해죄 (부진정 결과적 가중범, 제3항 부진정신분범)

□ **실명은 중상해라는 판례** : 머리를 강타하여 뇌진탕을 일으키거나 눈을 때려 실명케 한 경우에는 중상해에 해당한다(4292형상395) [2016 2차]

Ⅳ. 특수상해죄, 특수중상해죄 (제1항의 미수범만 처벌)

• **특수상해죄** : 특수상해죄는 단체 또는 다중의 위력을 보이거나 위험한 물건을 휴대하여 상해 또는 존속상해를 범하는 범죄를 말한다(제1항).
• **특수중상해죄** : 단체 또는 다중의 위력을 보이거나 위험한 물건을 휴대하여 중상해 또는 존속중상해를 범하는 범죄를 말한다(제2항).

V. 상해치사죄, 존속상해치사죄 (결과적 가중범, 제2항 부진정신분범)

☐ **상해치사의 공동정범을 인정한 판례** : 결과적 가중범인 상해치사죄의 공동정범은 폭행기타의 신체침해행위를 공동으로 할 의사가 있으면 성립되고 결과를 공동으로 할 의사는 필요없다 할 것이므로 패싸움 중 한사람이 칼로 찔러 상대방을 죽게 한 경우에 다른 공범자가 그 결과 인식이 없다 하여 상해치사죄의 책임이 없다고 할 수 없다(77도2193)

☐ **상해치사의 교사범을 인정한 판례** : 교사자가 피교사자에 대하여 상해를 교사하였는데 피교사자가 이를 넘어 살인을 실행한 경우, 일반적으로 교사자는 상해죄에 대한 교사범이 되는 것이고, 다만 이 경우 교사자에게 피해자의 사망이라는 결과에 대하여 과실 내지 예견가능성이 있는 때에는 상해치사죄의 교사범으로서의 죄책을 지울 수 있다(97도1075)

☐ 상해죄의 공동정범 2인 중 1인이 피해자를 고의로 살해하였다면 나머지 1인은 사망에 대한 예견가능성이 인정되는 경우 상해치사죄의 죄책을 진다. (21 1차)

VI. 폭행죄 (거동범, 반의사불벌죄)

- **형법상 폭행의 개념** : ① 최광의의 폭행 : 일체의 유형력의 행사를 말한다. ② 광의의 폭행 : 사람의 신체에 대한 직접·간접의 유형력의 행사를 말한다. ③ 협의의 폭행 : 사람의 신체에 대한 직접적인 유형력의 행사를 말한다. ④ 최협의의 폭행 : 상대방의 반항을 불가능하게 하거나 현저하게 곤란하게 할 정도의 유형력의 행사를 말한다.
- **폭행죄에서의 폭행** : 협의의 폭행으로서 사람의 신체에 대한 직접적인 유형력의 행사를 말한다. 유형력의 수단은 제한이 없으며 작위·부작위를 불문한다.

☐ **손발을 휘두른 사건** : 피해자에게 근접하여 욕설을 하면서 때릴 듯이 손발이나 물건을 휘두르거나 던지는 행위는 직접 피해자의 신체에 접촉하지 않았다고 하여도 피해자에 대한 불법한 유형력의 행사로서 폭행에 해당한다(89도1406) (18 변시)(21 1차)

☐ **시정된 방문을 발로 찬 사건** : 공소외인이 피고인을 만나주지 않는다는 이유로 시정된 탁구장문과 주방문을 부수고 주방으로 들어가 방문을 열어주지 않으면 모두 죽여버린다고 폭언하면서 시정된 방문을 수회 발로 찬 피고인의 행위는 재물손괴죄 또는 숙소안의 자에게 해악을 고지하여 외포케 하는 단순 협박죄에 해당함은 별론으로 하고, 단순히 방문을 발로 몇번 찼다고 하여 그것이 피해자들의 신체에 대한 유형력의 행사로는 볼 수 없어 폭행죄에 해당한다 할 수 없다(83도3186) (23 3차)

☐ 폭행죄에 있어서 폭행의 방법에는 제한이 없으며 혐오감이나 불쾌감을 줄 정도의 큰 음향이나 소음을 내는 경우도 해당하므로, 甲이 A에게 방문을 열어주지 않으면 모두 죽여 버린다고 폭언하면서 시정된 방문을 수회 발로 찬 행위는 폭행죄에 해당한다. (23 3차)

• **전화를 이용한 폭행** : 판례에 의하면 거리상 멀리 떨어져 있는 사람에게 전화기를 이용하여 전화하면서 고성을 내거나 그 전화 대화를 녹음 후 듣게 하는 경우에는 특수한 방법으로 수화자의 청각기관을 자극하여 그 수화자로 하여금 고통스럽게 느끼게 할 정도의 음향을 이용하였다는 등의 특별한 사정이 없는 한 신체에 대한 유형력의 행사를 한 것으로 보기 어렵다고 한다(2000도5716).

☐ **전화 욕설 사건** : 형법 제260조에 규정된 폭행죄는 사람의 신체에 대한 유형력의 행사를 가리키며, 그 유형력의 행사는 신체적 고통을 주는 물리력의 작용을 의미하므로 신체의 청각기관을 직접적으로 자극하는 음향도 경우에 따라서는 유형력에 포함될 수 있다(2000도5716) (18 변시)(21 3차)

VII. 존속폭행죄 (거동범, 부진정신분범, 반의사불벌죄)

VIII. 특수폭행죄

• **위험한 물건** : 위험한 물건이란 흉기는 아니라고 하더라도 그 본래의 성질이나 사용용법에 따라서는 사람의 생명 · 신체에 위해를 줄 수 있는 물건을 말한다. 이러한 **위험한 물건**의 판단은 획일적인 것이 아니라 **상대적**이므로 위험한 물건에 해당하는지 여부는 구체적인 사안에서 사회통념에 비추어 그 물건을 사용하면 상대방이나 제3자가 생명 또는 신체에 위험을 느낄 수 있는지 여부에 따라 판단하여야 한다.

☐ **위험한 물건의 의미** : '위험한 물건'이라 함은 흉기는 아니라고 하더라도 널리 사람의 생명, 신체에 해를 가하는 데 사용할 수 있는 일체의 물건을 포함한다(97도597) (13 변시)

☐ **위험한 물건의 판단** : 어떤 물건이 '위험한 물건'에 해당하는지 여부는 구체적인 사안에서 사회통념에 비추어 그 물건을 사용하면 상대방이나 제3자가 생명 또는 신체에 위험을 느낄 수 있는지 여부에 따라 판단하여야 한다. 이러한 판단 기준은 자동차를 사용하여 사람의 생명 또는 신체에 위해를 가하거나 다른 사람의 재물을 손괴한 경우에도 마찬가지로 적용된다(2010도10256)

☐ **당구공으로 머리를 톡톡 건드렸다면 위험한 물건이아니라는 판례** : 당구공으로는 피해자의 머리를 톡톡 건드린 정도에 불과한 것으로 보인다면, 위와 같은 사정 아래에서는 피고인이 당구공으로 피해자의 머리를 때린 행위로 인하여 사회통념상 피해자나 제3자에게 생명 또는 신체에 위험을 느끼게 하였으리라고 보여지지 아니하므로 위 당구공은 폭력행위 등 처벌에 관한 법률 제3조 제1항의 '위험한 물건'에는 해당하지 아니한다(2007도9624) (13 변시)

☐ **칼 뺏어 칼자루부분으로 머리를 가볍게 쳤다면 위험한 물건이 아니라는 판례** : 피해자가 먼저 식칼을 들고 나와 피고인을 찌르려다가 피고인이 이를 저지하기 위하여 그 칼을 뺏은 다음 피해자를 훈계하면서 위 칼의 칼자루 부분으로 피해자의 머리를 가볍게 쳤을 뿐이라면 피해자가 위험성을 느꼈으리라고는 할 수 없다(89도1570) [2014 2차](13 변시)

• **'휴대하여'** : '휴대하여'란 범행현장에서 범행에 사용할 의도 아래 위험한 물건을 몸 또는 몸 가까이 소지하는 것을 말한다. 따라서 범행과는 무관하게 우연히 이를 소지하는 경우에는 여기에 포함되지 않는다. 그리고 휴대하면 족하고 상대방에게 인식시킬 필요는 없다.

☐ **'휴대하여'의 의미** : '휴대하여'란 범행 현장에서 그 범행에 사용하려는 의도 아래 흉기를 소지하거나 몸에 지니는 경우를 가리키는 것이고, 그 범행과는 전혀 무관하게 우연히 이를 소지하게 된 경우까지를 포함하는 것은 아니라 할 것이나, 범행 현장에서 범행에 사용하려는 의도 아래 흉기 등 위험한 물건을 소지하거나 몸에 지닌 이상 그 사실을 피해자가 인식하거나 실제로 범행에 사용하였을 것까지 요구되는 것은 아니다(2004도2018) (18 변시)(24 변시)(21 1차)

• **'휴대하여'의 범위** : '휴대하여'의 범위에 대하여 ① 다수설은 사전적 의미 그대로 몸에 지니는 것을 의미한다고 보는 협의설의 입장이지만 ② 판례는 '널리 이용하여'를 의미한다고 보는 광의설의 입장이다.

☐ **'휴대하여'의 범위** : 이러한 위험한 물건을 '휴대하여'라는 말은 소지뿐만 아니라 널리 이용한다는 뜻도 포함하고 있다(97도597) [2013 2차](13 변시)

• **폭행** : 본죄의 폭행도 폭행죄의 폭행과 같다. 즉, 협의의 폭행을 의미하므로 사람의 신체에 대한 직접적인 유형력의 행사만이 본죄의 폭행에 해당한다.

☐ **차를 조금씩 전진시킨 사건** : 폭행죄에서 말하는 폭행이란 사람의 신체에 대하여 육체적 · 정신적으로 고통을 주는 유형력을 행사함을 뜻하는 것으로서 반드시 피해자의 신체에 접촉함을 필요로 하는 것은 아니고, 그 불법성은 행위의 목적과 의도, 행위 당시의 정황, 행위의 태양과 종류, 피해자에게 주는 고통의 유무와 정도 등을 종합하여 판단하여야 한다. 따라서 자신의 차를 가로막는 피해자를 부딪친 것은 아니라고 하더라도, 피해자를 부딪칠 듯이 차를 조금씩 전진시키는 것을 반복하는 행위 역시 피해자에 대해 위법한 유형력을 행사한 것이라고 보아야 한다(2016도9302) [2020 3차](23 변시)(21 3차)

IX. 폭행치사상죄 (결과적 가중범)

☐ **어린애 업은 사람 밀친 사건** : 피고인은 빚독촉을 하다가 시비 중 멱살을 잡고 대드는 피해자의 손을 뿌리치고 그를 뒤로 밀어 넘어뜨렸는데 그 순간 피해자의 등에 업힌 생후 7개월된 어린아이가 그 충격으로 두개골절 등 상해를 입고 사망한 사안에서, 피고인이 폭행을 가한 대상자와 그 폭행의 결과 사망한 대상자는 서로 다른 인격자라 할지라도 위와 같이 어린애를 업은 사람을 밀어 넘어뜨리면 그 어린애도 따라서 필연적으로 넘어질 것임은 피고인도 예견하였을 것이므로 어린애를 업은 사람을 넘어뜨린 행위는 그 어린애에 대해서도 역시 폭행이 된다 할 것이고, 따라서 폭행치사죄가 성립한다(72도2201) (16 변시)

☐ **특수폭행치상은 제257조 제1항에 따라 처벌된다는 판례** : 2016. 1. 6. 형법 개정으로 특수상해죄가 형법 제258조의2로 신설됨에 따라 문언상으로 형법 제262조의 "제257조 내지 제259조의 예에 의한다"는 규정에 형법 제258조의2가 포함되어 특수폭행치상의 경우 특수상해인 형법 제258조의2 제1항의 예에 의하여 처벌하여야 하는 것으로 해석될 여지가 생기게 되었다. 그러나 형벌규정 해석에 관한 법리와 폭력행위 등 처벌에 관한 법률의 개정 경과 및 형법 제258조의2의 신설 경위와 내용, 그 목적, 형법 제262조의 연혁, 문언과 체계 등을 고려할 때, 특수폭행치상의 경우 형법 제258조의2의 신설에도 불구하고 종전과 같이 형법 제257조 제1항의 예에 의하여 처벌하는 것으로 해석함이 타당하다(2018도3443)

X. 상해의 동시범

• **독립행위의 경합** : 2인 이상의 행위가 서로 의사연락 없이 동시 또는 이시에 동일한 객체에 대하여 행하여져야 한다. 그러나 실행행위를 한 것 자체가 불분명한 경우에는 본조를 적용할 수 없다.

☐ **잡귀사건(공동가공의 의사가 있으면 동시범은 문제되지 않는다는 판례)** : 2인 이상이 상호의사의 연락 없이 동시에 범죄구성요건에 해당하는 행위를 하였을 때에는 원칙적으로 각인에 대하여 그 죄를 논하여야 하나 그 결과발생의 원인이 된 행위가 분명하지 아니한 때에는 각 행위자를 미수범으로 처벌하고(독립행위의 경합), 이 독립행위가 경합하여 특히 상해의 결과를 발생하게 하고 그 결과발생의 원인이 된 행위가 밝혀지지 아니한 경우에는 공동정범의 예에 따라 처단(동시범)하는 것이므로 공범관계에 있어 공동가공의 의사가 있었다면 이에는 도시 동시범 등의 문제는 제기될 여지가 없다(85도1892) (20 변시)

☐ 2인이 폭행을 공모한 후 폭행하여 사망의 결과가 발생하였으나 누구의 폭행에 의하여 사망하였는지가 판명되지 않은 경우는 「형법」 제263조 상해죄의 동시범특례 규정을 적용할 수 없다. (21 1차)

□ **가해행위가 분명치 않은 사건** : 상해죄에 있어서의 동시범은 두 사람 이상이 가해행위를 하여 상해의 결과를 가져올 경우에 그 상해가 어느 사람의 가해행위로 인한 것인지가 분명치 않다면 가해자 모두를 공동정범으로 본다는 것이므로, 가해행위를 한 것 자체가 분명치 않은 사람에 대하여는 동시범으로 다스릴 수 없다(84도488) (18 변시)

- 제263조 상해죄의 동시범의 효과 : 상해죄의 동시범의 경우에는 공동정범의 예에 의한다. 따라서 동시범이지만 공동정범의 예에 의하므로 일부실행 전부책임의 원리가 적용되어 발생결과의 기수범이 성립한다.
- 제263조의 적용범위

爭點 049

제263조의 적용범위 [2016 1차][2021 변시]

1. 상해죄와 폭행치상죄

상해죄와 폭행치상죄에 대하여 제263조를 적용함에는 이론이 없다.

2. 상해치사죄와 폭행치사죄

상해의 결과가 아닌 사망의 결과가 발생한 상해치사죄와 폭행치사죄의 경우에도 제263조를 적용할 것인지에 대하여 논의가 있다. 이에 대하여 ① 다수설은 제263조는 책임주의를 구현한 제19조의 예외규정이므로 제한 해석할 필요성이 있고, 사망의 결과가 발생한 경우까지 그 적용범위를 넓히는 것은 피고인에게 불리한 유추적용이 되므로 제263조가 적용되지 않는다는 **부정설**을 따르고 있지만, ② **판례**는 상해의 결과가 발생한 이상 폭행치사죄, 상해치사죄의 경우에도 제263조가 적용된다는 긍정설의 입장을 따르고 있다. 생각건대 제263조는 위헌의 소지가 있는 규정이며, 법문에 '상해의 결과'라고 명시하고 있음에도 이 규정을 폭행치사죄 및 상해치사죄의 경우까지 적용하는 것은 죄형법정주의에 반하는 해석이므로 제263조가 적용되지 않는다고 보는 것이 타당하다.

□ **상해치사나 폭행치사와 제263조** : 시간적 차이가 있는 독립된 상해행위나 폭행행위가 경합하여 사망의 결과가 일어나고 그 사망의 원인된 행위가 판명되지 않은 경우에는 공동정범의 예에 의하여 처벌할 것이다(2000도2466) (18 변시)(20 변시)

3. 강간치상죄와 업무상과실치상죄

판례는 강간치상죄와 업무상과실치상죄의 경우 제263조의 적용을 부정하고 있다.

□ **강간치상과 제263조** : 형법 제263조의 동시범은 상해와 폭행죄에 관한 특별규정으로서 동 규정은 그 보호법익을 달리하는 강간치상죄에는 적용할 수 없다(84도372) (21 1차)(21 3차)

□ 업무상과실치상과 제263조 : 선행 교통사고와 후행 교통사고 중 어느 쪽이
원인이 되어 피해자가 사망에 이르게 되었는지 밝혀지지 않은 경우 후행
교통사고를 일으킨 사람의 과실과 피해자의 사망 사이에 인과관계가 인정
되기 위해서는 후행 교통사고를 일으킨 사람이 주의의무를 게을리하지 않
았다면 피해자가 사망에 이르지 않았을 것이라는 사실이 증명되어야 하고,
그 증명책임은 검사에게 있다(2005도8822) (20 변시)(21 변시)

XI. 상습 상해 · 폭행죄 (부진정신분범)

□ **존속폭행의 상습성** : [1] 피고인에게 폭행 범행을 반복하여 저지르는 습벽이 있고
이러한 습벽에 의하여 단순폭행, 존속폭행 범행을 저지른 사실이 인정된다면 단순
폭행, 존속폭행의 각 죄별로 상습성을 판단할 것이 아니라 포괄하여 그중 법정형이
가장 중한 상습존속폭행죄만 성립한다고 볼 여지가 있다. [2] 폭행의 습벽이 있는
피고인이 계부를 여러 차례 때리고 친모를 1회 때린 행위에 대하여 검사가 포괄하
여 상습존속폭행으로 기소한 사건에서, 원심은 피고인에게 폭행의 습벽이 있다고
보아 계부에 대한 부분은 상습폭행을 인정하면서도 존속을 폭행한 습벽은 없다는
이유로 친모에 대한 부분은 단순존속폭행만을 인정하고 제1심판결 선고 전 처벌불
원 의사표시가 있었다는 이유로 주문에서 공소기각을 선고하였으나, 폭행죄와 존
속폭행죄의 상습범 처벌 규정인 형법 제264조의 '상습'의 의미를 위 규정에 열거된
상해 또는 폭행행위를 반복적으로 저지르는 습벽이라고 판단하여 파기환송한 사
례(2017도10956) (21 3차)

□ **제264조에서 상습의 의미** : 상해죄 및 폭행죄의 상습범에 관한 형법 제264조는 "상
습으로 제257조, 제258조, 제258조의2, 제260조 또는 제261조의 죄를 범한 때에
는 그 죄에 정한 형의 2분의 1까지 가중한다."라고 규정하고 있다. 형법 제264조에
서 말하는 '상습'이란 위 규정에 열거된 상해 내지 폭행행위의 습벽을 말하는 것이
므로, 위 규정에 열거되지 아니한 다른 유형의 범죄까지 고려하여 상습성의 유무를
결정하여서는 아니 된다(2017도21663) (23 3차)

XII. 제260조 제3항의 반의사불벌죄 관련

• **반의사불벌죄의 범위** : 제260조 제1항과 제2항의 죄는 반의사불벌죄이지만, 제261조와
제262조의 죄는 반의사불벌죄가 아니다. 그리고 폭처법상의 공동폭행 등의 죄도 반의사
불벌죄가 아니다.

□ 공모한 甲과 乙이 공동하여 A를 폭행하였다면, 검사는 A의 명시한 의사에 반하여
도 甲과 乙에 대한 공소를 제기할 수 있다. (23 3차)

제3절 | 과실치사상의 죄

Ⅰ. 과실치사상죄 (과실치상죄만 반의사불벌죄)

□ **중앙선 사건** : 중앙선에 서서 도로횡단을 중단한 피해자의 팔을 갑자기 잡아끌고 피해자로 하여금 도로를 횡단하게 만든 피고인으로서는 위와 같이 무단횡단을 하는 도중에 지나가는 차량에 충격당하여 피해자가 사망하는 교통사고가 발생할 가능성이 있으므로, 이러한 경우에는 피고인이 피해자의 안전을 위하여 차량의 통행 여부 및 횡단 가능 여부를 확인하여야 할 주의의무가 있다 할 것이므로, 피고인으로서는 위와 같은 주의의무를 다하지 않은 이상 교통사고와 그로 인한 피해자의 사망에 대하여 과실책임을 면할 수 없다(2002도2800) (18 변시)

Ⅱ. 업무상 과실치사상죄 (부진정신분범)

• **업무** : 업무란 사람이 사회생활상의 지위에 기하여 계속 · 반복하는 사무이다.

□ **업무상과실치상죄의 업무** : 업무상과실치상죄의 '업무'란 사람의 사회생활면에서 하나의 지위로서 계속적으로 종사하는 사무를 말한다. 여기에는 수행하는 직무 자체가 위험성을 갖기 때문에 안전배려를 의무의 내용으로 하는 경우는 물론 사람의 생명 · 신체의 위험을 방지하는 것을 의무의 내용으로 하는 업무도 포함된다(2016도16738)

□ **임대인의 업무성** : 건물 소유자가 안전배려나 안전관리 사무에 계속적으로 종사하거나 그러한 계속적 사무를 담당하는 지위를 가지지 않은 채 단지 건물을 비정기적으로 수리하거나 건물의 일부분을 임대하였다는 사정만으로는 건물 소유자의 위와 같은 행위가 업무상과실치상죄의 '업무'에 해당한다고 보기 어렵다(2016도16738) (17 변시)(18 변시)(22 변시)

□ **도급인의 주의의무** : 원칙적으로 도급인에게는 수급인의 업무와 관련하여 사고방지에 필요한 안전조치를 취할 주의의무가 없으나, 법령에 의하여 도급인에게 수급인의 업무에 관하여 구체적인 관리 · 감독의무 등이 부여되어 있거나 도급인이 공사의 시공이나 개별 작업에 관하여 구체적으로 지시 · 감독하였다는 등의 특별한 사정이 있는 경우에는 도급인에게도 수급인의 업무와 관련하여 사고방지에 필요한 안전조치를 취할 주의의무가 있다(2008도7030) (17 변시)(18 변시)(24 변시)

- 의료사고 관련 판례

□ **수혈 거부 사건** : 환자의 생명과 자기결정권을 비교형량하기 어려운 특별한 사정이 있다고 인정되는 경우에 의사가 자신의 직업적 양심에 따라 환자의 양립할 수 없는 두 개의 가치 중 어느 하나를 존중하는 방향으로 행위하였다면, 이러한 행위는 처벌할 수 없다(2009도14407) (21 2차)

□ **의료과오사건에서 의사에게 상당한 재량권이 있다는 판례** : 의사에게는 환자의 상황, 당시의 의료수준, 자신의 지식·경험 등에 따라 적절하다고 판단되는 진료방법을 선택할 폭넓은 재량권이 있으므로, 의사가 특정 진료방법을 선택하여 진료를 하였다면 해당 진료방법 선택과정에 합리성이 결여되어 있다고 볼 만한 사정이 없는 이상 진료의 결과만을 근거로 하여 그 중 어느 진료방법만이 적절하고 다른 진료방법을 선택한 것은 과실에 해당한다고 말할 수 없다(2014도11315) (18 변시)

□ **의사의 설명의무위반과 인과관계** : 의사가 설명의무를 위반한 채 의료행위를 하였다가 환자에게 상해 또는 사망의 결과가 발생한 경우 의사에게 업무상 과실로 인한 형사책임을 지우기 위해서는 의사의 설명의무 위반과 환자의 상해 또는 사망 사이에 상당인과관계가 존재하여야 한다(2014도11315) (17 변시)

- 운전관련 판례 정리

□ 무면허운전과 음주운전은 상상적 경합(86도2731) (21 변시)(24 변시)

□ 무면허운전과 과실치사상죄는 실체적 경합(72도2001) (21 변시)

□ 음주운전과 위험운전치사상죄는 실체적 경합(2008도7143) (21 변시)(22 변시)

□ 위험운전치사상죄가 성립하면 교통사고처리특례법위반죄는 이에 흡수된다(2008도9182)

□ 음주 후 무면허 운전하여 사람 상해입히고 재물손괴하면, 음주운전죄와 무면허운전죄는 상상적 경합이며, 위험운전치사상죄와 업무상과실재물손괴죄는 상상적 경합이며, 두 상상적 경합범들 사이는 실체적 경합관계에 있다(2009도10845)

□ 사람을 상해함과 동시에 물건을 손괴하고 도주한 사안에서 특가법 제5조의3의 도주차량죄와 손괴후미조치죄의 죄수관계는 상상적경합(93도49) (21 변시)

□ 자동차운전면허가 없는 자가 아파트 주민이나 그와 관련된 용건이 있는 사람만 이용할 수 있고 경비원 등이 자체적으로 관리하는 아파트 단지 안에 있는 지하주차장에서 약 50 m 구간을 승용차를 운전한 경우에는 도로교통법상 무면허운전죄에 해당하지 않는다(2017도17762) (22 2차)

Ⅲ. 중과실치사상죄

제4절 | 유기와 학대의 죄

Ⅰ. 유기죄 (진정신분범)

- **보호의무** : 요부조자의 생명 · 신체에 대한 위험으로부터 요부조자를 보호해 주어야 할 의무를 말한다.
- **보호의무의 발생근거**

  □ 유기죄의 보호의무는 법률상 또는 계약상 의무로 제한된다는 판례 : 현행 형법은 유기죄에 있어서 구법과는 달리 보호법익의 범위를 넓힌 반면에, 보호의무 없는 자의 유기죄는 없애고 법률상 또는 계약상의 의무 있는 자만을 유기죄의 주체로 규정하고 있으니 명문상 사회상규상의 보호책임을 관념할 수 없다고 하겠으며, 유기죄의 죄책을 인정하려면 보호책임이 있게 된 경우, 사정관계 등을 설시하여 구성요건이 요구하는 법률상 또는 계약상 보호의무를 밝혀야 될 것이다(76도3419) (23 1차)

- **법률상의 보호의무** : 법률상의 보호의무란 부조를 요하는 자를 보호해야 할 의무의 근거가 법령에 규정되어 있는 경우를 말한다. 그러나 유기죄에서의 보호의무는 생명 · 신체에 대한 위험으로부터 보호할 의무를 말하므로 민법상의 일반적인 보호의무인 부양의무와 반드시 일치하는 것은 아니다.

  □ 내연녀 사건 : 형법 제271조 제1항에서 말하는 법률상 보호의무 가운데는 민법 제826조 제1항에 근거한 부부간의 부양의무도 포함되며, 나아가 법률상 부부는 아니지만 사실혼 관계에 있는 경우에도 위 민법 규정의 취지 및 유기죄의 보호법익에 비추어 위와 같은 법률상 보호의무의 존재를 긍정하여야 하지만, 사실혼에 해당하여 법률혼에 준하는 보호를 받기 위하여는 단순한 동거 또는 간헐적인 정교관계를 맺고 있다는 사정만으로는 부족하고, 그 당사자 사이에 주관적으로 혼인의 의사가 있고 객관적으로도 사회관념상 가족질서적인 면에서 부부공동생활을 인정할 만한 혼인생활의 실체가 존재하여야 한다(2007도3952) (19 변시)(23 1차)

- **계약상의 보호의무** : 계약이 유기자와 피유기자간에 체결된 것임을 요하지 않으므로 유기자와 제3자간에 체결된 것이라도 무방하다. 명시적 · 묵시적, 유상 · 무상을 불문한다. 또한 계약에 기한 주된 급부의무가 부조를 제공하는 것인 경우에 반드시 한정되지 아니하고, 상대방의 신체 또는 생명에 대하여 주의와 배려를 한다는 **부수적 의무**의 한 내용으로 상대방을 부조하여야 하는 경우를 포함할 수 있다. [2017 변시]

  > ☐ **술집 사건** : 여기서의 '계약상 의무'는 간호사나 보모와 같이 계약에 기한 주된 급부의무가 부조를 제공하는 것인 경우에 반드시 한정되지 아니하며, 계약의 해석상 계약관계의 목적이 달성될 수 있도록 상대방의 신체 또는 생명에 대하여 주의와 배려를 한다는 부수적 의무의 한 내용으로 상대방을 부조하여야 하는 경우를 배제하는 것은 아니라고 할 것이다(2011도12302) (23 1차)

- **유기** : 유기란 요부조자의 생명 · 신체에 추상적인 위험이 될 만큼 그를 보호 없는 상태에 버려두는 행위를 말한다.

- **유기의 태양** : 유기의 태양에는 ① 요부조자를 보호받는 상태에서 적극적으로 보호없는 상태로 옮겨서 유기하는 경우를 말하는 협의의 유기인 이치(移置)와 ② 요부조자를 종래의 상태에 두고 그대로 떠나는 경우를 말하는 광의의 유기인 치거(置去)와 ③ 이치나 치거가 아닐지라도 피해자의 생존에 필요한 보호조치를 하지 않는 부작위를 말하는 최광의의 유기(부작위에 의한 유기 포함)가 있다.

  > ☐ 유기는 상대방을 장소적으로 이전시키거나 두고 떠나는 경우뿐만 아니라 장소적 격리 없이 상대방에게 생존에 필요한 보호를 하지 않는 경우도 포함한다. (23 1차)

- **유기죄의 고의** : 요부조자에 대한 보호책임의 발생원인이 된 사실이 존재한다는 것을 인식하고, 이에 기한 부조의무를 해태한다는 의식이 있음을 요한다

  > ☐ **유기죄의 고의** : 유기죄가 성립하기 위하여는 요부조자에 대한 보호책임의 발생원인이 된 사실이 존재한다는 것을 인식하고, 이에 기한 부조의무를 해태한다는 의식이 있음을 요한다(2007도3952) (23 1차)

II. 존속유기죄 (부진정신분범)

III. 중유기죄, 존속중유기죄 (구체적 위험범, 부진정결과적 가중범)

IV. 영아유기죄 (부진정신분범) – 삭제 (2023.8.8)

V. 학대죄, 존속학대죄 (제1항 진정신분범, 제2항 부진정신분범)

VI. 아동혹사죄 (진정신분범, 필요적 공범(대향범))

Ⅶ. 유기 등 치사상죄 (결과적 가중범)

☐ **약종상 사건** : 청산가리를 먹은 사람을 유기하여 사망에 이르게 하였어도 유기와 사망간에는 인과관계를 인정할 수 없다는 판례(67도1151)

☐ **여호와 증인 사건** : 여호와 증인의 교리에 따라 딸에게 수혈을 거부하여 사망시켰다 면 유기치사죄가 성립한다는 판례(79도1387)

제2장 | 자유에 관한 죄

제1절 | 협박의 죄

I. 협박죄 (미수범 처벌, 반의사불벌죄)

- **객체** : 협박죄의 객체는 해악의 고지에 의하여 공포심을 느낄 수 있는 정신능력이 있는 사람이다. 따라서 공포심을 느낄만한 정신능력이 없는 영아·명정자·정신병자·수면자는 포함되지 아니한다. 또한 정신능력이 없는 법인이나 국가기관은 객체가 될 수 없다.

> □ **자연인이 아닌 법인은 협박죄의 객체가 될 수 없다는 판례** : 협박죄는 사람의 의사결정의 자유를 보호법익으로 하는 범죄로서 형법규정의 체계상 개인적 법익, 특히 사람의 자유에 대한 죄 중 하나로 구성되어 있는바, 위와 같은 협박죄의 보호법익, 형법규정상 체계, 협박의 행위 개념 등에 비추어 볼 때, 협박죄는 자연인만을 그 대상으로 예정하고 있을 뿐 법인은 협박죄의 객체가 될 수 없다(2010도1017) [2015 2차](12 변시)(14 변시)(15 변시)(22 1차)(23 3차)

- **협박** : 협박이란 상대방에 대한 해악의 고지를 말한다. 그리고 고지된 해악의 실현 여부가 직접·간접적으로 행위자에 의하여 좌우될 수 있는 것이어야 한다.
- **협박과 경고의 구별** : 경고란 자연발생적인 재앙 또는 길흉화복이나 천재지변의 도래를 알리는 것을 말한다. 이러한 경고는 고지된 해악의 실현 여부가 직접·간접적으로 행위자에 의하여 좌우될 수 없다는 점에서 협박과 구별된다.
- **형법상 협박의 개념** : ① 광의의 협박 : 일체의 해악의 고지를 말한다. ② 협의의 협박 : 사람에게 현실적으로 공포심을 일으킬 수 있는 정도의 해악을 고지를 말한다. ③ 최협의의 협박 : 상대방의 반항을 현저히 곤란하게 하거나 억압할 정도의 해악의 고지를 말한다.
- **협박죄에서의 협박** : 협박죄의 협박은 협의의 협박이다.

> □ **협박의 의미와 판단** : 협박죄에 있어서의 협박이라 함은 일반적으로 보아 사람으로 하여금 공포심을 일으킬 수 있는 정도의 해악을 고지하는 것을 의미하므로 그 주관적 구성요건으로서의 고의는 행위자가 그러한 정도의 해악을 고지한다는 것을 인식·인용하는 것을 그 내용으로 하고 고지한 해악을 실제로 실현할 의도나 욕구는 필요로 하지 아니하고, 다만 행위자의 언동이 단순한 감정적인 욕설 내지 일시적 분노의 표시에 불과하여 주위사정에 비추어 가해의 의사가 없음이 객관적으로 명백한 때에는 협박행위 내지 협박의 의사를 인정할 수 없으나 위와 같은 의미의 협박행위 내지 협박의사가 있었는지의 여부는 행위의 외형뿐만 아니라 그러한 행위에 이르게 된 경위, 피해자와의 관계 등 주위상황을 종합적으로 고려하여 판단해야 할 것이다(90도2102)

□ 甲이 A와 술을 마시던 중 화가 나 횟집 주방에 있던 회칼 2자루를 들고 나와 자해하려고 한 행위가, 단순히 자해행위 시늉에 불과한 것이 아니라 甲의 요구에 응하지 않을 때 A에게 해악을 가할 위세를 보인 것으로 평가되는 경우라면 협박죄가 성립한다. (23 3차)

- 해악의 내용 : 해악의 내용에는 제한이 없다. 해악의 내용은 반드시 실현가능성이 있어야 할 필요도 없고, 범죄를 구성하거나 불법해야 할 필요도 없다. 또한 해악의 내용은 장래의 해악도 포함하고, 조건부라도 상관없다.
- 해악의 대상 : 해악의 대상은 반드시 상대방에 대한 해악임을 요하지 않고 상대방과 밀접한 관계가 있는 제3자에 대한 해악이라도 무방하다. 그리고 제3자는 자연인이 아닌 법인인 경우에도 가능하다.

□ 피해자와 밀접한 제3자에 대한 해악의 고지도 피해자에 대한 협박이 될 수 있다는 판례 : 협박죄에서 협박이란 일반적으로 보아 사람으로 하여금 공포심을 일으킬 정도의 해악을 고지하는 것을 의미하며, 그 고지되는 해악의 내용, 즉 침해하겠다는 법익의 종류나 법익의 향유 주체 등에는 아무런 제한이 없다. 따라서 피해자 본인이나 그 친족뿐만 아니라 그 밖의 '제3자'에 대한 법익 침해를 내용으로 하는 해악을 고지하는 것이라고 하더라도 피해자 본인과 제3자가 밀접한 관계에 있어 그 해악의 내용이 피해자 본인에게 공포심을 일으킬 만한 정도의 것이라면 협박죄가 성립할 수 있다. 이 때 '제3자'에는 자연인뿐만 아니라 법인도 포함된다(2010도1017) [2015 2차](22 변시)

- 해악의 정도 : 해악의 정도는 사람으로 하여금 공포심을 일으킬 수 있을 정도여야 하며, 협박죄가 성립하기 위하여는 적어도 발생 가능한 것으로 생각될 수 있는 정도의 구체적인 해악의 고지가 있어야 한다.

□ 해악의 정도 : 협박죄에 있어서의 협박이라 함은 사람으로 하여금 공포심을 일으킬 수 있을 정도의 해악을 고지하는 것을 말하고 협박죄가 성립하기 위하여는 적어도 발생 가능한 것으로 생각될 수 있는 정도의 구체적인 해악의 고지가 있어야 하며, 해악의 고지가 있다 하더라도 그것이 사회의 관습이나 윤리관념 등에 비추어 사회통념상 용인될 정도의 것이라면 협박죄는 성립하지 않으나, 이러한 의미의 협박행위 내지 협박의 고의가 있었는지 여부는 행위의 외형뿐 아니라 그러한 행위에 이르게 된 경위, 피해자와의 관계 등 전후 상황을 종합하여 판단해야 할 것이다(2011도2412)

□ 채권추심을 위하여 남편과 시댁에게 과거행적을 알리겠다 한 것도 협박이라는 판례 : 사채업자인 피고인이 채무자 갑에게, 채무를 변제하지 않으면 갑이 숨기고 싶어하는 과거 행적과 사채를 쓴 사실 등을 남편과 시댁에 알리겠다는 등의 문자메시지를 발송한 사안에서, 피고인에게 협박죄를 인정하는 한편 위와 같은 행위가 정당행위에 해당한다는 주장을 배척한 원심판단을 수긍한 사례(2011도2412) (23 변시)

- 해악고지의 방법 : 해악고지의 방법은 제한이 없다. 따라서 통상 언어에 의하는 것이나, 경우에 따라서는 한마디 말도 없이 거동에 의하여서도 가능하다. 그리고 자신을 자해하는 방법도 해악을 고지하는 방법이 될 수 있다.

- 제3자에 의한 가해의 고지 : 행위자가 직접 해악을 가할 것을 요하지 않고 제3자에 의한 해악을 고지하는 것도 포함한다. 제3자에 의한 가해를 고지한 경우에는 그 제3자는 허무인이라도 관계가 없지만, 행위자가 제3자에게 사실상 영향력을 행사할 수 있음을 상대방에게 인식시켜야 한다.

> □ 제3자로 하여금 해악을 가하도록 하겠다고 하여도 협박죄가 성립할 수 있다는 판례 : 협박의 경우 행위자가 직접 해악을 가하겠다고 고지하는 것은 물론, 제3자로 하여금 해악을 가하도록 하겠다는 방식으로도 해악의 고지는 얼마든지 가능하지만, 이 경우 고지자가 제3자의 행위를 사실상 지배하거나 제3자에게 영향을 미칠 수 있는 지위에 있는 것으로 믿게 하는 명시적·묵시적 언동을 하였거나 제3자의 행위가 고지자의 의사에 의하여 좌우될 수 있는 것으로 상대방이 인식한 경우에 한하여 비로소 고지자가 직접 해악을 가하겠다고 고지한 것과 마찬가지의 행위로 평가할 수 있고, 만약 고지자가 위와 같은 명시적·묵시적 언동을 하거나 상대방이 위와 같이 인식을 한 적이 없다면 비록 상대방이 현실적으로 외포심을 느꼈다고 하더라도 이러한 고지자의 행위가 협박죄를 구성한다고 볼 수는 없다(2006도6155)

- 협박죄의 보호의 정도와 기수시기

> **爭點 050**
>
> ### 협박죄의 보호의 정도와 기수시기 [2015 2차](13 변시)(20 변시)(22 변시)
>
> #### 1. 논의점
>
> 협박죄의 협박이란 상대방을 외포시킬 정도의 해악의 고지를 말한다. 현행법상 협박죄는 미수범을 처벌하고 있으며, 통상 미수범을 처벌하는 경우에 보호의 정도는 침해범으로 보는 것이 일반적이다. 그러나 협박죄의 경우에는 외포된 상태가 극히 주관적이어서 입증하기 어려운 점이 있으므로 보호의 정도와 기수시기에 대하여 논의가 있다.
>
> #### 2. 보호의 정도에 대한 견해의 대립
>
> 이에 대하여는 ① 피해자의 정서적 반응을 객관적으로 심리·판단하는 것이 현실적으로 불가능하므로 협박죄를 위험범으로 보는 **위험범설**(전합의 다수의견) ② 피해자가 현실적으로 공포심을 일으켰는지 여부는 여러 구체적인 사정 등을 모두 종합하여 판단할 수 있으므로 협박죄를 침해범으로 보는 **침해범설**(전합의 소수의견)이 대립하고 있다.

3. 검 토

생각건대 협박죄의 본질은 거동범에 가까우며, 미수규정이 있다고 하여 반드시 침해범으로 해석할 것은 아니므로 위험범설이 타당하다. 이러한 위험범설에 의하면 상대방이 해악의 고지의 의미를 인식한 때에 기수가 된다고 보아야 할 것이다.

4. 보호의 정도에 따른 기수시기

(1) 침해범설에 따른 기수시기

침해범설에 의하면 일반적으로 사람으로 하여금 공포심을 일으킬 수 있는 정도의 해악의 고지가 상대방에게 도달하여 상대방이 그 의미를 인식하고 나아가 현실적으로 공포심을 일으켰을 때에 비로소 기수에 이르는 것으로 본다.

(2) 위험범설에 따른 기수시기

위험범설에 의하면 해악의 고지를 하여 상대방이 그 의미를 인식한 때 기수가 되며, 협박죄의 미수범 처벌조항은 해악의 고지가 현실적으로 상대방에게 도달하지 아니한 경우나, 도달은 하였으나 상대방이 이를 지각하지 못하였거나 고지된 해악의 의미를 인식하지 못한 경우 등에 적용될 뿐이다.

5. 관련 판례

> ☐ **경찰관이 친구 채권 전화로 추심한 사건** : 위험범설의 입장에서 해악의 고지가 도달하고 의미를 인식하였다면 상대방이 공포심을 느끼지 않았어도 협박죄의 기수라는 전합 판례(2007도606 전합)

- 사회상규에 어긋난 협박으로 권리행사한 경우 : 〈자세한 것은 공갈죄 부분 참조〉
- 죄수 및 타죄와의 관계

> ☐ **감금을 위한 수단으로 협박한 사건** : 감금을 하기 위한 수단으로서 행사된 단순한 협박행위는 감금죄에 흡수되어 따로 협박죄를 구성하지 아니한다(82도705) (17 변시)

Ⅱ. 존속협박죄 (미수범 처벌, 부진정신분범, 반의사불벌죄)

Ⅲ. 특수협박죄 (미수범 처벌)

> ☐ **실탄 장전하지 않은 공기총도 위험한 물건이라는 판례** : 피고인이 공기총에 실탄을 장전하지 아니하였다고 하더라도 범행 현장에서 공기총과 함께 실탄을 소지하고 있었고 피고인으로서는 언제든지 실탄을 장전하여 발사할 수도 있으므로 공기총이 '위험한 물건'에 해당한다고 한 사례(2002도4586) (13 변시)

Ⅳ. 상습협박죄 (미수범 처벌)

제2절 | 체포와 감금의 죄

I. 체포·감금죄 (미수범 처벌)

- **사람의 범위** : 체포·감금죄의 객체가 될 수 있는 자연인의 범위에 대해 논의가 있지만, 다수설과 판례는 자연인 중 잠재적인 활동의 자유를 가진 자이면 객체가 될 수 있다는 입장이다.

  - □ **정신병자도 감금죄의 객체가 될 수 있다는 판례** : 정신병자도 감금죄의 객체가 될 수 있다(2002도4315) (17 변시)(22 1차)

- **체포** : 체포란 사람의 신체에 대하여 직접적·현실적인 구속을 가하여서 그 신체활동의 자유를 박탈하는 것을 말한다. 체포의 수단·방법은 제한이 없다.

  - □ **체포의 의미** : 형법 제276조 제1항의 체포죄에서 말하는 '체포'는 사람의 신체에 대하여 직접적이고 현실적인 구속을 가하여 신체활동의 자유를 박탈하는 행위를 의미하는 것으로서 수단과 방법을 불문한다(2017도21249)

- **감금** : 감금이란 사람을 일정한 구획을 가진 장소에 가두어 그 장소밖으로 벗어나지 못하게 하거나 심히 곤란하게 함으로써 신체활동의 자유를 장소적으로 제한하는 것을 말한다. 장소적 제한이 있다는 점에서 체포와 구별된다.

- **감금과 전면적 자유박탈** : 감금에 있어서 사람의 행동의 자유의 박탈은 반드시 전면적이어야 할 필요는 없다. 따라서 감금된 특정구역 내부에서 일정한 생활의 자유가 허용되어 있었다고 하더라도 감금죄의 성립에는 영향이 없다.

  - □ **감금죄에서의 자유의 박탈은 전면적일 필요는 없다는 판례** : 감금죄가 성립하기 위하여 반드시 사람의 행동의 자유를 전면적으로 박탈할 필요는 없고, 감금된 특정한 구역 범위 안에서 일정한 생활의 자유가 허용되어 있었다고 하더라도 유형적이거나 무형적인 수단과 방법에 의하여 사람이 특정한 구역에서 벗어나는 것을 불가능하게 하거나 매우 곤란하게 한 이상 감금죄의 성립에는 아무런 지장이 없다(2000도102)

- **실행의 착수시기와 기수시기**

  - □ **체포죄의 실행의 착수와 기수시기** : [1] 체포죄는 사람의 신체에 대하여 직접적이고 현실적인 구속을 가하여 신체활동의 자유를 박탈하는 죄로서, 그 실행의 착수 시기는 체포의 고의로 타인의 신체적 활동의 자유를 현실적으로 침해하는 행위를 개시한 때이다. [2] 체포죄는 계속범으로서 체포의 행위에 확실히 사람의 신체의 자유를 구속한다고 인정할 수 있을 정도의 시간적 계속이 있어야 기수에 이르고, 신체의 자유에 대한 구속이 그와 같은 정도에 이르지 못하고 일시적인 것으로 그친 경우에는 체포죄의 미수범이 성립할 뿐이다(2016도18713) (21 3차)(23 3차)

- 체포 · 감금죄와 강간죄 · 강도죄와의 관계 : 원칙적으로 별죄를 구성한다. 따라서 ① 체포 · 감금행위가 강간 · 강도죄의 수단이 되어 행위의 동일성이 있는 경우에는 상상적 경합이 성립하고 ② 체포 · 감금행위가 강간 · 강도죄의 수단이 되지 않아 행위의 동일성이 없는 경우는 실체적 경합이 된다.

> □ **강간죄나 강도죄의 수단으로서의 감금** : 감금행위가 강간죄나 강도죄의 수단이 된 경우에도 감금죄는 강간죄나 강도죄에 흡수되지 아니하고 별죄를 구성한다(96도2715) (17 변시)

> □ **강도상해 후 계속 감금한 사건** : 감금행위가 단순히 강도상해 범행의 수단이 되는데 그치지 아니하고 강도상해의 범행이 끝난 뒤에도 계속된 경우에는 1개의 행위가 감금죄와 강도상해죄에 해당하는 경우라고 볼 수 없고, 이 경우 감금죄와 강도상해죄는 형법 제37조의 경합범 관계에 있다(2002도4380) (14 변시)(17 변시)(18 변시)

Ⅱ. 존속체포 · 감금죄 (미수범 처벌, 부진정신분범)

Ⅲ. 중체포 · 감금죄, 존속중체포 · 감금죄 (미수범 처벌, 제2항 부진정신분범)

Ⅳ. 특수 체포 · 감금죄 (미수범 처벌)

Ⅴ. 상습 체포 · 감금죄 (미수범 처벌)

Ⅵ. 체포 · 감금치사상죄, 존속체포 · 감금치사상죄 (결과적 가중범, 제2항 부진정신분범)

제3절 | 약취와 유인의 죄

Ⅰ. 약취와 유인의 죄 조문 정리 (제287조 ~ 제296조의2)

Ⅱ. 미성년자 약취 · 유인죄 (예비 처벌, 미수 처벌, 해방감경, 세계주의)

- **보호법익** : 본죄는 피인취자의 잠재적 장소이전의 자유를 주된 보호법익으로 하고 감독권자의 감독권을 부차적으로 보호한다. 따라서 감독권자의 감독권도 보호법익이므로 미성년자의 동의가 있다고 하여도 미성년자약취 · 유인죄가 성립한다.

□ 미성년자약취죄가 미성년자의 자유 외에 보호감독자의 감호권도 그 보호법익으로 하고 있다는 점을 고려하면, 피고인과 공범들이 폭행, 협박 또는 불법적인 사실상의 힘을 사용하여 미성년자를 보호 · 감독하고 있던 아버지의 감호권을 침해하여 그를 자신들의 사실상 지배하로 옮긴 이상 미성년자약취죄가 성립하고, 약취행위에 미성년자의 동의가 있었다 하더라도 본죄의 성립에는 변함이 없다(2002도7115) (22 2차)

- **주체** : 본죄의 주체에는 제한이 없다. 따라서 미성년자를 보호 · 감독하는 친권자나 감독자도 주체가 될 수 있다. 또한 실부모라도 본죄의 주체가 될 수 있다.

□ **친부가 약취해도 미성년자약취유인죄가 성립된다는 판례** : 미성년자를 보호감독하는 자라 하디리도 다른 보호감독자의 감호권을 침해하거나 자신의 감호권을 남용하여 미성년자 본인의 이익을 침해하는 경우에는 미성년자 약취 · 유인죄의 주체가 될 수 있다(2007도8011) (14 변시)

- **약취** : 약취란 피해자를 그 의사에 반하여 자유로운 생활관계 또는 보호관계로부터 범인이나 제3자의 사실상 지배하에 옮기는 행위를 말한다.

□ **약취행위는 상대방을 실력적 지배하에 둘 수 있을 정도면 족하다는 판례** : 형법 제288조에 규정된 약취행위는 피해자를 그 의사에 반하여 자유로운 생활관계 또는 보호관계로부터 범인이나 제3자의 사실상 지배하에 옮기는 행위를 말하는 것으로서, 폭행 또는 협박을 수단으로 사용하는 경우에 그 폭행 또는 협박의 정도는 상대방을 실력적 지배하에 둘 수 있을 정도이면 족하고 반드시 상대방의 반항을 억압할 정도의 것임을 요하지는 아니한다(91도1184)

□ **베트남 부인 사건(13개월 된 자녀의 양육을 유지하는 행위는 약취행위가 아니라는 판례)** : 피고인의 행위는 실력을 행사하여 자녀를 평온하던 종전의 보호 · 양육 상태로부터 이탈시킨 것이라기보다 친권자인 모(母)로서 출생 이후 줄곧 맡아왔던 보호 · 양육을 계속 유지한 행위에 해당하여 이를 폭행, 협박 또는 불법적인 사실상의 힘을 사용하여 자녀를 자기 또는 제3자의 지배하에 옮긴 약취 행위로 볼 수 없다(2010도14328 전합) [2015 1차]

□ **프랑스에서 살던 자녀 면접교섭 사건** : 미성년자를 보호 · 감독하는 사람이라고 하더라도 다른 보호감독자의 보호 · 양육권을 침해하거나 자신의 보호 · 양육권을 남용하여 미성년자 본인의 이익을 침해하는 때에는 미성년자에 대한 약취죄의 주체가 될 수 있으므로, 부모가 이혼하였거나 별거하는 상황에서 미성년의 자녀를 부모의 일방이 평온하게 보호 · 양육하고 있는데, 상대방 부모가 폭행, 협박 또는 불법적인 사실상의 힘을 행사하여 그 보호 · 양육 상태를 깨뜨리고 자녀를 자기 또는 제3자의 사실상 지배하에 옮긴 경우 그와 같은 행위는 특별한 사정이 없는 한 미성년자에 대한 약취죄를 구성한다(2019도16421)

- **유인** : 유인이란 기망 또는 유혹을 수단으로 하여 미성년자를 꾀어 현재의 보호상태로부터 이탈케 하여 자기 또는 제3자의 사실적 지배하로 옮기는 행위를 말한다.
- **사실적 지배** : 약취·유인이 있다고 하기 위해서는 미성년자를 자기 또는 제3자의 사실상 지배하에 두어야 한다.

  ☐ **'아들을 살리려면' 사건(장소적 이전없어도 약취죄가 성립할 수 있으나 당 사안에서는 부정한 판례)** : 형법 제287조에 규정된 약취행위는 폭행 또는 협박을 수단으로 하여 미성년자를 그 의사에 반하여 자유로운 생활관계 또는 보호관계로부터 이탈시켜 범인이나 제3자의 사실상 지배하에 옮기는 행위를 말하는 것이다. 물론, 여기에는 미성년자를 장소적으로 이전시키는 경우뿐만 아니라 장소적 이전 없이 기존의 자유로운 생활관계 또는 부모와의 보호관계로부터 이탈시켜 범인이나 제3자의 사실상 지배하에 두는 경우도 포함된다고 보아야 한다(2007도8485) (14 변시)(18 변시)

- **세계주의** : 제296조의2 (세계주의) 제287조부터 제292조까지 및 제294조는 대한민국 영역 밖에서 죄를 범한 외국인에게도 적용한다.

제4절 | 강요의 죄

I. 강요죄 (미수범 처벌)

- **폭행** : 강요죄의 폭행은 사람에 대한 직접적인 유형력의 행사뿐만 아니라 간접적인 유형력의 행사도 포함하며, 반드시 사람의 신체에 대한 것에 한정되지 않는다.

  ☐ **강요죄에서의 폭행** : 강요죄의 폭행은 사람에 대한 직접적인 유형력의 행사뿐만 아니라 간접적인 유형력의 행사도 포함하며, 반드시 사람의 신체에 대한 것에 한정되지 않는다(2018도1346) (23 3차)

  ☐ **주택 대문 바로 앞에 차량을 주차한 사건** : 피고인은 이 사건 도로의 소유자인데, 피해자를 포함한 이 사건 도로 인접 주택 소유자들에게 도로 지분을 매입할 것을 요구하였음에도 피해자 등이 이를 거부하자, 피해자 주택 대문 바로 앞에 피고인의 차량을 주차하여 피해자가 자신의 차량을 주차장에 출입할 수 없도록 한 사안에서, 피고인이 피해자에 대하여 어떠한 유형력을 행사하였다고 보기 어려울 뿐만 아니라, 피해자는 주택 내부 주차장에 출입하지 못하는 불편을 겪는 외에 차량을 용법에 따라 정상적으로 사용할 수 있었다는 이유로, 강요죄의 성립을 인정한 원심을 파기한 사례(2018도1346) (23 3차)

- **협박** : 협박은 객관적으로 사람의 의사결정의 자유를 제한하거나 의사실행의 자유를 방해할 정도로 겁을 먹게 할 만한 해악을 고지하는 것을 말한다. 이와 같은 협박이 인정되기 위해서는 발생 가능한 것으로 생각할 수 있는 정도의 구체적인 해악의 고지가 있어야 한다(2018도13792 전합). (23 3차)

  □ **최순실 국정농단 사건** : 행위자가 직무상 또는 사실상 상대방에게 영향을 줄 수 있는 직업이나 지위에 있고 직업이나 지위에 기초하여 상대방에게 어떠한 요구를 하였더라도 곧바로 그 요구 행위를 위와 같은 해악의 고지라고 단정하여서는 안된다. 특히 공무원이 자신의 직무와 관련한 상대방에게 공무원 자신 또는 자신이 지정한 제3자를 위하여 재산적 이익 또는 일체의 유·무형의 이익 등을 제공할 것을 요구하고 상대방은 공무원의 지위에 따른 직무에 관하여 어떠한 이익을 기대하며 그에 대한 대가로서 요구에 응하였다면, 다른 사정이 없는 한 공무원의 위 요구 행위를 객관적으로 사람의 의사결정의 자유를 제한하거나 의사실행의 자유를 방해할 정도로 겁을 먹게 할 만한 해악의 고지라고 단정하기는 어렵다(2018도13792 전합)

  □ **골프장 회원 사건** : 골프시설의 운영자가 골프회원에게 불리하게 변경된 내용의 회칙에 대하여 동의한다는 내용의 등록신청서를 제출하지 아니하면 회원으로 대우하지 아니하겠다고 통지한 것이 강요죄에 해당한다고 한 사례(2003도763) (14 변시)

- **권리행사의 방해** : 권리행사방해란 타인이 행사할 수 있는 권리를 행사하지 못하게 하는 것을 말한다. 권리는 반드시 법령에 근거가 있거나 법률상 허용되어 있는 것만을 뜻하는 것은 아니고 행위자의 자유에 속하는 모든 가능성을 뜻한다.
- **의무없는 일의 강요** : 의무 없는 일의 강요란 의무가 없는 자에게 일정한 작위·부작위 또는 수인을 강요하는 것을 말한다. '의무 없는 일'이란 법령, 계약 등에 기하여 발생하는 법률상 의무 없는 일을 말한다.

  □ **'의무 없는 일'의 의미** : 강요죄는 폭행 또는 협박으로 사람의 권리행사를 방해하거나 의무 없는 일을 하게 하는 것을 말하고, 여기에서 '의무 없는 일'이란 법령, 계약 등에 기하여 발생하는 법률상 의무 없는 일을 말하므로, 폭행 또는 협박으로 법률상 의무 있는 일을 하게 한 경우에는 폭행 또는 협박죄만 성립할 뿐 강요죄는 성립하지 아니한다(2008도1097) (13 변시)(22 변시)(23 3차)

- **기수시기** : 권리행사가 현실적으로 방해되거나 의무없는 일을 현실적으로 하였을 때에 기수가 된다. [2013 변시]

Ⅱ. **특수강요죄** (미수범 처벌)

Ⅲ. **인질강요죄** (미수범 처벌, 해방감경 적용)

Ⅳ. **인질상해, 치상죄** (미수범 처벌, 해방감경 적용) – 결과적 가중범의 미수 규정

Ⅴ. **인질살해, 치사죄** (미수범 처벌) – 결과적 가중범의 미수 규정

제5절 | 강간과 추행의 죄

Ⅰ. **강간죄** (미수범 처벌, 예비 · 음모 처벌)

- **본죄의 객체** : 피해자가 13세 미만인 경우에는 성폭법 제7조가 우선 적용되고, 13세 이상 19세 미만인 경우에는 아청법 제7조가 우선 적용된다.
- **부부강간죄의 성립 여부** : 법률상의 부부가 상대방에 대하여 강간죄의 객체가 될 수 있는 지에 대하여는 ① 혼인계약의 내용에 강요된 성행위까지 포함된다고 해석할 수 없으므로 법률상의 부부도 강간죄의 객체가 된다는 **긍정설**과 ② 부부관계의 특수성을 고려할 때 부부는 본죄의 객체가 될 수 없다고 하는 **부정설** ③ 원칙적으로 부정설이 타당하지만 혼인이 파탄되어 실질적인 부부관계가 없고 명목상의 부부에 불과할 때에는 강간죄의 성립이 가능하다고 보는 **절충설**이 대립하고 있다. 이에 대해 종래의 판례는 절충설의 입장이었으나, **최근의 전합판례**는 '형법은 법률상 처를 강간죄의 객체에서 제외하는 명문의 규정을 두고 있지 않으므로, 문언 해석상으로도 법률상 처가 강간죄의 객체에 포함된다고 새기는 것에 아무런 제한이 없다'라고 하여 **긍정설**의 입장을 따르고 있다. [2015 1차]

□ **부부강간죄의 성립을 긍정한 판례** : 형법은 법률상 처를 강간죄의 객체에서 제외하는 명문의 규정을 두고 있지 않으므로, 문언 해석상으로도 법률상 처가 강간죄의 객체에 포함된다고 새기는 것에 아무런 제한이 없다(2012도14788 전합) (22 1차)

- **폭행·협박의 정도** : 폭행이란 사람에 대한 유형력의 행사를 말하여, 협박이란 해악의 고지를 말한다. 폭행·협박의 정도는 **최협의의 폭행·협박** 즉 상대방의 항거를 불가능하게 하거나 현저히 곤란하게 할 정도여야 한다.

  > ☐ **강간죄의 폭행·협박의 정도** : 강간죄가 성립하려면 가해자의 폭행·협박은 피해자의 항거를 불가능하게 하거나 현저히 곤란하게 할 정도의 것이어야 한다(2010도9633)

- **강간** : 강간이란 폭행 또는 협박 때문에 저항하기가 불가능하거나 현저히 곤란한 상태에 있는 사람를 간음하는 것을 말한다.
- **실행의 착수시기** : 실행의 착수시기는 사람을 간음하기 위하여 최협의의 폭행·협박을 개시한 때이며, 실제로 항거불능할 것을 요하지 않는다.

  > ☐ **강간죄의 실행의 착수시기** : 강간죄는 부녀를 간음하기 위하여 피해자의 항거를 불능하게 하거나 현저히 곤란하게 할 정도의 폭행 또는 협박을 개시한 때에 그 실행의 착수가 있다(2000도1253)

  > ☐ **'뛰어내리겠다'라고 한 사건** : 간음할 목적으로 새벽 4시에 여자 혼자 있는 방문 앞에 가서 방문을 열어주지 않으면 부수고 들어갈 듯한 기세로 방문을 두드리고 피해자가 위험을 느끼고 창문에 걸터앉아 가까이 오면 뛰어 내리겠다고 하는데도 베란다를 통하여 창문으로 침입하려고 하였다면 강간의 수단으로서의 폭행에 착수하였다고 할 수 있다(91도288) (21 2차)

- **기수시기** : 기수시기에 대하여는 논의가 있으나, 다수설은 본죄의 보호법익은 사람의 성적 자기결정권이므로 성기의 결합에 의하여 기수가 되는 삽입설의 입장이다.
- **폭행·협박과 강간 사이의 인과관계** : 강간죄가 성립하기 위해서는 폭행·협박과 간음 사이에 인과관계가 있어야 하지만, **폭행·협박이 반드시 간음행위보다 선행되어야 할 필요는 없다.**

  > ☐ **강간죄에서 폭행·협박과 간음 사이에 인과관계** : 강간죄에서의 폭행·협박과 간음 사이에는 인과관계가 있어야 하나, 폭행·협박이 반드시 간음행위보다 선행되어야 하는 것은 아니다(2016도16948) (21 3차)

- **죄수** : 강간죄의 죄수는 행위표준설을 따르는 것이 판례의 태도이다. 따라서 수개의 강간행위인 경우에는 원칙적으로 수개의 죄가 성립하지만, 예외적으로 피고인의 의사 및 범행시각과 장소 등으로 고려하여 일죄로 판시한 판례도 있다.

II. 유사강간죄 (미수범 처벌, 예비·음모 처벌)

- **형량** : 강간죄의 형량은 3년이상이지만, 유사강간죄의 형량은 2년 이상이다.

Ⅲ. 강제추행죄 (미수범 처벌)

- **폭행과 협박의 정도** : 종래 판례는 ① 기습추행형 강제추행죄(협의의 폭행)와 ② 폭행·협박 선행형 강제추행죄(상대방의 저항을 곤란케 할 정도)로 나누어 그 정도를 구별하였으나, 최근 전합 판례를 통하여 기습추행형 강제추행죄와 폭행·협박 선행형 강제추행죄 모두 협의의 폭행 또는 협박을 의미하는 것으로 종래 판례를 변경하였다. [2023 2차][2023 3차]

  ☐ **폭행행위 자체가 추행행위인 사건** : 강제추행죄는 상대방에 대하여 폭행 또는 협박을 가하여 항거를 곤란하게 한 뒤에 추행행위를 하는 경우뿐만 아니라 폭행행위 자체가 추행행위라고 인정되는 경우도 포함되는 것이며, 이 경우에 있어서의 폭행은 반드시 상대방의 의사를 억압할 정도의 것임을 요하지 않고 상대방의 의사에 반하는 유형력의 행사가 있는 이상 그 힘의 대소강약을 불문한다(2001도2417) (19 변시)

  ☐ **폭행행위 자체가 추행행위인 기습추행 사건** : 강제로 뒤에서 껴안으려다가 소리치며 돌아보는 바람에 껴안지 못했다면 강제추행미수가 성립한다는 판례(2015도6980) (15 변시)(18 변시)(19 변시)

  ☐ **강제추행죄에서 '폭행 또는 협박'의 의미를 변경한 전합 판례** : [1] [다수의견] 강제추행죄의 '폭행 또는 협박'은 상대방의 항거를 곤란하게 할 정도로 강력할 것이 요구되지 아니하고, 상대방의 신체에 대하여 불법한 유형력을 행사(폭행)하거나 일반적으로 보아 상대방으로 하여금 공포심을 일으킬 수 있는 정도의 해악을 고지(협박)하는 것이라고 보아야 한다. [2] 피고인이 자신의 주거지 방안에서 4촌 친족관계인 피해자 갑(여, 15세)의 학교 과제를 도와주던 중 갑을 양팔로 끌어안은 다음 침대에 쓰러뜨린 후 갑의 가슴을 만지는 등 강제로 추행하였다는 성폭력범죄의 처벌 등에 관한 특례법 위반(친족관계에의한강제추행)의 주위적 공소사실로 기소된 사안에서, 당시 피고인은 방안에서 갑의 숙제를 도와주던 중 갑의 왼손을 잡아 자신의 성기 쪽으로 끌어당겼고, 이를 거부하고 자리를 이탈하려는 갑의 의사에 반하여 갑을 끌어안은 다음 침대로 넘어져 갑의 위에 올라탄 후 갑의 가슴을 만졌으며, 방문을 나가려는 갑을 뒤따라가 끌어안았는바, 이러한 피고인의 행위는 갑의 신체에 대하여 불법한 유형력을 행사하여 갑을 강제추행한 것에 해당한다고 볼 여지가 충분하다는 이유로, 이와 달리 피고인의 행위가 갑의 항거를 곤란하게 할 정도의 폭행 또는 협박에 해당하지 않는다고 보아 위 공소사실을 무죄로 판단한 원심의 조치에 강제추행죄의 폭행에 관한 법리오해 등의 잘못이 있다고 한 사례(2018도13877 전합)

  ☐ 피해자가 추행 즉시 행위자에게 거부의사를 밝히지 않았더라도 강제추행죄가 성립한다(2019도15994) (21 2차)

- **추행** : 추행은 일반인에게 성적 수치심이나 혐오감을 일으키게 하고 선량한 성적 도덕관념에 반하는 행위로서 피해자의 성적 자유를 침해하는 것을 말한다.

□ **추행의 의미와 판단** : 추행이라 함은 객관적으로 일반인에게 성적 수치심이나 혐오감을 일으키게 하고 선량한 성적 도덕관념에 반하는 행위로서 피해자의 성적 자유를 침해하는 것이라고 할 것이고, 이에 해당하는지 여부는 피해자의 의사, 성별, 연령, 행위자와 피해자의 이전부터의 관계, 그 행위에 이르게 된 경위, 구체적 행위태양, 주위의 객관적 상황과 그 시대의 성적 도덕관념 등을 종합적으로 고려하여 신중히 결정되어야 한다. 그리고 강제추행죄의 성립에 필요한 주관적 구성요건으로 성욕을 자극·흥분·만족시키려는 주관적 동기나 목적이 있어야 하는 것은 아니다(2013도5856) (21 3차)

□ **장년의 남녀사이에서 남자가 자신의 바지를 벗어 성기 보여준 사건** : 피고인이 피해자 갑(여, 48세)에게 욕설을 하면서 자신의 바지를 벗어 성기를 보여주는 방법으로 강제추행하였다는 내용으로 기소된 사안에서, 제반 사정을 고려할 때 단순히 피고인이 바지를 벗어 자신의 성기를 보여준 것만으로는 폭행 또는 협박으로 '추행'을 하였다고 볼 수 없다고 한 사례(2011도8805) (13 변시)

• **강제추행죄의 간접정범** : 강제추행죄는 사람의 성적 자유 내지 성적 자기결정의 자유를 보호하기 위한 죄로서 정범 자신이 직접 범죄를 실행하여야 성립하는 자수범이라고 볼 수 없으므로, 처벌되지 아니하는 타인을 도구로 삼아 피해자를 강제로 추행하는 간접정범의 형태로도 범할 수 있다.

□ **강제추행죄는 간접정범의 형태로도 범할 수 있다는 판례** : 강제추행죄는 사람의 성적 자유 내지 성적 자기결정의 자유를 보호하기 위한 죄로서 정범 자신이 직접 범죄를 실행하여야 성립하는 자수범이라고 볼 수 없으므로, 처벌되지 아니하는 타인을 도구로 삼아 피해자를 강제로 추행하는 간접정범의 형태로도 범할 수 있다. 여기서 강제추행에 관한 간접정범의 의사를 실현하는 도구로서의 타인에는 피해자도 포함될 수 있으므로, 피해자를 도구로 삼아 피해자의 신체를 이용하여 추행행위를 한 경우에도 강제추행죄의 간접정범에 해당할 수 있다(2016도17733) [2021 변시][2022 3차](19 변시)(22 변시)(21 3차)(22 1차)(23 1차)

IV. 준강간죄, 준유사강간죄, 준강제추행죄 (미수범 처벌, 준강간 예비·음모 처벌)

• **준강간죄의 객체** : 준강간죄에서 행위의 대상은 '심신상실 또는 항거불능의 상태에 있는 사람'이다(2018도16002 전합) (22 1차)

• **심신상실** : 심신상실이란 정신능력의 상실로 말미암아 정상적인 성적 자기결정을 할 수 없는 상태를 말한다.

• **항거불능** : 항거불능의 상태란 심신상실 이외의 원인 때문에 심리적 또는 물리적으로 반항이 절대적으로 불가능하거나 현저히 곤란한 경우를 의미한다.

☐ **블랙아웃 사건** : 준강간죄에서 '심신상실'이란 정신기능의 장애로 인하여 성적 행위에 대한 정상적인 판단능력이 없는 상태를 의미하고, '항거불능'의 상태라 함은 심신상실 이외의 원인으로 심리적 또는 물리적으로 반항이 절대적으로 불가능하거나 현저히 곤란한 경우를 의미한다. 이는 준강제추행죄의 경우에도 마찬가지이다. 피해자가 깊은 잠에 빠져 있거나 술·약물 등에 의해 일시적으로 의식을 잃은 상태 또는 완전히 의식을 잃지는 않았더라도 그와 같은 사유로 정상적인 판단능력과 대응·조절능력을 행사할 수 없는 상태에 있었다면 준강간죄 또는 준강제추행죄에서의 심신상실 또는 항거불능 상태에 해당한다(2018도9781) (22 3차)

☐ **black out과 passing out** : [1] 의학적 개념으로서의 '알코올 블랙아웃(black out)'은 중증도 이상의 알코올 혈중농도, 특히 단기간 폭음으로 알코올 혈중농도가 급격히 올라간 경우 그 알코올 성분이 외부 자극에 대하여 기록하고 해석하는 인코딩 과정(기억형성에 관여하는 뇌의 특정 기능)에 영향을 미침으로써 행위자가 일정한 시점에 진행되었던 사실에 대한 기억을 상실하는 것을 말한다. [2] 알코올 블랙아웃은 인코딩 손상의 정도에 따라 단편적인 블랙아웃과 전면적인 블랙아웃이 모두 포함한다. 그러나 알코올의 심각한 독성화와 전형적으로 결부된 형태로서의 의식상실의 상태, 즉 알코올의 최면진정작용으로 인하여 수면에 빠지는 의식상실(passing out)과 구별되는 개념이다(2018도9781)

Ⅴ. 강간등 상해·치상죄 (상해는 결합범, 치상은 결과적가중범, 강간 등 상해죄 예비·음모 처벌)

• **강간 등의 기회** : 강간등 상해·치상죄에 있어 상해의 결과는 ① 강간 등의 수단으로 사용한 폭행으로부터 발생한 경우뿐 아니라 ② 간음행위 그 자체로부터 발생한 경우나 ③ 강간 등에 수반하는 행위에서 발생한 경우도 포함한다.

☐ **강간의 기회** : 강간이 미수에 그치거나 간음의 결과 사정을 하지 않은 경우라도 그로 인하여 피해자가 상해를 입었으면 강간치상죄가 성립하는 것이고, 강간치상죄에 있어 상해의 결과는 강간의 수단으로 사용한 폭행으로부터 발생한 경우뿐 아니라 간음행위 그 자체로부터 발생한 경우나 강간에 수반하는 행위에서 발생한 경우도 포함하는 것이다(99도519) [2018 3차]

☐ **상해를 가한 다음 강제추행한 사건** : 피고인이 피해자를 폭행하여 비골 골절 등의 상해를 가한 다음 강제추행한 사안에서, 피고인의 위 폭행을 강제추행의 수단으로서의 폭행으로 볼 수 없어 위 상해와 강제추행 사이에 인과관계가 없다는 이유로, 상해를 다시 결과적 가중범인 강제추행치상죄의 상해로 인정한 원심판결을 파기한 사례(2009도1934) (14 변시)

- **상해의 결과** : 상해는 피해자의 신체의 완전성을 훼손하거나 생리적 기능에 장애를 초래하는 것, 즉 피해자의 건강상태가 불량하게 변경되고 생활기능에 장애가 초래되는 것을 말하며, 여기서의 생리적 기능에는 육체적 기능뿐만 아니라 정신적 기능도 포함된다.

  □ **'졸피뎀' 사건** : 수면제와 같은 약물을 투약하여 피해자를 일시적으로 수면 또는 의식불명 상태에 이르게 한 경우에도 약물로 인하여 피해자의 건강상태가 불량하게 변경되고 생활기능에 장애가 초래되었다면 자연적으로 의식을 회복하거나 외부적으로 드러난 상처가 없더라도 이는 강간치상죄나 강제추행치상죄에서 말하는 상해에 해당한다(2017도3196) (18 변시)(23 1차)

  □ **음모 잘라낸 사건** : 음모는 성적 성숙함을 나타내거나 치부를 가려주는 등의 시각적 · 감각적인 기능 이외에 특별한 생리적 기능이 없는 것이므로, 피해자의 음모의 모근(毛根) 부분을 남기고 모간(毛幹) 부분만을 일부 잘라냄으로써 음모의 전체적인 외관에 변형만이 생겼다면, 이로 인하여 피해자에게 수치심을 야기하기는 하겠지만, 병리적으로 보아 피해자의 신체의 건강상태가 불량하게 변경되거나 생활기능에 장애가 초래되었다고 할 수는 없을 것이므로, 그것이 폭행에 해당할 수 있음은 별론으로 하고 강제추행치상죄의 상해에 해당한다고 할 수는 없다(99도3099) (23 1차)

VI. 강간등 살인 · 치사죄 (살인은 결합범, 치사는 결과적가중범)

- **미수범 처벌 규정** : 본죄 중 강간등 살인죄의 미수범은 성폭법 제15조, 제9조 제1항에 따라 처벌된다.

  □ 강간치사상죄에 있어서 사상의 결과는 간음행위 그 자체나 수단인 폭행행위는 물론 강간에 수반하는 행위에서 발생한 경우도 포함되므로, 피고인들이 의도적으로 피해자를 술에 취하도록 유도하고 수차례 강간한 후 의식불명 상태에 빠진 피해자를 비닐창고로 옮겨 놓아 피해자가 저체온증으로 사망한 경우에도 강간치사죄가 성립한다(2007도10120) (23 1차)

VII. 미성년자등에 대한 간음죄

- **위계** : 위계란 행위자가 간음의 목적으로 상대방에게 오인, 착각, 부지를 일으키고는 상대방의 그러한 심적 상태를 이용하여 간음의 목적을 달성하는 것을 말한다. 그리고 여기에서 '오인, 착각, 부지'란 변경전 종래 판례에 의하면 '간음행위 자체에 대한 오인, 착각, 부지를 말한다'고 하였다. 그러나 최근 전합 판례에 따르면 '행위자의 위계적 언동이 존재하였다는 사정만으로 위계에 의한 간음죄가 성립하는 것은 아니지만 위계적 언동의 내용 중에 피해자가 성행위를 결심하게 된 중요한 동기를 이룰 만한 사정이 포함되어 있어 피해자의 자발적인 성적 자기결정권의 행사가 없었다고 평가할 수 있어야 한다(2015도9436 전합)'라고 하며 종래의 판례를 모두 변경하였다.

□ **위계의 의미를 변경한 전합 판례** : 행위자가 간음의 목적으로 피해자에게 오인, 착각, 부지를 일으키고 피해자의 그러한 심적 상태를 이용하여 간음의 목적을 달성하였다면 위계와 간음행위 사이의 인과관계를 인정할 수 있고, 따라서 위계에 의한 간음죄가 성립한다. 다만 행위자의 위계적 언동이 존재하였다는 사정만으로 위계에 의한 간음죄가 성립하는 것은 아니므로 위계적 언동의 내용 중에 피해자가 성행위를 결심하게 된 중요한 동기를 이룰 만한 사정이 포함되어 있어 피해자의 자발적인 성적 자기결정권의 행사가 없었다고 평가할 수 있어야 한다. 이와 같은 인과관계를 판단함에 있어서는 피해자의 연령 및 행위자와의 관계, 범행에 이르게 된 경위, 범행 당시와 전후의 상황 등 여러 사정을 종합적으로 고려하여야 한다(2015도 9436 전합) (23 변시)(21 2차)(21 3차)(22 3차)(23 1차)

- **위력** : 위력이라 함은 사람의 의사를 제압할 수 있는 힘을 말한다. 폭행·협박은 물론 지위·권세를 이용하여 상대방의 의사를 제압하는 일체의 행위를 포함한다. 그러나 폭행·협박의 경우는 강간죄나 강제추행죄의 폭행·협박의 정도에 이르지 않아야 한다.

  □ **형법 제302조의 위력** : 형법 제302조의 죄에서 '위력'이란 피해자의 성적 자유의사를 제압하기에 충분한 세력으로서 유형적이든 무형적이든 묻지 않으며, 폭행·협박뿐 아니라 행위자의 사회적·경제적·정치적인 지위나 권세를 이용하는 것도 가능하다(2019도3341)

  □ 「형법」 제302조의 미성년자간음죄에서 위력이란 폭행·협박이나 지위·권세 등의 타인의 자유의사를 제압할 만한 힘의 사용을 의미하며, 이때 폭행·협박의 정도가 강간죄의 폭행·협박 정도에 이른 경우에는 「형법」 제302조의 미성년자간음죄에 해당하지 않는다. (22 3차)

VIII. 피보호 · 감독자간음죄 (진정신분범)

- **성폭법 제10조** : 본죄는 업무상 위력 등에 의한 간음죄이지만, 성폭법 제10조 제1항에서는 업무상 위력 등에 의한 추행죄를, 동조 제2항에서는 피구금자추행죄를 규정하고 있다.

  □ 채용 전 단계에서 채용 절차의 영향력의 범위 안에 있는 사람도 「성폭력범죄의 처벌 등에 관한 법률」 제10조의 업무상 위력 등에 의한 추행죄에서 "업무, 고용이나 그 밖의 관계로 인하여 자기의 보호, 감독을 받는 사람"에 해당한다(2020도5646) (21 2차)

IX. 피구금자간음죄 (진정신분범)

- 본죄는 국가적 법익에 관한 죄이므로 피해자의 동의가 있어도 범죄가 성립한다.

X. 미성년자에 대한 간음 · 추행죄 (미수범 처벌, 예비 · 음모 처벌)

- 제1항의 13세 미만자에 대한 간음 등 죄 : 본죄의 객체는 13세 미만의 사람이다. 행위는 간음 · 유사간음 · 추행하는 것이며 간음 · 유사간음 · 추행을 하기 위한 별도의 수단은 필요없다. 또한 본죄는 13세 미만자의 자유로운 성적 발전을 보호법익으로 하므로 상대방의 동의가 있더라도 범죄가 성립한다.

> □ 미성년자의제강간죄는 피해자의 동의가 있어도 성립한다는 판례 : 형법 제305조에 규정된 13세미만 부녀에 대한 의제강간, 추행죄는 그 성립에 있어 위계 또는 위력이나 폭행 또는 협박의 방법에 의함을 요하지 아니하며 피해자의 동의가 있었다고 하여도 성립하는 것이다(82도2183) (16 변시)

- 제2항의 13세 이상 16세 미만자에 대한 간음 등 죄 : 본죄의 객체는 13세 이상 16세 미만의 사람이며, 주체는 19세 이상의 사람이다. 본죄는 최근에 텔레그램을 이용한 성착취 사건 등 사이버 성범죄로 인한 피해가 날로 증가하고 있는바, 이를 방지하기 위하여 미성년자의제강간 연령기준을 높이고 주체를 제한하여 2020년에 신설한 규정이다.

- 제305조의 미수

爭點 051

제305조의 미수

1. 논의점

미성년자의제강간 · 강제추행죄를 규정한 형법 제305조 제1항은 "13세 미만의 사람을 간음하거나 추행을 한 자는 제297조, 제297조의2, 제298조, 제301조 또는 제301조의2의 예에 의한다"로 되어 있어 강간죄와 유사강간죄 및 강제추행죄의 미수범의 처벌에 관한 형법 제300조를 명시적으로 인용하고 있지 아니하다. 따라서 미성년자의제강간죄의 경우에 미수범을 처벌할 것인지에 대하여 논의가 있다.

2. 견해의 대립

이에 대하여는 ① 형법 제305조의 입법 취지는 성적으로 미성숙한 13세 미만의 미성년자를 특별히 보호하기 위한 것이므로 미성년자의제강간죄 등의 처벌에 있어 그 법정형뿐만 아니라 미수범에 관하여도 강간죄 등의 예에 따른다는 취지로 해석되어야 하므로 제305조의 미수범을 긍정하는 긍정설 ② 제305조의 '제297조 등의 예에 의한다'를 미수범처벌여부도 제297조 등의 예에 의한다고 해석하는 것은 언어의 가능한 의미를 넘어서는 유추해석에 해당하므로 제305조의 미수범을 부정하는 부정설이 대립하고 있다.

3. 판례의 태도

판례는 '형법 제297조와 제298조의 "예에 의한다"는 의미는 미성년자의제강간 · 강제추행죄의 처벌에 있어 그 법정형뿐만 아니라 미수범에 관하여도 강간죄와 강제추행죄의 예에 따른다는 취지로 해석된다'라고 하여 미수긍정설의 입장이다.

4. 검 토

생각건대 형법 제305조의 입법 취지는 성적으로 미성숙한 13세 미만의 미성년자를 특별히 보호하기 위한 것으로 보이는바 이러한 입법 취지에 비추어 보면 미수범에 관하여도 강간죄 등의 예에 따른다는 취지로 해석하는 것이 타당하다.

5. 관련 판례

☐ 미성년자의제강간 · 강제추행죄는 미수범이 인정된다는 판례(2006도9453)

• **처벌** : 13세 미만의 사람 또는 13세 이상 16세 미만의 사람을 간음하거나 유사간음하거나 추행을 한 자는 강간죄, 유사강간죄, 강제추행죄로 처벌되고, 본죄를 범하여 상해나 사망의 결과를 초래한 경우에는 강간상해 · 치상죄, 강산살인 · 치사죄의 예에 의하여 처벌된다.

☐ **미성년자의제강제추행치상죄를 인정한 판례** : 미성년자에 대한 추행행위로 인하여 그 피해자의 외음부 부위에 염증이 발생한 것이라면, 그 증상이 약간의 발적과 경도의 염증이 수반된 정도에 불과하다고 하더라도 그로 인하여 피해자 신체의 건강상태가 불량하게 변경되고 생활기능에 장애가 초래된 것이 아니라고 볼 수 없으니, 이러한 상해는 미성년자의제강제추행치상죄의 상해의 개념에 해당한다고 본 사례(96도1395) (15 변시)

XI. 상습범

☐ **신설된 상습강제추행죄의 적용범위** : 포괄일죄에 관한 기존 처벌법규에 대하여 그 표현이나 형량과 관련한 개정을 하는 경우가 아니라 애초에 죄가 되지 아니하던 행위를 구성요건의 신설로 포괄일죄의 처벌대상으로 삼는 경우에는 신설된 포괄일죄 처벌법규가 시행되기 이전의 행위에 대하여는 신설된 법규를 적용하여 처벌할 수 없다(형법 제1조 제1항). 이는 신설된 처벌법규가 상습범을 처벌하는 구성요건인 경우에도 마찬가지라고 할 것이므로, 구성요건이 신설된 상습강제추행죄가 시행되기 이전의 범행은 상습강제추행죄로는 처벌할 수 없고 행위시법에 기초하여 강제추행죄로 처벌할 수 있을 뿐이며, 이 경우 그 소추요건도 상습강제추행죄에 관한 것이 아니라 강제추행죄에 관한 것이 구비되어야 한다(2015도15669) (19 변시)(23 변시)

XII. 예비 · 음모죄

• 제305조의3 (예비, 음모) 297조, 제297조의2, 제299조(준강간죄에 한정한다), 제301조(강간 등 상해죄에 한정한다) 및 제305조의 죄를 범할 목적으로 예비 또는 음모한 사람은 3년 이하의 징역에 처한다.[신설 2020.5.19.]

□ 甲은 乙에게 A(21세)를 강간하도록 교사하였고 이를 승낙한 乙이 강간을 실행하지 않은 경우 甲에게 강간 예비음모죄가 성립한다. (21 3차)

제3장 | 명예와 신용에 관한 죄

제1절 | 명예에 관한 죄

Ⅰ. 명예훼손죄 (반의사불벌죄)

□ **명예훼손죄는 추상적 위험범이라는 판례** : 명예훼손죄는 추상적 위험범으로 불특정 또는 다수인이 적시된 사실을 실제 인식하지 못하였다고 하더라도 인식할 수 있는 상태에 놓인 것으로도 명예가 훼손된 것으로 보아야 한다. 발언 상대방이 이미 알고 있는 사실을 적시하였더라도 공연성 즉 전파될 가능성이 없다고 볼 수 없다 (2015도15619) (23 변시)

1. 객체(사람의 명예)
• 명예의 의의

□ **명예훼손죄와 모욕죄의 관계** : 명예훼손죄와 모욕죄의 보호법익은 다같이 사람의 가치에 대한 사회적 평가인 이른바 외부적 명예인 점에서는 차이가 없으나 다만 명예훼손은 사람의 사회적 평가를 저하시킬 만한 구체적 사실의 적시를 하여 명예를 침해함을 요하는 것으로서 구체적 사실이 아닌 단순한 추상적 판단이나 경멸적 감정의 표현으로서 사회적 평가를 저하시키는 모욕죄와 다르다(87도739)

• **정부나 국가기관과 공직자** : 명예훼손죄는 개인적 법익에 관한 죄이므로 정부나 국가기관은 명예훼손죄의 명예의 주체가 될 수 없다. 그리고 공직자의 경우에는 제한적으로 명예훼손죄의 명예의 주체가 된다.

□ **국가나 지방자치단체와 명예훼손죄 또는 모욕죄** : 국가나 지방자치단체는 국민에 대한 관계에서 형벌의 수단을 통해 보호되는 외부적 명예의 주체가 될 수는 없고, 따라서 명예훼손죄나 모욕죄의 피해자가 될 수 없다(2014도15290) (24 변시)

□ **정부나 국가기관 및 공직자의 명예훼손** : 정부 또는 국가기관은 형법상 명예훼손죄의 피해자가 될 수 없으므로, 정부 또는 국가기관의 정책결정 또는 업무수행과 관련된 사항을 주된 내용으로 하는 언론보도로 인하여 그 정책결정이나 업무수행에 관여한 공직자에 대한 사회적 평가가 다소 저하될 수 있더라도, 그 보도의 내용이 공직자 개인에 대한 악의적이거나 심히 경솔한 공격으로서 현저히 상당성을 잃은 것으로 평가되지 않는 한, 그 보도로 인하여 곧바로 공직자 개인에 대한 명예훼손이 된다고 할 수 없다(2010도17237) (14 변시)

2. 행 위
- 공연성의 의미

爭點 052

공연성의 의미

1. 논의점

명예훼손죄와 모욕죄는 공연성을 요건으로 하며, '공연성'이란 '불특정 또는 다수인이 인식할 수 있는 상태'를 의미한다. 이러한 공연성의 의미 중 '불특정인 또는 다수인'에 대한 부분은 크게 문제가 없지만, '인식할 수 있는 상태'의 의미를 두고 논의가 있다.

2. 견해의 대립

이에 대하여는 ① 불특정 또는 다수인이 현실적으로 인식하였거나, 현실적으로 인식하지는 않았더라도 직접 인식하려면 언제든지 인식할 수 있는 정도가 되어야 한다는 직접인식가능성설 ② 사실을 적시한 상대방이 특정인이거나 소수인 경우라 하더라도 그 말을 들은 사람이 불특정 또는 다수인에게 그 말을 전파할 가능성이 있는 정도가 되어야 한다는 전파가능성설이 대립하고 있다.

3. 판례의 태도

판례는 '명예훼손죄의 구성요건인 공연성은 불특정 또는 다수인이 인식할 수 있는 상태를 의미하므로 비록 개별적으로 한 사람에 대하여 사실을 유포하였다 하더라도 그로부터 불특정 또는 다수인에게 전파될 가능성이 있다면 공연성의 요건을 충족한다'라고 하여 전파가능성설을 따르고 있었으며, 최근 전합 판례에서도 이를 확인하고 있다.

4. 검 토

생각건대 전파성가능성설에 의하면 공연성의 의미를 지나치게 확장함으로써 유추적용금지의 원칙에 반한 우려가 높으며, 죄의 성립 여부가 상대방의 전달여부에 달려있어 명확하지 않으므로 직접인식가능성설이 타당하다.

5. 관련 판례

☐ 전파가능성 법리에 관한 종래 판례를 유지한 전합 판례(2020도5813 전합) (23 2차)(22 1차)

☐ **전파가능성의 정도** : 명예훼손죄의 구성요건으로서 공연성은 '불특정 또는 다수인이 인식할 수 있는 상태'를 의미하고, 개별적으로 소수의 사람에게 사실을 적시하였더라도 그 상대방이 불특정 또는 다수인에게 적시된 사실을 전파할 가능성이 있는 때에도 공연성이 인정된다. 개별적인 소수에 대한 발언을 불특정 또는 다수인에게 전파될 가능성을 이유로 공연성을 인정하기 위해서는 막연히 전파될 가능성이 있다는 것만으로 부족하고, 고도의 가능성 내지 개연성이 필요하며, 이에 대한 검사의 엄격한 증명을 요한다 (2020도5813 전합) (21 3차)

- **공연성과 관련된 판례의 기본 법리** : 판례는 공연성의 판단기준을 전파가능성에 두고 있으나 이를 제한하지 않는다면 인간의 의사교류는 존재할 수 없으므로 구체적인 상황에 따라 전파가능성이 없는 경우를 인정하고 있다. 일반적으로 가족간, 직장동료간 등에 대하여 전파가능성이 없다고 보고 있지만, 이는 획일적으로 판단되어지는 것이 아니라 구체적인 상황에 따라 판단되어지는 것이다.

  ☐ **개인 블로그 사건** : 개인 블로그의 비공개 대화방에서 상대방으로부터 비밀을 지키겠다는 말을 듣고 일대일로 대화하였다고 하더라도, 그 사정만으로 대화 상대방이 대화내용을 불특정 또는 다수에게 전파할 가능성이 없다고 할 수 없으므로, 명예훼손죄의 요건인 공연성을 인정할 여지가 있다고 본 사례(2007도8155) (16 변시)(23 변시)

  ☐ **진정서와 고소장 사건** : 명예훼손죄의 요건인 공연성은 불특정 또는 다수인이 인식할 수 있는 상태를 말하는 것이므로, 진정서와 고소장을 특정 사람들에게 개별적으로 우송하여도 다수인(19명, 193명)에게 배포하였고, 또 그 내용이 다른 사람에게 전파될 가능성도 있어 공연성의 요건이 충족된다고 본 사례(91도347) (14 변시)

  ☐ **기자 사건** : 통상 기자가 아닌 보통 사람에게 사실을 적시할 경우에는 그 자체로서 적시된 사실이 외부에 공표되는 것이므로 그 때부터 곧 전파가능성을 따져 공연성 여부를 판단하여야 할 것이지만, 그와는 달리 기자를 통해 사실을 적시하는 경우에는 기사화되어 보도되어야만 적시된 사실이 외부에 공표된다고 보아야 할 것이므로 기자가 취재를 한 상태에서 아직 기사화하여 보도하지 아니한 경우에는 전파가능성이 없다고 할 것이어서 공연성이 없다고 봄이 상당하다(99도5622) (23 변시)

- **사실** : 사실이란 현실적으로 발생하고 증명할 수 있는 과거 또는 현재의 사실을 말한다. 따라서 주관적인 가치판단이나 의견은 사실이 될 수 없다.

  ☐ **사실과 의견** : 명예훼손죄에 있어서의 '사실의 적시'란 가치판단이나 평가를 내용으로 하는 의견표현에 대치되는 개념으로서 시간과 공간적으로 구체적인 과거 또는 현재의 사실관계에 관한 보고 내지 진술을 의미하는 것이며, 그 표현내용이 증거에 의한 입증이 가능한 것을 말한다. 또한, 판단할 진술이 사실인가 또는 의견인가를 구별할 때는 언어의 통상적 의미와 용법, 입증가능성, 문제된 말이 사용된 문맥, 그 표현이 행하여진 사회적 상황 등 전체적 정황을 고려하여 판단하여야 한다(2007도1220) (21 2차)

  ☐ **'이단 중에 이단이다' 사건** : 목사가 예배중 특정인을 가리켜 '이단 중에 이단이다'라고 설교한 부분이 명예훼손죄에서 말하는 '사실의 적시'에 해당하지 않는다고 한 사례(2007도1220) (12 변시)

□ **이미 사회에 잘 알려진 사실을 적시한 사건** : 명예훼손죄가 성립하기 위하여는 반드시 숨겨진 사실을 적발하는 행위만에 한하지 아니하고 이미 사회의 일부에 잘 알려진 사실이라고 하더라도 이를 적시하여 사람의 사회적 평가를 저하시킬 만한 행위를 한 때에는 명예훼손죄를 구성한다(93도3535) (21 3차)

• **장래의 사실의 주장과 사실** : 사실은 현재와 과거에만 존재할 수 있으므로 현재와 과거에 대한 사실의 적시가 원칙이지만, **장래의 사실의 주장**도 현재사실을 바탕으로 하는 경우에는 사실에 포함될 수 있다.

□ **장래의 사실의 주장과 사실** : 명예훼손죄가 성립하기 위하여는 사실의 적시가 있어야 하는데, 여기에서 적시의 대상이 되는 사실이란 현실적으로 발생하고 증명할 수 있는 과거 또는 현재의 사실을 말하며, 장래의 일을 적시하더라도 그것이 과거 또는 현재의 사실을 기초로 하거나 이에 대한 주장을 포함하는 경우에는 명예훼손죄가 성립한다고 할 것이다(2002도7420) (16 변시)

• **진실한 사실과 허위의 사실** : 적시된 사실이 진실한 사실인가 또는 허위의 사실인가에 따라 제307조 제1항 또는 제307조 제2항의 죄가 성립한다. 허위인가의 판단은 적시된 사실의 내용 전체의 취지에 따라 판단하여야 한다.

□ **적시된 사실의 진실 여부의 판단** : 형법 제307조 제2항을 적용하기 위하여 적시된 사실이 허위의 사실인지 여부를 판단하는 경우, 적시된 사실의 내용 전체의 취지를 살펴볼 때 중요한 부분이 객관적 사실과 합치되면 세부에 있어서 진실과 약간 차이가 나거나 다소 과장된 표현이 있다 하더라도 이를 허위의 사실이라고 볼 수 없다 (2007도1220) (12 변시)

□ 허위성에 대한 인식이 없는 상태에서 허위의 사실을 적시한 경우 「형법」 제307조 제2항의 허위사실적시명예훼손죄가 아니라 같은 조 제1항의 사실적시명예훼손죄가 성립될 수 있다. (21 2차)

• **사실의 적시** : 사실의 적시란 명예훼손적인 사실을 사회적인 외부세계에 표시하는 일체의 행위를 말한다.

• **사실의 적시의 구체성** : 사실의 적시는 **특정인의 명예가 훼손될 정도의 구체성**을 가져야 한다. 따라서 추상적인 가치판단의 표시나 주관적 의견에 해당하는 것은 사실의 적시가 아니다. 그리고 가치중립적인 표현을 사용하였다 하여도 사회통념상 그로 인하여 특정인의 사회적 평가가 저하되었다고 판단된다면 명예훼손죄가 성립할 수 있다.

□ **구체성의 정도** : 특정인의 사회적 가치나 평가를 저하시키기에 충분한 구체적인 사실의 적시가 있다고 하기 위해서는, 반드시 그러한 구체적인 사실이 직접적으로 명시되어 있을 것을 요구하는 것은 아니지만, 적어도 적시된 내용 중의 특정 문구에 의하여 그러한 사실이 곧바로 유추될 수 있을 정도는 되어야 한다(2011도6904) (22 1차)

- **피해자의 특정** : 사실의 적시는 **특정인의 명예를 훼손하는 것이므로 피해자는 특정되어야 한다.** 따라서 피해자의 성명을 명시할 필요는 요하지 않으나, 사실표현의 내용과 주위사정을 종합적으로 판단하면 누구에 대한 것인지를 알 수 있어야 한다. 그리고 피해자의 특정은 명예훼손의 사실적시시를 기준으로 판단한다.

- **집합명칭에 의한 명예훼손** : 명예훼손죄는 피해자가 특정되어야 한다. 이와 관련하여 집합적 명사를 쓴 경우에도 명예훼손죄가 성립할 수 있는지가 문제되지만, 집합적 명사를 쓴 경우라도 어떤 범위에 속하는 특정인을 가리키는 것이 명백하면, 이를 각자의 명예를 훼손하는 행위라고 볼 수 있다.

□ **집합적 명사를 사용한 경우의 명예훼손** : 명예훼손죄는 어떤 특정 것이므로 피해자가 특정되어야 한다. 집합적 명사를 쓴 경우에도 어떤 범위에 속하는 특정인을 가리키는 것이 명백하면, 이를 각자의 명예를 훼손하는 행위라고 볼 수 있다. 그러나 명예훼손의 내용이 집단에 속한 특정인에 대한 것이라고 해석되기 힘들고 집단 표시에 의한 비난이 개별구성원에 이르러서는 비난의 정도가 희석되어 구성원 개개인의 사회적 평가에 영향을 미칠 정도에 이르지 않는 것으로 평가되는 경우에는 구성원 개개인에 대한 명예훼손이 성립하지 않는다(2016도14678) (21 변시)

3. 기수시기

- **기수시기** : 본죄는 추상적 위험범이므로 사람에 대한 사회적 평가가 현실적으로 침해되었을 것을 요하지 않고, 단순히 명예를 해할 우려가 있는 상태에 이르면 기수가 된다. (22 1차)

□ **게시행위로서 범죄행위가 종료된다는 판례** : 서적·신문 등 기존의 매체에 명예훼손적 내용의 글을 게시하는 경우에 그 게시행위로써 명예훼손의 범행은 종료하는 것이며 그 서적이나 신문을 회수하지 않는 동안 범행이 계속된다고 보지는 않는다는 점을 고려해 보면, 정보통신망을 이용한 명예훼손의 경우에, 게시행위 후에도 독자의 접근가능성이 기존의 매체에 비하여 좀 더 높다고 볼 여지가 있다 하더라도 그러한 정도의 차이만으로 정보통신망을 이용한 명예훼손의 경우에 범죄의 종료시기가 달라진다고 볼 수는 없다(2006도346) (15 변시)(21 변시)

4. 고 의

- **고의** : 사람의 사회적 평가를 저하시키는 데 충분한 구체적 사실을 적시하는 행위를 한다는 인식과 사람의 명예를 훼손한다는 의사가 있어야 한다. 그리고 적시한 사실이 진실한 사실인지 또는 허위의 사실인지에 대한 인식도 고의의 내용이 된다.

□ 명예훼손죄의 고의 : 명예훼손죄가 성립하기 위해서는 주관적 구성요소로서 타인의 명예를 훼손한다는 고의를 가지고 사람의 사회적 평가를 저하시키는 데 충분한 구체적 사실을 적시하는 행위를 할 것이 요구된다. 따라서 불미스러운 소문의 진위를 확인하고자 질문을 하는 과정에서 타인의 명예를 훼손하는 발언을 하였다면 이러한 경우에는 그 동기에 비추어 명예훼손의 고의를 인정하기 어렵다(2018도4200) (21 3차)(23 2차)

• **질문이나 답변과 고의** : 불미스러운 소문의 진위를 확인하고자 질문을 하는 과정 또는 이에 대한 답변을 하는 과정에서 타인의 명예를 훼손하는 발언을 하더라도 그 동기에 비추어 고의를 인정할 수 없다.

□ 질문에 대한 대답과 고의 : '명예훼손사실을 발설한 것이 사실이냐'는 질문에 대답하는 과정에서 타인의 명예를 훼손하는 사실을 발설하게 된 것이라면, 그 발설내용과 동기에 비추어 명예훼손의 범의를 인정할 수 없고, 질문에 대한 단순한 확인대답이 명예훼손에서 말하는 사실적시라고도 할 수 없다(2008도6515) (23 2차)

5. 제310조의 위법성조각

• **제310조 (위법성의 조각)** : 제307조 제1항의 행위가 진실한 사실로서 오로지 공공의 이익에 관한 때에는 처벌하지 아니한다. (22 3차)

• **제310조의 진실성** : '진실'이란 중요부분이 진실과 합치됨을 말한다. 따라서 적시된 사실이 중요부분에서 진실과 합치하여 전체로서 진실하다고 볼 수 있으면 족하며, 세부에서 약간 진실과 합치하지 않거나 다소의 과장이 있더라도 무방하다(판례).

□ 제310조에서의 '진실한 사실' : 여기에서 '진실한 사실'이란 그 내용 전체의 취지를 살펴볼 때 중요한 부분이 객관적 사실과 합치되는 사실이라는 의미로서 일부 자세한 부분이 진실과 약간 차이가 나거나 다소 과장된 표현이 있다고 하더라도 무방하다(2001도3594) (12 변시)

• **제310조의 공익성** : 사실의 적시가 오로지 공공의 이익에 관한 것이어야 한다. 공공의 이익이란 국가 · 사회 또는 다수인 일반의 이익에 관한 것뿐만 아니라 특정한 사회집단이나 그 구성원의 관심과 이익에 관한 것도 포함한다. 그리고 **공적 관심사안**에 관하여 진실하거나 진실이라고 봄에 상당한 사실을 공표한 경우에는 그것이 악의적이거나 현저히 상당성을 잃은 공격에 해당하지 않는 한 원칙적으로 공공의 이익에 관한 것이라는 증명이 있는 것으로 보아야 한다.

☐ **공공의 이익의 의미** : 형법 제310조에서 '오로지 공공의 이익에 관한 때'라 함은 적시된 사실이 객관적으로 볼 때 공공의 이익에 관한 것으로서 행위자도 주관적으로 공공의 이익을 위하여 그 사실을 적시한 것이어야 하는 것인데, 여기의 공공의 이익에 관한 것에는 널리 국가·사회 기타 일반 다수인의 이익에 관한 것뿐만 아니라 특정한 사회집단이나 그 구성원 전체의 관심과 이익에 관한 것도 포함하는 것이다(97도158) (12 변시)(23 변시)(22 3차)

☐ **공공의 이익의 의미** : 사실적시의 내용이 사회 일반의 일부 이익에만 관련된 사항이라도 다른 일반인과의 공동생활에 관계된 사항이라면 공익성을 지닌다고 할 것이고, 이에 나아가 개인에 관한 사항이더라도 그것이 공공의 이익과 관련되어 있고 사회적인 관심을 획득한 경우라면 직접적으로 국가·사회 일반의 이익이나 특정한 사회집단에 관한 것이 아니라는 이유만으로 형법 제310조의 적용을 배제할 것은 아니다. 사인이라도 그가 관계하는 사회적 활동의 성질과 사회에 미칠 영향을 헤아려 공공의 이익에 관련되는지 판단하여야 한다(2020도5813 전합) (22 1차)(23 2차)

☐ **징계절차 회부 안내문을 회사 게시판에 게시한 사건** : 회사에서 징계 업무를 담당하는 직원인 피고인이 피해자에 대한 징계절차 회부 사실이 기재된 문서를 근무현장 방재실, 기계실, 관리사무실의 각 게시판에 게시함으로써 공연히 피해자의 명예를 훼손하였다는 내용으로 기소된 사안에서, 피해자에 대한 징계절차 회부 사실을 공지하는 것이 회사 내부의 원활하고 능률적인 운영의 도모라는 공공의 이익에 관한 것으로 볼 수 없다고 한 사례(2021도6416) (22 3차)

• **제310조의 절차법적 효과** : 제310조가 거증책임전환규정인지에 대하여는 논의가 있지만, 판례는 거증책임전환규정으로 보고 있다. 따라서 피고인이 제310조의 요건에 해당함을 증명하여야 한다.

☐ **제310조가 거증책임전환규정이라는 판례** : 공연히 사실을 적시하여 사람의 명예를 훼손한 행위가 형법 제310조의규정에 따라서 위법성이 조각되어 처벌대상이 되지 않기 위하여는 그것이 진실한 사실로서 오로지 공의 이익에 관한 때에 해당된다는 점을 행위자가 증명하여야 한다(95도1473) (12 변시)(16 변시)(21 변시)(24 변시)

• 제310조에 있어 진실성에 대한 착오

爭點 053

제310조에 있어 진실성에 대한 착오 [2015 1차][2016 변시][2017 1차][2020 2차]

1. 논의점

제310조는 '제307조 제1항의 행위가 진실한 사실로서 오로지 공공의 이익에 관한 때에는 처벌하지 아니한다'라고 되어 있으며, 그 법적 성질은 위법성조각사유이다. 이 때 객관적으로 허위사실을 진실한 사실로 오인하고 공익을 위하여 사실을 적시한 경우에 그 효과에 대하여 논의가 있다.

2. 견해의 대립

이에 대하여는 ① 제310조를 위법성조각사유로 본다면 진실성에 대한 착오는 위법성조각사유의 전제사실의 착오문제로 해결하여야 한다는 **위법성조각사유의 전제사실의 착오설** ② 허위의 사실을 진실한 사실로 착오한 경우에 행위자가 진실한 사실인가에 대해 신중한 검토의무를 이행하였다면 제310조가 적용된다는 **의무합치적 심사설** ③ 허위의 사실을 진실한 사실로 착오한 경우에 공익성이 있는 경우에는 법률의 착오로 보자는 **위법성 착오설**이 대립하고 있다.

3. 판례의 태도

판례는 제310조를 거증책임전환규정이라는 것을 전제로 하면서, 피고인이 진실한 것이라는 증명이 없어도 진실이라고 믿을 객관적인 상당한 이유가 있다면 '위법성이 없다'고 보고 있다.

4. 검 토

생각건대 먼저 의무합치심사설과 판례의 태도는 적시된 사실이 허위라면 객관적으로 위법성이 조각될 수 없음에도 불구하고 위법성이 조각된다고 보는 점에서 타당하지 않다. 또한 위법성 착오설도 인식대상이 사실임에도 불구하고 규범에 대한 착오인 위법성의 착오로 보는 점에서 타당하지 않다. 제310조는 사실의 진실성은 위법성이 조각되기 위한 전제사실이므로 사실의 진실성에 대한 착오는 위법성조각사유의 전제사실의 착오 이론으로 해결하는 것이 타당하다.

5. 관련 판례

☐ **진실성의 착오** : 내용 중에 일부 허위사실이 포함된 신문기사를 보도한 사안에서 기사작성의 목적이 공공의 이익에 관한 것이고 그 기사내용을 작성자가 진실하다고 믿었으며 그와 같이 믿은 데에 객관적인 상당한 이유가 있는 경우에는 진실한 것이라는 증명이 없다고 할지라도 위법성이 없다고 보아야 한다(94도3191) (22 3차)

Ⅱ. 사자의 명예훼손죄 (친고죄)

Ⅲ. 출판물에 의한 명예훼손죄 (반의사불벌죄)

- **출판물의 정도** : 출판물은 적어도 등록 · 출판된 인쇄물의 정도에 이르러야 하지만, 이 정도의 효용과 기능을 가지고서 사실상 출판물로 유통 · 통용될 수 있는 외관을 가진 인쇄물도 포함된다.

  ▢ **'기타 출판물'의 범위** : 형법 제309조 제1항 소정의 '기타 출판물'에 해당한다고 하기 위하여는 그것이 등록 · 출판된 제본인쇄물이나 제작물은 아니라고 할지라도 적어도 그와 같은 정도의 효용과 기능을 가지고 사실상 출판물로 유통 · 통용될 수 있는 외관을 가진 인쇄물로 볼 수 있어야 한다(97도133)

  ▢ **A4 용지 7쪽 사건** : 컴퓨터 워드프로세서로 작성되어 프린트된 A4 용지 7쪽 분량의 인쇄물이 형법 제309조 제1항 소정의 '기타 출판물'에 해당하지 않는다고 본 사례 (99도3048) (15 변시)

- **비방할 목적** : 비방의 목적이란 가해의 의사 내지 목적을 말한다. 비방할 목적이 없으면 단순명예훼손죄가 성립할 뿐이다. 또한 적시한 사실이 **공공의 이익**에 관한 때에는 **특별한 사정이 없는 한 비방의 목적은 부인**된다.

  ▢ **'비방할 목적'과 '공공의 이익'은 양립할 수 없다는 판례** : 형법 제309조 제1항 소정의 '사람을 비방할 목적'이란 가해의 의사 내지 목적을 요하는 것으로서 공공의 이익을 위한 것과는 행위자의 주관적 의도의 방향에 있어 서로 상반되는 관계에 있다고 할 것이므로, 적시한 사실이 공공의 이익에 관한 것인 경우에는 특별한 사정이 없는 한 비방 목적은 부인된다고 봄이 상당하다(2003도6036) (16 변시)

- **간접정범** : 본죄는 간접정범형식으로도 가능하다. 정을 모르는 기자에게 비방할 목적으로 허위기사를 제공하여 신문에 보도하는 행위는 본죄의 간접정범에 해당한다.

  ▢ **기자를 이용한 출판물에 의한 명예훼손죄의 간접정범도 성립할 수 있다는 판례** : 타인을 비방할 목적으로 허위사실인 기사의 재료를 신문기자에게 제공한 경우에 기사를 신문지상에 게재하느냐의 여부는 신문 편집인의 권한에 속한다고 할 것이나 이를 편집인이 신문지상에 게재한 이상 기사의 게재는 기사재료를 제공한 자의 행위에 기인한 것이므로 기사재료의 제공행위는 형법 제309조 제2항 소정의 출판물에 의한 명예훼손죄의 죄책을 면할 수 없다(93도3535) (22 변시)(21 2차)

☐ 메디슨사 사건 : 출판물에 의한 명예훼손죄는 간접정범에 의하여 범하여질 수도 있으므로 타인을 비방할 목적으로 허위의 기사 재료를 그 정을 모르는 기자에게 제공하여 신문 등에 보도되게 한 경우에도 성립할 수 있으나 제보자가 기사의 취재·작성과 직접적인 연관이 없는 자에게 허위의 사실을 알렸을 뿐인 경우에는, 제보자가 피제보자에게 그 알리는 사실이 기사화 되도록 특별히 부탁하였다거나 피제보자가 이를 기사화 할 것이 고도로 예상되는 등의 특별한 사정이 없는 한, 피제보자가 언론에 공개하거나 기자들에게 취재됨으로써 그 사실이 신문에 게재되어 일반 공중에게 배포되더라도 제보자에게 출판·배포된 기사에 관하여 출판물에 의한 명예훼손죄의 책임을 물을 수는 없다(2000도3045)

☐ 의사가 의료기기 회사와의 분쟁을 정치적으로 해결하기 위하여 국회의원에게 허위의 사실을 제보하였고 그 정을 모르는 국회의원이 이를 언론에 공개할 것이 고도로 예상되는 경우, 그 국회의원의 발표로 허위사실이 일간신문에 게재되었다면 의사에게는 출판물에 의한 명예훼손죄의 간접정범이 성립할 수 있다. (23 1차)

Ⅳ. 정통망법 위반 판례

☐ 정보통신망 이용촉진 및 정보보호 등에 관한 법률이 규정한 명예훼손죄의 경우, 공연성의 의미는 형법상 명예훼손죄와 동일하게 판단되어야 한다(2020도5813 전합) (21 3차)

☐ 피해자를 사칭한 사건 : 피고인이 피해자를 사칭하여 마치 피해자가 직접 작성한 글인 것처럼 가장하여 각 게시글을 올렸더라도, 그 행위는 피해자에 대한 사실을 드러내는 행위가 아니므로, 정보통신망법 제70조 제2항의 명예훼손행위에 해당하지 않는다(2017도607)

☐ "학교폭력범은 접촉금지!!!" 사건 : 피고인이 초등학생인 딸 갑에 대한 학교폭력을 신고하여 교장이 가해학생인 을에 대하여 학교폭력대책자치위원회의 의결에 따라 '피해학생에 대한 접촉, 보복행위의 금지' 등의 조치를 하였는데, 그 후 피고인이 자신의 카카오톡 계정 프로필 상태메시지에 "학교폭력범은 접촉금지!!!"라는 글과 주먹 모양의 그림말 세 개를 게시함으로써 을의 명예를 훼손하였다고 하여 정보통신망 이용촉진 및 정보보호 등에 관한 법률 위반(명예훼손)으로 기소된 사안에서, 제반 사정에 비추어 피고인이 위 상태메시지를 통해 을의 사회적 가치나 평가를 저하시키기에 충분한 구체적인 사실을 드러냈다고 볼 수 없는데도, 이와 달리 본 원심판결에 법리오해 등의 잘못이 있다고 한 사례(2019도12750)

□ 정보통신망 이용촉진 및 정보보호 등에 관한 법률 제70조에서 정한 '사람을 비방할 목적'이란 가해의 의사 내지 목적을 요하며, 이러한 비방의 목적이 있었는지 여부는 그 표현에 의하여 훼손되거나 훼손될 수 있는 명예의 침해 정도 등을 비교·형량하여 판단되어야 한다(2020도5813 전합) (21 3차)

□ 정보통신망법 제70조 제2항(명예훼손)에서의 비방할 목적이 있는지 여부는 피고인이 드러낸 사실이 거짓인지 여부와 별개의 구성요건으로서, 드러낸 사실이 거짓이라고 해서 비방할 목적이 당연히 인정되는 것은 아니다(2020도11471) (22 2차)

□ **정통망법 위반과 제310조** : 정보통신망이용촉진 및 정보보호 등에 관한 법률(2007. 12.21. 법률 제8778호로 개정되기 전의 것) 제61조 제2항 소정의 '사람을 비방할 목적'이란 가해의 의사 내지 목적을 요하는 것으로서, 공공의 이익을 위한 것과는 행위자의 주관적 의도의 방향에 있어 서로 상반되는 관계에 있다고 할 것이므로, 형법 제310조의 공공의 이익에 관한 때에는 처벌하지 아니한다는 규정은 사람을 비방할 목적이 있어야 하는 구 정보통신망이용촉진 및 정보보호 등에 관한 법률 제61조 제2항 소정의 행위에 대하여는 적용되지 아니한다(2008도6999) (21 변시)(23 변시)(21 2차)

Ⅴ. **모욕죄** (친고죄)

- **공연성** : 명예훼손죄와 동일하다.

□ **여관방 사건** : 피고인이 각 피해자에게 "사이비 기자 운운" 또는 "너 이 쌍년 왔구나"라고 말한 장소가 여관방안이고 그곳에는 피고인과 그의 처, 피해자들과 그들의 딸, 사위, 매형 밖에 없었고 피고인이 피고인의 딸과 피해자들의 아들간의 파탄된 혼인관계를 수습하기 위하여 만나 얘기하던 중 감정이 격화되어 위와 같은 발설을 한 사실이 인정된다면, 위 발언은 불특정 또는 다수인이 인식할 수 있는 상태, 또는 불특정다수인에게 전파될 가능성이 있는 상태에서 이루어진 것이라 보기 어려우므로 이는 공연성이 없다 할 것이다(83도49) [COMMENT] 친족관계의 자들만 있었으므로 전파가능성설에 따르더라도 공연성을 부정하고 있는 판례이다. (17 변시)

- **모욕** : 모욕이란 구체적인 사실을 적시하지 아니하고 사람의 사회적 평가를 저하시킬 만한 **추상적 판단이나 경멸적 감정**을 표현하는 것을 말한다. 모욕의 수단·방법에는 제한이 없다. 다만, 그것은 설명가치를 가져야 하므로 단순한 농담·불친절·무례만으로는 모욕이라 할 수 없다.

□ **모욕의 개념** : 모욕죄에서 말하는 모욕이란 사실을 적시하지 아니하고 사람의 사회적 평가를 저하시킬 만한 추상적 판단이나 경멸적 감정을 표현하는 것이다(2003도3972)

• 모욕죄에 해당한다는 판례

☐ '듣보잡' 사건 : '듣보잡'이라는 신조어(新造語)가 '듣도 보도 못한 잡것(잡놈)'이라는 의미 외에 피고인의 주장과 같이 '유명하지 않거나 알려지지 않은 사람'이라는 의미로 사용될 수도 있음을 고려하더라도, 피고인이 이 부분 게시 글에서 '듣보잡'이라는 용어를 '함량 미달의 듣보잡', '개집으로 숨어 버렸나? 비욘 드보르잡이 지금 뭐하고 있을까요?' 등과 같이 전자(前者)의 의미로 사용하였음이 명백한 이상 이로써 피해자의 사회적 평가를 저하시킬 만한 추상적 판단이나 경멸적 감정을 표현한 것으로 볼 수 있다고 한 사례(2010도10130) [COMMENT] 본 판례 이외에 모욕을 긍정한 판례로는 '이 개같은 잡년아' 사건(85도1629), '저 망할 년 저기 오네' 사건(90도873), MSN 대화명을 "A주식회사 사장(B)xx새끼 x까는 새끼"라고 바꾼 사건(2004도8351), "젊은 놈의 새끼야, 순경새끼, 개새끼야." 사건(2016도9674) 등이 있다.

• **무례한 표현** : 판례에 의하면 단순한 농담·불친절·무례만으로는 모욕이라 할 수 없다.

☐ **무례하고 저속한 표현과 모욕** : 어떠한 표현이 상대방의 인격적 가치에 대한 사회적 평가를 저하시킬 만한 것이 아니라면 표현이 다소 무례한 방법으로 표시되었다 하더라도 모욕죄의 구성요건에 해당한다고 볼 수 없다(2015도2229)

☐ **"야, 이따위로 일할래." 사건** : 아파트 입주자대표회의 감사인 피고인이 관리소장 甲의 외부특별감사에 관한 업무처리에 항의하기 위해 관리소장실을 방문한 자리에서 甲과 언쟁을 하다가 "야, 이따위로 일할래.", "나이 처먹은 게 무슨 자랑이냐."라고 말한 사안에서, 피고인과 甲의 관계, 피고인이 발언을 하게 된 경위와 발언의 횟수, 발언의 의미와 전체적인 맥락, 발언을 한 장소와 발언 전후의 정황 등에 비추어 볼 때, 피고인의 발언은 상대방을 불쾌하게 할 수 있는 무례하고 저속한 표현이기는 하지만 객관적으로 甲의 인격적 가치에 대한 사회적 평가를 저하시킬 만한 모욕적 언사에 해당하지 않는다고 한 사례(2015도2229) [COMMENT] 본 판례 이외에 모욕이 아니라는 판례로는 "아이 씨발!" 사건(2015도6622), "일방적인 견해에 놀아났다" 사건(2008도8917), "부모가 그런 식이니 자식도 그런 것이다" 사건(2006도8915), 해고 근로자가 부사장 이름 부른("야 ○○아, ○○이 여기 있네, 니 이름이 ○○이잖아, ○○아 나오니까 좋지?") 사건(2017도2661), '정말 야비한 사람인 것 같습니다' 사건(2019도7370), 유튜브 채널에서 피해자의 얼굴에 '개' 얼굴을 합성하여 표현한 사건(2022도4719)등이 있다.

• **집단표시에 의한 모욕죄의 성립 요건** : 이른바 집단표시에 의한 모욕은 구성원 개개인에 대한 모욕이 성립되지 않는다고 봄이 원칙이고, 그 비난의 정도가 희석되지 않아 구성원 개개인의 사회적 평가를 저하시킬 만한 것으로 평가될 경우에는 예외적으로 구성원 개개인에 대한 모욕이 성립할 수 있다.

□ **여자 아나운서 사건** : 이른바 집단표시에 의한 모욕은, 모욕의 내용이 그 집단에 속한 특정인에 대한 것이라고는 해석되기 힘들고, 집단표시에 의한 비난이 개별구성원에 이르러서는 비난의 정도가 희석되어 구성원 개개인의 사회적 평가에 영향을 미칠 정도에 이르지 아니한 경우에는 구성원 개개인에 대한 모욕이 성립되지 않는다고 봄이 원칙이고, 그 비난의 정도가 희석되지 않아 구성원 개개인의 사회적 평가를 저하시킬 만한 것으로 평가될 경우에는 예외적으로 구성원 개개인에 대한 모욕이 성립할 수 있다(2011도15631) (16 변시)(24 변시)

• **기수시기** : 본죄는 추상적 위험범이므로 공연히 모욕함으로써 기수가 되며, 피해자의 외부적 명예가 현실적으로 훼손되었음을 요하지 않는다.

□ **모욕죄가 추상적 위험범이라는 판례** : 모욕죄는 피해자의 외부적 명예를 저하시킬 만한 추상적 판단이나 경멸적 감정을 공연히 표시함으로써 성립하는 것이므로 피해자의 외부적 명예가 현실적으로 침해되거나 구체적·현실적으로 침해될 위험이 발생하여야 하는 것도 아니다(2016도9674)

• **모욕죄와 위법성조각** : 모욕죄에는 제310조가 적용되지 않지만, 정당행위로써 위법성이 조각될 수 있다.

□ 모욕죄에는 「형법」 제310조에 의한 위법성조각 규정은 적용되지 않는다. (21 2차)

□ 어떤 글이 모욕적 표현을 담고 있다면 객관적 타당성이 있는 사실을 전제로 하여 자신의 의견을 밝힘에 있어 타당성을 강조하는 부분에서 부분적으로 모욕적 표현이 사용된 것에 불과하다면 사회상규에 위배되지 않는 정당행위로서 위법성이 조각될 수 있다(2017도17643) (22 3차)

□ **'한심하고 불쌍한 인간' 사건** : [1] 어떤 글이 특히 모욕적인 표현을 포함하는 판단 또는 의견의 표현을 담고 있는 경우에도 그 시대의 건전한 사회통념에 비추어 그 표현이 사회상규에 위배되지 않는 행위로 볼 수 있는 때에는 형법 제20조에 의하여 예외적으로 위법성이 조각된다. [2] 골프클럽 경기보조원들의 구직편의를 위해 제작된 인터넷 사이트 내 회원 게시판에 특정 골프클럽의 운영상 불합리성을 비난하는 글을 게시하면서 위 클럽담당자에 대하여 '한심하고 불쌍한 인간'이라는 등 경멸적 표현을 한 사안에서, 게시의 동기와 경위, 모욕적 표현의 정도와 비중 등에 비추어 사회상규에 위배되지 않는다고 보아 모욕죄의 성립을 부정한 사례 (2008도1433) [COMMENT] 본 판례 이외에 모욕에 해당하지만 정당행위로 위법성이 조각된다는 판례로는 기레기 사건(2017도17643), '도라이' 사건(2020도14576), "버스노조 악의 축, 갑과 을 구속수사하라!!"(2019도14421), "철면피, 파렴치, 양두구육, 극우부패세력" 사건(2020도16897), '정말 야비한 사람인 것 같습니다' 사건(2019도7370) 등이 있다.

□ "국민호텔녀" "퇴물" 사건 : 피고인이 사용한 표현들 중 "국민호텔녀"는 피해자의 사생활을 들추어 피해자가 종전에 대중에게 호소하던 청순한 이미지와 반대의 이미지를 암시하면서 피해자를 성적 대상화하는 방법으로 비하하는 것으로서 여성 연예인인 피해자의 사회적 평가를 저하시킬 만한 모멸적인 표현으로 평가할 수 있고, 정당한 비판의 범위를 벗어난 것으로서 정당행위로 보기도 어렵다(2017도19229)

제2절 | 신용·업무와 경매에 관한 죄

Ⅰ. 신용훼손죄

Ⅱ. 업무방해죄

1. 객체

- 업무의 의의 : 업무란 사람이 그 사회생활상의 지위에 터잡아 계속적으로 종사하는 사무 또는 사업을 말하며, 주된 업무뿐만 아니라 이와 밀접불가분한 관계에 있는 부수적인 업무도 포함한다.

  □ 업무의 개념 : 형법상 업무방해죄의 보호대상이 되는 '업무'란 직업 또는 계속적으로 종사하는 사무나 사업으로서 타인의 위법한 행위에 의한 침해로부터 보호할 가치가 있으면 되고, 법률상 보호할 가치가 있는 업무인지 여부는 그 사무가 사실상 평온하게 이루어져 사회적 활동의 기반이 되고 있느냐에 따라 결정된다(2016도8627)

  □ 초등학생 수업 사건 : 초등학생들이 학교에 등교하여 교실에서 수업을 듣는 것은 헌법 제31조가 정하고 있는 무상으로 초등교육을 받을 권리 및 초·중등교육법 제12, 13조가 정하고 있는 국가의 의무교육 실시의무와 부모들의 취학의무 등에 기하여 학생들 본인의 권리를 행사하는 것이거나 국가 내지 부모들의 의무를 이행하는 것에 불과할 뿐 그것이 '직업 기타 사회생활상의 지위에 기하여 계속적으로 종사하는 사무 또는 사업'에 해당한다고 할 수 없다(2013도3829) [2018 변시](20 변시)(23 변시)

- 형법상 보호할 가치가 있는 업무 : 업무방해죄에서의 업무는 형법상 보호할 가치가 있는 업무이어야 한다.
- 반사회성 업무 : 업무방해죄의 업무는 형법상 보호할 가치가 있는 업무로 제한되므로 어떤 사무나 활동 자체가 위법의 정도가 중하여 사회생활상 도저히 용인될 수 없는 정도로 반사회성을 띠는 경우에는 업무방해죄의 보호대상이 되는 업무에 해당한다고 볼 수 없다. 그리고 업무가 반사회성을 띠는 경우라고까지는 할 수 없다고 하더라도 그와 동등한 평가를 받을 수밖에 없는 경우에도 보호대상이 되는 업무라고 볼 수 없다.

□ **반사회성 업무는 업무방해죄의 업무에 포함되지 않는다는 판례** : 형법상 업무방해죄
의 보호대상이 되는 '업무'라고 함은 직업 또는 계속적으로 종사하는 사무나 사업
으로서 타인의 위법한 침해로부터 형법상 보호할 가치가 있는 것이어야 하므로
어떤 사무나 활동 자체가 위법의 정도가 중하여 사회생활상 도저히 용인될 수 없는
정도로 반사회성을 띠는 경우에는 업무방해죄의 보호대상이 되는 '업무'에 해당한
다고 볼 수 없다(2001도2015)

□ **비의료인이 개설한 의료기관 사건** : 의료인이나 의료법인이 아닌 자가 의료기관을
개설하여 운영하는 행위는 그 위법의 정도가 중하여 사회생활상 도저히 용인될
수 없는 정도로 반사회성을 띠고 있으므로 업무방해죄의 보호대상이 되는 '업무'에
해당하지 않는다(2001도2015) (17 변시)

□ **성매매업소 사건** : 성매매알선 등 행위는 법에 의하여 원천적으로 금지된 행위로서
형사처벌의 대상이 되는 중대한 범죄행위일 뿐 아니라 정의관념상 용인될 수 없는
정도로 반사회성을 띠는 경우에 해당하므로, 업무방해죄의 보호대상이 되는 업무
라고 볼 수 없다(2011도7081) (13 변시)(14 변시)

□ **공인중개사 아닌 사람이 중개업한 사건** : 공인중개사인 피고인이 자신의 명의로 등
록되어 있으나 실제로는 공인중개사가 아닌 피해자가 주도적으로 운영하는 형식
으로 동업하여 중개사무소를 운영하다가 위 동업관계가 피해자의 귀책사유로 종
료되고 피고인이 동업관계의 종료로 부동산중개업을 그만두기로 한 경우, 피해자
의 중개업은 법에 의하여 금지된 행위로서 형사처벌의 대상이 되는 범죄행위에
해당하는 것으로서 업무방해죄의 보호대상이 되는 업무라고 볼 수 없다고 한 사례
(2006도6599) (24 변시)

□ **직무집행정지 가처분결정 사건** : 법원의 직무집행정지 가처분결정에 의하여 그 직무
집행이 정지된 자가 법원의 결정에 반하여 직무를 수행함으로써 업무를 계속 행하
는 경우 그 업무는 국법질서와 재판의 존엄성을 무시하는 것으로서 사실상 평온하
게 이루어지는 사회적 활동의 기반이 되는 것이라 할 수 없고, 비록 그 업무가
반사회성을 띠는 경우라고까지는 할 수 없다고 하더라도 법적 보호라는 측면에서
는 그와 동등한 평가를 받을 수밖에 없으므로, 그 업무자체는 법의 보호를 받을
가치를 상실하였다고 하지 않을 수 없어 업무방해죄에서 말하는 업무에 해당하지
않는다(2001도5592) (17 변시)(23 변시)

• **보호할 가치가 있는 업무의 기초** : 형법상 보호할 가치가 있는 업무라면 그 업무의 기초가
된 계약 · 행정행위 등이 반드시 적법하여야 하는 것은 아니다. 따라서 기초가 되는 부분이 적
법하지 않더라도 업무의 내용이 형법상 보호가치가 있는 경우에는 사실상 평온하게 행하
여지면 족하다.

☐ 업무의 기초가 된 계약 또는 행정행위는 반드시 적법할 필요가 없다는 판례 : 업무방해죄의 보호대상이 되는 업무는 직업 또는 계속적으로 종사하는 사무나 사업을 말하는 것으로서 타인의 위법한 행위에 의한 침해로부터 보호할 가치가 있는 것이면 되고, 그 업무의 기초가 된 계약 또는 행정행위 등이 반드시 적법하여야 하는 것은 아니다(96도2214)

☐ 임대인의 승낙 없이 전차한 사건 : 건물의 전차인이 임대인의 승낙 없이 전차하였다고 하더라도 전차인이 불법침탈 등의 방법에 의하여 위 건물의 점유를 개시한 것이 아니고 그 동안 평온하게 음식점 등 영업을 하면서 점유를 계속하여 온 이상 전차인의 업무를 업무방해죄에 의하여 보호받지 못하는 권리라고는 단정할 수 없다(86노1372) (23 변시)

• 업무방해죄의 업무에 공무포함 여부 : 업무방해죄의 업무에 공무가 포함되는지에 대하여 종래 논의가 있었으나, 현재의 다수설과 판례는 공무는 업무에 포함되지 않는다고 보고 있다.

☐ 지방경찰청 민원실에서 행패를 부린 사건(공무는 업무방해죄의 업무에 포함되지 않는다는 판례) : 형법이 업무방해죄와는 별도로 공무집행죄를 규정하고 있는 것은 사적 업무와 공무를 구별하여 공무에 관해서는 공무원에 대한 폭행, 협박 또는 위계의 방법으로 그 집행을 방해하는 경우에 한하여 처벌하겠다는 취지라고 보아야한다. 따라서 공무원이 직무상 수행하는 공무를 방해하는 행위에 대해서는 업무방해죄로 의율할 수는 없다고 해석함이 상당하다(2009도4166 전합) (20 변시)(24 변시)(22 2차)(23 3차)

2. 행 위

• 허위사실의 유포 : 허위사실의 유포란 객관적으로 진실과 부합하지 않는 사실을 유포하는 것으로서 단순한 의견이나 가치판단을 표시하는 것은 이에 해당하지 아니한다.

☐ 허위사실의 유포의 개념과 판단 : 여기서 허위사실은 기본적 사실이 허위여야만 하는 것은 아니고, 기본적 사실은 허위가 아니라도 이에 허위사실을 상당 정도 부가시킴으로써 타인의 업무를 방해할 위험이 있는 경우도 포함된다. 그러나 그 내용의 전체 취지를 살펴볼 때 중요한 부분은 객관적 사실과 합치되는데 단지 세부적인 사실에 약간 차이가 있거나 다소 과장된 정도에 불과하여 타인의 업무를 방해할 위험이 없는 경우는 이에 해당하지 않는다(2016도19159) (23 3차)

• 위계 : 위계라 함은 행위자의 행위목적을 달성하기 위하여 상대방에게 오인, 착각 또는 부지를 일으키게 하여 이를 이용하는 것을 말한다.

□ **위계의 의미** : 위계에 의한 업무방해죄에 있어서 위계라 함은 행위자의 행위목적을 달성하기 위하여 상대방에게 오인, 착각 또는 부지를 일으키게 하여 이를 이용하는 것을 말하며, 상대방이 이에 따라 그릇된 행위나 처분을 하였다면 위계에 의한 업무방해죄가 성립된다(91도2221)

□ **'쪼개기 송금' 사건** : 전화금융사기 조직의 현금 수거책인 피고인이 무매체 입금거래의 '1인 1일 100만 원' 한도 제한을 회피하기 위하여 은행 자동화기기에 제3자의 주민등록번호를 입력하는 방법으로 이른바 '쪼개기 송금'을 한 것이 은행에 대한 업무방해죄로 기소된 사안에서, 대법원은 피고인의 행위가 업무방해죄에서 말하는 위계에 해당하지 않는다는 전제에서 위계에 의한 업무방해죄가 성립하지 않는다고 본 원심판단을 수긍한 사례(2021도12394) (23 3차)

□ **지방공사 사장 신규직원 채용 사건** : [1] 지방공사 사장이 신규직원 채용권한을 행사하는 것은 공사의 기관으로서 공사의 업무를 집행하는 것이므로, 위 권한의 귀속주체인 사장 본인에 대한 관계에서도 업무방해죄의 객체인 타인의 업무에 해당한다고 한 사례. [2] 신규직원 채용권한을 가지고 있는 지방공사 사장이 시험업무 담당자들에게 지시하여 상호 공모 내지 양해하에 시험성적조작 등의 부정한 행위를 한 경우, 법인인 공사에게 신규직원 채용업무와 관련하여 오인·착각 또는 부지를 일으키게 한 것이 아니므로, '위계'에 의한 업무방해죄에 해당하지 않는다고 한 사례(2005도6404) (17 변시)(20 변시)(23 변시)

□ **지방공기업 사장인 피고인이 자격요건을 무단으로 변경하여 특정인을 채용한 사건** : 지방공기업 사장인 피고인이 내부 인사규정 변경을 위한 적법한 절차를 거치지 않은 채 채용공고상 자격요건을 무단으로 변경하여 공동피고인을 2급 경력직의 사업처장으로 채용한 행위에 대하여 위계 또는 위력에 의한 업무방해죄로 기소된 사안에서, 채용공고가 인사규정에 부합하는지 여부는 서류심사위원과 면접위원의 업무와 무관하고, 피고인들이 서류심사위원과 면접위원에게 오인, 착각 또는 부지를 일으키게 하여 이를 이용하였다고 볼 수 없으며, 공기업 대표이사인 피고인은 직원 채용 여부에 관한 결정에 있어 인사담당자의 의사결정에 관여할 수 있는 권한을 갖고 있어 관련 업무지시를 위력 행사로 볼 수 없고, 피고인들이 서류심사위원과 면접위원, 인사담당자의 업무의 공정성, 적정성을 해하였거나, 이를 해한다는 인식이 있었다고 단정하기 어렵다고 보아 주위적 및 제1, 2 예비적 공소사실을 전부 무죄로 판단한 원심을 수긍한 사례(2020도16182) (23 3차)

☐ **위장취업 사건** : 피고인이 노동운동을 하기 위하여 노동현장에 취업하고자 하나, 자신이 대학교에 입학한 학력과 국가보안법위반죄의 처벌 전력 때문에 쉽사리 입사할 수 없음을 알고, 타인 명의로 허위의 학력과 경력을 기재한 이력서를 작성하고, 동인의 고등학교 생활기록부 등 서류를 작성 제출하여 시험에 합격하였다면, 피고인은 위계에 의하여 위 회사의 근로자로서의 적격자를 채용하는 업무를 방해하였다고 본 사례(91도2221) (17 변시)

• **위력** : 위력이란 사람의 자유의사를 제압할 만한 일체의 세력을 말한다. 유형적이든 무형적이든 불문하므로, 폭력·협박은 물론 사회적·경제적·정치적 지위와 권세에 의한 압박 등도 이에 포함된다. 그리고 피해자의 자유의사를 제압하기에 충분한 세력이어야 하지만 현실적으로 피해자의 자유의사가 제압될 필요는 없다. (24 변시)

☐ **전국철도노동조합 사건(파업을 위력으로 볼 수 있다고 한 판례)** : 쟁의행위로서 파업(노동조합 및 노동관계조정법 제2조 제6호)도, 단순히 근로계약에 따른 노무의 제공을 거부하는 부작위에 그치지 아니하고 이를 넘어서 사용자에게 압력을 가하여 근로자의 주장을 관철하고자 집단적으로 노무제공을 중단하는 실력행사이므로, 업무방해죄에서 말하는 위력에 해당하는 요소를 포함하고 있다(2007도482 전합) (13 변시)(22 1차)

☐ **공사대금을 받을 목적으로 건축자재를 치우지 않았더라도 부작위에 의한 업무방해죄에 해당하지 않는다는 판례** : 업무방해죄와 같이 작위를 내용으로 하는 범죄를 부작위에 의하여 범하는 부진정 부작위범이 성립하기 위해서는 부작위를 실행행위로서의 작위와 동일시할 수 있어야 한다(2017도13211) (22 변시)(23 변시)

☐ 甲이 A와 토지 지상에 창고를 신축하는 데 필요한 형틀공사계약을 체결한 후 그 공사를 완료하였는데, A가 공사대금을 주지 않는다는 이유로 위 토지에 쌓아 둔 건축자재를 단순히 치우지 않아 추가 공사를 막았더라도, 甲에게는 부작위에 의한 업무방해죄가 성립하지 아니한다(2017도13211) (23 3차)

☐ X마트 노동조합 간부와 조합원인 甲과 乙 등 7명이 X마트의 ○○지점 매장 안에서 현장점검 업무를 하던 ○○지점장 A와 임직원들을 약 1~2m 이상 거리를 두고 뒤를 따라다니면서 '부당해고'라고 쓰인 피켓을 들고 약 30분간 "강제전배 멈추세요. 일하고 싶습니다."라고 고성을 지르는 방법으로 외쳤더라도, 甲과 乙 등이 욕설과 협박을 하지 않았고 A의 업무를 물리적으로 막지 않았다면 위력에 의한 업무방해죄가 성립하지 않는다(2021도9055) (23 3차)

• **업무방해** : 업무방해란 업무의 집행 자체를 방해하는 경우뿐만 아니라, 널리 업무의 경영을 저해하는 것도 포함한다.

☐ **업무방해란 업무의 경영 저해도 포함한다는 판례** : 업무방해죄에 있어 업무를 '방해한다'함은 업무의 집행 자체를 방해하는 것은 물론이고 널리 업무의 경영을 저해하는 것도 포함한다(98도3767) (13 변시)

- **기수시기** : 본죄는 추상적 위험범이므로 업무를 방해할 우려가 있는 상태가 발생하면 족하며, 방해의 결과가 현실적으로 발생하였음을 요하지 않는다. 그러나 결과발생의 염려가 없는 경우에는 본 죄가 성립하지 않는다.

☐ **업무방해죄는 위험범이라는 판례** : 업무방해죄의 성립에는 업무방해의 결과가 실제로 발생함을 요하지 않고 업무방해의 결과를 초래할 위험이 발생하는 것이면 족하며, 업무수행 자체가 아니라 업무의 적정성 내지 공정성이 방해된 경우에도 업무방해죄가 성립한다(2006도1721) (24 변시)

☐ **전화공세로 채권 추심한 사건** : 대부업체 직원이 대출금을 회수하기 위하여 소액의 지연이자를 문제삼아 법적 조치를 거론하면서 소규모 간판업자인 채무자의 휴대전화로 수백 회에 이르는 전화공세를 한 것이 사회통념상 허용한도를 벗어난 채권추심행위로서 채무자의 간판업 업무가 방해되는 결과를 초래할 위험이 있었다고 보아 업무방해죄를 구성한다고 한 사례(2004도8447) (17 변시)(18 변시)

☐ **결과발생의 염려가 없는 경우에는 업무방해죄가 성립하지 않는다는 판례** : 업무방해죄의 성립에 있어서는 업무방해의 결과가 실제로 발생함을 요하는 것은 아니고 업무방해의 결과를 초래할 위험이 발생하면 충분하다고 할 것이나, 결과발생의 염려가 없는 경우에는 본 죄가 성립하지 않는다(2005도5432)

- **업무방해죄의 고의**

☐ **업무방해죄의 고의** : 업무방해죄에서 업무방해의 범의는 반드시 업무방해의 목적이나 계획적인 업무방해의 의도가 있어야 인정되는 것은 아니고, 자기의 행위로 인하여 타인의 업무가 방해될 것이라는 결과를 발생시킬 만한 가능성 또는 위험이 있음을 인식하거나 예견하면 족한 것이며, 그 인식이나 예견은 확정적인 것은 물론 불확정적인 것이라도 이른바 미필적 고의로 인정되는 것이다(2012도3475) (21 1차)

3. 위법성조각사유로서의 쟁의행위

4. 죄수 및 타죄와의 관계

- **폭행죄와의 관계** : 폭행행위가 업무방해의 수단이 된 경우에는 폭행죄는 업무방해죄에 흡수되지 않고 별죄가 성립한다.

☐ **폭행행위가 업무방해죄 수단이 된 사건** : 업무방해죄와 폭행죄는 구성요건과 보호법익을 달리하고 있고, 업무방해죄의 성립에 일반적·전형적으로 사람에 대한 폭행행위를 수반하는 것은 아니며, 폭행행위가 업무방해죄에 비하여 별도로 고려되지 않을 만큼 경미한 것이라고 할 수도 없으므로, 설령 피해자에 대한 폭행행위가 동일한 피해자에 대한 업무방해죄의 수단이 되었다고 하더라도 그러한 폭행행위가 이른바 '불가벌적 수반행위'에 해당하여 업무방해죄에 대하여 흡수관계에 있다고 볼 수는 없다(2012도1895) (14 변시)(20 변시)(21 3차)(22 2차)

Ⅲ. 컴퓨터 등 장애 업무방해죄

• **객체와 행위** : 본죄의 객체는 컴퓨터 등 정보처리장치 또는 전자기록 등 특수매체기록이다. 본죄의 행위는 해당 객체를 손괴하거나 정보처리장치에 허위의 정보 또는 부정한 명령을 입력하거나 기타의 방법으로 정보처리장치에 장애를 발생케 하는 것이다.

☐ **컴퓨터 등 장애 업무방해죄의 기본 개념** : 형법 제314조 제2항의 컴퓨터 등 장애에 의한 업무방해죄에서 '컴퓨터 등 정보처리장치'란 자동적으로 계산이나 데이터처리를 할 수 있는 전자장치로서 하드웨어와 소프트웨어를 모두 포함하고, '손괴'란 유형력을 행사하여 물리적으로 파괴·멸실시키는 것뿐 아니라 전자기록의 소거나 자력에 의한 교란도 포함하며, '허위의 정보 또는 부정한 명령의 입력'이란 객관적으로 진실에 반하는 내용의 정보를 입력하거나 정보처리장치를 운영하는 본래의 목적과 상이한 명령을 입력하는 것이고, '기타 방법'이란 컴퓨터의 정보처리에 장애를 초래하는 가해수단으로서 컴퓨터의 작동에 직접·간접으로 영향을 미치는 일체의 행위를 말한다(2011도7943)

☐ **조합장이 자신의 감사활동 방해하기 위해 직원 컴퓨터에 비밀번호를 설정하고 하드디스크를 분리 보관하면 컴퓨터 등 장애 업무방해죄가 성립한다는 판례** : 주택재건축조합 조합장인 피고인이 자신에 대한 감사활동을 방해하기 위하여 조합 사무실에 있던 컴퓨터에 비밀번호를 설정하고 하드디스크를 분리·보관함으로써 조합 업무를 방해하였다는 내용으로 기소된 사안에서, 위와 같은 방법으로 조합의 정보처리에 관한 업무를 방해한 행위는 형법 제314조 제2항의 컴퓨터 등 장애 업무방해죄에 해당한다(2011도7943) (22 변시)(23 변시)

• **정보처리장치의 장애의 발생** : 컴퓨터 업무방해죄가 성립하기 위해서는 정보처리장치를 손괴하거나 정보처리장치에 허위의 정보 또는 부정한 명령을 입력하거나 기타의 방법으로 정보처리장치에 장애가 발생하여야 한다. 정보처리에 장애가 발생한다고 함은 정보처리장치가 정상적인 기능을 수행하지 못하게 됨을 의미한다. 본죄는 추상적 위험범이지만 행위만으로는 부족하고 반드시 장애가 발생하여야 기수가 된다는 점을 주의하여야 한다. (24 변시)

□ 아이디와 비밀번호를 권한없이 무단으로 변경하면 컴퓨터등장애업무방해죄가 성립한다는 판례 : 대학의 컴퓨터시스템 서버를 관리하던 피고인이 전보발령을 받아 더 이상 웹서버를 관리 운영할 권한이 없는 상태에서, 웹서버에 접속하여 홈페이지 관리자의 아이디와 비밀번호를 무단으로 변경한 행위는, 피고인이 웹서버를 관리 운영할 정당한 권한이 있는 동안 입력하여 두었던 홈페이지 관리자의 아이디와 비밀번호를 단지 후임자 등에게 알려 주지 아니한 행위와는 달리, 정보처리장치에 부정한 명령을 입력하여 정보처리에 현실적 장애를 발생시킴으로써 피해 대학에 업무방해의 위험을 초래하는 행위에 해당하여 컴퓨터 등 장애 업무방해죄를 구성한다고 한 사례(2005도382) (17 변시)

□ 허위의 클릭정보를 전송하여 반영되었다면 검색순위 변동을 초래하지 않았어도 컴퓨터등장애업무방해죄가 성립한다는 판례 : 포털사이트 운영회사의 통계집계시스템 서버에 허위의 클릭정보를 전송하여 검색순위 결정 과정에서 위와 같이 전송된 허위의 클릭정보가 실제로 통계에 반영됨으로써 정보처리에 장애가 현실적으로 발생하였다면, 그로 인하여 실제로 검색순위의 변동을 초래하지는 않았다 하더라도 '컴퓨터 등 장애 업무방해죄'가 성립한다(2008도11978) (16 변시)

Ⅳ. 경매 · 입찰방해죄

• 경매 : 경매란 파는 사람이 2인 이상의 구매자에게서 구두로 청약을 받고 최고가격을 부른 청약자에게 매도를 승낙함으로써 성립하는 매매를 말한다.

• 입찰 : 입찰이란 경쟁계약에서 경쟁에 참가한 다수 응모자에게 문서로 계약의 내용을 표시하도록 한 후에 주문자가 자신에게 가장 유리한 청약을 한 자를 상대방으로 하여 계약을 체결하는 것을 말한다. 입찰방해죄가 성립하기 위해서는 최소한 **적법하고 유효한 입찰 절차가 현실적으로 존재**하여야 한다.

□ 입찰의 존재 : 입찰방해죄가 성립하려면 최소한 적법하고 유효한 입찰 절차의 존재가 전제되어야 하므로 처음부터 재입찰절차가 존재하였다 할 수 없을 경우에는 입찰방해죄는 성립할 수 없다(2005도7545)

□ 위력의 의미 : 형법 제315조 소정의 입찰방해죄에 있어 '위력'이란 사람의 자유의사를 제압, 혼란케 할 만한 일체의 유형적 또는 무형적 세력을 말하는 것으로서 폭행, 협박은 물론 사회적, 경제적, 정치적 지위와 권세에 의한 압력 등을 포함하는 것이다(99도4079)

• 공정을 해하는 행위 : 공정을 해하는 행위란 공정한 가격을 결정하는 데 있어서 뿐 아니라 적법하고 공정한 경쟁방법을 해하는 행위도 포함된다.

□ **'입찰의 공정을 해하는 행위'의 의미** : 형법 제315조의 입찰방해죄는 위계 또는 위력 기타의 방법으로 입찰의 공정을 해하는 경우에 성립하는 위태범으로서, 여기서 '입찰의 공정을 해하는 행위'란 공정한 자유경쟁을 통한 적정한 가격형성에 부당한 영향을 주는 상태를 발생시키는 것으로, 그 행위에는 가격결정뿐 아니라 적법하고 공정한 경쟁방법을 해하는 행위도 포함된다(2007도5037)

- **담합행위** : 담합행위란 경매ㆍ입찰의 경쟁에 참가하는 자가 서로 모의하여 그 중 특정한 자를 경락자ㆍ낙찰자로 하기 위해 나머지 참가자는 일정한 가격이상 또는 이하로 호가 또는 응찰하지 않을 것을 협약하는 것을 말한다.

- **신탁입찰** : 신탁입찰이란 각자가 일부씩 입찰에 참가하면서 1인을 대표자로 하여 단독으로 입찰케 하는 것을 말한다. 이러한 신탁입찰의 경우에는 입찰의 공정성을 해할 여지가 없으므로 본죄에 해당하지 않는다.

제4장 | 사생활 평온에 관한 죄

제1절 | 비밀침해의 죄

I. 비밀침해죄 (친고죄)

- **봉함** : 봉함이란 그 외부의 포장을 파훼하지 않고는 내용을 알 수 없거나 내용을 알기 곤란하게 하는 것을 말한다.
- **기타 비밀장치** : 기타 비밀장치란 봉함 이외의 방법으로 외부의 포장을 만들어 그 내용을 알 수 없게 하는 일체의 장치를 말한다.

> ☐ 피해자의 컴퓨터에 해킹프로그램을 몰래 설치해 별도의 보안장치가 없는 인터넷 계정의 아이디, 비밀번호를 알아낸 행위는 형법 제316조 제2항 소정의 전자기록등내용탐지죄에 해당하지 않는다는 판례 : [1] 개정 형법이 전자기록 등 특수매체기록을 위 각 범죄의 행위 객체로 신설·추가한 입법취지, 전자기록등내용탐지죄의 보호법익과 그 침해행위의 태양 및 가벌성 등에 비추어 볼 때, 피해자의 아이디, 비밀번호는 전자방식에 의하여 피해자의 노트북 컴퓨터에 저장된 기록으로서 형법 제316조 제2항의 '전자기록 등 특수매체기록'에 해당한다. [2] 한편, 형법 제316조 제2항 소정의 전자기록등내용탐지죄는 봉함 기타 비밀장치한 전자기록 등 특수매체기록을 기술적 수단을 이용하여 그 내용을 알아낸 자를 처벌하는 규정인바, 전자기록 등 특수매체기록에 해당하더라도 봉함 기타 비밀장치가 되어 있지 아니한 것은 이를 기술적 수단을 동원해서 알아냈더라도 전자기록등내용탐지죄가 성립하지 않는다(2021도8900)

II. 업무상 비밀누설죄 (진정신분범, 친고죄)

제2절 | 주거침입의 죄

I. 주거침입죄 (미수범 처벌)

- **주거침입죄의 보호법익** : 주거침입죄의 보호법익에 대하여 ① 주거권설 ② 사실상 평온설 ③ 절충설 ④ 구분설이 대립하고 있으나, 다수설과 판례는 본죄의 보호법익은 권리로서의 주거권이 아니라 그 주거를 지배하고 있는 사실관계, 즉 공동생활자 모두의 사실상의 평온이라는 **사실상 평온설**을 따르고 있다.

☐ 주거침입죄의 보호법익 : 주거침입죄는 사실상의 주거의 평온을 보호법익으로 하는 것이므로, 그 주거자 또는 간수자가 건조물 등에 거주 또는 간수할 권리를 가지고 있는가의 여부는 범죄의 성립을 좌우하는 것이 아니다(2007도11322) (22 변시)

- **사람의 주거** : 사람의 주거란 사람이 기거하고 침식에 사용되는 장소를 말한다. 사람의 주거는 타인의 주거를 의미하며, 공동주거의 경우에는 공동생활에서 이탈한 후에는 타인의 주거가 된다.
- **주거의 범위** : 주거는 구조 · 설비 여하를 불문하며, 주거에 사용되는 한 일시적 · 영구적이든 불문한다. 그리고 단순히 가옥만을 말하는 것이 아니고 그 위요지를 포함한다.

☐ **담장과 방 사이의 통로 사건(주거는 위요지를 포함한다는 판례)** : 주거침입죄에 있어서 주거라 함은 단순히 가옥 자체만을 말하는 것이 아니라 그 위요지를 포함한다 (2001도1092)

☐ **위요지와 외부인의 출입** : 위요지라고 함은 건조물에 인접한 그 주변의 토지로서 외부와의 경계에 담 등이 설치되어 그 토지가 건조물의 이용에 제공되고 또 외부인이 함부로 출입할 수 없다는 점이 객관적으로 명확하게 드러나야 한다. 따라서 건조물의 이용에 기여하는 인접의 부속 토지라고 하더라도 인적 또는 물적 설비 등에 의한 구획 내지 통제가 없어 통상의 보행으로 그 경계를 쉽사리 넘을 수 있는 정도라고 한다면 일반적으로 외부인의 출입이 제한된다는 사정이 객관적으로 명확하게 드러났다고 보기 어려우므로, 이는 다른 특별한 사정이 없는 한 주거침입죄의 객체에 속하지 아니한다고 봄이 상당하다(2009도14643) (22 변시)(24 변시)(22 1차)

- **공동주택의 경우** : 판례에 의하면 다가구용 단독주택이나 다세대주택 · 연립주택 · 아파트 등 공동주택의 내부에 있는 엘리베이터, 공용 계단과 복도는 특별한 사정이 없는 한 주거침입죄의 객체인 '사람의 주거'에 해당한다. 그리고 **공동주택의 지하주차장**이 주거에 해당하는지에 대하여는 논의가 있지만, 구체적인 상황에 따라 개별적으로 고찰하여야 할 것이다.

☐ **엘리베이터 안에서 폭행하고 계단에서 강간한 사건** : 다가구용 단독주택이나 다세대주택 · 연립주택 · 아파트 등 공동주택의 내부에 있는 엘리베이터, 공용 계단과 복도는 특별한 사정이 없는 한 주거침입죄의 객체인 '사람의 주거'에 해당하고, 위 장소에 거주자의 명시적, 묵시적 의사에 반하여 침입하는 행위는 주거침입죄를 구성한다(2009도4335) [2018 1차](12 변시)(13 변시)(19 변시)(22 변시)[2023 2차]

- **점유하는 방실** : 점유하는 방실이란 건물 내에서 사실상 지배관리하는 구획된 장소를 말한다.

☐ 공중화장실 용변칸도 점유하는 방실이라는 판례(2003도1256) (12 변시)

- **침입** : 침입이란 주거자, 관리자 또는 점유자의 의사 또는 추정적 의사에 반하여 주거 안으로 들어가는 것을 말한다. 따라서 주거자 등의 동의가 있으면 구성요건해당성이 부정된다. 침입은 공연히 또는 폭력적인가를 불문하며 어떠한 저항을 받는 것으로 요하지 않는다.

    □ **아파트 등 공동주택의 공동현관 출입 사건** : 아파트 등 공동주택의 공동현관에 출입하는 경우에도, 그것이 주거로 사용하는 각 세대의 전용 부분에 필수적으로 부속하는 부분으로 거주자와 관리자에게만 부여된 비밀번호를 출입문에 입력하여야만 출입할 수 있거나, 외부인의 출입을 통제·관리하기 위한 취지의 표시나 경비원이 존재하는 등 외형적으로 외부인의 무단출입을 통제·관리하고 있는 사정이 존재하고, 외부인이 이를 인식하고서도 그 출입에 관한 거주자나 관리자의 승낙이 없음은 물론, 거주자와의 관계 기타 출입의 필요 등에 비추어 보더라도 정당한 이유 없이 비밀번호를 임의로 입력하거나 조작하는 등의 방법으로 거주자나 관리자 모르게 공동현관에 출입한 경우와 같이, 그 출입 목적 및 경위, 출입의 태양과 출입한 시간 등을 종합적으로 고려할 때 공동주택 거주자의 사실상 주거의 평온상태를 해치는 행위태양으로 볼 수 있는 경우라면 공동주택 거주자들에 대한 주거침입에 해당할 것이다(2021도15507) (24 변시)

    □ **확정판결 이후에도 계속 거주한 사건** : 다른 사람의 주택에 무단 침입한 범죄사실로 이미 유죄판결을 받은 사람이 그 판결이 확정된 후에도 퇴거하지 않은 채 계속하여 당해 주택에 거주한 사안에서, 위 판결 확정 이후의 행위는 별도의 주거침입죄를 구성한다고 한 사례(2007도11322) (23 2차)

- **권리자에 의한 침입** : 주거침입죄는 사실상의 주거의 평온을 보호법익으로 하므로 권리자라 하더라도 그 권리를 실행함에 있어 법에 정하여진 절차에 의하지 아니하고 그 건조물 등에 침입한 경우에는 주거침입죄가 성립한다.

    □ **권리자도 주거침입죄를 범할 수 있다는 판례** : 주거침입죄는 사실상의 주거의 평온을 보호법익으로 하는 것이므로, 그 주거자 또는 간수자가 건조물 등에 거주 또는 간수할 권리를 가지고 있는가의 여부는 범죄의 성립을 좌우하는 것이 아니며, 점유할 권리 없는 자의 점유라 하더라도 그 주거의 평온은 보호되어야 할 것이므로, 권리자가 그 권리를 실행함에 있어 법에 정하여진 절차에 의하지 아니하고 그 건조물 등에 침입한 경우에는 주거침입죄가 성립한다(2007도11322) (12 변시)(22 1차)

- **다른 공동주거자의 의사에 반하는 경우** : 공동주거자가 있는 경우에 일부 공동주거자의 동의가 다른 공동주거자의 의사에 반한 경우에 주거침입죄를 인정할 것인지가 문제된다. 특히 간통목적으로 처의 승낙을 얻어 주거에 들어간 경우에 주거침입죄의 성립여부에 대하여 종래 판례는 긍정설의 입장이었으나, 최근 전합 판례를 통하여 부정설로 판례를 변경하였다.

□ **혼외 성관계 목적으로 다른 배우자의 부재중 주거에 출입한 사건** : 주거침입죄의 구성
요건적 행위인 침입은 주거침입죄의 보호법익과의 관계에서 해석하여야 한다. 따
라서 침입이란 '거주자가 주거에서 누리는 사실상의 평온상태를 해치는 행위태양
으로 주거에 들어가는 것'을 의미한다. 침입에 해당하는지 여부는 출입 당시 객관
적·외형적으로 드러난 행위태양을 기준으로 판단함이 원칙이다. 단순히 주거에
들어가는 행위 자체가 거주자의 의사에 반한다는 거주자의 주관적 사정만으로 바
로 침입에 해당한다고 볼 수는 없다. 외부인이 공동거주자의 일부가 부재중에 주거
내에 현재하는 거주자의 현실적인 승낙을 받아 통상적인 출입방법에 따라 공동주
거에 들어간 경우라면 그것이 부재중인 다른 거주자의 추정적 의사에 반하는 경우
에도 주거침입죄가 성립하지 않는다고 보아야 한다(2020도12630 전합) [2023 변시](22
3차)(23 2차)(23 2차)

□ **처와 일시 별거 중인 남편이 주거지에 들어가려고 하는데 처제가 출입 못하게 한 사건** :
주거침입죄의 객체는 행위자 이외의 사람, 즉 '타인'이 거주하는 주거 등이라고
할 것이므로 행위자 자신이 단독으로 또는 다른 사람과 공동으로 거주하거나 관리
또는 점유하는 주거 등에 임의로 출입하더라도 주거침입죄를 구성하지 않는다.
다만 다른 사람과 공동으로 주거에 거주하거나 건조물을 관리하던 사람이 공동생
활관계에서 이탈하거나 주거 등에 대한 사실상의 지배·관리를 상실한 경우 등
특별한 사정이 있는 경우에 주거침입죄가 성립할 수 있을 뿐이다(2020도6085 전합)
(24 변시)

□ **처와 일시 별거 중인 남편이 주거지에 들어가려고 하는데 처제가 출입 못하게 한 사건** :
공동거주자 중 한 사람이 법률적인 근거 기타 정당한 이유 없이 다른 공동거주자가
공동생활의 장소에 출입하는 것을 금지한 경우, 다른 공동거주자가 이에 대항하여
공동생활의 장소에 들어갔더라도 이는 사전 양해된 공동주거의 취지 및 특성에
맞추어 공동생활의 장소를 이용하기 위한 방편에 불과할 뿐, 그의 출입을 금지한
공동거주자의 사실상 주거의 평온이라는 법익을 침해하는 행위라고는 볼 수 없으
므로 주거침입죄는 성립하지 않는다. 설령 그 공동거주자가 공동생활의 장소에
출입하기 위하여 출입문의 잠금장치를 손괴하는 등 다소간의 물리력을 행사하여
그 출입을 금지한 공동거주자의 사실상 평온상태를 해쳤더라도 그러한 행위 자체
를 처벌하는 별도의 규정에 따라 처벌될 수 있음은 별론으로 하고, 주거침입죄가
성립하지 아니함은 마찬가지이다(2020도6085 전합) (22 3차)(23 2차)

• **일반인의 출입이 자유로운 장소에 들어간 경우** : 종전 판례는 '일반인의 출입이 허용된 음식
점이라 하더라도, 영업주의 명시적 또는 추정적 의사에 반하여 들어간 것이라면 주거침
입죄가 성립한다'라고 하여 긍정설의 입장이었으나, 최근 전합판례를 통하여 '일반인의
출입이 허용된 음식점에 영업주의 승낙을 받아 통상적인 출입방법으로 들어갔다면 특별
한 사정이 없는 한 주거침입죄에서 규정하는 침입행위에 해당하지 않는다'라고 하여 종
래 판례를 변경하였다. [2023 2차]

□ 녹음·녹화장치를 설치할 목적으로 음식점에 들어간 사건 : 일반인의 출입이 허용된 음식점에 영업주의 승낙을 받아 통상적인 출입방법으로 들어갔으면 범죄 등을 목적으로 한 출입한 경우에도 주거침입죄는 성립하지 않는다는 판례(2017도18272 전합)

□ 업무시간 중 출입자격 등의 제한 없이 일반적으로 개방되어 있는 장소에 들어간 경우, 관리자의 명시적 출입금지 의사 및 조치가 없었던 이상 그 출입 행위가 결과적으로 관리자의 추정적 의사에 반하였다는 사정만으로는 사실상의 평온상태를 해치는 행위태양으로 출입하였다고 평가할 수 없다(2022도15955 전합)

• **관리자에 의하여 출입이 통제되는 건조물에 들어간 경우** : 판례에 의하면 관리자에 의해 출입이 통제되는 건조물에 관리자의 승낙을 받아 건조물에 통상적인 출입방법으로 들어갔다면, 이러한 승낙의 의사표시에 기망이나 착오 등의 하자가 있더라도 특별한 사정이 없는 한 형법 제319조 제1항에서 정한 건조물침입죄가 성립하지 않는다.

□ **구치소장의 허가 없이 접견내용을 촬영·녹음할 목적으로 명함지갑 모양으로 제작된 녹음·녹화장비를 몰래 소지하고 구치소에 들어간 사건** : 관리자에 의해 출입이 통제되는 건조물에 관리자의 승낙을 받아 건조물에 통상적인 출입방법으로 들어갔다면, 이러한 승낙의 의사표시에 기망이나 착오 등의 하자가 있더라도 특별한 사정이 없는 한 형법 제319조 제1항에서 정한 건조물침입죄가 성립하지 않는다(2018도15213, 2020도8030) (24 변시)(23 2차)

□ **세차업자가 아파트 지하주차장 들어간 사건** : 세차업자인 피고인이 '피고인의 이 사건 아파트 지하주차장 출입을 금지'하는 입주자대표회의의 결정과 법원의 출입금지가처분 결정에 반하여 일부 입주자등과 체결한 세차용역계약의 이행을 위하여 이 사건 아파트 지하주차장에 들어가 건조물침입죄로 기소된 사건에서, 이 사건 아파트 입주자대표회의가 입주자등이 아닌 피고인의 아파트 지하주차장에 대한 출입을 금지하는 결정을 하고, 법원으로부터 출입금지가처분 결정을 받아 그 사실이 피고인에게 통지되었음에도 피고인이 입주자대표회의의 결정에 반하여 그 주차장에 들어갔다면, 출입 당시 관리자로부터 구체적인 제지를 받지 않았더라도 그 주차장의 관리관자인 입주자대표회의의 의사에 반하여 들어간 것이므로 건조물침입죄가 성립하고, 설령 피고인이 일부 입주자등의 승낙을 받고 이 사건 아파트의 지하주차장에 들어갔더라도 개별 입주자등이 그 주차장에 대하여 가지는 본질적인 권리가 침해되었다고 볼 수 없으므로 건조물침입죄의 성립에 영향이 없다고 판단한 사례(2017도21323) (22 3차)

□ **'100m 이내로 접근하지 말 것' 사건** : 피고인이 '甲에게 100m 이내로 접근하지 말 것' 등을 명하는 법원의 접근금지가처분 결정이 있는 등 피고인이 甲을 방문하는 것을 甲이 싫어하는 것을 알고 있음에도 임의로 甲이 근무하는 사무실 안으로 들어갔다면 건조물침입죄가 성립한다는 판례(2023도16595) (22 3차)

- **고의** : 고의는 주거권자의 의사에 반하여 타인의 주거공간에 들어간다는 인식과 의사가 있어야 한다. 그러나 의사의 내용에 대하여 ① 다수설은 신체의 전부가 들어갈 의사를 주거 침입죄의 고의로 보는 **전부침입설**의 입장이지만, ② 판례는 주거침입죄의 고의는 신체의 전부가 아니라 일부만 침입할 의사도 포함한다고 보는 **일부침입설**의 입장이다(94도2561). 생각건대 신체의 일부만 침입하여도 사실상의 평온을 해할 수 있으므로 고의의 내용은 일부침입설이 타당하다.

- **실행의 착수시기** : 주거침입죄를 거동범으로 본다면 실행의 착수는 논할 실익이 없게 되지만 현행법에는 미수규정이 있으므로 실행의 착수를 논할 실익이 있다. 일반적으로 주거에 침입할 범의로 주거로 들어가는 문의 시정장치를 부수거나 문을 여는 등 **침입을 위한 구체적 행위를 시작할 때** 주거침입죄의 실행의 착수가 있다 할 것이다(94도2561). 그러나 일부 판례에서는 현실적 위험성을 포함하는 행위를 개시하는 것으로 족하다고 판시하고 있다(2008도1464).

  > ☐ **초인종 사건** : 주거침입죄의 실행의 착수는 주거자, 관리자, 점유자 등의 의사에 반하여 주거나 관리하는 건조물 등에 들어가는 행위, 즉 구성요건의 일부를 실현하는 행위까지 요구하는 것은 아니고 범죄구성요건의 실현에 이르는 현실적 위험성을 포함하는 행위를 개시하는 것으로 족하다고 할 것이나, 침입 대상인 아파트에 사람이 있는지를 확인하기 위해 그 집의 초인종을 누른 행위만으로는 침입의 현실적 위험성을 포함하는 행위를 시작하였다거나, 주거의 사실상의 평온을 침해할 객관적인 위험성을 포함하는 행위를 한 것으로 볼 수 없다 할 것이다(2008도1464) (24 변시)(22 3차)

- **기수시기** : 주거침입죄의 기수시기에 대하여 ① 다수설은 신체의 전부가 들어갔을 때 기수가 된다고 보는 **신체기준설**을 따르지만, ② 판례는 실행에 착수하여 신체의 일부가 들어갔더라도 사실상의 평온이 깨졌다면 기수가 된다고 보는 **보호법익기준설**을 따르고 있다. 생각건대 본죄를 침해범으로 해석하는 한 보호법익을 기준으로 기수시기를 판단하는 보호법익기준설이 타당하다.

  > ☐ **창문으로 얼굴 들이민 사건** : [1] 주거침입죄는 사실상의 주거의 평온을 보호법익으로 하는 것이므로, 반드시 행위자의 신체의 전부가 범행의 목적인 타인의 주거 안으로 들어가야만 성립하는 것이 아니라 신체의 일부만 타인의 주거 안으로 들어갔다고 하더라도 거주자가 누리는 사실상의 주거의 평온을 해할 수 있는 정도에 이르렀다면 범죄구성요건을 충족하는 것이라고 보아야 하고, 따라서 주거침입죄의 범의는 반드시 신체의 전부가 타인의 주거 안으로 들어간다는 인식이 있어야만 하는 것이 아니라 신체의 일부라도 타인의 주거 안으로 들어간다는 인식이 있으면 족하다. [2] 주거에 침입할 범의로써 예컨대 주거로 들어가는 문의 시정장치를 부수거나 문을 여는 등 침입을 위한 구체적 행위를 시작하였다면 주거침입죄의 실행의 착수는 있었다고 보아야 하고, 신체의 극히 일부분이 주거 안으로 들어갔지만 사실상 주거의 평온을 해하는 정도에 이르지 아니하였다면 주거침입죄의 미수에 그친다(94도2561) [2017 1차][2018 변시](24 변시)(22 1차)

• 죄수 및 타죄와의 관계

    ☐ 주간합동절도와 주거침입죄는 실체적 경합범이라는 판례(2009도9667) (16 변시)

    ☐ 상습단순절도죄와 주거침입죄는 실체적 경합범이라는 판례(2015도9049) [COMMENT]
    보다 자세한 내용은 상습절도죄 부분 참조. (17 변시)(18 변시)(19 변시)(22 1차)

    ☐ 특가법 제5조의4 제6항이 성립하면 주거침입죄는 이에 흡수된다는 판례(2017도4044)
    (22 변시)

Ⅱ. 퇴거불응죄 (미수범 처벌)

Ⅲ. 특수 주거침입죄 (미수범 처벌)

Ⅳ. 신체 · 주거 수색죄 (미수범 처벌)

제5장 | 재산에 관한 죄

제1절 | 절도의 죄

Ⅰ. 절도죄 (미수범 처벌)

1. 객체

(1) 재물

- **권리 및 정보의 재물성** : 권리는 물리적 관리가 아닌 사무적 관리를 전제로 하므로 재물이 될 수 없고, 정보는 유체물도 동력도 아니므로 재물에 포함되지 않는다.

> ☐ **정보 절도 사건** : [1] 절도죄의 객체는 관리 가능한 동력을 포함한 '재물'에 한한다 할 것이고, 또 절도죄가 성립하기 위해서는 그 재물의 소유자 기타 점유자의 점유 내지 이용가능성을 배제하고 이를 자신의 점유 하에 배타적으로 이전하는 행위가 있어야만 할 것인바, 컴퓨터에 저장되어 있는 '정보' 그 자체는 유체물이라고 볼 수도 없고, 물질성을 가진 동력도 아니므로 재물이 될 수 없다 할 것이며, 또 이를 복사하거나 출력하였다 할지라도 그 정보 자체가 감소하거나 피해자의 점유 및 이용가능성을 감소시키는 것이 아니므로 그 복사나 출력 행위를 가지고 절도죄를 구성한다고 볼 수도 없다. [2] 피고인이 컴퓨터에 저장된 정보를 출력하여 생성한 문서는 피해 회사의 업무를 위하여 생성되어 피해 회사에 의하여 보관되고 있던 문서가 아니라, 피고인이 가지고 갈 목적으로 피해 회사의 업무와 관계없이 새로이 생성시킨 문서라 할 것이므로, 이는 피해 회사 소유의 문서라고 볼 수는 없다 할 것이어서, 이를 가지고 간 행위를 들어 피해 회사 소유의 문서를 절취한 것으로 볼 수는 없다(2002도745) [2016 3차][2023 변시](17 변시)(20 변시)

- **타인의 전화의 무단사용** : 타인의 전화를 무단으로 사용한 경우에 절도죄가 성립할 수 있는가에 대하여 논의가 있지만, 판례는 이를 부정하고 있다.

> ☐ **타인의 전화의 무단사용은 절도죄가 성립하지 않는다는 판례** : 타인의 전화기를 무단으로 사용하여 전화통화를 하는 행위는 전기통신사업자가 그가 갖추고 있는 통신선로, 전화교환기 등 전기통신설비를 이용하고 전기의 성질을 과학적으로 응용한 기술을 사용하여 전화가입자에게 음향의 송수신이 가능하도록 하여 줌으로써 상대방과의 통신을 매개하여 주는 역무, 즉 전기통신사업자에 의하여 가능하게 된 전화기의 음향송수신기능을 부당하게 이용하는 것으로, 이러한 내용의 역무는 무형적인 이익에 불과하고 물리적 관리의 대상이 될 수 없어 재물이 아니라고 할 것이므로 절도죄의 객체가 되지 아니한다(98도700) [2015 2차]

- **객관적 가치와 주관적 가치** : ① 객관적 가치란 재물의 소유자나 점유자 개인에게 가치가 있을 뿐만 아니라 그 이외의 타인에게도 가치가 있는 것을 말하며 ② 주관적 가치란 그 재물의 소유자나 점유자가 느끼는 개인적인 가치를 말한다. 판례는 재산죄의 객체인 재물은 반드시 객관적인 금전적 교환가치를 가질 필요는 없고, 소유자·점유자가 주관적인 가치를 가지고 있음으로써 족하다고 하여 **주관적 가치설의 입장**이다.

> □ **주관적 가치로 족하다는 판례** : 절도죄의 객체인 재물은 반드시 객관적인 금전적 교환가치를 가질 필요는 없고 소유자·점유자가 주관적인 가치를 가지고 있는 것으로 족하고, 이 경우 주관적·경제적 가치의 유무를 판별함에 있어서는 그것이 타인에 의하여 이용되지 않는다고 하는 소극적 관계에 있어서 그 가치가 성립하더라도 관계없다(2007도2595)

(2) 재물의 타인성

- **재물의 타인성** : 타인의 재물이란 타인의 단독소유 또는 자기와 타인의 공동소유에 속하는 재물을 말한다.
- **행위자와 타인의 공동소유물** : 공동소유물인 경우에는 공유, 합유, 총유를 불문하고 타인성이 인정되어 절도죄의 객체가 된다.

> □ **공유물 사건** : 타인과 공동소유 관계에 있는 물건도 절도죄의 객체가 되는 타인의 재물에 속한다고 할 것이므로, 이 사건 절도죄의 객체가 되는 물건이 피고인과 피해자의 공유이었으므로 절도죄가 성립된다(94도2432)

- **타인의 단독소유물** : 타인의 단독소유물인 경우는 당연히 타인성이 인정되어 절도죄의 객체가 된다.

> □ **감나무 사건** : 타인의 토지상에 권원없이 식재한 수목의 소유권은 토지소유자에게 귀속하고 권원에 의하여 식재한 경우에는 그 소유권이 식재한 자에게 있으므로, 권원 없이 식재한 감나무에서 감을 수확한 것은 절도죄에 해당한다(97도3425) (13 변시)

- **양도담보** : 양도담보의 경우에 채권자와 채무자 사이의 대내적 관계에서 채무자는 의연히 소유권을 보유하나 대외적인 관계에 있어서 채무자는 동산의 소유권을 이미 채권자에게 양도한 무권리자가 된다.

> □ **양도담보물의 소유권** : 금전채무를 담보하기 위하여 채무자가 그 소유의 동산을 채권자에게 양도하되 점유개정에 의하여 채무자가 이를 계속 점유하기로 한 경우, 특별한 사정이 없는 한 동산의 소유권은 신탁적으로 이전되고, 채권자와 채무자 사이의 대내적 관계에서 채무자는 의연히 소유권을 보유하나 대외적인 관계에 있어서 채무자는 동산의 소유권을 이미 채권자에게 양도한 무권리자가 된다(2006도4263) (14 변시)

- **자동차의 명의신탁** : 자동차에 대한 소유권의 득실변경은 등록을 함으로써 그 효력이 생기고 등록이 없는 한 대외적 관계에서는 물론 당사자의 대내적 관계에서도 소유권을 취득할 수 없는 것이 원칙이지만, 당사자 사이에 소유권을 등록명의자 아닌 자가 보유하기로 약정하였다는 등의 특별한 사정이 있는 경우에는 그 내부관계에 있어서는 등록명의자 아닌 자가 소유권을 보유하게 된다.

  □ **자동차의 명의신탁** : 자동차나 중기(또는 건설기계)의 소유권의 득실변경은 등록을 함으로써 그 효력이 생기고 그와 같은 등록이 없는 한 대외적 관계에서는 물론 당사자의 대내적 관계에 있어서도 그 소유권을 취득할 수 없는 것이 원칙이지만, 당사자 사이에 그 소유권을 그 등록 명의자 아닌 자가 보유하기로 약정하였다는 등의 특별한 사정이 있는 경우에는 그 내부관계에 있어서는 그 등록 명의자 아닌 사가 소유권을 보유하게 된다(2006도4498) (14 변시)(15 변시)(20 변시)

  □ **자동차의 명의신탁** : 당사자 사이에 자동차의 소유권을 등록명의자 아닌 자가 보유하기로 약정한 경우, 약정 당사자 사이의 내부관계에서는 등록명의자 아닌 자가 소유권을 보유하게 된다고 하더라도 제3자에 대한 관계에서는 어디까지나 등록명의자가 자동차의 소유자라고 할 것이다(2010도11771) (14 변시)(15 변시)

- **소유권유보부매매 법리의 적용 범위** : 동산의 소유권유보부매매의 법리는 부동산과 등록이 필요한 자동차 등의 경우에는 적용되지 아니한다는 것이 판례이다.

  □ **소유권유보부매매 법리의 적용 범위** : 부동산과 같이 등기에 의하여 소유권이 이전되는 경우에는 등기를 대금완납시까지 미룸으로써 담보의 기능을 할 수 있기 때문에 굳이 위와 같은 소유권유보부매매의 개념을 원용할 필요성이 없으며, 일단 매도인이 매수인에게 소유권이전등기를 경료하여 준 이상은 특별한 사정이 없는 한 매수인에게 소유권이 귀속되는 것이다. 한편 자동차, 중기, 건설기계 등은 비록 동산이기는 하나 부동산과 마찬가지로 등록에 의하여 소유권이 이전되고, 등록이 부동산 등기와 마찬가지로 소유권이전의 요건이므로, 역시 소유권유보부매매의 개념을 원용할 필요성이 없는 것이다(2009도5064)

• 재산죄의 객체와 금제품

爭點 054

재산죄의 객체와 금제품

1. 논의점

금제품이란 소유 또는 점유가 금지되어 있는 물건을 말한다. 이러한 금제품이 재산죄의 객체가 될 수 있는가에 대하여는 견해가 대립하고 있다.

2. 견해의 대립

이에 대하여는 ① 형법의 독자성을 강조하는 입장에서 금제품일지라도 절차에 따라 몰수되기까지는 소유 또는 점유를 보호해야 하므로 재물성을 인정하는 **긍정설** ② 법질서의 통일을 강조하는 입장에서 금제품은 소유권의 목적이 될 수 없으므로 재물성을 인정할 수 없다는 **부정설** ③ 금제품 가운데 단순히 점유가 금지되어 있는 물건 즉 상대적 금제품(불법무기)은 재물성이 인정되지만, 소유와 점유가 모두 금지되어 있는 물건 즉 절대적 금제품(위조통화)은 재물성이 인정되지 않는다는 **절충설**이 대립하고 있다.

3. 판례의 태도

판례는 '리프트 탑승권 사건'에서 '위조된 유가증권이라고 하더라도 절차에 따라 몰수되기까지는 그 소지자의 점유를 보호하여야 한다는 점에서 형법상 재물로서 절도죄의 객체가 된다'라고 하여 **긍정설**의 입장이다.

4. 검 토

생각건대 형법에서 보호하는 소유권은 형식적 소유권이며, 사인의 소유 또는 점유가 금지된 물건도 궁극적으로는 국가가 소유권을 가진다는 점에서 긍정설이 타당하다.

5. 관련 판례

□ 스키장 리프트 탑승권 사건 : 금제품도 절도죄의 재물이 될 수 있다는 판례 (98도2967)

(3) 형법상의 점유

• **형법상의 점유** : 형법에 있어서의 점유는 재물에 대한 물리적 · 현실적 작용에 의하여 인정되는 순수한 사실상의 지배관계를 의미한다.

• **민법상의 점유와의 차이** : 이러한 형법상의 점유에서는 민법상의 점유와 같은 관념상의 점유(상속에 의한 점유, 간접점유 및 법인의 점유)는 인정되지 아니한다.

☐ **내연녀 사망 사건** : 절도죄란 재물에 대한 타인의 점유를 침해함으로써 성립하는 것이다. 여기서의 '점유'라고 함은 현실적으로 어떠한 재물을 지배하는 순수한 사실상의 관계를 말하는 것으로서, 민법상의 점유와 반드시 일치하는 것이 아니다. 물론 이러한 현실적 지배라고 하여도 점유자가 반드시 직접 소지하거나 항상 감수하여야 하는 것은 아니고, 재물을 위와 같은 의미에서 사실상으로 지배하는지 여부는 재물의 크기·형상, 그 개성의 유무, 점유자와 재물과의 시간적·장소적 관계 등을 종합하여 사회통념에 비추어 결정되어야 한다. 그렇게 보면 종전 점유자의 점유가 그의 사망으로 인한 상속에 의하여 당연히 그 상속인에게 이전된다는 민법 제193조는 절도죄의 요건으로서의 '타인의 점유'와 관련하여서는 적용의 여지가 없고, 재물을 점유하는 소유자로부터 이를 상속받아 그 소유권을 취득하였다고 하더라도 상속인이 그 재물에 관하여 위에서 본 의미에서의 사실상의 지배를 가지게 되어야만 이를 점유하는 것으로서 그때부터 비로소 상속인에 대한 절도죄가 성립할 수 있다(2010도6334)

• **점유의 객관적·물리적 요소** : 형법의 점유인 물건에 대한 사실상의 지배가 가능하기 위해서는 해당 물건과 점유자 사이에 시간적·장소적으로 밀접한 작용가능성이 있어야 한다.

• **점유의 주관적·정신적 요소** : 형법상의 점유가 성립하기 위하여는 점유자가 물건에 대한 지배의사를 가지고 있어야 하는데 이때의 지배의사는 해당 물건을 사실상 처분할 수 있는 의사를 말하며, 일반적·포괄적 의사, 잠재적 의사로도 충분하다.

☐ **졸도 사건** : 설사 피해자가 졸도하여 의식을 상실한 경우에도 현장에 일실된 피해자의 물건은 자연히 그 지배하에 있는 것으로 보아야 할 것이다(4289형상170)

• **점유의 사회적·규범적 요소** : 점유의 위 두 가지 요건을 사회통념 내지 경험칙을 기준으로 재평가하여 점유의 범위를 확대하거나 또는 축소하는 것을 말한다. 즉 점유의 사회적·규범적 요소에 의하여 점유의 개념은 확대될 수도 있고, 제한되는 경우도 있다.

☐ **절도죄의 점유의 규범적 판단** : 어떤 물건이 타인의 점유하에 있다고 할 것인지의 여부는, 객관적인 요소로서의 관리범위 내지 사실적 관리가능성 외에 주관적 요소로서의 지배의사를 참작하여 결정하되 궁극적으로는 당해 물건의 형상과 그 밖의 구체적인 사정에 따라 사회통념에 비추어 규범적 관점에서 판단할 수밖에 없다(99도3801)

☐ **강간피해자 손가방 사건** : 강간을 당한 피해자가 도피하면서 현장에 놓아두고 간 손가방은 점유이탈물이 아니라 사회통념상 피해자의 지배하에 있는 물건이라고 보아야 할 것이므로 피고인이 그 손가방 안에 들어있는 피해자 소유의 돈을 꺼낸 소위는 절도죄에 해당한다(84도38) [2018 3차]

(4) 점유의 타인성

- **점유의 주체** : 자연인은 의사능력이나 책임능력의 유무를 불문하고 점유의 주체가 된다. 그러나 형법에서는 점유의 관념화가 인정되지 않으므로 법인은 점유의 주체성이 부정된다.
- **사자의 점유**

爭點 055

사자의 점유 [2016 3차][2023 변시][2023 2차][2023 3차]

1. 논의점

상속에 의한 점유를 인정하지 않는 형법에서 사망한 자의 점유를 인정할 것인지에 대하여 논의가 있다.

2. 견해의 대립

이에 대하여는 ① 형법의 점유는 민법의 점유와 구별되는 현실적·사실적 개념이기 때문에 피해자가 사망한 후에도 그 점유가 계속된다는 **긍정설** ② 사람은 사망하게 되면 재물에 대한 지배의사를 가질 수 없기 때문에 사자의 점유를 인정할 수 없다는 **부정설** ③ 사자에게는 점유의사를 인정할 수 없으므로 원칙적으로 부정되지만, 예외적으로 사자의 생전의 점유가 사망 직후에도 다소간 계속된다는 **생전점유계속설**이 대립하고 있다.

3. 판례의 태도

판례는 피해자를 살해 후 재물을 가지고 나온 사안에서 '피해자가 생전에 가진 점유는 사망 후에도 여전히 계속되는 것으로 본다'라고 하여 **생전점유계속설**을 따르고 있다.

4. 결론

형법상의 점유는 주관적 요소와 객관적 요소 이외에 규범적 요소에 의하여 수정되어 확정된다. 따라서 사자의 점유인정 여부도 규범적인 측면에서 개별적으로 고찰하여 점유를 긍정할 수도 있으므로 사자의 생전점유계속설이 타당하다.

5. 관련 판례

☐ **자취방 살인 사건** : 사망자에 대하여 생전의 점유가 여전히 계속된다고 본 판례(93도2143) (17 변시)

- **점유의 타인성** : 원칙적으로 타인의 점유란 점유이탈물이 아닌 경우로서 행위자의 단독점유에 속하지 않는 경우를 말한다.

☐ **비자금 가방 사건** : 상사와의 의견 충돌 끝에 항의의 표시로 사표를 제출한 다음 평소 피고인이 전적으로 보관, 관리해 오던 이른바 비자금 관계 서류 및 금품이 든 가방을 들고 나온 경우, 불법영득의 의사가 있다고 할 수 없을 뿐만 아니라, 그 서류 및 금품이 타인의 점유하에 있던 물건이라고도 볼 수 없다(94도3033) (14 변시)

- **동등한 공동점유** : 동등한 권리를 가진 수인의 점유자간에는 점유의 타인성이 인정되어 상호간의 점유 침탈에 대해서는 절도죄가 성립한다.

  □ **동업관계자 물건 사건** : 동업자의 공동점유에 속하는 동업재산을 다른 동업자의 승낙 없이 그 점유를 배제하고 단독으로 자기의 지배로 옮겼다면 절도죄가 성립한다 할 것이다(87도1831)

- **상하관계에 의한 공동점유** : 상하관계(종속관계)에 의한 공동점유인 경우에는 점유는 주된 점유자에게 있게 된다. 따라서 원칙적으로 종속된 점유자가 주된 점유자의 점유를 침해하면 절도죄가 성립한다.

  □ **당구장 종업원 사건** : 어떤 물건을 잃어버린 장소가 당구장과 같이 타인의 관리아래 있을 때에는 그 물건을 일응 그 관리자의 점유에 속한다 할 것이고, 이를 그 관리자가 아닌 제3자가 취거하는 것은 유실물횡령이 아니라 절도죄에 해당한다(88도409)

  □ **피씨방 핸드폰 사건** : 피해자가 피씨방에 두고 간 핸드폰은 피씨방 관리자의 점유하에 있어서 제3자가 이를 취한 행위는 절도죄를 구성한다고 할 것이다(2006도9338) (14 변시)

  □ **가스대금 사건** : 민법상 점유보조자(점원) 라고 할지라도 그 물건에 대하여 사실상 지배력을 행사하는 경우에는 형법상 보관의 주체로 볼 수 있으므로 이를 영득한 경우에는 절도죄가 아니라 횡령죄에 해당한다(81도3396) (23 1차)

2. 행 위

- **절취** : 절취란 타인이 점유하고 있는 재물을 점유자의 의사에 반하여 그 점유를 배제하고 자기 또는 제3자의 점유로 옮기는 것을 말한다.

- **책략절도** : 기망행위가 있었더라도 그것이 점유침탈의 한 방법에 불과하고, 기망에 따른 피해자의 처분행위가 없는 경우에는 절도가 된다.

  □ **귀금속 사건** : 피고인이 피해자 경영의 금방에서 마치 귀금속을 구입할 것처럼 가장하여 피해자로부터 순금목걸이 등을 건네받은 다음 화장실에 갔다 오겠다는 핑계를 대고 도주한 것이라면 위 순금목걸이 등은 도주하기 전까지는 아직 피해자의 점유하에 있었다고 할 것이므로 이를 절도죄로 의율 처단한 것은 정당하다(94도1487) [2021 2차][2024 변시](24 변시)

- **날치기의 법적 평가** : 날치기는 원칙적으로 절도지만, 예외적으로 강도죄에 해당할 수도 있다. [2011 3차][2014 3차][2015 2차][2018 1차][2022 2차]

□ 날치기 사건 : 소위 '날치기'와 같이 강제력을 사용하여 재물을 절취하는 행위가 때로는 피해자를 넘어뜨리거나 상해를 입게 하는 경우가 있고, 그러한 결과가 피해자의 반항 억압을 목적으로 함이 없이 점유탈취의 과정에서 우연히 가해진 경우라면 이는 강도가 아니라 절도에 불과하지만, 그 강제력의 행사가 사회통념상 객관적으로 상대방의 반항을 억압하거나 항거 불능케 할 정도의 것이라면 이는 강도죄의 폭행에 해당한다(2007도7601) (14 변시)(18 변시)

3. 실행의 착수시기와 기수시기

• 실행의 착수시기 : 재물에 대한 사실상의 지배를 침해하는 데 밀접한 행위를 한 때 실행의 착수가 있다. 일반적인 절도의 경우에는 절취할 물건을 물색할 때에 실행의 착수가 인정되지만, 구체적인 절도의 태양에 따라 달리 판단될 수 있다.

□ 절도죄의 실행의 착수시기 : 실행의 착수시기는 재물에 대한 타인의 사실상의 지배를 침해하는 데에 밀접한 행위를 개시한 때라고 보아야 한다(92도1650) (24 변시)

□ 소매치기 사건 : 소매치기가 피해자의 양복상의 주머니로부터 금품을 절취하려고 그 주머니에 손을 뻗쳐 그 겉을 더듬은 때에는 절도의 범행은 예비의 단계를 넘어 실행에 착수하였다고 봄이 상당하다(84도2524)

□ 손전등 사건 : 노상에 세워 놓은 자동차 안에 있는 물건을 훔칠 생각으로 자동차의 유리창을 통하여 그 내부를 손전등으로 비추어 본 것에 불과하다면 비록 유리창을 따기 위해 면장갑을 끼고 있었고 칼을 소지하고 있었다 하더라도 절도의 예비행위로 볼 수는 있겠으나 타인의 재물에 대한 지배를 침해하는데 밀접한 행위를 한 것이라고는 볼 수 없어 절취행위의 착수에 이른 것이었다고 볼 수 없다(85도464) (14 변시)(15 변시)(22 변시)

• 절도죄의 기수시기

爭點 056

절도죄의 기수시기

1. 절도죄의 기수시기 일반론

절도죄의 기수시기에 대하여는 종래 논의가 있었으나, 현재는 물건에 대한 새로운 점유를 취득하면 기수가 된다는 취득설로 확립되어 있다.

□ **새로나 까페 사건** : 피고인이 피해자 경영의 '새로나' 까페에서 야간에 아무도 없는 그 곳 내실에 침입하여 장식장 안에 들어 있던 정기적금통장 등을 꺼내 들고 까페로 나오던 중 발각되어 돌려 준 경우, 피고인은 피해자의 재물에 대한 소지(점유)를 침해하고, 일단 피고인 자신의 지배내에 옮겼다고 볼 수 있으니 절도의 미수에 그친 것이 아니라 야간주거침입절도의 기수라고 할 것이다(91도476) (14 변시)

2. 자동차 절도의 기수시기

절도죄의 기수시기는 시동을 걸어 발진조작을 완료하여 운전한 때이다.

□ **자동차 시동이 걸리지 않은 사건** : 자동차를 절취할 생각으로 자동차의 조수석 문을 열고 들어가 시동을 걸려고 시도하는 등 차 안의 기기를 이것저것 만지다가 핸드브레이크를 풀게 되었는데 그 장소가 내리막길인 관계로 시동이 걸리지 않은 상태에서 약 10미터 전진하다가 가로수를 들이받는 바람에 멈추게 되었다면 절도의 기수에 해당한다고 볼 수 없을 뿐만 아니라 도로교통법 제2조 제19호 소정의 자동차의 운전에 해당하지 아니한다(94도1522) (13 변시)

3. 무거운 물건이나 입목의 경우 [2018 3차]

일반적인 재물이 아니라 무거운 물건이나 입목 절도의 경우에는 언제 취득한 것으로 볼 것인지에 대하여 논의가 있다. 특히 입목과 관련하여 ① 입목 등을 캐어낸 후 운반하거나 반출하였을 때 기수가 된다는 견해도 있지만 ② 판례는 수목을 캐어내었을 때를 기수로 보고 있다.

□ **부부 영산홍 절취 사건** : 입목을 절취하기 위하여 캐낸 때에 소유자의 입목에 대한 점유가 침해되어 범인의 사실적 지배하에 놓이게 되므로 범인이 그 점유를 취득하고 절도죄는 기수에 이른다(2008도6080) (13 변시)(17 변시)

4. 불법영득의사

• **불법영득의 의사** : 불법영득의 의사란 권리자를 배제하고 타인의 물건을 자기의 소유물과 같이 그 경제적 용법에 따라 이용·처분할 의사를 말한다.

□ **불법영득의사의 의미** : 절도죄에 있어 영득의 의사라 함은 권리자를 배제하고 타인의 물건을 자기 소유물과 같이 그 경제적 용법에 따라 이용·처분할 의사를 말하는 것이므로, 피고인이 현금 등이 들어 있는 피해자의 지갑을 가져갈 당시에 피해자의 승낙을 받지 않았다면 가사 피고인이 후일 변제할 의사가 있었다고 하더라도 불법영득의사가 있었다고 할 것이다(99도519) (22 2차)

☐ **굴삭기 대금채무 사건** : 굴삭기 매수인이 약정된 기일에 대금채무를 이행하지 아니하면 굴삭기를 회수하여 가도 좋다는 약정을 하고 각서와 매매계약서 및 양도증명서 등을 작성하여 판매회사 담당자에게 교부한 후 그 채무를 불이행하자 그 담당자가 굴삭기를 취거하여 매도한 경우, 굴삭기에 대한 소유권 등록 없이 매수인의 위와 같은 약정 및 각서 등의 작성, 교부만으로 굴삭기에 대한 소유권이 판매회사로 이전될 수는 없으므로 굴삭기 취거 당시 그 소유권은 여전히 매수인에게 남아 있고, 매수인의 의사표시 중에 자신의 동의나 승낙 없이 현실적으로 자신의 점유를 배제하고 굴삭기를 가져가도 좋다는 의사까지 포함되어 있었던 것으로 보기는 어렵다는 이유로, 그 굴삭기 취거행위는 절도죄에 해당하고 불법영득의 의사도 인정된다고 한 사례(2001도4546) (15 변시)

☐ **증거인멸 사건** : 피고인이 살해된 피해자의 주머니에서 꺼낸 지갑을 살해도구로 이용한 골프채와 옷 등 다른 증거품들과 함께 자신의 차량에 싣고 가다가 쓰레기 소각장에서 태워버린 경우, 살인 범행의 증거를 인멸하기 위한 행위로서 불법영득의 의사가 있었다고 보기 어렵다고 한 사례(2000도3655)

☐ **총기 분실 사건** : 군인이 총기를 분실하고 그를 보충하기 위하여 총기를 취거한 경우에는 불법영득의 의사가 있다고 할 수 없다(77도1069) (23 1차)

• 불법영득의사에서의 물제와 결합된 가치의 의미

爭點 057

물체와 결합된 가치의 의미

1. 특수한 기능가치
　물체 또는 가치설에서 말하는 물체에 결합된 가치란 가치설에서 말하는 단순한 사용가치를 말하는 것이 아니라, 그 재물에 결합되어 있는 특수한 기능가치를 의미한다. 특수한 기능가치란 그 재물의 종류와 기능에 따라 개념 본질적으로 결합되어 있는 재물의 특수한 가치를 의미한다.

2. 예금통장 사용 후 반환한 경우 [2013 1차][2014 3차][2016 3차]
　예금통장을 절취하여 예금의 전부 또는 일부를 인출한 후 반환한 경우는 그 인출된 예금액에 대하여 예금통장 자체의 특수한 기능가치인 예금액 증명기능이 상실되고 이에 따라 그 상실된 기능에 상응한 경제적 가치도 감소되었기 때문에 원칙적으로 불법영득의 의사가 인정된다.

□ 예금통장으로 예금인출한 후 반환한 사건 : 예금통장은 예금채권을 표창하는 유가증권이 아니고 그 자체에 예금액 상당의 경제적 가치가 화체되어 있는 것도 아니지만, 이를 소지함으로써 예금채권의 행사자격을 증명할 수 있는 자격증권으로서 예금계약사실 뿐 아니라 예금액에 대한 증명기능이 있고 이러한 증명기능은 예금통장 자체가 가지는 경제적 가치라고 보아야 하므로, 예금통장을 사용하여 예금을 인출하게 되면 그 인출된 예금액에 대하여는 예금통장 자체의 예금액 증명기능이 상실되고 이에 따라 그 상실된 기능에 상응한 경제적 가치도 소모된다. 그렇다면 타인의 예금통장을 무단 사용하여 예금을 인출한 후 바로 예금통장을 반환하였다 하더라도 그 사용으로 인한 위와 같은 경제적 가치의 소모가 무시할 수 있을 정도로 경미한 경우가 아닌 이상, 예금통장 자체가 가지는 예금 증명기능의 경제적 가치에 대한 불법영득의 의사를 인정할 수 있으므로 절도죄가 성립한다(2009도9008) (19 변시)(23 1차)

3. 카드 사용 후 반환한 경우 [2018 변시][2022 2차]

타인의 신용카드나 현금카드를 이용하여 현금을 인출한 후 그 카드를 반환한 경우는 ① 카드가 가지는 특수한 기능가치가 인출된 액수만큼 감소된 것이 아니고 ② 카드의 사용으로 인한 가치의 소모가 무시할 수 있을 정도로 경미하고 ③ 본권을 침해할 의사가 없으므로 불법영득의 의사가 인정되지 않는다.

□ 신용카드 사용 후 반환한 사건 : 신용카드업자가 발행한 신용카드는 이를 소지함으로써 신용구매가 가능하고 금융의 편의를 받을 수 있다는 점에서 경제적 가치가 있다 하더라도, 그 자체에 경제적 가치가 화체되어 있거나 특정의 재산권을 표창하는 유가증권이라고 볼 수 없고, 단지 신용카드회원이 그 제시를 통하여 신용카드회원이라는 사실을 증명하거나 현금자동지급기 등에 주입하는 등의 방법으로 신용카드업자로부터 서비스를 받을 수 있는 증표로서의 가치를 갖는 것이어서, 이를 사용하여 현금자동지급기에서 현금을 인출하였다 하더라도 신용카드 자체가 가지는 경제적 가치가 인출된 예금액만큼 소모되었다고 할 수 없으므로, 이를 일시 사용하고 곧 반환한 경우에는 불법영득의 의사가 없다(99도857) (20 변시)(23 1차)

□ 직불카드 사용 후 반환한 사건 : 은행이 발급한 직불카드를 사용하여 타인의 예금계좌에서 자기의 예금계좌로 돈을 이체시켰다 하더라도 직불카드 자체가 가지는 경제적 가치가 계좌이체된 금액만큼 소모되었다고 할 수는 없으므로, 이를 일시 사용하고 곧 반환한 경우에는 그 직불카드에 대한 불법영득의 의사는 없다고 보아야 한다(2005도7819) (15 변시)(22 2차)(23 1차)

- **불법의 의미** : 불법영득의사의 불법이 무엇을 의미하는지에 대하여 ① 다수설은 법질서 전체의 입장에서 보아 실질적으로 타인의 재산권을 침해하였다고 평가할 수 있어야 불법하다는 **영득의 불법설**을 따르지만, ② 판례는 실질적인 타인의 재산권 침해와 관계없이 행위수단 그 자체에 불법성이 인정되기만 하면 불법하다는 **절취의 불법설**을 따르고 있다.
- **사용절도** : 사용절도란 타인의 재물을 무단으로 임시사용한 후에 그 소유자에게 반환하는 것을 말한다. 이러한 사용절도는 원칙적으로 절도죄의 성립에 필요한 불법영득의사 가운데 소극적 요소를 결하고 있으므로 처벌되지 않는 것이 원칙이다.

  ☐ **사용절도의 한계** : 절도죄의 성립에 필요한 불법영득의 의사란 권리자를 배제하고 타인의 물건을 자기의 소유물과 같이 이용 · 처분할 의사를 말하고, 영구적으로 물건의 경제적 이익을 보유할 의사임은 요하지 않으며, 일시 사용의 목적으로 타인의 점유를 침탈한 경우에도 사용으로 인하여 물건 자체가 가지는 경제적 가치가 상당한 정도로 소모되거나 또는 상당한 장시간 점유하고 있거나 본래의 장소와 다른 곳에 유기하는 경우에는 이를 일시 사용하는 경우라고는 볼 수 없으므로 영득의 의사가 없다고 할 수 없다(2012도1132)

  ☐ **4개월 지난 시점에서 반환한 사건** : 甲 주식회사 감사인 피고인이 회사 경영진과의 불화로 한 달 가까이 결근하다가 회사 감사실에 침입하여 자신이 사용하던 컴퓨터에서 하드디스크를 떼어간 후 4개월 가까이 지난 시점에 반환한 사안에서, 피고인이 하드디스크를 일시 보관 후 반환하였다고 평가하기 어려워 불법영득의사를 인정할 수 있다고 본 원심판단을 수긍한 사례(2010도9570) (16 변시)

  ☐ **허락없이 타인의 휴대전화를 사용하고 유기한 사건** : 피고인이 甲의 영업점 내에 있는 甲 소유의 휴대전화를 허락 없이 가지고 나와 이를 이용하여 통화를 하고 문자메시지를 주고받은 다음 약 1 ~ 2시간 후 甲에게 아무런 말을 하지 않고 위 영업점 정문 옆 화분에 놓아두고 감으로써 이를 절취하였다는 내용으로 기소된 사안에서, 피고인이 甲의 휴대전화를 자신의 소유물과 같이 경제적 용법에 따라 이용하다가 본래의 장소와 다른 곳에 유기한 것이므로 피고인에게 불법영득의사가 있다(2012도1132) (14 변시)(16 변시)(22 변시)(23 1차)

  ☐ **오토바이 7 ~ 8미터 되는 장소에 버린 사건** : 소유자의 승낙 없이 오토바이를 타고 가서 용무를 마친 후 약 1시간 50분 후 본래 있던 곳에서 7 ~ 8미터 되는 장소에 버린 경우에 불법영득의사가 인정되어 절도죄가 성립한다(81도2394) [2017 변시]

5. 재산죄의 친족상도례 정리
- **친족상도례** : 친족상도례란 일정한 친족 사이의 재산범죄에 대하여는 형을 면제하거나 친고죄로 하고 있는 특례규정을 말한다.

- **재산죄와 친족상도례** : 친족상도례는 권리행사방해죄의 장인 제328조에서 제323조의 권리행사방해죄에 대해 규정하고 있다. 따라서 **권리행사방해죄의 장에 있는 나머지 범죄들** 즉 제325조의 점유강취죄와 준점유강취죄, 제326조의 중권리행사방해죄, 제327조의 강제집행면탈죄는 친족상도례가 적용되지 않는다는 점을 주의하여야 한다. 그리고 현행 형법은 친족상도례를 강도죄와 손괴죄를 제외한 재산범죄 일반에 준용하고 있으나, 장물죄에 있어서는 제365조 제1항·제2항에서 독자적으로 제328조를 수정하여 규정하고 있다. (20 변시)

- **친족의 범위** : 친족, 동거가족 등의 정의와 그 범위는 민법에 따른다.

  - ☐ **친족의 범위** : 친족상도례가 적용되는 친족의 범위는 민법의 규정에 의하여야 한다 (2011도2170)

  - ☐ **사돈 사건** : 피고인이 백화점 내 점포에 입점시켜 주겠다고 속여 피해자로부터 입점비 명목으로 돈을 편취하였다며 사기로 기소된 사안에서, 피고인의 딸과 피해자의 아들이 혼인하여 피고인과 피해자가 사돈지간이라고 하더라도 민법상 친족으로 볼 수 없는데도, 2촌의 인척인 친족이라는 이유로 위 범죄를 친족상도례가 적용되는 친고죄라고 판단한 후 피해자의 고소가 고소기간을 경과하여 부적법하다고 보아 공소를 기각한 원심판결 및 제1심판결에 친족의 범위에 관한 법리오해의 위법이 있다고 하여 모두 파기한 사례(2011도2170) (18 변시)(20 변시)

  - ☐ **결혼 사기 사건** : 형법 제354조, 제328조 제1항에 의하면 배우자 사이의 사기죄는 이른바 친족상도례에 의하여 형을 면제하도록 되어 있으나, 사기죄를 범하는 자가 금원을 편취하기 위한 수단으로 피해자와 혼인신고를 한 것이어서 그 혼인이 무효인 경우라면, 그러한 피해자에 대한 사기죄에서는 친족상도례를 적용할 수 없다고 할 것이다(2014도11533) (20 변시)(22 1차)(23 3차)

  - ☐ 친족관계는 객관적으로 존재하는지 여부만이 문제가 되며 범인의 친족관계에 대한 착오는 범죄의 성립과 처벌에 영향을 미치지 않는다. (22 1차)

- **절도죄에서의 인적 범위** : 재물의 소유자와 점유자 쌍방 사이에 친족관계가 있는 경우에만 친족상도례가 적용된다.

  - ☐ **절도죄와 친족상도례** : 형법 제344조에 의하여 준용되는 형법 제328조 제2항 소정의 친족간의 범행에 관한 조문은 범인과 피해물건의 소유자 및 점유자 쌍방간에 같은 조문 소정의 친족관계가 있는 경우에만 적용되는 것이다(80도131) (18 변시)(24 변시)(21 2차)(22 1차)

- **횡령죄에서의 인적 범위** : 재물의 소유자와 위탁자 쌍방 사이에 친족관계가 있는 경우에만 친족상도례가 적용된다.

□ **횡령죄와 친족상도례** : 횡령범인이 위탁자가 소유자를 위해 보관하고 있는 물건을 위탁자로부터 보관받아 이를 횡령한 경우에 형법 제361조에 의하여 준용되는 제328조 제2항의 친족간의 범행에 관한 조문은 범인과 피해물건의 소유자 및 위탁자 쌍방 사이에 같은 조문에 정한 친족관계가 있는 경우에만 적용된다(2008도3438) (12 변시)(20 변시)

• **사기죄에서의 인적 범위** : 재산상의 피해자만 친족이면 친족상도례가 적용된다.

□ **소송사기와 친족상도례** : 법원을 기망하여 제3자로부터 재물을 편취한 경우에 피기망자인 법원은 피해자가 될 수 없고 재물을 편취당한 제3자가 피해자라고 할 것이므로 피해자인 제3자와 사기죄를 범한 자가 직계혈족의 관계에 있을 때에는 그 범인에 대하여는 형법 제354조에 의하여 준용되는 형법 제328조 제1항에 의하여 그 형을 면제하여야 할 것이다(2014도8076) (18 변시)(23 변시)(22 3차)

□ **할아버지 예금 통장 사건** : 친척 소유 예금통장을 절취한 자가 그 친척 거래 금융기관에 설치된 현금자동지급기에 예금통장을 넣고 조작하는 방법으로 친척 명의 계좌의 예금 잔고를 자신이 거래하는 다른 금융기관에 개설된 자기 계좌로 이체한 경우, 그 범행으로 인한 피해자는 이체된 예금 상당액의 채무를 이중으로 지급해야 할 위험에 처하게 되는 그 친척 거래 금융기관이라 할 것이고, 거래 약관의 면책 조항이나 채권의 준점유자에 대한 법리 적용 등에 의하여 위와 같은 범행으로 인한 피해가 최종적으로는 예금 명의인인 친척에게 전가될 수 있다고 하여, 자금이체 거래의 직접적인 당사자이자 이중지급 위험의 원칙적인 부담자인 거래 금융기관을 위와 같은 컴퓨터 등 사용사기 범행의 피해자에 해당하지 않는다고 볼 수는 없으므로, 위와 같은 경우에는 친족 사이의 범행을 전제로 하는 친족상도례를 적용할 수 없다(2006도2704) [2013 1차] [2014 3차](18 변시)(20 변시)(24 변시)(23 3차)

□ **합유 등기된 부동산 사건** : 피고인 등이 공모하여, 피해자 갑, 을 등을 기망하여 갑, 을 및 병과 부동산 매매계약을 체결하고 소유권을 이전받은 다음 잔금을 지급하지 않아 같은 금액 상당의 재산상 이익을 편취하였다는 내용으로 기소된 사안에서, 갑은 피고인의 8촌 혈족, 병은 피고인의 부친이나, 위 부동산이 갑, 을, 병의 합유로 등기되어 있어 피고인에게 형법상 친족상도례 규정이 적용되지 않는다고 본 원심판단을 수긍한 사례(2015도3160) (18 변시)

• **친족관계를 요하는 시적 범위** : 친족관계는 행위시에 존재하면 족하다. 다만, 행위자가 행위시에 인지되지는 않았으나 형사재판시에 인지되었으면 **인지의 소급효**에 의하여 친족상도례가 적용된다는 것이 판례의 입장이다.

□ 甲은 배우자 A의 반지를 절취하였으나 이혼으로 혼인관계가 해소된 후에서야 A가 그 절취사실을 알게 된 경우, 甲에게는 친족상도례가 적용된다. (23 3차)

□ 재판상 인지 사건 : 형법 제344조, 제328조 제1항 소정의 친족간의 범행에 관한 규정이 적용되기 위한 친족관계는 원칙적으로 범행 당시에 존재하여야 하는 것이지만, 부가 혼인 외의 출생자를 인지하는 경우에 있어서는 민법 제860조에 의하여 그 자의 출생시에 소급하여 인지의 효력이 생기는 것이며, 이와 같은 인지의 소급효는 친족상도례에 관한 위 규정의 적용에도 미친다고 보아야 할 것이므로, 인지가 범행 후에 이루어진 경우라고 하더라도 그 소급효에 따라 형성되는 친족관계를 기초로 하여 위 친족상도례의 규정이 적용되어야 한다고 할 것이다(96도1731) (12 변시)(16 변시)(19 변시)(22 1차)

• 제328조 제1항의 적용효과(형의 면제) : 제328조 제1항의 친족관계 즉 직계혈족, 배우자, 동거친족, 동거가족 또는 그 배우자간의 재산범죄의 경우에는 형을 면제한다. [2023 2차]

□ 제328조 제1항의 '그 배우자'의 적용 범위 : 형법 제354조에 의하여 준용되는 제328조 제1항에서 "직계혈족, 배우자, 동거친족, 동거가족 또는 그 배우자 간의 제323조의 죄는 그 형을 면제한다."고 규정하고 있는바, 여기서 '그 배우자'는 동거가족의 배우자만을 의미하는 것이 아니라, 직계혈족, 동거친족, 동거가족 모두의 배우자를 의미하는 것으로 볼 것이다(2011도1765) [2017 3차](19 변시)(23 3차)

• 제328조 제2항의 적용효과(상대적 친고죄) : 제328조 제1항의 친족관계이외의 친족의 경우에는 제328조 제2항에 따라 고소가 있는 경우에만 친족을 처벌할 수 있도록 친고죄로 하고 있다. [2024 변시]

• 특별형법에의 적용 : 특별형법상의 재산범죄의 경우에도 친족상도례를 배제한다는 명시적 규정이 없으면 친족상도례는 적용된다. (13 변시)

□ 특경법 위반과 친족상도례 : 형법상 사기죄의 성질은 특정경제범죄 가중처벌 등에 관한 법률 제3조 제1항에 의해 가중처벌되는 경우에도 그대로 유지되고 같은 법률에 친족상도례의 적용을 배제한다는 명시적인 규정이 없으므로, 형법 제354조는 같은 법률 제3조 제1항 위반죄에도 그대로 적용된다(2009도12627) (18 변시)(20 변시) (24 변시)(23 3차)

Ⅱ. 야간주거침입절도 (미수범 처벌)

• 야간주거침입절도에서 야간이 미치는 범위

爭點 058

야간주거침입절도에서 야간이 미치는 범위 [2017 변시][2018 1차]

1. 논의점

　야간주거침입절도죄에 있어서 주거침입과 절취가 모두 야간에 있어야 하는지 아니면 일부라도 야간에 있으면 족한지에 대하여 논의가 있다. 특히 주간에 주거에 침입하였다가 야간에 절취를 한 경우가 논의의 중심이 된다.

2. 견해의 대립

　이에 대하여는 ① 절취행위만 야간에 있으면 족하다는 **절취행위시기준설** ② 주거침입이 야간에 있으면 족하다는 **주거침입기준설** ③ 주거침입 또는 절취행위 중 어느 하나라도 야간에 있으면 족하다는 **주거침입 또는 절취행위기준설** ④ 주거침입 또는 절취행위 모두가 야간에 이루어진 경우에만 야간주거침입절도죄가 성립한다는 **주거침입 및 절취행위기준설** 등이 대립하고 있다.

3. 판례의 태도

　판례는 주간에 주거에 침입한 이후에 야간에 절취한 사건에서 '형법은 야간에 이루어지는 주거침입행위의 위험성에 주목하여 그러한 행위를 수반한 절도를 야간주거침입절도죄로 중하게 처벌하고 있는 것으로 보아야 하고, 따라서 주거침입이 주간에 이루어진 경우에는 야간주거침입절도죄가 성립하지 않는다'라고 하여 **주거침입기준설**을 따르고 있다.

4. 검토

　생각건대 형법은 야간절도죄에 관하여는 처벌규정을 별도로 두고 있지 아니한 점을 고려한다면 주거침입기준설이 타당하다. 따라서 야간에 주거에 침입하여 절취한 경우에만 야간주거침입절도죄가 성립한다고 보아야 할 것이다.

5. 관련 판례

　☐ 주간에 주거에 침입하여 야간에 절도하면 야주절이 성립할 수 없다는 판례
　(2011도300) (16 변시)(19 변시)(21 변시)(22 변시)

• **실행의 착수시기** : 본죄의 실행의 착수시기는 **주거침입시**이다. 주거침입 자체가 아직 종료되지 않았다 하더라도 단순주거침입죄의 미수가 아니라 본죄의 미수이다.

　☐ **가스배관 사건** : 야간에 다세대주택에 침입하여 물건을 절취하기 위하여 가스배관을 타고 오르다가 순찰 중이던 경찰관에게 발각되어 그냥 뛰어내렸다면, 야간주거침입절도죄의 실행의 착수에 이르지 못했다고 한 사례(2008도917) (13 변시)(19 변시)

Ⅲ. 특수절도죄 (미수범 처벌)

1. 손괴 후 야간주거침입절도(제331조 제1항)

- **객체** : 문이나 담 그 밖의 건조물의 일부이다. '문이나 담 그 밖의 건조물의 일부'란 주거 등에 대한 침입을 방지하기 위하여 설치된 일체의 위장시설을 말한다.

- **손괴** : '손괴'란 물리적으로 문호 또는 장벽 기타 건조물의 일부를 훼손하여 그 효용을 상실시키는 것을 말한다. 따라서 문호 등의 일부를 손괴하여야 하므로 잠긴 문을 물리적으로 뜯고 들어간 경우에는 본죄에 해당하고, 기술적으로 열쇠로 열고 들어간 경우에는 야간주거침입절도죄에 해당한다.

  > ☐ **방충망 사건** : 건물의 창문과 방충망을 창틀에서 분리한 행위만으로는 창문과 방충망을 물리적으로 훼손하여 그 효용을 상실하게 하였다고 볼 수 없으므로 특수절도죄의 손괴에 해당하지 않는다고 판단한 사례(2015도7559) (17 변시)

- **실행의 착수시기** : 건조물 등의 일부를 손괴하기 시작한 때이다. 그리고 야간주거침입절도의 의사로 주거에 침입한 자가 건조물의 일부를 손괴하는 경우에도 본죄의 실행의 착수가 인정된다.

  > ☐ **방문고리 사건** : 현실적으로 절취 목적물에 접근하지 못하였다 하더라도 야간에 타인의 주거에 침입하여 건조물의 일부인 방문고리를 손괴하였다면 형법 제331조의 특수절도죄의 실행에 착수한 것이다(77도1802) (20 변시)

2. 흉기휴대절도(제331조 제2항 전단)

- **흉기** : 흉기휴대절도에서의 흉기는 본래 살상용·파괴용으로 만들어진 것이거나 이에 준할 정도의 위험성을 가진 것을 의미한다.

  > ☐ **제331조 제2항의 흉기** : [1] 형법 조항에서 규정한 흉기는 본래 살상용·파괴용으로 만들어진 것이거나 이에 준할 정도의 위험성을 가진 것으로 봄이 상당하고, 그러한 위험성을 가진 물건에 해당하는지 여부는 그 물건의 본래의 용도, 크기와 모양, 개조 여부, 구체적 범행 과정에서 그 물건을 사용한 방법 등 제반 사정에 비추어 사회통념에 따라 객관적으로 판단할 것이다. [2] 피고인이 사용한 이 사건 드라이버는 일반적인 드라이버와 동일한 것으로 특별히 개조된 바는 없는 것으로 보이고, 그 크기와 모양 등 제반 사정에 비추어 보더라도 피고인의 이 사건 범행이 흉기를 휴대하여 타인의 재물을 절취한 경우에 해당한다고 보기 어렵다(2012도4175) [2020 3차]

- **휴대** : 휴대란 범죄현장에서 상황에 따라서는 범행에 사용할 의도로 몸에 지니고 있는 것을 말한다.

3. 합동절도(제331조 제2항 후단)

- 합동절도 : 2인 이상이 합동하여 절도죄를 범하는 것을 합동절도라고 한다.
- 합동절도의 법적 성격

爭點059

합동범의 법적 성격 [2021 2차][2022 변시][2024 변시]

1. 논의점

합동범은 각칙에 '2인 이상이 합동하여 … 죄를 범한 자'라는 형식으로 규정되어 있을 뿐 총칙에서의 규정은 없다. 이러한 합동범이 '2인 이상이 공동하여 죄를 범한 때'라고 규정되어 있는 총칙상의 공동정범과 차이가 있는지, 차이가 있다면 어떠한 차이가 있는지가 합동범의 본질의 문제이다. 이러한 합동범의 본질은 궁극적으로 '합동'의 의미를 어떻게 해석하느냐에 달려 있는바 이에 대하여 논의가 있다.

2. 견해의 대립

이에 대하여는 ① 합동의 의미를 공모공동정범으로 해석하는 공모공동정범설 ② 합동의 의미를 공동으로 해석하여 그 본질은 공동정범이지만 집단범죄에 대한 대책상 형을 특별히 가중한 것이라고 보는 **가중적 공동정범설** ③ 합동의 의미를 공동보다 좁게 해석하여 합동자들의 시간적·장소적 협동을 의미한다고 보는 **현장설** 등이 대립하고 있다.

3. 판 례

판례는 합동범의 성립요건에 대하여 '주관적 요건으로서의 공모와 객관적 요건으로서의 실행행위의 분담이 있어야 하고, 그 실행행위는 시간적으로나 장소적으로 협동관계에 있다고 볼 정도에 이르면 된다'라고 하여 **현장설**을 따르고 있다.

4. 검 토

생각건대 형법이 합동범에 대하여 특별히 '2인 이상이 합동하여'라고 규정하여 무겁게 처벌하는 것은 시간적·장소적 협동에 의하여 다수인이 동시에 죄를 범할 때에는 구체적 위험성이 증가한다는 데 그 이유가 있으므로 현장설이 타당하다.

5. 관련 판례

□ 형제 절도 사건(합동범의 본질에 대하여 현장설을 따른 판례) : 형법 제331조 제2항 후단의 2인 이상이 합동하여 타인의 재물을 절취한 경우의 특수절도 죄가 성립하기 위하여는 주관적 요건으로서의 공모와 객관적 요건으로서의 실행행위의 분담이 있어야 하고 그 실행행위에 있어서는 시간적으로나 장소적으로 협동관계에 있음을 요한다(96도313) (18 변시)(21 2차)

6. 폭처법 제2조 제2항 '2인 이상이 공동하여'의 의미

☐ 폭처법 제2조 제2항 '2인 이상이 공동하여'의 의미 : 폭력행위등처벌에관한법률 제2조 제2항의 "2인 이상이 공동하여 제1항에 열거된 죄를 범한 때"라고 함은 그 수인 사이에 공범관계가 존재하는 것을 요건으로 하고, 수인이 동일 장소에서 동일 기회에 상호 다른 자의 범행을 인식하고 이를 이용하여 범행을 한 경우임을 요한다(96도1959)

• 합동절도의 공동정범 성립 여부

爭點 060

합동범의 공동정범 성립 여부 [2011 3차][2016 2차][2018 1차][2018 2차][2021 1차][2021 3차] [2024 변시]

1. 논의점

합동범의 본질에 대하여 현장설을 따를 경우에 현장에 있지 않은 자는 합동범이 성립할 수 없다. 그런데 현장에 있지 않은 자를 합동범의 공동정범으로 처벌할 수 있는지에 대하여 논의가 있다.

2. 견해의 대립

이에 대하여는 ① 합동범에 대하여도 공동정범의 일반이론이 적용되어야 하고, 기능적 행위지배가 있는 이상 공동정범으로 처벌해야 하므로 합동범의 공동정범도 성립할 수 있다는 **긍정설** ② 합동범은 필요적 공범이어서 이론적으로 공동정범을 인정할 여지가 없으므로 합동범의 공동정범은 성립될 수 없다고 보는 **부정설**이 대립하고 있다.

3. 판례

판례는 일정한 요건 하에 합동범의 공동정범의 성립을 긍정하고 있다. 즉, 판례는 ① 3인 이상의 범인이 합동절도의 범행을 공모한 후 ② 적어도 2인 이상의 범인이 범행 현장에서 절도 범행을 하고 ③ 현장에 없었던 공모자에게 정범성의 표지를 인정할 수 있을 때에는 합동범의 공동정범을 인정하고 있다.

4. 검토

생각건대 합동범에 있어서 현장에 있지 않은 배후 거물을 처벌할 필요성이 있다. 그렇지만 합동범의 특성상 판례의 법리처럼 3인 이상이 모의를 하고 2인 이상이 현장설에 따른 합동범이 성립하고 현장에 있지 않은 자에게 정범표지를 인정할 수 있을 때에만 합동범의 공동정범을 인정하여야 할 것이다.

5. 관련 판례

- **주간에 주거에 침입하여 절도하는 경우의 제331조 제2항의 실행의 착수시기** : 주간에 2인 이상이 합동하여 주거에 침입하여 절도하는 경우에는 절취할 물건을 물색할 때에 합동절도의 실행의 착수가 인정되고, 주거침입죄와 합동절도죄는 실체적 경합관계에 있다(2009도9667). (16 변시)

- **야간에 주거에 침입하여 절도하는 경우의 제331조 제2항의 실행의 착수시기** : 야간에 2인이 상이 합동하여 주거에 침입하여 절도하는 경우에는 주거침입시에 실행의 착수가 인정된다는 것이 판례의 태도이다(86도843). (13 변시)(24 변시)

IV. 자동차등 불법사용죄 (미수범 처벌)

- **사용 후 반환** : 자동차등불법사용죄가 성립하기 위해서는 일시사용으로 인한 가치의 소모가 적어야 하고, 권리자에게 반환하여야 한다.

V. 상습절도죄 (미수범 처벌)

- **상습** : 상습이란 동종의 범죄를 반복하는 습벽을 말한다.

□ **절도와 야간주거침입절도를 상습으로 범한 사건** : 단순절도와 야간주거침입절도를 상습적으로 범한 경우에는 그중 법정형이 중한 상습야간주거침입절도죄에 나머지 행위들을 포괄시켜 하나의 죄만이 성립된다(79도2371) (19 변시)

- 상습절도와 주거침입죄와의 관계

□ **상습절도와 주거침입죄** : 상습으로 단순절도를 범한 범인이 상습적인 절도범행의 수단으로 주간에 주거침입을 한 경우에 그 주간 주거침입행위의 위법성에 대한 평가가 형법 제332조, 제329조의 구성요건적 평가에 포함되어 있다고 볼 수 없다. 그러므로 형법 제332조에 규정된 상습절도죄를 범한 범인이 그 범행의 수단으로 주간에 주거침입을 한 경우 그 주간 주거침입행위는 상습절도죄와 별개로 주거침입죄를 구성한다. 또 형법 제332조에 규정된 상습절도죄를 범한 범인이 그 범행 외에 상습적인 절도의 목적으로 주간에 주거침입을 하였다가 절도에 이르지 아니하고 주거침입에 그친 경우에도 그 주간 주거침입행위는 상습절도죄와 별개로 주거침입죄를 구성한다(2015도9049) (17 변시)(18 변시)(19 변시)(21 2차)

제2절 | 강도의 죄

Ⅰ. **강도죄** (미수범 처벌, 예비 · 음모 처벌)

- 재산상의 이익

□ **경제적 재산설을 따른 판례** : 형법 제333조 후단의 강도죄, 이른바 강제이득죄에서 말하는 '재산상의 이익'이란 법률상 정당하게 그 이행을 청구할 수 있는 것이 아니어도 강도죄에서의 재산상의 이익에 해당할 수 있고, 그 재산상의 이익은 반드시 사법상 유효한 재산상의 이득만을 의미하는 것이 아니며, 외견상 재산상의 이득을 얻을 것이라고 인정할 수 있는 사실관계만 있으면 여기에 해당된다(2020도7218) (20 변시)

- 폭행 · 협박의 정도 : 강도죄에 있어서 폭행과 협박의 정도는 사회통념상 객관적으로 상대방의 반항을 억압하거나 항거불능케 할 정도의 것이라야 한다. 그리고 수면제 등을 이용하여 상대방이 반항할 수 없게 만드는 경우에도 강도죄의 폭행에 해당한다.

□ **아리반 사건** : 신경안정제인 아리반 4알을 탄 우유나 사와가 들어있는 갑을 휴대하고 다니다가 사람에게 마시게 하여 졸음에 빠지게 하고 그 틈에 그 사람의 돈이나 물건을 빼앗은 경우에 그 수단은 강도죄에서 요구하는 남의 항거를 억압할 정도의 폭행에 해당된다(79도1735) [2015 2차]

- **폭행·협박의 상대방** : 폭행·협박의 상대방은 반드시 재물 또는 재산상 이익의 피해자와 일치할 필요는 없다.
- **강도이득죄에 있어서의 처분의 의사표시**

爭點 061

강도이득죄에 있어서의 처분의 의사표시 [2023 3차]

1. 논의점

강제이득죄의 경우 재산상 이익의 취득에 피해자의 의사표시(처분행위)가 필요한지에 대하여 논의가 있다. 이는 특히 채무면탈을 목적으로 살인을 한 경우에 강도살인죄가 성립할 수 있는지와 관련하여 문제가 된다.

2. 견해의 대립

이에 대하여는 ① 강도죄에서의 재산상의 이익의 취득에는 피해자의 일정한 처분의사가 있어야 한다는 **처분의사필요설** ② 강도죄에서의 재산상의 이득의 취득에는 피해자의 일정한 처분의사가 필요하지 않다는 **처분의사불요설**이 대립하고 있다.

3. 판례의 태도

판례는 원칙적으로 처분의사불요설을 따르고 있으나, 최근 판례에서는 '채무를 면탈할 의사로 채권자를 살해하더라도 일시적으로 채권자측의 추급을 면한 것에 불과하여 재산상 이익의 지배가 채권자측으로부터 범인 앞으로 이전되었다고 보기는 어려운 경우에는 강도살인죄가 성립할 수 없다'고 판시하여 단순히 추급만을 면한 경우에는 강도살인죄의 성립을 부정하고 있다.

4. 검토

생각건대 원칙적으로 재산상의 이익의 처분행위가 필요없다는 소극설이 타당하지만, 채무면탈살인의 경우에는 채무면탈의 동기가 있더라도 채무의 존재 및 상속인의 존재 등 구체적인 행위사정을 고려하여 개별적으로 검토하여야 할 것이다.

5. 관련 판례

☐ **강도죄는 피해자의 처분의사가 불요하므로 채무면탈살인은 강도살인죄가 성립한다는 판례** : 형법 제333조 소정 재산상 이득행위 또한 같은 규정의 재물 강취와 마찬가지로 상대방의 반항을 억압할 폭행 또는 협박의 수단으로 재산상 이득을 취득하면 족한 것으로서 반드시 상대방의 의사에 의한 처분행위를 강제함을 필요로 하지 않는다고 해석함이 상당하다(64도310)

□ 채무면탈살인의 경우라도 일시적으로 추급만 면한 경우에는 살인죄만 성립한다
  는 판례 : 강도살인죄가 성립하려면 먼저 강도죄의 성립이 인정되어야 하
  고, 강도죄가 성립하려면 불법영득(또는 불법이득)의 의사가 있어야 하며,
  형법 제333조 후단 소정의 이른바 강제이득죄의 성립요건인 '재산상 이익
  의 취득'을 인정하기 위하여는 재산상 이익이 사실상 피해자에 대하여 불이
  익하게 범인 또는 제3자 앞으로 이전되었다고 볼 만한 상태가 이루어져야
  하는데, 채무의 존재가 명백할 뿐만 아니라 채권자의 상속인이 존재하고
  그 상속인에게 채권의 존재를 확인할 방법이 확보되어 있는 경우에는 비록
  그 채무를 면탈할 의사로 채권자를 살해하더라도 일시적으로 채권자측의
  추급을 면한 것에 불과하여 재산상 이익의 지배가 채권자측으로부터 범인
  앞으로 이전되었다고 보기는 어려우므로, 이러한 경우에는 강도살인죄가
  성립할 수 없다(2004노1098) (21 1차)

• 강간 후 재물을 탈취한 경우

爭點 062

강간 후 재물을 탈취한 경우

1. 논의점

강간 이후에 재물탈취를 위한 새로운 폭행, 협박이 없이 피해자에게서 재물을 탈취한
경우, 강도죄가 성립하는지 아니면 절도죄가 성립하는지에 대하여 논의가 있다.

2. 견해의 대립

이에 대하여는 ① 강간의 폭행 · 협박으로 인하여 피해자의 반항이 억압된 상태하에
서 재물취득이 이루어진 것이므로 강도죄가 성립한다고 보는 **강도죄설** ② 강간을 위한
폭행 · 협박과 재물의 탈취사이에 인과관계를 인정할 수 없으므로 절도죄만 성립한다고
보는 **절도죄설**이 대립하고 있다.

3. 판례의 태도

판례는 '강간범인이 부녀를 강간할 목적으로 폭행, 협박에 의하여 반항을 억압한 후
반항억압 상태가 계속 중임을 이용하여 재물을 탈취하는 경우에는 재물탈취를 위한 새
로운 폭행, 협박이 없더라도 강도죄가 성립한다'라고 하여 **강도죄설**의 입장이다.

4. 검 토

생각건대 강간하는 행위 자체가 상대방의 반항을 억압케 할 정도의 최협의의 폭행으
로 볼 수 있으므로 강도죄의 성립을 인정하는 강도죄설이 타당하다.

5. 관련 판례

☐ 강간범이 재물 탈취하면 새로운 폭행·협박이 없더라도 강도죄가 성립한 다는 판례(2010도9630) (13 변시)(19 변시)

• **죄수 및 타죄와의 관계**

☐ **강도상해 후 계속 감금한 사건** : 감금행위가 단순히 강도상해 범행의 수단이 되는 데 그치지 아니하고 강도상해의 범행이 끝난 뒤에도 계속된 경우에는 1개의 행위가 감금죄와 강도상해죄에 해당하는 경우라고 볼 수 없고, 이 경우 감금죄와 강도상해죄는 형법 제37조의 경합범 관계에 있다(2002도4380) (14 변시)(17 변시)(18 변시)

Ⅱ. 특수강도죄 (미수범 처벌, 예비·음모 처벌)

• **야간주거침입강도죄의 실행의 착수시기** : 야간주거침입강도죄의 실행의 착수시기에 대하여는 ① 본죄는 주거침입죄와 강도죄의 결합범이므로 결합범의 일반논리에 따라 주거침입죄에 실행의 착수를 인정하는 **주거침입시설**과 ② 강도죄의 기본은 폭행·협박이므로 폭행·협박시에 실행의 착수가 있다는 **폭행·협박시설**이 대립하고 있으나, 강도죄의 본질상 폭행·협박시설이 타당하다. 이에 대해 판례는 폭행·협박시설을 따른 판례와 주거침입시설을 따른 판례가 혼재하고 있다. [2021 변시]

☐ **겁많은 강도 사건(특수강도의 실행의 착수시기를 주거침입시로 본 판례)** : 형법 제334조 제1항 소정의 야간주거침입강도죄는 주거침입과 강도의 결합범으로서 시간적으로 주거침입행위가 선행되므로 주거침입을 한 때에 본죄의 실행에 착수한 것으로 볼 것이다(92도917)

☐ **여아강간 사건(특수강도의 실행의 착수시기를 폭행·협박시로 본 판례)** : 특수강도의 실행의 착수는 강도의 실행행위 즉 사람의 반항을 억압할 수 있는 정도의 폭행 또는 협박에 나아갈 때에 있다 할 것이다(91도2296)

• **죄수관계** : 2인 이상이 합동하여 흉기를 휴대하고 야간에 주거에 침입하여 강도한 경우 포괄하여 특수강도죄의 일죄가 성립한다.

Ⅲ. 준강도 (미수범 처벌)

• **절도의 태양** : 준강도죄의 주체는 절도이며 여기에는 단순절도·야간주거침입주절도·특수절도 등 모든 절도의 형태가 포함된다.

□ **술값 면탈 사건** : 형법 제335조는 '절도'가 재물의 탈환을 항거하거나 체포를 면탈하거나 죄적을 인멸할 목적으로 폭행 또는 협박을 가한 때에 준강도가 성립한다고 규정하고 있으므로, 준강도죄의 주체는 절도범인이고, 절도죄의 객체는 재물이다 (2014도2521) (15 변시)

• **절도의 정범** : 준강도의 주체는 절도죄의 정범만이 될 수 있으므로 단독범과 공동정범은 당연히 포함되지만, 정범이 아니라 협의의 공범에 불과한 교사 · 방조범은 본죄의 주체가 될 수 없다.

□ **준강도죄의 주체인 절도의 범위** : 준강도의 주체는 절도 즉 절도범인으로, 절도의 실행에 착수한 이상 미수이거나 기수이거나 불문한다(2003도4417) (15 변시)

• **절도의 기회** : 준강도가 성립하기 위한 행위상황은 절도의 기회에 행하여졌을 것을 요건으로 한다. 절도의 기회란 **시간적으로는** 절도의 실행의 착수 후 완료전임으로 요하고, 장소적으로는 절취와 밀접한 관련성이 있는 상태를 말한다.

□ **절도의 기회** : 준강도는 절도범인이 절도의 기회에 재물탈환의 항거 등의 목적으로 폭행 또는 협박을 가함으로써 성립되는 것으로서, 여기서 절도의 기회라고 함은 절도범인과 피해자측이 절도의 현장에 있는 경우와 절도에 잇달아 또는 절도의 시간 · 장소에 접착하여 피해자측이 범인을 체포할 수 있는 상황, 범인이 죄적인멸에 나올 가능성이 높은 상황에 있는 경우를 말하고, 그러한 의미에서 피해자측이 추적태세에 있는 경우나 범인이 일단 체포되어 아직 신병확보가 확실하다고 할 수 없는 경우에는 절도의 기회에 해당한다(2001도4142)

□ **절도 후 10분이 지나 버스정류장에서 잡혀간 사건** : 준강도는 절도범인이 절도의 기회에 재물탈환, 항거 등의 목적으로 폭행 또는 협박을 가함으로써 성립되는 것이므로, 그 폭행 또는 협박은 절도의 실행에 착수하여 그 실행중이거나 그 실행 직후 또는 실행의 범의를 포기한 직후로서 사회통념상 범죄행위가 완료되지 아니하였다고 인정될 만한 단계에서 행하여짐을 요한다(98도3321) [2022 변시](20 변시)

• **폭행 · 협박의 정도** : 폭행 · 협박은 강도죄와 동일하게 상대방의 반항을 억압할 정도에 이르러야 하며, 그 정도에 이르렀는지 여부는 객관적 기준에 의하여 판단한다. 그러나 반드시 현실적으로 반항을 억압하였음을 필요로 하는 것은 아니다.

□ **준강도죄의 폭행 · 협박** : 준강도죄의 구성요건인 폭행, 협박은 일반강도죄와의 균형상 사람의 반항을 억압할 정도의 것임을 요하므로, 일반적, 객관적으로 체포 또는 재물탈환을 하려는 자의 체포의사나 탈환의사를 제압할 정도라고 인정될 만한 폭행, 협박이 있어야만 준강도죄가 성립한다(90도193)

□ **준강도죄의 폭행·협박** : 준강도죄에 있어서의 폭행이나 협박은 상대방의 반항을 억압하는 수단으로서 일반적·객관적으로 가능하다고 인정하는 정도의 것이면 되고 반드시 현실적으로 반항을 억압하였음을 필요로 하는 것은 아니다(81도409)

• 준강도의 기수시기

爭點 063

준강도의 기수시기 [2010 1차][2013 1차][2024 변시]

1. 논의점

준강도의 주체는 재물을 취득하는 절도이며, 그 행위태양은 사람에 대한 폭행·협박이다. 따라서 준강도의 기수시기를 어떠한 기준으로 판단할 것인지에 대하여 논의가 있다.

2. 견해의 대립

이에 대하여는 ① 준강도는 기본적으로 재물죄이므로 절도의 기수·미수를 기준으로 해야 한다는 **절취행위기준설** ② 준강도의 행위태양이 폭행·협박이므로 폭행·협박의 기수·미수를 기준으로 해야 한다는 **폭행·협박행위기준설** ③ 준강도죄는 절취행위와 폭행·협박이 결합되어 있는 범죄이기 때문에 준강도의 기수가 되기 위해서는 폭행·협박과 절도 모두 기수가 되어야 한다는 **종합설**이 대립하고 있다.

3. 판례의 태도

판례는 종래 폭행·협박행위기준설을 취했으나, 최근 전원합의체판결을 통하여 '준강도의 기수여부는 절도행위의 기수여부를 기준으로 하여 판단하여야 한다'고 판시하여 절취행위기준설의 입장으로 태도를 변경하였다.

4. 검토

생각건대 준강도도 기본적으로는 재산죄이며, 폭행과 협박은 속성상 일정한 행위만 있으면 바로 기수가 되므로 재산죄적인 성격을 명확히 한 절취행위기준설이 타당하다.

5. 관련 판례

□ 준강도의 기수시기를 절도행위의 기수 여부로 판단한다고 본 전합 판례 (2004도5074 전합) (15 변시)(19 변시)(22 변시)(23 변시)

• 합동절도의 준강도와 공범

爭點 064

합동절도의 준강도와 공범 (13 변시)(17 변시)[2024 변시]

1. 논의점

합동절도범 중 일부가 준강도를 범한 경우에 폭행·협박을 행하지 않은 나머지 다른 합동절도범에게도 준강도죄의 성립을 인정할 수 있는지에 대하여 논의가 있다.

2. 견해의 대립

이에 대하여는 ① 다른 공범자에 의한 폭행과 협박에 대한 예견가능성 유무를 판단하여 예견가능성이 있으면 본죄의 공동정범이 성립한다는 **긍정설** ② 준강도는 공동의사의 범위를 초과한 것이므로 초과부분에 대해서는 단독범이 성립할 뿐이지 준강도죄의 공동정범을 인정할 수 없다는 **부정설**이 대립하고 있다.

3. 판례의 태도

판례는 '2인 이상이 합동하여 절도를 한 경우 범인 중의 1인이 체포를 면탈할 목적으로 폭행을 하여 상해를 가한 때에는 나머지 범인도 이를 예기하지 못한 것으로 볼 수 없으면 강도상해죄의 죄책을 면할 수 없다'라고 하여 **긍정설**의 입장이다.

4. 검토

생각건대 합동절도범들 사이에서는 체포가 되어서는 안 된다는 묵계가 있는 것이 일반적이므로 폭행과 협박에 대한 예견가능성을 기준으로 판단하는 긍정설이 타당하다.

5. 관련 판례

☐ 합동범 중 일인이 준강도상해죄를 범하면 나머지 범인도 이를 예기하지 못한 것으로 볼 수 없으면 강도상해죄의 죄책을 진다는 판례(87도2460)

• 절도가 체포면탈 목적으로 추격하여 온 여러 명에게 폭행·협박을 가한 경우의 죄수판단 : ① 상해 등이 발생하지 않은 경우에는 준강도의 재산죄적인 측면을 강조하여 준강도죄의 포괄일죄가 되며 ② 여러 명에게 폭행을 가하여 그 중의 한 사람에게만 상해를 입힌 경우에는 포괄하여 강도상해죄 일죄만 성립하며 ③ 여러 명에게 폭행을 가하여 여러 명이 상해를 입은 경우에는 수죄의 강도상해죄가 실체적 경합이 된다.

☐ 1인만 상해를 입힌 사건 : 절도범이 체포를 면탈할 목적으로 체포하려는 여러 명의 피해자에게 같은 기회에 폭행을 가하여 그 중 1인에게만 상해를 가하였다면 이러한 행위는 포괄하여 하나의 강도상해죄만 성립한다(2001도3447) (12 변시)((14 변시)(15 변시)(17 변시)(18 변시)

□ 강도가 수인에게 폭행하여 각 상해를 입힌 사건 : 강도가 한 개의 강도 범행을 하는 기회에 수명의 피해자에게 각 폭행을 가하여 각 상해를 입힌 경우에는 각 피해자별로 수 개의 강도상해죄가 성립하며 이들은 실체적 경합범의 관계에 있다(87도527) (20 변시)

• 공무집행방해죄와의 관계 : 절도범인이 체포를 면탈할 목적으로 경찰관에게 폭행 · 협박을 가한 때에는 준강도죄와 공무집행방해죄를 구성하고 양죄는 상상적 경합관계에 있다.

□ 준강도 · 강도와 공무집행방해죄의 죄수 판단 : 절도범인이 체포를 면탈할 목적으로 경찰관에게 폭행 · 협박을 가한 때에는 준강도죄와 공무집행방해죄를 구성하고 양죄는 상상적 경합관계에 있으나, 강도범인이 체포를 면탈할 목적으로 경찰관에게 폭행을 가한 때에는 강도죄와 공무집행방해죄는 실체적 경합관계에 있고 상상적 경합관계에 있는 것이 아니다(92도917) (13 변시)(16 변시)(17 변시)(19 변시)(22 3차)

• 특수강도의 준강도의 처벌기준

爭點 065

특수강도의 준강도의 처벌기준 (19 변시)

1. 논의점

제335조에 의하면 준강도는 단순강도죄(제333조)또는 특수강도죄(제334조)의 예에 의하여 처벌된다. 그러나 제335조 규정의 해석상 제334조의 특수강도의 준강도로 처벌되는 판단기준에 대하여 논의가 있다.

2. 견해의 대립

이에 대하여는 ① 절도행위시를 기준으로 하여 단순절도이면 단순강도, 특수절도이면 특수강도라고 하는 **절취행위기준설** ② 폭행 · 협박행위시의 행위태양을 기준으로 하여 폭행 · 협박시에 흉기를 휴대한 경우에는 특수강도, 그렇지 않은 경우는 단순강도라고 하는 **폭행 · 협박행위기준설** ③ 양자를 모두 고려하여 어느 하나라도 가중사유가 있으면 특수강도가 된다는 **종합설**이 대립하고 있다.

3. 판례의 태도

판례는 '절도범인이 처음에는 흉기를 휴대하지 않았으나 체포를 면탈할 목적으로 폭행 · 협박을 할 때 흉기를 사용하게 되면 형법 제334조의 예에 의한 준강도(특수강도의 준강도)가 된다'라고 하여 **폭행 · 협박행위기준설**을 따르고 있다.

4. 검 토

생각건대 준강도는 절도범이 절취의 기회에 폭행 · 협박을 하는 행위태양을 보임으로써 강도죄와 같은 불법행위로 평가되는 범죄이므로, 그 처벌에 있어서도 강도죄와 같이 폭행 · 협박의 행위태양에 따라 단순강도의 예로 처벌할 것인지 특수강도의 예로 처벌할 것인지를 결정하는 것이 타당하다.

5. 관련 판례

> ☐ 절도가 체포를 면할 목적으로 흉기를 사용하면 특수강도의 준강도가 된다
> 는 판례(73도1553 전합) (21 1차)

Ⅳ. 인질강도죄 (미수범 처벌, 예비·음모 처벌)

Ⅴ. 강도상해·치상죄 (미수범 처벌, 상해는 결합범, 치상은 결과적 가중범)

- **주체** : 본죄에 주체는 강도의 실행에 착수하여 완료하기 이전의 자이며, 강도의 기수·미
  수를 불문한다. 따라서 예비·음모단계에 있는 자는 제외된다. 그리고 강도의 실행에 착
  수한 이상 단순강도 이외에 특수강도·준강도·인질강도 등 모든 강도유형을 포함한다.

  > ☐ **준강도가 상해 입힌 사건** : 절도가 절도행위의 기회계속중이라고 볼 수 있는 그 실행
  > 중 또는 실행직후에 체포를 면탈할 목적으로 폭행을 가한 때에는 준강도죄가 성립
  > 되고 이로써 상해를 입혔을 때는 강도상해죄가 성립된다(87도1662) [2015 2차][2019
  > 2차](15 변시)(16 변시)(17 변시)

- **강도의 기회** : 강도의 기회란 강도의 실행에 착수하여 강도범행 종료 직후까지 시간적·
  장소적으로 밀접한 연관성이 있는 기회를 의미한다.

  > ☐ **택시요금면탈 사건** : 강도치상죄에 있어서의 상해는 강도의 기회에 범인의 행위로
  > 인하여 발생한 것이면 족한 것이므로, 피고인이 택시를 타고 가다가 요금지급을
  > 면할 목적으로 소지한 과도로 운전수를 협박하자 이에 놀란 운전수가 택시를 급우
  > 회전하면서 그 충격으로 피고인이 겨누고 있던 과도에 어깨부분이 찔려 상처를
  > 입었다면, 피고인의 위 행위를 강도치상죄에 의율함은 정당하다(84도2397) (21 1차)

  > ☐ **택시 운전사 강도 사건** : 형법 제337조의 강도상해죄는 강도범인이 강도의 기회에
  > 상해행위를 함으로써 성립하므로 강도범행의 실행 중이거나 실행 직후 또는 실행
  > 의 범의를 포기한 직후로서 사회통념상 범죄행위가 완료되지 아니하였다고 볼 수
  > 있는 단계에서 상해가 행하여짐을 요건으로 한다. 그러나 반드시 강도범행의 수단
  > 으로 한 폭행에 의하여 상해를 입힐 것을 요하는 것은 아니고 상해행위가 강도가
  > 기수에 이르기 전에 행하여져야만 하는 것은 아니므로, 강도범행 이후에도 피해자
  > 를 계속 끌고 다니거나 차량에 태우고 함께 이동하는 등으로 강도범행으로 인한
  > 피해자의 심리적 저항불능 상태가 해소되지 않은 상태에서 강도범인의 상해행위
  > 가 있었다면 강취행위와 상해행위 사이에 다소의 시간적·공간적 간격이 있었다는
  > 것만으로는 강도상해죄의 성립에 영향이 없다(2014도9567) (16 변시)(18 변시)

□ 강도범이 강도의 기회에 사람을 상해하였다면 재물탈취의 목적이 달성되지 않았어도 강도상해죄의 기수범이 성립한다. (21 1차)

• **적극적 체포행위로 인한 경우** : 강도의 기회이지만 상해의 결과가 피해자의 적극적인 체포행위로 인하여 생긴 것이라면 강도상해죄는 성립하지 않는다.

□ **적극적 체포과정에서 부상당했다면 강도상해죄가 성립하지 않는다는 판례** : 위 부상들은 피해자들의 적극적인 체포행위 과정에서 스스로의 행위의 결과로 입은 상처이어서 위 상해의 결과에 대하여 강도상해죄로 의율할 수 없다(85도1109)

• **공범 중 일방이 강도상해를 범한 경우에 타방의 죄책** : ① 판례는 강도상해죄의 공범의 성립을 인정하지만 ② 학설은 다른 공범자의 예견가능성이 있는 경우에만 강도치상죄의 성립을 인정한다. 그러나 강도죄의 폭행 · 협박은 최협의를 의미하므로 예견가능성은 통상 있게 되며, 강도상해죄나 강도치상죄는 형량이 동일하므로 판례와 학설의 태도는 실제로 큰 차이가 없다.

□ **합동강도 중 1인이 상해를 입힌 사건** : 강도합동범 중 1인이 피고인과 공모한대로 과도를 들고 강도를 하기 위하여 피해자의 거소를 들어가 피해자를 향하여 칼을 휘두른 이상 이미 강도의 실행행위에 착수한 것임이 명백하고, 그가 피해자들을 과도로 찔러 상해를 가하였다면 대문 밖에서 망을 본 공범인 피고인이 구체적으로 상해를 가할 것까지 공모하지 않았다 하더라도 피고인은 상해의 결과에 대하여도 공범으로서의 책임을 면할 수 없다(98도356) (23 2차)

□ **합동절도범 중 일인이 준강도상해죄를 범한 사건** : 2인 이상이 합동하여 절도를 한 경우 범인중의 1인이 체포를 면탈할 목적으로 폭행을 하여 상해를 가한 때에는 나머지 범인도 이를 예기하지 못한 것으로 볼 수 없으면 강도상해죄의 죄책을 면할 수 없다(87도2460) (12 변시)

• **강도상해죄와 강도치상죄의 죄수**

□ **여러 명의 추격자 중 1인만 상해를 입힌 사건** : 절도범이 체포를 면탈할 목적으로 체포하려는 여러 명의 피해자에게 같은 기회에 폭행을 가하여 그 중 1인에게만 상해를 가하였다면 이러한 행위는 포괄하여 하나의 강도상해죄만 성립한다(2001도3447) (12 변시)(14 변시)(15 변시)(17 변시)(18 변시)(24 변시)(21 1차)(22 3차)

□ **강도가 수인에게 폭행하여 각 상해를 입힌 사건** : 강도가 한 개의 강도 범행을 하는 기회에 수명의 피해자에게 각 폭행을 가하여 각 상해를 입힌 경우에는 각 피해자별로 수 개의 강도상해죄가 성립하며 이들은 실체적 경합범의 관계에 있다(87도527) (20 변시)(22 3차)

Ⅵ. 강도살인 · 치사죄 (미수범 처벌, 살인은 결합범, 치사는 결과적 가중범)

□ **합동강도의 1인이 살인한 사건 :** [1] 강도살인죄는 고의범이므로 강도살인죄의 공동 정범이 성립하기 위하여는 강도의 점뿐 아니라 살인의 점에 관한 고의의 공동이 필요하다. [2] 강도의 공범자 중 1인이 강도의 기회에 피해자에게 폭행 또는 상해를 가하여 살해한 경우, 다른 공모자가 살인의 공모를 하지 아니하였다고 하여도 그 살인행위나 치사의 결과를 예견할 수 없었던 경우가 아니면 강도치사죄의 죄책을 면할 수 없다. [3] 강도살인죄는 고의범이지만 강도치사죄는 이른바 결과적 가중범 으로서 살인의 고의까지 요하는 것은 아니므로 수인이 합동하여 강도를 한 경우 그 중 1인이 사람을 살해하는 행위를 하였다면 그 범인은 강도살인죄의 기수 또는 미수의 죄책을 지는 것이고 다른 공범자도 살해행위에 관한 고의의 공동이 있었으 면 그 또한 강도살인죄의 (공동정범으로서) 기수 또는 미수의 죄책을 지는 것은 당연하다. [4] 그러나 [3]의 경우에 다른 공범자에게 (살해행위에 대하여) 고의의 공동이 없었으면 피해자가 사망한 경우에는 (예견가능성이 있었다면) 강도치사죄 가 성립하고, 강도살인의 미수에 그치고 피해자가 상해만 입은 경우에는 강도상해 또는 치상죄가 성립하며, 피해자가 아무런 상처를 입지 않은 경우에는 강도의 죄책 만 진다(91도2156) (16 변시)(23 1차)

Ⅶ. 강도강간죄 (미수범 처벌)

• **강도강간죄의 주체 :** 본죄의 주체는 강도이다. 강도인 이상 단순강도, 특수강도, 준강도, 인질강도를 모두 포함한다. 강도의 실행에 착수한 이상 기수 · 미수를 불문한다. 강도만 이 주체가 되므로 강간범이 강간한 후 강도한 경우에는 본죄가 성립하지 않고 강간죄와 강도죄의 실체적 경합범이 된다. 그러나 강간범이 강간도중 강도를 하고 계속 강간한 경 우에는 강도강간죄가 성립한다.

□ **강간 후 강도를 범한 경우에는 강간죄와 강도죄의 경합범이라는 판례 :** 형법 제339조 의 강도강간죄는 일종의 신분범과 같아 강도범이 재물을 강취하는 기회에 부녀를 강간하는 것을 그 요건으로 하고 있는 것이다. 본건 공소사실에서 볼 수 있는 바와 같이 부녀를 강간한 자가 강간행위 후에 강도의 범의를 일으켜 그 부녀가 강간의 범행으로 항거불능상태에 있음을 이용하여 재물을 강취하는 경우에는 강간죄와 강도죄의 경합범이 성립될 수 있을 뿐 강도강간죄로서 의율될 수는 없다 할 것이다 (77도1350) (21 2차)

□ **강간범이 재물 탈취한 후 계속 강간하면 강도강간죄가 성립한다는 판례** : 강간범이 강간행위 후에 강도의 범의를 일으켜 그 부녀의 재물을 강취하는 경우에는 강도강간죄가 아니라 강간죄와 강도죄의 경합범이 성립될 수 있을 뿐이지만, 강간행위의 종료 전 즉 그 실행행위의 계속 중에 강도의 행위를 할 경우에는 이때에 바로 강도의 신분을 취득하는 것이므로 이후에 그 자리에서 강간행위를 계속하는 때에는 강도가 부녀를 강간한 때에 해당하여 형법 제339조에 정한 강도강간죄를 구성한다 (2010도9630) (13 변시)(19 변시)(22 변시)(21 3차)(22 3차)

□ **강간범이 재물 탈취하면 새로운 폭행·협박이 없더라도 강도죄가 성립한다는 판례** : 강도죄는 재물탈취의 방법으로 폭행, 협박을 사용하는 행위를 처벌하는 것이므로 폭행, 협박으로 타인의 재물을 탈취한 이상 피해자가 우연히 재물탈취 사실을 알지 못하였다고 하더라도 강도죄는 성립하고, 폭행, 협박당한 자가 탈취당한 재물의 소유자 또는 점유자일 것을 요하지도 아니하며, 강간범인이 부녀를 강간할 목적으로 폭행, 협박에 의하여 반항을 억압한 후 반항억압 상태가 계속 중임을 이용하여 재물을 탈취하는 경우에는 재물탈취를 위한 새로운 폭행, 협박이 없더라도 강도죄가 성립한다(2010도9630)

• **강도가 부녀를 강간하여 치상한 경우의 죄수** : 다수설과 판례는 강도강간죄는 강도죄가 기본이므로 강도강간죄와 강도치상죄의 상상적 경합으로 처벌해야 한다는 강도강간죄와 강도치상죄의 상상적 경합범설을 따르고 있다.

□ **강도강간범이 치상의 결과를 야기한 사건** : 강도가 재물강취의 뜻을 재물의 부재로 이루지 못한 채 미수에 그쳤으나 그 자리에서 항거불능의 상태에 빠진 피해자를 간음할 것을 결의하고 실행에 착수하였으나 역시 미수에 그쳤더라도 반항을 억압하기 위한 폭행으로 피해자에게 상해를 입힌 경우에는 강도강간미수죄와 강도치상죄가 성립되고 이는 1개의 행위가 2개의 죄명에 해당되어 상상적 경합관계가 성립된다(88도820) (22 변시)(22 1차)(22 3차)

Ⅷ. 해상강도죄, 해상강도 상해·치상·살인·치사·강간죄 (미수범 처벌)

Ⅸ. 상습강도죄 (미수범 처벌)

Ⅹ. 강도 예비 · 음모죄

爭點 066

준강도죄의 예비 [2013 2차](14 변시)(15 변시)(17 변시)(22 변시)

1. 논의점

절도를 준비하면서 발각되면 준강도를 할 목적으로 외적인 준비행위를 한 경우에 준강도에 대한 예비를 인정하여 강도예비죄로 처벌할 수 있는지에 대하여 논의가 있다.

2. 견해의 대립

이에 대하여는 ① 준강도죄가 강도죄와 같이 처벌되는 것은 준강도죄가 강도죄에 필적하는 불법을 갖춘 점에 있으므로 준강도의 예비를 강도예비죄로 처벌할 수 있다는 **긍정설** ② 준강도의 예비죄가 가능하다면 대부분의 절도예비행위가 강도예비죄로 파악되는 결과가 야기될 것이므로 준강도의 예비를 강도예비죄로 처벌할 수 없다는 **부정설**이 대립하고 있다.

3. 판례의 태도

판례는 '강도예비 · 음모죄가 성립하기 위해서는 예비 · 음모 행위자에게 미필적으로라도 강도를 할 목적이 있음이 인정되어야 하고 그에 이르지 않고 단순히 준강도할 목적이 있음에 그치는 경우에는 강도예비 · 음모죄로 처벌할 수 없다'라고 하여 **부정설**의 입장이다.

4. 검 토

생각건대 예비 · 음모죄는 중대한 법익에 대하여만 예외적으로 처벌하고 있으므로 엄격히 제한해석하여야 하고, 제343조는 '강도할 목적'이라고 되어 있으므로 문리해석상 '준강도할 목적'인 경우를 포함하지 않는다는 부정설이 타당하다.

5. 관련 판례

☐ 준강도의 목적만 있다면 강도예비죄가 성립하지 않는다는 판례(2004도6432) (24 변시)(21 1차)(22 2차)

제3절 | 사기의 죄

Ⅰ. 사기죄 (미수범 처벌)

> ☐ 조세포탈은 사기죄가 성립하지 않는다는 판례 : 조세를 강제적으로 징수하는 국가 또는 지방자치단체의 직접적인 권력작용을 사기죄의 보호법익인 재산권과 동일하게 평가할 수 없는 것이므로 조세범처벌법 위반죄가 성립함은 별론으로 하고, 형법상 사기죄는 성립하지 않는다(2008도7303) (17 변시)

1. 객 체

- 재물 : 타인이 점유하는 타인의 재물을 말한다. 재물에는 부동산이 포함된다.
- 재산상의 이익 : 재산상의 이익이란 **재물 이외의 일체의 경제적 이익**을 말하며, 적극적·소극적 이익, 일시적·영구적 이익을 불문하며 사법상 유효할 것도 요하지 않으며 외관상 재산상 이익을 취득하였다는 사실관계 즉 사실상 이익이 있으면 족하다. 따라서 매음료나 일정한 권한 내지 지위도 사기죄의 객체인 재산상의 이익에 포함될 수 있다.

> ☐ 채무이행을 연기받는 것도 재산상이익이라는 판례 : 약속어음 또는 당좌수표를 수수함에 의하여 채무이행을 연기받는 것도 재산상의 이익이 되므로, 채무이행을 연기받은 사기죄는 성립할 수 있다(98도3282)

> ☐ 매음료 면탈 사건 : 사기죄의 객체가 되는 재산상의 이익이 반드시 사법상 보호되는 경제적 이익만을 의미하지 아니하고, 부녀가 금품 등을 받을 것을 전제로 성행위를 하는 경우 그 행위의 대가는 사기죄의 객체인 경제적 이익에 해당하므로, 부녀를 기망하여 성행위 대가의 지급을 면하는 경우 사기죄가 성립한다(2001도2991) (20 변시)

- 재물과 재산상 이익의 구별 : 사기죄의 객체는 재물과 재산상의 이익을 포함하고 있으므로 사기죄의 성립 여부만 검토할 때에는 양자를 구별할 실익이 크지 않다. 그러나 사기죄로 취득한 재산이 장물인지 여부를 검토할 때에는 구별실익이 있다. 이에 대해 판례는 피해자를 기준으로 재물과 재산상의 이익을 구별하고 있다.

> ☐ 사기죄의 객체인 재물과 재산상의 이익의 구별 : 사기죄의 객체는 타인이 점유하는 '타인의' 재물 또는 재산상의 이익이므로, 피해자와의 관계에서 살펴보아 그것이 피해자 소유의 재물인지 아니면 피해자가 보유하는 재산상의 이익인지에 따라 '재물'이 객체인지 아니면 '재산상의 이익'이 객체인지 구별하여야 한다(2010도6256) (12 변시)(19 변시)

• 불법원인급여와 사기죄 [2023 3차]

> **爭點 067**
>
> **불법원인급여와 사기죄** [2014 변시][2020 1차](12 변시)(13 변시)(22 변시)
>
> **1. 논의점**
>
> 사람을 기망하여 피해자가 반환청구 할 수 없는 불법한 급여를 하게 한 경우에 사기죄의 성립을 인정할 것인지에 대하여 논의가 있다.
>
> **2. 견해의 대립**
>
> 이에 대하여는 ① 반사회실서행위를 한 피해자를 형법이 보호해 줄 필요가 없으므로 불법원인급여물에 대하여 사기죄의 성립을 부정하는 **부정설** ② 사법상의 반환청구권보다는 형법의 독자성이 강조되어야 하므로 불법원인급여물에 대하여도 사기죄의 성립을 긍정하는 **긍정설**이 대립하고 있다.
>
> **3. 판례의 태도**
>
> 판례는 피해자로부터 도박자금으로 사용하기 위하여 금원을 차용한 사건에서 '민법 제746조의 불법원인급여에 해당하여 급여자가 수익자에 대한 반환청구권을 행사할 수 없다고 하더라도, 수익자가 기망을 통하여 급여자로 하여금 불법원인급여에 해당하는 재물을 제공하도록 하였다면 사기죄가 성립한다'라고 하여 **긍정설**의 입장이다.
>
> **4. 검 토**
>
> 생각건대 사기죄의 성립 여부는 사법상의 반환청구권과는 관계없이 형법독자적인 입장에서 판단하여야 하므로 긍정설이 타당하다.
>
> **5. 관련 판례**
>
> ☐ 불법원인급여인 도박자금도 사기죄의 객체가 된다는 판례(2006도6795)

2. 행 위

• 사기죄의 행위 : 기망에 의하여 재물이나 재산상 이익을 취득하는 것이다. 다시 말해서 사기죄는 상대방을 기망하여 착오에 빠지게 하고 이에 기하여 재산상 처분행위를 하게 하는 것이다. 따라서 사기죄는 기망 → 착오 → 처분행위 → 재물 또는 재산상의 이익의 취득 → 손해발생의 단계를 거친다.

(1) 기 망

• 기망행위 : 기망행위란 사람으로 하여금 착오를 일으키게 하는 것을 말한다.

☐ 기망행위의 개념 : 사기죄의 요건으로서의 기망은 널리 재산상의 거래관계에 있어서 서로 지켜야 할 신의와 성실의 의무를 저버리는 모든 적극적 및 소극적 행위로서 사람으로 하여금 착오를 일으키게 하는 것을 말한다(91도2994)

□ **'귀신을 쫓는 기도비' 사건** : 피고인이 피해자에게 불행을 고지하거나 길흉화복에 관한 어떠한 결과를 약속하고 기도비 등의 명목으로 대가를 교부받은 경우에 전통적인 관습 또는 종교행위로서 허용될 수 있는 한계를 벗어났다면 사기죄에 해당한다 (2016도12460)

□ **비의료인이 개설한 의료기관이 요양급여비용 청구한 사건** : 비의료인이 개설한 의료기관이 마치 의료법에 의하여 적법하게 개설된 요양기관인 것처럼 국민건강보험공단에 요양급여비용의 지급을 청구하는 것은 국민건강보험공단으로 하여금 요양급여비용 지급에 관한 의사결정에 착오를 일으키게 하는 것으로서 사기죄의 기망행위에 해당하고, 이러한 기망행위에 의하여 국민건강보험공단에서 요양급여비용을 지급받을 경우에는 사기죄가 성립한다. 이 경우 의료기관의 개설인인 비의료인이 개설 명의를 빌려준 의료인으로 하여금 환자들에게 요양급여를 제공하게 하였다 하여도 마찬가지이다(2014도11843) (16 변시)

□ **GPS 추적 사건** : 피고인이 자동차를 양도한 후 다시 절취할 의사를 가지고 있었더라도 자동차의 소유권을 이전하여 줄 의사가 없었다고 볼 수 없고, 피고인이 자동차를 매도할 당시 곧바로 다시 절취할 의사를 가지고 있으면서도 이를 숨긴 것을 기망이라고 할 수 없다(2015도17452) (18 변시)

• **용도의 기망** : 용도를 속이고 돈을 빌린 경우에 기망이 인정되는지에 대하여 논의가 있으나, 판례는 만일 **진정한 용도를 고지**하였더라면 상대방이 돈을 빌려주지 않았을 것이라는 관계에 있는 때에는 사기죄의 실행행위인 기망은 있다고 판시하고 있다.

□ **용도 기망 사건** : 사기죄의 실행행위로서의 기망은 반드시 법률행위의 중요 부분에 관한 허위표시임을 요하지 아니하고 상대방을 착오에 빠지게 하여 행위자가 희망하는 재산적 처분행위를 하도록 하기 위한 판단의 기초가 되는 사실에 관한 것이면 족한 것이므로, 용도를 속이고 돈을 빌린 경우에 있어서 만일 진정한 용도를 고지하였더라면 상대방이 돈을 빌려주지 않았을 것이라는 관계에 있는 때에는 사기죄의 실행행위인 기망은 있는 것으로 보아야 한다(95도2828) (12 변시)(23 1차)

• **부작위에 의한 기망행위** : 부작위에 의한 기망행위란 이미 착오에 빠져있는 상대방에게 그 착오를 제거해야 할 의무 있는 자가 고의로 그 고지의무를 이행하지 아니하고 그 착오를 이용하는 것을 말한다. 그리고 부작위에 의한 기망이 인정되기 위해서는 부작위범의 일반적인 성립요건을 구비해야 한다. 즉 ① 상대방이 스스로 착오에 빠져 있을 것 ② 작위의무가 있을 것 ③ 개별적 행위가능성이 있을 것 ④ 부작위가 있을 것 등을 구비해야 한다.

□ 사기죄에서 부작위에 의한 기망은 법률상 고지의무 있는 자가 일정한 사실에 관하여 피기망자가 착오에 빠져있음을 알면서도 고지하지 않는 것을 말하며, 법률상 고지의무는 법령, 계약, 관습, 조리 등에 의하여 인정된다(2018도13696) (22 3차)

□ **특정 시술을 받으면 아들을 낳을 수 있다는 사건** : 사기죄의 요건으로서의 기망은 널리 재산상의 거래관계에 있어 서로 지켜야 할 신의와 성실의 의무를 저버리는 모든 적극적 또는 소극적 행위를 말하는 것이고, 이러한 소극적 행위로서의 부작위에 의한 기망은 법률상 고지의무 있는 자가 일정한 사실에 관하여 상대방이 착오에 빠져 있음을 알면서도 이를 고지하지 아니함을 말하는 것으로서, 일반거래의 경험칙상 상대방이 그 사실을 알았더라면 당해 법률행위를 하지 않았을 것이 명백한 경우에는 신의칙에 비추어 그 사실을 고지할 법률상 의무가 인정되는 것이다(99도2884) (23 변시)(23 1차)

□ **경매진행 사건** : 임대인이 임대차계약을 체결하면서 임차인에게 임대목적물이 경매진행중인 사실을 알리지 아니한 경우, 임차인이 등기부를 확인 또는 열람하는 것이 가능하더라도 사기죄가 성립한다(98도3263) (12 변시)(18 변시)

□ **협의매수되거나 수용될 토지 사건** : 토지에 대하여 도시계획이 입안되어 있어 장차 협의매수되거나 수용될 것이라는 사정을 매수인에게 고지하지 아니한 행위가 부작위에 의한 사기죄를 구성한다고 본 사례(93도14) (14 변시)(18 변시)

□ **질병 숨기고 보험계약한 사건** : 특정 질병을 앓고 있는 사람이 보험회사가 정한 약관에 그 질병에 대한 고지의무를 규정하고 있음을 알면서도 이를 고지하지 아니한 채 그 사실을 모르는 보험회사와 그 질병을 담보하는 보험계약을 체결한 다음 바로 그 질병의 발병을 사유로 하여 보험금을 청구하였다면 특별한 사정이 없는 한 사기죄에 있어서의 기망행위 내지 편취의 범의를 인정할 수 있고, 보험회사가 그 사실을 알지 못한 데에 과실이 있다거나 고지의무위반을 이유로 보험계약을 해제할 수 있다고 하여 사기죄의 성립에 영향이 생기는 것은 아니다(2007도967) (18 변시)(22 2차)(23 1차)

□ **중고자동차 할부금 사건** : 중고 자동차 매매에 있어서 매도인의 할부금융회사 또는 보증보험에 대한 할부금 채무가 매수인에게 당연히 승계되는 것이 아니라는 이유로 그 할부금 채무의 존재를 매수인에게 고지하지 아니한 것이 부작위에 의한 기망에 해당하지 아니한다고 본 원심판결을 수긍한 사례(98도231) (13 변시)(18 변시)(24 변시)

□ 보험상담원이 진정으로 보험료를 납부할 의사와 능력이 없는 보험가입자들의 1회 보험료를 대납하는 방식으로 보험계약을 체결하고 그 실적에 따라 피해자로부터 수수료를 지급받은 행위는 고지할 사실을 묵비함으로써 피해자를 기망한 것이므로 사기죄에 해당한다(2013도9644) (22 2차)

• **무전취식과 무전숙박의 경우** : 무전취식과 무전숙박의 경우에는 사기죄가 성립한다는 점에서는 이론이 없으나 ① 부작위에 의한 사기죄로 인정하는 견해와 ② 묵시적 기망행위로 보아 사기죄를 인정하는 견해가 대립하고 있다. 주의할 점은 취식이나 숙박을 하기전에 지급할 의사가 없어야 한다. 따라서 취식이나 숙박을 한 이후에 지급할 금전이 없다는 것을 안 경우에는 사기죄는 성립하지 아니한다.

• **잔전사기**

爭點 068

잔전사기

1. 논의점

거래 상대방이 과다한 잔금을 교부한다는 것을 알면서도 이를 수령한 경우에 부작위에 의한 사기죄가 성립할 것인지에 대하여 논의가 있다.

2. 견해의 대립

이에 대하여는 ① 과다한 잔금이 교부되는 현장에서 그 사실을 안 경우에는 그것을 알려줄 신의칙상의 작위의무를 인정할 수 있으므로 부작위에 의한 사기죄의 성립을 인정하는 **긍정설** ② 거래관행상 과다한 잔금을 받은 자가 항상 잔금이 맞는지를 고지해야 할 의무가 있는 것은 아니므로 부작위에 의한 사기죄의 성립을 부정하는 **부정설**이 대립하고 있다.

3. 판례의 태도

판례는 '매수인이 매도인에게 매매잔금을 지급함에 있어 착오에 빠져 지급해야 할 금액을 초과하는 돈을 교부하는 경우, 특별한 사정이 없는 한 매도인으로서는 매수인에게 사실대로 고지하여 매수인의 착오를 제거하여야 할 신의칙상 의무를 지므로 그 의무를 이행하지 아니하고 매수인이 건네주는 돈을 그대로 수령한 경우에는 사기죄에 해당한다'라고 하여 **긍정설**의 입장이다.

4. 검 토

생각건대 거래는 신의칙에 의하여 이루어져야 하므로 거래대금을 교부하는 경우에도 각 당사자는 신의칙에 따라 행동해야 할 의무가 있다고 보아야 한다. 따라서 과다한 잔금을 알면서 교부받은 경우에는 신의칙에 기한 작위의무가 인정되어 부작위에 의한 사기죄가 성립된다고 보는 것이 타당하다.

5. 관련 판례

☐ 초과 잔금을 알면서 받았으면 사기죄가 성립한다는 판례(2003도4531)

- 과장 · 허위광고 : 상거래의 관행상 일반적으로 인정되는 범위 내에서 다소의 과장이나 허위가 수반되는 정도의 추상적인 과장 · 허위광고는 기망에 해당하지 않는다. 그러나 이러한 정도를 넘어 구체적으로 증명 가능한 허위의 사실을 기망하여 광고하는 것은 거래 상의 신의칙에 반하므로 기망에 해당한다.

> ☐ **상품 광고의 한계** : 상품의 선전 · 광고에 있어 다소의 과장이나 허위가 수반되었다 고 하더라도 일반 상거래의 관행과 신의칙에 비추어 시인될 수 있는 정도의 것이라 면 이를 가리켜 기망하였다고는 할 수가 없고, 거래에 있어 중요한 사항에 관한 구체적 사실을 신의성실의 의무에 비추어 비난받을 정도의 방법으로 허위로 고지 하여야만 비로소 과장, 허위광고의 한계를 넘어 사기죄의 기망행위에 해당한다 (2004도45)

(2) 착 오

- **착오** : 사기죄는 상대방을 기망하여 착오에 빠뜨려야 한다. 즉, 상대방에게 사실에 관한 잘못된 관념을 갖게 하거나 또는 그것을 계속 유지하도록 하는 것을 말한다. 그리고 착오 는 사실에 대한 주관적 관념과 객관적 사실의 불일치를 의미하며 반드시 법률행위의 중 요한 부분에 한정되지 않는다.

- **기망과 착오의 인과관계** : 기망과 착오 사이에는 인과관계가 있어야 하며 기망과 착오 사 이에 인과관계가 없다면 미수에 불과하다. 기망행위가 착오에 대한 유일한 원인임을 요 하지 아니하므로 피해자의 과실이 경합할 때에도 그 인과관계는 부정되지 아니한다.

> ☐ **기망과 착오 및 처분행위 사이에 인과관계가 필요하다는 판례** : 사기죄는 타인을 기망 하여 착오에 빠뜨리고 처분행위를 유발하여 재물을 교부받거나 재산상 이익을 얻 음으로써 성립하는 것으로서, 기망, 착오, 재산적 처분행위 사이에 인과관계가 있 어야 하고, 한편 어떠한 행위가 타인을 착오에 빠지게 한 기망행위에 해당하는지 및 그러한 기망행위와 재산적 처분행위 사이에 인과관계가 있는지는 거래의 상황, 상대방의 지식, 성격, 경험, 직업 등 행위 당시의 구체적 사정을 고려하여 일반적 · 객관적으로 판단하여야 한다(2011도8829) [2023 2차]

> ☐ **금융기관 신용조사 사건** : 일반 사인이나 회사가 금원을 대여한 경우와는 달리 전문 적으로 대출을 취급하면서 차용인에 대한 체계적인 신용조사를 행하는 금융기관 이 금원을 대출한 경우에는, 비록 대출 신청 당시 차용인에게 변제기 안에 대출금 을 변제할 능력이 없었고, 금융기관으로서 자체 신용조사 결과에는 관계없이 '변제 기 안에 대출금을 변제하겠다'는 취지의 차용인 말만을 그대로 믿고 대출하였다고 하더라도, 차용인의 이러한 기망행위와 금융기관의 대출행위 사이에 인과관계를 인정할 수는 없다 할 것이다(2000도1155) (18 변시)

□ **최종 의사결정권자가 기망행위를 몰랐다면 사기죄가 성립한다는 판례** : [1] 사기죄는 타인을 기망하여 착오에 빠뜨리고 그로 인하여 피기망자(기망행위의 상대방)가 처분행위를 하도록 유발하여 재물 또는 재산상의 이익을 얻음으로써 성립하는 범죄이다. 따라서 사기죄가 성립하려면 행위자의 기망행위, 피기망자의 착오와 그에 따른 처분행위, 그리고 행위자 등의 재물이나 재산상 이익의 취득이 있고, 그 사이에 순차적인 인과관계가 존재하여야 한다. 그리고 사기죄의 피해자가 법인이나 단체인 경우에 기망행위로 인한 착오, 인과관계 등이 있었는지 여부는 법인이나 단체의 대표 등 최종 의사결정권자 또는 내부적인 권한 위임 등에 따라 실질적으로 법인의 의사를 결정하고 처분을 할 권한을 가지고 있는 사람을 기준으로 판단하여야 한다. [2] 따라서 피해자 법인이나 단체의 대표자 또는 실질적으로 의사결정을 하는 최종결재권자 등이 기망행위자와 동일인이거나 기망행위자와 공모하는 등 기망행위임을 알고 있었던 경우에는 기망행위로 인한 착오가 있다고 볼 수 없고, 재물 교부 등의 처분행위가 있었다고 하더라도 기망행위와 인과관계가 있다고 보기 어렵다. 이러한 경우에는 사안에 따라 업무상횡령죄 또는 업무상배임죄 등이 성립하는 것은 별론으로 하고 사기죄가 성립한다고 볼 수 없다. [3] 반면에 피해자 법인이나 단체의 업무를 처리하는 실무자인 일반 직원이나 구성원 등이 기망행위임을 알고 있었다고 하더라도, 피해자 법인이나 단체의 대표자 또는 실질적으로 의사결정을 하는 최종결재권자 등이 기망행위임을 알지 못한 채 착오에 빠져 처분행위에 이른 경우라면, 피해자 법인에 대한 사기죄의 성립에 영향이 없다(2017도8449) (22 변시)(23 변시)

(3) 처분행위

- **처분행위** : 처분행위란 재산을 출연하는 일체의 행위를 말한다.
- **처분행위의 필요성** : 처분행위는 기망행위와 착오에 의한 재산의 취득과의 인과관계를 명백히 하는데 기여한다. 그리고 사기죄는 처분행위를 필요로 하므로 처분행위를 필요로 하지 않는 **절도죄 내지 강도죄와 구별하는 중요한 기준**을 제공한다.

□ **반지갑 사건** : 매장 주인이 매장에 유실된 손님(피해자)의 반지갑을 습득한 후 또 다른 손님인 피고인에게 "이 지갑이 선생님 지갑이 맞느냐?"라고 묻자, 피고인은 "내 것이 맞다"라고 대답한 후 이를 교부받아 가져갔다면 피고인에게 사기죄가 성립한다는 사례(2022도12494)

- **처분의사의 요부** : 처분의사란 자신의 행위로 인하여 재물의 점유나 기타 권리가 타인에게 이전되거나 또는 채무와 같은 재산상부담이 자신에게 옮겨온다는 점에 대한 인식을 말한다. 이러한 처분의사의 요부에 대하여 논의가 있지만, **다수설과 판례는 필요설의 입장**이다.

□ **처분행위와 처분의사** : 사기죄는 타인을 기망하여 착오에 빠뜨리게 하고 그 처분행위를 유발하여 재물, 재산상의 이득을 얻음으로써 성립하는 것이고, 여기서 처분행위라고 하는 것은 재산적 처분행위를 의미하고 그것은 주관적으로 피기망자가 처분의사 즉 처분결과를 인식하고 객관적으로는 이러한 의사에 지배된 행위가 있을 것을 요한다(99도1326)

• 서명 사취의 사기죄 인정 여부

爭點 069

서명 사취의 사기죄 인정 여부 [2022 3차](20 변시)

1. 논의점

서명 사취 사안의 사기죄가 성립 여부와 관련하여 사기죄에서 말하는 처분행위가 인정되려면 피기망자에게 처분결과에 대한 인식이 있어야만 하는지에 대하여 논의가 있다.

2. 견해의 대립

이에 대하여는 ① 사기죄에서 피기망자에게 처분결과에 대한 인식이 없더라도 처분행위로 평가되는 행위 자체에 대한 인식이 있는 이상 처분의사를 인정할 수 있으며, 처분문서에 서명 또는 날인을 한 피기망자의 행위는 사기죄에서 말하는 처분행위에 해당하고 서명 또는 날인하는 행위에 관한 인식이 있었던 이상 피기망자의 처분의사 역시 인정되므로 사기죄가 성립한다는 긍정설(전합의 다수의견) ② 절도죄와 구분되는 사기죄의 본질에 비추어 처분행위가 인정되기 위해서는 피기망자에게 처분결과에 대한 인식이 반드시 있어야 하며, 서명사취 사안의 경우에는 피기망자에게 그와 같은 내용의 처분문서를 작성한다는 내심의 의사가 전혀 없어 처분결과에 대한 인식이 없으므로 처분행위가 있다고 할 수 없어 사기죄가 성립하지 않는다는 부정설(전합의 반대의견)이 대립하고 있다.

3. 검토 및 사안의 해결

생각건대 일반인의 법감정에 부합하고, 최근의 보이스피싱 사기 범죄 등 지능적이고 교묘한 기망행위를 사용한 자를 사기죄로 처벌할 형사정책적 필요성(예를 들어 세금환급을 해 준다고 속이고 피해자를 현금인출기로 유인해 피해자로 하여금 자신의 계좌에서 보이스피싱 계좌로 돈을 송금 또는 이체하도록 하는 변종 보이스피싱 범죄)이 있으므로 긍정설이 타당하다.

4. 관련 판례

> □ **서명사기 사건(피기망자가 처분행위의 의미나 내용을 인식하지 못하였더라도 처분의사가 인정된다는 판례)** : 사기죄의 본질과 구조, 처분행위와 그 의사적 요소로서 처분의사의 기능과 역할, 기망행위와 착오의 의미 등에 비추어 보면, 비록 피기망자가 처분행위의 의미나 내용을 인식하지 못하였더라도, 피기망자의 작위 또는 부작위가 직접 재산상 손해를 초래하는 재산적 처분행위로 평가되고, 이러한 작위 또는 부작위를 피기망자가 인식하고 한 것이라면 처분행위에 상응하는 처분의사는 인정된다. 다시 말하면 피기망자가 자신의 작위 또는 부작위에 따른 결과까지 인식하여야 처분의사를 인정할 수 있는 것은 아니다(2016도13362 전합) (24 변시)

• **처분행위의 내용** : 본죄의 처분행위는 재산적 처분행위를 의미한다. 이는 순수한 사실상의 개념으로서 민법상 법률행위는 물론 국가권력의 행사(법원의 판결 등)뿐만 아니라 사실상 자기 또는 제3자의 재산감소를 직접 유발하는 모든 형태의 작위 또는 부작위를 포함한다. 그리고 법률행위의 경우에는 그것의 유효·무효 또는 취소할 수 있는 것인지는 문제되지 않는다. [2022 2차]

> □ **제3자에게 편취당한 예금 사건** : 예금주인 피고인이 제3자에게 편취당한 송금의뢰인으로부터 자신의 은행계좌에 계좌송금된 돈을 출금한 사안에서, 피고인은 예금주로서 은행에 대하여 예금반환을 청구할 수 있는 권한을 가진 자이므로, 위 은행을 피해자로 한 사기죄가 성립하지 않는다는 원심의 판단을 정당하다고 한 사례 (2010도3498) (14 변시)(23 1차)

> □ 甲이 乙에게 전매가 1회로 제한된 거주자공급택지분양권을 이중으로 매도하고, 택지분양권을 순차 매수한 丙·丁에게 이중매도 사실을 숨긴 채 자신의 명의로 형식적인 매매계약서를 작성해 준 경우 甲이 직접 매매대금을 수령하지 않았다고 하더라도 丙·丁에 대한 사기죄가 성립한다(2008도9985) (22 2차)

• **처분행위자의 자격** : 사기죄의 처분행위자는 기망에 의해 착오를 일으킨 자로서 피기망자와 일치하여야 한다. 그러나 처분행위자와 재산상 피해자는 반드시 동일할 필요가 없는데, 처분행위자와 피해자가 일치하지 않는 경우를 **삼각사기**라고 한다. 이러한 삼각사기가 성립하기 위해서는 피기망자인 처분행위자는 피해자의 재산에 대한 처분행위를 할 수 있는 자격이 있어야 하는데, 다수설과 판례는 법적 처분권한이 있는 경우뿐만 아니라 순전히 사실상 처분할 수 있는 지위를 인정할 수 있으면 된다는 **사실상 지위설**을 따르고 있다. [2018 2차]

제3절 사기의 죄 **267**

□ **지위설을 따른 판례** : 사기죄가 성립되려면 피기망자가 착오에 빠져 어떠한 재산상의 처분행위를 하도록 유발하여 재산적 이득을 얻을 것을 요하고, 피기망자와 재산상의 피해자가 같은 사람이 아닌 경우에는 피기망자가 피해자를 위하여 그 재산을 처분할 수 있는 권능을 갖거나 그 지위에 있어야 한다(2022도12494) (12 변시)

(4) 재물 또는 재산상의 이익의 취득

• **재물 또는 재산상의 이익의 취득** : 사기죄가 성립하기 위해서는 기망자 또는 제3자가 피기망자의 처분행위에 의하여 재물을 교부받거나 재산상의 이익을 취득하여야 한다. 재물을 교부받거나 이익을 취득하는 것은 **처분행위와 대응관계**에 있다.

□ **사기죄에서의 재산상 이익의 취득** : 사기죄에서 '재산상의 이익'이란 채권을 취득하거나 담보를 제공받는 등의 적극적 이익뿐만 아니라 채무를 면제받는 등의 소극적 이익까지 포함하며, 채무자의 기망행위로 인하여 채권자가 채무를 확정적으로 소멸 내지 면제시키는 특약 등 처분행위를 한 경우에는 채무의 면제라고 하는 재산상 이익에 관한 사기죄가 성립하고, 후에 재산적 처분행위가 사기를 이유로 민법에 따라 취소될 수 있다고 하여 달리 볼 것은 아니다(2012도1101) (22 3차)

• **편취액의 산정** : 사기죄의 편취액은 대가가 지급되지 않은 경우에는 가액 전부라 할 것이나, 그 대가가 일부 지급된 경우에도 그 편취액은 피해자로부터 교부된 재물의 가치로부터 그 대가를 공제한 차액이 아니라 교부받은 **가액 전부**이다.

□ **금원 편취의 경우 비공제설을 따른 판례** : 금원 편취를 내용으로 하는 사기죄에서는 기망으로 인한 금원 교부가 있으면 그 자체로써 피해자의 재산침해가 되어 바로 사기죄가 성립하고, 상당한 대가가 지급되었다거나 피해자의 전체 재산상에 손해가 없다 하여도 사기죄의 성립에는 영향이 없다. 그러므로 사기죄에서 그 대가가 일부 지급되거나 담보가 제공된 경우에도 편취액은 피해자로부터 교부된 금원으로부터 그 대가 또는 담보 상당액을 공제한 차액이 아니라 교부받은 금원 전부라고 보아야 한다(2017도12649) (20 변시)

□ **특경법 제3조의 이득액** : 재물편취를 내용으로 하는 사기죄에 있어서는 기망으로 인한 재물교부가 있으면 그 자체로써 피해자의 재산침해가 되어 이로써 곧 사기죄가 성립하는 것이고, 상당한 대가가 지급되었다거나 피해자의 전체 재산상에 손해가 없다 하여도 사기죄의 성립에는 영향이 없고, 다만 부동산 등 재물편취에 관한 사기죄라 해도 그 구체적 이득액을 범죄구성요건요소로 특별히 규정한 「특정경제범죄 가중처벌 등에 관한 법률」제3조를 적용함에 있어서는 그 부동산 등의 시가 상당액에서 근저당권의 채권최고액 범위 내에서의 피담보채권액, 압류에 걸린 집행채권액, 가압류에 걸린 청구금액 범위 내에서의 피보전채권액 등을 뺀 실제의 교환가치를 산정한 다음 위 이득액에 대한 증명이 있는지를 살펴서 그 범죄의 성립 여부를 따져야 할 뿐이다(2010도12928) (22 변시)

(5) 재산상 손해

- **재산상 손해의 요부** : 재산상 손해란 재산의 가치감소를 의미한다. 제347조는 재산상 손해에 대하여는 기술되어 있지 않다. 따라서 사기죄가 성립하기 위해서는 재물 또는 재산상의 이익의 취득 이외에 재산상 손해가 필요한지에 대하여 ① 다수설은 재산상 손해가 필요하다는 입장이지만, ② 판례는 재산상의 손해발생은 필요없다는 **불요설**의 입장이다.

  ☐ **사기죄의 성립에 재산상 손해는 불요하다는 판례** : 사기죄의 본질은 기망에 의한 재물이나 재산상 이익의 취득에 있고, 상대방에게 현실적으로 재산상 손해가 발생함을 그 요건으로 하지 아니한다(91도2994) (21 3차)(22 3차)

  ☐ **과다한 보험지급받은 사건** : 피고인이 보험금을 편취할 의사로 허위로 보험사고를 신고하거나 고의로 보험사고를 유발한 경우 보험금에 관한 사기죄가 성립하고, 나아가 설령 피고인이 보험사고에 해당할 수 있는 사고로 경미한 상해를 입었다고 하더라도 이를 기화로 보험금을 편취할 의사로 상해를 과장하여 병원에 장기간 입원하고 이를 이유로 실제 피해에 비하여 과다한 보험금을 지급받는 경우에는 보험금 전체에 대해 사기죄가 성립한다(2010도17512) (22 2차)

3. 실행의 착수시기와 기수시기

- **실행의 착수시기** : 사기죄의 실행의 착수시기는 기망행위를 개시하였을 때이다. 기망행위가 개시되면 족하고 상대방이 착오에 빠질 것을 요하지 않는다. 특히 보험사기의 경우에는 **보험금을 청구할 때** 그 실행의 착수가 있다.

  ☐ **보험사기의 실행의 착수** : 보험회사를 기망하여 보험금을 지급받은 편취행위는 다른 특별한 사정이 없는 한 공소외 2가 위 각 보험계약이 유효하게 체결된 것처럼 기망하여 보험회사에 보험금을 청구한 때에 실행의 착수가 있었던 것으로 보아야 할 것이다(2013도7494) (15 변시)

- **기수시기** : 현실적으로 재산상 손해나 손해의 구체적 위험이 발생한 때에 기수가 된다. 구체적으로는 ① 동산의 경우에는 재물의 인도 · 교부받은 때 ② 부동산의 경우에는 부동산을 현실로 지배하거나 소유권이전등기를 경료한 때 ③ 보험사기의 경우에는 보험금을 수령하는 때 등이 기수시기가 된다. 다만, 판례에 의하면 손해발생을 요건으로 하지 않으므로 처분행위에 따른 이익취득시가 기수시기가 될 것이다.

  ☐ **보험사기의 기수시기** : 고의의 기망행위로 보험계약을 체결하고 위 보험사고가 발생하였다는 이유로 보험회사에 보험금을 청구하여 보험금을 지급받았을 때 사기죄는 기수에 이른다(2014도2754)

4. 고의

- 고의 : 상대방을 기망하여 재물이나 재산상 이익을 취득하거나(제347조 제1항), 제3자로 하여금 재물의 교부를 받게 하거나 재산상의 이익을 취득하게 하고(동조 제2항) 이로 인하여 상대방에게 재산상 손해가 초래된다는 점을 인식하여야 한다.

  > ☐ 차용금 사기 : 민사상의 금전대차관계에서 그 채무불이행 사실을 가지고 바로 차용금 편취의 범의를 인정할 수는 없으나, 피고인이 확실한 변제의 의사가 없거나 또는 차용시 약속한 변제기일 내에 변제할 능력이 없음에도 불구하고 변제할 것처럼 가장하여 금원을 차용한 경우에는 편취의 범의를 인정할 수 있다(83도1048)

5. 관련 문제

- 권리행사의 수단으로 기망한 경우 : 상대방으로부터 재물 또는 재산상 이익을 취득할 수 있는 권리를 가진 자가 그 권리를 실현할 수단으로 기망행위를 한 경우에 사기죄가 성립하는지에 대하여 ① 다수설은 불법영득의사의 불법의 의미를 영득의 불법으로 파악하여, 기망행위자에게 불법영득의 의사 내지 불법이득의 의사가 있다고 할 수 없으므로 사기죄의 구성요건해당성을 부정하는 **부정설**의 입장이지만, ② 판례는 불법영득의사의 불법의 의미를 사취의 불법으로 파악하여, 기망행위를 수단으로 한 권리행사가 사회통념상의 권리행사의 정도를 넘는다면 사기죄를 구성한다는 보는 **긍정설**의 입장이다. [2013 1차]

  > ☐ 권리행사와 사기죄 : 기망행위를 수단으로 한 권리행사의 경우 그 권리행사에 속하는 행위와 그 수단에 속하는 기망행위를 전체적으로 관찰하여 그와 같은 기망행위가 사회통념상 권리행사의 수단으로서 용인할 수 없는 정도라면 그 권리행사에 속하는 행위는 사기죄를 구성한다(96도1405)

- 간접정범을 통한 사기범행에서의 도구로만 이용된 피이용자에 대한 사기죄 : 피해자에 대한 사기죄만 성립하고 도구로서만 이용된 피이용자에 대한 사기죄는 성립하지 않는다.

  > ☐ 간접정범을 통한 사기범행에서의 도구로만 이용된 피이용자에 대한 사기죄는 성립하지 않는다는 판례 : 간접정범을 통한 범행에서 피이용자는 간접정범의 의사를 실현하는 수단으로서의 지위를 가질 뿐이므로, 피해자에 대한 사기범행을 실현하는 수단으로서 타인을 기망하여 그를 피해자로부터 편취한 재물이나 재산상 이익을 전달하는 도구로서만 이용한 경우에는 편취의 대상인 재물 또는 재산상 이익에 관하여 피해자에 대한 사기죄가 성립할 뿐 도구로 이용된 타인에 대한 사기죄가 별도로 성립한다고 할 수 없다(2017도3894) [2019 변시](20 변시)(22 변시)

6. 죄수 및 타죄와의 관계

- 피해자가 일인인 경우 : 1인 피해자에 대하여 수회에 걸쳐 기망행위를 하여 금원을 편취한 경우에 범의가 단일하고 범행방법이 동일한 경우에는 원칙적으로 사기죄의 포괄일죄가 된다.

- 피해자가 수인인 경우 : 1개의 기망행위로 수인으로부터 재물을 편취한 경우에는 범의가 단일하고 범행방법이 동일하더라도 피해자별로 독립한 사기죄가 성립하고 각 사기죄는 상상적 경합관계에 있다. (24 변시)

    ☐ **사기 범행의 피해자들이 부부인 사건** : 다수의 피해자에 대하여 각각 기망행위를 하여 각 피해자로부터 재물을 편취한 경우에는 범의가 단일하고 범행방법이 동일하더라도 각 피해자의 피해법익은 독립한 것이므로 이를 포괄일죄로 파악할 수 없고 피해자별로 독립한 사기죄가 성립된다. 다만 피해자들의 피해법익이 동일하다고 볼 수 있는 사정이 있는 경우에는 이들에 대한 사기죄를 포괄하여 일죄로 볼 수 있다(2023도13514)

- **사기죄와 횡령죄와의 관계** : 자기가 점유하는 타인의 재물을 기망에 의하여 영득한 때에는 횡령죄만 성립하고 사기죄가 성립되지 않는다. 그 이유는 ① 사기죄는 타인이 점유하는 재물에 대하여만 성립하며 ② 자기가 점유하는 타인의 재물에 대한 기망은 영득행위의 수단에 불과하고 상대방의 처분행위를 인정할 수 없기 때문이다.

    ☐ **자기가 보관하는 재물을 기망하여 영득해도 횡령죄만 성립한다는 판례** : 자기가 점유하는 타인의 재물을 횡령하기 위하여 기망 수단을 쓴 경우에는 피기망자에 의한 재산 처분행위가 없으므로 일반적으로 횡령죄만 성립되고 사기죄는 성립되지 아니한다(80도1177) (16 변시)(17 변시)

    ☐ **사기 범행의 대가를 다시 편취하거나 횡령한 사건** : 사기죄에서 피해자에게 그 대가가 지급된 경우, 피해자를 기망하여 그가 보유하고 있는 그 대가를 다시 편취하거나 피해자로부터 그 대가를 위탁받아 보관 중 횡령하였다면, 이는 새로운 법익의 침해가 발생한 경우이므로, 기존에 성립한 사기죄와는 별도의 새로운 사기죄나 횡령죄가 성립한다(2009도7052) (22 변시)(22 2차)

- **사기죄와 도박죄와의 관계** : 사기도박은 도박죄는 성립하지 않고 사기죄만 성립할 뿐이다. 도박이란 승패가 우연에 달려 있는 반면, 사기도박은 승패가 기망행위의 지배하에 있어 도박에 해당하지 않기 때문이다.

    ☐ **사기도박은 사기죄라는 판례** : 화투의 조작에 숙달하여 원하는 대로 끝수를 조작할 수 있어서 우연성이 없음에도 피해자를 우연에 의하여 승부가 결정되는 것처럼 오신시켜 돈을 도하게 하여 이를 편취한 행위는 이른바 기망방법에 의한 도박으로서 사기죄에 해당한다(85도583)

7. 소송사기

- **소송사기의 의의** : 소송사기란 법원에 대하여 허위사실을 주장하거나 거짓증거를 제출함으로써 법원을 기망하여 자기에게 유리한 판결을 받아내고 이것을 토대로 상대방으로부터 재물 또는 재산상의 이익을 얻는 것을 말한다. 법원을 피기망자로 하고, 반대당사자를 피해자로 한다는 점에서 **삼각사기의 일종**이다.

  > ☐ **소송사기의 개념** : 소송사기는 법원을 기망하여 자기에게 유리한 판결을 얻음으로써 상대방의 재물 또는 재산상 이익을 취득하는 것을 내용으로 하는 범죄이다(97도2786)

- **소송사기의 주체** : 소송사기의 주체는 **원고뿐만 아니라 피고도 가능**하다. 즉, 피고도 원고의 주장에 맞서 허위내용의 증거 등을 제출하는 등 적극적인 방법으로 법원을 기망함으로써 재산상의 의무이행을 면할 경우에는 사기죄의 주체가 될 수 있다. 또한 원고 또는 피고가 아니더라도 이들 중 일방을 이용한 **간접정범의 형태**로도 소송사기를 범할 수 있다.

  > ☐ **원고에 의한 소송사기 실행착수시기** : 소송사기는 법원을 기망하여 자기에게 유리한 판결을 얻고 이에 터잡아 상대방으로부터 재물의 교부를 받거나 재산상 이익을 취득하는 것을 말하는 것으로서 소송에서 주장하는 권리가 존재하지 않는 사실을 알고 있으면서도 법원을 기망한다는 인식을 가지고 소를 제기하면 이로써 실행의 착수가 있고 소장의 유효한 송달을 요하지 아니한다고 할 것인바, 이러한 법리는 제소자가 상대방의 주소를 허위로 기재함으로써 그 허위주소로 소송서류가 송달되어 그로 인하여 상대방 아닌 다른 사람이 그 서류를 받아 소송이 진행된 경우에도 마찬가지로 적용된다(2006도5811) (22 3차)

  > ☐ **피고도 소송사기의 주체가 될 수 있다는 판례** : 적극적 소송당사자인 원고뿐만 아니라 방어적인 위치에 있는 피고라 하더라도 허위내용의 서류를 작성하여 이를 증거로 제출하거나 위증을 시키는 등의 적극적인 방법으로 법원을 기망하여 착오에 빠지게 한 결과 승소확정판결을 받음으로써 자기의 재산상의 의무이행을 면하게 된 경우에는 그 재산가액 상당에 대하여 사기죄가 성립한다고 할 것이고, 그와 같은 경우에는 적극적인 방법으로 법원을 기망할 의사를 가지고 허위내용의 서류를 증거로 제출하거나 그에 따른 주장을 담은 답변서나 준비서면을 제출한 경우에 사기죄의 실행의 착수가 있다고 볼 것이다(97도2786)

  > ☐ **소송사기는 간접정범에 의한 방법으로도 성립할 수 있다는 판례** : 자기에게 유리한 판결을 얻기 위하여 소송상의 주장이 사실과 다름이 객관적으로 명백하거나 증거가 조작되어 있다는 정을 인식하지 못하는 제3자를 이용하여 그로 하여금 소송의 당사자가 되게 하고 법원을 기망하여 소송 상대방의 재물 또는 재산상 이익을 취득하려 하였다면 간접정범의 형태에 의한 소송사기죄가 성립하게 된다(2006도3591) (23 변시)(21 3차)(23 1차)

• 소송사기의 수단 정리

소송사기 수단 정리

1. 판결의 처분행위 효력

기망에 의한 법원의 판결은 피해자의 처분행위와 같은 효력이 있어야 하고 그렇지 않으면 사기죄가 성립하지 않는다. 즉, 법원의 승소판결에 기하여 재물 또는 재산상의 이익을 취득할 수 있어야 한다.

> □ **재판은 처분행위와 같은 효력이 있어야 한다는 판례** : 이른바 소송사기에 있어서 피기망자인 법원의 재판은 피해자의 처분행위에 갈음하는 내용과 같은 효력이 있는 것이라야 하고 그렇지 아니하는 경우에는 착오에 의한 재물의 교부행위가 있다고 할 수 없어서 사기죄는 성립하지 아니한다고 할 것이다 (87도1153) (23 변시)

2. 가압류 · 가처분

가압류 · 가처분은 강제집행의 보전행위에 불과하고 그 기초가 되는 허위의 채권에 의한 청구의 의사라고 볼 수 없으므로 소송사기가 성립하지 않는다.

> □ **가압류 사건** : 가압류는 강제집행의 보전방법에 불과하고 그 기초가 되는 허위의 채권에 의하여 실제로 청구의 의사표시를 한 것이라고 할 수 없으므로 소의 제기 없이 가압류신청을 한 것만으로는 사기죄의 실행에 착수한 것이라고 할 수 없다(82도1529) (14 변시)(19 변시)

3. 재판상의 화해

재판상의 화해의 경우는 ① 당사자 사이에서 재판상의 화해는 새로운 법률관계를 창설하는 것이므로 화해 내용이 실제 법률관계와 일치하지 않아도 사기죄가 성립하지 않으며 ② 제3자와의 관계에서 재판상의 화해는 소송당사자 사이에서만 효력이 미치므로 소송사기가 성립하지 않는다.

> □ **재판상 화해 사건** : 재판상 화해는 그것으로 인하여 새로운 법률관계가 창설되는 것이므로 화해의 내용이 실제 법률관계와 일치하지 않는다고 하여 사기죄가 성립할 여지는 없다(67도1579)

4. 지급명령

허위채권으로 지급명령을 신청한 경우에 소송사기의 실행의 착수가 있고, 지급명령에 대한 이의신청이 없거나 이의신청이 각하된 경우에는 확정판결과 동일한 효력을 가지므로 사기죄의 기수가 성립한다.

□ **허위채권으로 지급명령신청한 사건** : 허위의 내용으로 지급명령을 신청하여 법원을 기망한다는 고의가 있는 경우에 법원을 기망하는 것은 반드시 허위의 증거를 이용하지 않더라도 당사자의 주장이 법원을 기만하기 충분한 것이라면 기망수단이 된다(2002도4151)

5. 제권판결

허위의 분실사유를 들어 공시최고 신청을 하고 이에 따라 법원으로부터 제권판결을 받음으로써 수표상의 채무를 면하여 그 수표금 상당의 재산상 이득을 취득하였다면 이러한 행위는 사기죄에 해당한다.

□ **허위로 가계수표 분실신고 사건** : 가계수표발행인이 자기가 발행한 가계수표를 타인이 교부받아 소지하고 있는 사실을 알면서도, 또한 그 수표가 적법히 지급 제시되어 수표상의 소구의무를 부담하고 있음에도 불구하고 허위의 분실사유를 들어 공시최고 신청을 하고 이에 따라 법원으로부터 제권판결을 받음으로써 수표상의 채무를 면하여 그 수표금 상당의 재산상 이익을 취득하였다면 이러한 행위는 사기죄에 해당한다(99도364)

6. 소유권이전등기말소의 청구

소유권이전등기 말소청구의 경우에는 ① 등기명의자가 후순위 등기명의자의 등기말소를 청구한 경우에는 소송사기가 성립하지만 ② 등기명의가 없는 사람이 등기말소를 청구하는 경우에는 권리를 취득하는 것은 아니므로 소송사기는 성립하지 않는다.

□ **소유권이전등기말소 청구 사건** : 부동산등기부상 소유자로 등기된 적이 있는 자가 자신 이후에 소유권이전등기를 경료한 등기명의인들을 상대로 허위의 사실을 주장하면서 그들 명의의 소유권이전등기의 말소를 구하는 소송을 제기한 경우 그 소송에서 승소한다면 등기명의인들의 등기가 말소됨으로써 그 소송을 제기한 자의 등기명의가 회복되는 것이므로 이는 법원을 기망하여 재물이나 재산상 이익을 편취한 것이라고 할 것이고 따라서 등기명의인들 전부 또는 일부를 상대로 하는 그와 같은 말소등기청구 소송의 제기는 사기의 실행에 착수한 것이라고 보아야 할 것이다(2003도1951) (15 변시)

7. 소유권보존등기말소의 청구

(1) 소송사기의 성립 여부

권리 없는 자가 소유권보존등기의 말소를 청구하는 경우에 대하여 ① 종래 판례는 소유권보존등기 명의자를 상대로 그 보존등기의 말소를 구하는 소송을 제기한 경우에는 승소하더라도 어떠한 권리를 회복 또는 취득하거나 의무를 면하는 것은 아니므로 법원을 기망하여 재물이나 재산상 이익을 편취한 것이라고 볼 수 없다는 **재산상 이익 부정설**의 입장이었으나, ② 최근 전합판례에서는 소유권보존등기말소청구소송에서 승소하여 보존등기 말소를 명하는 내용의 승소확정판결을 받는다면, 자기 앞으로의 소유권보존등기를 신청하여 그 등기를 마칠 수 있게 되므로 재산상 이익을 취득한 것으로 보아야 한다는 **재산상 이익 긍정설**의 입장으로 그 태도를 변경하였다.

(2) 소유권보존등기말소청구를 통한 소송사기의 기수시기

□ **보존등기말소 청구 사건** : 피고인 또는 그와 공모한 자가 자신이 토지의 소유자라고 허위의 주장을 하면서 소유권보존등기 명의자를 상대로 보존등기의 말소를 구하는 소송을 제기한 경우 그 소송에서 위 토지가 피고인 또는 그와 공모한 자의 소유임을 인정하여 보존등기 말소를 명하는 내용의 승소확정판결을 받는다면, 이에 터 잡아 언제든지 단독으로 상대방의 소유권보존등기를 말소시킨 후 위 판결을 부동산등기법 제130조 제2호 소정의 소유권을 증명하는 판결로 하여 자기 앞으로의 소유권보존등기를 신청하여 그 등기를 마칠 수 있게 되므로, 이는 법원을 기망하여 유리한 판결을 얻음으로써 '대상 토지의 소유권에 대한 방해를 제거하고 그 소유명의를 얻을 수 있는 지위'라는 재산상 이익을 취득한 것이고, 그 경우 기수시기는 위 판결이 확정된 때이다(2005도9858 전합) (23 변시)

• **소송사기의 상대방** : 소송사기는 판결에 의하여 재산변동이 가능하면 성립될 수 있으므로 원칙적으로 자연인과 법인 등을 상대로 할 수 있다. 그러나 **사망자 상대의 소송사기**는 그 판결의 내용에 따른 재산변동의 효력이 상속인에게 미치지 아니하므로 사기죄를 구성할 수 없으며, **허무인**(92도743)**이나 권한없는 자**(84도2642) **상대의 소송사기**의 경우에도 동일한 논리에 의하여 사기죄가 성립하지 아니한다.

□ **사망자를 상대로 한 소송사기는 성립할 수 없다는 판례** : 소송사기에 있어서 피기망자인 법원의 재판은 피해자의 처분행위에 갈음하는 내용과 효력이 있는 것이어야 하고, 그렇지 아니하는 경우에는 착오에 의한 재물의 교부행위가 있다고 할 수 없어서 사기죄는 성립되지 아니한다고 할 것이므로, 피고인의 제소가 사망한 자를 상대로 한 것이라면 이와 같은 사망한 자에 대한 판결은 그 내용에 따른 효력이 생기지 아니하여 상속인에게 그 효력이 미치지 아니하고 따라서 사기죄를 구성한다고 할 수 없다(2000도1881) [2021 2차](15 변시)

• **실행의 착수시기** : ① 원고의 경우에는 자신에게 권리가 없음을 알면서도 법원을 적극적으로 기망할 의사를 가지고 법원에 허위내용의 소장을 제출한 때이고 ② 피고의 경우에는 허위 내용의 서류를 증거로 제출하거나 그에 따른 주장을 담은 답변서나 준비서면을 제출한 때이고 ③ **강제집행절차를 통한 소송사기**는 집행절차의 개시신청을 한 때 또는 진행 중인 집행절차에 배당신청을 한 때에 실행의 착수가 있다.

□ **강제집행절차를 통한 소송사기의 실행의 착수** : 강제집행절차를 통한 소송사기는 집행절차의 개시신청을 한 때 또는 진행 중인 집행절차에 배당신청을 한 때에 실행에 착수하였다고 볼 것이다(2014도10086) (23 변시)(22 3차)

- **기수시기** : 법원을 기망하여 승소판결이 확정된 때이다. 법원의 판결에는 집행력이 인정되므로 승소확정판결에 의하여 이미 재물 또는 재산상의 이익을 취득한 것으로 보아야 하기 때문이다. 따라서 별도의 집행절차가 필요한 것은 아니다. [2022 3차]
- **소송사기죄와 공정증서원본불실기재죄와의 관계** : 법원을 기망하여 유리한 판결을 받은 후 상대방의 재물을 취득하는 것은 포괄일죄가 된다. 그리고 소송사기자가 확정판결에 기한 소유권이전등기를 경료하였으면 본죄와 공정증서원본불실기재죄와 실체적 경합이 된다. 그러나 법원의 촉탁에 의한 등기경료의 경우에는 공정증서원본불실기재죄는 성립하지 아니한다.

  □ **법원의 촉탁에 기해 등기한 사건** : 형법 228조 1항 소정의 공정증서원불실기재죄에 있어서 불실의 사실기재는 당사자의 허위신고에 의하여 이루어져야 할 것이니, 불실의 등기가 법원의 촉탁에 의한 경우에는 그 전제 절차에 허위적 요소가 있다고 하더라도 이는 법원의 촉탁에 의하여 이루어진 것이지 당사자의 허위신고에 의하여 이루어진 것이 아니므로 위 공정증서원본불실기재죄를 구성하지 아니한다(83도2442) (19 변시)

Ⅱ. 컴퓨터 등 사용사기죄 (미수범 처벌)

1. 컴퓨터 등 사용사기죄

- **객체인 재산상의 이익에 대한 논의** : 제347조의2는 '재산상의 이익'이라 하여 순수한 이득죄의 형태로 규정되어 있다. 이러한 '재산상의 이익'의 범위를 놓고 ① 제347조의2의 재산상의 이익은 광의의 개념으로 재물과 재산상의 이익을 포함한다는 견해도 있지만, ② 판례는 조문의 문언에 충실하게 재산상의 이익만을 의미한다고 보고 있다.

  □ **현금자동지급기에서 현금을 인출하는 행위는 제347조2에 해당하지 않는다는 판례** : 우리 형법은 재산범죄의 객체가 재물인지 재산상의 이익인지에 따라 이를 재물죄와 이득죄로 명시하여 규정하고 있는데, 형법 제347조가 일반 사기죄를 재물죄 겸 이득죄로 규정한 것과 달리 형법 제347조의2는 컴퓨터등사용사기죄의 객체를 재물이 아닌 재산상의 이익으로만 한정하여 규정하고 있으므로, 절취한 타인의 신용카드로 현금자동지급기에서 현금을 인출하는 행위가 재물에 관한 범죄임이 분명한 이상 이를 위 컴퓨터등사용사기죄로 처벌할 수는 없다고 할 것이고, 입법자의 의도가 이와 달리 이를 위 죄로 처벌하고자 하는 데 있었다거나 유사한 사례와 비교하여 처벌상의 불균형이 발생할 우려가 있다는 이유만으로 그와 달리 볼 수는 없다(2003도1178)

☐ **인터넷뱅킹 사건** : 甲이 권한 없이 인터넷뱅킹으로 타인의 예금계좌에서 자신의 예금계좌로 돈을 이체한 후 그 중 일부를 인출하여 그 정을 아는 乙에게 교부한 경우, 甲이 컴퓨터등사용사기죄에 의하여 취득한 예금채권은 재물이 아니라 재산상 이익이므로, 그가 자신의 예금계좌에서 돈을 인출하였더라도 장물을 금융기관에 예치하였다가 인출한 것으로 볼 수 없다는 이유로 乙의 장물취득죄의 성립을 부정한 사례(2004도353) (14 변시)(18 변시)(19 변시)(20 변시)

• **정보처리** : 정보처리를 하게 하는 것은 허위정보 또는 부정한 명령에 따른 정보처리를 하게 하거나 진실한 정보라도 권한없이 입력·변경한 정보를 처리하도록 하는 것을 말한다. 허위정보나 부정명령의 입력과 정보처리 사이에는 인과관계가 있어야 한다.

☐ **절취한 타인의 휴대전화 사건** : 휴대전화의 경우 그 사용시 마다 사용자가 정당한 사용권자인지에 대한 정보를 입력하는 절차가 없고 이동통신회사가 서비스를 제공하는 과정에서 휴대전화를 통하여 입력된 신호에 대하여 신원확인절차를 거치지 않기 때문에 휴대전화기의 통화버튼이나 인터넷 접속버튼을 누르는 것만으로는 사용자에 의한 정보 또는 명령의 입력이 행하여졌다고 보기 어렵고 따라서 그에 따른 정보처리도 이루어진 것이 아니기 때문에 컴퓨터사용사기죄는 성립하지 않는다(2008도128) [2015 2차]

• 위임범위를 초과하여 현금을 인출한 경우

爭點 071

위임범위를 초과하여 현금을 인출한 경우 [2022 3차]

1. 논의점

타인의 현금카드를 건네받으면서 일정 금액의 인출을 위임받은 자가 그 범위를 초과한 금액을 인출한 후 그 초과금액을 착복한 경우의 죄책에 대하여 논의가 있다.

2. 견해의 대립

이에 대하여는 ① 현금자동지급기를 이용하여 초과인출된 금전을 재물로 파악하고 관리자의 의사를 정당한 권리자의 인출만을 허용하겠다는 의사로 파악하여 절도죄가 성립한다는 **절도죄설** ② 현금자동지급기를 이용하여 위임범위를 초과인출하는 경우에는 초과인출로 인하여 재산상의 이익을 감소 내지는 재산상의 채무를 증가시켰으므로 재산상의 이익으로 판단하여 컴퓨터사용사기죄의 성립을 인정하는 **컴퓨터등사용사기죄설**이 대립하고 있다.

3. 판례의 태도

판례는 이와 유사한 사안에서 '그 인출한 현금 총액 중 인출을 위임받은 금액을 넘는 부분의 비율에 상당하는 재산상 이익을 취득한 것으로 볼 수 있으므로 컴퓨터 등 사용사기죄에 해당된다'라고 하여 **컴퓨터등사용사기죄설**의 입장이다.

4. 검 토

생각건대 위임받은 타인의 현금카드를 이용하여 ① 현금을 초과 인출한 경우에는 재물이 되어 절도죄가 되고 ② 다른 계좌로 계좌이체한 경우에는 재산상의 이익이 되어 컴퓨터사용사기죄가 된다는 것은 타당하지 않다. 따라서 위임초과 금액을 입력하였을 때 피해자의 자산의 감소 내지는 부채를 증가시켰다는 점에 중점을 두어 컴퓨터등사용사기죄가 성립한다고 보는 것이 타당하다.

5. 관련 판례

☐ 카드 소유자로부터 위임받은 권한을 초과하여 현금을 인출하고 이를 영득하였다면 컴사가 성립한다는 판례(2005도3516) (18 변시)(19 변시)(24 변시)

2. 카드범죄

(1) 카드범죄 서론

• **신용카드의 법적 성격** : ① 신용카드는 재물성이 인정되고 ② 신용카드는 카드회원의 자격을 나타내는 신용카드회사 작성명의의 사실증명에 관한 사문서로 문서성이 인정되지만, ③ 신용카드는 그 자체에 경제적 가치가 화체되어 있거나 특정의 재산권을 표창하는 것은 아니므로 유가증권이 아니다.

☐ **신용카드의 유가증권성을 부정한 판례** : 신용카드업자가 발행한 신용카드는 이를 소지함으로써 신용구매가 가능하고 금융의 편의를 받을 수 있다는 점에서 경제적 가치가 있다 하더라도, 그 자체에 경제적 가치가 화체되어 있거나 특정의 재산권을 표창하는 유가증권으로 볼 수 없다(99도857)

(2) 신용카드 자체에 대한 범죄

• **신용카드를 절취 · 강취 · 편취 · 갈취의 경우** : 신용카드 그 자체도 재물성이 인정되므로 이에 대한 절도죄 · 강도죄 · 사기죄 · 공갈죄가 성립한다.

□ **현금카드를 갈취하여 예금을 인출하면 공갈죄의 포괄일죄라는 판례** : 예금주인 현금카드 소유자를 협박하여 그 카드를 갈취하였고, 하자 있는 의사표시이기는 하지만 피해자의 승낙에 의하여 현금카드를 사용할 권한을 부여받아 이를 이용하여 현금을 인출한 이상, 피해자가 그 승낙의 의사표시를 취소하기까지는 현금카드를 적법, 유효하게 사용할 수 있고, 은행의 경우에도 피해자의 지급정지 신청이 없는 한 피해자의 의사에 따라 그의 계산으로 적법하게 예금을 지급할 수밖에 없는 것이므로, 피고인이 피해자로부터 현금카드를 사용한 예금인출의 승낙을 받고 현금카드를 교부받은 행위와 이를 사용하여 현금자동지급기에서 예금을 여러 번 인출한 행위들은 모두 피해자의 예금을 갈취하고자 하는 피고인의 단일하고 계속된 범의 아래에서 이루어진 일련의 행위로서 포괄하여 하나의 공갈죄를 구성한다(95도1728) [2010 1차](12 변시)(15 변시)(18 변시)(21 2차)(22 3차)

□ **편취한 현금카드로 예금을 인출하면 사기죄의 포괄일죄라는 판례** : 피고인이 현금카드의 소유자로부터 현금카드를 편취하여 예금인출의 승낙을 받고 현금카드를 교부받아 이를 이용하여 현금을 인출한 사안에서, 피고인의 현금 인출행위가 현금지급기 관리자의 의사에 반하여 그가 점유하고 있는 현금을 절취한 것에 해당한다거나 피고인이 인출된 현금의 보관자의 지위에 있는 것이 아니라는 이유로 절취의 주위적 공소사실과 횡령의 예비적 공소사실 모두에 대하여 무죄를 선고한 원심의 판단을 수긍한 사례(2005도5869)

• 여신전문금융업법 위반 검토

争點 072

여신전문금융업법 위반 검토

1. 신용카드 등의 위조 · 변조 및 사용죄(제70조 제1항 제1호, 제2호)

신용카드나 직불카드 또는 선불카드를 위조 · 변조한 경우에는 제70조 제1항 제1호에 의해 처벌되며, 위조 또는 변조된 신용카드 등을 판매하거나 사용한 자는 동조 동항 제2호에 의하여 처벌된다.

□ **회원권카드나 현금카드 사건** : 여신전문금융업법 제70조 제1항 제1호에서 그 위조행위를 처벌하고 있는 '신용카드 등'은 신용카드업자가 발행한 신용카드 · 직불카드 또는 선불카드만을 의미할 뿐, 회원권카드나 현금카드 등은 신용카드 기능을 겸하고 있다는 등의 특별한 사정이 없는 한 이에 해당할 여지가 없는 것이다(2010도3409)

2. 신용카드나 직불카드의 부정사용죄(제70조 제1항 제3호, 제4호)

(1) 분실 또는 도난 카드의 부정사용

분실하거나 도난당한 신용카드나 직불카드를 판매하거나 사용한 자는 제70조 제1항 제3호에 따라 처벌된다.

> ☐ **여전법 제70조 제1항 3호의 해석** : 여신전문금융업법 제70조 제1항 제3호는 분실 또는 도난된 신용카드를 사용한 자를 처벌하도록 규정하고 있는데, 여기서 분실 또는 도난된 신용카드라 함은 소유자 또는 점유자의 의사에 기하지 않고 그의 점유를 이탈하거나 그의 의사에 반하여 점유가 배제된 신용카드를 가리키는 것이다(99도857) [2022 2차]

(2) 강취 · 횡령 · 기망 · 공갈하여 취득한 카드의 부정사용

강취 · 횡령하거나, 사람을 기망하거나 공갈하여 취득한 신용카드나 직불카드를 판매하거나 사용한 자는 제70조 제1항 제4호에 따라 처벌된다. 이러한 제70조 제1항 4호의 해석과 관련하여 종래 판례는 '제70조 제1항 제4호에서의 강취, 횡령, 기망 또는 공갈로 취득한 신용카드는 소유자 또는 점유자의 의사에 기하지 않고, 그의 점유를 이탈하거나 그의 의사에 반하여 점유가 배제된 신용카드를 가리킨다'라고 하여 그 범위를 제한하고 있었다. 그러나 최신 판례에서는 "여신전문금융업법 제70조 제1항 제4호에서는 '강취 · 횡령하거나, 사람을 기망하거나 공갈하여 취득한 신용카드나 직불카드를 판매하거나 사용한 자'를 처벌하도록 규정하고 있는데, 여기에서 '사용'은 강취 · 횡령, 기망 또는 공갈로 취득한 신용카드나 직불카드를 진정한 카드로서 본래의 용법에 따라 사용하는 경우를 말한다"라고 하여 그 범위를 문언 그대로 확장하고 있다.

> ☐ **여전법 제70조 제1항 제4호의 해석에 대한 예전 판례** : 여신전문금융업법 제70조 제1항 제4호에 의하면, '강취 · 횡령하거나 사람을 기망 · 공갈하여 취득한 신용카드 또는 직불카드를 판매하거나 사용한 자'에 대하여 '7년 이하의 징역 또는 5천만 원 이하의 벌금에 처한다'고 규정하고 있는바, 여기서 강취, 횡령, 기망 또는 공갈로 취득한 신용카드는 소유자 또는 점유자의 의사에 기하지 않고, 그의 점유를 이탈하거나 그의 의사에 반하여 점유가 배제된 신용카드를 가리킨다(2006도654) (21 3차)

> ☐ **여전법 제70조 제1항 제4호의 해석에 대한 최근 판례** : [1] 법률을 해석할 때 입법 취지와 목적, 제 · 개정 연혁, 법질서 전체와의 조화, 다른 법령과의 관계 등을 고려하는 체계적 · 논리적 해석 방법을 사용할 수 있으나, 문언 자체가 비교적 명확한 개념으로 구성되어 있다면 원칙적으로 이러한 해석 방법은 활용할 필요가 없거나 제한되어야 한다. [2] 여신전문금융업법 제70조 제1항 제4호에서는 '강취 · 횡령하거나, 사람을 기망하거나 공갈하여 취득한 신용카드나 직불카드를 판매하거나 사용한 자'를 처벌하도록 규정하고 있는데, 여기에서 '사용'은 강취 · 횡령, 기망 또는 공갈로 취득한 신용카드나 직불카드를 진정한 카드로서 본래의 용법에 따라 사용하는 경우를 말한다.

[3] 그리고 '기망하거나 공갈하여 취득한 신용카드나 직불카드'는 문언상 '기망이나 공갈을 수단으로 하여 다른 사람으로부터 취득한 신용카드나 직불카드'라는 의미이므로, '신용카드나 직불카드의 소유자 또는 점유자를 기망하거나 공갈하여 그들의 자유로운 의사에 의하지 않고 점유가 배제되어 그들로부터 사실상 처분권을 취득한 신용카드나 직불카드'라고 해석되어야 한다(2022도10629).

(3) 신용카드나 직불카드의 부정사용의 의미

제70조 제1항 제3호와 제4호의 부정사용은 신용카드나 직불카드의 본래적 용법에 따른 사용을 말하므로 신용카드나 직불카드를 이용하여 예금을 인출한 경우에는 부정사용죄가 성립하지 않는다.

> ☐ **절취한 직불카드로 예금을 인출해도 본래의 용법에 따른 사용이 아니므로 부정사용죄는 성립하지 않는다는 판례** : 여신전문금융업법 제70조 제1항 소정의 부정사용이라 함은 위조·변조 또는 도난·분실된 신용카드나 직불카드를 진정한 카드로서 신용카드나 직불카드의 본래의 용법에 따라 사용하는 경우를 말하는 것이므로, 절취한 직불카드를 온라인 현금자동지급기에 넣고 비밀번호 등을 입력하여 피해자의 예금을 인출한 행위는 여신전문금융업법 제70조 제1항 소정의 부정사용의 개념에 포함될 수 없다(2003도3977) [2018 변시][2024 변시](15 변시)(22 변시)(22 3차)

(4) 미수처벌규정이 없음 [2012 3차](18 변시)

신용카드나 직불카드 부정사용죄는 미수를 처벌하지 않는다.

(5) 신용카드와 직불카드의 부정사용죄와 사문서위조죄 및 동행사죄와의 관계

신용카드부정사용죄가 성립하면 사문서위조 및 동행사죄는 이에 흡수된다.

> ☐ **신용카드부정사용죄가 성립하면 사문서위조죄 및 동행사죄는 이에 흡수된다는 판례** : 위 매출표의 서명 및 교부가 별도로 사문서위조 및 동행사의 죄의 구성요건을 충족한다고 하여도 이 사문서위조 및 동행사의 죄는 위 신용카드부정사용죄에 흡수되어 신용카드부정사용죄의 1죄만이 성립하고 별도로 사문서위조 및 동행사의 죄는 성립하지 않는다(92도77) (15 변시)(20 변시)(21 3차)

(3) 자기명의로 신용카드를 부정발급 받은 경우

• 자기명의로 부정발급 받은 후 물품구입 등을 하는 경우 : 자기명의로 신용카드를 부정발급 받은 후 대금결제 의사나 능력이 없이 자동지급기에 의한 현금인출행위나 가맹점에서 물품을 구입하거나 용역을 제공받는 경우에는 **전체적으로 사기죄의 포괄일죄**에 해당한다.

☐ 부정발급 받은 자기의 신용카드를 이용하여 현금인출하고 물품구입하였다면 사기죄의 포괄일죄라는 판례 : 카드 사용으로 인한 카드회사의 손해는 그것이 자동지급기에 의한 인출행위이든 가맹점을 통한 물품 구입 행위이든 불문하고 모두가 피해자인 카드회사의 기망당한 의사 표시에 따른 카드발급에 터잡아 이루어지는 사기의 포괄일죄이다(95도2466) (21 3차)

(4) 정당하게 발급받은 자기명의 신용카드 경우

- 정당하게 발급받은 자기명의 신용카드의 경우 : 정당하게 발급받은 카드명의인이 카드회사에 대금을 결제할 의사나 능력이 없음에도 이를 숨기고 자기명의의 신용카드를 사용하여 자동지급기에 의한 현금인출행위나 가맹점에서 물품을 구입하거나 용역을 제공받는 경우에는 전체적으로 사기죄의 포괄일죄에 해당한다.

☐ 과다한 부채 누적자가 자기의 신용카드를 사용하여 물품구입하고 현금서비스를 받았다면 사기죄의 포괄일죄라는 판례 : 이러한 카드사용으로 인한 일련의 편취행위는 그것이 가맹점을 통한 물품구입행위이든, 현금자동지급기에 의한 인출행위이든 불문하고 모두가 피해자인 신용카드업자의 기망당한 금전대출에 터잡아 포괄적으로 이루어지는 것이라 할 것이다(2004도6859) (23 1차)

(5) 타인명의 신용카드를 부정발급 받은 경우

- 타인명의 신용카드를 부정발급 받은 경우 : 처음부터 지불능력이나 지불의사 없이 타인의 이름으로 신용카드를 발급받은 후 ① 현금자동지급기에서 현금서비스를 받은 경우에는 절도죄가 성립하며, ② ARS 전화서비스나 인터넷 등을 통하여 신용대출을 받은 경우에는 컴퓨터 등 사용사기죄가 성립한다.

☐ 타인명의를 모용하여 카드발급 받은 후 현금대출을 받으면 절도죄가 성립한다는 판례 : 피고인이 타인의 명의를 모용하여 발급받은 신용카드를 사용하여 현금자동지급기에서 현금대출을 받는 행위는 카드회사에 의하여 미리 포괄적으로 허용된 행위가 아니라, 현금자동지급기의 관리자의 의사에 반하여 그의 지배를 배제한 채 그 현금을 자기의 지배하에 옮겨 놓는 행위로서 절도죄에 해당한다고 봄이 상당하다(2002도2134) [2015 3차](12 변시)(15 변시)(19 변시)(22 3차)

☐ 타인명의 모용하여 카드발급 받은 후 ARS 전화서비스나 인터넷 등을 통하여 신용대출을 받으면 컴사가 성립한다는 판례 : 타인의 명의를 모용하여 발급받은 신용카드의 번호와 그 비밀번호를 이용하여 ARS 전화서비스나 인터넷 등을 통하여 신용대출을 받는 방법으로 재산상 이익을 취득하는 행위 역시 미리 포괄적으로 허용된 행위가 아닌 이상, 컴퓨터 등 정보처리장치에 권한 없이 정보를 입력하여 정보처리를 하게 함으로써 재산상 이익을 취득하는 행위로서 컴퓨터 등 사용사기죄에 해당한다(2006도3126)

(6) 타인의 신용카드를 사용한 경우

• 타인의 신용카드를 사용하여 물품구입 등을 하는 경우 : 타인명의의 신용카드를 부정사용하여 가맹점에서 물품이나 용역을 취득하는 경우에는 사기죄와 신용카드부정사용죄의 실체적 경합이 된다. 그리고 수회 물품을 구입한 경우에는 각각의 사기죄는 실체적 경합이 되고, 각각의 신용카드부정사용죄는 포괄일죄가 되며, 실체적 경합인 수개의 사기죄와 포괄일죄인 신용카드부정사용죄는 실체적 경합관계에 있다. [2024 변시]

> ☐ **강취한 신용카드로 물품구입하면 부정사용죄와 사기죄는 실체적 경합이 된다는 판례** : 강취한 신용카드를 가지고 자신이 그 신용카드의 정당한 소지인인양 가맹점의 점주를 속이고 그에 속은 점주로부터 주류 등을 제공받아 이를 취득한 것이라면 신용카드부정사용죄와 별도로 사기죄가 성립한다(96도2715)

> ☐ **절취한 신용카드로 여러번 물품 구입하면 사기죄는 실체적 경합이지만, 신용카드부정사용죄는 포괄일죄가 된다는 판례** : 피고인이 동일한 신용카드를 위와 같이 부정사용한 행위는 포괄하여 일죄에 해당하고, 신용카드를 부정사용한 결과가 사기죄의 구성요건에 해당하고 그 각 사기죄가 실체적 경합관계에 해당한다고 하여도 신용카드부정사용죄와 사기죄는 그 보호법익이나 행위의 태양이 전혀 달라 실체적 경합관계에 있으므로 신용카드 부정사용행위를 포괄일죄로 취급하는데 아무런 지장이 없다(96도1181) (12 변시)(21 변시)(22 변시)

• 타인명의의 신용카드로 현금을 인출한 경우

爭點 073

타인명의의 신용카드로 현금을 인출한 경우 [2024 변시]

1. 논의점

타인명의 신용카드를 이용하여 현금자동인출기에서 현금을 인출한 경우의 죄책에 대하여 현금자동인출기는 사람이 아니므로 사기죄가 성립할 수 없어 종래 판례는 절도죄로 의율하였다. 그러나 1995년 개정에서 제347조의2가 신설되자, 개정이후에는 제347조의2로 의율할 수 있을 것인지에 대하여 논의가 있다.

2. 견해의 대립

이에 대하여는 ① 제347조의2의 객체인 '재산상의 이익'을 목적론적으로 확대해석하여 재물을 포괄하는 것으로 볼 수 있으므로 컴퓨터사용사기죄가 성립한다는 **컴퓨터사용사기죄설** ② 무권한자의 현금인출행위는 현금자동지급기 설치관리자의 의사에 반하므로 절도죄가 성립한다는 **절도죄설**이 대립하고 있다.

3. 판례의 태도

판례는 '피해자 명의의 신용카드를 부정사용하여 현금자동인출기에서 현금을 인출하고 그 현금을 취득한 행위는 현금자동인출기 관리자의 의사에 반하여 그의 지배를 배제하고 그 현금을 자기의 지배하에 옮겨 놓는 것이 되므로 절도죄를 구성한다'라고 하여 절도죄설의 입장이다.

4. 결 론

타인의 신용카드를 이용하여 현금자동인출기에서 현금을 인출한 행위는 컴퓨터사용 사기죄로 의율하는 것이 타당하다. ① 제347조의2를 입법한 이유도 종래의 제347조로 의율하기 힘든 행위를 규제하기 위하여 신설한 것이고 ② 객체인 '재산상의 이익'은 재산 일반을 의미하는 것으로 보아도 일반인의 법감정에 크게 반하지 않으므로 불리한 유추해석이라기보다는 목적론적 확장해석이기 때문이다.

5. 관련 판례

> ☐ 타인의 신용카드로 현금을 인출하면 신용카드부정사용죄와 절도죄는 실체적 경합이 된다는 판례(95도997) (15 변시)

> ☐ 갈취한 현금카드로 예금을 인출하면 공갈죄의 포괄일죄가 되지만, 강취한 현금카드로 예금 인출하면 별도의 절도죄가 성립한다는 판례(2007도1375) [2015 변시](15 변시)(19 변시)(21 변시)

• **타인의 신용카드로 계좌이체한 경우** : 타인의 신용카드를 이용하여 현금지급기에서 계좌이체를 한 행위는 컴퓨터 등 정보처리장치에 권한 없이 정보를 입력하여 정보처리를 하게 한 행위에 해당하여 컴퓨터등사용사기죄에 해당한다.

> ☐ **절취한 타인의 신용카드로 자신의 계좌로 계좌이체하면 컴사에 해당하며, 이후 현금 찾은 것은 절도죄가 성립하지 않는다는 판례** : 절취한 타인의 신용카드를 이용하여 현금지급기에서 계좌이체를 한 행위는 컴퓨터등사용사기죄에서 컴퓨터 등 정보처리장치에 권한 없이 정보를 입력하여 정보처리를 하게 한 행위에 해당함은 별론으로 하고 이를 절취행위라고 볼 수는 없고, 한편 위 계좌이체 후 현금지급기에서 현금을 인출한 행위는 자신의 신용카드나 현금카드를 이용한 것이어서 이러한 현금인출이 현금지급기 관리자의 의사에 반한다고 볼 수 없어 절취행위에 해당하지 않으므로 절도죄를 구성하지 않는다(2008도2440) [2019 3차](17 변시)(21 변시)(22 변시)

Ⅲ. 준사기죄 (미수범 처벌)

Ⅳ. 편의시설 부정이용죄 (미수범 처벌)

☐ **후불식 통신카드 사건** : 형법 제348조의2에서 규정하는 편의시설부정이용의 죄는 부정한 방법으로 대가를 지급하지 아니하고 자동판매기, 공중전화 기타 유료자동설비를 이용하여 재물 또는 재산상의 이익을 취득하는 행위를 범죄구성요건으로 하고 있는데, 타인의 전화카드(한국통신의 후불식 통신카드)를 절취하여 전화통화에 이용한 경우에는 통신카드서비스 이용계약을 한 피해자가 그 통신요금을 납부할 책임을 부담하게 되므로, 이러한 경우에는 피고인이 '대가를 지급하지 아니하고' 공중전화를 이용한 경우에 해당한다고 볼 수 없어 편의시설부정이용의 죄를 구성하지 않는다(2001도3625) (17 변시)

Ⅴ. 부당이득죄

Ⅵ. 상습사기죄 (미수범 처벌)

제4절 | 공갈의 죄

Ⅰ. 공갈죄 (미수범 처벌)

• **절취한 금전의 소유권** : 금전의 소유권은 원칙적으로 점유를 가진 자에게 있지만, 금전을 도난당한 경우 절도범이 절취한 금전만 소지하고 있는 때 등과 같이 구체적으로 절취된 금전을 특정할 수 있어 객관적으로 다른 금전 등과 구분됨이 명백한 예외적인 경우에는 절도 피해자에 대한 관계에서 그 금전이 절도범인 타인의 재물이라고 할 수 없다.

☐ **절취한 금전 사건** : 공갈죄의 대상이 되는 재물은 타인의 재물을 의미하므로, 사람을 공갈하여 자기의 재물을 교부받는 경우에는 공갈죄가 성립하지 아니한다. 그리고 타인의 재물인지는 민법, 상법, 기타의 실체법에 의하여 결정되는데, 금전을 도난당한 경우 절도범이 절취한 금전만 소지하고 있는 때 등과 같이 구체적으로 절취된 금전을 특정할 수 있어 객관적으로 다른 금전 등과 구분됨이 명백한 예외적인 경우에는 절도 피해자에 대한 관계에서 그 금전이 절도범인 타인의 재물이라고 할 수 없다(2012도6157) [2018 1차][2020 1차](18 변시)(22 변시)

• **공갈죄의 행위 단계** : 공갈죄는 상대방을 외포케 하고 이에 기하여 재산상 처분행위를 하게 하는 것이다. 따라서 공갈죄는 공갈 → 외포 → 처분행위 → 재물 또는 재산상의 이익의 취득 → 손해발생의 단계를 거친다.

- **공갈** : 공갈이란 불법영득의 의사로 타인에게 폭행 또는 협박을 가하여 상대방으로 하여금 외포심을 일으키게 하는 것을 말한다. 폭행의 경우에는 **광의의 폭행**인 사람에 대한 직접적 또는 간접적인 유형력의 행사를 의미하며, 협박의 경우에는 **협의의 협박**인 사람에게 공포심을 생기게 할 정도의 해악의 고지를 의미한다.

  □ **조상천도제 사건** : 공갈죄의 수단으로써의 협박은 객관적으로 사람의 의사결정의 자유를 제한하거나 의사실행의 자유를 방해할 정도로 겁을 먹게 할 만한 해악을 고지하는 것을 말하고, 그 해악에는 인위적인 것뿐만 아니라 천재지변 또는 신력이나 길흉화복에 관한 것도 포함될 수 있으나, 다만 천재지변 또는 신력이나 길흉화복을 해악으로 고지하는 경우에는 상대방으로 하여금 행위자 자신이 그 천재지변 또는 신력이나 길흉화복을 사실상 지배하거나 그에 영향을 미칠 수 있는 것으로 믿게 하는 명시적 또는 묵시적 행위가 있어야 공갈죄가 성립한다(2000도3245)

- **공갈의 상대방** : 공갈죄에 있어서 공갈의 상대방은 재산상의 피해자와 동일함을 요하지는 아니하나, 공갈의 목적이 된 재물 기타 재산상의 이익을 처분할 수 있는 사실상 또는 법률상의 권한을 갖거나 그러한 지위에 있음을 요한다.

  □ **주점 종업원 사건** : 공갈죄에 있어서 공갈의 상대방은 재산상의 피해자와 동일함을 요하지는 아니하나, 공갈의 목적이 된 재물 기타 재산상의 이익을 처분할 수 있는 사실상 또는 법률상의 권한을 갖거나 그러한 지위에 있음을 요한다(2005도4738) (21 2차)

- **처분행위** : 재산상 이익의 취득으로 인한 공갈죄가 성립하려면 폭행 또는 협박과 같은 공갈행위로 인하여 피공갈자가 재산상 이익을 공여하는 처분행위가 있어야 한다. 특히 판례는 재산상의 이익 공여를 면하기 위하여 폭행 또는 협박이 있었어도 **피해자의 처분행위가 없으면 공갈죄가 성립하지 않는다고 판시하고 있다.**

  □ **공갈자가 직접 재물을 탈취해도 공갈죄가 성립한다는 판례** : 공갈취득죄의 본질은 피공갈자의 외포로 인한 하자있는 동의를 이용하는 재물의 영득행위라고 해석하여야 할 것이므로 그 영득행위의 형식에 있어서 피공갈자가 자의로 재물을 제공한 경우뿐 아니라 피공갈자가 외포하여 묵인함을 이용하여 공갈자가 직접 재물을 탈취한 경우에도 이를 공갈죄로 봄이 타당하다(4292형상997) (21 2차)

☐ **택시요금을 면탈하기 위해 폭행하였어도 상대방의 처분행위가 없으면 공갈죄는 성립하지 않는다는 판례** : 재산상 이익의 취득으로 인한 공갈죄가 성립하려면 폭행 또는 협박과 같은 공갈행위로 인하여 피공갈자가 재산상 이익을 공여하는 처분행위가 있어야 한다. 물론 그러한 처분행위는 반드시 작위에 한하지 아니하고 부작위로도 족하여서, 피공갈자가 외포심을 일으켜 묵인하고 있는 동안에 공갈자가 직접 재산상의 이익을 탈취한 경우에도 공갈죄가 성립할 수 있다. 그러나 폭행의 상대방이 위와 같은 의미에서의 처분행위를 한 바 없고, 단지 행위자가 법적으로 의무 있는 재산상 이익의 공여를 면하기 위하여 상대방을 폭행하고 현장에서 도주함으로써 상대방이 행위자로부터 원래라면 얻을 수 있었던 재산상 이익의 실현에 장애가 발생한 것에 불과하다면, 그 행위자에게 공갈죄의 죄책을 물을 수 없다(2011도16044)

- **재산상 손해** : 공갈죄가 성립하기 위해서는 재산상 손해가 발생해야 되는지에 대하여 논의가 있지만, 판례는 피공갈자의 하자 있는 의사에 기하여 이루어지는 재물의 교부 자체가 공갈죄에서의 재산상 손해에 해당하므로 반드시 피해자의 전체 재산의 감소가 요구되는 것은 아니라고 하여 부정설의 입장이다.

☐ **공갈죄에서 피공갈자의 재물 교부 자체가 재산상손해에 해당한다는 판례** : 피공갈자의 하자 있는 의사에 기하여 이루어지는 재물의 교부 자체가 공갈죄에서의 재산상 손해에 해당하므로, 반드시 피해자의 전체 재산의 감소가 요구되는 것도 아니다 (2010도13774) (21 3차)

- **실행의 착수시기와 기수시기** : 공갈의 의사로 폭행 또는 협박이 개시된 때에 실행의 착수가 있다. 그리고 판례에 따르면 피해자의 하자있는 재산적 처분행위로 재물 또는 재산상의 이익을 취득하면 기수가 된다.

☐ **부동산 공갈죄의 기수시기** : 부동산에 대한 공갈죄는 그 부동산에 관하여 소유권이전등기를 경료받거나 또는 인도를 받은 때에 기수로 되는 것이고, 소유권이전등기에 필요한 서류를 교부 받은 때에 기수로 되어 그 범행이 완료되는 것은 아니다(92도1506) (21 2차)

☐ **예금계좌에 입금케 하면 공갈죄의 기수라는 판례** : 피해자들을 공갈하여 피해자들로 하여금 지정한 예금구좌에 돈을 입금케한 이상, 위 돈은 범인이 자유로히 처분할 수 있는 상태에 놓인 것으로서 공갈죄는 이미 기수에 이르렀다 할 것이다(85도1687) (23 변시)

• 권리행사를 위하여 사회상규에 어긋나는 협박을 한 경우의 해결

爭點 074

권리행사를 위하여 사회상규에 어긋나는 협박을 한 경우의 해결 [2014 1차][2014 3차][2020 1차]

1. 논의점

권리행사를 위하여 협박을 한 경우에 그것이 사회상규에 어긋나지 않는 때에는 위법성이 조각되어 범죄가 성립되지 않는다. 그러나 권리행사를 위한 협박이 사회상규에 어긋나는 경우에는 어떤 죄가 성립하는지에 대하여 논의가 있다.

2. 견해의 대립

이에 대하여는 ① 권리행사를 위하여 사회상규에 어긋나는 협박을 한 경우에는 영득의 불법이 없어 불법영득의사가 인정하기 어려우므로 협박죄만 성립한다는 **협박죄설** ② 권리행사를 위하여 사회상규에 어긋나는 협박을 한 경우에는 갈취의 불법이 있어 불법영득의사를 인정할 수 있으므로 공갈죄가 성립한다는 **공갈죄설**이 대립하고 있다.

3. 판례의 태도

판례는 '피고인이 피해자에 대하여 채권이 있다고 하더라도 그 권리행사를 빙자하여 사회통념상 용인되기 어려운 정도를 넘는 협박을 수단으로 상대방을 외포케 하여 재물의 교부 또는 재산상의 이익을 받았다면 공갈죄가 되는 것이다'라고 하여 **공갈죄설**의 입장이다.

4. 검 토

생각건대 재산죄에서의 불법영득의 의사는 타인의 재산을 불법하게 자기의 재산으로 한다는 영득의 불법으로 보아야 하므로 협박죄만 성립한다고 보는 것이 타당하다.

5. 관련 판례

☐ 권리행사를 빙자하여 사회통념상 용인되기 어려운 협박을 하였다면 공갈죄가 성립한다는 판례(2007도6406) (13 변시)(17 변시)

Ⅱ. 특수공갈죄 (미수범 처벌)

Ⅲ. 상습공갈죄 (미수범 처벌)

제5절 | 횡령의 죄

Ⅰ. 횡령죄 (미수범 처벌, 진정신분범)

> ☐ **횡령죄가 위험범이라는 판례** : 횡령죄는 다른 사람의 재물에 관한 소유권 등 본권을 그 보호법익으로 하고 본권이 침해될 위험성이 있으면 그 침해의 결과가 발생되지 아니하더라도 성립하는 이른바 위태범이므로, 다른 사람의 재물을 보관하는 사람이 그 사람의 동의 없이 함부로 이를 담보로 제공하는 행위는 불법영득의 의사를 표현하는 횡령행위로서 사법상 그 담보제공행위가 무효이거나 그 재물에 대한 소유권이 침해되는 결과가 발생하는지 여부에 관계없이 횡령죄를 구성한다(2002도 2219)

1. 주 체

- **보관** : 보관이란 위탁관계에 의하여 타인이 맡긴 재물에 대한 사실상 또는 법률상 지배력이 있는 상태를 말한다. 위탁관계에 의한 보관이라는 점에서 신분요소로서의 보관이다.

> ☐ **보관의 의미** : 횡령죄에서 재물의 보관이라 함은 재물에 대한 사실상 또는 법률상 지배력이 있는 상태를 의미하며, 그 보관은 소유자 등과의 위탁관계에 기인하여 이루어져야 하는 것이지만, 그 위탁관계는 사실상의 관계이면 족하고 위탁자에게 유효한 처분을 할 권한이 있는지 또는 수탁자가 법률상 그 재물을 수탁할 권리가 있는지 여부를 불문한다(2005도2413)

- **동산의 보관** : 동산의 보관은 기본적으로 점유의 일반이론에 따르지만, 횡령죄 독자적 입장에서 사실상·법률상 보관여부를 판단한다. 즉 형법상으로는 점유로 인정되지 않는 간접점유자도 보관자가 될 수 있고, 민법상 점유가 인정되지 않는 점유보조자도 구체적인 상황에 따라서는 보관자가 될 수 있다.

> ☐ **지입차주 사건** : 소유권의 취득에 등록이 필요한 타인 소유의 차량을 인도받아 보관하고 있는 사람이 이를 사실상 처분하면 횡령죄가 성립하며, 보관 위임자나 보관자가 차량의 등록명의자일 필요는 없다. 그리고 이와 같은 법리는 지입회사에 소유권이 있는 차량에 대하여 지입회사에서 운행관리권을 위임받은 지입차주가 지입회사의 승낙 없이 보관 중인 차량을 사실상 처분하거나 지입차주에게서 차량 보관을 위임받은 사람이 지입차주의 승낙 없이 보관 중인 차량을 사실상 처분한 경우에도 마찬가지로 적용된다(2015도1944 전합) [2020 3차](19 변시)(24 변시)

- **부동산의 보관** : 부동산의 경우 보관자의 지위는 점유를 기준으로 할 것이 아니라 법률상 부동산을 제3자에게 처분할 수 있는 지위에 있는지 여부 즉 부동산을 제3자에게 유효하게 처분할 수 있는 권능의 유무를 기준으로 한다.

□ **상속지분 처분 사건** : 부동산에 관한 횡령죄에 있어서 타인의 재물을 보관하는 자의 지위는 동산의 경우와는 달리 부동산에 대한 점유의 여부가 아니라 부동산을 제3자에게 유효하게 처분할 수 있는 권능의 유무에 따라 결정하여야 하므로, 부동산을 혼자 점유하던 중 다른 공동상속인의 상속지분을 임의로 처분하여도 그에게는 처분권능이 없어 횡령죄가 성립하지 아니한다(2000도565) [2020 3차](23 변시)(23 3차)

• **미등기건물의 보관** : 미등기건물에 대하여는 위탁관계에 의하여 현실로 부동산을 관리, 지배하는 자가 보관자가 된다.

□ **미등기건물 사건** : 미등기건물에 대하여는 위탁관계에 의하여 현실로 부동산을 관리, 지배하는 자가 보관자라고 할 수 있다(92도2999)

• **은행예금 또는 유가증권의 소지에 의한 점유** : 은행예금자 또는 유가증권의 소지자는 비록 재물에 대한 사실상의 지배가 없더라도 사실상 처분할 수 있는 지위를 지니므로 법률상의 지배를 가진다.

□ **은행 예치 사건** : 타인의 금전을 위탁받아 보관하는 자는 보관방법으로서 이를 은행 등의 금융기관에 예치한 경우에도 보관자의 지위에 영향이 없고, 수표발행 권한을 위임받은 자는 그 수표자금으로서 예치된 금원에 대하여 이를 보관하는 지위에 있다 할 것이다(82도75) (23 1차)

• **위탁관계** : 횡령죄의 본질은 재물의 영득이 위탁에 의한 신뢰관계를 배반함으로써 이루어지는 점에 있기 때문에 재물의 보관이 위탁관계에 의한 것임을 요한다. 위탁관계의 발생원인은 법률, 계약, 사무관리, 조리 등을 포함한다.

□ **횡령죄의 위탁관계** : 횡령죄에 있어서의 재물의 보관이라 함은 재물에 대한 사실상 또는 법률상 지배력이 있는 상태를 의미하므로 그 보관이 위탁관계에 기인하여야 할 것임은 물론이나 그것이 반드시 사용대차, 임대차, 위임 등의 계약에 의하여 설정되는 것임을 요하지 아니하고 사무관리, 관습, 조리, 신의칙에 의해서도 성립된다(87도1778)

□ **송금절차 착오 사건** : 어떤 예금계좌에 돈이 착오로 잘못 송금되어 입금된 경우에는 그 예금주와 송금인 사이에 신의칙상 보관관계가 성립한다고 할 것이므로, 피고인이 송금 절차의 착오로 인하여 피고인 명의의 은행 계좌에 입금된 돈을 임의로 인출하여 소비한 행위는 횡령죄에 해당하고, 이는 송금인과 피고인 사이에 별다른 거래관계가 없다고 하더라도 마찬가지이다(2010도891) (14 변시)(16 변시)(19 변시)(23 1차)

☐ **비트코인 영득 사건** : 가상자산 권리자의 착오나 가상자산 운영 시스템의 오류 등으로 법률상 원인관계 없이 다른 사람의 가상자산 전자지갑에 가상자산이 이체된 경우, 가상자산을 이체받은 자는 가상자산의 권리자 등에 대한 부당이득반환의무를 부담하게 될 수 있다. 그러나 이는 당사자 사이의 민사상 채무에 지나지 않고 이러한 사정만으로 가상자산을 이체받은 사람이 신임관계에 기초하여 가상자산을 보존하거나 관리하는 지위에 있다고 볼 수 없다(2020도9789) (23 2차)

• **보이스피싱 사기죄와 횡령죄** : 보이스피싱 사기죄에 있어 피해자를 기망하여 자금을 이체받은 후 그 돈을 인출한 경우 판례에 의하면 ① 보이스피싱 사기범이거나 사기범행에 이용될 것을 알면서 접근매체를 양도한 사기죄의 방조자의 경우에는 위탁관계가 인정되지 않아 횡령죄가 성립하지 않으나(2017도3894) ② 접근매체를 양도하였으나 사기방조죄가 성립하지 않는 자인 경우에는 위탁관계가 인정되어 사기죄의 피해자에 대한 횡령죄가 성립한다(2017도17494 전합).

☐ **보이스피싱 사건** : 전기통신금융사기(이른바 보이스피싱 범죄)의 범인이 피해자를 기망하여 피해자의 자금을 사기이용계좌로 송금·이체받으면 사기죄는 기수에 이르고, 범인이 피해자의 자금을 점유하고 있다고 하여 피해자와의 어떠한 위탁관계나 신임관계가 존재한다고 볼 수 없을 뿐만 아니라, 그 후 범인이 사기이용계좌에서 현금을 인출하였더라도 이는 이미 성립한 사기범행이 예정하고 있던 행위에 지나지 아니하여 새로운 법익을 침해한다고 보기도 어려우므로, 위와 같은 인출행위는 사기의 피해자에 대하여 별도의 횡령죄를 구성하지 아니한다. 이러한 법리는 사기범행에 이용되리라는 사정을 알고서 자신 명의 계좌의 접근매체를 양도함으로써 사기범행을 방조한 종범이 사기이용계좌로 송금된 피해자의 자금을 임의로 인출한 경우에도 마찬가지로 적용된다(2017도3894) (18 변시)(19 변시)(21 변시)(24 변시)

☐ **보이스피싱 사기 전합 판례** : 계좌명의인이 개설한 예금계좌가 사기 범행에 이용되어 그 계좌에 피해자가 사기피해금을 송금·이체한 경우 계좌명의인은 피해자와 사이에 아무런 법률관계 없이 송금·이체된 사기피해금을 피해자에게 반환하여야 하므로 피해자를 위하여 사기피해금을 보관하는 지위에 있다고 보아야 하고, 만약 계좌명의인이 그 돈을 영득할 의사로 인출하면 피해자에 대한 횡령죄가 성립한다(2017도17494 전합) (22 변시)(23 변시)(24 변시)

• 불법원인급여와 횡령죄

불법원인급여와 횡령죄 [2014 3차][2017 3차][2021 변시][2022 3차]

1. 논의점

불법원인급여물이란 불법한 원인으로 재물을 급여하였기 때문에 급여자가 그 재물의 반환을 청구할 수 없는 경우를 말한다. 이러한 불법원인급여의 상대방이 불법원인급여물을 착복한 경우에 횡령죄가 성립할 수 있는지에 대하여 논의가 있다.

2. 견해의 대립

이에 대하여는 ① 형법의 가벌성 여하는 형법의 독자적 입장에서 규율되어야 하므로 불법원인급여의 경우에도 횡령죄는 성립할 수 있다는 **긍정설** ② 불법원인급여 물건의 소유권은 반사적으로 수탁자에게 귀속되므로 횡령죄가 성립할 수 없다는 **부정설** ③ 불법원인급여를 다시 불법원인급여물과 불법원인위탁물로 구분한 후에 전자의 경우에는 횡령죄가 성립하지 않으나, 후자의 경우에는 횡령죄가 성립한다는 **구별설**이 대립하고 있다.

3. 판례의 태도

판례는 불법원인급여물에 대한 횡령죄의 성립을 **원칙적으로 부정**한다. 즉 판례는 '불법원인급여물의 소유권은 급여를 받은 상대방에게 귀속된다'라고 하여 타인의 재물이 아니므로 횡령죄가 성립할 수 없다고 본다. 그러나 **예외적으로** '포주와 윤락녀 사건'에서는 '포주의 불법성이 윤락녀의 불법성보다 현저히 크므로 화대의 소유권이 여전히 윤락녀에게 속한다'는 이유로 횡령죄의 성립을 긍정하고 있다.

4. 검 토

생각건대 긍정설에 따르면 국가기관이 불법행위를 조장하는 문제점이 있으므로 원칙적으로 부정설이 타당하다. 그러나 양자가 모두 불법을 범하고 있을 때에는 판례와 같이 예외적으로 불법성을 비교하여 횡령죄의 성부를 구체적으로 판단하는 것이 타당하다.

5. 관련 판례

☐ **증뢰물전달죄의 객체인 불법원인급여물은 횡령죄의 객체가 될 수 없다는 판례** : 민법 제746조에 불법의 원인으로 인하여 재산을 급여하거나 노무를 제공한 때에는 그 이익의 반환을 청구하지 못한다고 규정한 뜻은 급여를 한 사람은 그 원인행위가 법률상 무효임을 내세워 상대방에게 부당이득반환청구권을 할 수 없고, 또 급여한 물건의 소유권이 자기에게 있다고 하여 소유권에 기한 반환청구도 할 수 없어서 결국 급여한 물건의 소유권은 급여를 받은 상대방에게 귀속된다는 것이므로 조합장이 조합으로부터 공무원에게 뇌물로 전달하여 달라고 금원을 교부 받은 것은 불법원인으로 인하여 지급 받은 것으로서 이를 뇌물로 전달하지 않고 타에 소비하였다고 해서 타인의 재물을 보관 중 횡령하였다고 볼 수는 없다(86도628) (12 변시)(14 변시)(19 변시)

☐ **포주와 윤락녀 사건(불법비교론에 입각하여 불법원인급여물에 대하여 횡령죄의 성립을 인정한 예외적인 판례)** : 포주가 윤락녀와 사이에 윤락녀가 받은 화대를 포주가 보관하였다가 절반씩 분배하기로 약정하고도 보관중인 화대를 임의로 소비한 경우, 포주와 윤락녀의 사회적 지위, 약정에 이르게 된 경우와 약정의 구체적 내용, 급여의 성격 등을 종합해 볼 때 포주의 불법성이 윤락녀의 불법성보다 현저히 크므로 화대의 소유권이 여전히 윤락녀에게 속한다는 이유로 횡령죄를 구성한다(98도2036) (19 변시)

☐ 재물의 위탁행위가 범죄 실현의 수단으로서 이루어진 경우, 그 행위 자체가 처벌대상인지와 상관없이 그러한 행위를 통해 형성된 위탁관계는 횡령죄로 보호할 만한 가치 있는 신임에 의한 것이 아니다(2017도21286) (23 2차)

☐ 甲이 A로부터 "수표를 현금으로 교환해주면 대가를 주겠다."라는 제안을 받아, 그 수표가 B의 사기범행을 통해 취득한 범죄수익이라는 사실을 잘 알면서도 교부받아 그 일부를 현금으로 교환하여 주고, 아직 교환되지 못한 일부 수표와 교환된 현금을 임의로 사용하였다면, 甲에게는 횡령죄가 성립하지 않는다(2016도18035) (23 3차)

2. 객체

• 재물 : 횡령죄는 재물죄이므로 객체는 재물에 한정된다.

☐ **광업권 사건** : [1] 횡령죄에 있어서의 재물은 동산, 부동산의 유체물에 한정되지 아니하고 관리할 수 있는 동력도 재물로 간주되지만, 여기에서 말하는 관리란 물리적 또는 물질적 관리를 가리킨다고 볼 것이고, 재물과 재산상 이익을 구별하고 횡령과 배임을 별개의 죄로 규정한 현행 형법의 규정에 비추어 볼 때 사무적으로 관리가 가능한 채권이나 그 밖의 권리 등은 재물에 포함된다고 해석할 수 없다. [2] 광업권은 재물인 광물을 취득할 수 있는 권리에 불과하지 재물 그 자체는 아니므로 횡령죄의 객체가 된다고 할 수 없다(93도2272) (16 변시)

• 타인의 재물 : 타인의 재물이란 재물의 소유권이 타인에게 속하는 경우를 말하지만, 보다 구체적으로는 무주물이 아닌 재물로서 자기의 단독소유가 아닌 것은 모두 타인의 재물로 취급된다. 따라서 공동소유물은 타인의 재물로 간주된다.

☐ **횡령죄에서 타인의 재물** : 횡령죄는 타인의 재물에 대한 재산범죄로서 재물의 소유권 등 본권을 보호법익으로 하는 범죄이다. 따라서 횡령죄의 객체가 타인의 재물에 속하는 이상 구체적으로 누구의 소유인지는 횡령죄의 성립 여부에 영향이 없다(2019도9773) (23 3차)

☐ **동업재산 사건** : 동업재산은 동업자의 합유에 속하므로, 동업관계가 존속하는 한 동업자는 동업재산에 대한 지분을 임의로 처분할 권한이 없고, 동업자 한 사람이 지분을 임의로 처분하거나 또는 동업재산의 처분으로 얻은 대금을 보관 중 임의로 소비하였다면 횡령죄의 죄책을 면할 수 없다(2010도17684) (12 변시)(15 변시)(23 변시)

☐ **담보조로 교부받은 수표 사건** : 채권자가 그 채권의 지급을 담보하기 위하여 채무자로부터 수표를 발행 교부받아 이를 소지한 경우에는, 단순히 보관의 위탁관계에 따라 수표를 소지하고 있는 경우와는 달리 그 수표상의 권리가 채권자에게 유효하게 귀속하고, 채권자와 채무자 사이의 수표 반환에 관한 약정은 원인관계상 인적 항변사유에 불과하므로, 채권자는 횡령죄의 주체인 타인의 재물을 보관하는 자의 지위에 있다고 볼 수 없다(99도4979) (23 1차)

• **일반적인 타인의 재물에 대한 판단 기준** : 타인의 재물의 판단은 기본적으로 민법, 상법, 기타의 실체법에 의하여 결정되지만, 구체적인 사안에서는 일반 거래계의 경험칙에 따른다.

☐ **경락대금 사건** : 부동산 입찰절차에서 수인이 대금을 분담하되 그 중 1인 명의로 낙찰받기로 약정하여 그에 따라 낙찰이 이루어진 경우, 그 입찰절차에서 낙찰인의 지위에 서게 되는 사람은 어디까지나 그 명의인이므로 입찰목적부동산의 소유권은 경락대금을 실질적으로 부담한 자가 누구인가와 상관없이 그 명의인이 취득한다 할 것이므로 그 부동산은 횡령죄의 객체인 타인의 재물이라고 볼 수 없어 명의인이 이를 임의로 처분하더라도 횡령죄를 구성하지 않는다(2000도258) (23 변시)

☐ **주식회사와 주주** : 주식회사는 주주와 독립된 별개의 권리주체로서 그 이해가 반드시 일치하는 것은 아니므로, 주주나 대표이사 또는 그에 준하여 회사 자금의 보관이나 운용에 관한 사실상의 사무를 처리하는 자가 회사 소유의 재산을 사적인 용도로 함부로 처분하였다면 횡령죄가 성립한다(2019도9773) (16 변시)(23 2차)

• 횡령죄의 타인의 재물에 대한 구체적 고찰

爭點 076

횡령죄의 타인의 재물에 대한 구체적 고찰

1. 계금의 소유권

계주가 계원들에게 계금을 수취한 경우에 계금의 소유권은 계주에게 있다. 따라서 계주가 이를 영득한 경우에는 배임죄가 성립할 수 있을 뿐 횡령죄는 성립하지 않는다.

☐ **계주 사건** : 계금의 소유권은 계주에게 있으므로 불입금을 징수하였음에도 이를 계원에게 지급하지 않으면 배임죄가 성립한다는 판례(93도2221)

2. 입사보증금과 지입된 차량의 소유권

회사입사시 지급한 입사보증금이나 지입한 차량의 소유권은 회사에 있다. 따라서 회사가 이를 영득하였다고 하더라도 횡령죄는 성립할 수 없다.

☐ **지입차량 사건** : 피고인이 택시를 회사에 지입하여 운행하였다고 하더라도, 피고인이 회사와 사이에 위 택시의 소유권을 피고인이 보유하기로 약정하였다는 등의 특별한 사정이 없는 한, 위 택시는 그 등록명의자인 회사의 소유이고 피고인의 소유는 아니라고 할 것이다(2000도5767)

3. 익명조합에서의 출자금의 소유권

일반적인 조합이나 내적 조합의 경우에는 합유관계에 있으므로 타인의 재물이 되지만, 익명조합의 경우에는 영업자인 현명조합원에게 소유권이 있다. 따라서 현명조합원이 익명조합원이 출자한 금원을 영득하더라도 횡령죄는 성립하지 않는다.

☐ **익명조합원이 출연한 금전은 영업자에게 소유권이 있다는 판례** : 익명조합관계에 있는 영업에 대한 익명조합원이 상대방의 영업을 위하여 출자한 금전 기타의 재산은 상대방인 영업자의 재산으로 되는 것이므로 영업자가 그 영업의 이익금을 함부로 자기 용도에 소비하였다 하여도 횡령죄가 될 수 없다(71도2032) (21 변시)

4. 프랜차이즈계약에서의 판매대금의 소유권

프랜차이즈계약은 각각 독립된 상인으로서의 본사 및 가맹점주간의 계약기간 동안의 계속적인 물품공급계약에 불과하므로 가맹점주들이 판매하여 보관중인 물품대금은 가맹점주에게 소유권이 있다.

☐ **프랜차이즈계약의 경우에 물품판매대금은 가맹점주에게 소유권이 있다는 판례** : 이른바 '프랜차이즈계약'에서 본사와 가맹점계약을 동업계약관계로는 볼 수 없고, 따라서 가맹점주들이 판매하여 보관중인 물품대금은 그들의 소유라 할 것이어서 이를 임의 소비한 행위는 프랜차이즈계약상의 채무불이행에 지나지 아니하므로 결국 횡령죄는 성립하지 아니한다(98도292) (16 변시)

5. 위탁매매물의 소유권

위탁물의 소유권은 위탁자에게 있고, 그 판매대금도 수령과 동시에 위탁자에게 귀속한다. 따라서 위탁매매인이 이를 임의로 소비하면 횡령죄가 성립한다. [2015 1차][2016 3차][2018 2차][2021 변시]

> ☐ **위탁매매에서 판매대금을 소비하면 횡령죄가 성립한다는 판례 :** 위탁매매에 있어서는 위탁품의 소유권은 위임자에게 속하고 그 판매대금은 다른 특약이나 특단의 사정이 없는 한 이를 수령함과 동시에 위탁자에게 귀속한다 할 것이므로 이를 사용 소비한 때에는 횡령죄가 구성된다(86도1000) (12 변시)(23 1차)

> ☐ 자기가 점유하는 타인의 재물을 기망행위에 의하여 영득한 경우 횡령죄가 성립한다. (22 3차)

6. 소유권유보부 매매물의 소유권

소유권유보부 매매 목적물의 소유권은 대금완납 전까지는 소유권이 매도인에게 유보되어 있으므로 매수인이 재물을 처분하면 횡령죄가 성립한다. 그러나 판례에 의하면 이러한 법리는 동산의 경우에만 적용되고, 등기가 소유권이전의 요건이 되는 부동산이나 등록이 소유권이전의 요건이 되는 자동차, 중기, 건설기계 등에는 이러한 법리는 적용되지 아니한다.

• 부동산 명의신탁과 횡령죄

爭點 077

부동산 명의신탁과 횡령죄 [2014 3차][2016 2차][2017 2차][2021 2차][2021 3차]

1. 의 의

부동산 명의신탁이란 대내적으로는 신탁자가 소유권을 보유하여 관리 · 수익하면서 대외적으로 소유명의만 수탁자로 해 두는 것을 말한다.

2. 부동산실명법상 허용되는 명의신탁인 경우

부동산실명법상으로도 모든 명의신탁이 금지되는 것은 아니다. 종중소유재산이거나 부부사이의 명의신탁은 탈세나 강제집행의 면탈 등의 목적이 없는 경우에는 허용되고 있다. 이러한 경우 수탁자가 부동산을 처분한 경우에는 당연히 횡령죄가 성립한다. 아래에서는 부동산 실명법상 허용되지 않는 명의신탁인 경우를 전제로 살펴본다.

3. 2자간 명의신탁의 경우(이전형 명의신탁)

2자간 명의신탁이란 부동산의 소유자가 그 등기명의를 타인에게 신탁하기로 하는 명의신탁약정을 하고 수탁자에게 등기를 이전하는 형식의 명의신탁을 말한다. 이러한 2자간 명의신탁에서 수탁자가 그 부동산을 임의로 제3자에게 처분한 경우의 죄책에 대하여 종래 판례는 횡령죄의 성립을 긍정하였으나, 최근 전합 판례에서는 부동산실명법에 위반한 이른바 양자간 명의신탁의 경우에도, 중간생략등기형 명의신탁에 관한 대법원 2016. 5. 19. 선고 2014도6992 전원합의체 판결의 법리가 마찬가지로 적용되어, 명의신탁자와 명의수탁자 사이에 무효인 명의신탁약정 등에 기초하여 존재한다고 주장될 수 있는 사실상의 위탁관계를 형법상 보호할 만한 가치 있는 신임에 의한 것이라고 할 수 없으므로 명의수탁자가 신탁부동산을 임의로 처분하여도 횡령죄가 성립하지 않는다고 하여 횡령죄의 성립를 부정하고 있다. [2023 2차]

> ☐ 2자간 명의신탁의 경우에 횡령죄가 성립하지 않는다고 보아 종래의 판례를 변경한 전합 판례(2016도18761 전합) (22 변시)(23 2차)

4. 3자간 명의신탁 (중간생략등기형 명의신탁)

3자간 명의신탁이란 신탁자가 수탁자와 명의신탁약정을 맺고, 신탁자가 매매계약의 당사자가 되어 매도인과 매매계약을 체결하되 등기는 수탁자 앞으로 직접 이전하는 형식의 명의신탁을 말한다. 이러한 3자간 명의신탁에 있어 수탁자가 목적물을 영득한 경우에 위탁자에 대한 횡령죄의 성립여부에 대하여 논의가 있었다. 종래 판례는 횡령죄를 긍정하고 있었으나, 최근 전합 판례는 '명의신탁자는 신탁부동산의 소유권을 가지지 아니하고, 명의신탁자와 명의수탁자 사이에 위탁신임관계를 인정할 수도 없다. 따라서 명의수탁자가 명의신탁자의 재물을 보관하는 자라고 할 수 없으므로, 명의수탁자가 신탁받은 부동산을 임의로 처분하여도 명의신탁자에 대한 관계에서 횡령죄가 성립하지 아니한다'라고 하여 횡령죄의 성립을 부정하고 있다.

> ☐ 중간생략등기형 명의신탁에서 명의수탁자가 신탁부동산을 임의로 처분하더라도 횡령죄가 성립하지 않는다고 종래의 판례를 변경한 전합 판례(2014도6992 전합) (17 변시)(18 변시)(19 변시)(21 2차)

> ☐ 증여자에게서 명의수탁자로 중간생략등기형 명의신탁을 한 경우에 명의수탁자는 명의신탁자의 재물의 보관자가 아니므로 횡령죄의 주체가 될 수 없다는 판례(2015도89)

5. 계약명의신탁(위임형 명의신탁)

계약명의신탁이란 신탁자가 수탁자에게 부동산의 매수위임과 함께 명의신탁약정을 맺고 수탁자가 매매계약의 당사자가 되어 매도인과 매매계약을 체결하고 수탁자 앞으로 등기 이전하는 형식의 명의신탁이다. 이러한 경우에 수탁자가 목적물을 영득한 경우의 형사책임에 대하여 ① 횡령죄설 ② 배임죄설의 대립이 있으나, ③ 판례는 무죄설의 입장이다.

> ☐ 계약명의신탁에서 매도인이 선의이거나 악의이거나 명의수탁자는 횡령죄가 성립하지 않는다는 판례(2014도6740) (12 변시)(15 변시)

- 금전의 용도를 지정하여 위탁한 경우 : 판례는 '목적·용도를 정하여 위탁한 금전은 정해진 목적, 용도에 사용할 때까지는 이에 대한 소유권이 위탁자에게 유보되어 있는 것으로서, 수탁자가 그 위탁의 취지에 반하여 다른 용도에 소비하면 횡령죄를 구성한다'라고 하여 **횡령죄설**의 입장이다.

  > ☐ **목적, 용도를 정하여 위탁한 금전 사건** : 타인으로부터 용도가 엄격히 제한된 자금을 위탁받아 보관하는 자가 그 자금을 제한된 용도 이외의 목적으로 사용하는 것은 횡령죄가 되는 것이고, 이와 같이 용도나 목적이 특정되어 보관된 금전은 그 보관 도중에 특정의 용도나 목적이 소멸되었다고 하더라도 위탁자가 이를 반환받거나 그 임의소비를 승낙하기까지는 횡령죄의 적용에 있어서는 여전히 위탁자의 소유 물이라고 할 것이다(2002도4291) (14 변시)(23 3차)

- **채권담보 목적의 채권양도의 경우** : 최근 판례에 의하면 단순히 채권을 양도한 것이 아니 라 채무자가 기존 금전채무를 담보하기 위하여 다른 금전채권을 채권자에게 양도한 후, 그 채 권양도사실을 통지하지 않은 채 제3채무자로부터 변제금을 수령하여 소비한 경우에는 채권자에 대한 횡령죄가 성립하지 않는다고 판시하였다.

  > ☐ 채무자가 기존 금전채무를 담보하기 위하여 다른 금전채권을 채권자에게 양도한 후, 그 채권양도사실을 통지하지 않은 채 제3채무자로부터 변제금을 수령하여 소 비한 경우에는 채무자가 채권자와의 위탁신임관계에 의하여 채무자를 위해 위 변 제금을 보관하는 지위에 있다고 볼 수 없어 채권자에 대한 횡령죄가 성립하지 않는 다는 판례(2020도12927) (21 1차)

  > ☐ A 회사의 실제 운영자인 甲이 乙로부터 사업자금 명목으로 돈을 차용한 후 乙에게 위 채무에 대한 담보로 A 회사의 B 회사에 대한 대여금 채권을 양도하였음에도 제3채무자인 B 회사에 채권양도통지를 하지 아니한 채 B 회사에 위 채권 일부의 변제를 요구하여 B 회사로부터 A 회사 명의의 계좌로 그 일부 변제금을 송금받아 이를 임의로 사용한 경우 乙에 대한 횡령죄가 성립하지 않는다(2020도12927) (21 3차)

- **채권양도의 경우** : 채권자가 채권을 타인에게 양도한 후 양도인이 양도통지 전에 그 정을 모르는 채무자로부터 채권을 추심하여 수령한 금전을 영득한 경우의 죄책에 대하여 논의 가 있으나, 종래 판례는 '채권양도의 당연한 귀결로서 그 금전을 자신에게 귀속시키기 위 하여 수령할 수는 없는 것이고, 양도인이 수령한 금전은 양도인은 이를 양수인을 위하여 보관하는 관계에 있다고 보아야 할 것이다'라고 하여 횡령죄설의 입장이었으나, 최근 전 합 판례는 횡령죄의 성립을 부정하면서 종래의 판례를 변경하였다.

☐ **채권양도인이 이미 양도된 채권을 추심하여 임의로 사용한 사건** : 채권양도인이 채무자에게 채권양도 통지를 하는 등으로 채권양도의 대항요건을 갖추어 주지 않은 채 채무자로부터 채권을 추심하여 금전을 수령한 경우, 특별한 사정이 없는 한 금전의 소유권은 채권양수인이 아니라 채권양도인에게 귀속하고 채권양도인이 채권양수인을 위하여 양도 채권의 보전에 관한 사무를 처리하는 신임관계가 존재한다고 볼 수 없다. 따라서 채권양도인이 위와 같이 양도한 채권을 추심하여 수령한 금전에 관하여 채권양수인을 위해 보관하는 자의 지위에 있다고 볼 수 없으므로, 채권양도인이 위 금전을 임의로 처분하더라도 횡령죄는 성립하지 않는다(2017도3829 전합)

☐ 甲이 A에 대한 자신의 채권을 B에게 양도한 후 A에게 채권양도 통지를 하지 않은 채 자신이 사용할 의도로 A로부터 변제를 받아 변제금을 수령한 경우, 甲이 이를 임의로 소비하더라도 횡령죄는 성립하지 않는다(2017도3829 전합) (23 2차)

• **1인회사의 경우** : 1인회사의 경우 1인주주와 회사는 독립된 별개의 인격체이다. 따라서 1인회사의 재산은 1인주주의 소유가 아니므로 1인주주가 보관 중인 회사의 재산을 임의로 소비하면 **횡령죄**가 성립한다.

☐ **1인회사 사건** : 주식회사의 주식이 사실상 1인의 주주에 귀속하는 1인회사의 경우에도 회사와 주주는 별개의 인격체로서 1인회사의 재산이 곧바로 그 1인 주주의 소유라고 볼 수 없으므로, 그 회사 소유의 금원을 업무상 보관 중 임의로 소비하면 횡령죄를 구성하는 것이다(99도1040) (16 변시)

3. 행위 – 횡령하거나 반환거부

• **횡령행위** : 횡령행위란 타인의 재물을 보관하는 자가 그 물건에 대한 불법영득의사를 객관적으로 인식할 수 있는 방법으로 표현하는 행위를 말한다. 횡령의 태양은 사실행위 · 법률행위, 작위 · 부작위를 불문한다. 그리고 횡령행위가 법률행위인 경우에 법률행위가 유효 · 무효, 취소가능성여부를 묻지 않는다.

☐ **주주나 대표이사 또는 그에 준하는 자가 주식회사 소유재산을 임의처분한 사건** : 주식회사는 주주와 독립된 별개의 권리주체로서 이해가 반드시 일치하는 것은 아니므로, 주주나 대표이사 또는 그에 준하여 회사 자금의 보관이나 운용에 관한 사실상의 사무를 처리하는 자가 회사 소유 재산을 제3자의 자금 조달을 위하여 담보로 제공하는 등 사적인 용도로 임의 처분하였다면 그 처분에 관하여 주주총회나 이사회의 결의가 있었는지 여부와는 관계없이 횡령죄의 죄책을 면할 수는 없다(2010도17396) (14 변시)

• **변호사 선임 비용의 경우** : 대표이사 등 단체를 대표하는 자가 개인의 소송사건에 대하여 자신이 보관하던 단체의 비용으로 변호사 선임 비용을 지출한 경우에는 ① 원칙적으로 횡령죄가 성립하지만 ② 예외적으로 당해 법적 분쟁이 단체와 업무적인 관련이 깊고 당시의 제반 사정에 비추어 단체의 이익을 위하여 소송을 수행하거나 고소에 대응하여야 할 특별한 필요성이 있는 경우에 한하여 횡령죄가 성립하지 않는다.

> ☐ **변호사 선임 비용 사건** : 법인의 대표자 개인이 당사자가 된 민·형사사건의 변호사 비용은 법인의 비용으로 지출할 수 없는 것이 원칙이고, 예외적으로 분쟁에 대한 실질적인 이해관계는 법인에게 있으나 법적인 이유로 그 대표자의 지위에 있는 개인이 소송 기타 법적 절차의 당사자가 되었다거나 대표자로서 법인을 위해 적법하게 행한 직무행위 또는 대표자의 지위에 있음으로 말미암아 의무적으로 행한 행위 등과 관련하여 분쟁이 발생한 경우와 같이, 당해 법적 분쟁이 법인과 업무적인 관련이 깊고 당시의 제반 사정에 비추어 법인의 이익을 위하여 소송을 수행하거나 고소에 대응하여야 할 특별한 필요성이 있는 경우에 한하여 법인의 비용으로 변호사 선임료를 지출할 수 있다(2007도9679)

• **뇌물을 공여하거나 배임증재한 경우** : 대표이사 등 단체를 대표하는 자가 자기가 보관하는 단체의 금전으로 뇌물을 공여하거나 배임증재한 경우 ① 원칙적으로 횡령죄가 성립하지만 ② 예외적으로 오로지 회사의 이익을 도모할 목적인 경우에는 횡령죄가 성립하지 않는다.

> ☐ **뇌물을 공여하거나 배임증재한 사건** : 회사가 기업활동을 하면서 형사상의 범죄를 수단으로 하여서는 안 되므로 뇌물공여를 금지하는 법률 규정은 회사가 기업활동을 할 때 준수하여야 하고, 따라서 회사의 이사 등이 업무상의 임무에 위배하여 보관 중인 회사의 자금으로 뇌물을 공여하였다면 이는 오로지 회사의 이익을 도모할 목적이라기보다는 뇌물공여 상대방의 이익을 도모할 목적이나 기타 다른 목적으로 행하여진 것이라고 보아야 하므로, 그 이사 등은 회사에 대하여 업무상횡령죄의 죄책을 면하지 못한다. 그리고 특별한 사정이 없는 한 이러한 법리는 회사의 이사 등이 회사의 자금으로 부정한 청탁을 하고 배임증재를 한 경우에도 마찬가지로 적용된다(2011도9238)

• **횡령죄의 기수시기** : 횡령죄의 기수시기를 언제로 볼 것인지에 대하여 ① 행위자의 불법영득의사가 객관적으로 실현된 때에 기수가 된다는 **실현설**도 있지만, ② 다수설과 판례는 행위자의 불법영득의사가 외부에 인식될 수 있도록 객관적으로 표현되었을 때 기수가 된다는 표현설의 입장이다. 그러나 최근에는 횡령죄가 구체적 위험범이라는 전제하에 횡령죄의 미수를 인정한 판례가 있어 주목을 받고 있다.

□ **횡령죄의 기수시기에 대하여 표현설을 따른 판례 :** 횡령죄의 구성요건으로서의 횡령 행위란 불법영득의사를 실현하는 일체의 행위를 말하고, 횡령죄에 있어서의 행위 자는 이미 타인의 재물을 점유하고 있으므로 점유를 자기를 위한 점유로 변개하는 의사를 일으키면 곧 영득의 의사가 있었다고 할 수 있지만, 단순한 내심의 의사만 으로는 횡령행위가 있었다고 할 수 없고 영득의 의사가 외부에 인식될 수 있는 객관적 행위가 있을 때 횡령죄가 성립한다(92도2999)

□ **횡령죄가 구체적 위험범임을 전제로 횡령죄의 미수를 인정한 판례 :** [1] 횡령죄는 소유 권 등 본권이 침해될 위험성이 있으면 그 침해의 결과가 발생하지 않더라도 성립하 는 위험범인데, 여기서 위험범이라는 것은 횡령죄가 개인적 법익침해를 전제로 하는 재산범죄의 일종임을 감안할 때 단순히 사회 일반에 대한 막연한 추상적 위험 이 발생하는 것만으로는 부족하고 소유자의 본권 침해에 대한 구체적 위험이 발생 하는 수준에 이를 것을 요한다. [2] 피고인이 피해자로부터 위탁받아 식재·관리하 여 오던 나무들을 피해자 모르게 제3자에게 매도하는 계약을 체결하고 제3자로부 터 계약금을 수령한 상태에서 피해자에게 적발되어 위 계약이 더 이행되지 아니하 고 무위로 그친 경우, 피고인의 행위를 횡령기수가 아니라 횡령미수에 해당한다고 본 사례(2011도9113) (14 변시)(23 변시)(21 3차)

4. 주관적 구성요건

• **불법영득의 의사 :** 횡령죄에서 불법영득의 의사는 타인의 재물을 보관하는 자가 위탁의 취지에 반하여 자기 또는 제3자의 이익을 위하여 권한 없이 재물을 자기의 소유인 것처 럼 사실상 또는 법률상 처분하는 의사를 의미한다.

□ **사후에 반환하거나 변상·보전하려는 의사가 있어도 불법영득의사가 인정된다는 판례 :** 업무상횡령죄에 있어서 불법영득의 의사라 함은 자기 또는 제3자의 이익을 꾀할 목적으로 업무상의 임무에 위배하여 보관하는 타인의 재물을 자기의 소유인 경우와 같은 처분을 하는 의사를 말하고 사후에 이를 반환하거나 변상, 보전하는 의사가 있다 하더라도 불법영득의 의사를 인정함에 지장이 없다(2005도3431)

□ **소유자의 이익을 위하여 처분한 사건 :** 횡령죄에서 불법영득의 의사는 타인의 재물 을 보관하는 자가 위탁의 취지에 반하여 자기 또는 제3자의 이익을 위하여 권한 없이 재물을 자기의 소유인 것처럼 사실상 또는 법률상 처분하는 의사를 의미하므 로, 보관자가 자기 또는 제3자의 이익을 위한 것이 아니라 소유자의 이익을 위하여 이를 처분한 경우에는 특별한 사정이 없는 한 불법영득의 의사를 인정할 수 없다 (2013도14777)

☐ **상계권 행사 사건** : 물품대금 청구소송 중인 거래회사로부터 우연히 착오송금을 받은 행위자가 물품대금에 대한 적법한 상계권을 행사한다는 의사로 착오송금된 금원의 반환을 거부한 경우, 횡령죄 요건인 불법영득의사의 성립을 부정할 수 있다 (2021도2088) (24 변시)

• **비자금 조성 행위** : ① 법인의 자금을 빼내어 착복할 목적으로 조성한 것이면 불법영득의사가 인정되어 횡령죄가 성립하고, ② 장부상의 분식에 불과하거나 법인의 운영에 필요한 자금을 조달하는 수단으로 인정되는 경우에는 횡령죄가 성립하지 않는다.

☐ **비자금 조성의 원칙 판례** : 법인의 회계장부에 올리지 않고 법인의 운영자나 관리자가 회계로부터 분리시켜 별도로 관리하는 이른바 비자금은, 법인을 위한 목적이 아니라 법인의 자금을 빼내어 착복할 목적으로 조성한 것임이 명백히 밝혀진 경우에는 조성행위 자체로써 불법영득의 의사가 실현된 것으로 볼 수 있다(2016도9027) (22 2차)

☐ **비자금 조성의 예외 판례** : 법인의 운영자 또는 관리자가 법인의 자금을 이용하여 비자금을 조성하였다고 하더라도 그것이 당해 비자금의 소유자인 법인 이외의 제3자가 이를 발견하기 곤란하게 하기 위한 장부상의 분식에 불과하거나 법인의 운영에 필요한 자금을 조달하는 수단으로 인정되는 경우에는 불법영득의 의사를 인정하기 어렵다(2010도11015) (19 변시)

☐ 회사의 비자금을 보관·관리하고 있다가 이를 일단 다른 용도로 소비한 다음 그만한 돈을 별도로 입금 또는 반환하면서 그 비자금의 행방이나 사용처에 대한 설명에 부합하는 자료를 제시하는 경우에는 함부로 그 비자금을 불법영득의사로 인출·사용함으로써 횡령하였다고 단정할 것은 아니다(2011도14045) (16 변시)(22 2차)

• **용도가 제한된 자금 사용** : 용도가 엄격히 제한된 자금을 사용한 경우에는 원칙적으로 횡령죄가 성립한다. 그러나 용도가 엄격히 제한되지 않은 경우에는 개별적으로 고찰하여 판단하여야 한다.

☐ **용도가 제한된 자금을 용도외로 사용한 경우의 법리** : 횡령죄에 있어서의 불법영득의 의사라 함은 자기 또는 제3자의 이익을 꾀할 목적으로 보관하고 있는 타인의 재물을 자기의 소유인 것과 같이 사실상 또는 법률상 처분하는 의사를 의미하는 것으로, 타인으로부터 용도가 엄격히 제한된 자금을 위탁받아 집행하면서 그 제한된 용도 이외의 목적으로 자금을 사용하는 것은, 그 사용이 개인적인 목적에서 비롯된 경우는 물론 결과적으로 자금을 위탁한 본인을 위하는 면이 있더라도, 그 사용행위 자체로서 불법영득의 의사를 실현한 것이 되어 횡령죄가 성립한다(2002도366) (12 변시)(22 변시)

□ 사회단체보조금 지원에 관한 조례상의 보조금을 집행할 직책에 있는 자가 자기 자신의 이익을 위한 것이 아니고 경비부족을 메우기 위하여 보조금을 전용한 것이라 하더라도, 그 보조금의 용도가 엄격하게 제한되어 있는 이상 불법영득의 의사를 부인할 수는 없다(2010도987) (22 2차)

- 예산 전용 : 예산을 전용한 경우에는 그 예산의 항목유용 자체가 위법한 목적을 가지고 있다거나 예산의 용도가 엄격하게 제한되어 있는 경우에는 불법영득의 의사가 인정된다.

□ 예산을 전용한 경우의 법리 : 예산을 집행할 직책에 있는 자가 자기 자신의 이익을 위한 것이 아니고 경비부족을 메우기 위하여 예산을 전용한 경우, 그것이 본래 책정되거나 영달되어 있어야 할 필요경비이기 때문에 일정한 절차를 거치면 그 지출이 허용될 수 있었던 때에는 그 간격을 메우기 위한 유용이 있었다는 것만으로 바로 그 유용자에게 불법영득의 의사가 있었다고 단정할 수는 없는 것이지만, 그 예산의 항목유용 자체가 위법한 목적을 가지고 있다거나 예산의 용도가 엄격하게 제한되어 있는 경우에는 불법영득의 의사가 인정된다(2003도4570)

5. 관련 문제
- 횡령액의 산정 관련 판례

□ **동업재산 소비 사건** : 동업자 사이에 손익분배 정산이 되지 아니하였다면 동업자 한 사람이 임의로 동업자들의 합유에 속하는 동업재산을 처분할 권한이 없는 것이므로, 동업자 한 사람이 동업재산을 보관 중 임의로 횡령하였다면 지분비율에 관계없이 횡령한 금액 전부에 대하여 횡령죄의 죄책을 부담한다(2010도17684) (12 변시)(15 변시)

□ **과다하게 부풀린 공사대금 사건** : 타인을 위하여 금전 등을 보관·관리하는 자가 개인적 용도로 사용할 자금을 마련하기 위하여, 적정한 금액보다 과다하게 부풀린 금액으로 공사계약을 체결하기로 공사업자 등과 사전에 약정하고 그에 따라 과다 지급된 공사대금 중의 일부를 공사업자로부터 되돌려 받는 행위는 그 타인에 대한 관계에서 과다하게 부풀려 지급된 공사대금 상당액의 횡령이 된다(2013도13444) [2017 변시]

□ **특경법상 이득액 판단** : 특정경제범죄 가중처벌 등에 관한 법률 제3조 제1항은 특정재산범죄를 범한 자가 범죄행위로 인하여 취득하거나 제3자로 하여금 취득하게 한 재물 또는 재산상 이익의 가액(이하 '이득액'이라 한다)이 5억 원 이상인 때 가중처벌하고 있는데, 여기서 말하는 '이득액'은 단순일죄의 이득액이나 혹은 포괄일죄가 성립되는 경우 이득액의 합산액을 의미하고, 경합범으로 처벌될 수죄에서 이득액을 합한 금액을 의미하는 것은 아니다(2009도8265) (19 변시)

- 죄수 판단 : 횡령죄의 죄수판단은 **위탁관계의 수를 기준으로 판단한다.** 이에 의하면 1개의 행위로 수인으로부터 위탁받은 재물들을 횡령하면 수개의 횡령죄의 상상적 경합이 되고, 1인에게서 위탁받은 수인 소유의 재물들을 횡령하면 단순일죄가 된다. 그리고 수개의 행위로 하나의 위탁된 재물을 횡령한 경우에는 연속범과 같은 포괄일죄가 되는 경우 이외에는 실체적 경합이 인정되어야 할 것이다.

- 재물을 횡령 한 후 다시 동일 재물을 횡령한 경우의 죄수 관계 : 보관물을 횡령한 후 다시 횡령한 경우에 종래 판례는 일단 횡령을 한 이후에 다시 그 재물을 처분하는 것은 불가벌적 사후행위에 해당하여 처벌할 수 없다고 보았다. 그러나 최근 전합판례에서는 '후행 처분행위에 의해 새로운 위험을 추가하는 것이 아니라면 후행 처분행위에 의해 발생한 위험은 선행 처분행위에 의하여 이미 성립된 횡령죄에 의해 평가된 위험에 포함되는 것이므로 후행 처분행위는 이른바 불가벌적 사후행위에 해당하지만, 후행 처분행위가 이를 넘어서서 선행 처분행위로 예상할 수 없는 새로운 위험을 추가함으로써 법익침해에 대한 위험을 증가시키거나 **선행 처분행위와는 무관한 방법으로 법익침해의 결과를 발생시키는** 경우라면 별도로 횡령죄를 구성한다고 보아야 한다'라고 하여 종래의 태도를 변경하여 횡령죄의 성립을 긍정할 수 있다고 판시하였다.

  > ☐ 선행 처분행위에 대하여 횡령죄가 성립한 후에 하는 후행 처분행위는 새로운 위험을 추가하게 된 경우에만 새로운 횡령죄가 성립한다는 판례(2010도10500 전합) (15 변시)(16 변시)(19 변시)(20 변시)(22 3차)

  > ☐ 타인의 부동산을 적법하게 보관 중이었던 甲이 임의로 A에게 해당 부동산에 대한 근저당권설정등기를 경료해 주고, 한 달 후 B에게 해당 부동산을 임의로 매도한 경우, 2개의 횡령죄가 성립하고 양자는 실체적 경합관계에 있다(2010도10500 전합) (23 2차)

- 횡령죄와 사기죄와의 관계 : 자기가 점유하는 타인의 재물을 기망에 의하여 영득한 때에는 횡령죄만 성립하고 사기죄가 성립되지 않는다. 그 이유는 ① 사기죄는 타인이 점유하는 재물에 대하여만 성립하며 ② 자기가 점유하는 타인의 재물에 대한 기망은 영득행위의 수단에 불과하고 상대방의 처분행위는 인정할 수 없기 때문이다.

  > ☐ **자기가 보관하는 재물을 기망하여 영득해도 횡령죄만 성립한다는 판례** : 자기가 점유하는 타인의 재물을 횡령하기 위하여 기망 수단을 쓴 경우에는 피기망자에 의한 재산 처분행위가 없으므로 일반적으로 횡령죄만 성립되고 사기죄는 성립되지 아니한다(80도1177) (16 변시)(17 변시)

- 장물보관자가 장물을 횡령한 경우에 대한 논의 : 장물보관자가 장물을 횡령한 경우에는 별개의 횡령죄가 성립할 수 있는지에 대하여 논의가 있으나, 현재의 다수설과 판례는 장물보관을 하는 경우에는 이미 그 소유자의 소유물추구권을 침해하였으므로 그 후의 횡령행위는 불가벌적 사후행위에 불과하여 별도로 횡령죄가 성립하지 않는다는 입장이다.

□ 장물을 보관하는 자가 이를 영득하여도 횡령죄는 성립하지 않는다는 판례 : 절도범인으로부터 장물보관의뢰를 받은 자가 그 정을 알면서 이를 인도받아 보관하고 있다가 임의처분하였다 하여도 장물보관죄가 성립되는 때에는 이미 그 소유자의 소유물추구권을 침해하였으므로 그 후의 횡령행위는 불가벌적 사후행위에 불과하여 별도로 횡령죄가 성립하지 않는다(76도3067) (24 변시)

Ⅱ. 업무상 횡령죄 (미수범 처벌, 이중신분범)

Ⅲ. 점유이탈물 횡령죄

• 고속버스 유실물의 점유

爭點 078

고속버스 유실물의 점유

1. 논의점

고속버스(지하철)에서 승객이 두고 내린 물건이 점유이탈물에 해당하는지, 즉 고속버스 운전기사에게 점유를 인정할 것인지에 대하여 논의가 있다.

2. 견해의 대립

이에 대하여는 ① 고속버스 운전기사는 고속버스 내의 재물에 대하여 시간적 · 장소적 작용가능성이 있으므로 운전기사의 점유를 긍정하는 **운전기사 점유긍정설** ② 고속버스 운전기사는 고속버스 전체에 대한 배타적인 실력적 지배를 할 수 없으므로 운전기사의 점유를 부정하는 **운전기사 점유부정설**이 대립하고 있다.

3. 판례의 태도

판례는 이른바 '고속버스 유실물 사건'에서 '고속버스 운전사는 고속버스의 관수자로서 차내에 있는 승객의 물건을 점유하는 것이 아니고 승객이 잊고 내린 유실물을 교부받을 권능을 가질 뿐이므로 유실물을 현실적으로 발견하지 않는 한 이에 대한 점유를 개시하였다고 할 수 없고, 그 사이에 다른 승객이 유실물을 발견하고 이를 가져갔다면 절도에 해당하지 아니하고 점유이탈물횡령에 해당한다'라고 하여 **부정설**의 입장이다.

4. 검토

현재 고속버스의 운행실태는 경제적인 이유로 중간기착지점이 많고 또한 안내양도 없이 운전기사 혼자 운전하는 것이 일반적이어서 운전기사가 고속버스내의 모든 물건에 대한 배타적 지배를 인정하기 곤란하므로 운전기사 점유부정설이 타당하다.

5. 관련 판례

□ 고속버스에서 유실물을 습득하면 점유이탈물횡령죄가 성립한다는 판례
(92도3170)

□ 지하철에서 유실물을 습득하면 점유이탈물횡령죄가 성립한다는 판례
(99도3963)

제6절 | 배임의 죄

I. 배임죄(미수범 처벌, 진정신분범)

□ **배임죄는 위태범이라는 판례** : 배임죄는 현실적인 재산상 손해액이 확정될 필요까지
는 없고 단지 재산상 권리의 실행을 불가능하게 할 염려 있는 상태 또는 손해 발생
의 위험이 있는 경우에 바로 성립되는 위태범이다(99도334)

1. 주 체

• **사무의 타인성** : 타인은 신의성실에 따라 그 사무를 처리할 신임관계에 있는 자기 이외의
자연인 · 국가 · 법인 · 법인격 없는 단체까지를 포함한다. 1인회사의 경우에도 법인과 주
주는 별개의 인격체이므로 회사에 재산상 손해가 발생하면 배임죄가 성립한다.

□ **공무원과 업무상배임죄** : 공무원이 그 임무에 위배되는 행위로써 제3자로 하여금
재산상의 이익을 취득하게 하여 국가에 손해를 가한 경우에 업무상배임죄가 성립
한다(2013도6835) (21 1차)

□ 대통령의 퇴임 후 사용할 사저부지와 그 경호부지를 일괄 매수하는 사무를 처리하
는 자가 그 임무에 위배되는 행위로써 제3자로 하여금 재산상의 이익을 취득하게
하여 국가에 손해를 가한 경우에는 업무상배임죄가 성립한다(2013도6835) (21 3차)

□ **1인주주 사건** : 주식회사의 주식이 사실상 1인주주에 귀속하는 소위 1인회사에 있어
서도 행위의 주체와 그 본인은 분명히 별개의 인격이며 그 본인인 주식회사에 재산
상 손해가 발생하였을 때 배임의 죄는 기수가 되는 것이므로 궁극적으로 그 손해가
주주의 손해가 된다고 하더라도 이미 성립한 죄에는 아무 소장이 없다(83도2330
전합)

- **타인의 사무** : 배임죄의 사무는 타인의 사무여야 한다. 따라서 자기의 사무는 타인을 위해서 처리하더라도 본죄가 성립하지 않는다. 그러나 자기의 사무이면서 동시에 상대방의 재산보전에 협력하는 타인 사무의 처리라는 성격을 가지게 되는 경우에는 타인의 사무로 취급된다.

☐ **점포 임차권양도계약 사건** : 점포임차권양도계약을 체결한 후 계약금과 중도금까지 지급받았다 하더라도 잔금을 수령함과 동시에 양수인에게 점포를 명도하여 줄 양도인의 의무는 위 양도계약에 따르는 민사상의 채무에 지나지 아니하여 이를 타인의 사무로 볼 수 없으므로 비록 양도인이 위 임차권을 2중으로 양도하였다 하더라도 배임죄를 구성하지 않는다(86도811) (21 2차)

☐ **염가판매 사건** : 담보권자가 변제기 경과 후에 담보권을 실행하기 위하여 담보목적물을 처분하는 행위는 담보계약에 따라 담보권자에게 주어진 권능이어서 자기의 사무처리에 속하는 것이지 타인인 채무자의 사무처리에 속하는 것이라고 할 수 없으므로, 담보권자가 담보권을 실행하기 위하여 담보목적물을 처분함에 있어 시가에 따른 적절한 처분을 하여야 할 의무는 담보계약상의 민사채무일 뿐 그와 같은 형법상의 의무가 있는 것은 아니므로 그에 위반한 경우 배임죄가 성립된다고 할 수 없다(97도2430) (12 변시)

☐ **보조기관 사건** : 업무상 배임죄에 있어서 타인의 사무를 처리하는 자란 고유의 권한으로서 그 처리를 하는 자에 한하지 않고 그 자의 보조기관으로서 직접 또는 간접으로 그 처리에 관한 사무를 담당하는 자도 포함한다(2004도520) (22 2차)

☐ **수분양권 이중양도 사건** : 특별한 사정이 없는 한 수분양권 매도인이 수분양권 매매계약에 따라 매수인에게 수분양권을 이전할 의무는 자신의 사무에 해당할 뿐이므로, 매수인에 대한 관계에서 '타인의 사무를 처리하는 자'라고 할 수 없다. 그러므로 수분양권 매도인이 위와 같은 의무를 이행하지 아니하고 수분양권 또는 이에 근거하여 향후 소유권을 취득하게 될 목적물을 미리 제3자에게 처분하였더라도 형법상 배임죄가 성립하는 것은 아니다(2014도12104) (23 3차)

☐ **동업계약 종료 사건** : 동업자 갑은 자금만 투자하고 동업자 을은 노무와 설비를 투자하여 공사를 수급하여 시공하고 그 대금 등을 추심하는 등 일체의 거래행위를 담당하면서 그 이익을 나누어 갖기로 하는 내용의 동업계약이 체결되었다가 그 계약이 종료된 경우 위 공사 시공 등 일체의 행위를 담당하였던 을이 자금만을 투자한 갑에게 투자금원을 반환하고 또 이익 또는 손해를 부담시키는 내용의 정산의무나 그 정산과정에서 행하는 채권의 추심과 채무의 변제 등의 행위는 모두 을 자신의 사무이지 자금을 투자한 갑을 위하여 하는 타인의 사무라고 볼 수는 없다고 보아 을의 제3자에 대한 채권양도행위를 배임죄에 있어서 타인의 사무를 처리하는 자로서의 임무위배행위라고 할 수 없다고 한 사례(91도2390) (23 3차)

- **사무처리의 일반적 근거** : 타인의 사무를 처리하는 근거는 법령 · 계약 또는 법률행위에 제한되지 않고, 경우에 따라서는 관습 또는 사무관리에 의하여 사무를 처리하는 자라고 할지라도 신의칙에 의하여 신임관계가 인정되면 족하다.

  □ **사무처리의 근거** : 배임죄의 주체로서 '타인의 사무를 처리하는 자'란 타인과의 대내관계에서 신의성실의 원칙에 비추어 그 사무를 처리할 신임관계가 존재한다고 인정되는 자를 의미하고, 반드시 제3자에 대한 대외관계에서 그 사무에 관한 대리권이 존재할 것을 요하지 않으며, 나아가 업무상 배임죄에서 업무의 근거는 법령, 계약, 관습의 어느 것에 의하건 묻지 않고, 사실상의 것도 포함한다(2001도3534)

  □ **비트코인 영득 사건** : 원인불명으로 재산상 이익인 가상자산을 이체 받은 자가 가상자산을 사용 · 처분한 경우 이를 형사처벌하는 명문의 규정이 없는 현재의 상황에서 착오송금 시 횡령죄 성립을 긍정한 판례를 유추하여 신의칙을 근거로 피고인을 배임죄로 처벌하는 것은 죄형법정주의에 반한다. 이 사건 비트코인이 법률상 원인관계 없이 피해자로부터 피고인 명의의 전자지갑으로 이체되었더라도 피고인이 신임관계에 기초하여 피해자의 사무를 맡아 처리하는 것으로 볼 수 없는 이상, 피고인을 피해자에 대한 관계에서 '타인의 사무를 처리하는 자'에 해당한다고 할 수 없다(2020도9789) (24 변시)(22 2차)

- **사무처리의 근거인 법률행위가 무효인 경우** : 사무처리의 근거인 법률행위가 무효인 경우에도 사실상의 신임관계가 있으면 사무처리자가 된다는 것이 일반적이다. 그러나 사무처리의 근거인 **법률행위가 형법상 보호할 가치가 없는 경우**에는 사무처리자의 지위를 인정하지 않는 것이 판례이다. 즉 불륜관계 지속 행위(86도1382), 농지개혁법 위반행위(2009도10701), 국토이용관리법 위반행위(2011도3469) 등의 경우에는 사무처리자가 될 수 없다.

- **사무처리자의 범위** : 타인의 사무처리자의 범위와 관련하여 ① 주식회사의 이사는 주식회사에 대하여는 타인의 업무처리자가 되지만, 회사의 주주들에 대한 관계에 있어 직접 그들의 사무를 처리하는 자가 아니며(2007도4949 전합) ② 은행원의 예금관련 사무처리는 은행에 대하여는 타인의 업무처리자가 되지만, 예금주와의 그 사무를 처리하는 자가 아니며(2008도1408) ③ 청산회사의 청산인은 청산회사에 대하여는 타인의 업무처리자가 되지만, 회사의 채권자들에 대한 관계에 있어 직접 그들의 사무를 처리하는 자가 아니다(90도6).

  □ **금융기관 임직원과 타인의 사무처리자** : [1] 이른바 보통예금은 은행 등 법률이 정하는 금융기관을 수치인으로 하는 금전의 소비임치 계약으로서, 그 예금계좌에 입금된 금전의 소유권은 금융기관에 이전되고, 예금주는 그 예금계좌를 통한 예금반환채권을 취득하는 것이므로, 금융기관의 임직원은 예금주로부터 예금계좌를 통한 적법한 예금반환 청구가 있으면 이에 응할 의무가 있을 뿐 예금주와의 사이에서 그의 재산관리에 관한 사무를 처리하는 자의 지위에 있다고 할 수 없다. [2] 임의로 예금주의 예금계좌에서 5,000만 원을 인출한 금융기관의 임직원에게 업무상배임죄가 성립하지 않는다고 한 사례(2008도1408) (22 2차)

2. 객체

- 객체 : 재산상의 이익이다. 재물이 아닌 점에서 횡령죄와 구별된다.

3. 행위 – 배임행위, 이익의 취득, 손해의 발생

(1) 배임행위

- 배임행위 : 배임행위란 사무처리자로서의 임무에 위배하여 본인과의 신임관계를 배신하는 일체의 행위를 말한다. 배임행위의 태양은 법률행위 · 사실행위, 작위 · 부작위를 포함하며, 배임행위의 유효 · 무효 및 취소가능성을 불문한다.

  ☐ **배임행위의 의미** : 배임죄에 있어 그 임무에 위배하는 행위라 함은 처리하는 사무의 내용, 성질 등 구체적 상황에 비추어 법률의 규정, 계약의 내용 혹은 신의칙상 당연히 할 것으로 기대되는 행위를 하지 않거나 당연히 하지 않아야 할 것으로 기대하는 행위를 함으로써 본인과 사이의 신임관계를 저버리는 일체의 행위를 포함하며 그러한 행위가 법률상 유효한가 여부는 따져 볼 필요가 없다(2009도7783)

- **본인의 동의가 있거나 본인을 위한 경우** : 본인의 동의가 있거나 본인을 위한 경우에는 배임죄는 성립하지 않지만, 본인을 위한 경우라도 **법령이나 사회상규에 어긋난 행위**는 배임행위가 된다.

  ☐ **사무처리와 본인의 동의** : 배임죄에서 '임무에 위배하는 행위'는 처리하는 사무의 내용, 성질 등에 비추어 법령의 규정, 계약의 내용 또는 신의칙상 당연히 하여야 할 것으로 기대되는 행위를 하지 않거나 당연히 하지 않아야 할 것으로 기대되는 행위를 함으로써 본인과의 신임관계를 저버리는 행위를 말하는 것으로서, 그러한 사무처리에 대하여 본인의 동의가 있는 때에는 임무에 위배하는 행위라고 할 수 없다(2012도1352)

  ☐ **본인을 위하여 법령이나 사회상규에 어긋난 행위를 하면 배임죄가 성립한다는 판례** : 행위자가 가사 본인을 위한다는 의사를 가지고 행위를 하였다고 하더라도 그 목적과 취지가 법령이나 사회상규에 위반된 위법한 행위로서 용인할 수 없는 경우에는 그 행위의 결과가 일부 본인을 위하는 측면이 있다고 하더라도 이는 본인과의 신임관계를 저버리는 행위로서 배임죄의 성립을 인정함에 영향이 없다(2002도1696)

- **이사회의 결의나 주주의 양해** : 배임행위가 인정된다면 이에 대하여 이사회의 결의나 대주주의 양해가 있더라도 배임죄가 성립한다.

  ☐ **배임행위는 사실상의 대주주의 양해나 이사회의 결의가 있어도 정당화 될 수 없다는 판례** : 임무위배행위에 대하여 사실상 대주주의 양해를 얻었다거나, 이사회의 결의가 있었다고 하여 배임죄의 성립에 어떠한 영향이 있는 것이 아니다(2013도10516)

- **영업비밀이나 주요한 자산** : 회사 직원이 영업비밀이나 영업상 주요한 자산인 자료를 ① 유출 또는 반출하거나 ② 적법하게 반출하였으나 퇴사 시 반환·폐기의무가 있음에도 반환·폐기하지 아니한 행위는 업무상배임죄에 해당한다.

  □ **영업비밀 또는 영업상 주요한 자산 사건** : ① 회사직원이 영업비밀 또는 영업상 주요한 자산을 경쟁업체에 유출하거나 스스로의 이익을 위하여 이용할 목적으로 무단으로 반출한 경우, 업무상배임죄의 기수시기는 유출 또는 반출 시이며, ② 영업비밀 등을 적법하게 반출하였으나 퇴사 시에 회사에 반환하거나 폐기할 의무가 있음에도 같은 목적으로 이를 반환하거나 폐기하지 아니한 경우, 업무상배임죄의 기수시기는 퇴사 시이며, ③ 퇴사한 회사직원이 위와 같이 반환하거나 폐기하지 아니한 영업비밀 등을 경쟁업체에 유출하거나 스스로의 이익을 위하여 이용한 행위는 별도로 업무상 배임죄를 구성하지 않으며, 제3자가 위와 같은 유출 내지 이용행위에 공모·가담하더라도 업무상배임죄의 공범이 성립하지 않는다는 판례(2017도3808) (18 변시)(22 2차)

  □ 회사원 甲이 경쟁업체의 이익을 위하여 이용할 의사로 무단으로 회사가 판매하기로 공지된 제품과 관련한 자료를 반출하였는데, 그 자료가 상당한 시간과 노력 및 비용을 들이지 않고도 통상적인 역설계 등의 방법으로 쉽게 입수 가능한 상태에 있는 정보인 경우, 甲에게는 업무상배임죄가 성립하지 않는다(2018도4794) (23 3차)

(2) 이익의 취득

- **이익의 취득** : 배임죄가 성립하기 위해서는 자기 또는 제3자가 재산상의 이익을 취했을 것을 요한다. 따라서 본인에게 손해를 가하였다고 할지라도 이익을 취득한 사실이 없으면 배임죄는 성립하지 아니한다. 재산상의 이익이란 모든 재산적 가치의 증가를 의미하며 적극적·소극적 이득을 불문한다.

  □ **배임죄와 재산상 이익의 취득** : 업무상배임죄는 본인에게 재산상의 손해를 가하는 외에 배임행위로 인하여 행위자 스스로 재산상의 이익을 취득하거나 제3자로 하여금 재산상의 이익을 취득하게 할 것을 요건으로 하므로, 본인에게 손해를 가하였다고 할지라도 행위자 또는 제3자가 재산상이익을 취득한 사실이 없다면 배임죄가 성립할 수 없다(2016도3452) (23 3차)

  □ **연체료 사건** : 입주자대표회의 회장이 지출결의서에 날인을 거부함으로써 아파트 입주자들에게 그 연체료를 부담시킨 사안에서, 열 사용요금 납부 연체로 인하여 발생한 연체료는 금전채무 불이행으로 인한 손해배상에 해당하므로, 공급업체가 연체료를 지급받았다는 사실만으로 공급업체가 그에 해당하는 재산상의 이익을 취득하게 된 것으로 단정하기 어렵고, 나아가 공급업체가 열 사용요금 연체로 인하여 실제로는 아무런 손해를 입지 않았거나 연체료 액수보다 적은 손해를 입었다는 등의 특별한 사정이 인정되는 경우에 한하여 비로소 연체료 내지 연체료 금액에서 실제 손해액을 공제한 차액에 해당하는 재산상의 이익을 취득한 것으로 볼 수 있을 뿐이라는 이유로, 공급업체가 연체료 상당의 재산상 이익을 취득한 것으로 보아 업무상 배임죄의 성립을 인정한 원심판결을 파기한 사례(2008도3792) (14 변시)

(3) 손해의 발생

• **재산상 손해** : 배임죄가 성립하기 위해서는 이득을 취득하거나 제3자로 하여금 취득하게 한 것 이외에 본인에게 재산상 손해를 가하여야 한다. 재산상 손해란 본인의 전체재산가치의 감소를 의미하며 적극적·소극적 손해를 포함하며 현실적으로 손해가 발생한 것뿐만 아니라 **재산상의 위험**이 발생한 경우를 포함한다. 그리고 이러한 재산상 손해는 배임행위와 인과관계가 있어야 한다.

☐ **배임죄에서의 재산상 이익 취득과 재산상 손해 발생의 관계** : 업무상배임죄는 업무상 타인의 사무를 처리하는 자가 임무에 위배하는 행위를 하고 그러한 임무위배행위로 인하여 재산상의 이익을 취득하거나 제3자로 하여금 이를 취득하게 하여 본인에게 재산상의 손해를 가한 때 성립한다. 여기서 '재산상 이익 취득'과 '재산상 손해 발생'은 대등한 범죄성립요건이고, 이는 서로 대응하여 병렬적으로 규정되어 있다 (형법 제356조, 제355조 제2항). 따라서 임무위배행위로 인하여 여러 재산상 이익과 손해가 발생하더라도 재산상 이익과 손해 사이에 서로 대응하는 관계에 있는 등 일정한 관련성이 인정되어야 업무상배임죄가 성립한다(2016도3452)

☐ **'재산상의 손해를 가한 때'의 의미** : 여기서 '본인에게 재산상 손해를 가한 때'에는 현실적인 손해를 가한 경우뿐만 아니라 재산상 실해 발생의 위험을 초래한 경우도 포함되나, 재산상 손해가 발생하였다고 평가할 수 있는 재산상 실해 발생의 위험은 구체적·현실적인 위험이 야기된 정도에 이르러야 하고 단지 막연한 가능성이 있다는 정도로는 부족하다(2014도1104 전합) (21 1차)(22 2차)

☐ **재산상 손해의 판단** : 배임죄에 있어 재산상의 손해를 가한 때라 함은 현실적인 손해를 가한 경우뿐만 아니라, 재산상 실해 발생의 위험을 초래한 경우도 포함되고, 재산상 손해의 유무에 대한 판단은 본인의 전 재산 상태와의 관계에서 법률적 판단에 의하지 아니하고 경제적 관점에서 파악하여야 하며, 따라서 법률적 판단에 의하여 당해 배임행위가 무효라 하더라도 경제적 관점에서 파악하여 배임행위로 인하여 본인에게 현실적인 손해를 가하였거나 재산상 실해 발생의 위험을 초래한 경우에는 재산상의 손해를 가한 때에 해당되어 배임죄를 구성한다(2003도4890) (19 변시) (23 2차)

☐ 타인의 사무를 처리하는 자의 임무위배행위가 민사재판에서 법질서에 위배되는 법률행위로서 무효로 판단되는 결과 본인에게 아무런 손해가 발생하지 않는 경우에는 배임죄의 기수를 인정할 수 없다(2017도6151) (23 2차)

- 대표권 남용과 손해의 발생 : 회사의 대표이사가 대표권을 남용한 경우에 ① 상대방이 대표권남용 사실을 알지 못하였을 때에는 회사에 대하여 유효하므로 배임죄의 실행의 착수는 인정되고 회사에 의무부담이 생기므로 이행전이라도 배임죄의 기수가 되며 ② 상대방이 대표권 남용 사실을 알았거나 알 수 있었을 때에는 회사에 대하여 무효지만 배임죄의 실행의 착수는 인정되고 원칙적으로 미수가 되지만, 실제로 채무이행이 이루어졌다거나 회사가 민법상 불법행위책임을 부담하는 경우에는 기수가 된다. 그리고 ③ 대표이사가 대표권을 남용하여 **약속어음을 발행**한 경우에도 동일한 논리가 적용되지만, 무효라도 실제로 제3자에게 유통되었다면 이행전이라도 기수가 된다는 점이 다르다.

> □ 대표권 남용 사건 : 주식회사의 대표이사가 대표권을 남용하는 등 임무에 위배하여 채무를 부담하거나 약속어음 발행을 한 경우에는 배임죄의 실행의 착수가 인정되며, ① 일반 채무부담행위의 경우에 ㉠ 유효인 경우에는 바로 기수가 되며 ㉡ 무효인 경우에는 일반 채무부담인 경우에는 실제로 채무의 이행이 이루어졌다거나 회사가 민법상 불법행위책임을 부담하게 되었을 때 기수가 되며, ② 약속어음 발행의 경우에는 기본적으로 일반 채무부담의 경우와 동일하지만, 어음이 실제로 제3자에게 유통되었을 때 기수가 된다는 전합 판례(2014도1104 전합) (19 변시)(21 변시)(22 변시)(23 2차)

> □ A 주식회사 대표이사인 甲이 자신이 별도로 대표이사를 맡고 있던 B 주식회사의 C 은행에 대한 대출금채무를 담보하기 위해 대표권을 남용하여 C 은행에 A 회사 명의로 30억 원의 약속어음을 발행하였으나, 당시 C 은행이 그러한 사실을 알았고, C 은행에 현실적인 손해가 발생하였다거나 실해발생의 위험이 초래되었다고 평가하기 어려운 경우라면 甲에게는 업무상배임죄의 미수범이 성립한다(2014도1104 전합) (21 3차)

> □ 타인의 사무를 처리하는 자의 임무위배행위가 민법상 무효로 판단되어 그 결과 본인에게 아무런 손해가 발생하지 않은 경우에는 배임죄의 기수를 인정할 수 없다 (2014도1104 전합) (21 3차)

- 실행의 착수 및 기수시기 : 배임죄의 실행의 착수는 배임의 고의로써 배임행위를 개시한 때 있으며, 배임행위의 결과로서 재산상 손해가 발생한 때에 기수가 된다. 사후에 손해를 변상되더라도 범죄성립에는 영향이 없다.

☐ **배임죄의 실행의 착수시기와 기수시기** : 형법은 타인의 사무를 처리하는 자가 그 임무에 위배하는 행위를 할 것과 그러한 행위로 인해 행위자나 제3자가 재산상 이익을 취득하여 본인에게 손해를 가할 것을 배임죄의 객관적 구성요건으로 정하고 있으므로, 타인의 사무를 처리하는 자가 배임의 범의로, 즉 임무에 위배하는 행위를 한다는 점과 이로 인하여 자기 또는 제3자가 이익을 취득하여 본인에게 손해를 가한다는 점에 대한 인식이나 의사를 가지고 임무에 위배한 행위를 개시한 때 배임죄의 실행에 착수한 것이고, 이러한 행위로 인하여 자기 또는 제3자가 이익을 취득하여 본인에게 손해를 가한 때 기수에 이른다(2014도1104 전합)

☐ **환지예정지 사건 – 부작위에 의한 업무상배임죄의 실행의 착수를 부정한 판례** : 업무상 배임죄는 타인과의 신뢰관계에서 일정한 임무에 따라 사무를 처리할 법적 의무가 있는 자가 그 상황에서 당연히 할 것이 법적으로 요구되는 행위를 하지 않는 부작위에 의해서도 성립할 수 있다. 그러한 부작위를 실행의 착수로 볼 수 있기 위해서는 작위의무가 이행되지 않으면 사무처리의 임무를 부여한 사람이 재산권을 행사할 수 없으리라고 객관적으로 예견되는 등으로 구성요건적 결과 발생의 위험이 구체화한 상황에서 부작위가 이루어져야 한다(2020도15529) (24 변시)(22 1차)(23 1차) (23 3차)

4. 주관적 구성요건

• 고의 : 행위자는 타인의 사무를 처리하는 자로서의 임무에 위배하는 행위를 하여 자기 또는 제3자의 재산상의 이익을 취득하고, 본인에게 손해를 가한다는 인식과 의사가 있어야 한다.

☐ **법인카드 사건** : 주식회사의 임원이 공적 업무수행을 위하여서만 사용이 가능한 법인카드를 개인 용도로 계속적, 반복적으로 사용한 경우 특별한 사정이 없는 한 임원에게는 임무위배의 인식과 그로 인하여 자신이 이익을 취득하고 주식회사에 손해를 가한다는 인식이 있었다고 볼 수 있으므로, 이러한 행위는 업무상배임죄를 구성한다. 위와 같은 법인카드 사용에 대하여 실질적 1인 주주의 양해를 얻었다거나 실질적 1인 주주가 향후 그 법인카드 대금을 변상, 보전해 줄 것이라고 일방적으로 기대하였다는 사정만으로는 업무상배임의 고의나 불법이득의 의사가 부정된다고 볼 수 없다(2011도8870) (19 변시)

5. 관련문제

- **대향적 행위의 존재를 필요로 하는 배임죄의 공범** : 배임죄의 공범과 관련되어 특히 문제가 되는 것은 대향적 행위의 존재를 필요로 하는 유형의 배임죄에서 상대방에게 배임죄의 공동정범이 성립할 수 있는지가 문제된다. 이에 대해 판례는 배임죄의 실행으로 이익을 얻게 되는 수익자는 배임죄의 공범이라고 볼 수 없는 것이 원칙이고, 실행행위자의 행위가 피해자 본인에 대한 배임행위에 해당한다는 점을 인식한 상태에서 배임의 의도가 전혀 없었던 실행행위자에게 배임행위를 교사하거나 또는 배임행위의 전 과정에 관여하는 등으로 **배임행위에 적극 가담한 경우**에 한하여 배임의 실행행위자에 대한 공동정범으로 인정할 수 있다고 판시하고 있다.

  > ☐ **대향적 행위 유형의 배임죄에서의 공동정범** : 거래상대방의 대향적 행위의 존재를 필요로 하는 유형의 배임죄에서 거래상대방은 기본적으로 배임행위의 실행행위자와 별개의 이해관계를 가지고 반대편에서 독자적으로 거래에 임한다는 점을 고려하면, 업무상배임죄의 실행으로 이익을 얻게 되는 수익자는 배임죄의 공범이라고 볼 수 없는 것이 원칙이고, 실행행위자의 행위가 피해자 본인에 대한 배임행위에 해당한다는 점을 인식한 상태에서 배임의 의도가 전혀 없었던 실행행위자에게 배임행위를 교사하거나 또는 배임행위의 전 과정에 관여하는 등으로 배임행위에 적극 가담한 경우에 한하여 배임의 실행행위자에 대한 공동정범으로 인정할 수 있다 (2014도17211) (17 변시)(18 변시)

  > ☐ **영업비밀을 유출하거나 무단 반출과 공동정범** : 회사직원이 영업비밀을 경쟁업체에 유출하거나 스스로의 이익을 위하여 이용할 목적으로 무단으로 반출한 때 업무상 배임죄의 기수에 이르렀다고 할 것이고, 그 이후에 위 직원과 접촉하여 영업비밀을 취득하려고 한 자는 업무상배임죄의 공동정범이 될 수 없다고 한 사례(2003도4382) (12 변시)(17 변시)(19 변시)

- **사기죄와의 관계** : 배임행위가 본인에 대한 기망수단을 사용하여 이루어진 경우에는 배임죄와 사기죄의 상상적 경합이 성립한다. 그리고 기망으로 근저당설정을 약정하여 사기죄가 성립한 후 제3자에게 근저당을 설정해 준 경우에는 새로운 배임죄가 성립한다.

  > ☐ **신용협동조합 전무가 직원 기망하여 금원 교부받은 사건** : 1개의 행위에 관하여 사기죄와 업무상 배임죄의 각 구성요건이 모두 구비된 때에는 양 죄를 법조경합 관계로 볼 것이 아니라 상상적 경합관계로 봄이 상당하다 할 것이고, 나아가 업무상 배임죄가 아닌 단순배임죄라고 하여 양 죄의 관계를 달리 보아야 할 이유도 없다(2002도669 전합) [2020 3차](12 변시)(22 2차)

6. 부동산 이중매매 등

(1) 부동산의 이중매매

- **부동산 이중매매** : 부동산의 이중매매란 매도인이 제1매수인에게 자기의 부동산을 매도 하였으나 소유권이전등기를 경료해 주지 않은 상태에서 다시 이를 제2매수인에게 매도 한 다음 제2매수인에게 소유권이전등기를 해주는 경우를 말한다.

- **부동산 이중매매의 죄책** : 물권변동에 대하여 형식주의를 취하는 현행 민법하에서는 횡령 죄는 성립할 수 없으므로 배임죄의 성부만이 문제된다. 판례는 배임죄의 주체인 '타인의 사무를 처리하는 자'가 되기 위해서는 타인의 재산관리에 관한 사무의 전부 또는 일부를 타인을 위하여 대행하는 경우와 같이 당사자 관계의 전형적·본질적 내용이 통상의 계약 에서의 이익대립관계를 넘어서 그들 사이의 신임관계에 기초하여 타인의 재산을 보호 또 는 관리하는 데에 있어야 한다고 판시하고 있다. 따라서 이러한 관점에 따르면 이론상 부 동산 이중매매의 경우에는 배임죄의 성립을 인정하기 어렵지만, **대법원 전합의 다수의견은 논리보다는 우리나라의 현실적인 측면을 고려하여 배임죄의 성립을 인정하고 있다.** [2023 2차]

☐ **부동산 이중매매는 배임죄가 성립한다는 전합 판례** : 부동산 매매계약에서 계약금만 지급된 단계에서는 어느 당사자나 계약금을 포기하거나 그 배액을 상환함으로써 자유롭게 계약의 구속력에서 벗어날 수 있다. 그러나 중도금이 지급되는 등 계약이 본격적으로 이행되는 단계에 이른 때에는 계약이 취소되거나 해제되지 않는 한 매도인은 매수인에게 부동산의 소유권을 이전해 줄 의무에서 벗어날 수 없다. 따라 서 이러한 단계에 이른 때에 매도인은 매수인에 대하여 매수인의 재산보전에 협력 하여 재산적 이익을 보호·관리할 신임관계에 있게 된다. 그때부터 매도인은 배임 죄에서 말하는 '타인의 사무를 처리하는 자'에 해당한다고 보아야 한다. 그러한 지위에 있는 매도인이 매수인에게 계약 내용에 따라 부동산의 소유권을 이전해 주기 전에 그 부동산을 제3자에게 처분하고 제3자 앞으로 그 처분에 따른 등기를 마쳐 준 행위는 매수인의 부동산 취득 또는 보전에 지장을 초래하는 행위이다. 이는 매수인과의 신임관계를 저버리는 행위로서 배임죄가 성립한다(2017도4027 전합) (20 변시)(22 변시)

☐ **부동산 이중매매에서 매도인이 매수인에게 순위보전의 효력이 있는 가등기를 마쳐 준 사건** : [1] (위 판례와 동일한 법리 생략) [2] 그리고 매도인이 매수인에게 순위보전 의 효력이 있는 가등기를 마쳐 주었더라도 이는 향후 매수인에게 손해를 회복할 수 있는 방안을 마련하여 준 것일 뿐 그 자체로 물권변동의 효력이 있는 것은 아니 어서 매도인으로서는 소유권을 이전하여 줄 의무에서 벗어날 수 없으므로, 그와 같은 가등기로 인하여 매수인의 재산보전에 협력하여 재산적 이익을 보호·관리할 신임관계의 전형적·본질적 내용이 변경된다고 할 수 없다(2019도16228) (22 2차)

□ 서면으로 부동산 증여의 의사를 표시한 증여자는 계약이 취소되거나 해제되지 않는 한 타인의 사무를 처리하는 자에 해당하므로, 그 계약에 따른 수증자에게 부동산 소유권을 이전하지 않고 이를 제3자에게 처분하여 등기를 하는 경우에 배임죄가 성립한다(2016도19308) (22 2차)

- 부동산 이중매매에 있어 배임죄의 실행의 착수시기와 기수시기

爭點 079

부동산의 이중매매에 있어 배임죄의 실행의 착수시기와 기수시기

1. 실행의 착수시기

매도인이 제3자와 매매계약을 체결하고 **계약금과 중도금을 수령한 때** 실행의 착수가 있다.

□ **부동산 이중매매의 실행의 착수 시기** : 부동산 이중양도에 있어서 매도인이 제2차 매수인으로부터 계약금만을 지급받고 중도금을 수령한 바 없다면 배임죄의 실행의 착수가 있었다고 볼 수 없다(2009도14427) (12 변시)(20 변시)

2. 기수시기

제2매수인 등에게 소유권이전등기를 마치거나, 무허가건물을 인도한 때 기수가 된다.

□ **부동산 이중매매에 있어서 배임죄의 기수시기** : 부동산의 매도인이 매수인 앞으로의 소유권이전등기에 협력할 의무가 있음에도 불구하고 제3자에게 이중으로 매도하여 그 소유권이전등기를 마친 경우에는 제1매수인에 대한 소유권이전등기의무는 이행불능이 되어 그에게 그 부동산의 소유권을 취득할 수 없는 손해가 발생하는 것이므로, 부동산 이중매매에 있어서 배임죄의 기수시기는 제2매수인 앞으로 소유권이전등기를 마친 때이다(83도1946) (15 변시)(21 2차)

- 악의의 후매수인의 형사책임 : 단순히 이중매매라는 사실을 알고 있는 것만으로는 부족하고, 제1매수인을 해할 목적으로 매도인을 교사하거나 기타 방법으로 양도행위에 적극 가담한 경우에 한하여 배임행위에 대한 공범이 성립한다.

□ **부동산 이중매매와 악의의 후매수인** : 이미 타인에게 매도되었으나 소유권이전등기가 경료되지 아니하고 있는 부동산을 이중으로 매수 기타 양수하는 자에 대하여 배임죄의 죄책을 묻기 위해서는 이중으로 양수하는 자가 단지 그 부동산이 이미 타인에게 매도되었음을 알고 이중으로 양수하는 것만으로는 부족하고 먼저 매수한 자를 해할 목적으로 양도를 교사하거나 기타 방법으로 양도행위에 적극 가담한 경우에 한하여 양도인의 배임행위에 대한 공범이 성립된다(84도1814) (15 변시)

(2) 부동산의 이중저당 · 동산의 이중매매 · 동산의 이중양도담보 등

• 부동산의 이중저당 · 동산의 이중매매 · 동산의 이중양도담보 등의 죄책 : 판례는 배임죄의 주체인 '타인의 사무를 처리하는 자'가 되기 위해서는 타인의 재산관리에 관한 사무의 전부 또는 일부를 타인을 위하여 대행하는 경우와 같이 당사자 관계의 전형적 · 본질적 내용이 통상의 계약에서의 이익대립관계를 넘어서 그들 사이의 신임관계에 기초하여 타인의 재산을 보호 또는 관리하는 데에 있어야 한다고 판시하고 있다. 그리고 이러한 관점하에 최근의 판례는 **부동산의 이중매매와 증여나 대물변제를 제외한 부동산의 이중저당 · 동산의 이중매매 · 동산의 이중양도담보 등**의 사례에서는 **모두 배임죄의 성립을 부정**하고 있다.

> ☐ **타인의 사무를 처리하는 자** : '타인의 사무를 처리하는 자'라고 하려면, 타인의 재산관리에 관한 사무의 전부 또는 일부를 타인을 위하여 대행하는 경우와 같이 당사자 관계의 전형적 · 본질적 내용이 통상의 계약에서의 이익대립관계를 넘어서 그들 사이의 신임관계에 기초하여 타인의 재산을 보호 또는 관리하는 데에 있어야 한다. 이익대립관계에 있는 통상의 계약관계에서 채무자의 성실한 급부이행에 의해 상대방이 계약상 권리의 만족 내지 채권의 실현이라는 이익을 얻게 되는 관계에 있다거나, 계약을 이행함에 있어 상대방을 보호하거나 배려할 부수적인 의무가 있다는 것만으로는 채무자를 타인의 사무를 처리하는 자라고 할 수 없고, 위임 등과 같이 계약의 전형적 · 본질적인 급부의 내용이 상대방의 재산상 사무를 일정한 권한을 가지고 맡아 처리하는 경우에 해당하여야 한다(2019도9756 전합)

• **부동산 관련 배임죄를 부정한 판례**

> ☐ 유증상속 부동산 대물변제예약 사건(2014도3363 전합) (15 변시)(19 변시)(20 변시)

> ☐ 부동산 이중저당 사건(채무자가 근저당권 설정의무에 위배하여 제3자에게 근저당권을 설정해 준 사건)(2019도14340 전합) [2021 3차][2022 3차](22 변시)[2023 3차](21 2차)

> ☐ 채무변제를 위하여 임야에 가등기설정해 주기로 약정하고 제3자에게 저당권설정해 준 사건(2016도8447)

> ☐ 채무담보를 위하여 부동산에 양도담보설정계약을 체결하고 제3자에게 처분한 사건(2015도3820) (21 2차)

> ☐ 신탁등기 이행의무에 위배하여 타인에게 소유권보존등기를 한 사건(2014도9907)

- 동산 · 주식 관련 배임죄를 부정한 판례

  □ **동산 이중매매 사건** : 매매와 같이 당사자 일방이 재산권을 상대방에게 이전할 것을 약정하고 상대방이 그 대금을 지급할 것을 약정함으로써 그 효력이 생기는 계약의 경우(민법 제563조), 쌍방이 그 계약의 내용에 좇은 이행을 하여야 할 채무는 특별한 사정이 없는 한 '자기의 사무'에 해당하는 것이 원칙이다(2008도10479 전합) (12 변시)(15 변시)(16 변시)(18 변시)

  □ 권리이전에 등기 · 등록을 요하는 동산에 대한 이중양도의 경우 배임죄가 성립하지 않는다는 전합 판례(2020도6258 전합) [2021 1차](21 2차)

  □ 동산을 양도담보로 제공한 채무자가 동산을 처분한 사건(2019도9756 전합) (21 1차)(21 2차)(21 3차)(22 2차)

  □ 자동차 양도담보설정계약을 체결한 채무자가 채권자에게 소유권이전등록의무를 이행하지 않은 채 제3자에게 담보목적 자동차를 처분하였더라도 배임죄는 성립하지 않는다는 판례(2020도8682 전합) (24 변시)

  □ 자기 또는 타인의 금전채무를 담보하기 위하여 주식을 채권자에게 양도담보로 제공한 채무자 또는 양도담보설정자는 배임죄의 주체인 '타인의 사무를 처리하는 자'에 해당하지 않는다는 판례(2014도8714)

  □ 동산담보권설정계약을 체결하였으나 매도한 사건(2019도14770 전합)

  □ 저당권이 설정된 동산을 임의처분한 경우 배임죄 성립하지 않는다는 전합 판례(2020도6258 전합)

  □ 주권발행 전 주식을 이중으로 양도한 사건(2015도6057) (21 1차)

(3) 지입계약관계

- 지입계약관계 : 최근 판례에 의하면 지입계약관계에서 지입회사 운영자가 지입차량에 임의로 저당권을 설정한다면 배임죄가 성립한다.

□ **지입회사 운영자가 지입차량에 임의로 저당권을 설정한 경우 배임죄가 성립한다는 판례** : 지입차주가 자신이 실질적으로 소유하거나 처분권한을 가지는 자동차에 관하여 지입회사와 지입계약을 체결함으로써 지입회사에게 그 자동차의 소유권등록 명의를 신탁하고 운송사업용 자동차로서 등록 및 그 유지 관련 사무의 대행을 위임한 경우에는, 특별한 사정이 없는 한 지입회사 측이 지입차주의 실질적 재산인 지입차량에 관한 재산상 사무를 일정한 권한을 가지고 맡아 처리하는 것으로서 당사자 관계의 전형적·본질적 내용이 통상의 계약에서의 이익대립관계를 넘어서 그들 사이의 신임관계에 기초하여 타인의 재산을 보호 또는 관리하는 데에 있으므로, 지입회사 운영자는 지입차주와의 관계에서 '타인의 사무를 처리하는 자'의 지위에 있다(2018도14365) (23 3차)

Ⅱ. 업무상 배임죄 (미수범 처벌, 이중신분범)

Ⅲ. 배임수재죄 (미수범 처벌, 진정신분범, 필요적 몰수)

• **타인의 사무를 처리하는 자** : 사무처리자의 구체적 내용 및 사무처리의 근거 등은 배임죄의 사무처리자와 기본적으로 동일하다. 다만 배임죄의 경우에는 재산상의 사무에 국한되는 것으로 해석하였지만, 본죄는 재산을 보호법익을 하지 않기 때문에 **재산상의 사무에 국한되지 않는다.**

□ **타인의 사무처리자의 지위를 취득하기 전에 부정한 청탁을 받은 사건** : 배임수재죄는 타인의 사무를 처리하는 지위를 가진 자에게 부정한 청탁을 행하여야 성립하는 것으로 형법 제357조 제1항에 규정되어 있고, 타인의 사무를 처리하는 자의 지위를 취득하기 전에 부정한 청탁을 받은 행위를 처벌하는 별도의 구성요건이 존재하지 않는 이상, 타인의 사무처리자의 지위를 취득하기 전에 부정한 청탁을 받은 경우에 배임수재죄로는 처벌할 수 없다고 보는 것이 죄형법정주의의 원칙에 부합한다고 할 것이다(2009도12878) (16 변시)(20 변시)

• **임무에 관하여** : 위임받은 본래의 사무뿐만 아니라 그와 밀접한 관계에 있는 사무를 포함한다.

□ **배임수재죄에서 '임무에 관하여'의 의미** : 배임수재죄에 있어 '임무에 관하여'라 함은 타인의 사무를 처리하는 자가 위탁받은 사무를 말하는 것이나 이는 그 위탁관계로 인한 본래의 사무뿐만 아니라 그와 밀접한 관계가 있는 범위 내의 사무도 포함되고, 나아가 고유의 권한으로서 그 처리를 하는 자에 한하지 않고 그 자의 보조기관으로서 직접 또는 간접으로 그 처리에 관한 사무를 담당하는 자도 포함된다(2005도6433)

• **부정한 청탁** : 부정한 청탁이라 함은 청탁이 **사회상규와 신의성실의 원칙에 반하는 것**을 말한다.

☐ **최대한 선처 사건** : 형법 제357조 제1항 소정의 배임수증재죄는 재물 또는 이익을 공여하는 사람과 취득하는 사람 사이에 부정한 청탁이 개재되지 않는 한 성립하지 않는다고 할 것인데, 여기서 부정한 청탁이라 함은 사회상규 또는 신의성실의 원칙에 반하는 것을 내용으로 하는 청탁을 의미하므로 청탁한 내용이 단순히 규정이 허용하는 범위내에서 최대한의 선처를 바란다는 내용에 불과하다면 사회상규에 어긋난 부정한 청탁이라고 볼 수 없고 따라서 이러한 청탁의 사례로 금품을 수수한 것은 배임증재 또는 배임수재에 해당하지 않는다(82도1656) (20 변시)

☐ **소위 '유료 기사' 사건** : 보도의 대상이 되는 자가 언론사 소속 기자에게 소위 '유료 기사' 게재를 청탁하는 행위는 사실상 '광고'를 '언론 보도'인 것처럼 가장하여 달라는 것으로서 언론 보도의 공정성 및 객관성에 대한 공공의 신뢰를 저버리는 것이므로, 배임수재죄의 부정한 청탁에 해당한다. 설령 '유료 기사'의 내용이 객관적 사실과 부합하더라도, 언론 보도를 금전적 거래의 대상으로 삼은 이상 그 자체로 부정한 청탁에 해당한다(2019도17102) (22 3차)

• **부정한 청탁과의 관련성** : 재물 또는 재산상의 이익의 취득은 부정한 청탁과 관련성이 있어야 한다.

☐ **부정한 청탁을 받은 후 사직하고 재물 수수한 사건** : 형법 제357조 제1항의 배임수재죄는 타인의 사무를 처리하는 자의 청렴성을 보호법익으로 하는 것으로, 그 임무에 관하여 부정한 청탁을 받고 재물을 수수함으로써 성립하고 반드시 수재 당시에도 그와 관련된 임무를 현실적으로 담당하고 있음을 그 요건으로 하는 것은 아니므로, 타인의 사무를 처리하는 자가 그 임무에 관하여 부정한 청탁을 받은 이상 그 후 사직으로 인하여 그 직무를 담당하지 아니하게 된 상태에서 재물을 수수하게 되었다 하더라도, 그 재물 등의 수수가 부정한 청탁과 관련하여 이루어진 것이라면 배임수재죄가 성립한다(97도2042) (20 변시)

☐ **부정한 청탁의 대가로서의 성질과 그 외의 행위에 대한 사례로서의 성질이 불가분적으로 결합되어 있는 사건** : 배임수증재죄에 있어서 타인의 업무를 처리하는 자에게 공여한 금품에 부정한 청탁의 대가로서의 성질과 그 외의 행위에 대한 사례로서의 성질이 불가분적으로 결합되어 있는 경우에는 그 전부가 불가분적으로 부정한 청탁의 대가로서의 성질을 갖는 것으로 보아야 한다(2018도20655) (23 변시)

• **자기 또는 제3자의 현실적 취득** : 재물 또는 재산상의 이익은 타인의 사무를 처리하는 자 자기 또는 제3자가 현실적으로 취득하여야 한다.

☐ **제357조 제1항 배임증재죄의 '제3자'에는 사무처리를 위임한 '타인'이 포함되지 않는다는 판례** : 2016. 5. 29. 법률 제14178호로 개정되기 전의 형법 제357조 제1항은 타인의 사무를 처리하는 자가 그 임무에 관하여 부정한 청탁을 받고 재물 또는 재산상 이익을 취득한 때에 성립한다고 정하고 있었으나, 형법 개정으로'제3자로 하여금 이를 취득하게 한 때'로 개정되었다. 이는 사무처리자 본인이 직접 재물 등을 취득하는 행위뿐만 아니라 제3자로 하여금 재물 등을 취득하게 하는 행위도 처벌할 수 있도록 하기 위한 것이다. 위와 같은 형법 제357조의 문언, 개정 경위와 이유, 체계적 위치와 보호법익 등을 종합하면, 특별한 사정이 없는 한 형법 제357조 제1항의 '제3자'에는 사무처리를 위임한 '타인'이 포함되지 않는다(2020도2641) (22 3차)

☐ **돈이 입금된 계좌의 예금통장이나 카드를 교부받은 사건** : 타인의 사무를 처리하는 자가 증재자(贈財者)로부터 돈이 입금된 계좌의 예금통장이나 이를 인출할 수 있는 현금카드나 신용카드를 교부받아 이를 소지하면서 언제든지 위 예금통장 등을 이용하여 예금된 돈을 인출할 수 있어 예금통장의 돈을 자신이 지배하고 입금된 돈에 대한 실질적인 사용권한과 처분권한을 가지고 있는 것으로 평가될 수 있다면, 예금된 돈을 취득한 것으로 보아야 한다(2017도11564) (23 변시)(22 3차)

☐ **공동의 사기 범행 사건** : 공동의 사기 범행으로 인하여 얻은 돈을 공범자끼리 수수한 행위가 공동정범들 사이의 범행에 의하여 취득한 돈이나 재산상 이익의 내부적인 분배행위에 지나지 않는다면 돈의 수수행위가 따로 배임수증재죄를 구성한다고 볼 수는 없다(2015도18795) (23 변시)

• **미수와 기수시기** : 본죄의 미수범은 처벌한다. 따라서 본죄는 취득만을 규정하고 있으므로 재물을 요구·약속한 경우에는 미수범이 성립한다. 그러나 행위자가 현실적인 이득을 취득하지 않은 사안에서 미수범의 성립을 인정하지 않은 판례가 있어 논의가 되고 있다. 그리고 본죄는 추상적 위험범이지만 재물 또는 재산상의 이익 취득이 구성요건적 결과이므로 이를 현실적으로 취득해야 기수가 된다.

☐ **골프장 회원권 사건** : [1] 형법 제357조 제1항의 배임수재죄로 처벌하기 위하여는 타인의 사무를 처리하는 자가 부정한 청탁을 받아들이고 이에 대한 대가로서 재물 또는 재산상의 이익을 받은 데에 대한 범의가 있어야 할 것이고, 또 배임수재죄에서 말하는 '재산상의 이익의 취득'이라 함은 현실적인 취득만을 의미하므로 단순한 요구 또는 약속만을 한 경우에는 이에 포함되지 아니한다. [2] 골프장 회원권에 관하여 피고인 명의로 명의변경이 이루어지지 아니한 이상 피고인이 현실적으로 재산상 이익을 취득하지 않았으므로 배임수재죄가 성립하지 않는다(98도4182) (20 변시)(22 3차)

• **제357조 제3항의 필요적 몰수** : 제357조 제3항에서 임의적 몰수(제48조)의 특칙으로 배임수재죄(제357조 제1항)의 경우에만 필요적 몰수규정을 두고 있다.

□ **'범인이 취득한 제1항의 재물'의 의미** : 배임수재죄와 배임증재죄는 이른바 대향범으로서 위 제3항에서 필요적 몰수 또는 추징을 규정한 것은 범행에 제공된 재물과 재산상 이익을 박탈하여 부정한 이익을 보유하지 못하게 하기 위한 것이므로, 제3항에서 몰수의 대상으로 규정한 '범인이 취득한 제1항의 재물'은 배임수재죄의 범인이 취득한 목적물이자 배임증재죄의 범인이 공여한 목적물을 가리키는 것이지 배임수재죄의 목적물만을 한정하여 가리키는 것이 아니다. 그러므로 수재자가 증재자로부터 받은 재물을 그대로 가지고 있다가 증재자에게 반환하였다면 증재자로부터 이를 몰수하거나 그 가액을 추징하여야 한다(2016도18104) (19 변시)(23 변시)

Ⅳ. 배임증재죄 (미수범 처벌)

• **부정한 청탁** : 본죄는 부정한 청탁을 하는 것을 그 요건으로 한다. 수재자에게는 부정한 청탁이 되는 것이 증재자에게는 부정한 청탁이라고 볼 수 없는 경우에는 수재자는 배임수재죄가 성립하나, 증재자에게 본죄는 성립하지 않는다. 따라서 양 죄는 필요적 공범관계에 있기는 하지만, 이는 반드시 양 죄가 동시에 성립한다는 것을 의미하는 것은 아니다.

□ **배임증재죄에 있어서 부정한 청탁의 의미** : 형법 제357조에 규정된 배임증재죄에 있어서의 부정한 청탁이라 함은 청탁이 사회상규와 신의성실의 원칙에 반하는 것을 말하고 이를 판단함에 있어서는 청탁의 내용과 이에 관련되어 취득한 재물이나 재산상 이익의 액수와 형식, 보호법익인 거래의 청렴성 등을 종합적으로 고찰하여야 하며, 그 청탁이 반드시 명시적으로 이루어져야 하는 것도 아니고 묵시적으로 이루어지더라도 무방하다(2003도4320)

제7절 | 장물의 죄

Ⅰ. 장물죄

1. 장물죄의 본질

> 爭點 **080**
>
> **장물죄의 본질**
>
> **1. 논의점**
>   장물이란 재산범죄로 취득한 재물이며, 장물죄란 이러한 장물을 취득 · 양도 · 운반 · 보관 · 알선함으로써 성립하는 범죄이다. 이러한 장물죄의 본질에 대하여 논의가 있다.

2. 견해의 대립

이에 대하여는 ① 장물죄의 본질은 피해자의 점유를 상실한 재물에 대한 반환청구권의 행사를 곤란하게 하는 데에 있다는 **추구권설** ② 장물죄의 본질은 본범에 의하여 이루어진 위법한 재산상태를 본범과 합의하에 유지시키는 데에 있다는 **유지설** ③ 장물죄의 본질은 피해자의 반환청구권의 행사를 곤란하게 하고, 재산범죄로 초래된 위법상태를 유지하는 데에 있다는 **결합설**이 대립하고 있다.

3. 판례의 태도

판례는 '장물을 보관함으로써 피해자의 정당한 반환청구권 행사를 어렵게 하여 위법한 재산상태를 유지시킨 경우에는 장물보관죄에 해당한다'라고 하여 **결합설**의 입장이다.

4. 검 토

생각건대 장물죄는 피해자의 추구권을 곤란하게 함으로써 재산상 손해를 심화시키는 개인적 측면과 위법한 재산상태를 유지하는 사회적 측면을 공유하고 있으므로 추구권설과 유지설을 결합한 결합설이 타당하다.

5. 관련 판례

☐ 장물죄의 본질에 대하여 결합설을 따른 판례(87도1633)

☐ 장물인 갈취한 재물을 절도하면 절도죄만 성립한다는 판례 : 타인이 갈취한 재물을 그 타인의 의사에 반하여 절취하였다면 절도죄를 구성하고 장물취득죄가 되지 않는다(66도1437)

☐ 추구권설에 의하면 불법원인급여로 인해 피해자가 반환청구권을 가질 수 없는 재물은 장물성이 인정되지 않는다. (23 2차)

2. 주 체

• 주체 : 장물죄의 주체는 원칙적으로 제한이 없다. 다만 그 속성상 **재산죄의 본범**은 주체가 될 수 없다. 본범의 범위에는 단독정범, 공동정범, 간접정범, 합동범이 포함된다.

☐ 장물죄의 주체 : 장물죄는 타인(본범)이 불법하게 영득한 재물의 처분에 관여하는 범죄이므로 자기의 범죄에 의하여 영득한 물건에 대하여는 성립하지 아니하고 이는 불가벌적 사후행위에 해당하나, 여기에서 자기의 범죄라 함은 정범자(공동정범과 합동범을 포함한다)에 한정되는 것이므로 평소 본범과 공동하여 수차 상습으로 절도 등 범행을 자행함으로써 실질적인 범죄집단을 이루고 있었다 하더라도, 당해 범죄행위의 정범자(공동정범이나 합동범)로 되지 아니한 이상 이를 자기의 범죄라고 할 수 없고 따라서 그 장물의 취득을 불가벌적 사후행위라고 할 수 없다(86도1273) (20 변시)

3. 객 체

- **장물** : 장물이란 재산범죄에 의하여 영득한 재물을 말한다.
- **재산범죄** : 장물은 재산죄인 범죄행위에 의하여 영득된 물건임을 요하므로 본범은 재산 범임을 요한다. 재산죄에는 형법상의 절도죄, 강도죄, 사기죄, 공갈죄, 횡령죄 그리고 장 물의 죄가 포함되며, 특히 장물죄도 재산죄이므로 장물죄의 본범이 될 수 있는데 이때의 장물을 특히 **연쇄장물**이라고 한다. 따라서 수뢰죄에 의한 뇌물, 통화위조에 의한 위조통 화, 수렵법을 위반하여 포획한 동물 등은 장물이 될 수 없다. 또한 형법상의 재산죄 뿐만 아니라 산림절도와 같은 **특별법상의 재산죄도 포함**하지만, 임산물단속법 위반과 같은 단 속법규 위반은 제외된다.

  □ **장물의 개념** : 장물이라 함은 재산죄인 범죄행위에 의하여 영득된 물건을 말하는 것으로서 절도, 강도, 사기, 공갈, 횡령 등 영득죄에 의하여 취득된 물건이어야 한다(2008도11921)

- **재산범(본범)의 실현정도** : 본범은 구성요건에 해당하고 위법할 것을 요한다. 본범이 구성 요건에 해당하고 위법하면 족하고, 본범의 행위가 유책하거나, 소추되거나, 처벌받을 것 을 요하지 않는다.

  □ **본범의 요건** : '장물'이라 함은 재산죄인 범죄행위에 의하여 영득된 물건을 말하는 것으로서 절도·강도·사기·공갈·횡령 등 영득죄에 의하여 취득된 물건이어야 한다. 여기에서의 범죄행위는 절도죄 등 본범의 구성요건에 해당하는 위법한 행위 일 것을 요한다(2010도15350) (22 1차)

- **본범이 횡령죄인 경우 악의의 매수자의 죄책** : 타인의 재물을 보관하는 자가 그 보관물을 임의처분하는 횡령행위를 하는 경우에 그 정을 알면서 매수한 자에 대하여 장물취득죄를 인정할 것인지에 대하여 논의가 있다. 이에 대하여는 ① 장물취득죄설 ② 횡령죄의 공범 과 장물취득죄의 상상적 경합설 ③ 횡령죄의 공범설이 대립하고 있으나, 판례는 상대방 의 횡령행위에 적극 가담하지 않고 상대방의 횡령행위를 통해 금원을 받은 경우에 장물 죄의 성립만 인정하고 있다.

  □ **금원교부행위 자체가 횡령행위인 경우에는 횡령죄의 기수가 됨과 동시에 장물이 된다는 판례** : 甲이 회사 자금으로 乙에게 주식매각 대금조로 금원을 지급한 경우, 그 금원 은 단순히 횡령행위에 제공된 물건이 아니라 횡령행위에 의하여 영득된 장물에 해당한다고 할 것이고, 나아가 설령 甲이 乙에게 금원을 교부한 행위 자체가 횡령 행위라고 하더라도 이러한 경우 甲의 업무상횡령죄가 기수에 달하는 것과 동시에 그 금원은 장물이 된다고 한 사례(2004도5904)

- **재물성** : 장물은 재물임을 요한다. 재산상의 이익이나 채권 · 무체재산권 등 권리는 장물이 될 수 없다. 가치장물은 장물이 될 수 없지만 권리가 화체된 유가증권 그 자체는 재물이므로 장물이 될 수 있다. 재물인 이상 반드시 경제적 가치를 가질 것을 요하지 않으며, 동산 · 부동산을 불문한다.

> □ **이중매매의 객체는 재산상 이익이므로 장물죄는 성립할 수 없다는 판례** : 이중매매 배임행위로 인하여 영득한 것은 재산상의 이익이고 위 배임죄 범죄에 제공된 대지는 범죄로 인하여 영득한 것 자체는 아니므로 그 취득자 또는 전득자에게 대하여 배임죄의 가공여부를 논함은 별 문제로 하고 장물취득죄로 처단할 수 없다(74도2804) (14 변시)(21 1차)

> □ **인터넷뱅킹 사건** : 甲이 권한 없이 인터넷뱅킹으로 타인의 예금계좌에서 자신의 예금계좌로 돈을 이체한 후 그 중 일부를 인출하여 그 정을 아는 乙에게 교부한 경우, 甲이 컴퓨터등사용사기죄에 의하여 취득한 예금채권은 재물이 아니라 재산상 이익이므로, 그가 자신의 예금계좌에서 돈을 인출하였더라도 장물을 금융기관에 예치하였다가 인출한 것으로 볼 수 없다는 이유로 乙의 장물취득죄의 성립을 부정한 사례(2004도353) (14 변시)(16 변시)(24 변시)(21 1차)(22 2차)

- **환전통화의 장물성** : 대체장물은 장물이 아님이 원칙이나 예외적으로 통화를 다른 종류의 통화로 교환하거나 또는 수표를 통화로 교환한 경우의 환전통화도 장물성이 인정되는지에 대하여 논의가 있지만, 판례는 '인출된 현금은 당초의 현금과 물리적인 동일성은 상실되었지만 액수에 의하여 표시되는 금전적 가치에는 아무런 변동이 없으므로 장물로서의 성질은 그대로 유지된다'라고 하여 긍정설의 입장이다. [2013 3차][2019 변시]

> □ **장물인 금전을 예금한 후에 동일한 액수를 인출한 현금도 장물성이 유지된다는 판례** : 장물이라 함은 재산범죄로 인하여 취득한 물건 그 자체를 말하고 그 장물의 처분대가는 장물성을 상실하는 것이지만, 금전은 고도의 대체성을 가지고 있어 다른 종류의 통화와 쉽게 교환할 수 있고, 그 금전 자체는 별다른 의미가 없고 금액에 의하여 표시되는 금전적 가치가 거래상 의미를 가지고 유통되고 있는 점에 비추어 볼 때, 장물인 현금을 금융기관에 예금의 형태로 보관하였다가 이를 반환받기 위하여 동일한 액수의 현금을 인출한 경우에 예금계약의 성질상 인출된 현금은 당초의 현금과 물리적인 동일성은 상실되었지만 액수에 의하여 표시되는 금전적 가치에는 아무런 변동이 없으므로 장물로서의 성질은 그대로 유지된다고 봄이 상당하고, 자기앞수표도 그 액면금을 즉시 지급받을 수 있는 등 현금에 대신하는 기능을 가지고 거래상 현금과 동일하게 취급되고 있는 점에서 금전의 경우와 동일하게 보아야 한다(98도2579) (23 변시)(22 2차)(23 2차)

- 대체장물이 새로운 범죄행위로 영득한 재물인 경우 : 장물은 재산죄에 의하여 영득한 재물 그 자체임을 요한다. 그런데 장물범이 처분행위를 하는 것이 새로운 법익을 침해하는 재산죄가 되는 경우에는 이를 통하여 얻은 재물은 별도의 재산죄로 영득한 장물이 된다. 그리고 그러한 사후행위가 불가벌적 사후행위가 되는 경우에도 장물이 된다.

> ☐ 재산범죄 이후에 별도의 재산범죄가 불가벌적 사후행위로 처벌되지 않더라도 이로 인하여 취득한 물건은 장물이 될 수 있다는 판례 : 형법 제41장의 장물에 관한 죄에 있어서의 '장물'이라 함은 재산범죄로 인하여 취득한 물건 그 자체를 말하므로, 재산범죄를 저지른 이후에 별도의 재산범죄의 구성요건에 해당하는 사후행위가 있었다면 비록 그 행위가 불가벌적 사후행위로서 처벌의 대상이 되지 않는다 할지라도 그 사후행위로 인하여 취득한 물건은 재산범죄로 인하여 취득한 물건으로서 장물이 될 수 있다(2004도353) (20 변시)(22 1차)(22 2차)(23 2차)

- 선의취득과 장물 : 장물을 매도한 경우에 상대방이 선의취득을 할 수 있으면 상대방의 권리실현에 장애가 없으므로 상대방에 대한 사기죄는 성립하지 않는다. 그러나 민법상 도품·유실물의 특칙에 따라 선의취득을 할 수 없으면 상대방에 대한 사기죄가 성립한다 (민법 제249조, 제250조 참조).

4. 행 위

- 취득 : 취득이란 장물의 점유를 이전받음으로써 그 장물에 대하여 사실상 처분권을 획득하는 것을 말한다. 취득이 있다고 하기 위해서는 **점유 이전과 사실상 처분권의 획득이라는 두 가지 요소를 충족해야 한다.**

> ☐ **취득의 의미** : 장물취득죄에서 '취득'이라고 함은 점유를 이전받음으로써 그 장물에 대하여 사실상의 처분권을 획득하는 것을 의미하는 것이므로, 단순히 보수를 받고 본범을 위하여 장물을 일시사용하거나 그와 같이 사용할 목적으로 장물을 건네받은 것만으로는 장물을 취득한 것으로 볼 수 없다(2003도1366) (12 변시)(22 2차)(23 2차)

> ☐ **보이스피싱 방조 사건** : 장물취득죄에서 '취득'이라 함은 장물의 점유를 이전받음으로써 그 장물에 대하여 사실상 처분권을 획득하는 것을 의미하는데, 이 사건의 경우 본범의 사기행위는 피고인이 예금계좌를 개설하여 본범에게 양도한 방조행위가 가공되어 본범에게 편취금이 귀속되는 과정 없이 피고인이 피해자로부터 피고인의 예금계좌로 돈을 송금받아 취득함으로써 종료되는 것이고, 그 후 피고인이 자신의 예금계좌에서 위 돈을 인출하였다 하더라도 이는 예금명의자로서 은행에 예금반환을 청구한 결과일 뿐 본범으로부터 위 돈에 대한 점유를 이전받아 사실상 처분권을 획득한 것은 아니므로, 피고인의 위와 같은 인출행위를 장물취득죄로 벌할 수는 없다(2010도6256) [2014 변시](12 변시)(14 변시)(15 변시)(19 변시)(21 변시)(21 1차)

- 양도 : 양도란 장물인 정을 알지 못하고 취득한 후 그 정을 알면서 제3자에게 수여하는 것을 말한다. 양도는 유상·무상을 묻지 않는다.

- 운반 : 운반이란 장물의 소재를 장소적으로 이전하는 것을 말한다. 장소적 이전에는 거리의 원근은 문제되지 않으나 장물에 대한 피해자의 추구 · 회복 또는 본범의 위법상태의 유지 · 존속에 영향을 미칠 정도의 것이어야 한다. 운반은 유상 · 무상을 묻지 않는다.

  □ **절취차량을 운전해 준 사건** : 본범자와 공동하여 장물을 운반한 경우에 본범자는 장물죄에 해당하지 않으나 그 외의 자의 행위는 장물운반죄를 구성하므로, 피고인이 본범이 절취한 차량이라는 정을 알면서도 본범 등으로부터 그들이 위 차량을 이용하여 강도를 하려 함에 있어 차량을 운전해 달라는 부탁을 받고 위 차량을 운전해 준 경우, 피고인은 강도예비와 아울러 장물운반의 고의를 가지고 위와 같은 행위를 하였다고 봄이 상당하다(98도3030) (22 1차)

- 보관 : 보관이란 위탁을 받아 타인을 위하여 장물인 정을 알면서 장물을 자기의 점유하에 두는 것을 말한다.

- **보관후에 장물인 정을 안 경우** : 장물인 정을 모르면서 보관한 자가 장물인 정을 안후에도 계속 장물을 보관하면 장물죄가 성립하는 것이 원칙이다. 그러나 예외적으로 ① 반환이 불가능하거나 ② 점유할 권한이 있는 경우에는 장물죄가 성립하지 아니한다.

  □ **보관 중인 재물이 장물이라는 정을 알고도 계속 보관한 사건** : 장물인 정을 모르고 보관하던 중 장물인 정을 알게 되었고, 위 장물을 반환하는 것이 불가능하지 않음에도 불구하고 계속 보관함으로써 피해자의 정당한 반환청구권 행사를 어렵게 하여 위법한 재산상태를 유지시킨 경우에는 장물보관죄에 해당한다(87도1633)

  □ **점유 권한이 있는 사건** : 장물인 정을 모르고 장물을 보관하였다가 그후에 장물인 정을 알게 된 경우 그 정을 알고서도 이를 계속하여 보관하는 행위는 장물죄를 구성하는 것이나 이 경우에도 점유할 권한이 있는 때에는 이를 계속하여 보관하더라도 장물보관죄가 성립하지 않는다(85도2472) (22 1차)

- 알선 : 장물알선이란 장물을 취득 · 양도 · 운반 · 보관하려는 당사자 사이에 서서 이를 중개하거나 편의를 도모하는 것을 말한다. 이러한 장물알선죄의 성립시기에 대하여는 ① 사실상 알선행위만 있으면 본죄의 기수가 되며, 알선에 의하여 매매계약 등이 성립될 것을 요하지 않는다는 **알선행위시설** ② 장물알선죄가 성립하기 위해서는 적어도 장물을 취득 · 양도 · 운반 · 보관하기로 하는 계약의 성립이 필요하다는 **계약성립시설** ③ 장물알선죄가 성립하기 위해서는 알선의 결과 점유의 이전까지 필요하다는 **점유이전시설**이 대립하고 있으나, 다수설과 판례는 알선행위시설을 따르고 있다.

□ **장물알선죄의 기수시기** : 형법 제362조 제2항에 정한 장물알선죄에서 '알선'이란 장물을 취득·양도·운반·보관하려는 당사자 사이에 서서 이를 중개하거나 편의를 도모하는 것을 의미한다. 따라서 장물인 정을 알면서, 장물을 취득·양도·운반·보관하려는 당사자 사이에 서서 서로를 연결하여 장물의 취득·양도·운반·보관 행위를 중개하거나 편의를 도모하였다면, 그 알선에 의하여 당사자 사이에 실제로 장물의 취득·양도·운반·보관에 관한 계약이 성립하지 아니하였거나 장물의 점유가 현실적으로 이전되지 아니한 경우라도 장물알선죄가 성립한다(2009도1203) (13 변시)(17 변시)(22 변시)(21 1차)

- **장물죄의 고의**

  □ **장물죄의 고의** : 장물죄의 고의는 범인이 장물이라는 정을 알면 족하고 그 본범의 범행을 구체적으로 알아야 하는 것이 아니며 또 그 인식은 미필적 인식으로 족하다 (68도1474) (22 1차)

- **장물취득죄와 불가벌적 사후행위**

  □ **장물인 자기앞수표를 현금 대신 교부한 사건** : 금융기관 발행의 자기앞수표는 그 액면금을 즉시 지급받을 수 있는 점에서 현금에 대신하는 기능을 가지고 있어서 장물인 자기앞수표를 취득한 후 이를 현금 대신 교부한 행위는 장물취득에 대한 가별적 평가에 당연히 포함되는 불가벌적 사후행위로서 별도의 범죄를 구성하지 아니한다(93도213) (22 2차)(23 2차)

- **장물을 보관 중 횡령한 경우** : 장물을 보관하는 자가 그 장물을 횡령한 경우에는 이미 장물죄로 인하여 소유권을 침해했으므로 횡령죄는 불가벌적 사후행위가 된다.

  □ **장물을 보관하는 자가 이를 영득하여도 횡령죄는 성립하지 않는다는 판례** : 절도범인으로부터 장물보관의뢰를 받은 자가 그 정을 알면서 이를 인도받아 보관하고 있다가 임의처분하였다 하여도 장물보관죄가 성립되는 때에는 이미 그 소유자의 소유물추구권을 침해하였으므로 그 후의 횡령행위는 불가벌적 사후행위에 불과하여 별도로 횡령죄가 성립하지 않는다(76도3067) (16 변시)(20 변시)(21 1차)

- **친족상도례의 수정** : 제365조 (친족간의 범행) ① 전3조의 죄를 범한 자와 피해자간에 제328조 제1항, 제2항의 신분관계가 있는 때에는 동조의 규정을 준용한다. ② 전3조의 죄를 범한 자와 본범간에 제328조 제1항의 신분관계가 있는 때에는 그 형을 감경 또는 면제한다. 단, 신분관계가 없는 공범에 대하여는 예외로 한다. (23 변시)

Ⅱ. 상습장물죄

- **주의할 점** : 보통의 상습범의 경우에는 형량의 2분의 1을 가중하지만 상습장물죄는 독자적인 형을 두고 있음을 주의하여야 한다.

Ⅲ. 업무상 과실, 중과실 장물죄

- **업무상 과실·중과실 장물죄** : 업무상 과실 또는 중과실로 인하여 장물을 취득·양도·운반·보관 또는 알선함으로써 성립하는 범죄이다. 형법상의 재산죄 가운데 과실범을 처벌하는 유일한 규정이지만 정책적 성격으로 인한 규정이므로 단순과실은 처벌하지 않는다.

  > ☐ **금은방 운영자가 귀금속류를 매수함에 특별한 사정이 있은 사건** : 금은방 운영자가 반지를 매수함에 있어 장물인 정을 알 수 있었거나 장물인지의 여부를 의심할 만한 특별한 사정이 있었다면 매도인의 신원확인 외에 반지의 출처 및 소지경위 등에 대하여도 확인할 업무상 주의의무가 있다고 할 것임에도 그러한 업무상 주의의무가 없다고 보아 무죄를 선고한 원심판결을 파기한 사례(2003도348) (18 변시)

제8절 | 손괴의 죄

- **타인의 재물·문서 또는 전자기록 등 특수매체기록** : 재물, 문서 또는 전자기록 등 특수매체기록은 타인의 소유에 속하여야 한다. 여기서 타인은 자연인, 국가, 법인, 법인격 없는 단체를 포함한다. 행위대상인 객체가 타인의 소유에 속하면 족하므로 누가 점유하고 있는가는 문제되지 않는다.

  > ☐ **아무도 거주하지 않는 아파트 사건** : 재건축사업으로 철거가 예정되어 있었고 그 입주자들이 모두 이사하여 아무도 거주하지 않은 채 비어 있는 아파트라 하더라도, 그 아파트 자체의 객관적 성상이 본래 사용목적인 주거용으로 사용될 수 없는 상태가 아니었고, 더욱이 그 소유자들이 재건축조합으로의 신탁등기 및 인도를 거부하는 방법으로 계속 그 소유권을 행사하고 있는 상황이었다면 위와 같은 사정만으로는 위 아파트가 재물로서의 이용가치나 효용이 없는 물건으로 되었다고 할 수 없으므로, 위 아파트는 재물손괴죄의 객체가 된다고 할 것이다(2009도8473) (22 변시)

- **손괴** : 손괴는 재물 또는 문서의 전부나 일부에 직접 물리적 유형력을 행사하여 이용가능성을 침해하는 일체의 행위를 말한다.

  > ☐ **래커 스프레이와 계란 30여 개 사건** : 해고노동자 등이 복직을 요구하는 집회를 개최하던 중 래커 스프레이를 이용하여 회사 건물 외벽과 1층 벽면 등에 낙서한 행위는 건물의 효용을 해한 것으로 볼 수 있으나, 이와 별도로 계란 30여 개를 건물에 투척한 행위는 건물의 효용을 해하는 정도의 것에 해당하지 않는다고 본 사례(2007도2590) (24 변시)

- **기타 방법** : 기타 방법이란 손괴·은닉 이외의 방법으로 재물 등의 효용을 해하는 일체의 행위를 말한다. 사실상 또는 감정상 그 물건을 본래의 용도에 따라 사용할 수 없게 하는 일체의 행위는 물론 일시 이용할 수 없는 상태로 만드는 행위도 기타 방법에 해당한다.

□ **효용을 해한다의 의미** : 형법 제366조의 재물손괴죄는 타인의 재물을 손괴 또는 은 닉하거나 기타의 방법으로 그 효용을 해하는 경우에 성립한다. 여기에서 재물의 효용을 해한다고 함은 사실상으로나 감정상으로 재물을 본래의 사용 목적에 제공 할 수 없는 상태로 만드는 것을 말하고, 일시적으로 재물을 이용할 수 없는 상태로 만드는 것도 포함한다(2017도20455) (23 2차)

□ **타인의 토지 지상에 건물을 신축한 사건** : [1] 다른 사람의 소유물을 본래의 용법에 따라 무단으로 사용·수익하는 행위는 소유자를 배제한 채 물건의 이용가치를 영 득하는 것이고, 그 때문에 소유자가 물건의 효용을 누리지 못하게 되었더라도 효용 자체가 침해된 것이 아니므로 재물손괴죄에 해당하지 않는다. [2] 부지의 점유 권 원 없는 건물 소유자였던 피고인은, 토지 소유자와의 철거 등 청구소송에서 패소하 고 강제집행을 당했는데도 무단으로 새 건물을 짓자 검사가 피고인이 토지의 효용 을 해하였다고 하여 재물손괴죄로 기소한 사안에서, 피고인의 행위는 토지를 본래 의 용법에 따라 사용·수익함으로써 그 소유자로 하여금 효용을 누리지 못하게 한 것일 뿐 효용을 침해한 것이 아니라고 보아, 원심의 무죄판결에 대한 검사의 상고를 기각한 사안(2022도1410) (24 변시)(23 2차)

□ **17～18시간 동안 차량을 운행할 수 없게 한 사건** : 피고인이 평소 자신이 굴삭기를 주차하던 장소에 갑의 차량이 주차되어 있는 것을 발견하고 갑의 차량 앞에 철근콘 크리트 구조물을, 뒤에 굴삭기 크러셔를 바짝 붙여 놓아 갑이 17～18시간 동안 차량을 운행할 수 없게 된 사안에서, 차량 앞뒤에 쉽게 제거하기 어려운 구조물 등을 붙여 놓은 행위는 차량에 대한 유형력 행사로 보기에 충분하고, 차량 자체에 물리적 훼손이나 기능적 효용의 멸실 내지 감소가 발생하지 않았더라도 갑이 위 구조물로 인해 차량을 운행할 수 없게 됨으로써 일시적으로 본래의 사용목적에 이용할 수 없게 된 이상 차량 본래의 효용을 해한 경우라고 한 사례(2019도13764) (24 변시)(23 2차)

□ **자동문 사건** : 재물손괴죄에서 손괴 또는 은닉 기타 방법으로 그 효용을 해하는 경 우에는 물질적인 파괴행위로 물건 등을 본래의 목적에 사용할 수 없는 상태로 만드 는 경우뿐만 아니라 일시적으로 물건 등의 구체적 역할을 할 수 없는 상태로 만들 어 효용을 떨어뜨리는 경우도 포함된다. 따라서 자동문을 자동으로 작동하지 않고 수동으로만 개폐가 가능하게 하여 자동잠금장치로서 역할을 할 수 없도록 한 경우 에도 재물손괴죄가 성립한다(2016도9219) (23 2차)

□ 소유자의 의사에 따라 특정한 장소에 게시 중인 문서를 소유자의 의사에 반하여 떼어내는 행위는 소유자의 의사에 따라 형성된 종래의 이용상태를 변경시켜 종래 의 상태에 따른 이용을 일시적으로 불가능하게 하는 것이므로 문서손괴죄를 구성 한다(2014도13083) (23 2차)

- 특수매체기록의 손괴 : 특수매체기록의 경우에는 ① 새로운 프로그램을 입력하여 기존의 정보를 사용할 수 없게 하거나 ② 새로운 기록을 추가하거나 ③ 기존기록의 일부를 삭제하거나 ④ 다른 정보와 연결함으로써 정보의 내용을 변경하는 것이 여기에 해당할 수 있다.

제9절 | 권리행사를 방해하는 죄

I. 권리행사방해죄 (친족상도례 적용)

- 자기의 소유물 : 자기의 물건 또는 전자기록 등 특수매체기록에서의 '자기'란 '자기소유'를 의미한다. 자기와 타인의 공유물은 타인의 물건으로 취급되므로 본죄의 객체가 되지 않는다. 그러나 자기소유의 물건이라도 '공무소로부터 보관명령을 받거나 공무소의 명령으로 타인이 관리하는'물건인 경우에는 **공무상보관물무효죄의 객체**가 된다(제142조 참조).

  ☐ **권리행사방해죄가 신분범이라는 판례** : 형법 제323조의 권리행사방해죄는 타인의 점유 또는 권리의 목적이 된 자기의 물건을 취거, 은닉 또는 손괴하여 타인의 권리행사를 방해함으로써 성립하므로 취거, 은닉 또는 손괴한 물건이 자기의 물건이 아니라면 권리행사방해죄가 성립할 수 없다. 물건의 소유자가 아닌 사람은 형법 제33조 본문에 따라 소유자의 권리행사방해 범행에 가담한 경우에 한하여 그의 공범이 될 수 있을 뿐이다(2022도5827)

  ☐ **대표이사가 회사의 물건을 취거한 사건** : 주식회사의 대표이사가 대표이사의 지위에 기하여 그 직무집행 행위로서 타인이 점유하는 위 회사의 물건을 취거한 경우에는, 위 행위는 위 회사의 대표기관으로서의 행위라고 평가되므로, 위 회사의 물건도 권리행사방해죄에 있어서의 '자기의 물건'이라고 보아야 할 것이다(91도1170) (23 변시)

- 타인의 점유의 목적 : 권리행사방해죄에서의 보호대상인 타인의 점유는 반드시 점유할 권원에 기한 점유만을 의미하는 것은 아니지만, 절도범인의 점유와 같이 점유할 권리 없는 자의 점유임이 외관상 명백한 경우는 포함되지 아니한다.

  ☐ **렌트카회사 공동대표 시간** : 렌트카회사의 공동대표이사 중 1인이 회사 보유 차량을 자신의 개인적인 채무담보 명목으로 피해자에게 넘겨 주었는데 다른 공동대표이사인 피고인이 위 차량을 몰래 회수하도록 한 경우, 위 피해자의 점유는 권리행사방해죄의 보호대상인 점유에 해당한다고 한 사례(2005도4455) (13 변시)

  ☐ **무효인 경매절차 사건** : 무효인 경매절차에서 경매목적물을 경락받아 이를 점유하고 있는 낙찰자의 점유는 적법한 점유로서 그 점유자는 권리행사방해죄에 있어서의 타인의 물건을 점유하고 있는 자라고 할 것이다(2003도4257) (13 변시)(22 변시)

- **타인의 권리의 목적** : 권리행사 방해죄에 있어서 타인의 권리에는 ① 제한물권과 ② 물건에 대하여 점유를 수반하거나 수반하지 않는 채권 ③ 정지조건 있는 대물변제의 예약권 등이 있다.

  ☐ **점유를 수반하지 않는 채권** : 권리행사방해죄의 구성요건 중 타인의 '권리'란 반드시 제한물권만을 의미하는 것이 아니라 물건에 대하여 점유를 수반하지 아니하는 채권도 이에 포함된다(90도1958)

  ☐ **점유를 수반하는 채권와 정지조건 있는 대물변제예약권** : 권리행사 방해죄에 있어서 타인의 권리의 목적이 된 자기의 물건이라는 요건의 그 권리 중에는 반드시 제한물권이나 물건에 대하여 점유를 수반하는 채권만이 아니라 정지조건 있는 대물변제의 예약권을 가지는 경우도 포함된다고 보는 것이 타당하다(68도616)

- **취거** : 취거란 점유자의 의사에 반하여 목적물을 자기 또는 제3자의 지배로 옮기는 것을 말한다. 절도죄의 절취에 대응하는 개념이지만 자기의 재물이 대상이므로 불법영득의사가 없다는 점에서 다르다. 그리고 **점유자의 의사나 그의 하자있는 의사에 기하여 점유가 이전된 경우**에는 여기에서 말하는 취거로 볼 수 없다.

  ☐ **하자있는 의사에 기하여 점유가 이전된 사건** : 형법 제323조 소정의 권리행사방해죄에 있어서의 취거라 함은 타인의 점유 또는 권리의 목적이 된 자기의 물건을 그 점유자의 의사에 반하여 그 점유자의 점유로부터 자기 또는 제3자의 점유로 옮기는 것을 말하므로 점유자의 의사나 그의 하자있는 의사에 기하여 점유가 이전된 경우에는 여기에서 말하는 취거로 볼 수는 없다(87도1952)

- **은닉 또는 손괴** : 은닉이란 물건의 소재의 발견을 불가능하게 하거나 현저하게 곤란한 상태에 두는 것을 말하고, 손괴란 물건의 전부 또는 일부에 대하여 물질적으로 훼손하거나 기타 방법으로 그 이용가치를 침해하는 것을 말한다. [2021 1차][2022 1차]

  ☐ **이른바 '대포차'로 유통되게 한 사건** : 피고인이 차량을 구입하면서 피해자로부터 차량 매수대금을 차용하고 담보로 차량에 피해자 명의의 저당권을 설정해 주었는데, 그 후 대부업자로부터 돈을 차용하면서 차량을 대부업자에게 담보로 제공하여 이른바 '대포차'로 유통되게 한 사안에서, 피고인이 피해자의 권리의 목적이 된 피고인의 물건을 은닉하여 권리행사를 방해하였다고 본 원심판단이 정당하다고 한 사례(2016도13734)

- **권리행사방해** : 본죄는 위험범이므로 권리행사의 방해란 타인의 권리행사가 방해될 우려 있는 상태에 이른 것을 말하며, 현실로 권리행사가 방해되었을 것을 요하는 것은 아니다.

• 권리행사방해죄의 죄수 판단

☐ **권리행사방해죄의 죄수 판단** : 여러 사람의 권리의 목적이 된 자기의 물건을 취거, 은닉 또는 손괴함으로써 그 여러 사람의 권리행사를 방해하였다면 권리자별로 각 각 권리행사방해죄가 성립하고 각 죄는 서로 상상적 경합범의 관계에 있다(2021도 16876) (23 2차)

II. 점유강취, 준점유강취죄 (미수범 처벌)

III. 중권리행사방해죄

IV. 강제집행면탈죄

• **강제집행면탈죄의 객체인 재산** : 본죄의 취지상 재산이란 채무자의 재산 중에서 채권자가 민사집행법상 강제집행 또는 보전처분의 대상으로 삼을 수 있는 것이어야 한다. 따라서 장래의 권리나 특허 내지 실용신안 등을 받을 수 있는 권리도 포함된다.

☐ **강제집행면탈죄의 객체** : 강제집행면탈죄의 객체는 채무자의 재산 중에서 채권자가 민사집행법상 강제집행 또는 보전처분의 대상으로 삼을 수 있는 것이어야 한다 (2007도2168) (16 변시)

☐ **산재법상 휴업급여 사건** : [1] 압류금지채권의 목적물을 수령하는 데 사용하던 기존 예금계좌가 채권자에 의해 압류된 채무자가 압류되지 않은 다른 예금계좌를 통하여 그 목적물을 수령하더라도 강제집행이 임박한 채권자의 권리를 침해할 위험이 있는 행위라고 볼 수 없어 강제집행면탈죄가 성립하지 않는다. [2] 산업재해보상보험법 제52조의 휴업급여를 받을 권리는 같은 법 제88조 제2항에 의하여 압류가 금지되는 채권으로서 강제집행면탈죄의 객체에 해당하지 않으므로, 피고인이 장차 지급될 휴업급여 수령계좌를 기존의 압류된 예금계좌에서 압류가 되지 않은 다른 예금계좌로 변경하여 휴업급여를 수령한 행위는 죄가 되지 않는다(2017도6229) (22 변시)

☐ **장래의 권리 사건** : 강제집행면탈죄의 객체인 재산은 채무자의 재산 중에서 채권자가 민사집행법상 강제집행 또는 보전처분의 대상으로 삼을 수 있는 것을 의미하는데, 장래의 권리라도 채무자와 제3채무자 사이에 채무자의 장래청구권이 충분하게 표시되었거나 결정된 법률관계가 존재한다면 재산에 해당하는 것으로 보아야 한다 (2011도6115) (13 변시)(17 변시)

□ **특허권 내지 실용신안권 사건** : 강제집행면탈죄에 있어서 재산에는 동산·부동산뿐만 아니라 재산적 가치가 있어 민사소송법에 의한 강제집행 또는 보전처분이 가능한 특허 내지 실용신안 등을 받을 수 있는 권리도 포함된다(2001도4759)

□ **계약명의신탁된 부동산 사건** : 이른바 계약명의신탁의 경우에는 매도인인 선의이든 악의이든 명의신탁자는 그 매매계약에 의해서는 당해 부동산의 소유권을 취득하지 못하게 되어, 결국 그 부동산은 명의신탁자에 대한 강제집행이나 보전처분의 대상이 될 수 없다(2007도2168) (16 변시)

□ **'보전처분 단계에서의 가압류채권자의 지위' 사건** : [1] 강제집행면탈죄의 객체는 채무자의 재산 중에서 채권자가 민사집행법상 강제집행 또는 보전처분의 대상으로 삼을 수 있는 것만을 의미하므로, '보전처분 단계에서의 가압류채권자의 지위' 자체는 원칙적으로 민사집행법상 강제집행 또는 보전처분의 대상이 될 수 없어 강제집행면탈죄의 객체에 해당한다고 볼 수 없고, 이는 가압류채무자가 가압류해방금을 공탁한 경우에도 마찬가지이다. [2] 채무자가 가압류채권자의 지위에 있으면서 가압류집행해제를 신청함으로써 그 지위를 상실하는 행위는 형법 제327조에서 정한 '은닉, 손괴, 허위양도 또는 허위채무부담' 등 강제집행면탈행위의 어느 유형에도 포함되지 않는 것이므로, 이러한 행위를 처벌대상으로 삼을 수 없다(2006도8721) (20 변시)

• **채권의 존재** : 본죄는 채권자의 채권보호에 본질이 있으므로 강제집행의 전제가 되는 채권자의 채권이 존재하여야 한다. **장래조건부로 발생할 채권**이라도 강제집행의 대상이 되는 한 채권이 존재하고, 그 조건의 불성취로 채권이 소멸된 경우에도 일단 성립한 범죄에는 영향이 없다.

□ **채권의 존재** : 형법 제327조의 강제집행면탈죄는 채권자의 권리보호를 그 주된 보호법익으로 하고 있는 것이므로 강제집행의 기본이 되는 채권자의 권리 즉 채권의 존재는 강제집행면탈죄의 성립요건이라 할 것이며 따라서 그 채권의 존재가 인정되지 않을 때에는 강제집행면탈죄는 성립하지 않는다(88도48) (13 변시)

□ **상계 사건** : 상계의 의사표시가 있는 경우에는 각 채무는 상계할 수 있는 때에 소급하여 대등액에 관하여 소멸한 것으로 보게 된다. 따라서 상계로 인하여 소멸한 것으로 보게 되는 채권에 관하여는 그 상계의 효력이 발생하는 시점 이후에는 채권의 존재가 인정되지 않으므로 강제집행면탈죄가 성립하지 않는다고 할 것이다(2011도2252) (16 변시)

• **강제집행** : 강제집행이라 함은 민사소송법에 의한 강제집행 또는 동법을 준용하는 강제집행 즉 가압류·가처분 등의 집행을 지칭하며, 소유권이전등기 절차이행의 청구소의 제기도 포함된다.

□ **가압류·가처분 사건** : 강제집행면탈죄에 있어서의 강제집행이라 함은 민사소송법에 의한 강제집행 또는 동법을 준용하는 강제집행 즉 가압류·가처분 등의 집행을 지칭한다(72도1090)

□ **소유권이전등기 절차이행의 청구소 사건** : 강제집행면탈죄에서 말하는 강제집행이란 소위 광의의 강제집행인 소유권이전등기 절차이행의 청구소의 제기도 포함된다 (82도808)

• **강제집행을 당할 구체적 위험이 있는 상태** : 강제집행을 당할 구체적인 위험이 있는 상태란 채권자가 이행청구의 소 또는 그 보전을 위한 가압류, 가처분신청을 제기하거나 제기할 태세를 보인 경우를 말한다.

□ **강제집행면탈죄의 행위상황** : 형법 제327조의 강제집행면탈죄는 채무자가 현실적으로 민사소송법에 의한 강제집행 또는 가압류, 가처분의 집행을 받을 우려가 있는 객관적인 상태 즉 적어도 채권자가 민사소송을 제기하거나 가압류, 가처분의 신청을 할 기세를 보이고 있는 상태에서, 채무자가 강제집행을 면탈할 목적으로, 재산을 은닉, 손괴, 허위양도하거나 허위의 채무를 부담하여 채권자를 해할 위험이 있는 경우에 성립한다(98도1949) (17 변시)(20 변시)

□ **약 18억 원 정도의 채무초과 사건** : 약 18억 원 정도의 채무초과 상태에 있는 피고인 발행의 약속어음이 부도가 난 경우, 강제집행을 당할 구체적인 위험이 있는 상태에 있다고 인정한 사례(96도3141) (13 변시)

• **은닉** : 강제집행을 실시하려는 자에 대하여 재산의 발견을 불가능하게 하거나 곤란하게 하는 것을 말하는 것으로서, 재산 소재를 불명하게 하는 경우뿐만 아니라 그 소유관계를 불명하게 하는 경우를 포함한다.

□ **은닉의 의미** : 형법 제327조에 규정된 강제집행면탈죄에 있어서의 재산의 '은닉'이라 함은 강제집행을 실시하는 자에 대하여 재산의 발견을 불능 또는 곤란케 하는 것을 말하는 것으로서, 재산의 소재를 불명케 하는 경우는 물론 그 소유관계를 불명하게 하는 경우도 포함하나, 재산의 소유관계를 불명하게 하는 데 반드시 공부상의 소유자 명의를 변경하거나 폐업 신고 후 다른 사람 명의로 새로 사업자 등록을 할 것까지 요하는 것은 아니다(2003도3387)

□ **제3자 명의의 사업자등록증 사건** : 채무자가 제3자 명의로 되어 있던 사업자등록을 또 다른 제3자 명의로 변경하였다는 사정만으로는 그 변경이 채권자의 입장에서 볼 때 사업장 내 유체동산에 관한 소유관계를 종전보다 더 불명하게 하여 채권자에게 손해를 입게 할 위험성을 야기한다고 단정할 수 없다(2012도2732)

- 손괴 : 재물을 물질적으로 훼손하거나 재산의 가치를 감소시켜 그 효용을 해하는 일체의 행위를 말한다.
- 허위양도 : 실제로 양도의 진의가 없음에도 불구하고 표면상 양도의 형식을 취하여 재산의 소유명의를 변경시키는 것을 말한다. 그리고 채권의 허위양도의 통지가 있는 때에 그 범죄행위가 종료하여 그때부터 공소시효가 진행된다.

  □ **진의로 재산을 양도한 사건** : 진의에 의하여 재산을 양도하였다면 설령 그것이 강제집행을 면탈할 목적으로 이루어진 것으로서 채권자의 불이익을 초래하는 결과가 되었다고 하더라도 강제집행면탈죄의 허위양도 또는 은닉에는 해당하지 아니한다고 보아야 할 것이다(98도1949) (20 변시)

- 허위채무의 부담 : 채무가 없음에도 불구하고 제3자에게 채무를 부담하는 것처럼 가장하는 것을 말한다. 그러나 진실한 채무부담인 때에는 본죄가 성립하지 않으므로 장래 발생할 조건부채권담보로 근저당설정을 하여도 본죄에 해당하지 않는다.

  □ **허위의 채무부담 공정증서를 작성한 후 채권압류 및 추심명령을 받은 사건** : 허위의 채무를 부담하는 내용의 채무변제계약 공정증서를 작성한 후 이에 기하여 채권압류 및 추심명령을 받은 때에, 강제집행면탈죄가 성립함과 동시에 그 범죄행위가 종료되어 공소시효가 진행한다고 한 사례(2009도875) (16 변시)

- 채권자를 해할 것 : 본죄는 **추상적 위험범**이므로 채권자가 현실적으로 해를 입을 것을 요하는 것이 아니라 채권자를 해할 위험성이 있으면 족하다.

  □ **충분한 다른 재산이 있는 사건** : 채권이 존재하는 경우에도 채무자의 재산은닉 등 행위 시를 기준으로 채무자에게 채권자의 집행을 확보하기에 충분한 다른 재산이 있었다면 채권자를 해하였거나 해할 우려가 있다고 쉽사리 단정할 것이 아니다 (2011도5165) (16 변시)(20 변시)

  □ **강제집행을 면탈한 부동산 이외에도 약간의 다른 재산이 있는 사건** : 피고인이 강제집행을 면할 목적으로 허위채무를 부담하고 근저당권설정등기를 경료하여 줌으로써 채권자를 해하였다고 인정된다면 설혹 피고인이 그 근저당권이 설정된 부동산외에 약간의 다른 재산이 있더라도 강제집행면탈죄가 성립된다(89도2506) (20 변시)

  □ **사실혼관계 해소 사건** : 피고인이 자신을 상대로 사실혼관계해소 청구소송을 제기한 갑에 대한 채무를 면탈하려고 피고인 명의 아파트를 담보로 10억 원을 대출받아 그 중 8억 원을 타인 명의 계좌로 입금하여 은닉하였다고 하여 강제집행면탈죄로 기소된 사안에서, 피고인의 재산은닉 행위 당시 갑의 재산분할청구권은 존재하였다고 보기 어렵고, 가사사건 제1심판결에 근거하여 위자료 4,000만 원의 채권이 존재한다는 사실이 증명되었다고 볼 여지가 있었을 뿐이므로, 피고인에게 위자료 채권액을 훨씬 상회하는 다른 재산이 있었던 이상 강제집행면탈죄는 성립하지 않는다(2011도5165) (16 변시)

• 채권가압류결정정본이 송달된 날짜와 채권을 허위양도한 날짜가 동일한 경우

爭點 081

채권가압류결정정본이 송달된 날짜와 채권을 허위양도한 날짜가 동일한 경우

1. 논의점

채무자의 채권에 대한 가압류 결정 정본이 제3자 채무자에게 송달되기 전에 채무자가 채권을 허위양도했다면 강제집행면탈죄가 성립되는지에 대하여 논의가 있다.

2. 견해의 대립

이에 대하여는 ① 형법 제327조의 강제집행면탈죄는 위태범으로서 채권자를 해할 위험이 있으면 성립하므로 가압류결정 정본이 송달되기 전에 채권을 허위로 양도하였다면 강제집행면탈죄가 성립한다는 **긍정설** ② 가압류에는 처분금지적 효력이 있어 허위로 채권양도를 하였더라도 압류채권자의 법률상의 지위에는 어떠한 영향을 미칠 수 없으므로 강제집행면탈죄의 성립을 부정하는 **부정설**이 대립하고 있다.

3. 판 례

판례는 '채권자인 최모씨가 낸 채권 가압류 결정 정본이 송달된 날짜와 채무자인 갑이 채권을 양도한 날짜가 동일하지만, 가압류 결정 정본이 제3채무자인 배모씨에게 송달되기 전에 갑이 그 채권을 허위로 양도한 행위는 강제집행면탈죄에 해당한다'라고 하여 긍정설의 입장이다.

4. 검 토

생각건대 강제집행면탈죄가 위험범임을 고려하면 긍정설의 입장이 타당하다.

5. 참조 판례

☐ 채권 가압류 결정 정본이 송달된 날짜와 채권을 허위 양도한 날짜가 동일하더라도 송달되기 전에 채권을 허위양도했다면 강제집행면탈죄가 성립한다는 판례(2012도3999) (16 변시)(17 변시)(21 변시)

• 고의 : 본죄가 성립하기 위해서는 행위자는 강제집행을 받을 우려있는 객관적 상황에서 재산을 은닉 · 손괴 · 허위양도 또는 허위의 채무를 부담하여 채권자를 해한다는 인식과 의사가 있어야 한다.

☐ 민사집행법 제3편 사건 : 형법 제327조의 강제집행면탈죄가 적용되는 강제집행은 민사집행법 제2편의 적용 대상인 '강제집행' 또는 가압류 · 가처분 등의 집행을 가리키는 것이고, 민사집행법 제3편의 적용 대상인 '담보권 실행 등을 위한 경매'를 면탈할 목적으로 재산을 은닉하는 등의 행위는 위 죄의 규율 대상에 포함되지 않는다(2014도14909) (17 변시)

□ **국세체납처분 면탈 사건** : 형법 제327조의 강제집행면탈죄가 적용되는 강제집행은 민사집행법의 적용대상인 강제집행 또는 가압류·가처분 등의 집행을 가리키는 것이므로, 국세징수법에 의한 체납처분을 면탈할 목적으로 재산을 은닉하는 등의 행위는 위 죄의 규율대상에 포함되지 않는다(2010도5693) (13 변시)(17 변시)

• **강제집행을 면할 목적** : 본죄가 성립하기 위해서는 초과주관적 구성요건요소로서 강제집행을 면할 목적이 있어야 한다. 강제집행을 면할 목적이란 강제집행의 실효를 거둘 수 없게 하려는 목적을 말한다.

해커스변호사
law.Hackers.com

제5편

사회적 법익에 관한 죄

제1장 | 공공의 안전과 평온에 관한 죄

제1절 | 공안을 해하는 죄

☐ 「폭력행위 등 처벌에 관한 법률」에 규정된 범죄를 목적으로 하는 범죄단체를 조직하는 경우는 동법이 적용되고, 그 외의 범죄를 목적으로 범죄단체를 조직한 경우는 「형법」의 범죄단체조직죄가 적용된다. (21 1차)

☐ 범죄단체조직죄는 즉시범이라고 본 판례 : 구 폭력행위등처벌에관한법률(1990.12.31. 법률 제4294호로 개정되기 전의 것) 제4조 소정의 단체등 조직죄는 같은 법에 규정된 범죄를 목적으로 한 단체 또는 집단을 구성함으로써 즉시 성립하고 그와 동시에 완성되는 즉시범이지 계속범이 아니다(91도3192) (19 변시)

☐ 범죄단체조직죄의 법적 성격을 즉시범으로 보면 범죄단체의 조직과 동시에 공소시효가 진행되고, 계속범으로 보면 범죄단체의 해산이나 단체로부터의 탈퇴시점부터 공소시효가 진행된다. (21 1차)

☐ 형법 114조 소정의 '범죄를 목적으로 하는 단체'의 개념 : 형법 제114조 제1항 소정의 '범죄를 목적으로 하는 단체'라 함은 특정다수인이 일정한 범죄를 수행한다는 공동목적 아래 이루어진 계속적인 결합체로서 단순한 다중의 집합과는 달라 단체를 주도하는 최소한의 통솔체제를 갖추고 있어야 함을 요한다(85도1515)

☐ 범죄집단은 범죄단체에 요구되는 최소한의 통솔체계를 갖출 필요는 없지만, 범죄의 계획과 실행을 용이하게 할 정도의 조직적 구조는 갖추어야 한다. (21 1차)

☐ 보이스피싱사기를 목적으로 하는 단체의 구성원이 사기범죄의 피해자들로부터 돈을 편취하는 등 사기단체의 구성원으로서 활동한 경우는 범죄단체활동죄와 사기죄가 성립하고, 양 죄는 상상적 경합의 관계이다(2017도8600) (23 변시)(21 1차)

☐ 범죄단체에 가입한 후 구성원으로서 목적한 범죄실행의 활동을 한 경우는 범죄단체가입죄와 범죄단체활동죄가 성립하고, 양 죄는 실체적 경합의 관계이다. (21 1차)

제2절 | 폭발물에 관한 죄

제3절 | 방화와 실화의 죄

Ⅰ. 현주건조물 방화죄 (미수범 처벌, 예비·음모 처벌)

• 현주건조물방화죄의 보호법익

> ☐ **현주건조물방화죄의 이중성격** : 형법 제164조 전단의 현주건조물에의 방화죄는 공중의 생명, 신체, 재산 등에 대한 위험을 예방하기 위하여 공공의 안전을 그 제1차적인 보호법익 으로 하고 제2차적으로는 개인의 재산권을 보호하는 것이라고 할 것이다(82도2341)

> ☐ 현주건조물방화죄는 공공의 안전을 제1차적인 보호법익으로 하는데, 공공에 대한 위험의 결과가 구체적으로 발생할 것을 요하지 않는다. (22 1차)

• 현주건조물의 의미

> ☐ **현주건조물의 의미** : 현주건조물등의 방화죄에 있어서 사람의 주거에 사용하거나 사람의 현존하는 건조물이란 행위당시 피고인 이외의 사람이 주거로 사용하거나 피고인 이외의 사람이 현재하는 건조물을 말하므로 그 범죄사실을 적시함에 있어서는 당시 피고인 이외의 사람이 주거로 사용하였거나 그 건조물에 현재하였음을 명시하여야 한다(4281형상5) (15 변시)

> ☐ **건조물의 정도** : 형법상 방화죄의 객체인 건조물은 토지에 정착되고 벽 또는 기둥과 지붕 또는 천장으로 구성되어 사람이 내부에 기거하거나 출입할 수 있는 공작물을 말하고, 반드시 사람의 주거용이어야 하는 것은 아니라도 사람이 사실상 기거·취침에 사용할 수 있는 정도는 되어야 한다(2013도3950) (22 1차)(23 1차)

> ☐ **우사 사건** : 사람이 거주하는 가옥의 일부로 되어 있는 우사에 대한 방화는 현주건조물방화에 해당한다(67도925)

• **방화죄의 실행의 착수시기** : 방화죄의 실행의 착수시기는 점화 또는 발화가 있을 것을 요한다. 그리고 매개물을 이용한 경우에는 범인이 매개물에 불을 켜서 붙였거나 또는 범인의 행위로 인하여 매개물에 불이 붙게 됨으로써 연소작용이 계속될 수 있는 상태에 이르렀다면 실행의 착수는 인정된다. [2023 2차]

> ☐ **방화죄의 실행의 착수시기** : 피고인이 불을 아직 방화목적물 내지 그 도화물체에 점화하지 아니한 이상 차를 즉시 방화의 착수로 논단하지 못할 것이다(4293형상213)

□ **부부싸움 사건** : 매개물을 통한 점화에 의하여 건조물을 소훼함을 내용으로 하는 형태의 방화죄의 경우에, 범인이 그 매개물에 불을 켜서 붙였거나 또는 범인의 행위로 인하여 매개물에 불이 붙게 됨으로써 연소작용이 계속될 수 있는 상태에 이르렀다면, 그것이 곧바로 진화되는 등의 사정으로 인하여 목적물인 건조물 자체에는 불이 옮겨 붙지 못하였다고 하더라도, 방화죄의 실행의 착수가 있었다고 보아야 할 것이다(2001도6641) (12 변시)(20 변시)(22 1차)(23 1차)(23 3차)

- **방화죄의 기수시기** : 방화죄의 기수시기에 대하여는 ① 불이 매개물을 떠나 목적물이 독자적으로 연소될 때에 기수가 된다는 독립연소설 ② 목적물의 중요부분이 소훼되어 효용을 상실한 때에 기수가 된다는 효용상실설 ③ 목적물의 중요부분이 연소될 때에 기수가 된다는 중요부분연소개시설 ④ 목적물이 소훼되어 일부손괴가 있으면 기수가 된다는 일부손괴설이 대립하고 있으며, **판례는 독립연소설**의 입장이다. [2023 2차]

□ **방화죄의 기수시기** : 방화죄는 화력이 매개물을 떠나 스스로 연소할 수 있는 상태에 이르렀을 때에 기수가 되고 반드시 목적물의 중요부분이 소실하여 그 본래의 효용을 상실한 때라야만 기수가 되는 것이 아니다(70도330) (22 1차)

□ **불길이 천정에까지 옮겨 붙은 사건** : 피해자의 사체 위에 옷가지 등을 올려놓고 불을 붙인 천조각을 던져서 그 불길이 방안을 태우면서 천정에까지 옮겨 붙었다면 도중에 진화되었다고 하더라도 일단 천정에 옮겨 붙은 때에 이미 현주건조물방화죄의 기수에 이른 것이라고 한 사례(2006도9164) (21 3차)(23 1차)

- **방화죄의 고의** : 불을 놓아 주거에 사용하거나 사람이 현존하는 건조물 등을 소훼한다는 점에 대한 고의가 필요하다. 본죄는 추상적 위험범이므로 행위자에게 위험발생에 대한 인식이 있을 필요는 없다.

□ 절취한 물건에 점화한 목적이 절도의 증거인멸에 있었더라도 석유를 사용하여 건물에 연소하기 쉬운 방법으로 점화한 결과 건물을 연소케 한 경우에는 건조물 방화의 고의를 인정할 수는 있다. (23 1차)

Ⅱ. 현주건조물 등에의 방화치사상죄 (부진정결과적가중범) (24 변시)

□ 현주건조물방화치사죄는 사람을 사망에 이르게 한 것에 관해 과실이 있는 경우뿐만 아니라 고의가 있는 경우도 포함한다. (22 1차)

□ 부작위에 의한 현주건조물방화치상죄가 성립하기 위해서는 부작위행위자에게 법률상의 소화의무가 인정되는 외에 소화의 가능성 및 용이성이 있었음에도 부작위행위자가 그 소화의무에 위배하여 이미 발생한 화력을 방치함으로써 소훼의 결과를 발생시켜야 한다(2009도12109) (22 1차)

□ 모텔 방에서 담배를 피운 후 담뱃불이 완전히 꺼졌는지 여부를 확인하지 않은 채 휴지를 재떨이에 버리고 잠을 자다가 담뱃불이 옮겨 붙어 화재가 발생하자 모텔을 빠져나오면서 모텔 주인이나 다른 투숙객들에게 화재사실을 알리지 아니하여 상해의 결과가 발생하였다 하더라도 소화의 가능성 및 용이성이 없었다면 현주건조물방화치상죄가 성립하지 않는다(2009도12109) (21 3차)

Ⅲ. 공용건조물 등에의 방화죄 (미수범 처벌, 예비·음모 처벌)

Ⅳ. 일반건조물 등에의 방화죄 (제1항만 미수범 처벌, 예비·음모 처벌)

• 제176조(타인의 권리대상이 된 자기의 물건) 자기의 소유에 속하는 물건이라도 압류 기타 강제처분을 받거나 타인의 권리 또는 보험의 목적물이 된 때에는 본장의 규정의 적용에 있어서 타인의 물건으로 간주한다.

□ 혼자 살고 있는, 화재보험에 가입된 자신의 가옥을 보험금을 편취할 목적으로 방화한 경우 타인소유 일반건조물방화죄가 성립한다. (21 3차)

□ 甲은 자신의 창고가 「국세징수법」에 의한 체납처분에 의해 압류되자 홧김에 그 창고를 불태워 공공의 위험을 발생시킨 경우, 甲에게는 타인소유일반건조물방화죄가 성립한다. (23 3차)

Ⅴ. 일반물건방화죄

□ 재활용품과 쓰레기 사건 : 불을 놓아 무주물을 소훼하여 공공의 위험을 발생하게 한 경우에는 '무주물'을 '자기 소유의 물건'에 준하는 것으로 보아 형법 제167조 제2항을 적용하여 처벌하여야 한다(2009도7421) (23 1차)(23 3차)

Ⅵ. 연소죄 (결과적가중범)

Ⅶ. 진화방해죄

VIII. 실화죄

과수원 실화 사건 [2023 3차]

1. 논의점

제170조 제2항의 객체는 '자기의 소유에 속하는 제166조 또는 제167조에 기재한 물건'이라고 되어 있다. 이러한 제170조 제2항의 죄의 객체 중 '제167조에 기재한 물건'이 자기 소유에 속하는 일반 물건만을 의미하는 것인지, 타인 소유 일반 물건을 포함하는 것인지에 대해 논의가 있다.

2. 견해의 대립

이에 대하여는 ① 문언의 해석에 얽매이지 않고 방화죄를 전체적 · 종합적으로 분석하여 타인소유 일반 물건도 본죄의 객체가 될 수 있다는 타인소유 일반물건 포함설과 ② 문언의 해석상 '자기의 소유에 속하는'이라는 수식어는 '제167조에 기재한 물건'까지 연결되는 것이므로 타인소유의 일반물건은 본죄의 객체가 될 수 없다는 타인소유 일반물건 불포함설 등이 대립하고 있다.

3. 판례의 태도

판례는 '과수원실화 사건'에서 전원합의체 다수의견은 제166조와 제167조 그리고 제170조를 전체적으로 종합적으로 해석하여 '형법 제170조 제2항에서 말하는 '자기의 소유에 속하는 제166조 또는 제167조에 기재한 물건'이라 함은 '자기의 소유에 속하는 제166조에 기재한 물건 또는 자기의 소유에 속하든, 타인의 소유에 속하든 불문하고 제167조에 기재한 물건'을 의미하는 것이라고 해석하여야 한다'라고 하여 타인소유 긍정설의 태도를 취하고 있다.

4. 검토

생각건대 만약 타인소유의 일반물건을 본죄의 객체에서 제외하면 자기소유 일반물건에 대한 실화죄는 처벌되지만 타인소유 일반물건에 대한 실화는 처벌할 규정이 없어 처벌의 공백이 생기게 된다. 고의범의 경우 타인소유 일반물건방화죄는 자기소유 일반물건방화죄보다 무겁게 벌함에도 불구하고, 과실범의 경우 자기 소유 일반물건에 대한 실화죄는 처벌하고 타인소유 일반물건에 대한 실화죄는 처벌하지 않는다는 해석론을 전개할 수는 없으므로 형법의 목적론적 체계해석상 타인소유 일반물건 포함설이 타당하다.

5. 관련 판례

□ 형법 제170조 제2항에서 말하는 '자기의 소유에 속하는 제166조 또는 제167조에 기재한 물건'이라 함은 '자기의 소유에 속하는 제166조에 기재한 물건 또는 자기의 소유에 속하든, 타인의 소유에 속하든 불문하고 제167조에 기재한 물건'을 의미하는 것이라고 해석하여야 한다는 판례(94모32 전합)

□ 담배꽁초를 버린 공동의 과실이 경합되어 공장에 화재가 발생한 사건 : [1] 형법이 금지하고 있는 법익침해의 결과발생을 방지할 법적인 작위의무를 지고 있는 자가 그 의무를 이행함으로써 결과발생을 쉽게 방지할 수 있는데도 결과발생을 용인하고 방관한 채 의무를 이행하지 아니한 것이 범죄의 실행행위로 평가될 만한 것이라면 부작위범으로 처벌할 수 있다. [2] 실화죄에 있어서 공동의 과실이 경합되어 화재가 발생한 경우 적어도 각 과실이 화재의 발생에 대하여 하나의 조건이 된 이상은 그 공동적 원인을 제공한 사람들은 각자 실화죄의 책임을 면할 수 없다. [3] 피고인들이 분리수거장 방향으로 담배꽁초를 던져 버리고 현장을 떠난 후 화재가 발생하여 각각 실화죄로 기소된 사안에서, 피고인들 각자 본인 및 상대방이 버린 담배꽁초 불씨가 살아 있는지를 확인하고 이를 완전히 제거하는 등 화재를 미리 방지할 주의의무가 있음에도 이를 게을리 한 채 만연히 현장을 떠난 과실이 인정되고 이러한 피고인들 각자의 과실이 경합하여 위 화재를 일으켰다고 보아, 피고인들 각자의 실화죄 책임을 인정한 원심판결을 수긍하는 한편, 원심판단 중 위 화재가 피고인들 중 누구의 행위에 의한 것인지 인정하기에 부족하다는 취지의 부분은 '피고인들 중 누구의 담배꽁초로 인하여 위 화재가 발생하였는지 인정할 증거가 부족하다.'는 의미로 선해할 수 있고, 이는 피고인들의 각 주의의무 위반과 위 화재의 발생 사이에 인과관계가 인정된다는 취지의 부가적 판단이므로, 이와 다른 전제에서 '원인행위가 불명이어서 피고인들은 실화죄의 미수로 불가벌에 해당하거나 적어도 피고인들 중 일방은 실화죄가 인정될 수 없다.'는 취지의 피고인들 주장은 받아들이기 어렵다고 한 사례(2022도16120) [2023 3차](23 3차)

Ⅸ. 업무상 실화 · 중실화죄

Ⅹ. 폭발성물건파열죄와 치사상죄 (제1항만 미수범 처벌, 예비 · 음모 처벌)

ⅩⅠ. 가스 · 전기 등 방류죄와 치사상죄 (제1항만 미수범 처벌, 예비 · 음모 처벌)

ⅩⅡ. 가스 · 전기 등 공급방해죄와 치사상죄 (제1항과 제2항은 미수범 처벌, 예비 · 음모 처벌)

ⅩⅢ. 과실폭발성물건파열등 죄

ⅩⅣ. 방화 등 예비 · 음모죄

제4절 | 일수와 수리에 관한 죄

제5절 | 교통방해의 죄

Ⅰ. 일반교통방해죄 (미수범 처벌)

□ 일반교통방해죄는 추상적 위험범으로서 결과가 현실적으로 발생할 필요가 없다는
판례 : 일반교통방해죄는 이른바 추상적 위험범으로서 교통이 불가능하거나 또는
현저히 곤란한 상태가 발생하면 바로 기수가 되고 교통방해의 결과가 현실적으로
발생하여야 하는 것은 아니다(2017도9146) (21 2차)

□ 집회 · 시위의 단순참가자 사건 : 신고 범위를 현저히 벗어나거나 집시법 제12조에
따른 조건을 중대하게 위반함으로써 교통방해를 유발한 집회에 참가한 경우 참가
당시 이미 다른 참가자들에 의해 교통의 흐름이 차단된 상태였다고 하더라도 교통방
해를 유발한 다른 참가자들과 암묵적 · 순차적으로 공모하여 교통방해의 위법상태를
지속시켰다고 평가할 수 있다면 일반교통방해죄가 성립한다(2017도11408) (21 2차)

□ 「도로교통법」은 교통에 방해가 될 만한 물건을 함부로 도로에 방치한 사람을 처벌
하도록 규정하고 있는데, 교통에 방해가 될 만한 물건을 도로에 방치한 행위와
그로 인하여 성립하는 일반교통방해죄는 상상적 경합의 관계이다(2006도4662) (21
2차)

Ⅱ. 기차, 선박등 교통방해죄 (미수범 처벌, 예비 · 음모 처벌)

Ⅲ. 기차등 전복죄 (미수범 처벌, 예비 · 음모 처벌)

□ 대형 유조선 사건 : [1] 형법 제187조에서 정한 '파괴'란 다른 구성요건 행위인 전복,
매몰, 추락 등과 같은 수준으로 인정할 수 있을 만큼 교통기관으로서의 기능 · 용법
의 전부나 일부를 불가능하게 할 정도의 파손을 의미하고, 그 정도에 이르지 아니
하는 단순한 손괴는 포함되지 않는다. [2] 총 길이 338m, 갑판 높이 28.9m, 총
톤수 146,848톤, 유류탱크 13개, 평형수탱크 4개인 대형 유조선의 유류탱크 일부
에 구멍이 생기고 선수마스트, 위성통신 안테나, 항해등 등이 파손된 정도에 불과
한 것은 형법 제187조에 정한 선박의 '파괴'에 해당하지 않는다고 한 사례(2008도
11921) (21 2차)

Ⅳ. 교통방해치사상죄

☐ **고속도로에서 차선변경후 급정차 한 사건** : [1] 형법 제188조에 규정된 교통방해에 의한 치사상죄는 결과적 가중범이므로, 위 죄가 성립하려면 교통방해 행위와 사상(사상)의 결과 사이에 상당인과관계가 있어야 하고 행위 시에 결과의 발생을 예견할 수 있어야 한다. 그리고 교통방해 행위가 피해자의 사상이라는 결과를 발생하게 한 유일하거나 직접적인 원인이 된 경우만이 아니라, 그 행위와 결과 사이에 피해자나 제3자의 과실 등 다른 사실이 개재된 때에도 그와 같은 사실이 통상 예견될 수 있는 것이라면 상당인과관계를 인정할 수 있다. [2] 피고인이 고속도로 2차로를 따라 자동차를 운전하다가 1차로를 진행하던 갑의 차량 앞에 급하게 끼어든 후 곧바로 정차하여, 갑의 차량 및 이를 뒤따르던 차량 두 대는 연이어 급제동하여 정차하였으나, 그 뒤를 따라오던 을의 차량이 앞의 차량들을 연쇄적으로 추돌케 하여 을을 사망에 이르게 하고 나머지 차량 운전자 등 피해자들에게 상해를 입힌 사안에서, 편도 2차로의 고속도로 1차로 한가운데에 정차한 피고인은 현장의 교통상황이나 일반인의 운전 습관·행태 등에 비추어 고속도로를 주행하는 다른 차량 운전자들이 제한속도 준수나 안전거리 확보 등의 주의의무를 완전히 다하지 않을 수도 있다는 점을 알았거나 충분히 알 수 있었으므로, 피고인의 정차 행위와 사상의 결과 발생 사이에 상당인과관계가 있고, 사상의 결과 발생에 대한 예견가능성도 인정된다는 이유로, 피고인에게 일반교통방해치사상죄를 인정한 원심판단이 정당하다고 한 사례(2014도6206) (16 변시)(17 변시)(21 2차)

Ⅴ. 과실교통방해죄·업무상 과실, 중과실 교통방해죄

Ⅵ. 예비·음모죄

제2장 | 공공의 신용에 관한 죄

제1절 | 통화에 관한 죄

I. 내국통화 위조·변조죄 (미수범 처벌, 예비·음모 처벌)

☐ **자신의 신용력 증명 사건** : 형법 제207조에서 정한 '행사할 목적'이란 유가증권위조의 경우와 달리 위조·변조한 통화를 진정한 통화로서 유통에 놓겠다는 목적을 말하므로, 자신의 신용력을 증명하기 위하여 타인에게 보일 목적으로 통화를 위조한 경우에는 행사할 목적이 있다고 할 수 없다(2011도7704) (22 1차)

II. 내국유통 외국통화 위조·변조죄 (미수범 처벌, 예비·음모 처벌)

☐ **스위스 화폐 사건** : [1] 형법 제207조 제2항 소정의 내국에서 '유통하는'이란, 같은 조 제1항, 제3항 소정의 '통용하는'과 달리, 강제통용력이 없이 사실상 거래 대가의 지급수단이 되고 있는 상태를 가리킨다. [2] 스위스 화폐로서 1998년까지 통용되었으나 현재는 통용되지 않고 다만 스위스 은행에서 신권과의 교환이 가능한 진폐(眞幣)가 형법 제207조 제2항 소정의 내국에서 '유통하는' 외국의 화폐에 해당하지 아니한다고 한 사례(2002도3340) (22 1차)

☐ **500원 주화 사건** : 피고인들이 한국은행발행 500원짜리 주화의 표면 일부를 깎아내어 손상을 가하였지만 그 크기와 모양 및 대부분의 문양이 그대로 남아 있어, 이로써 기존의 500원짜리 주화의 명목가치나 실질가치가 변경되었다거나, 객관적으로 보아 일반인으로 하여금 일본국의 500¥짜리 주화로 오신케 할 정도의 새로운 화폐를 만들어 낸 것이라고 볼 수 없고, 일본국의 자동판매기 등이 위와 같이 가공된 주화를 일본국의 500¥짜리 주화로 오인한다는 사정만을 들어 그 명목가치가 일본국의 500¥으로 변경되었다거나 일반인으로 하여금 일본국의 500¥짜리 주화로 오신케 할 정도에 이르렀다고 볼 수도 없다(2000도3950) (23 1차)

Ⅲ. 외국통용 외국통화 위조 · 변조죄 (미수범 처벌, 예비 · 음모 처벌)

Ⅳ. 위조 · 변조통화행사 등 죄 (미수범 처벌)

- **행사** : 위조, 변조된 통화의 점유나 처분권을 타인에게 이전하여 **진정한 통화로 유통되게** 하는 것을 말한다. 통화를 유통시켜야 하므로 단순히 자기의 신용력을 보이기 위하여 위조통화를 제시하는 것만으로는 행사라고 할 수 없다. 그리고 위조된 정을 알고 있는 자에게 행사하는 것은 원칙적으로 행사가 될 수 없으나, 피교부자가 유통시키리라는 정을 알고 준 경우에는 행사죄가 성립한다.

  ☐ 위조통화행사죄의 객체인 위조통화는 유통과정에서 일반인이 진정한 통화로 오인할 정도의 외관을 갖추어야 한다. (22 1차)

  ☐ **위조통화임을 알고 있는 자에게 교부한 사건** : 위조통화임을 알고 있는 자에게 그 위조통화를 교부한 경우에 피교부자가 이를 유통시키리라는 것을 예상 내지 인식하면서 교부하였다면, 그 교부행위 자체가 통화에 대한 공공의 신용 또는 거래의 안전을 해할 위험이 있으므로 위조통화행사죄가 성립한다(2002도3340) (22 1차)

  ☐ **위조통화행사죄와 사기죄** : 통화위조죄에 관한 규정은 공공의 거래상의 신용 및 안전을 보호하는 공공적인 법익을 보호함을 목적으로 하고 있고, 사기죄는 개인의 재산법익에 대한 죄이어서 양자는 그 보호법익을 달리하고 있으므로 위조통화를 행사하여 재물을 불법영득한 때에는 위조통화행사죄와 사기죄의 양 죄가 성립된다(79도840) (12 변시)(22 1차)

Ⅴ. 위조 · 변조통화 취득죄 (미수범 처벌)

Ⅵ. 위조통화취득 후 지정행사죄

Ⅶ. 통화유사물제조등죄 (미수범 처벌)

Ⅷ. 통화위조 · 변조 예비 · 음모죄

제2절 | 유가증권에 관한 죄

I. 유가증권 위조·변조죄 (미수범 처벌, 예비·음모 처벌)

- **공채증서** : 국가 지방자치단체에서 발행하는 국채 또는 지방채와 같은 증권을 말한다.
- **유가증권** : 증권에 재산상의 권리가 화체되어 있어 그 재산상의 권리의 행사와 처분에 그 증권의 점유를 필요로 하는 것을 말하며 반드시 적법·유효하거나 유통성을 가질 필요는 없다. **예** 어음, 수표, 공중전화카드, 스키장 리프트탑승권, 할부구매전표 등

  □ **유가증권의 의미** : 형법 제214조의 유가증권이란 증권상에 표시된 재산상의 권리의 행사와 처분에 증권의 점유를 필요로 하는 것을 총칭하는 것으로서 그 명칭에 불구하고 재산권이 증권에 화체된다는 것과 그 권리의 행사와 처분에 증권의 점유를 필요로 한다는 두 가지 요소를 갖추면 족하고, 반드시 유통성을 가질 필요는 없다 (2001도2832)

- **위조** : 위조란 작성권한 없는 자가 타인명의를 사칭하여 그 본인명의의 유가증권을 발행하는 것을 말한다. 그리고 위조는 일반거래의 신용을 해할 위험성이 매우 크므로 사자 또는 허무인 명의라도 위조죄가 성립한다. 그러나 타인명의를 모용했더라도 거래상 자기를 표시하는 방법으로 사용하여 온 경우에는 위조가 되지 아니한다.

  □ **사망자 또는 허무인 명의의 유가증권을 위조 사건** : 약속어음과 같이 유통성을 가진 유가증권의 위조는 일반거래의 신용을 해하게 될 위험성이 매우 크다는 점에서 적어도 행사할 목적으로 외형상 일반인으로 하여금 진정하게 작성된 유가증권이라고 오신케 할 수 있을 정도로 작성된 것이라면 그 발행명의인이 가령 실재하지 않은 사자 또는 허무인이라 하더라도 그 위조죄가 성립된다고 해석함이 상당하다 (2010도1025)

  □ 발행 명의인이 실재하지 않은 허무인이라도 외형상 일반인이 진정하게 작성된 유가증권이라고 착각할 수 있을 정도로 작성되었으면 위조에 해당한다. (23 1차)

  □ **찢어진 폐지를 조합한 사건** : 찢어서 폐지로 된 타인발행 명의의 약속어음 파지편을 이용 조합하여 어음의 외형을 갖춘 경우에는 새로운 약속어음을 작성한 것으로서 그 행사의 목적이 있는 이상 유가증권위조죄가 성립한다(74도3442) (23 1차)

- **변조** : 변조는 진정한 유가증권내용을 권한 없는 자가 동일성을 침해하지 않는 범위 안에서 변경하는 것을 말한다. 그리고 진실에 합치하도록 변경한 것이라 하더라도 권한 없이 변경한 경우에는 변조가 된다. 또한 이러한 변조행위는 간접정범에 의하여도 가능하다.

□ **변조의 의미** : 유가증권변조죄에 있어서 변조라 함은 진정으로 성립된 유가증권의 내용에 권한 없는 자가 그 유가증권의 동일성을 해하지 않는 한도에서 변경을 가하는 것을 말한다(84도1862)

□ **위조된 약속어음 사건** : 유가증권변조죄에 있어서 변조라 함은 진정으로 성립된 유가증권의 내용에 권한 없는 자가 그 유가증권의 동일성을 해하지 않는 한도에서 변경을 가하는 것을 말하므로, 이미 타인에 의하여 위조된 약속어음의 기재사항을 권한 없이 변경하였다고 하더라도 유가증권변조죄는 성립하지 아니한다(2005도4764)

□ **약속어음의 액면금액을 변경하는 것은 변조라는 판례** : 약속어음의 액면금액을 권한 없이 변경하는 것은 유가증권변조에 해당할 뿐 유가증권위조는 아니므로, 약속어음의 액면금액을 권한 없이 변경하는 행위가 당초의 위조와는 별개의 새로운 유가증권위조로 된다고 할 수 없다(2005도4764)

□ **백지어음의 할인을 위임 받은 사건** : 약속어음의 발행인으로부터 어음금액이 백지인 약속어음의 할인을 위임받은 자가 위임 범위 내에서 어음금액을 기재한 후 어음할인을 받으려고 하다가 그 목적을 이루지 못하자 유통되지 아니한 당해 약속어음을 원상태로 발행인에게 반환하기 위하여 어음금액의 기재를 삭제하는 것은 그 권한 범위 내에 속한다고 할 것이므로, 이를 유가증권변조라고 볼 수 없다고 한 사례 (2005도6267) (13 변시)

- **죄수** : 본죄의 죄수는 **유가증권의 매수를 기준으로** 결정한다. 따라서 1통의 유가증권에 수개의 위조 또는 변조가 있는 때에는 포괄일죄가 되고, 수통의 유가증권을 위조한 경우에는 경합범이 된다.

□ **유가증권위조죄의 죄수 판단** : 유가증권위조죄의 죄수는 원칙적으로 위조된 유가증권의 매수를 기준으로 정할 것이므로, 약속어음 2매의 위조행위는 포괄일죄가 아니라 경합범이다(82도2938)

Ⅱ. 기재의 위조 · 변조죄 (미수범 처벌, 예비 · 음모 처벌)

Ⅲ. 자격모용에 의한 유가증권작성죄 (미수범 처벌, 예비 · 음모 처벌)

Ⅳ. 허위유가증권작성죄 (미수범 처벌)

- **허위의 유가증권작성** : 허위의 유가증권을 작성한다는 것은 작성권한 있는 자가 타인의 작성명의를 모용하지 않고 기본적 증권행위에 관해 허위의 내용을 기재하여 자기명의의 새로운 유가증권을 만들어 내는 것을 말한다.

□ **선하증권 사건** : 선하증권 기재의 화물을 인수하거나 확인하지도 아니하고 또한 선적할 선편조차 예약하거나 확보하지도 않은 상태에서 수출면장만을 확인한 채 실제로 선적한 일이 없는 화물을 선적하였다는 내용의 선하증권을 발행, 교부하였다면 피고인들은 위 선하증권을 작성하면서 진실에 반하는 허위의 기재를 하였음이 명백하다(95도803)

- **허위의 사항기재** : 유가증권에 허위사항을 기재한다는 것은 기재권한 있는 자가 기존의 유가증권에 배서·인수·보증과 같은 부수적 증권행위를 할 때에 진실에 반하는 사항을 기재하는 것을 말한다. 그러나 허위의 기재가 기존의 권리관계에 아무런 영향을 미치지 않는 사항인 경우에는 본죄에 해당하지 않는다.

□ **배서인 주소 사건** : 배서인의 주소기재는 배서의 요건이 아니므로 약속어음 배서인의 주소를 허위로 기재하였다고 하더라도 그것이 배서인의 인적 동일성을 해하여 배서인이 누구인지를 알 수 없는 경우가 아닌 한 약속어음상의 권리관계에 아무런 영향을 미치지 않는다 할 것이고, 따라서 약속어음상의 권리에 아무런 영향을 미치지 않는 사항은 그것을 허위로 기재하더라도 형법 제216조 소정의 허위유가증권작성죄에 해당되지 않는다(84도547)

V. 위조유가증권등의 행사등죄 (미수범 처벌)

- **복사본의 행사죄의 객체성** : 위조유가증권을 전자복사기 등을 사용하여 기계적으로 복사한 사본이 이에 해당하는지에 대하여 ① 다수설은 문서에 관한 죄에 규정되어 있는 형법 제237조의2를 확인규정으로 이해하고 이를 유가증권에 관한 죄에 준용하여 복사된 위조유가증권도 본죄의 객체가 된다는 **긍정설**의 입장이지만, ② 판례는 위조유가증권행사죄에 있어서의 유가증권이라 함은 위조된 유가증권의 원본을 말하는 것이지 전자복사기 등을 사용하여 기계적으로 복사한 사본은 이에 해당하지 않는다고 하여 **부정설**의 입장이다.

□ **위조된 약속어음 복사한 사본 사건** : 위조유가증권행사죄에 있어서의 유가증권이라 함은 위조된 유가증권의 원본을 말하는 것이지 전자복사기 등을 사용하여 기계적으로 복사한 사본은 이에 해당하지 않는다(97도2922) (13 변시)

- **행위** : 행사, 수입 또는 수출하는 것이다. 행사와 관련하여 위조된 정을 아는 자에게는 원칙적으로 행사죄가 성립하지 않으나, 위조된 정을 아는 자가 행사의사가 분명한 경우에는 예외적으로 행사죄가 성립할 수 있다.

□ **위조죄의 공범 사이에서 위조유가증권을 교부한 사건** : 위조유가증권의 교부자와 피교부자가 서로 유가증권위조를 공모하였거나 위조유가증권을 타에 행사하여 그 이익을 나누어 가질 것을 공모한 공범의 관계에 있다면, 그들 사이의 위조유가증권 교부행위는 그들 이외의 자에게 행사함으로써 범죄를 실현하기 위한 전단계의 행위에 불과한 것으로서 위조유가증권은 아직 범인들의 수중에 있다고 볼 것이지 행사되었다고 볼 수는 없다(2010도12553) (19 변시)

제3절 | 문 서 에 관 한 죄

Ⅰ. 문서에 관한 죄의 일반이론

- **유형위조** : 유형위조란 문서를 작성할 권한이 없는 자가 타인의 명의를 사칭하여 타인명의의 문서를 작성하는 것을 말한다.
- **무형위조** : 무형위조란 문서를 작성할 권한이 있는 자가 진실에 반하는 문서를 작성하는 것을 말한다. 입법주의 중 실질주의가 반영된 위조개념이다.

  □ **사문서의 무형위조** : 피고인들이 작성한 회의록에다 참석한 바 없는 소외인이 참석하여 사회까지 한 것으로 기재한 부분은 사문서의 무형위조에 해당할 뿐이어서 사문서의 유형위조만을 처벌하는 현행 형법하에서는 죄가 되지 아니한다(83도2645) [2023 변시]

- **문서의 개념** : 문서는 문자 또는 이를 대신하는 부호에 의한 의사표시를 담고, 법적으로 중요한 사실을 증명해 줄 수 있고, 작성명의인을 인식시켜줄 수 있는 물체를 말한다. 광의의 문서에는 문자로 표시된 협의의 문서 외에 도화가 포함된다. 이러한 문서는 ① 계속적 기능 ② 증명적 기능 ③ 보장적 기능의 세 가지 개념요소를 내포하고 있다.
- **복사문서의 문서성** : 전자복사 내지는 사진복사에 의한 복사문서의 문서성에 대하여 논란이 있었지만, 1995년의 개정형법 제237조의2에서는 복사문서의 문서성을 인정하여 입법적으로 해결하였다.

  □ **문서의 사본과 재사본도 문서라는 판례** : 형법 제237조의2에 따라 전자복사기, 모사전송기 기타 이와 유사한 기기를 사용하여 복사한 문서의 사본도 문서원본과 동일한 의미를 가지는 문서로서 이를 다시 복사한 문서의 재사본도 문서위조죄 및 동 행사죄의 객체인 문서에 해당한다(2004도5183) (12 변시)

- **계속적 기능** : 계속적 기능이란 문서는 사람의 관념·의사가 물체에 화체되어 외부적으로 표시된 것으로서 어느 정도 계속성이 있어야 한다는 것을 말한다.

- **컴퓨터 이미지** : 컴퓨터 모니터 화면에 나타나는 이미지는 계속적으로 화면에 고정된 것이 아니므로 문서에 해당하지 않는다. 그러나 위조된 문서의 이미지 파일을 전송하는 것은 행사죄가 성립한다는 점을 주의해야 한다.

  > ☐ **이미지 사건** : 컴퓨터 모니터 화면에 나타나는 이미지는 이미지 파일을 보기 위한 프로그램을 실행할 경우에 그때마다 전자적 반응을 일으켜 화면에 나타나는 것에 지나지 않아서 계속적으로 화면에 고정된 것으로는 볼 수 없으므로, 형법상 문서에 관한 죄에 있어서의 '문서'에는 해당되지 않는다고 할 것이다(2008도1013) (14 변시)(18 변시)(20 변시)(21 변시)

- **증명적 기능** : 증명적 기능이란 문서내용은 일정한 법률관계와 사회생활의 중요사항을 증명할 수 있어야 한다는 것을 말한다.

  > ☐ **호소문 사건** : ○○작가협회 회원이 타인의 명의를 도용하여 협회 교육원장을 비방하는 내용의 호소문을 작성한 후 이를 협회 회원들에게 우편으로 송달한 경우, 사문서위조죄와 명예훼손죄가 각 성립하고, 이는 실체적 경합관계라고 한 사례 (2008도8527) (17 변시)

- **보장적 기능** : 보장적 기능이란 문서에는 의사표시의 내용을 보증할 수 있는 의사표시의 주체 즉 명의인이 표시되어 있어야 한다는 것을 말한다.
- **사자 또는 허무인 명의의 문서** : 문서의 명의인은 실재할 필요는 없으며 사자나 허무인 명의의 문서라도 공문서·사문서 구별없이 일반인에게 진정한 문서로 오신될 염려가 있으면 문서죄의 객체가 될 수 있다. 종래 판례는 사자나 허무인 명의로 작성된 사문서의 경우에는 원칙적으로 사문서위조죄의 성립을 인정하지 않았으나, **2005년 전합 판례를 통하여 사자나 허무인 명의의 사문서의 경우에도 사문서위조죄의 성립을 인정하여 종전의 판례를 변경하였다.** [2012 2차][2015 변시][2023 변시]

  > ☐ **사자 또는 허무인 명의의 문서도 사문서위조죄가 성립한다는 전합 판례** : 문서위조죄는 문서의 진정에 대한 공공의 신용을 그 보호법익으로 하는 것이므로 행사할 목적으로 작성된 문서가 일반인으로 하여금 당해 명의인의 권한 내에서 작성된 문서라고 믿게 할 수 있는 정도의 형식과 외관을 갖추고 있으면 문서위조죄가 성립하는 것이고, 위와 같은 요건을 구비한 이상 그 명의인이 실재하지 않는 허무인이거나 또는 문서의 작성일자 전에 이미 사망하였다고 하더라도 그러한 문서 역시 공공의 신용을 해할 위험성이 있으므로 문서위조죄가 성립한다고 봄이 상당하며, 이는 공문서뿐만 아니라 사문서의 경우에도 마찬가지라고 보아야 한다(2002도18 전합) (12 변시)(15 변시)(18 변시)(21 변시)

Ⅱ. 사문서등의 위조 · 변조죄 (미수범 처벌)

- **타인명의의 문서 또는 도화** : 타인의 문서 또는 도화에서의 타인은 소유자 등을 의미하는 것이 아니라 명의인을 지칭한다. 따라서 타인의 문서 또는 도화란 사문서 · 사도화 중 범인과 그 공범자 이외의 자(자연인 · 법인 · 법인격 없는 단체 불문)가 작성명의인인 문서 또는 도화를 말한다.

  □ **담뱃갑 사건** : 담뱃갑은 그 안에 있는 담배가 '길림연초공업유한책임공사'가 제조하는 '장백산' 담배 또는 '북경시연초질량감독검측참'이 제조하는 '중남해' 담배라는 사실을 증명하는 것으로서 각 사문서 등 위조의 대상이 되는 도화에 해당한다는 이유로, 위 공소사실을 무죄로 인정한 원심판단에 법리오해의 위법이 있다고 한 사례(2010도2705) (12 변시)

- **위조** : 작성권한 없는 자가 타인명의를 모용하여 문서를 작성하는 것을 말한다.

  □ **가명이나 위명을 사용한 사건** : 실제의 본명 대신 가명이나 위명을 사용하여 사문서를 작성한 경우에 그 문서의 작성명의인과 실제 작성자 사이에 인격의 동일성이 그대로 유지되는 때에는 위조가 되지 않으나, 명의인과 작성자의 인격이 상이할 때에는 위조죄가 성립할 수 있다(2010도1835) (23 1차)

- **대리권자 또는 대표자가 권한 있는 경우** : 원칙적으로 권한이 있으므로 문서에 관한 죄는 성립하지 아니하나 ① 권한을 초월한 경우에는 사문서 위조죄 등 문서에 관한 죄가 성립하지만 ② 권한을 남용한 경우에는 사기죄 또는 배임죄의 성립을 별론으로 하고 문서에 관한 죄는 성립하지 아니한다.

  □ **명의자의 명시적 · 묵시적 승낙이 있은 사건** : 문서의 위조라고 하는 것은 작성권한 없는 자가 타인 명의를 모용하여 문서를 작성하는 것을 말하는 것이므로 사문서를 작성함에 있어 그 명의자의 명시적이거나 묵시적인 승낙(위임)이 있었다면 이는 사문서위조에 해당한다고 할 수 없다(97도183)

  □ **명의자의 추정적 승낙** : 행위 당시 명의자의 현실적인 승낙은 없었지만 행위 당시의 모든 객관적 사정을 종합하여 명의자가 행위 당시 그 사실을 알았다면 당연히 승낙했을 것이라고 추정되는 경우 역시 사문서의 위 · 변조죄가 성립하지 않는다고 할 것이나, 명의자의 명시적인 승낙이나 동의가 없다는 것을 알고 있으면서도 명의자 이외의 자의 의뢰로 문서를 작성하는 경우 명의자가 문서작성 사실을 알았다면 승낙하였을 것이라고 기대하거나 예측한 것만으로는 그 승낙이 추정된다고 단정할 수 없다(2007도9987) (14 변시)

☐ **위임받은 권한의 초월과 남용** : 문서 작성권한의 위임이 있는 경우라고 하더라도 그 위임을 받은 자가 그 위임받은 권한을 초월하여 문서를 작성한 경우는 사문서위조죄가 성립하고, 단지 위임받은 권한의 범위 내에서 이를 남용하여 문서를 작성한 것에 불과하다면 사문서위조죄가 성립하지 아니한다고 할 것이다(2010도690) (16 변시)(21 3차)(23 1차)

☐ **매수인으로부터 포괄적 위임을 받은 대리인 사건** : 매수인으로부터 매도인과의 토지매매계약체결에 관하여 포괄적 권한을 위임받은 자는 위임자 명의로 토지매매계약서를 작성할 적법한 권한이 있다 할 것이므로 매수인으로부터 그 권한을 위임받은 피고인이 실제 매수가격 보다 높은 가격을 매매대금으로 기재하여 매수인 명의의 매매계약서를 작성하였다 하여도 그것은 작성권한 있는 자가 허위내용의 문서를 작성한 것일 뿐 사문서위조죄가 성립될 수는 없다(84도1146) (18 변시)

☐ **지배인이 권한 남용한 사건** : 원래 주식회사의 지배인은 회사의 영업에 관하여 재판상 또는 재판 외의 모든 행위를 할 권한이 있으므로, 지배인이 직접 주식회사 명의문서를 작성하는 행위는 위조나 자격모용사문서작성에 해당하지 않는 것이 원칙이고, 이는 그 문서의 내용이 진실에 반하는 허위이거나 권한을 남용하여 자기 또는 제3자의 이익을 도모할 목적으로 작성된 경우에도 마찬가지이다(2010도1040) (16 변시)(18 변시)

☐ **변호사회 경유증표 사건** : 문서위조 및 동행사죄의 보호법익은 문서에 대한 공공의 신용이므로 '문서가 원본인지 여부'가 중요한 거래에서 문서의 사본을 진정한 원본인 것처럼 행사할 목적으로 다른 조작을 가함이 없이 문서의 원본을 그대로 컬러복사기로 복사한 후 복사한 문서의 사본을 원본인 것처럼 행사한 행위는 사문서위조죄 및 동행사죄에 해당한다(2016도208) (21 3차)

• **작성의 정도** : 문서작성의 정도는 문서의 형식과 내용면에서 반드시 완전한 것을 요하지 않으며, 일반인들이 진정문서로 오인할 정도의 형식과 외관을 갖추면 충분하다.

☐ **사문서위조의 작성의 정도** : 사문서위조죄는 명의자가 진정으로 작성한 문서로 볼 수 있을 정도의 형식과 외관을 갖추어 일반인이 명의자의 진정한 사문서로 오신하기에 충분한 정도이면 성립한다(2016도2081)

• **기존의 문서를 이용하는 경우** : 기존의 문서를 이용하는 경우에는 네 가지 유형이 있는 바 ① 기존의 미완성문서를 가공하여 완성시키는 경우 ② 기존의 진정문서를 동일성이 상실되도록 고치는 경우 ③ 무효가 된 문서를 가공하여 새로운 문서를 작성하는 경우 ④ 복사문서의 문서성이 인정되기 때문에 복사의 방법을 통한 경우가 있다.

☐ **위조된 문서원본을 전자복사하는 것도 위조라는 판례** : 전자복사기로 복사한 문서의 사본도 문서위조죄 및 동 행사죄의 객체인 문서에 해당하고, 위조된 문서 원본을 단순히 전자복사기로 복사하여 그 사본을 만드는 행위도 공공의 신용을 해할 우려가 있는 별개의 문서 사본을 창출하는 행위로서 문서위조행위에 해당한다(96도785) (12 변시)(16 변시)

☐ **효력이 상실된 홍콩국제운전면허증 사건** : 문서위조죄는 문서의 진정에 대한 공공의 신용을 그 보호법익으로 하는 것이므로, 피고인이 위조하였다는 국제운전면허증이 그 유효기간을 경과하여 본래의 용법에 따라 사용할 수는 없게 되었다고 하더라도, 이를 행사하는 경우 그 상대방이 유효기간을 쉽게 알 수 없도록 되어 있거나 위 문서 자체가 진정하게 작성된 것으로서 피고인이 명의자로부터 국제운전면허를 받은 것으로 오신하기에 충분한 정도의 형식과 외관을 갖추고 있다면 피고인의 행위는 문서위조죄에 해당한다(98도164) (23 변시)

• **작성명의인을 이용한 간접정범** : 작성명의인이 해당문서의 작성사실 자체를 알지 못하거나 그 내용을 오신하고 있다면 위조죄의 간접정범을 인정할 수 있으나, 작성명의인이 해당문서의 내용을 알고 그러한 내용의 문서를 작성할 의사가 있다면 사기 내지 배임은 별론으로 하고 위조는 성립하지 않는다.

☐ **명의자를 이용한 경우 판례 법리** : [1] 문서의 작성명의자를 기망하여 명의자가 당해 문서에 기재된 의사표시를 한다는 사실 자체를 알지 못하는 상태에서 문서에 서명날인하게 하거나, 작성 명의자로 하여금 문서의 내용을 오신시켜 이를 이용하여 문서에 서명날인을 받은 경우 타인 명의를 모용한 것으로서 사문서위조죄가 성립한다. [2] 그러나 문서 작성명의자가 당해 문서의 행사결과 취득할 금전이나 재산상 이득의 처분 등에 관하여 타인으로부터 기망을 당하거나 착오에 빠져 직접 문서를 작성하여 타인에게 교부하거나, 문서작성권한을 타인에게 위임하거나 문서작성을 승낙하여 타인으로 하여금 문서를 작성하게 한 경우에는 문서작성 자체는 명의인의 의사에 기인한 것이므로 사문서위조죄를 구성하지 않는다(2003도5340)

• **변조** : 변조는 정당한 권한 없이 이미 진정하게 성립된 타인명의의 문서내용에 그 동일성이 침해되지 않을 정도의 변경을 가하는 것을 말한다.

☐ **사문서변조죄의 개념** : 사문서변조죄는 권한 없는 자가 이미 진정하게 성립된 타인 명의의 문서내용에 대하여 동일성을 해하지 않을 정도로 변경을 가하여 새로운 증명력을 작출케 함으로써 공공적 신용을 해할 위험성이 있을 때 성립한다 (2010도14587)

☐ **2인 이상의 연명문서 사건** : 문서에 2인 이상의 작성명의인이 있는 때에 그 명의자의 한사람이 타 명의자와 합의 없이 행사할 목적으로 그 문서의 내용을 변경하였을 때는 사문서변조죄가 성립된다(77도1736) (12 변시)(17 변시)

☐ **명의인의 의사에 합치한 사건** : 사문서변조에 있어서 그 변조 당시 명의인의 명시적, 묵시적 승낙없이 한 것이면 변조된 문서가 명의인에게 유리하여 결과적으로 그 의사에 합치한다 하더라도 사문서변조죄의 구성요건을 충족한다(84도2422) (17 변시) (23 변시)(22 3차)

☐ **이사회 회의록 거부사유 삭제한 사건** : 이사가 이사회 회의록에 서명 대신 서명거부 사유를 기재하고 그에 대한 서명을 하면, 특별한 사정이 없는 한 그 내용은 이사회 회의록의 일부가 되고, 이사회 회의록의 작성권한자인 이사장이라 하더라도 임의로 이를 삭제한 경우에는 이사회 회의록 내용에 변경을 가하여 새로운 증명력을 가져오게 되므로 사문서변조에 해당한다(2016도20954) (23 3차)

• **변조의 대상** : 변조의 대상은 이미 진정하게 성립된 타인명의의 문서에 한한다. 따라서 위조되거나 변조된 문서는 변조의 대상이 될 수 없다. 또한 자기명의의 문서는 변조의 대상이 될 수 없으며, 자기명의의 문서가 타인 소유인 경우에는 문서손괴죄에 해당할 수 있을 뿐이다.

☐ **진정하게 성립된 타인 명의의 문서가 존재하지 않는다면 사문서변조죄가 성립할 수 없다는 판례** : 사문서변조죄는 권한 없는 자가 이미 진정하게 성립된 타인 명의의 문서 내용에 대하여 동일성을 해하지 않을 정도로 변경을 가하여 새로운 증명력을 작출케 함으로써 공공적 신용을 해할 위험성이 있을 때 성립한다. 따라서 이미 진정하게 성립된 타인 명의의 문서가 존재하지 않는다면 사문서변조죄가 성립할 수 없다(2014도14924)

• **죄수의 판단기준** : 문서에 관한 죄의 죄수를 결정하는 기준에 대하여는 논의가 있지만, 명의인을 기준으로 한다는 **명의인 기준설**이 판례의 태도이다.

☐ **문서죄의 죄수 판단** : 문서에 2인 이상의 작성명의인이 있을 때에는 각 명의자 마다 1개의 문서가 성립되므로 2인 이상의 연명으로 된 문서를 위조한 때에는 작성명의인의 수대로 수 개의 문서위조죄가 성립하고 또 그 연명문서를 위조하는 행위는 자연적 관찰이나 사회통념상 하나의 행위라 할 것이어서 위 수개의 문서위조죄는 형법 제40조가 규정하는 상상적 경합범에 해당한다(87도564) (24 변시)

Ⅲ. 공문서 위조 · 변조죄 (미수범 처벌)

• **객체** : 공문서 또는 공도화이다. 공문서 또는 공도화란 공무원 또는 공무소가 직무상 작성한 문서 또는 도화를 말한다. 공무원 또는 공무소는 반드시 실재함을 요하지 않는다. 그리고 공무원이 직무상 작성한 문서이면 공법관계에서 작성된 문서인가 또는 사법관계에서 작성한 문서인가는 불문한다.

□ **공무소 또는 공무원이 실존하지 않는 사건** : 위조된 문서가 일반인으로 하여금 공무
소 또는 공무원의 직무권한내에서 작성된 것으로 믿을 만한 형식 외관을 갖추고
있으면 설령 그러한 공무소 또는 공무원이 실존하지 아니하여도 공문서위조죄가
성립하는 것이다(76도1767)

• **공무를 대행하는 경우** : 공무원과 공무소가 아닌 경우에는 형법 또는 기타 특별법에 의하
여 공무원 등으로 의제되는 경우를 제외하고는 계약 등에 의하여 공무와 관련되는 업무
를 일부 대행하는 경우가 있다고 하더라도 공무원 또는 공무소가 될 수 없다.

□ **공문서의 개념과 범위** : 공문서위조죄의 객체인 공문서는 공무원 또는 공무소가 그
직무에 관하여 작성하는 문서로서, 그 행위 주체가 공무원과 공무소가 아닌 경우에
는 형법 또는 기타 특별법에 의하여 공무원 등으로 의제되는 경우를 제외하고는
계약 등에 의하여 공무와 관련되는 업무를 일부 대행하는 경우가 있다고 하더라도
공무원 또는 공무소가 될 수 없고, 특히 형벌법규의 구성요건을 법률의 규정도
없이 유추 해석하는 것은 죄형법정주의 원칙에 반한다(2015도15842) (23 1차)

• **행위** : 위조 〈사문서위조죄 참조〉

□ **복사하는 행위도 위조라는 판례** : 진정한 문서의 사본을 전자복사기를 이용하여 복
사하면서 일부 조작을 가하여 그 사본 내용과 전혀 다르게 만드는 행위는 공공의
신용을 해할 우려가 있는 별개의 문서사본을 창출하는 행위로서 문서위조 행위에
해당한다(2004도5183) (16 변시)

□ **공문서위조의 정도** : 일반인으로 하여금 공무원 또는 공무소의 권한 내에서 작성된
문서라고 믿을 수 있는 형식과 외관을 구비한 문서를 작성하면 공문서위조죄가
성립하지만, 평균수준의 사리분별력을 갖는 사람이 조금만 주의를 기울여 살펴보
면 공무원 또는 공무소의 권한 내에서 작성된 것이 아님을 쉽게 알아볼 수 있을
정도로 공문서로서의 형식과 외관을 갖추지 못한 경우에는 공문서위조죄가 성립
하지 않는다(2019도8443) (22 3차)

□ **주민등록증 사진 변경한 사건** : 피고인이 행사할 목적으로 타인의 주민등록증에 붙
어 있는 사진을 떼어내고 그 자리에 피고인의 사진을 붙였다면 이는 기존 공문서의
본질적 또는 중요부분에 변경을 가하여 새로운 증명력을 가지는 별개의 공문서를
작성한 경우에 해당하므로 공문서위조죄를 구성한다(91도1610) (15 변시)

□ 공무원 아닌 자가 허위내용의 증명원을 제출한 사건 : 어느 문서의 작성권한을 갖는 공무원이 그 문서의 기재 사항을 인식하고 그 문서를 작성할 의사로써 이에 서명날인하였다면, 설령 그 서명날인이 타인의 기망으로 착오에 빠진 결과 그 문서의 기재사항이 진실에 반함을 알지 못한 데 기인한다고 하여도, 그 문서의 성립은 진정하며 여기에 하등 작성명의를 모용한 사실이 있다고 할 수는 없으므로, 공무원 아닌 자가 관공서에 허위 내용의 증명원을 제출하여 그 내용이 허위인 정을 모르는 담당공무원으로부터 그 증명원 내용과 같은 증명서를 발급받은 경우 공문서위조 죄의 간접정범으로 의율할 수는 없다(2000도938) (17 변시)(21 변시)

• **행위 : 변조** 〈사문서변조죄 참조〉

□ 보조공무원이 변조한 사건 : 최종 결재권자를 보조하여 문서의 기안업무를 담당한 공무원이 이미 결재를 받아 완성된 공문서에 대하여 적법한 절차를 밟지 않고 그 내용을 변경한 경우에도 특별한 사정이 없는 한 공문서변조죄가 성립한다(2016 도5218) (21 변시)

□ 허위로 작성된 공문서 변조 사건 : 공문서변조라 함은 권한없이 이미 진정하게 성립 된 공무원 또는 공무소명의의 문서내용에 대하여 그 동일성을 해하지 아니할 정도 로 변경을 가하는 것을 말한다 할 것이므로 이미 허위로 작성된 공문서는 형법 제225조 소정의 공문서변조죄의 객체가 되지 아니한다(86도1984) (22 3차)

□ 등기사항전부증명서 열람일시 삭제하여 복사한 사건 : 피고인이 등기사항전부증명서 의 열람일시를 삭제하여 복사한 행위는 변경 전 등기사항전부증명서가 나타내는 관리 · 사실관계와 다른 새로운 증명력을 가진 문서를 만든 것에 해당하고 그로 인하여 공공적 신용을 해할 위험성도 발생하였으므로 공문서변조죄의 성립을 긍 정한 사례(2018도19043) (23 변시)(22 3차)(23 3차)

□ 인감증명서의 사용용도란의 기재는 증명청인 동장이 작성한 증명문구에 의하여 증명되는 부분과는 아무런 관계가 없다고 할 것이므로, 권한 없는 자가 임의로 인감증명서의 사용용도란의 기재를 고쳐 썼다고 하더라도 공무원 또는 공무소의 문서내용에 대하여 변경을 가하여 새로운 증명력을 작출한 경우라고 볼 수 없으므 로 공문서변조죄나 이를 전제로 하는 변조공문서행사죄가 성립되지 않는다(2004도 2767) (21 2차)

Ⅳ. 자격모용에 의한 사문서의 작성죄 (미수범 처벌)

Ⅴ. 자격모용에 의한 공문서작성죄 (미수범 처벌)

Ⅵ. 허위진단서 등의 작성죄 (미수범 처벌, 진정신분범)

> ☐ 「형법」에는 사문서의 무형위조를 처벌하는 규정이 있다. (21 2차)

- **허위작성** : 허위작성이란 작성권한 있는 자가 허위내용을 기재하여 허위문서를 작성하는 것을 말한다. 허위란 객관적으로 진실에 반하는 것을 말한다. 따라서 주관적으로 허위라고 생각하였어도 객관적으로 진실한 내용이면 허위가 아니다.

> ☐ **허위진단서 작성죄의 허위의 의미** : 허위진단서 작성죄에 있어서 허위의 기재는 사실에 관한 것이건, 판단에 관한 것이건 불문하는 것이나, 본죄는 원래 허위의 증명을 금지하려는 것이므로 그 내용이 허위라는 의사의 주관적 인식이 필요함은 물론, 실질상 진실에 반하는 기재일 것이 필요하다(89도2083) (18 변시)

- **허위공문서작성죄와의 관계** : 허위사문서작성죄의 의사·한의사·치과의사·조산사는 사인으로서 자격을 가진 자만을 의미한다. 이와 관련하여 공무원인 의사가 허위진단서를 작성한 경우 허위공문서작성죄와의 관계가 문제되지만, **판례는 허위공문서작성죄만 성립한다는 입장이다.**

> ☐ 공무원인 의사가 공무소의 명의로 허위진단서를 작성하면 허위공문서작성죄만 성립하고 허위진단서작성죄는 별도로 성립하지 않는다는 판례(2003도7762) (12 변시)(18 변시)

Ⅶ. 허위공문서작성등죄 (미수범 처벌, 진정신분범)

- **작성권한 있는 공무원** : 본죄는 공무원 중에서도 해당 공문서를 작성할 권한 있는 공무원만이 주체가 되며, 공무원이라 할지라도 작성권한이 없는 자는 본죄의 주체가 될 수 없다. 따라서 공무원이 직무와 관계없이 그 권한 이외의 사항에 관하여 허위공문서를 작성하거나, 문서작성보조자가 결재를 받지 않고 허위문서를 작성한 경우에는 본죄가 아니라 공문서위조죄가 성립할 뿐이다.

> ☐ **허위공문서작성죄는 신분범이라는 판례** : 허위공문서작성죄는 그 공문서의 작성권한자인 공무원을 주체로 하는 신분범이라고 볼 것이므로 피고인의 행위가 허위공문서작성죄에 해당한다고 하기 위하여는 피고인에게 그 작성권한이 있음을 확정하여야 한다(83도3152)

> ☐ 공무원이 아닌 자는 단독으로 허위공문서작성죄의 간접정범이 될 수 없다. (22 3차)

- 문서 또는 도화 : 공문서 또는 공도화이다. 직무에 관한 문서이면 대외적인 것인지 내부적인 것인지 묻지 않는다. 또한 작성명의인이 명시된 경우뿐만 아니라 작성인이 명시되어 있지 않더라도 문서의 형식, 내용 등 그 문서 자체에 의하여 누가 작성하였는가를 추정할 수 있는 정도면 족하다.

  □ 허위공문서작성죄의 객체 : 허위공문서작성죄에 있어서의 객체가 되는 문서는 문서상 작성명의인이 명시된 경우뿐 아니라 작성명의인이 명시되어 있지 아니하더라도 문서의 형식, 내용 등 그 문서 자체에 의하여 누가 작성하였는지를 추지할 수 있을 정도의 것이면 된다(95도2088) (21 변시)

- 허위작성의 의의 : 허위작성이란 작성권한 있는 자가 그 권한의 범위 내에서 객관적 진실에 반하는 허위내용을 기재하는 것을 말한다. 허위작성의 수단 · 방법에는 제한이 없으며, 작위 · 부작위를 불문한다.

  □ 허위공문서작성죄에서 '허위'의 의미 및 허위의 인식 정도 : 허위공문서작성죄에서 허위라 함은 표시된 내용과 진실이 부합하지 아니하여 그 문서에 대한 공공의 신용을 위태롭게 하는 경우를 말하는 것이고, 허위공문서작성죄는 허위공문서를 작성함에 있어 그 내용이 허위라는 사실을 인식하면 성립한다 할 것이다(2015도9010) (24 변시)(23 3차)

  □ 고의로 법령을 잘못 적용한 사건 : 허위공문서작성죄란 공문서에 진실에 반하는 기재를 하는 때에 성립하는 범죄이므로, 고의로 법령을 잘못 적용하여 공문서를 작성하였다고 하더라도 그 법령적용의 전제가 된 사실관계에 대한 내용에 거짓이 없다면 허위공문서작성죄가 성립될 수 없다(2000도1858) (23 3차)

- 작성권자를 보조하는 보조공무원의 허위공문서 작성죄의 간접정범 성립여부

  爭點083

  작성권자를 보조하는 보조공무원의 허위공문서 작성죄의 간접정범 성립여부 [2014 2차][2019 2차][2021 1차][2022 변시]

  ### 1. 논의점

  작성권자를 보조하는 공무원이 작성권자에게 허위보고를 하여 작성권자가 허위공문서를 작성한 경우에 작성권자를 보조하는 공무원이 허위공문서작성죄의 간접정범이 성립할 수 있는지에 대하여 논의가 있다.

2. 견해의 대립

이에 대하여는 ① 보조공무원은 작성명의인은 아니지만 사실상 또는 실질적으로 작성권한을 가지고 있으므로 허위공문서작성죄의 간접정범을 긍정하는 **긍정설** ② 허위공문서작성죄의 주체는 작성권한 있는 공무원에 국한되는 진정신분범이므로 보조공무원의 허위공문서작성죄의 간접정범을 부정하는 **부정설**이 대립하고 있다.

3. 판례의 태도

판례는 '보조공무원이 허위공문서를 기안하여 허위인 정을 모르는 작성권자에게 제출하고 그로 하여금 그 내용이 진실한 것으로 오신케하여 서명 또는 기명날인케 함으로써 공문서를 완성한 때에는 허위공문서작성죄의 간접정범이 성립한다'라고 하여 **긍정설**의 입장이다.

4. 검 토

생각건대 작성권자를 보조하는 자는 실질적인 작성권한을 가지고 있다고 볼 수 있으며, 작성권자를 이용하는 보조자를 처벌할 형사정책적 필요성도 있으므로 긍정설이 타당하다.

5. 관련 판례

☐ **허위공문서작성죄의 간접정범 사건** : 허위공문서작성의 주체는 직무상 그 문서를 작성할 권한이 있는 공무원에 한하고 작성권자를 보조하는 직무에 종사하는 공무원은 허위공문서작성죄의 주체가 되지 못한다. 다만 공문서의 작성권한이 있는 공무원의 직무를 보좌하는 사람이 그 직위를 이용하여 행사할 목적으로 허위의 내용이 기재된 문서 초안을 그 정을 모르는 상사에게 제출하여 결재하도록 하는 등의 방법으로 작성권한이 있는 공무원으로 하여금 허위의 공문서를 작성하게 한 경우에는 허위공문서작성죄의 간접정범이 성립한다(2011도1415) (23 변시)(21 2차)(22 2차)

☐ **신청보고서가 허위인 정을 아는 계장이 선의의 과장을 이용한 사건** ; 공무원 갑이 허위의 사실을 기재한 자동차운송사업변경(증차)허가신청 검토조서를 작성한 다음 이를 자동차운송사업변경(증차)허가신청 검토보고에 첨부하여 결재를 상신하였고, 담당계장으로서 그와 같은 사정을 알고 있는 중간 결재자인 피고인과 담당과장으로서 그와 같은 사정을 알지 못하는 최종 결재자인 을이 차례로 위 검토보고에 결재를 하여 자동차운송사업 변경허가가 이루어진 사안에서, 이는 허위의 정을 모르는 작성권자 을로 하여금 허위의 공문서를 결재 · 작성하게 한 경우에 해당하여 그 간접정범에 해당한다(2011도1415) (15 변시)

□ 훈련확인서 사건(공무원 아닌 자도 허위공문서작성죄의 간접정범의 공범이 성립할 수 있다는 판례) : 공문서의 작성권한이 있는 공무원의 직무를 보좌하는 자가 그 직위를 이용하여 행사할 목적으로 허위의 내용이 기재된 문서초안을 그 정을 모르는 상사에게 제출하여 결재하도록 하는 등의 방법으로 작성권한이 있는 공무원으로 하여금 허위의 공문서를 작성하게 한 경우에는 간접정범이 성립되고 이와 공모한 자 역시 그 간접정범의 공범으로서의 죄책을 면할 수 없을 것이고, 여기서 말하는 공범은 반드시 공무원의 신분이 있는 자로 한정되는 것은 아니라고 할 것이다(91도2837) (15 변시)(23 1차)

□ 공문서의 작성권한이 없는 공무원이 작성권한자의 결재를 받지 않고 직인 등을 보관하는 담당자를 기망하여 작성권자의 직인을 날인하도록 하여 공문서를 완성한 경우 공문서위조죄가 성립한다(2016도13912) (22 2차)(23 1차)

Ⅷ. 공정증서원본등 부실기재죄 (미수범 처벌)

□ 공무원에 대하여 허위의 신고를 하여 공정증서원본 면허증, 허가증, 등록증 또는 여권에 사실 아닌 기재를 하게 한 때에는 「형법」제228조(공정증서 원본 등의 불실기재)에 의하여 「형법」제227조(허위공문서작성등)보다 가볍게 처벌된다. (21 2차)

• **공정증서** : 공정증서란 공무원이 직무상 작성한 공문서로서 권리 · 의무에 관한 일정한 사실을 직접 증명하는 효력을 갖는 공문서를 말한다. 권리 · 의무는 공법상 · 사법상의 것을 불문하고, 사법상의 권리 · 의무는 재산상의 것은 물론 신분상의 것도 포함한다. 예 가족관계등록부, 부동산등기부, 상업등기부, 화해조서, 합동법률사무소 명의로 작성된 공정증서, 자동차 등록부 등

• **공정증서가 아닌 예** : 주민등록부와 인감대장은 공정증서가 아니라는 판례(68도1231), 토지대장은 공정증서가 아니라는 판례(87도2696), 자동차운전면허대장은 공정증서가 아니라는 판례(2010도1125)(21 변시), 민사조정법상의 조정조서는 공정증서가 아니라는 판례(2010도3232) 등.

□ 자동차운전면허증 재교부신청서의 사진란에 다른 사람의 사진을 붙여 제출함으로써 담당공무원으로 하여금 자동차운전면허대장에 불실의 사실을 기재하여 이를 비치하게 한 경우 공정증서원본불실기재죄는 성립하지 않는다(2010도1125) (21 변시) (21 3차)

□ 「민사조정법」에 의한 조정절차에서 작성되는 조정조서는 그 성질상 허위신고에 의해 불실한 사실이 그대로 기재될 수 있는 공문서로 볼 수 없어 공정증서원본으로 볼 수 없다(2010도3232) (21 2차)

- **원본** : 본죄의 객체는 원본 즉 공정증서 그 자체여야 하므로 정본·등본·사본·초본 등은 본죄의 객체가 될 수 없다.
- **부실의 사실의 기재나 기록** : 부실의 사실의 기재나 기록이란 공정증서원본이 증명하는 권리·의무 사항과 관련하여 중요한 부분에서 진실에 반하는 사실을 기재·기록하게 하는 것을 말한다.

☐ 공정증서원본등불실기재죄에서 '불실의 기재'라고 함은 권리의무관계에서 중요한 의미를 갖는 사항이 객관적인 진실에 반하는 것을 말한다(2019도9177) (23 3차)

☐ **부존재와 무효 및 취소사유인 하자가 있는 사건** : 공정증서원본불실기재죄는 공무원에 대하여 허위신고를 함으로써 공정증서원본에 불실의 사실을 기재하게 하는 경우에 성립한다. 공정증서원본에 기재된 사항이 부존재하거나 외관상 존재한다고 하더라도 무효에 해당되는 하자가 있다면, 그 기재는 불실기재에 해당한다. 그러나 기재된 사항이나 그 원인된 법률행위가 객관적으로 존재하고, 다만 거기에 취소사유인 하자가 있을 뿐인 경우, 취소되기 전에 공정증서원본에 기재된 이상, 그 기재는 공정증서원본의 불실기재에 해당하지는 않는다(2017도21783) (22 2차)

☐ **사후에 실체적 권리관계에 부합된 사건** : 사문서위조나 공정증서원본불실기재가 성립한 후, 사후에 피해자의 동의 또는 추인 등의 사정으로 문서에 기재된 대로 효과의 승인을 받거나 등기가 실체적 권리관계에 부합하게 되었다 하더라도 이미 성립한 범죄에는 아무런 영향이 없다(2007도2714) (23 변시)

☐ **거래가액 허위신고 사건** : 피고인이 토지를 1억 1,000만 원에 매수하고도 1억 8,000만 원에 매수한 것처럼 허위신고를 하여 소유권이전등기를 마치게 한 것이 공전자기록등불실기재죄에 해당하지 않는다고 본 원심의 판단을 수긍한 사안(2012도12363) (14 변시)(22 2차)

☐ **중국 조선족 위장결혼 사건** : 피고인들이 중국 국적의 조선족 여자들과 참다운 부부관계를 설정할 의사없이 단지 그들의 국내 취업을 위한 입국을 가능하게 할 목적으로 형식상 혼인하기로 한 것이라면, 피고인들이 중국에서 중국의 방식에 따라 혼인식을 거행하였다고 하더라도 우리 나라의 법에 비추어 그 효력이 없는 혼인의 신고를 한 이상 피고인들의 행위는 공정증서원본부실기재죄 및 동행사죄의 죄책을 면할 수 없다(96도2049) (19 변시)

□ **범죄에 이용할 목적으로 주식회사 설립등기 한 사건** : 주식회사의 발기인 등이 상법 등 법령에 정한 회사설립의 요건과 절차에 따라 회사설립등기를 함으로써 회사가 성립하였다고 볼 수 있는 경우 회사설립등기와 그 기재 내용은 특별한 사정이 없는 한 공정증서원본 불실기재죄나 공전자기록 등 불실기재죄에서 말하는 불실의 사실에 해당하지 않는다. 발기인 등이 회사를 설립할 당시 ① 회사를 실제로 운영할 의사 없이 회사를 이용한 범죄 의도나 목적이 있었다거나, ② 회사로서의 인적·물적 조직 등 영업의 실질을 갖추지 않았다는 이유만으로는 불실의 사실을 법인등기부에 기록하게 한 것으로 볼 수 없다(2019도9293) [2022 2차](22 2차)

• **실행의 착수시기** : 실행의 착수시기는 공무원에게 허위신고를 한 때이며, 기재공무원이 아닌 신고접수를 담당하는 공무원에게 허위신고를 해도 실행의 착수가 인정된다.

□ **위장결혼 서류 사건** : 공전자기록등불실기재죄에 있어서의 실행의 착수 시기는 공무원에 대하여 허위의 신고를 하는 때라고 보아야 할 것인바, 이 사건 피고인이 위장결혼의 당사자 및 중국 측 브로커와의 공모 하에 허위로 결혼사진을 찍고, 혼인신고에 필요한 서류를 준비하여 위장결혼의 당사자에게 건네준 것만으로는 아직 공전자기록등불실기재죄에 있어서 실행에 착수한 것으로 보기 어렵다고 판단한 환송 후 원심의 조치는 정당하고, 거기에 상고이유로 주장하는 바와 같은 법리오해 등의 위법이 없다(2009도4998) (12 변시)

• **기수시기** : 부실의 기재를 한 때 기수가 되며, 부실의 기재를 한 후 사정의 변경에 의해 사실에 부합되더라도 공정증서원본부실기재죄는 성립한다.

□ **부실기재 후에 동의·추인한 사건** : 소유권보존등기나 소유권이전등기에 절차상 하자가 있거나 등기원인이 실제와 다르다 하더라도 그 등기가 실체적 권리관계에 부합하게 하기 위한 것이거나 실체적 권리관계에 부합하는 유효한 등기인 경우에는 공정증서원본불실기재 및 동행사죄가 성립되지 않는다고 할 것이나, 이는 등기 경료 당시를 기준으로 그 등기가 실체권리관계에 부합하여 유효한 경우에 한정되는 것이고, 등기 경료 당시에는 실체권리관계에 부합하지 아니한 등기인 경우에는 사후에 이해관계인들의 동의 또는 추인 등의 사정으로 실체권리관계에 부합하게 된다 하더라도 공정증서원본불실기재 및 동행사죄의 성립에는 아무런 영향이 없다(2001도3959) (13 변시)

• **죄수 및 타죄와의 관계**

□ **법원의 촉탁에 기해 등기한 사건** : 형법 228조 1항 소정의 공정증서원본불실기재죄에 있어서 불실의 사실기재는 당사자의 허위신고에 의하여 이루어져야 할 것이니, 불실의 등기가 법원의 촉탁에 의한 경우에는 그 전제 절차에 허위적 요소가 있다고 하더라도 이는 법원의 촉탁에 의하여 이루어진 것이지 당사자의 허위신고에 의하여 이루어진 것이 아니므로 위 공정증서원본불실기재죄를 구성하지 아니한다(83도2442) (19 변시)

IX. 사전자기록 위작 · 변작죄 (미수범 처벌)

- **위작** : 위작은 권한 없이 또는 권한의 범위를 일탈하여 처음부터 허위의 전자기록을 만들어 내어 저장 · 기억시키는 행위를 의미한다.

> ☐ 형법 제232조의2에서 정한 사전자기록 '위작'의 의미 : 대법원은, 형법 제227조의2에서 위작의 객체로 규정한 전자기록은 그 자체로는 물적 실체를 가진 것이 아니어서 별도의 표시 · 출력장치를 통하지 아니하고는 보거나 읽을 수 없고, 그 생성 과정에 여러 사람의 의사나 행위가 개재됨은 물론 추가 입력한 정보가 프로그램에 의하여 자동으로 기존의 정보와 결합하여 새로운 전자기록을 작출하는 경우도 적지 않으며, 그 이용 과정을 보아도 그 자체로서 객관적 · 고정적 의미를 가지면서 독립적으로 쓰이는 것이 아니라 개인 또는 법인이 전자적 방식에 의한 정보의 생성 · 처리 · 저장 · 출력을 목적으로 구축하여 설치 · 운영하는 시스템에서 쓰임으로써 예정된 증명적 기능을 수행하는 것이므로, 위와 같은 시스템을 설치 · 운영하는 주체와의 관계에서 전자기록의 생성에 관여할 권한이 없는 사람이 전자기록을 작출하거나 전자기록의 생성에 필요한 단위정보의 입력을 하는 경우는 물론 시스템의 설치 · 운영 주체로부터 각자의 직무 범위에서 개개의 단위정보의 입력 권한을 부여받은 사람이 그 권한을 남용하여 허위의 정보를 입력함으로써 시스템 설치 · 운영 주체의 의사에 반하는 전자기록을 생성하는 경우도 형법 제227조의2에서 말하는 전자기록의 '위작'에 포함된다고 판시하였다. 위 법리는 형법 제232조의2의 사전자기록등위작죄에서 행위의 태양으로 규정한 '위작'에 대해서도 마찬가지로 적용된다 (2019도11294 전합) (23 변시)[2023 1차](22 2차)

- **변작** : 변작은 권한 없이 또는 권한의 범위를 일탈하여 기존의 기록을 변경하는 것을 말한다. 즉, 기존의 기록을 부분적으로 고치거나 말소하여 기록의 내용을 변경하는 것을 말한다.
- **사무처리를 그르치게 할 목적** : 본죄는 고의 이외에도 타인의 사무처리를 그르치게 할 목적이 있어야 한다. '사무처리를 그르치게 할 목적'이란 위작 또는 변작된 전자기록이 사용됨으로써 사무처리 시스템을 설치 · 운영하는 주체의 사무처리를 잘못되게 하는 것을 말한다.

X. 공전자기록 위작 · 변작죄 (미수범 처벌)

□ **공전자기록 위작 · 변작의 의미** : 형법 제227조의2에서 정하는 전자기록의 '위작'이란 전자기록에 관한 시스템을 설치 · 운영하는 주체와의 관계에서 전자기록의 생성에 관여할 권한이 없는 사람이 전자기록을 작출하거나 전자기록의 생성에 필요한 단위 정보의 입력을 하는 경우는 물론이고, 시스템의 설치 · 운영 주체로부터 각자의 직무 범위에서 개개의 단위 정보의 입력 권한을 부여받은 사람이 그 권한을 남용하여 허위의 정보를 입력함으로써 시스템 설치 · 운영 주체의 의사에 반하는 전자기록을 생성하는 경우도 포함한다. 이 때 '허위의 정보'라 함은 진실에 반하는 내용을 의미하는 것으로서, 관계 법령에 의하여 요구되는 자격을 갖추지 못하였음에도 불구하고 고의로 이를 갖춘 것처럼 단위 정보를 입력하였다고 하더라도 그 전제 또는 관련된 사실관계에 대한 내용에 거짓이 없다면 허위의 정보를 입력하였다고 볼 수 없다(2011도1415) (21 3차)

XI. 위조사문서 등의 행사죄 (미수범 처벌)

• **위조사문서 등의 복사본의 객체성** : 판례에 의하면 위조사문서 등의 복사본도 본죄의 객체가 된다.

□ **위조된 매매계약서 복사본 사건** : 위조문서행사죄에 있어서의 행사는 위조된 문서를 진정한 문서인 것처럼 타인에게 제시함으로써 성립한 것이므로 위조된 매매계약서를 피고인으로부터 교부 받은 변호사가 복사본을 작성하여 원본과 동일한 문서임을 인증한 다음 소장에 첨부하여 법원에 제출함으로써 위조문서행사죄는 성립된다(87도1217)

• **행사** : 행사란 위조 · 변조 또는 허위작성된 문서를 진정문서 또는 내용이 진실한 문서로서 사용하는 것을 말한다. 본죄의 행사는 작성된 본래의 용법에 따라 거래 · 유통에 놓을 것을 반드시 필요로 하는 것은 아니라는 점에서 위조통화행사죄의 행사보다 범위가 넓다.

□ **행사의 의미** : 위조문서행사죄에 있어서 행사라 함은 위조된 문서를 진정한 문서인 것처럼 그 문서의 효용방법에 따라 이를 사용하는 것을 말하고, 위조된 문서를 제시 또는 교부하거나 비치하여 열람할 수 있게 두거나 우편물로 발송하여 도달하게 하는 등 위조된 문서를 진정한 문서인 것처럼 사용하는 한 그 행사의 방법에 제한이 없다(2008도5200)

• **행사의 상대방** : 행사의 상대방은 문서나 기록이 위조 · 변조 · 허위작성된 사실을 알지 못한 자임을 요하며, 작성명의인이나 간접정범의 피이용자도 상대방이 될 수 있다. 그러나 위조 등 사실을 알고 있는 공범자에게 이들 문서를 제시 · 교부함은 본죄의 행사가 아니다.

□ **명의인과 위조사문서행사죄의 상대방** : 위조문서행사죄에 있어서의 행사는 위조된 문서를 진정한 것으로 사용함으로써 문서에 대한 공공의 신용을 해칠 우려가 있는 행위를 말하므로, 행사의 상대방에는 아무런 제한이 없고 위조된 문서의 작성 명의 인이라고 하여 행사의 상대방이 될 수 없는 것은 아니다(2004도4663) (12 변시)

□ **간접정범의 도구와 위조사문서행사죄의 상대방** : 위조문서행사죄에 있어서의 행사는 위조된 문서를 진정한 것으로 사용함으로써 문서에 대한 공공의 신용을 해칠 우려 가 있는 행위를 말하므로 그 행사의 상대방에는 아무런 제한이 없고, 다만 문서가 위조된 것임을 이미 알고 있는 공범자 등에게 행사하는 경우에는 위조문서행사죄 가 성립할 수 없으나, 간접정범을 통한 위조문서행사범행에 있어 도구로 이용된 자라고 하더라도 문서가 위조된 것임을 알지 못하는 자에게 행사한 경우에는 위조 문서행사죄가 성립한다(2011도14441) (14 변시)(20 변시)(22 변시)(21 3차)

• **위조 등의 사문서의 이미지파일을 전송한 경우 행사죄의 성부** : 위조 등의 사문서의 이미지 화일을 타인에게 이메일로 보내 이를 컴퓨터 화면상으로 볼 수 있게 한 경우에 본죄가 성 립할 수 있는지에 대하여 논의가 있지만, 판례는 모사전송의 방법으로 제시하거나 컴퓨 터에 연결된 스캐너(scanner)로 읽어 들여 이미지화한 다음 이를 전송하여 컴퓨터 화면 상에서 보게 하는 경우도 행사에 해당한다고 보고 있다.

□ **위조문서를 스캔하여 이미지 파일로 만들어 제3자에게 전송한 사건** : 위조된 문서 그 자체를 직접 상대방에게 제시하거나 이를 기계적인 방법으로 복사하여 그 복사본 을 제시하는 경우는 물론, 이를 모사전송의 방법으로 제시하거나 컴퓨터에 연결된 스캐너(scanner)로 읽어 들여 이미지화한 다음 이를 전송하여 컴퓨터 화면상에서 보게 하는 경우도 행사에 해당하여 위조문서행사죄가 성립한다(2008도5200) [2018 2차](12 변시)(19 변시)

□ **컴퓨터화면을 프린터로 출력한 후 금액을 변조한 후 팩스로 보낸 사건** : 피고인이 사무 실전세계약서 원본을 스캐너로 복사하여 컴퓨터 화면에 띄운 후 그 보증금액란을 공란으로 만든 다음 이를 프린터로 출력하여 검정색 볼펜으로 보증금액을 '삼천만 원(30,000,000원)'으로 변조하고, 이와 같이 변조된 사무실전세계약서를 팩스로 송부하여 행사하였다."는 것이므로, 이 부분 공소사실에서 적시된 범죄사실은 '컴 퓨터 모니터 화면상의 이미지'를 변조하고 이를 행사한 행위가 아니라 '프린터로 출력된 문서'인 사무실전세계약서를 변조하고 이를 행사한 행위임을 알 수 있다 (2011도10468) (23 변시)

• **기수시기** : 행사는 문서나 기록을 상대방이 인식할 수 있는 상태에 둠으로써 기수가 되며 상대방이 문서 등의 내용을 현실로 인식하였거나 그에 대한 신용이 침해되었을 것을 요 하지 않는다.

□ **행사죄의 기수시기** : 위조사문서의 행사는 상대방으로 하여금 위조된 문서를 인식할 수 있는 상태에 둠으로써 기수가 되고 상대방이 실제로 그 내용을 인식하여야 하는 것은 아니므로, 위조된 문서를 우송한 경우에는 그 문서가 상대방에게 도달한 때에 기수가 되고 상대방이 실제로 그 문서를 보아야 하는 것은 아니다(2004도4663) (12 변시)(23 3차)

- **죄수 및 타죄와의 관계**

  □ **위조사문서행사죄와 사기죄** : 위조사문서행사죄와 이로 인한 사기죄와는 상상적 경합관계에 있다고 볼 수 없다(81도529) (17 변시)

XII. 위조공문서 등의 행사죄 (미수범 처벌)

□ **공문서위조죄가 성립하지 않는 경우에는 위조공문서행사죄도 성립할 수 없다는 판례** : 위조문서행사죄에 있어서 행사라 함은 위조된 문서를 진정한 문서인 것처럼 그 문서의 효용방법에 따라 이를 사용하는 것을 말하고, 위조된 문서를 진정한 문서인 것처럼 사용하는 한 그 행사의 방법에 제한이 없으므로 위조된 문서를 스캐너 등을 통해 이미지화한 다음 이를 전송하여 컴퓨터 화면상에서 보게 하는 경우도 행사에 해당하지만, 이는 문서의 형태로 위조가 완성된 것을 전제로 하는 것이므로, 공문서로서의 형식과 외관을 갖춘 문서에 해당하지 않아 공문서위조죄가 성립하지 않는 경우에는 위조공문서행사죄도 성립할 수 없다(2019도8443) (16 변시)

XIII. 사문서 등의 부정행사죄

- **문서의 사용권자와 용도의 특정** : 본죄의 객체는 사문서 중에서도 사용권자와 용도가 특정되어 작성된 권리의무 또는 사실증명에 관한 타인의 사문서 또는 사도화이다. 따라서 사용권자와 용도가 특정되지 않은 사문서를 행사한 때에는 성립하지 않는다.

  □ **차용증과 이행각서 사건** : 실질적인 채권채무관계 없이 당사자 간의 합의로 작성한 차용증 및 이행각서는 그 작성명의인들이 자유의사로 작성한 문서로 그 사용권한 자가 특정되어 있다고 할 수 없고 또 그 용도도 다양하므로, 설령 피고인이 그 작성명의인들의 의사에 의하지 아니하고 위 차용증 및 이행각서상의 채권이 실제로 존재하는 것처럼 그 지급을 구하는 민사소송을 제기하면서 소지하고 있던 위 차용증 및 이행각서를 법원에 제출하였다고 하더라도 그것이 사문서부정행사죄에 해당하지 않는다고 본 사례(2007도629) (20 변시)

- **부정행사의 의의** : 부정행사란 진정하게 성립한 타인의 사문서를 ① 사용권한 없는 자가 문서명의자를 가장하여 사용하거나 ② 사용할 권한이 있는 자라도 본래의 사용목적 이외의 다른 사실을 직접 증명하는 용도에 이를 사용하는 것을 말한다.

□ **부정행사의 개념** : 형법 제236조 소정의 사문서부정행사죄는 사용권한자와 용도가 특정되어 작성된 권리의무 또는 사실증명에 관한 타인의 사문서 또는 사도화를 사용권한 없는 자가 사용권한이 있는 것처럼 가장하여 부정한 목적으로 행사하거나 또는 권한 있는 자라도 정당한 용법에 반하여 부정하게 행사하는 경우에 성립한다(2007도629)

□ **절취한 후불식 전화카드로 전화한 사건** : 절취한 전화카드를 공중전화기에 넣어 사용한 것은 권리의무에 관한 타인의 사문서를 부정행사한 경우에 해당한다(2002도461) (13 변시)

XIV. 공문서 등의 부정행사죄 (미수범 처벌)

□ **공문서부정행사죄는 추상적 위험범** : 형법 제230조의 공문서부정행사죄는 공문서의 사용에 대한 공공의 신용을 보호법익으로 하는 범죄로서 추상적 위험범이다. 형법 제230조는 본죄의 구성요건으로 단지 '공무원 또는 공무소의 문서 또는 도화를 부정행사한 자'라고만 규정하고 있어, 자칫 처벌범위가 지나치게 확대될 염려가 있으므로 본죄에 관한 범행의 주체, 객체 및 태양을 되도록 엄격하게 해석하여 처벌범위를 합리적인 범위 내로 제한하여야 한다. 사용권한자와 용도가 특정되어 있는 공문서를 사용권한 없는 자가 사용한 경우에도 그 공문서 본래의 용도에 따른 사용이 아닌 경우에는 공문서부정행사죄가 성립되지 아니한다(2021도14514) (24 변시)

• **객체** : 진정하게 성립한 공무원 또는 공무소의 문서 또는 도화이다. 따라서 위조 · 변조 · 허위작성된 공문서는 위조 등 공문서행사죄의 객체가 되지만 본죄의 객체는 되지 않는다. 그리고 진정하게 성립된 공문서 · 공도화 중에서도 **사용권한자와 목적이 특정된 공문서 · 공도화에** 한한다.

□ **주민등록표등본 사건** : 주민등록표등본은 그 사용권한자가 특정되어 있다고 할 수 없고, 또 용도도 다양하며, 반드시 본인이나 세대원만이 사용할 수 있는 것이 아니므로, 타인의 주민등록표등본을 그와 아무런 관련 없는 사람이 마치 자신의 것인 것처럼 행사하였다고 하더라도 공문서부정행사죄가 성립되지 아니한다(99도206) (14 변시)

• **공문서부정행사의 의의** : 공문서부정행사란 사용권한자와 용도가 특정되어 작성된 공문서 또는 공도화를 사용권한 없는 자가 사용권한이 있는 것처럼 가장하여 부정한 목적으로 행사하거나 또는 권한 있는 자라도 정당한 용법에 반하여 부정하게 행사하는 것을 말한다. 이와 관련하여 최근 대법원 판례는 자동차 등의 운전자가 경찰공무원에게 다른 사람의 운전면허증 자체가 아니라 이를 촬영한 이미지파일을 휴대전화 화면 등을 통하여 보여주는 행위는 운전면허증의 특정된 용법에 따른 행사라고 볼 수 없어 공문서부정행사죄를 구성하지 아니한다고 판시하고 있다.

□ 타인명의로 주민등록증 발급받은 후 이를 검문경찰관에게 제시한 사건 : 공문서부정행 사죄는 사용권한자와 용도가 특정되어 작성된 공문서 또는 공도화를 사용권한 없는 자가 사용권한이 있는 것처럼 가장하여 부정한 목적으로 행사하거나 또는 권한 있는 자라도 정당한 용법에 반하여 부정하게 행사하는 경우에 성립되는 것이다(98 도1701) (21 변시)

□ 자동차운전면허증 이미지파일 사건 : 운전면허가 취소된 피고인이 자동차를 운전하 던 중 음주단속을 하는 경찰관으로부터 자동차운전면허증의 제시를 요구받고, 휴 대폰에 저장해 놓은 타인의 자동차운전면허증을 촬영한 이미지파일을 피고인의 자동차운전면허증인 것처럼 제시하여 공문서부정행사로 기소된 사건에서, 공문서 부정행사죄의 구성요건과 그 입법취지, 도로교통법 제92조의 규정 내용과 그 입법 취지 등에 비추어 자동차 등의 운전자가 경찰공무원에게 다른 사람의 운전면허증 자체가 아니라 이를 촬영한 이미지파일을 휴대전화 화면 등을 통하여 보여주는 행위는 운전면허증의 특정된 용법에 따른 행사라고 볼 수 없어 공문서부정행사죄 를 구성하지 아니한다고 판단하여 파기환송한 사례(2018도2560) [2020 3차](22 변시) (22 2차)

- 사용할 권한이 있는 자의 용도내 사용 : 사용할 권한이 있는 자가 용도에 따라 사용하는 것이 본죄에 해당되지 아니함은 의문의 여지가 없다.

  □ 현대미포 선박 사건 : 어떤 선박이 사고를 낸 것처럼 허위로 사고신고를 하면서 그 선박의 선박국적증서와 선박검사증서가 함께 제출되었다고 하더라도, 선박국적증 서와 선박검사증서는 위 선박의 국적과 항행할 수 있는 자격을 증명하기 위한 용도 그 자체에 사용된 것일 뿐이고, 그 본래의 용도를 벗어나 행사된 것으로 보기는 어려우므로, 이와 같은 행위를 공문서부정행사죄에 해당한다고 할 수는 없다(2008 도10851) (14 변시)(20 변시)

- 사용할 권한이 있는 자의 용도외 사용 : 사용할 권한이 있는 자가 타인의 공문서를 위임받은 용도가 아닌 다른 용도에 사용한 경우에 공문서부정행사죄에 해당하는지에 대하여는 ① 사용권한 없는 자의 용도외 사용을 처벌하지 않으면서 권한 있는 자의 용도외 사용을 처벌하는 것은 균형이 맞지 않으므로 부정사용이 아니라는 부정설도 있으나 ② 판례는 권한 있는 자라도 정당한 용법에 반하여 부정하게 행사하는 경우에도 부정행사에 해당한 다고 보아 긍정설의 입장이다.

  □ 권한 있는 자의 정당한 용법에 반하여 행사하면 부정행사라는 판례 : 공문서부정행사 죄는 사용권한자와 용도가 특정되어 작성된 공문서 또는 공도화를 사용권한 없는 자가 사용권한이 있는 것처럼 가장하여 부정한 목적으로 행사하거나 또는 권한 있는 자라도 정당한 용법에 반하여 부정하게 행사하는 경우에 성립되는 것이다(98 도1701)

- **사용할 권한이 없는 자의 용도내 사용** : 사용할 권한이 없는 사람이 용도에 따라 사용하는 것이 부정행사에 해당함은 이론이 없다. 이와 관련하여 어떠한 사용이 용도내의 사용인 가가 문제되지만, 판례는 타인의 운전면허증으로 차량을 렌트하는 경우와 타인의 운전면허증을 신분확인용으로 사용하는 경우 등을 용도내 사용이라고 보고 있다.

  > ☐ **타인의 운전면허증으로 자동차를 렌트한 사건** : 이는 운전면허증을 사용권한이 없는 자가 사용권한이 있는 것처럼 가장하여 부정한 목적으로 사용한 것이기는 하나 운전면허증의 본래의 용도에 따른 사용행위라고 할 것이므로 공문서부정행사죄에 해당한다(98도1701)

  > ☐ **신분확인을 위해 타인의 운전면허증을 제시한 사건** : 운전면허증은 운전면허를 받은 사람이 운전면허시험에 합격하여 자동차의 운전이 허락된 사람임을 증명하는 공문서로서, 운전면허증에 표시된 사람이 운전면허시험에 합격한 사람이라는 '자격증명'과 이를 지니고 있으면서 내보이는 사람이 바로 그 사람이라는 '동일인증명'의 기능을 동시에 가지고 있다. 한편 우리 사회에서 운전면허증을 발급받을 수 있는 연령의 사람들 중 절반 이상이 운전면허증을 가지고 있고, 특히 경제활동에 종사하는 사람들의 경우에는 그 비율이 훨씬 더 이를 앞지르고 있으며, 금융기관과의 거래에 있어서도 운전면허증에 의한 실명확인이 인정되고 있는 등 현실적으로 운전면허증은 주민등록증과 대등한 신분증명서로 널리 사용되고 있다. 따라서, 제3자로부터 신분확인을 위하여 신분증명서의 제시를 요구받고 다른 사람의 운전면허증을 제시한 행위는 그 사용목적에 따른 행사로서 공문서부정행사죄에 해당한다고 보는 것이 옳다(2000도1985 전합) [2019 1차](14 변시)(16 변시)(24 변시)

- **사용할 권한이 없는 자의 용도외 사용** : 사용할 권한이 없는 사람이 용도 이외의 사용을 한 경우에 공문서부정행사죄가 성립할 수 있는지에 대하여는 ① 공문서부정행사죄는 사용권한 없는 자가 공문서를 사용하는 것을 의미하므로 사용권한 없는 자가 공문서의 용도 이외의 사용을 하는 경우에도 공문서의 부정행사죄가 성립한다는 **긍정설**도 있지만, ② 판례는 '공문서를 사용권한 없는 자가 사용한 경우에도 그 공문서 본래의 용도에 따른 사용이 아닌 경우에는 형법 제230조의 공문서부정행사죄가 성립되지 아니한다'라고 하여 부정설의 입장이다.

  > ☐ **이동전화 가입신청 사건** : 사용권한자와 용도가 특정되어 있는 공문서를 사용권한 없는 자가 사용한 경우에도 그 공문서 본래의 용도에 따른 사용이 아닌 경우에는 형법 제230조의 공문서부정행사죄가 성립되지 아니한다(2002도4935) (14 변시)

  > ☐ **장애인사용자동차표지 사건** : 장애인사용자동차표지를 사용할 권한이 없는 사람이 장애인전용주차구역에 주차하는 등 장애인사용자동차에 대한 지원을 받을 것으로 합리적으로 기대되는 상황이 아니라면 단순히 이를 자동차에 비치하였더라도 장애인사용자동차표지를 본래의 용도에 따라 사용했다고 볼 수 없어 공문서부정행사죄가 성립하지 않는다(2021도14514) (24 변시)

□ 다른 사람 명의 국가유공자증을 제시한 사건 : 피고인이 조세범처벌법위반 사건으로 지방세무서 조사과에서 조사를 받으면서 다른 사람인 것처럼 행세하기 위하여 범칙혐의자 심문조서의 진술란에 다른 사람 명의로 서명하여 이를 조사관에게 제시하고, 다른 사람 명의 국가유공자증을 조사관에게 제시하였다면 공문서부정행사죄가 성립하지 않는다(2020도13344)

제4절 | 인장에 관한 죄

Ⅰ. 사인 등의 위조, 부정사용죄 (미수범 처벌)

□ 휴대용정보단말기(PDA) 사건 : 피고인이 음주운전으로 단속되자 동생의 이름을 대며 조사를 받다가 휴대용정보단말기(PDA)에 표시된 음주운전단속결과통보 중 운전자의 서명란에 동생의 이름 대신 의미를 알 수 없는 부호를 기재한 행위는 동생의 서명을 위조한 것에 해당한다(2020도14045)

□ 피의자신문조서에 자신의 형인 것처럼 서명한 사건 : 피고인이 경찰에서 피의자로서 조사받으면서 자신의 형인 공소외인의 인적 사항을 밝히면서 자신이 공소외인인 것처럼 행세를 하고, 자신에 대한 피의자신문조서의 말미에 위 공소외인의 서명을 하여 수사기록에 편철하게 하였다면 사서명위조 및 동행사죄에 해당한다(2005도3357) [2023 3차]

□ 완성되지 않은 문서지만 서명이 완성된 사건 : 어떤 문서에 권한 없는 자가 타인의 서명 등을 기재하는 경우에는 그 문서가 완성되기 전이라도 일반인으로서는 그 문서에 기재된 타인의 서명 등을 그 명의인의 진정한 서명 등으로 오신할 수도 있으므로, 일단 서명 등이 완성된 이상 문서가 완성되지 아니한 경우에도 서명 등의 위조죄는 성립한다(2011도503) (16 변시)

Ⅱ. 위조사인 등의 행사죄 (미수범 처벌)

Ⅲ. 공인 등의 위조, 부정사용죄 (미수범 처벌)

□ '검찰 공무수행 차량' 사건 : 피고인이 온라인 구매사이트에서, 검찰 업무표장 아래 피고인의 전화번호, 승용차 번호 또는 '공무수행' 문구를 표시한 표지판 3개를 주문하고 그 판매자로 하여금 제작하게 하여 배송받은 다음 이를 자신의 승용차에 부착하고 다녔어도 공기호위조죄 및 위조공기호행사죄는 성립하지 않는다는 판례(2023도11313)

Ⅳ. 위조 또는 부정사용된 공인 등 행사죄 (미수범 처벌)

- **행사** : 행사의 의미에 대하여는 ① 원심에서는 제시하는 등의 행위를 의미한다고 보았으나 ② 대법원은 **용법에 따른 사용행위를** 의미한다고 보고 있다. 생각건대 공기호 중 자동차번호판과 같은 공기호 등은 제시에 적합하지 않으므로 용법에 따른 사용을 의미한다고 보는 대법원의 입장이 타당하다.

☐ **자동차번호판 부착 사건** : 부정사용한 공기호인 자동차등록번호판의 용법에 따른 사용행위인 행사라 함은 이를 자동차에 부착하여 운행함으로써 일반인으로 하여금 자동차의 동일성에 관한 오인을 불러일으킬 수 있는 상태, 즉 그것이 부착된 자동차를 운행함을 의미한다고 할 것이고, 그 운행과는 별도로 부정사용한 자동차등록판을 타인에게 제시하는 등의 행위가 있어야 비로소 행사죄가 성립한다고 볼 수 없다(96도3319)

제3장 | 사회의 도덕에 관한 죄

제1절 | 성풍속에 관한 죄

Ⅰ. 음행매개죄

Ⅱ. 음화등 반포 · 판매 · 임대 · 공연전시죄

Ⅲ. 음화등 제조 · 소지 · 수입 · 수출죄

Ⅳ. 공연음란죄

제2절 | 도박과 복표에 관한 죄

Ⅰ. 도박죄

- **도박** : 도박이란 당사자 상호간에 재물 또는 재산상의 이익을 걸고 우연한 승부에 의하여 그 재물 또는 재산상의 이익의 득실을 결정하는 것을 말한다.
- **운동경기와 도박** : 당사자의 육체적 · 정신적 능력, 주의의 정도 및 기능과 기량에 의하여 승패가 결정되는 내기경기의 경우 ① 경기는 우연이 아니라 기능과 기량에 의해 승패가 결정되므로 도박성을 부정하는 **부정설**도 있지만, ② 판례는 '당사자의 능력이 승패의 결과에 영향을 미친다고 하더라도 다소라도 우연성의 사정에 의하여 영향을 받게 되는 때에는 도박죄가 성립할 수 있다'라고 하여 **긍정설**의 입장이다.

> □ 내기 골프 사건 : 형법 제246조에서 도박죄를 처벌하는 이유는 정당한 근로에 의하지 아니한 재물의 취득을 처벌함으로써 경제에 관한 건전한 도덕법칙을 보호하는 데 있다. 그리고 도박은 '재물을 걸고 우연에 의하여 재물의 득실을 결정하는 것'을 의미하는바, 여기서 '우연'이란 주관적으로 '당사자에 있어서 확실히 예견 또는 자유로이 지배할 수 없는 사실에 관하여 승패를 결정하는 것'을 말하고, 객관적으로 불확실할 것을 요구하지 아니한다. 따라서 당사자의 능력이 승패의 결과에 영향을 미친다고 하더라도 다소라도 우연성의 사정에 의하여 영향을 받게 되는 때에는 도박죄가 성립할 수 있다(2006도736)

- **사기도박** : 우연성은 도박가담자 모두에게 존재해야 한다. 따라서 가담자의 일방에게만 우연성이 있는 사기도박의 경우에는 그 승패가 우연에 의해서 결정되는 것이 아니라 사기도박자의 기망에 의해 결정되므로 도박죄는 성립할 수 없다. 사기도박의 경우 **사기도박자에게만 사기죄가 성립**하고, 우연성을 가지고 가담한 그 상대방에게는 도박죄가 성립하지 않는다.

  ▢ **사기도박 사건** : 화투의 조작에 숙달하여 원하는 대로 끝수를 조작할 수 있어서 우연성이 없음에도 피해자를 우연에 의하여 승부가 결정되는 것처럼 오신시켜 돈을 도하게 하여 이를 편취한 행위는 이른바 기망방법에 의한 도박으로서 사기죄에 해당한다(도박죄 부정)(85도583)

- **기수시기** : 본죄는 추상적 위험범이므로 도박행위의 착수와 동시에 기수가 되며 재물이 오가거나 승패가 결정될 필요가 없다. 예컨대 화투도박의 경우 비록 선을 정하기 위한 것이라 하더라도 화투장의 배부가 있으면 즉시 기수가 된다.

Ⅱ. 상습도박죄

  ▢ **도박의 습벽 있는 자가 도박하고 또 도박을 방조한 사건** : 도박의 습벽이 있는 자가 타인의 도박을 방조하면 상습도박방조의 죄에 해당하는 것이며, 도박의 습벽이 있는 자가 도박을 하고 또 도박방조를 하였을 경우 상습도박방조의 죄는 무거운 상습도박의 죄에 포괄시켜 1죄로서 처단하여야 한다(84도195) [2019 1차](20 변시)

Ⅲ. 도박장소 등 개설죄

Ⅳ. 복표발매 · 중개 · 취득죄

제3절 | 신앙에 관한 죄

Ⅰ. 장례식 · 제사 · 예배 · 설교방해죄

Ⅱ. 사체 · 유골 · 유발오욕죄

Ⅲ. 분묘발굴죄 (미수범 처벌)

Ⅳ. 사체등의 손괴 · 유기 · 은닉 · 영득죄 (미수범 처벌)

□ 사람을 살해하고 시체를 다른 장소에 옮긴 사건 : 사람을 살해한 다음 그 범죄의 흔적을 은폐하기 위하여 그 시체를 다른 장소로 옮겨 유기하였을 때에는 살인죄와 사체유기죄의 경합범이 성립하고, 사체유기를 불가벌적 사후행위라 할 수 없다(84도2263) (12 변시)(19 변시)

□ 인적이 드문 장소로 유인하여 살해한 사건 : 형법 제161조의 사체은닉이라 함은 사체의 발견을 불가능 또는 심히 곤란하게 하는 것을 구성요건으로 하고 있으나, 살인 · 강도살인 등의 목적으로 사람을 살해한 자가 그 살해의 목적을 수행함에 있어 사후 사체의 발견이 불가능 또는 심히 곤란하게 하려는 의사로 인적이 드문 장소로 피해자를 유인하거나 실신한 피해자를 끌고 가서 그 곳에서 살해하고 사체를 그대로 둔 채 도주한 경우에는 비록 결과적으로 사체의 발견이 현저하게 곤란을 받게 되는 사정이 있다 하더라도 별도로 사체은닉죄가 성립되지 아니한다(86도891) (12 변시)(19 변시)

Ⅴ. 변사체검시방해죄

• 객체 : 변사자의 사체 또는 변사의 의심있는 사체이다. 이는 사망의 원인이 분명치 않은 사체 또는 범죄로 인한 사망의 의심이 있는 사체를 말한다. 따라서 **범죄로 인하여 사망한 것이 명백한 경우**는 변사자가 아니다.

□ 범죄로 사망한 것이 명백한 사건 : 형법 제163조의 변사자라 함은 부자연한 사망으로서 그 사인이 분명하지 않은 자를 의미하고 그 사인이 명백한 경우는 변사자라 할 수 없으므로, 범죄로 인하여 사망한 것이 명백한 자의 사체는 같은 법조 소정의 변사체검시방해죄의 객체가 될 수 없다(2003도1331)

해커스변호사
law.Hackers.com

해커스변호사
Law Man 형법 핵심암기장

제6편

국가적 법익에 관한 죄

제1장 | 국가의 존립과 권위에 관한 죄

제1절 | 내란에 관한 죄

I. 내란죄 (미수범 처벌, 예비·음모·선동·선전 처벌)

☐ **내란죄는 상태범이라는 판례** : 내란죄는 국토를 참절하거나 국헌을 문란할 목적으로 폭동한 행위로서, 다수인이 결합하여 위와 같은 목적으로 한 지방의 평온을 해할 정도의 폭행·협박행위를 하면 기수가 되고, 그 목적의 달성 여부는 이와 무관한 것으로 해석되므로, 다수인이 한 지방의 평온을 해할 정도의 폭동을 하였을 때 이미 내란의 구성요건은 완전히 충족된다고 할 것이어서 상태범으로 봄이 상당하다 (96도3376 전합) (14 변시)(19 변시)

☐ **폭동의 의미** : 내란죄의 구성요건인 폭동의 내용으로서의 폭행 또는 협박은 일체의 유형력의 행사나 외포심을 생기게 하는 해악의 고지를 의미하는 최광의의 폭행·협박을 말하는 것으로서, 이를 준비하거나 보조하는 행위를 전체적으로 파악한 개념이며, 그 정도가 한 지방의 평온을 해할 정도의 위력이 있음을 요한다(96도3376 전합) (23 1차)

☐ **폭동의 의미** : 형법 제87조의 구성요건으로서의 "폭동"이라 함은 다수인이 결합하여 폭행, 협박하는 것을 말하는 것으로서 다수인의 결합은 어느 정도 조직화될 필요는 있으나, 그 수효를 특정할 수는 없는 것이고, 내란되는 폭동행위로서의 집단행동이 개시된 후 국토참절 또는 국헌문란의 목적을 달성하였는가의 여부에 관계없이 기수로 될 수 있음은 소론과 같으나, 그 폭동행위로 말미암아 한 지방의 평온을 해할 정도에 이르렀을 경우라야 기수로 된다고 할 것이고, 폭동의 내용으로서의 폭행 또는 협박은 최광의의 것으로서 이를 준비하거나 보조하는 행위를 총체적으로 파악한 개념이라고 할 것이다(80도306 전합) (23 1차)

☐ **'권능행사를 불가능하게 한다'의 의미** : 형법 제91조 제2호에 의하면 헌법에 의하여 설치된 국가기관을 강압에 의하여 전복 또는 그 권능행사를 불가능하게 하는 것을 국헌문란의 목적의 하나로 규정하고 있는데, 여기에서 '권능행사를 불가능하게 한다'고 하는 것은 그 기관을 제도적으로 영구히 폐지하는 경우만을 가리키는 것은 아니고 사실상 상당기간 기능을 제대로 할 수 없게 만드는 것을 포함한다(96도3376 전합) (23 1차)

□ **내란죄의 목적은 미필적 인식으로도 족하다는 판례** : 내란죄에 있어서의 국헌문란의 목적은 엄격한 증명사항에 속하고 직접적임을 요하나 결과발생의 희망, 의욕임을 필요로 한다고는 할 수 없고, 또 확정적 인식임을 요하지 아니하며, 다만 미필적인 식이 있으면 족하다 할 것이다(80도306 전합) (22 2차)

□ **내란죄의 간접정범** : 범죄는 '어느 행위로 인하여 처벌되지 아니하는 자'를 이용하여서도 이를 실행할 수 있으므로, 내란죄의 경우에도 '국헌문란의 목적'을 가진 자가 그러한 목적이 없는 자를 이용하여 이를 실행할 수 있다(6도3376 전합) (23 1차)

Ⅱ. **내란목적살인죄** (미수범 처벌, 예비·음모·선동·선전 처벌)

Ⅲ. **내란예비·음모·선동·선전죄**

□ 내란목적살인죄를 범할 목적으로 음모하였으나 그 목적한 죄의 실행에 이르기 전에 자수한 자에 대하여는 그 형을 감경 또는 면제한다. (22 2차)

제2절 | **외환의 죄**

Ⅰ. **외환의 죄 정리**

Ⅱ. **간첩죄** (미수범 처벌, 예비·음모·선동·선전 처벌)

제2장 | 국가의 기능에 관한 죄

제1절 | 공무원의 직무에 관한 죄

■ 제1항 직무위배범죄

Ⅰ. 직무유기죄 (진정신분범)

> ☐ **직무유기죄는 즉시범이 아니라는 판례** : 직무유기죄는 그 직무를 수행하여야 하는 작위의무의 존재와 그에 대한 위반을 전제로 하고 있는바, 그 작위의무를 수행하지 아니함으로써 구성요건에 해당하는 사실이 있었고 그 후에도 계속하여 그 작위의무를 수행하지 아니하는 위법한 부작위상태가 계속되는 한 가벌적 위법상태는 계속 존재하고 있다고 할 것이며 형법 제122조 후단은 이를 전체적으로 보아 1죄로 처벌하는 취지로 해석되므로 이를 즉시범이라고 할 수 없다(97도675) (22 변시)(22 1차)

- **주체** : 공무원이다. 공무원이란 법령의 근거에 의하여 국가 또는 지방자치단체 및 이에 준하는 공법인의 사무에 종사하는 자로서 그 노무의 내용이 단순한 기계적·육체적인 것에 한정되어 있지 않은 자를 말한다.

> ☐ **병가중인 철도공무원 사건** : 병가중인 자의 경우 구체적인 작위의무 내지 국가기능의 저해에 대한 구체적인 위험성이 있다고 할 수 없어 직무유기죄의 주체로 될 수는 없다(95도748) (22 1차)

- **직무수행의 거부와 직무유기의 정도** : 직무유기죄는 공무원이 법령·내규 등에 의한 추상적 충근의무를 태만히 하는 일체의 경우에 성립하는 것이 아니라, 직장의 무단이탈이나 직무의 의식적인 포기 등과 같이 국가의 기능을 저해하고 국민에게 피해를 야기시킬 구체적 위험성이 있고 불법과 책임비난의 정도가 높은 법익침해의 경우에 한하여 성립한다.

> ☐ 직무유기죄는 이른바 부진정부작위범으로서 구체적으로 그 직무를 수행하여야 할 작위의무가 있는데도 불구하고 이러한 직무를 버린다는 인식하에 그 작위의무를 수행하지 아니함으로써 성립하는 것이다(82도3065) (21 2차)

□ **'직무를 유기한 때'의 의미** : [1] 형법 제122조에서 정하는 직무유기죄에서 '직무를 유기한 때'란 공무원이 법령, 내규 등에 의한 추상적 성실의무를 태만히 하는 일체의 경우에 성립하는 것이 아니라 직장의 무단이탈, 직무의 의식적인 포기 등과 같이 국가의 기능을 저해하고 국민에게 피해를 야기시킬 가능성이 있는 경우를 가리킨다. [2] 그리하여 일단 직무집행의 의사로 자신의 직무를 수행한 경우에는 그 직무집행의 내용이 위법한 것으로 평가된다는 점만으로 직무유기죄의 성립을 인정할 것은 아니고, 공무원이 태만·분망 또는 착각 등으로 인하여 직무를 성실히 수행하지 아니한 경우나 형식적으로 또는 소홀히 직무를 수행한 탓으로 적절한 직무수행에 이르지 못한 것에 불과한 경우에도 직무유기죄는 성립하지 아니한다 (2012도15257) (22 1차)

• **고의** : 직무수행의 거부 및 직무유기를 한다는 고의가 있어야 한다. 즉, 직무유기에 대한 의식적인 방임 내지 포기가 있어야 한다. 따라서 태만, 착각, 분망 등의 과실이 있는 경우는 물론 고의·과실이 없이 형식적으로 또는 소홀히 직무를 수행한 경우는 직무유기죄가 성립하지 아니한다.

□ **직무유기죄와 고의** : 형법 제122조 소정의 공무원이 정당한 이유 없이 직무를 유기한 때라 함은 직무에 관한 의식적인 방임 내지는 포기 등 정당한 사유 없이 직무를 수행하지 아니한 경우를 의미하는 것이므로 공무원이 태만·착각 등으로 인하여 직무를 성실히 수행하지 아니한 경우나 형식적으로 또는 소홀히 직무를 수행하였기 때문에 성실한 직무수행을 못한 것에 불과한 경우에는 직무유기죄는 성립하지 아니한다(93도3568) (22 1차)

• **죄수** : 직무유기죄의 죄수판단은 원칙적으로 직무의 수에 따라 정해진다. 그리고 직무유기교사죄는 피교사자인 공무원별로 1개의 죄가 성립한다.

□ **직무유기교사죄의 죄수 판단** : 직무유기교사죄는 피교사자인 공무원별로 1개의 죄가 성립되는 것이므로 피교사자인 공무원별로 사실을 특정할 수 있도록 공소사실을 기재하여야 한다(95도984)

• 직무유기죄와 타죄와의 관계

직무유기죄와 타죄와의 관계

1. 허위공문서작성죄와의 관계

(1) 적극적 은폐의 목적인 경우

공무원이 허위내용의 공문서를 작성한 경우와 관련해서, 공무원이 위법상태를 발견하고도 직무상 의무에 따른 적절한 조치를 취하지 아니하고 '위법사실을 적극적으로 은폐할 목적으로' 허위공문서를 작성·행사한 경우에는 직무위배의 위법상태는 허위공문서작성 당시부터 그 속에 포함되는 것으로 작위범인 허위공문서작성죄와 동행사죄만 성립하고 부작위범인 직무유기죄는 따로 성립하지 아니한다.

> ☐ 공무원이 신축건물에 대한 착공 및 준공검사를 마치고 관계서류를 작성함에 있어 그 허가조건 위배사실을 숨기기 위하여 허위의 복명서를 작성 행사한 경우에는 허위공문서작성죄 및 동행사죄뿐만 아니라 직무유기죄도 성립한다(2002도5004) (24 변시)(21 2차)(22 1차)

(2) 은폐의 목적이 아닌 경우

허위공문서의 작성·행사가 위법사실을 은폐하기 위한 것이 아니라, 새로운 위법상태를 창출하기 위한 것인 경우에는 직무유기죄도 성립하며 허위공문서작성죄, 동행사죄 및 직무유기죄는 실체적 경합관계에 있다.

(3) 검사의 소추재량

하나의 행위가 부작위범인 직무유기죄와 작위범인 허위공문서작성·행사죄의 구성요건을 동시에 충족하는 경우, 공소제기권자는 재량에 의하여 작위범인 허위공문서작성·행사죄로 공소를 제기하지 않고 부작위범인 직무유기죄로만 공소를 제기할 수 있다.

> ☐ **검사의 소추재량 판례** : 하나의 행위가 부작위범인 직무유기죄와 작위범인 허위공문서작성·행사죄의 구성요건을 동시에 충족하는 경우, 공소제기권자는 재량에 의하여 작위범인 허위공문서작성·행사죄로 공소를 제기하지 않고 부작위범인 직무유기죄로만 공소를 제기할 수 있다(2005도4202) (12 변시) (13 변시)(22 변시)

2. 범인도피죄·증거인멸죄·위계에 의한 공무집행방해죄와의 관계

작위범인 범인도피죄나 증거인멸죄만이 성립하고 부작위범인 직무유기죄는 따로 성립하지 않는다. 그러나, 판례에 의하면 하나의 행위가 부작위범인 직무유기죄와 작위범인 범인도피죄의 구성요건을 동시에 충족하는 경우 공소제기권자는 재량에 의하여 작위범인 범인도피죄로 공소를 제기하지 않고 부작위범인 직무유기죄로만 공소를 제기할 수도 있다.

☐ **'무조건 튀라' 사건** : 피고인(사법경찰관)이 검사로부터 범인을 검거하라는 지시를 받고서도 그 직무상의 의무에 따른 적절한 조치를 취하지 아니하고 오히려 범인에게 전화로 도피하라고 권유하여 그를 도피케 하였다는 범죄사실만으로는 직무위배의 위법상태가 범인도피행위 속에 포함되어 있는 것으로 보아야 할 것이므로, 이와 같은 경우에는 작위범인 범인도피죄만이 성립하고 부작위범인 직무유기죄는 따로 성립하지 아니한다(96도51) [2022 3차](19 변시)(23 1차)

☐ **경찰공무원이 지명수배 범인을 발견하고도 도피시킨 사건** : 경찰공무원이 지명수배 중인 범인을 발견하고도 직무상 의무에 따른 적절한 조치를 취하지 아니하고 오히려 범인을 도피하게 하는 행위를 하였다면, 그 직무위배의 위법상태는 범인도피행위 속에 포함되어 있다고 보아야 할 것이므로, 이와 같은 경우에는 작위범인 범인도피죄만이 성립하고 부작위범인 직무유기죄는 따로 성립하지 아니한다(2015도1456) (22 변시)

☐ **압수한 변조 기판 돌려준 사건** : 경찰서 방범과장이 부하직원으로부터 음반·비디오물 및 게임물에 관한 법률 위반 혐의로 오락실을 단속하여 증거물로 오락기의 변조 기판을 압수하여 사무실에 보관중임을 보고받아 알고 있었음에도 그 직무상의 의무에 따라 위 압수물을 수사계에 인계하고 검찰에 송치하여 범죄 혐의의 입증에 사용하도록 하는 등의 적절한 조치를 취하지 않고, 오히려 부하직원에게 위와 같이 압수한 변조 기판을 돌려주라고 지시하여 오락실 업주에게 이를 돌려준 경우, 작위범인 증거인멸죄만이 성립하고 부작위범인 직무유기죄는 따로 성립하지 아니한다(2005도3909 전합) (15 변시)(18 변시)(22 변시)

☐ **부하직원이 위계로 농수산국장 결재 받은 사건** : 피고인이, 출원인이 어업허가를 받을 수 없는 자라는 사실을 알면서도 그 직무상의 의무에 따른 적절한 조치를 취하지 않고 오히려 부하직원으로 하여금 어업허가 처리기안문을 작성하게 한 다음 피고인 스스로 중간결재를 하는 등 위계로써 농수산국장의 최종결재를 받았다면, 직무위배의 위법상태가 위계에 의한 공무집행방해행위 속에 포함되어 있는 것이라고 보아야 할 것이므로, 이와 같은 경우에는 작위범인 위계에 의한 공무집행방해죄만이 성립하고 부작위범인 직무유기죄는 따로 성립하지 아니한다(96도2825)

Ⅱ. 피의사실공표죄 (진정신분범)

Ⅲ. 공무상 비밀누설죄 (진정신분범)

- **주체** : 공무원 또는 공무원이었던 자이다. 본죄는 필요적 공범 중 대향범이지만, 누설받은 상대방을 처벌하는 규정이 없다.

  ☐ **변호사 사무실 직원 사건** : 2인 이상 서로 대향된 행위의 존재를 필요로 하는 대향범에 대하여는 공범에 관한 형법총칙 규정이 적용될 수 없는데, 형법 제127조는 공무원 또는 공무원이었던 자가 법령에 의한 직무상 비밀을 누설하는 행위만을 처벌하고 있을 뿐 직무상 비밀을 누설받은 상대방을 처벌하는 규정이 없는 점에 비추어, 직무상 비밀을 누설받은 자에 대하여는 공범에 관한 형법총칙 규정이 적용될 수 없다고 보는 것이 타당하다(2009도3642) [2014 변시][2016 2차]][2017 3차][2023 변시](15 변시)(19 변시)[2023 3차]

- **법령에 의한 직무상의 비밀** : 직무상의 비밀이란 직무수행 중 알게 된 비밀을 말하며, 그 범위는 법령에 의해 비밀로 분류된 것만이 아니라 객관적·일반적으로 외부에 알려지지 않은 것에 상당한 이익이 있는 것을 포함한다.

  ☐ **법령에 의한 직무상 비밀의 범위** : 형법 제127조는 공무원 또는 공무원이었던 자가 법령에 의한 직무상 비밀을 누설하는 것을 구성요건으로 하고 있는바, 여기서 법령에 의한 직무상 비밀이란 반드시 법령에 의하여 비밀로 규정되었거나 비밀로 분류 명시된 사항에 한하지 아니하고, 정치, 군사, 외교, 경제, 사회적 필요에 따라 비밀로 된 사항은 물론 정부나 공무소 또는 국민이 객관적, 일반적인 입장에서 외부에 알려지지 않는 것에 상당한 이익이 있는 사항도 포함하나, 실질적으로 그것을 비밀로서 보호할 가치가 있다고 인정할 수 있는 것이어야한다(2004도5561) (23 변시)(22 3차)

  ☐ 대통령 당선인을 위하여 특정 국가에 파견할 특사단 추천 의원을 정리한 문건은 그것이 사전에 외부로 누설될 경우 대통령 당선인의 인사 기능에 장애를 초래할 위험이 있으므로 공무상비밀누설죄의 객체인 직무상 비밀에 해당한다(2018도2624) (21 3차)

- **누설** : 누설이란 비밀사항을 제3자에게 알리는 것을 말한다.

  ☐ **법원장이 법원행정처 차장에게 보고서를 전달한 사건** : 법원장인 피고인이 소속 법원 기획법관으로 하여금 집행관사무원 비리 사건에 관하여 영장재판 정보가 포함된 보고서를 작성한 후 법원행정처 차장에게 전달하도록 한 사안에서, 위 보고서에는 외부에 알려질 경우 수사기관의 기능에 장애를 초래할 위험이 있는 비밀이 포함되어 있기는 하나, 피고인의 행위는 직무집행의 일환으로 비밀을 취득할 지위 내지 자격이 있는 법원행정처 차장에게 그 내용을 전달한 것이므로, 공무상비밀누설죄가 성립하지 않는다고 판단한 원심판결을 수긍한 사례(2021도11924)

■ 제2항 직권남용죄

I. 직권남용죄 (진정신분범)

- **직권남용** : 공무원이 그 일반적 직무권한에 속하는 사항에 관하여 직권의 행사에 가탁하여 실질적, 구체적으로 위법·부당한 행위를 하는 경우를 의미한다.

> ☐ **직권남용의 의미** : 직권남용권리행사방해죄는 공무원이 일반적 직무권한에 속하는 사항에 관하여 직권을 행사하는 모습으로 실질적, 구체적으로 위법·부당한 행위를 한 경우에 성립한다. '직권남용'이란 공무원이 일반적 직무권한에 속하는 사항에 관하여 그 권한을 위법·부당하게 행사하는 것을 뜻한다. 어떠한 직무가 공무원의 일반적 직무권한에 속하는 사항이라고 하기 위해서는 그에 관한 법령상 근거가 필요하다. 법령상 근거는 반드시 명문의 규정만을 요구하는 것이 아니라 명문의 규정이 없더라도 법령과 제도를 종합적, 실질적으로 살펴보아 그것이 해당 공무원의 직무권한에 속한다고 해석되고, 이것이 남용된 경우 상대방으로 하여금 사실상 의무 없는 일을 하게 하거나 권리를 방해하기에 충분한 것이라고 인정되는 경우에는 직권남용죄에서 말하는 일반적 직무권한에 포함된다. 남용에 해당하는가를 판단하는 기준은 구체적인 공무원의 직무행위가 본래 법령에서 그 직권을 부여한 목적에 따라 이루어졌는지, 직무행위가 행해진 상황에서 볼 때 필요성·상당성이 있는 행위인지, 직권행사가 허용되는 법령상의 요건을 충족했는지 등을 종합하여 판단하여야 한다(2019도5186 전합) (20 변시)(21 3차)

> ☐ **직권남용과 불법행위의 구별** : 직권남용죄는 공무원이 그 일반적 직무권한에 속하는 사항에 관하여 직권의 행사에 가탁하여 실질적, 구체적으로 위법·부당한 행위를 한 경우에 성립한다. 여기에서 말하는 '직권의 남용'이란 공무원이 일반적 직무권한에 속하는 사항을 불법하게 행사하는 것, 즉 형식적, 외형적으로는 직무집행으로 보이나 실질적으로는 정당한 권한 이외의 행위를 하는 경우를 의미하고, 공무원이 그의 일반적 직무권한에 속하지 않는 행위를 하는 경우인 지위를 이용한 불법행위와는 구별된다(2018도18646) (22 3차)

> ☐ **직권남용죄의 직무 범위** : 직권남용죄는 공무원이 그 일반적 직무권한에 속하는 사항에 관하여 직권의 행사에 가탁하여 실질적, 구체적으로 위법·부당한 행위를 한 경우에 성립하고, 그 일반적 직무권한은 반드시 법률상의 강제력을 수반하는 것임을 요하지 아니하며, 그것이 남용될 경우 직권행사의 상대방으로 하여금 법률상 의무 없는 일을 하게 하거나 정당한 권리행사를 방해하기에 충분한 것이면 된다 (2002도6251) (22 3차)(23 2차)

- **의무없는 일을 하게 하는 것** : 법률상 의무 없는 자에게 이를 강요하는 것을 말한다. 따라서 단순한 심리적 의무감 또는 도덕적 의무는 이에 해당하지 아니한다.

□ **의무의 범위** : 직권남용죄에서 말하는 '의무'란 법률상 의무를 가리키고, 단순한 심리적 의무감 또는 도덕적 의무는 이에 해당하지 아니한다(2008도6950) (20 변시)

□ **직권남용권리행사방해죄에서 '의무 없는 일을 하게 한 때'의 의미** : 직권남용권리행사방해죄에서 '의무 없는 일을 하게 한 때'란 '사람'으로 하여금 법령상 의무 없는 일을 하게 하는 때를 의미하는바, 공무원이 자신의 직무권한에 속하는 사항에 관하여 실무 담당자로 하여금 그 직무집행을 보조하는 사실행위를 하도록 하더라도 이는 공무원 자신의 직무집행으로 귀결될 뿐이므로 원칙적으로 직권남용권리행사방해죄에서 말하는 '의무 없는 일을 하게 한때'에 해당한다고 할 수 없으나, 직무집행의 기준과 절차가 법령에 구체적으로 명시되어 있고 실무 담당자에게도 직무집행의 기준을 적용하고 절차에 관여할 고유한 권한과 역할이 부여되어 있다면 실무 담당자로 하여금 그러한 기준과 절차에 위반하여 직무집행을 보조하게 한 경우에는 '의무 없는 일을 하게 한 때'에 해당한다(2010도13766) (20 변시)(22 3차)(23 2차)

• **권리행사를 방해하는 것** : 법률상 가지고 있는 권리를 행사하지 못하게 하는 것을 말한다. 여기서의 권리는 법률에 명기된 권리에 한하지 않고 법령상 보호되어야 할 이익이면 족한 것으로서, 공법상의 권리인지 사법상의 권리인지를 묻지 않는다(2008도7312).

□ **권리의 범위** : 형법 제123조의 직권남용권리행사방해죄에서 말하는 '권리'는 법률에 명기된 권리에 한하지 않고 법령상 보호되어야 할 이익이면 족한 것으로서, 공법상의 권리인지 사법상의 권리인지를 묻지 않는다고 봄이 상당하다(2008도7312) (20 변시)

□ **문체부 블랙리스트 사건** : '사람으로 하여금 의무 없는 일을 하게 한 것'과 '사람의 권리행사를 방해한 것'은 형법 제123조가 규정하고 있는 객관적 구성요건요소인 '결과'로서 둘 중 어느 하나가 충족되면 직권남용권리행사방해죄가 성립한다. 이는 '공무원이 직권을 남용하여'와 구별되는 별개의 범죄성립요건이다(2018도2236 전합) (21 3차)

□ 공무원이 한 행위가 직권남용에 해당한다고 하여 그러한 이유만으로 그 상대방이 한 일이 의무 없는 일에 해당한다고 할 수는 없다(2018도2236 전합) (23 2차)

• **기수시기** : 의무없는 일을 하게 하거나 권리행사를 방해하는 **결과가 발생**할 것을 요하지만 이로 인하여 국가의 기능이 현실적으로 침해될 필요는 없다. 이러한 의미에서 본죄는 추상적 위험범이다.

☐ **직권남용죄의 기수가 되려면 결과가 발생할 것을 요한다는 판례** : 형법 제123조가 규정하는 직권남용권리행사방해죄에 해당하려면 구체화된 권리의 현실적인 행사가 방해된 경우라야 할 것이고, 또한 공무원의 직권남용행위가 있었다 할지라도 현실적으로 권리행사의 방해라는 결과가 발생하지 아니하였다면 본죄의 기수를 인정할 수 없다(2003도4599) (20 변시)(23 2차)

• **죄수 및 타죄와의 관계**

☐ **상급 경찰관이 부하 경찰관의 수사를 중단시킨 사건** : 상급 경찰관이 직권을 남용하여 부하 경찰관들의 수사를 중단시키거나 사건을 다른 경찰관서로 이첩하게 한 경우, 일단 '부하 경찰관들의 수사권 행사를 방해한 것'에 해당함과 아울러 '부하 경찰관들로 하여금 수사를 중단하거나 사건을 다른 경찰관서로 이첩할 의무가 없음에도 불구하고 수사를 중단하게 하거나 사건을 이첩하게 한 것'에도 해당된다고 볼 여지가 있다. 그러나 이는 어디까지나 하나의 사실을 각기 다른 측면에서 해석한 것에 불과한 것으로서 위 두 가지 행위 태양에 모두 해당하는 것으로 기소된 경우, '권리행사를 방해함으로 인한 직권남용권리행사방해죄'만 성립하고 '의무 없는 일을 하게 함으로 인한 직권남용권리행사방해죄'는 따로 성립하지 아니하는 것으로 봄이 상당하다(2008도7312) (20 변시)

☐ **직권남용권리행사방해죄의 포괄일죄 사건** : 직권남용권리행사방해죄는 국가기능의 공정한 행사라는 국가적 법익을 보호하는 데 주된 목적이 있으므로, 공무원이 동일한 사안에 관한 일련의 직무집행 과정에서 단일하고 계속된 범의로 일정 기간 계속하여 저지른 직권남용행위에 대하여는 설령 그 상대방이 여러 명이더라도 포괄일죄가 성립할 수 있다(2021도2030) (23 2차)

Ⅱ. **불법 체포 · 감금죄** (미수범 처벌, 진정신분범)

☐ **허위의 진술조서 사건(직권남용감금죄의 간접정범)** : 감금죄는 간접정범의 형태로도 행하여질 수 있는 것이므로, 인신구속에 관한 직무를 행하는 자 또는 이를 보조하는 자가 피해자를 구속하기 위하여 진술조서 등을 허위로 작성한 후 이를 기록에 첨부하여 구속영장을 신청하고, 진술조서 등이 허위로 작성된 정을 모르는 검사와 영장전담판사를 기망하여 구속영장을 발부받은 후 그 영장에 의하여 피해자를 구금하였다면 형법 제124조 제1항의 직권남용감금죄가 성립한다(2003도3945) (21 3차)

수사기관이 피의자를 임의동행 후 귀가시키지 아니한 사건 : 수사기관이 피의자를 수
사하는 과정에서 구속영장없이 피의자를 함부로 구금하여 피의자의 신체의 자유
를 박탈하였다면 직권을 남용한 불법감금의 죄책을 면할 수 없고, 수사의 필요상
피의자를 임의동행한 경우에도 조사 후 귀가시키지 아니하고 그의 의사에 반하여
경찰서 조사실 또는 보호실 등에 계속 유치함으로써 신체의 자유를 속박하였다면
이는 구금에 해당한다(85모16) (17 변시)

Ⅲ. 폭행·가혹행위죄 (진정신분범)

Ⅳ. 선거방해죄 (진정신분범)

■ 제3항 뇌물죄

Ⅰ. 단순 수뢰죄 (진정신분범)

• **필요적 공범** : 뇌물죄에 있어 수뢰자와 증뢰자는 **필요적 공범관계**에 있다.

□ 뇌물공여죄와 뇌물수수죄 : [1] 필요적 공범이라는 것은 법률상 범죄의 실행이 다수
인의 협력을 필요로 하는 것을 가리키는 것으로서 이러한 범죄의 성립에는 행위의
공동을 필요로 하는 것에 불과하고 반드시 협력자 전부가 책임이 있음을 필요로
하는 것은 아니다. [2] 뇌물증여죄가 성립되기 위하여서는 뇌물을 공여하는 행위와
상대방 측에서 금전적으로 가치가 있는 그 물품 등을 받아들이는 행위(부작위포함)
가 필요할 뿐이지 반드시 상대방측에서 뇌물수수죄가 성립되어야만 한다는 것을
뜻하는 것은 아니다(87도1699) (12 변시)(18 변시)(21 변시)(22 변시)(21 1차)(21 3차)

• **공무원** : 국가 또는 지방자치단체 및 이에 준하는 공법인의 사무에 종사하는 자로서 그
직무내용이 단순한 기계적·육체적인 것에 한정되어 있지 않은 자를 말한다.

□ 수뢰죄 주체의 범위 : 형법 제129조 내지 제132조 및 구 변호사법(2007.3.29. 법률
제8321호로 개정되기 전의 것) 제111조에서 정한 '공무원'이란 국가공무원법과 지
방공무원법상 공무원 및 다른 법률에 따라 위 규정들을 적용할 때 공무원으로 간주
되는 자 외에 법령에 기하여 국가 또는 지방자치단체 및 이에 준하는 공법인의
사무에 종사하는 자로서 노무의 내용이 단순한 기계적·육체적인 것에 한정되어
있지 않은 자를 말한다(2010도14394) (23 1차)

☐ **임용결격자 사건** : 법령에 기한 임명권자에 의하여 임용되어 공무에 종사하여 온 사람이 나중에 그가 임용결격자이었음이 밝혀져 당초의 임용행위가 무효라고 하더라도, 그가 임용행위라는 외관을 갖추어 실제로 공무를 수행한 이상 공무 수행의 공정과 그에 대한 사회의 신뢰 및 직무행위의 불가매수성은 여전히 보호되어야 한다. 따라서 이러한 사람은 형법 제129조에서 규정한 공무원으로 봄이 타당하고, 그가 그 직무에 관하여 뇌물을 수수한 때에는 수뢰죄로 처벌할 수 있다(2013도11357) (17 변시)(18 변시)

- **중재인** : 중재인이란 법령에 의하여 중재의 직무를 담당하는 자를 말한다. 노동중재위원, 상사중재위원 등이 이에 해당하며, 사실상의 중재인으로서 분쟁의 해결을 알선하는 자나 사적 조정자는 제외된다.

- **뇌물** : 뇌물이란 직무에 관한 부당한 이익을 말한다.

- **뇌물죄의 직무의 범위** : 뇌물죄의 직무에는 법령에 정하여진 직무뿐만 아니라 그와 관련 있는 직무, 과거에 담당하였거나 장래에 담당할 직무 외에 사무분장에 따라 현실적으로 담당하지 않는 직무라도 법령상 일반적인 직무권한에 속하는 직무 등 공무원이 그 직위에 따라 공무로 담당할 일체의 직무로서 직무와 밀접한 관계가 있는 행위 또는 관례상이나 사실상 소관하는 직무행위도 포함한다.

☐ **직무의 범위** : 뇌물죄에서 말하는 '직무'에는 법령에 정하여진 직무뿐만 아니라 그와 관련 있는 직무, 과거에 담당하였거나 장래에 담당할 직무 외에 사무분장에 따라 현실적으로 담당하지 않는 직무라도 법령상 일반적인 직무권한에 속하는 직무 등 공무원이 그 직위에 따라 공무로 담당할 일체의 직무로서 직무와 밀접한 관계가 있는 행위 또는 관례상이나 사실상 소관하는 직무행위도 포함한다(99도4022) (14 변시)

☐ **직무의 범위** : 뇌물죄에 있어서 직무라 함은 공무원이 법령상 관장하는 직무 그 자체뿐만 아니라 그 직무와 밀접한 관계가 있는 행위 또는 관례상이나 사실상 소관하는 직무행위 및 결정권자를 보좌하거나 영향을 줄 수 있는 직무행위도 포함된다(99도5753)

☐ **교통계 근무 경찰관 사건** : 경찰관직무집행법 제2조 제1호는 경찰관이 행하는 직무 중의 하나로 '범죄의 예방·진압 및 수사'를 들고 있고, 이와 같이 범죄를 예방하거나, 진압하고, 수사하여야 할 일반적 직무권한을 가지는 피고인이 도박장개설 및 도박범행을 묵인하고 편의를 봐주는 데 대한 사례비 명목으로 금품을 수수하고, 나아가 도박장개설 및 도박범행사실을 잘 알면서도 이를 단속하지 아니하였다면, 이는 경찰관으로서 직무에 위배되는 부정한 행위를 한 것이라 할 것이고, 비록 피고인이 이 사건 범행당시 원주경찰서 교통계에 근무하고 있어 도박범행의 수사 등에 관한 구체적인 사무를 담당하고 있지 아니하였다 하여도 달리 볼 것은 아니라고 할 것이다(2003도1060) (14 변시)

- 전직 후에 전직 전의 직무에 관하여 뇌물을 받은 경우 : 공무원이 추상적 권한을 달리하는 다른 직무로 전직한 후에 전직 전의 직무와 관련하여 뇌물을 수수한 경우에 직무행위의 공정과 사회일반의 신뢰가 침해될 위험성이 있으므로 뇌물죄가 성립한다.

  □ **직무의 범위** : 뇌물죄는 직무집행의 공정과 직무행위의 불가매수성을 그 보호법익으로 하고 있으므로, 뇌물성은 의무위반행위의 유무와 청탁의 유무 및 수수시기가 언제인지를 가리지 아니하는 것이고, 따라서 과거에 담당하였거나 장래 담당할 직무 및 사무분장에 따라 현실적으로 담당하지 아니하는 직무라 하더라도 뇌물죄에 있어서의 직무에 해당할 수 있다(93도2962)

- **직무관련성** : 직무관련성이란 뇌물은 공무원 또는 중재인의 직무에 관련된 이익이어야 한다는 것을 의미한다. 따라서 공무원이 직무와 관련되지 않은 사적 행위에 대한 이익은 뇌물이 될 수 없다.

  □ **법원 참여주사 사건** : 법원의 참여주사가 공판에 참여하여 양형에 관한 사항의 심리 내용을 공판조서에 기재한다고 하더라도 이를 가지고 형사사건의 양형이 참여주사의 직무와 밀접한 관계가 있는 사무라고는 할 수 없으므로 참여주사가 형량을 감경케 하여 달라는 청탁과 함께 금품을 수수하였다고 하더라도 뇌물수수죄의 주체가 될 수 없다(80도1373) (14 변시)

- **대가관계의 요부** : 뇌물이 인정되기 위해서는 직무와의 대가관계가 필요한지에 대하여 논의가 있지만, 다수설과 판례는 뇌물은 직무에 관한 부정한 보수임을 요하므로 뇌물과 직무행위 사이에 **대가관계가 있어야 한다**는 입장이다.

  □ **뇌물의 판단** : 공무원이 수수한 금원이 직무와 대가관계가 있는 부당한 이익으로서 뇌물에 해당하는지 여부는 당해 공무원의 직무 내용, 직무와 이익제공자와의 관계, 쌍방간에 특수한 사적인 친분관계가 존재하는지 여부, 이익의 다과, 이익을 수수한 경위와 시기 등의 제반 사정을 참작하여 결정하여야 할 것이고, 뇌물죄가 직무집행의 공정과 이에 대한 사회의 신뢰를 그 보호법익으로 하고 있음에 비추어 볼 때 공무원이 금원을 수수하는 것으로 인하여 사회일반으로부터 직무집행의 공정성을 의심받게 되는지의 여부도 하나의 판단 기준이 된다(2000도5438)

- **포괄적 뇌물** : 대가관계와 관련하여 특정한 직무에 대한 대가관계이외에 전체적 · 포괄적인 직무와 대가관계가 있는 경우에도 뇌물죄가 성립될 수 있는지 즉 포괄적 뇌물죄가 성립할 수 있는지에 대하여 논의가 있지만, 다수설과 판례는 긍정하고 있다.

□ **대통령과 포괄적 뇌물** : 뇌물죄는 직무집행의 공정과 이에 대한 사회의 신뢰에 기하여 직무행위의 불가매수성을 그 직접의 보호법익으로 하고 있고, 뇌물성을 인정하는 데에는 특별히 의무위반행위의 유무나 청탁의 유무 등을 고려할 필요가 없는 것이므로, 뇌물은 대통령의 직무에 관하여 공여되거나 수수된 것으로 족하고 개개의 직무행위와 대가적 관계에 있을 필요가 없으며, 그 직무행위가 특정된 것일 필요도 없다(96도3377 전합) (18 변시)

• **사교적 의례로서의 선물과 뇌물의 기준** : 일반적으로 사교적 의례로서의 선물은 뇌물이라고 보기 어렵다. 그런데 사교적 의례로서의 선물과 직무상 대가관계 있는 경우에 뇌물이 될 수 있는가에 대하여 논의가 있지만, 판례는 사교적 의례의 형식을 사용하고 있다 하여도 직무행위의 대가로서의 의미를 가질 때에는 뇌물이 된다고 보고 있다.

□ **뇌물과 선물의 구별기준** : 공무원이 직무의 대상이 되는 사람으로부터 금품 기타 이익을 받은 때에는 그것이 그 사람이 종전에 공무원으로부터 접대 또는 수수받은 것을 갚는 것으로서 사회상규에 비추어 볼 때에 의례상의 대가에 불과한 것이라고 여겨지거나, 개인적인 친분관계가 있어서 교분상의 필요에 의한 것이라고 명백하게 인정할 수 있는 경우 등 특별한 사정이 없는 한 직무와 관련성이 있다고 볼 수 있다. 그리고 공무원의 직무와 관련하여 금품을 주고받았다면 비록 사교적 의례의 형식을 빌어 금품을 주고받았다고 하더라도 수수한 금품은 뇌물이 된다(2016도15470) (18 변시)(23 1차)

• **정치자금 등과 뇌물의 기준** : 선물과 뇌물의 구별과 동일한 논리에 의하여 대가성이 인정된다면 뇌물이 된다.

□ **정치자금의 명목 사건** : 정치자금의 기부행위는 정치활동에 대한 재정적 지원행위이고, 뇌물은 공무원의 직무행위에 대한 위법한 대가로서, 양자는 별개의 개념이다. 정치자금의 명목으로 금품을 주고받고 정치자금법에 정한 절차를 밟았다고 할지라도, 정치인의 정치활동 전반에 대한 지원의 성격을 갖는 것이 아니라 공무원인 정치인의 특정한 구체적 직무행위와 관련하여 금품 제공자에게 유리한 행위를 기대하거나 또는 그에 대한 사례로서 금품을 제공함으로써 정치인인 공무원의 직무행위에 대한 대가로서의 실체를 가진다면 뇌물성이 인정된다(2016도21536)

• **이익** : 이익이란 수령자의 경제적·법적·인격적 지위를 유리하게 해 주는 것으로 일체의 유형·무형의 이익을 포함한다.

□ **검사실에서 성행위한 사건** : 뇌물죄에서 뇌물의 내용인 이익이라 함은 금전, 물품 기타의 재산적 이익뿐만 아니라 사람의 수요·욕망을 충족시키기에 족한 일체의 유형·무형의 이익을 포함하며, 제공된 것이 성적 욕구의 충족이라고 하여 달리 볼 것이 아니다(2013도13937) (24 변시)

□ 투기적 사업 참여와 기수시기 : 공무원이 뇌물로 투기적 사업에 참여할 기회를 제공받은 경우, 뇌물수수죄의 기수 시기는 투기적 사업에 참여하는 행위가 종료된 때로 보아야 하며, 그 행위가 종료된 후 경제사정의 변동 등으로 인하여 당초의 예상과는 달리 그 사업 참여로 인한 아무런 이득을 얻지 못한 경우라도 뇌물수수죄의 성립에는 아무런 영향이 없다(2000도2251) (12 변시)(22 2차)

□ 수의계약금액 사건 : 수의계약을 체결하는 공무원이 해당 공사업자와 적정한 금액 이상으로 계약금액을 부풀려서 계약하고 부풀린 금액을 자신이 되돌려 받기로 사전에 약정한 다음 그에 따라 수수한 돈은 성격상 뇌물이 아니고 횡령금에 해당한다고 한 사례(2005도7112) (23 변시)

• 수수 : 수수란 뇌물을 현실적으로 취득하는 것을 말한다. 유형의 재물인 경우에는 점유 취득에 의하여, 무형의 이익인 경우에는 현실적으로 그 이익을 향유함으로써 수수가 인정된다.

□ 이재용 삼성 부회장 사건 – 최순실에게 제공한 말 3필 사건 : 뇌물수수에서 말하는 '수수'란 받는 것, 즉 뇌물을 취득하는 것이고, 뇌물공여에서 말하는 '공여'란 뇌물을 취득하게 하는 것이다. 여기에서 취득이란 뇌물에 대한 사실상의 처분권을 획득하는 것을 의미하고, 뇌물인 물건의 법률상 소유권까지 취득하여야 하는 것은 아니다. 뇌물수수자가 법률상 소유권 취득의 요건을 갖추지는 않았더라도 뇌물로 제공된 물건에 대한 점유를 취득하고 뇌물공여자 또는 법률상 소유자로부터 반환을 요구받지 않는 관계에 이른 경우에는 그 물건에 대한 실질적인 사용·처분권한을 갖게 되어 그 물건 자체를 뇌물로 받은 것으로 보아야 한다(2018도2738 전합) (22 2차)

□ 자동차 뇌물 사건 : [1] 자동차를 뇌물로 제공한 경우 자동차등록원부에 뇌물수수자가 그 소유자로 등록되지 않았다고 하더라도 자동차의 사실상 소유자로서 자동차에 대한 실질적인 사용 및 처분권한이 있다면 자동차 자체를 뇌물로 취득한 것으로 보아야 한다. [2] 피고인에게 뇌물로 제공되었다는 자동차는 리스차량으로 리스회사 명의로 등록되어 있는 점, 피고인이 처분승낙서, 권리확인서 등 원하는 경우 소유권이전을 할 수 있는 서류를 소지하고 있지도 아니한 점, 리스계약상 리스계약이 기간만료 또는 리스료 연체로 종료되어 리스회사에서 위 승용차의 반환을 구하는 경우 피고인은 이에 응할 수밖에 없다고 보이는 점 등에 비추어 볼 때 피고인에게 위 승용차에 대한 실질적 처분권한이 있다고 할 수 없어 자동차 자체를 뇌물로 수수한 것으로 볼 수 없다고 한 사례(2006도735) [2022 변시](21 변시)(22 2차)(23 1차)

□ **박근혜 국정원 특수활동비 사건** : [1] 공범들이 횡령행위를 공동실행하여 얻은 돈을 공범자끼리 수수한 행위가 공동정범들 사이의 범행에 의하여 취득한 돈을 공모에 따라 내부적으로 분배한 것에 지나지 않는다면 별도로 그 돈의 수수행위에 관하여 뇌물죄가 성립하는 것은 아니다. [2] 대통령과 국가정보원장들이 국고를 횡령하기로 공모하면서 횡령금을 모두 대통령에게 귀속시키기로 합의하였고 국가정보원장들이 2013년 5월부터 2016년 7월까지 대통령에게 금원을 교부하였다 하더라도 이는 대통령이 국고를 직접 횡령한 것으로 평가될 뿐 국가정보원장들이 뇌물로서 대통령에게 교부한 것으로 볼 수 없으므로 이에 대한 피고인 이재만, 안봉근의 뇌물수수 방조 또한 인정될 수 없다고 보아, 이 부분 공소사실을 모두 무죄로 판단한 원심을 수긍한 사례(2019도1056) (22 변시)(23 2차)(23 3차)

□ **공여자들의 함정교사 사건** : 피고인의 뇌물수수가 공여자들의 함정교사에 의한 것이기는 하나, 뇌물공여자들에게 피고인을 함정에 빠뜨릴 의사만 있었고 뇌물공여의 의사가 전혀 없었다고 보기 어려울 뿐 아니라, 뇌물공여자들의 함정교사라는 사정은 피고인의 책임을 면하게 하는 사유가 될 수 없다고 한 사례(2007도10804) (19 변시)

• **요구** : 요구란 취득의 의사로 상대방에게 뇌물의 공여 및 공여의 의사표시를 하는 것을 말한다. 요구가 있으면 족하고 뇌물의 교부가 있을 것을 요하지 않으며, 상대방이 응하였는지도 문제되지 않는다.

• **약속** : 약속이란 양당사자 사이에 뇌물의 수수를 합의하는 것을 말한다.

□ **약속의 개념** : 형법 제129조의 구성요건인 뇌물의 '약속'은 양 당사자 사이의 뇌물수수의 합의를 말하고, 여기에서 '합의'란 그 방법에 아무런 제한이 없고 명시적일 필요도 없지만, 장래 공무원의 직무와 관련하여 뇌물을 주고 받겠다는 양 당사자의 의사표시가 확정적으로 합치하여야 한다(2012도9417)

□ **뇌물약속죄의 성립요건** : 뇌물약속죄에서 뇌물의 약속은 직무와 관련하여 장래에 뇌물을 주고받겠다는 양 당사자의 의사표시가 확정적으로 합치하면 성립하고, 뇌물의 가액이 얼마인지는 문제되지 아니한다. 또한 뇌물의 목적물이 이익인 경우에 그 가액이 확정되어 있지 않아도 뇌물약속죄가 성립하는 데에는 영향이 없다(2016도3753)

□ **퇴직 후 뇌물을 수수한 사건** : 공무원이 직무와 관련하여 뇌물수수를 약속하고 퇴직 후 이를 수수하는 경우, 뇌물약속죄 및 사후수뢰죄가 성립할 뿐 뇌물수수죄는 성립하지 않는다고 한 사례(2007도5190)

- **주관적 구성요건** : 공무원 또는 중재인이라는 신분에 대한 인식과 직무에 관하여 뇌물을 수수 · 요구 · 약속한다는 사실에 대한 인식이 있어야 한다. 그리고 **영득의 의사가 필요하**므로 반환의사로 일시 받아둔 것은 수수가 아니지만, 영득의사로 수수한 것이면 이후의 반환여부는 본죄의 성립에 영향이 없다.

  ☐ **뇌물이 과다하여 후에 반환한 사건** : 피고인이 먼저 뇌물을 요구하여 증뢰자가 제공하는 돈을 받았다면 피고인에게는 받은 돈 전부에 대한 영득의 의사가 인정된다고 하지 않을 수 없고, 이처럼 영득의 의사로 뇌물을 수령한 이상 그 액수가 피고인이 예상한 것보다 너무 많은 액수여서 후에 이를 반환하였다고 하더라도 뇌물죄의 성립에는 영향이 없다(2006도9182)

- **공범** : 수뢰죄는 진정신분범이므로 이에 신분없는 자가 가담하는 경우에는 형법 제33조에 따라 신분범으로 처벌된다.

  ☐ **최순실 국정농단 사건** : 공무원이 아닌 사람(이하 '비공무원'이라 한다)이 공무원과 공동가공의 의사와 이를 기초로 한 기능적 행위지배를 통하여 공무원의 직무에 관하여 뇌물을 수수하는 범죄를 실행하였다면 공무원이 직접 뇌물을 받은 것과 동일하게 평가할 수 있으므로 공무원과 비공무원에게 형법 제129조 제1항에서 정한 뇌물수수죄의 공동정범이 성립한다(2018도13792 전합) (20 변시)(22 변시)(23 변시)(23 1차)(21 1차)

  ☐ 뇌물수수죄의 공범들 사이에 직무와 관련하여 금품이나 이익을 수수하기로 하는 명시적 또는 암묵적 공모관계가 성립하고 공모 내용에 따라 공범 중 1인이 금품이나 이익을 주고받았다면, 특별한 사정이 없는 한 이를 주고받은 때 금품이나 이익 전부에 관하여 뇌물수수죄의 공동정범이 성립하고, 금품이나 이익의 규모나 정도 등에 대하여 사전에 서로 의사의 연락이 있거나 금품 등의 구체적 금액을 공범이 알아야 공동정범이 성립하는 것은 아니다(2018도13792 전합) (21 1차)

- **사기죄와 수뢰죄와의 관계**

  ☐ **공여자를 기망한 사건** : 뇌물을 수수함에 있어서 공여자를 기망한 점이 있다 하여도 뇌물수수죄, 뇌물공여죄의 성립에는 영향이 없고, 이 경우 뇌물을 수수한 공무원에 대하여는 한 개의 행위가 뇌물죄와 사기죄의 각 구성요건에 해당하므로 형법 제40조에 의하여 상상적 경합으로 처단하여야 할 것이다(2015도12838) (24 변시)

• 공갈죄와 수뢰죄와의 관계

爭點 085

공갈죄와 수뢰죄와의 관계 [2014 2차][2016 변시][2016 1차][2019 3차]

1. 논의점

공무원이 직무집행에 관련하여 상대방을 공갈하여 재물을 취득한 경우에는 공갈죄와 수뢰죄가 문제된다. 공갈죄가 성립한다는 것은 일반적으로 확립되어 있지만, 수뢰죄의 성립을 어떠한 기준으로 인정할 것인지에 대하여 논의가 있다.

2. 견해의 대립

이에 대하여는 ① 직무집행의사를 기준으로 하여 공무원이 직무를 집행할 의사로 공갈한 경우에는 공갈죄와 수뢰죄의 상상적 경합이 되고, 직무집행의 의사가 없는 경우에는 공갈죄만 성립한다는 **직무집행의사 기준설** ② 직무관련성을 기준으로 하여 직무관련성이 인정될 때에는 공갈죄와 수뢰죄의 상상적 경합이 되고, 직무관련성이 인정되지 않을 때에는 공갈죄만 성립한다는 **직무관련성 기준설**이 대립하고 있다.

3. 판례의 태도

판례는 '공무원이 직무집행의 의사 없이 또는 직무처리와 대가적 관계없이 타인을 공갈하여 재물을 교부하게 한 경우에는 공갈죄만이 성립한다'라고 하여 **직무집행의사 기준설**을 따르고 있다.

4. 검 토

생각건대 공무원이 직무집행을 할 의사가 전혀 없는 경우까지 수뢰죄의 성립을 인정하는 것은 무리가 있으므로 직무집행의사설이 타당하다.

5. 증뢰죄의 성부 검토

위의 논의에서 공무원에게 수뢰죄가 성립한다고 할 경우에 상대방이 증뢰죄가 성립할 수 있는지에 대하여 논의가 있다. 이에 대하여는 ① 단순한 공포심에 의한 경우이므로 증뢰죄가 성립한다는 긍정설과 ② 금품의 교부가 하자있으므로 증뢰죄가 성립하지 않는다는 부정설이 대립하고 있다. ③ 판례는 공무원에게 수뢰죄가 성립하지 않는다면 증뢰죄도 성립하지 않는다고 판시한 판례는 있으나, 공무원에게 수뢰죄가 성립하는 경우에 대한 판례는 아직 없는 것으로 보인다.

6. 관련 판례

☐ **공무원이 직무집행의 의사없이 공갈하여 재물 교부 받은 사건 :** 공무원이 직무집행의 의사 없이 또는 직무처리와 대가적 관계없이 타인을 공갈하여 재물을 교부하게 한 경우에는 공갈죄만이 성립하고, 이러한 경우 재물의 교부자가 공무원의 해악의 고지로 인하여 외포의 결과 금품을 제공한 것이라면 그는 공갈죄의 피해자가 될 것이고 뇌물공여죄는 성립될 수 없다고 하여야 할 것이다(94도2528) (12 변시)(20 변시)(21 2차)(23 1차)

- **뇌물의 추징가액 산정의 기준시기** : 추징가액 산정시기에 대해서는 ① 수뢰시를 기준으로 하는 수수시설 ② 몰수할 수 없을 때를 기준으로 하는 몰수불능시설 ③ 판결선고시를 기준으로 하는 판결선고시설이 대립하고 있지만, 판례는 판결선고시설의 입장이다.

  □ **추징가액 산정기준시기는 재판선고시의 가격이라는 판례** : 몰수의 취지가 범죄에 의한 이득의 박탈을 그 목적으로 하는 것이고 추징도 이러한 몰수의 취지를 관철하기 위한 것이라는 점을 고려하면 몰수하기 불능한 때에 추징하여야 할 가액은 범인이 그 물건을 보유하고 있다가 몰수의 선고를 받았더라면 잃었을 이득상당액을 의미한다고 보아야 할 것이므로 그 가액산정은 재판선고시의 가격을 기준으로 하여야 할 것이다(91도352)

  □ **금품의 무상대여와 추징** : [1] 금품의 무상대여를 통하여 위법한 재산상 이익을 취득한 경우 추징의 대상이 되는 금융이익 상당액은 객관적으로 산정되어야 할 것인데, 특별한 사정이 없는 한 금품수수일로부터 약정된 변제기까지 금품을 무이자로 차용하여 얻은 금융이익의 수액을 산정한 뒤 이를 추징하여야 한다. [2] 나아가 그와 같이 약정된 변제기가 없는 경우에는, 판결 선고일 전에 실제로 차용금을 변제하였다거나 대여자의 변제 요구에 의하여 변제기가 도래하였다는 등의 특별한 사정이 없는 한, 금품수수일로부터 판결 선고시까지 금품을 무이자로 차용하여 얻은 금융이익의 수액을 산정한 뒤 이를 추징하여야 할 것이다(2014도1547) (15 변시)

- **뇌물의 몰수와 추징의 대상** : 몰수의 대상은 기본적으로 범인 또는 정을 아는 제3자가 받은 뇌물이다. 그리고 뇌물에 공할 금품도 몰수의 대상이 되므로 공여하였으나 수수되지 않은 뇌물과 공여를 약속한 뇌물도 포함한다. 뇌물은 **특정되어야** 하며 만약 특정되지 않았다면 몰수할 수 없으며, 그 가액도 추징할 수 없다.

  □ **뇌물에 공할 금품이 특정되지 않은 사건** : 형법 제134조는 뇌물에 공할 금품을 필요적으로 몰수하고 이를 몰수하기 불가능한 때에는 그 가액을 추징하도록 규정하고 있는바, 몰수는 특정된 물건에 대한 것이고 추징은 본래 몰수할 수 있었음을 전제로 하는 것임에 비추어 뇌물에 공할 금품이 특정되지 않았던 것은 몰수할 수 없고 그 가액을 추징할 수도 없다(2015도12838) (18 변시)(24 변시)

- **부수적 비용** : 뇌물을 받음에 있어서 그 취득을 위하여 상대방에게 뇌물의 가액에 상당하는 금원의 일부를 비용의 명목으로 출연하거나 그밖에 경제적 이익을 제공하였다 하더라도 이는 뇌물을 받는데 지출한 부수적 비용에 불과하므로 뇌물 자체를 몰수 또는 추징하여야 한다.

☐ 뇌물을 받는데 부수적 비용을 지출한 사건 : 공무원이 뇌물을 받음에 있어서 그 취득을 위하여 상대방에게 뇌물의 가액에 상당하는 금원의 일부를 비용의 명목으로 출연하거나 그밖에 경제적 이익을 제공하였다 하더라도, 이는 뇌물을 받는데 지출한 부수적 비용에 불과하다고 할 것이지, 이로 인하여 공무원이 받은 뇌물이 그 뇌물의 가액에서 위와 같은 지출액을 공제한 나머지 가액에 상당한 이익에 한정되는 것이라고 볼 수는 없으므로, 그 공무원으로부터 뇌물죄로 얻은 이익을 몰수·추징함에 있어서는 그 받은 뇌물 자체를 몰수하여야 하고, 그 뇌물의 가액에서 위와 같은 지출을 공제한 나머지 가액에 상당한 이익만을 몰수·추징할 것은 아니다(99도577) (19 변시)(22 변시)(24 변시)

• 몰수와 추징의 상대방

爭點086

몰수와 추징의 상대방

1. 뇌물을 반환하지 않은 경우

뇌물을 반환하지 않은 경우에는 수뢰자에게 몰수·추징한다.

☐ 타인 명의의 예금계좌로 수수한 사건 : 공무원의 직무에 속한 사항의 알선에 관하여 금품을 받음에 있어 타인의 동의하에 그 타인 명의의 예금계좌로 입금받는 방식을 취하였다고 하더라도 이는 범인이 받은 금품을 관리하는 방법의 하나에 지나지 아니하므로, 그 가액 역시 범인으로부터 추징하지 않으면 안된다고 할 것이다(2006도4659) (19 변시)

2. 뇌물인 원물을 반환한 경우

뇌물 그 자체인 원물을 반환한 경우에는 증뢰자에게 몰수·추징한다.

☐ 수뢰자가 뇌물 그대로 반환한 사건 : 수뢰자가 뇌물을 그대로 보관하였다가 증뢰자에게 반환한 때에는 증뢰자로 부터 몰수·추징할 것이므로 수뢰자로부터 추징함은 위법하다(83도2783) (14 변시)

3. 뇌물을 사용 또는 소비 후 동가치의 것을 반환한 경우

수뢰자가 사용 또는 소비 후 동가치의 것을 반환한 경우에는 수뢰자가 몰수·추징의 상대방이다.

☐ 수수한 뇌물을 소비하고 후에 동액을 반환한 사건 : 수뢰죄에 있어서 수뢰자가 일단 수수한 뇌물을 소비하여 몰수하기 불능하게 되었을 때에는 그 후에 동액의 금원을 증뢰자에게 반환하였다 하여도 수뢰자로부터 그 가액을 추징하여야 한다(86도1189) (14 변시)(24 변시)

□ 뇌물로 받은 금전을 예금하였다가 후에 동액을 반환한 사건 : 뇌물로 받은 돈을 은행에 예금한 경우 그 예금행위는 뇌물의 처분행위에 해당하므로 그후 수뢰자가 같은 액수의 돈을 증뢰자에게 반환하였다 하더라도 이를 뇌물 그 자체의 반환으로 볼 수 없으니 이러한 경우에는 수뢰자로부터 그 가액을 추징하여야 한다(96도2022) (20 변시)

□ 자기앞수표를 뇌물로 받아 소비하고 상당액을 반환한 사건 : 수뢰자가 자기앞수표를 뇌물로 받아 이를 소비한 후 자기앞수표 상당액을 증뢰자에게 반환하였다 하더라도 뇌물 그 자체를 반환한 것은 아니므로 이를 몰수할 수 없고 수뢰자로부터 그 가액을 추징하여야 할 것이다(98도3584) (12 변시)(20 변시)

4. 수뢰자가 일부를 다시 타인에게 뇌물공여한 경우

(1) 제1수뢰자가 제2수뢰자에게 임의로 상납한 경우 : 제1수뢰자에게 전액을 몰수 · 추징하고, 제2수뢰자에게는 독자적으로 받은 액을 몰수 · 추징한다.

□ 수뢰한 금원을 수뢰자가 다시 타인에게 공여한 사건 : 피고인들이 뇌물로 받은 돈을 그후 다른 사람에게 다시 뇌물로 공여하였다 하더라도 그 수뢰의 주체는 어디까지나 피고인들이고 그 수뢰한 돈을 다른 사람에게 공여한 것은 수뢰한 돈을 소비하는 방법에 지나지 아니하므로 피고인들로부터 그 수뢰액 전부를 각 추징하여야 한다(86도1951)

(2) 제1수뢰자가 증뢰자의 부탁으로 제2수뢰자에게 준 경우 : 제1수뢰자에게 자기가 영득한 부분, 제2수뢰자에게 나머지를 몰수 · 추징한다.

□ 수뢰 후 관계 공무원에게 다시 뇌물공여한 사건 : [1] 공무원의 직무에 속한 사항의 알선에 관하여 금품을 받고 그 금품 중의 일부를 실제로 금품을 받은 취지에 따라 청탁과 관련하여 관계 공무원에게 뇌물로 공여하거나 다른 알선행위자에게 청탁의 명목으로 교부한 경우에는 그 부분의 이익은 실질적으로 범인에게 귀속된 것이 아니므로 그 부분을 제외한 나머지 금품만을 몰수하거나 그 가액을 추징하여야 한다. [2] 그러나 공무원의 직무에 속한 사항의 알선에 관하여 금품을 받은 자가 그 금품 중의 일부를 다른 알선행위자에게 청탁의 명목으로 교부하였다 하더라도 당초 금품을 받을 당시부터 그 금품을 그와 같이 사용하기로 예정되어 있었기 때문에 금품을 받은 취지에 따라 그와 같이 사용한 것이 아니라, 범인이 독자적인 판단에 따라 경비로 사용한 것이라면 이는 범인이 받은 돈을 소비하는 방법에 지나지 아니하므로 그 금액 역시 범인으로부터 추징하여야 할 것이다(99도963) (24 변시)

5. 수인이 같이 수뢰한 경우

수인이 같이 수뢰한 경우에는 각자 실제로 수수한 금품을 몰수하거나 개별적으로 추징하는 것이 원칙이다. 그러나 예외적으로 수수한 뇌물을 공동으로 소비하였거나 분배율이 불분명한 경우에는 평등하게 몰수하거나 추징한다.

□ **공동 수뢰 사건** : 여러 사람이 공동으로 뇌물을 수수한 경우 그 가액을 추징하려면 실제로 분배받은 금품만을 개별적으로 추징하여야 하고 수수금품을 개별적으로 알 수 없을 때에는 평등하게 추징하여야 하며 공동정범뿐 아니라 교사범 또는 종범도 뇌물의 공동수수자에 해당할 수 있으나, 공동정범이 아닌 교사범 또는 종범의 경우에는 정범과의 관계, 범행 가담 경위 및 정도, 뇌물 분배에 관한 사전약정의 존재 여부, 뇌물공여자의 의사, 종범 또는 교사범이 취득한 금품이 전체 뇌물수수액에서 차지하는 비중 등을 고려하여 공동수수자에 해당하는지를 판단하여야 한다. 그리고 뇌물을 수수한 자가 공동수수자가 아닌 교사범 또는 종범에게 뇌물 중 일부를 사례금 등의 명목으로 교부하였다면 이는 뇌물을 수수하는 데 따르는 부수적 비용의 지출 또는 뇌물의 소비행위에 지나지 아니하므로, 뇌물수수자에게서 수뢰액 전부를 추징하여야 한다(2011도9585) (18 변시)(20 변시)(22 2차)

Ⅱ. 사전수뢰죄 (진정신분범)

□ **사전수뢰죄의 청탁** : 형법 제129조 제2항의 사전수뢰는 단순수뢰의 경우와는 달리 청탁을 받을 것을 요건으로 하고 있는바, 여기에서 청탁이라 함은 공무원에 대하여 일정한 직무행위를 할 것을 의뢰하는 것을 말하는 것으로서 그 직무행위가 부정한 것인가 하는 점은 묻지 않으며 그 청탁이 반드시 명시적이어야 하는 것도 아니라고 할 것이다(99도1911) (22 1차)

Ⅲ. 제3자 뇌물제공죄 (진정신분범)

• **부정한 청탁** : 제3자 뇌물제공죄는 단순수뢰죄(청탁불요)나 사전수뢰죄(청탁필요)와는 달리 직무에 관하여 부정한 청탁을 받아야 한다. '부정한 청탁'이란 위법한 것뿐만 아니라 사회상규나 신의성실의 원칙에 위배되는 부당한 경우도 포함한다.

□ **부정한 청탁의 의미** : 형법 제130조의 제3자 뇌물공여죄에 있어서 뇌물이란 공무원의 직무에 관하여 부정한 청탁을 매개로 제3자에게 교부되는 위법 혹은 부당한 이익을 말하고, '부정한 청탁'이란 위법한 것뿐만 아니라 사회상규나 신의성실의 원칙에 위배되는 부당한 경우도 포함한다(2004도1632)

- **제3자** : 제3자는 행위자와 공동정범자 이외의 사람을 말하며 자연인, 법인, 법인격 없는 단체를 포함한다. 다만, 제3자를 공무원 본인과 동일시할 수 있는 경우에는 본죄는 성립하지 아니하고 단순수뢰죄가 성립한다. 따라서 가족 등과 같이 **생활이익을 같이 하는 자**는 여기에서 말하는 제3자에 포함되지 아니한다.

  □ **제3자의 범위** : 제3자뇌물수수죄에서 제3자란 행위자와 공동정범 이외의 사람을 말하고, 교사자나 방조자도 포함될 수 있다(2016도19659) (22 변시)

  □ **공무원이 회사 명의 예금계좌로 송금받은 사건** : 공무원이 실질적인 경영자로 있는 회사가 청탁 명목의 금원을 회사 명의의 예금계좌로 송금받은 경우에 사회통념상 위 공무원이 직접 받은 것과 같이 평가할 수 있어 뇌물수수죄가 성립한다고 한 사례(2003도8077) (12 변시)(18 변시)(24 변시)

  □ **지방자치단체장과 지방자치단체는 동일하지 않다는 판례** : 공무원인 지방자치단체장이 직무에 관하여 부정한 청탁을 받고 지방자치단체에 금품을 제공하게 하였다면 공무원 개인이 금품을 취득한 경우와 동일시할 수는 없고 그 공무원이 단체를 대표하는 지위에 있는 경우에도 마찬가지여서 형법 제130조의 제3자뇌물제공죄가 성립할 수 있다(2010도12313) (21 1차)

- **공범** : 공무원 또는 중재인이 제3자에게 뇌물을 제공하게 하고, 제3자가 그러한 공무원 또는 중재인의 범죄행위를 알면서 방조한 경우에는 제3자에게는 제3자뇌물수수방조죄가 성립한다.

  □ **제3자뇌물수수방조죄 사건** : 제3자뇌물수수죄에서 제3자란 행위자와 공동정범 이외의 사람을 말하고, 교사자나 방조자도 포함될 수 있다. 그러므로 공무원 또는 중재인이 부정한 청탁을 받고 제3자에게 뇌물을 제공하게 하고 제3자가 그러한 공무원 또는 중재인의 범죄행위를 알면서 방조한 경우에는 그에 대한 별도의 처벌 규정이 없더라도 방조범에 관한 형법총칙의 규정이 적용되어 제3자뇌물수수방조죄가 인정될 수 있다(2016도19659) (20 변시)(22 변시)(22 1차)(22 2차)

- **죄수 관련 판례**

  □ **제3자뇌물수수죄와 직권남용권리행사방해죄의 상상적 경합으로 본 판례** : 공무원이 직무관련자에게 제3자와 계약을 체결하도록 요구하여 계약 체결을 하게 한 행위가 제3자뇌물수수죄의 구성요건과 직권남용권리행사방해죄의 구성요건에 모두 해당하는 경우에는, 제3자뇌물수수죄와 직권남용권리행사방해죄가 각각 성립하되, 이는 사회 관념상 하나의 행위가 수 개의 죄에 해당하는 경우이므로 두 죄는 형법 제40조의 상상적 경합관계에 있다(2016도19659) (20 변시)

Ⅳ. 수뢰후부정처사죄 (진정신분범)

- **부정한 행위** : 부정한 행위란 그 직무에 위배하는 작위·부작위의 일체의 행위를 말한다. 위법·부당한 행위뿐만 아니라 직권남용행위·재량권의 한계 일탈이나 그 남용도 포함한다. 그러나 직무위반행위이어야 하므로 직무 외에 직무와 관계없는 사적 행위에 대해서는 본죄가 성립하지 않는다.

  > □ 공무원이 재직 중에 청탁을 받고 직무상 부정한 행위를 한 후 공무원의 지위를 떠난 다음 뇌물을 수수한 경우는 사후수뢰죄를 구성할 수는 있어도 단순수뢰죄를 구성할 수는 없다. (22 1차)

- **죄수 및 타죄와의 관계**

  > □ 일련의 뇌물수수 등 행위 중간에 부정한 행위 일부가 개재된 사건 : 수뢰후부정처사죄를 정한 형법 제131조 제1항은 공무원 또는 중재인이 형법 제129조(수뢰, 사전수뢰) 및 제130조(제3자뇌물제공)의 죄를 범하여 부정한 행위를 하는 것을 구성요건으로 하고 있다. 여기에서 '형법 제129조 및 제130조의 죄를 범하여'란 반드시 뇌물수수 등의 행위가 완료된 이후에 부정한 행위가 이루어져야 함을 의미하는 것은 아니고, 결합범 또는 결과적 가중범 등에서의 기본행위와 마찬가지로 뇌물수수 등의 행위를 하는 중에 부정한 행위를 한 경우도 포함하는 것으로 보아야 한다. 따라서 단일하고도 계속된 범의 아래 일정 기간 반복하여 일련의 뇌물수수 행위와 부정한 행위가 행하여졌고 그 뇌물수수 행위와 부정한 행위 사이에 인과관계가 인정되며 피해법익도 동일하다면, 최후의 부정한 행위 이후에 저질러진 뇌물수수 행위도 최후의 부정한 행위 이전의 뇌물수수 행위 및 부정한 행위와 함께 수뢰후부정처사죄의 포괄일죄로 처벌함이 타당하다(2020도12103) (22 변시)(21 3차)(22 1차)

Ⅴ. 사후수뢰죄 (진정신분범)

Ⅵ. 알선수뢰죄 (진정신분범)

- **주체** : 공무원이다. 직무를 처리하는 공무원과 직무상 직접·간접의 연관관계를 가지고 법률상·사실상 영향을 미칠 수 있는 공무원일 것을 요한다. 그러나 상하관계나 감독관계 또는 협력관계가 존재할 것을 요하지 않고, 다른 공무원에 대한 임면권이나 압력을 가할 수 있는 법적 근거를 요하지 않는다.

- **지위이용** : '지위를 이용하여'란 다른 공무원의 직무에 속한 사항에 대하여 영향력을 미칠 수 있는 공무원이 그의 지위나 신분을 이용하는 것을 말한다. 따라서 공무원지위를 이용하지 않은 개인자격의 부탁, 직무와 관계없는 사항을 교섭하고 금품을 수수한 경우에는 본죄에 해당하지 않는다.

□ **'지위를 이용하여'의 의미** : 알선수뢰죄는 공무원이 그 지위를 이용하여 다른 공무원의 직무에 속한 사항의 알선에 관하여 뇌물을 수수, 요구 또는 약속하는 것을 그 성립요건으로 하고 있고, 여기서 '공무원이 그 지위를 이용하여'라 함은 친구, 친족관계 등 사적인 관계를 이용하는 경우에는 이에 해당한다고 할 수 없으나, 다른 공무원이 취급하는 사무의 처리에 법률상이거나 사실상으로 영향을 줄 수 있는 관계에 있는 공무원이 그 지위를 이용하는 경우에는 이에 해당하고, 그 사이에 상하관계, 협동관계, 감독권한 등의 특수한 관계가 있음을 요하지 않는다고 할 것이고, '다른 공무원의 직무에 속한 사항의 알선행위'는 그 공무원의 직무에 속하는 사항에 관한 것이면 되는 것이지 그것이 반드시 부정행위라거나 그 직무에 관하여 결재권한이나 최종 결정권한을 갖고 있어야 하는 것이 아니다(2006도735) (16 변시) (22 1차)

- **알선** : 알선이란 일정한 사항에 관하여 어떤 사람과 그 상대방의 사이에 서서 중개하거나 편의를 도모하는 것을 말한다.
- **알선의 대상** : 알선의 대상은 다른 공무원의 직무에 속한 사항이어야 한다. 다른 공무원의 직무에 속하는 사항에 관한 것이면 되고 알선자가 그 직무에 관하여 결정권한을 가지고 있어야 하는 것은 아니다. 그리고 부정행위에 관한 알선으로 제한되는 것은 아니므로 정당한 직무행위를 알선한 경우에도 본죄가 성립한다. 또한 알선의 대상행위는 과거의 사항에 관한 것이거나 현재·장래에 대한 것인가를 불문한다. 그러나 알선할 사항이 구체적으로 나타나지 않고 막연한 기대감만 가진 경우에는 알선수뢰죄가 성립하지 않는다.

□ **알선 사항의 구체성에 관한 판례** : [1] 형법 제132조에서 말하는 '다른 공무원의 직무에 속한 사항의 알선에 관하여 뇌물을 수수한'라고 함은, 다른 공무원의 직무에 속한 사항을 알선한다는 명목으로 뇌물을 수수하는 행위로서 반드시 알선의 상대방인 다른 공무원이나 그 직무의 내용을 구체적으로 특정할 필요까지는 없다. [2] 알선행위는 장래의 것이라도 무방하므로, 뇌물을 수수할 당시 상대방에게 알선에 의하여 해결을 도모하여야 할 현안이 반드시 존재하여야 할 필요는 없지만, 알선뇌물수수죄가 성립하려면 알선할 사항이 다른 공무원의 직무에 속하는 사항으로서 뇌물수수의 명목이 그 사항의 알선에 관련된 것임이 어느 정도는 구체적으로 나타나야 한다. [3] 단지 상대방으로 하여금 뇌물을 수수하는 자에게 잘 보이면 어떤 도움을 받을 수 있다거나 손해를 입을 염려가 없다는 정도의 막연한 기대감을 갖게 하는 정도에 불과하고, 뇌물을 수수하는 자 역시 상대방이 그러한 기대감을 가질 것이라고 짐작하면서 수수하였다는 사정만으로는 알선뇌물수수죄가 성립하지 않는다(2017도12346) (22 변시)(21 1차)

- **대가관계** : 공무원의 직무에 속한 사항의 알선과 수수한 금품 사이에 대가관계가 있어야 하며, 알선과 수수한 금품 사이에 전체적·포괄적으로 대가관계가 있으면 충분하다.

VII. 증뢰죄 [2023 1차]

☐ **뇌물공여죄와 뇌물수수죄** : [1] 필요적 공범이라는 것은 법률상 범죄의 실행이 다수인의 협력을 필요로 하는 것을 가리키는 것으로서 이러한 범죄의 성립에는 행위의 공동을 필요로 하는 것에 불과하고 반드시 협력자 전부가 책임이 있음을 필요로 하는 것은 아니다. [2] 뇌물증여죄가 성립되기 위하여서는 뇌물을 공여하는 행위와 상대방 측에서 금전적으로 가치가 있는 그 물품 등을 받아들이는 행위(부작위포함)가 필요할 뿐이지 반드시 상대방측에서 뇌물수수죄가 성립되어야만 한다는 것을 뜻하는 것은 아니다(87도1699) (22 2차)

☐ 甲이 공무원 A에게 뇌물공여의 의사표시를 하였다가 거절된 후 상당한 기간이 지난 뒤에 다시 A에게 별개의 행위로 평가될 수 있는 다른 명목으로 뇌물을 제공하여 A가 이를 수수한 경우, 甲의 전자의 뇌물공여의사표시죄는 후자의 뇌물공여죄에 흡수되지 않는다. (24 변시)

VIII. 증뢰물전달죄

• 증뢰물전달죄의 주체

☐ **증뢰물전달죄의 주체** : 형법 제133조 제2항은 증뢰자가 뇌물에 공할 목적으로 금품을 제3자에게 교부하거나 또는 그 정을 알면서 교부받는 증뢰물전달행위를 독립한 구성요건으로 하여 이를 같은 조 제1항의 뇌물공여죄와 같은 형으로 처벌하는 규정으로서, 제3자의 증뢰물전달죄는 제3자가 증뢰자로부터 교부받은 금품을 수뢰할 사람에게 전달하였는지의 여부에 관계없이 제3자가 그 정을 알면서 금품을 교부받음으로써 성립하는 것이고, 본죄의 주체는 비공무원을 예정한 것이나 공무원일지라도 직무와 관계되지 않는 범위 내에서는 본죄의 주체에 해당될 수 있다 할 것이므로, 피고인이 자신의 공무원으로서의 직무와는 무관하게 군의관 등의 직무에 관하여 뇌물에 공할 목적의 금품이라는 정을 알고 이를 전달해준다는 명목으로 취득한 경우라면 제3자뇌물취득죄가 성립된다(2002도1283) (12 변시)

• **증뢰물전달죄의 성립시기** : 증뢰물전달죄는 ① 증뢰자가 뇌물에 공할 목적으로 금품을 제3자에게 교부함으로써 성립하고 ② 제3자가 그 정을 알면서 금품을 교부받음으로써 성립하므로 이후에 제3자가 금품을 수뢰할 사람에게 전달하였는지 여부는 상관없다.

□ 제3자가 교부받은 금전을 전달한 사건 : 형법 제133조 제2항은 증뢰자가 뇌물에 공할 목적으로 금품을 제3자에게 교부하거나 또는 그 정을 알면서 교부받는 증뢰물전달 행위를 독립한 구성요건으로 하여 이를 같은 조 제1항의 뇌물공여죄와 같은 형으로 처벌하는 규정으로서, 제3자의 증뢰물전달죄는 제3자가 증뢰자로부터 교부받은 금품을 수뢰할 사람에게 전달하였는지 여부에 관계없이 제3자가 그 정을 알면서 금품을 교부받음으로써 성립하는 것이며, 나아가 제3자가 그 교부받은 금품을 수뢰할 사람에게 전달하였다고 하여 증뢰물전달죄 외에 별도로 뇌물공여죄가 성립하는 것은 아니다(97도1572) (12 변시)

제2절 | 공무방해에 관한 죄

I. 공무집행방해죄

□ 공무집행방해죄의 기수시기 : 형법 제136조에서 정한 공무집행방해죄는 직무를 집행하는 공무원에 대하여 폭행 또는 협박한 경우에 성립하는 범죄로서 여기서의 폭행은 사람에 대한 유형력의 행사로 족하고 반드시 그 신체에 대한 것임을 요하지 아니하며, 또한 추상적 위험범으로서 구체적으로 직무집행의 방해라는 결과 발생을 요하지도 아니한다(2017도21537) (22 2차)

□ 공무집행방해죄는 추상적 위험범으로서 구체적으로 직무집행의 방해라는 결과발생을 요하지 아니한다. (22 2차)

• **직무집행의 시간적 범위** : 시간적으로는 원칙적으로 직무집행을 개시하여 종료되기 이전일 것을 요하지만, **직무집행과 밀접불가분의 관계가 있는 행위도 직무집행 중인 것으로 포함해야 한다.** 따라서 직무집행에 착수하기 전의 준비행위, 일시적 휴식행위도 직무집행에 포함하지만, 직무집행을 위하여 출근하는 행위와 같이 직무의 집행이 있을 것으로 예상되는 것만으로는 직무집행이라 할 수 없다.

□ **직무집행의 범위** : 형법 제136조 제1항에 규정된 공무집행방해죄에서 '직무를 집행하는'이라 함은 공무원이 직무수행에 직접 필요한 행위를 현실적으로 행하고 있는 때만을 가리키는 것이 아니라 공무원이 직무수행을 위하여 근무중인 상태에 있는 때를 포괄하고, 직무의 성질에 따라서는 그 직무수행의 과정을 개별적으로 분리하여 부분적으로 각각의 개시와 종료를 논하는 것이 부적절하고 여러 종류의 행위를 포괄하여 일련의 직무수행으로 파악함이 상당한 경우가 있으며, 나아가 현실적으로 구체적인 업무를 처리하고 있지는 않다 하더라도 자기 자리에 앉아 있는 것만으로도 업무의 집행으로 볼 수 있을 때에는 역시 직무집행 중에 있는 것으로 보아야 하고, 직무 자체의 성질이 부단히 대기하고 있을 것을 필요로 하는 것일 때에는 대기 자체를 곧 직무행위로 보아야 할 경우도 있다(2000도3485) (23 2차)

• **직무집행의 적법성** : 직무집해의 적법성에 대하여는 ① 적법성의 요부 ② 적법성의 요건 ③ 적법성의 판단기준 ④ 적법성의 체계적 지위 ⑤ 적법성의 착오의 효과 등이 문제된다.

爭 點 087

직무집행의 적법성

1. 적법성의 요부

공무집행의 적법성이 필요하냐에 대하여 종래 논의가 있었으나, 현재는 직무집행이 위법한 경우에는 형법이 보호할 필요성이 없고 법치국가의 원리가 확립된 이상 **적법성은 필요**하다는 것이 다수설과 판례의 태도이다. 참고로 독일 형법은 제113조 제3항에서는 공무집행방해죄가 성립하기 위해서는 직무집행의 적법성을 요건으로 하고 있다.

☐ **공무원의 직무집행의 적법성** : 공무집행방해죄는 공무원의 직무집행이 적법한 경우에 한하여 성립하는 것으로서 적법한 공무집행이라고 함은 그 행위가 공무원의 추상적 권한에 속할 뿐 아니라 구체적 직무집행에 관한 법률상 요건과 방식을 갖춘 것을 말하는 것이므로, 이러한 적법성이 결여된 직무행위를 하는 공무원에게 항거하였다고 하여도 그 항거행위가 폭력을 수반한 경우에 폭행죄 등의 죄책을 묻는 것은 별론으로 하고 공무집행방해죄로 다스릴 수는 없다(91도2797)

2. 적법성의 요건

(1) 적법성의 요건 일반

공무집행이 적법하기 위하여는 그 행위가 당해 공무원의 추상적인 직무권한에 속할 뿐 아니라 구체적으로도 그 권한 내에 있어야 하며, 또한 직무행위로서의 중요한 방식을 갖추어야 한다.

☐ **공무집행의 적법성의 요건** : 공무집행방해죄는 공무원의 적법한 공무집행이 전제가 되고, 그 공무집행이 적법하기 위하여는 그 행위가 당해 공무원의 추상적인 직무권한에 속할 뿐 아니라 구체적으로도 그 권한 내에 있어야 하며, 또한 직무행위로서의 중요한 방식을 갖추어야 한다(2000도3485)

(2) 추상적 권한

직무집행행위가 당해 공무원의 추상적 직무권한에 속하는 것이어야 한다. 이는 법령에 정해져 있는 장소적·사항적 범위를 초과하지 않아야 함을 의미한다. 따라서 이 범위를 초과한 행위는 직무집행이라 할 수 없다. 다만, 공무원의 내부적 사무분담은 여기에 영향을 미치지 않는다.

(3) 구체적 권한

직무집행행위가 당해 공무원의 구체적 권한에 속해야 한다. 이는 집행행위가 법령상의 요건을 갖추어야 함을 의미한다. 그리고 공무원에게 재량권이 있는 경우에는 그 재량권의 행사는 적법한 직무집행이 된다.

□ **현행범인의 요건을 갖추지 못한 사건** : 현행범인으로서의 요건을 갖추고 있었다고 인정되지 않는 상황에서 경찰관들이 동행을 거부하는 자를 체포하거나 강제로 연행하려고 하였다면, 이는 적법한 공무집행이라고 볼 수 없으므로 강제연행을 거부하는 자를 도와 경찰관들에 대하여 폭행을 하는 등의 방법으로 그 연행을 방해하였다고 하더라도, 공무집행방해죄는 성립되지 않는다(91도1314) (22 변시)

□ **경찰관 직무집행법 제6조의 적법성 판단** : 경찰관의 제지 조치가 적법한지는 제지 조치 당시의 구체적 상황을 기초로 판단하여야 하고 사후적으로 순수한 객관적 기준에서 판단할 것은 아니다(2016도19417) (22 2차)

□ 공무원이 구체적 상황에 비추어 그 인적·물적 능력의 범위 내에서 적절한 조치라는 판단에 따라 직무를 수행하였더라도 그러한 직무수행이 객관적 정당성을 상실하여 현저하게 불합리한 것으로 인정된다면 이러한 공무집행은 위법하다(2010도7621) (23 2차)

(4) 법령이 정한 절차와 방식

직무집행행위가 법령에 의한 절차와 방식에 따르는 것이어야 한다. 이에 따르지 않은 경우에는 적법한 직무집행이 될 수 없다. 다만 사소한 절차 또는 훈시규정의 위반인 경우에는 경우에 따라서 적법성이 인정될 수 있다는 것이 일반적이다. 그러나 형사소송법상 강제처분과 관련된 절차조항을 위반한 경우에는 적법성을 인정할 수 없을 것이다.

3. 적법성의 판단기준

적법성의 판단기준에 대하여는 논의가 있지만, 다수설과 판례는 법원이 법령해석을 통하여 객관적으로 판단해야 한다는 객관설의 입장을 따르고 있다.

4. 적법성의 체계적 지위

적법성의 체계적 지위에 대하여는 ① 구성요건요소라고 보는 **구성요건요소설** ② 위법요소라고 보는 **위법요소설** ③ 처벌조건으로 보는 **처벌조건설**이 대립하고 있다. 생각건대 본죄에서 보호필요성이 있는 직무는 적법한 직무집행뿐이며, 현재는 규범적 요소도 구성요건요소가 될 수 있다는 점이 확립되어 있으므로 구성요건요소설이 타당하다.

5. 적법성에 대한 착오 [2014 3차][2020 2차]

적법한 직무집행을 위법한 직무집행으로 오인하고 이에 대해 저항하는 행위에 대한 평가는 적법성요건의 체계적 지위를 어떻게 파악하느냐에 따라 달라진다. 즉 ① 구성요건요소설에 의하면 구성요건적 착오가 되어 고의가 조각되며 ② 위법성요소설에 의하면 법률의 착오가 되어 제16조의 적용을 받게 될 것이며 ③ 처벌조건설에 따르면 착오는 범죄성립에 영향을 주지 못한다.

□ 관공서에서 소란을 피우는 민원인을 제지하거나 사무실 밖으로 데리고 나가는 행위도 민원 담당 공무원의 직무에 수반되는 행위로 파악함이 상당하다(2021도13883) (23 2차)

• **폭행** : 본죄의 폭행은 광의의 폭행으로서 공무를 집행하는 공무원에 대한 직접·간접의 유형력의 행사를 말한다. 따라서 직접적으로는 물건에 대한 유형력이지만, 그것이 공무집행에 형향을 줄 수 있는 경우에도 본죄의 폭행이 된다.

□ **공무집행방해죄의 폭행** : 공무집행방해죄에 있어서의 폭행이라 함은 공무원에 대한 직접적인 유형력의 행사뿐 아니라 간접적인 유형력의 행사도 포함하는 것이다(98도662)

□ **공무집행방해죄의 폭행·협박의 정도** : 공무집행방해죄의 성립에는 폭행 또는 해악의 고지가 있으면 족한 것이고 그로써 피해자에게 현실로 공포심을 일으켰거나 현실적으로 피해자의 자유의사가 제압될 것을 요하는 것은 아니다(70도1121)

• **협박** : 본죄의 협박은 상대방에게 공포심을 일으킬 목적으로 해악을 고지하는 행위를 말한다. 고지하는 해악의 내용이 객관적으로 상대방으로 하여금 공포심을 느끼게 하는 것이어야 하고, 그 협박이 경미하여 상대방이 전혀 개의치 않을 정도인 경우에는 협박에 해당하지 않는다.

□ **협박이 경미하여 상대방이 전혀 개의치 않을 정도인 경우에는 협박에 해당하지 않는다는 판례** : 공무집행방해죄에 있어서 협박이라 함은 상대방에게 공포심을 일으킬 목적으로 해악을 고지하는 행위를 의미하는 것으로서 고지하는 해악의 내용이 그 경위, 행위 당시의 주위 상황, 행위자의 성향, 행위자와 상대방과의 친숙함의 정도, 지위 등의 상호관계 등 행위당시의 여러 사정을 종합하여 객관적으로 상대방으로 하여금 공포심을 느끼게 하는 것이어야 하고, 그 협박이 경미하여 상대방이 전혀 개의치 않을 정도인 경우에는 협박에 해당하지 않는다(2005도4799) (23 2차)

• **기수시기** : 본죄는 추상적 위험범이므로 **폭행·협박시에 기수**가 되며 직무집행방해라는 결과가 발생하였을 것은 요하지 않는다. 그러나 위계에 의한 공무집행방해죄는 직무집행이 현실적으로 방해되어야 범죄가 성립된다고 하고 있으므로 주의하여야 한다.

□ **공무집행방해죄의 기수시기** : 형법 제136조에서 정한 공무집행방해죄는 직무를 집행하는 공무원에 대하여 폭행 또는 협박한 경우에 성립하는 범죄로서 여기서의 폭행은 사람에 대한 유형력의 행사로 족하고 반드시 그 신체에 대한 것임을 요하지 아니하며, 또한 추상적 위험범으로서 구체적으로 직무집행의 방해라는 결과 발생을 요하지도 아니한다(2017도21537)

- **공무집행 방해의사 요부** : 고의와 더불어 공무집행을 방해한다는 의사의 필요성과 관련하여 논의가 있지만, 본죄는 목적범의 형식으로 이루어진 것이 아니므로 방해의사까지는 필요가 없다고 보는 **불요설이 다수설과 판례**이다. 그러나 위계에 의한 공무집행방해죄는 공무집행을 방해할 의사가 필요하다고 보는 것이 다수설과 판례의 태도이므로 주의하여야 한다.

> ☐ **제136조의 고의와 방해의사** : 공무집행방해죄에 있어서의 범의는 상대방이 직무를 집행하는 공무원이라는 사실, 그리고 이에 대하여 폭행 또는 협박을 한다는 사실을 인식하는 것을 그 내용으로 하고, 그 인식은 불확정적인 것이라도 소위 미필적 고의가 있다고 보아야 하며, 그 직무집행을 방해할 의사를 필요로 하지 아니한다 (94도1949)

- **공무집행방해죄의 죄수** : 공무집행방해죄의 죄수판단기준에 대하여는 ① 다수설은 공무의 수를 기준으로 하지만, ② **판례는 공무원의 수를 기준**으로 하고 있다. 따라서 동일한 직무를 수행하는 수인의 공무원을 동시에 폭행한 경우에 판례에 의하면 수죄의 상상적 경합이 된다.

> ☐ **두 명의 경찰관 사건** : 동일한 공무를 집행하는 여럿의 공무원에 대하여 폭행·협박 행위를 한 경우에는 공무를 집행하는 공무원의 수에 따라 여럿의 공무집행방해죄가 성립하고, 위와 같은 폭행·협박 행위가 동일한 장소에서 동일한 기회에 이루어진 것으로서 사회관념상 1개의 행위로 평가되는 경우에는 여럿의 공무집행방해죄는 상상적 경합의 관계에 있다(2009도3505) (22 3차)(23 2차)

- **준강도죄와 강도죄와의 관계** : ① 절도가 체포를 면탈할 목적으로 경찰관에게 폭행을 가한 때에는 준강도와 본죄의 상상적 경합이 되며 ② 강도가 체포를 면탈할 목적으로 경찰관에게 폭행을 가한 때에는 강도죄와 본죄의 실체적 경합이 된다.

> ☐ **준강도·강도와 공무집행방해죄** : 절도범인이 체포를 면탈할 목적으로 경찰관에게 폭행·협박을 가한 때에는 준강도죄와 공무집행방해죄를 구성하고 양죄는 상상적 경합관계에 있으나, 강도범인이 체포를 면탈할 목적으로 경찰관에게 폭행을 가한 때에는 강도죄와 공무집행방해죄는 실체적 경합관계에 있고 상상적 경합관계에 있는 것이 아니다(92도917) (13 변시)(16 변시)(17 변시)

II. 직무·사직강요죄

Ⅲ. 위계에 의한 공무집행방해죄

- 제136조의 공무집행방해죄와의 차이점 : ① 수단이 폭행 또는 협박이 아닌 위계이며 ② 현재 집행되는 공무에 한하지 않고 장래에 집행할 공무도 대상이 되며 ③ 공무원의 직무집행과 관련 있는 제3자도 위계의 상대방이 될 수 있으며 ④ 공무집행방해의 결과가 있어야 하며 ⑤ 공무집행방해의사가 필요하다는 점에서 차이가 있다.

- 위계에 의한 공무집행방해죄의 공무의 범위

  ☐ 위계에 의한 공무집행방해죄의 공무의 범위 : 위계에 의한 공무집행방해죄에서 공무원의 직무집행이란 법령의 위임에 따른 공무원의 적법한 직무집행인 이상 공권력의 행사를 내용으로 하는 권력적 작용뿐만 아니라 사경제주체로서의 활동을 비롯한 비권력적 작용도 포함되는 것으로 봄이 상당하다(2001도6349)

- 위계 : 위계란 행위자의 목적달성을 위하여 상대방에 오인·착각·부지를 일으키게 하여 그 오인 등을 이용하는 것을 말한다.

  ☐ 위계의 의미 : 위계에 의한 공무집행방해죄에 있어서 위계라 함은 행위자의 행위목적을 이루기 위하여 상대방에게 오인, 착각, 부지를 일으키게 하여 그 오인, 착각, 부지를 이용하는 것을 말하는 것으로 상대방이 이에 따라 그릇된 행위나 처분을 하였다면 이 죄가 성립된다(96도2825)

- 위계의 수단·방법 : 위계의 수단·방법에는 제한이 없다. 따라서 기망이나 유혹, 공연히 하거나 비밀히 하거나를 불문한다. 그러나 일정한 사항에 대하여 그 진위를 수사 또는 심리해야 할 책무를 지고 있는 공무원에게 허위진술을 하거나 허위신고를 하였다는 것만으로 바로 위계에 해당한다고 할 수는 없다. 이때에는 **충분한 심사**를 해도 적정한 업무를 수행하지 못했을 때에 한하여 본죄가 성립한다.

  ☐ 출원과 위계에 의한 공무집행방해죄의 성부 : [1] 행정관청이 출원에 의한 인·허가처분을 함에 있어서는 그 출원사유가 사실과 부합하지 아니하는 경우가 있음을 전제로 하여 인·허가할 것인지 여부를 심사 결정하는 것이므로, 행정관청이 사실을 충분히 확인하지 아니한 채 출원자가 제출한 허위의 출원사유나 허위의 소명자료를 가볍게 믿고 인가 또는 허가를 하였다면, 이는 행정관청의 불충분한 심사에 기인한 것으로서 출원자의 위계에 의한 것이었다고 할 수 없어 위계에 의한 공무집행방해죄를 구성하지 않는다. [2] 출원에 대한 심사업무를 담당하는 공무원이 출원인의 출원사유가 허위라는 사실을 알면서도 결재권자로 하여금 오인, 착각, 부지를 일으키게 하고 그 오인, 착각, 부지를 이용하여 인·허가처분에 대한 결재를 받아낸 경우에는 출원자가 허위의 출원사유나 허위의 소명자료를 제출한 경우와는 달리 더 이상 출원에 대한 적정한 심사업무를 기대할 수 없게 되었다고 할 것이어서 그와 같은 행위는 위계로써 결재권자의 직무집행을 방해한 것에 해당하므로 위계에 의한 공무집행방해죄가 성립한다(96도2825) (21 2차)

□ **어업허가 처리기안문 사건** : 피고인이, 출원인이 어업허가를 받을 수 없는 자라는 사실을 알면서도 그 직무상의 의무에 따른 적절한 조치를 취하지 않고 오히려 부하직원으로 하여금 어업허가 처리기안문을 작성하게 한 다음 피고인 스스로 중간결재를 하는 등 위계로써 농수산국장의 최종결재를 받았다면, 직무위배의 위법상태가 위계에 의한 공무집행방해행위 속에 포함되어 있는 것이라고 보아야 할 것이다 (96도2825) (13 변시)

□ **허위진단서를 소명자료로 제출하여 인가를 받은 사건** : 개인택시 운송사업 양도·양수를 위하여 허위의 출원사유를 주장하면서 의사로부터 허위 진단서를 발급받아 이를 소명자료로 제출하여 행정관청으로부터 양도·양수 인가처분을 받은 경우, 위계에 의한 공무집행방해죄가 성립한다고 한 사례(2002도2064) (14 변시)

□ **등기신청 사건** : 등기신청은 단순한 '신고'가 아니라 신청에 따른 등기관의 심사 및 처분을 예정하고 있으므로, 등기신청인이 제출한 허위의 소명자료 등에 대하여 등기관이 나름대로 충분히 심사를 하였음에도 이를 발견하지 못하여 등기가 마쳐지게 되었다면 위계에 의한 공무집행방해죄가 성립할 수 있다. 등기관이 등기신청에 대하여 부동산등기법상 등기신청에 필요한 서면이 제출되었는지 및 제출된 서면이 형식적으로 진정한 것인지를 심사할 권한은 갖고 있으나 등기신청이 실체법상의 권리관계와 일치하는지를 심사할 실질적인 심사권한은 없다고 하여 달리 보아야 하는 것은 아니다(2015도17297) (21 2차)(22 2차)

□ **수사기관과 위계에 의한 공무집행방해죄** : 수사기관이 범죄사건을 수사함에 있어서는 피의자나 피의자로 자처하는 자 또는 참고인의 진술여하에 불구하고 피의자를 확정하고 그 피의사실을 인정할 만한 객관적인 제반증거를 수집 조사하여야 할 권리와 의무가 있는 것이라고 할 것이므로 피의자나 참고인이 아닌 자가 자발적이고 계획적으로 피의자를 가장하여 수사기관에 대하여 허위사실을 진술하였다 하여 바로 이를 위계에 의한 공무집행방해죄가 성립된다고 할 수 없다(76도3685) (22 변시)[2024 변시][2023 1차](21 2차)

□ 피의자가 수사기관에 적극적으로 허위의 증거를 조작하여 제출하고 그 증거 조작의 결과 수사기관이 그 진위에 관하여 나름대로 충실한 수사를 하더라도 제출된 증거가 허위임을 발견하지 못할 정도에 이른 경우에는 위계공무집행방해죄가 성립한다(2018도18646) (22 2차)

□ 몰수물이 압수되어 있는 상태에서 검사의 몰수판결 집행업무는 타인의 위계에 의하여 방해당할 수 없는 성질의 업무이므로 이에 관여한 행위를 위계에 의한 공무집행방해죄로 처벌할 수 없다(94도2990) (22 3차)

☐ **법원과 위계에 의한 공무집행방해죄** : 법원은 당사자의 허위 주장 및 증거 제출에도 불구하고 진실을 밝혀야 하는 것이 그 직무이므로 가처분 신청시 당사자가 허위의 주장을 하거나 허위의 증거를 제출하였다 하더라도 그것만으로 법원의 구체적이고 현실적인 어떤 직무집행이 방해되었다고 볼 수 없으므로 이로써 바로 위계에 의한 공무집행방해죄가 성립한다고 볼 수 없다(2011도17125) (14 변시)(21 2차)

☐ **타인의 혈액 제출 사건** : 피의자나 참고인이 피의자의 무고함을 입증하는 등의 목적으로 적극적으로 허위의 증거를 조작하여 제출하였고 그 증거 조작의 결과 수사기관이 그 진위에 관하여 나름대로 충실한 수사를 하더라도 제출된 증거가 허위임을 발견하지 못하여 잘못된 결론을 내리게 될 정도에 이르렀다면, 이는 위계에 의하여 수사기관의 수사행위를 적극적으로 방해한 것으로서 위계에 의한 공무집행방해죄가 성립된다(2003도1609) (19 변시)

☐ **허위증거에 의해 법원의 가처분신청을 받은 사건** : 피고인들이 허위의 매매계약서 및 영수증을 소명자료로 첨부하여 가처분신청을 하여 법원으로부터 유체동산에 대한 가처분결정을 받은 행위로 인하여 법원의 가처분 결정 업무의 적정성이 침해되었다고 볼 여지는 있으나 법원의 구체적이고 현실적인 어떤 직무집행이 방해되었다고 할 수는 없으므로, 피고인들의 기만적인 행위로 인하여 잘못된 가처분결정이 내려졌다는 이유만으로 바로 위계에 의한 공무집행방해죄가 성립하지는 않는다고 판단한 원심을 수긍한 사례(2011도17125) (14 변시)

☐ **변호사가 구치소에 휴대전화를 반입한 사건** : [1] 구체적이고 현실적으로 감시·단속 업무를 수행하는 교도관에 대하여 그가 충실히 직무를 수행한다고 하더라도 통상적인 업무처리과정하에서는 사실상 적발이 어려운 위계를 적극적으로 사용하여 그 업무집행을 하지 못하게 하였다면 이에 대하여 위계에 의한 공무집행방해죄가 성립한다. [2] 변호사가 접견을 핑계로 수용자를 위하여 휴대전화와 증권거래용 단말기를 구치소 내로 몰래 반입하여 이용하게 한 행위가 위계에 의한 공무집행방해죄에 해당한다고 한 원심의 판단을 수긍한 사례(2005도1731) (21 2차)

☐ **녹음·녹화 등을 할 수 있는 전자장비를 교정시설 안으로 반입한 사건** : 녹음·녹화 등을 할 수 있는 전자장비가 교정시설의 안전 또는 질서를 해칠 우려가 있는 금지물품에 해당하여 반입을 금지할 필요가 있다면 교도관은 교정시설 등의 출입자와 반출·반입 물품을 검사·단속해야 할 일반적인 직무상 권한과 의무가 있다. 수용자가 아닌 사람이 위와 같은 금지물품을 교정시설 내로 반입하였다면 교도관의 검사·단속을 피하여 단순히 금지규정을 위반하는 행위를 한 것일 뿐 이로써 위계에 의한 공무집행방해죄가 성립한다고 할 수는 없다(2020도8030)

- **공무집행방해의 결과** : 제137조는 다른 공무집행방해죄와는 달리 '직무집행을 방해한 자'라고 하여 '방해'라는 구성요건적 결과를 명시하고 있다. 이와 관련하여 기수시기를 언제로 볼 것인지에 대해 논의가 있으나, **판례는 공무집행방해라는 결과가 발생한 때에 기수가** 된다고 판시하고 있다.

  > ☐ **공무집행방해가 미수에 그친 사건** : 위계에 의한 공무집행방해죄에 있어서 위계라 함은 행위자의 행위목적을 이루기 위하여 상대방에게 오인, 착각, 부지를 일으키게 하여 그 오인, 착각, 부지를 이용하는 것을 말하는 것으로 상대방이 이에 따라 그릇된 행위나 처분을 하여야만 이 죄가 성립하는 것이고, 만약 범죄행위가 구체적인 공무집행을 저지하거나 현실적으로 곤란하게 하는 데까지는 이르지 아니하고 미수에 그친 경우에는 위계에 의한 공무집행방해죄로 처벌할 수 없다(2002도4293) (22 3차)

- **고의** : 공무원에 대해 위계를 사용한다는 점에 대한 인식 · 의사와 **공무집행을 방해한다는** 의사가 있어야 한다.

  > ☐ **위계에 의한 공무집행방해죄와 방해의사** : 위계에 의한 공무집행방해죄가 성립되려면 자기의 위계행위로 인하여 공무집행을 방해하려는 의사가 있을 경우에 한한다고 보는 것이 상당하다할 것이므로 피고인이 경찰관서에 허구의 범죄를 신고한 까닭은 피고인이 생활에 궁하여 오로지 직장을 구하여 볼 의사로서 허위로 간첩이라고 자수를 한 데 불과하고 한 걸음 더 나아가서 그로 말미암아 공무원의 직무집행을 방해하려는 의사까지 있었던 것이라고는 인정되지 아니한다(69도2260)

Ⅳ. 법정 또는 국회회의장모욕죄

> ☐ **제138조에서의 '법원의 재판'에 '헌법재판소의 심판'이 포함된다는 판례** : 제138조에서의 법원의 재판에 헌법재판소의 심판이 포함된다고 보는 해석론은 문언이 가지는 가능한 의미의 범위 안에서 그 입법 취지와 목적 등을 고려하여 문언의 논리적 의미를 분명히 밝히는 체계적 해석에 해당할 뿐, 피고인에게 불리한 확장해석이나 유추해석이 아니라고 볼 수 있다(2020도12017)

Ⅴ. 인권옹호직무방해죄 (진정신분범)

Ⅵ. 공무상 봉인 등 표시무효죄 (미수범 처벌)

> ☐ **강제처분표시의 현존** : 공무상표시무효죄가 성립하기 위하여는 행위 당시에 강제처분의 표시가 현존할 것을 요한다(96도2801)

VII. 공무상비밀침해죄 (미수범 처벌)

VIII. 부동산강제집행효용침해죄

IX. 공용서류등 무효죄 (미수범 처벌)

X. 공용물의 파괴죄 (미수범 처벌)

XI. 공무상보관물의 무효죄 (미수범 처벌)

XII. 특수공무집행방해죄와 특수공무집행방해치사상죄

□ **특수공무집행방해치상죄의 성격** : 특수공무집행방해치사상죄는 단체 또는 다중의 위력을 보이거나 위험한 물건을 휴대하고 직무를 집행하는 공무원에 대하여 폭행, 협박을 하여 공무원을 사상에 이르게 한 경우에 성립하는 결과적가중범으로서 행위자가 그 결과를 의도할 필요는 없고 그 결과의 발생을 예견할 수 있으면 족하다 (97도1720) (22 1차)

□ 공무집행을 방해하는 집단행위 과정에서 일부 집단원이 고의로 방화행위를 하여 사상의 결과를 초래한 경우에 다른 집단원이 그 방화행위로 인한 사상의 결과를 예견할 수 있는 상황이었다면 후자의 집단원은 특수공무집행방해치사상의 죄책을 진다(90도765) (21 3차)

□ **음주단속 경찰관 차로 들이받은 사건** : 직무를 집행하는 공무원에 대하여 위험한 물건을 휴대하여 고의로 상해를 가한 경우에는 특수공무집행방해치상죄만 성립할 뿐, 이와는 별도로 폭력행위 등 처벌에 관한 법률 위반(집단·흉기 등 상해)죄를 구성하지 않는다(2008도7311) [COMMENT] 본 판례에서의 폭처법위반죄는 현재 삭제되었으며, 형법 제258조의2로 대체되어 있다. (23 변시)(24 변시)

제3절 | 도주와 범인은닉의 죄

Ⅰ. 도주죄 (미수범 처벌, 진정신분범)

• **주체** : 법률에 의하여 체포 또는 구금된 자이다. '법률에 의하여 체포 또는 구금된 자'란 널리 법률에 근거하여 적법하게 신체의 자유를 구속받고 있는 자를 말한다. 여기에는 수형자와 미결구금자 및 감정유치중인 자를 포함한다. 그러나 형의 집행정지 중인 자는 법률에 의하여 구금된 자가 아니므로 도주죄의 주체가 될 수 없다. 그리고 적법하게 구속당한 자에 한하므로 불법체포된 자는 도주죄의 주체가 될 수 없다.

□ **법정 구속 사건** : 법원이 선고기일에 피고인에 대하여 실형을 선고하면서 구속영장을 발부하는 경우, 검사가 법정에 재정하여 법원으로부터 구속영장을 전달받아 집행을 지휘하고, 그에 따라 피고인 대기실로 인치된 피고인이 도주죄의 주체인 '법률에 의하여 체포 또는 구금된 자'에 해당한다는 판례(2020도12586)

□ **불법한 임의동행 사건** : 사법경찰관이 피고인을 수사관서까지 동행한 것이 사실상의 강제연행, 즉 불법 체포에 해당하고, 불법 체포로부터 6시간 상당이 경과한 후에 이루어진 긴급체포 또한 위법하므로 피고인이 불법체포된 자로서 형법 제145조 제1항에 정한 '법률에 의하여 체포 또는 구금된 자'가 아니어서 도주죄의 주체가 될 수 없다고 한 사례(2005도6810) (15 변시)

- 도주 : 도주란 피구금자가 구금상태로부터 이탈하는 것을 말한다. 실행의 착수시기는 체포 또는 구금 작용이 침해되기 시작한 때이며, 기수시기는 체포 또는 구금으로부터 벗어난 때, 즉 체포자 또는 간수자의 실력적 지배로부터 완전히 벗어난 때 즉시 기수가 된다.

  □ **도주죄는 즉시범이라는 판례** : 도주죄는 즉시범으로서 범인이 간수자의 실력적 지배를 이탈한 상태에 이르렀을 때에 기수가 되어 도주행위가 종료하는 것이다(91도1656) (19 변시)

Ⅱ. **집합명령위반죄** (미수범 처벌, 진정신분범)

Ⅲ. **특수도주죄** (미수범 처벌, 진정신분범)

Ⅳ. **도주원조죄** (미수범 처벌, 예비·음모 처벌)

  □ **도주죄가 기수에 이른 후 도피를 도와 준 사건** : 도주죄는 즉시범으로서 범인이 간수자의 실력적 지배를 이탈한 상태에 이르렀을 때에 기수가 되어 도주행위가 종료하는 것이고, 도주원조죄는 도주죄에 있어서의 범인의 도주행위를 야기시키거나 이를 용이하게 하는 등 그와 공범관계에 있는 행위를 독립한 구성요건으로 하는 범죄이므로, 도주죄의 범인이 도주행위를 하여 기수에 이르른 이후에 범인의 도피를 도와 주는 행위는 범인도피죄에 해당할 수 있을 뿐 도주원조죄에는 해당하지 아니한다(91도1656) (19 변시)(20 변시)

Ⅴ. **간수자의 도주원조죄** (미수범 처벌, 예비·음모 처벌, 부진정신분범)

Ⅵ. **범인은닉죄** (친족간의 특례 적용)

- **벌금 이상의 형에 해당하는 죄** : 범인은닉죄는 본범의 범죄가 벌금 이상의 형을 포함하고 있는 범죄를 전제로 하여 성립한다. 여기서 벌금 이상의 형은 법정형을 의미하고, 법정형 중에서 가장 중한 형이 벌금형이면 선택형으로 구류나 과료를 함께 규정하고 있어도 무방하다.

  □ **교특법위반 사건** : 범인에게 적용될 수 있는 죄가 교통사고처리특례법위반죄에 한정된다고 하더라도 자동차종합보험 가입사실만으로 범인의 행위가 형사소추 또는 처벌을 받을 가능성이 없는 경우에 해당한다고 단정할 수 없을 뿐 아니라, 피고인이 수사기관에 적극적으로 범인임을 자처하고 허위사실을 진술함으로써 실제 범인을 도피하게 하였다는 이유로 범인도피죄의 성립을 인정한 사례(2000도4078) (24 변시)

- **죄를 범한 자의 의미** : '죄를 범한 자'는 정범뿐만 아니라 교사범·방조범, 미수범 또는 예비·음모자 등도 벌금 이상의 형에 해당하면 본죄에 포함한다. '죄'는 범죄를 의미하며 구성요건에 해당하고 위법·유책할 뿐만 아니라 원칙적으로 처벌조건과 소송조건을 구비하였음을 요한다. 이러한 요건을 구비하게 되면 유죄판결의 확정여부, 공소제기 여부, 수사개시 여부를 불문한다.

□ **수배 중인 자를 투숙 시킨 사건** : 형법 제151조에서 죄를 범한 자라 함은 반드시 공소제기가 되거나 유죄의 판결을 받은 자 뿐만 아니라 범죄의 혐의를 받아 수사중인 자도 포함되므로 경찰에서 수배중인 자임을 인식하면서 동인을 투숙케 하여 체포를 면하게 한 경우에는 범인은닉죄가 성립한다(83도1486)

□ **수사 개시 이전에 범인을 도피시킨 사건** : 형법 제151조 제1항의 이른바, 죄를 범한 자라 함은 범죄의 혐의를 받아 수사대상이 되어 있는 자를 포함하며, 나아가 벌금 이상의 형에 해당하는 죄를 범한 자라는 것을 인식하면서도 도피하게 한 경우에는 그 자가 당시에는 아직 수사대상이 되어 있지 않았다고 하더라도 범인도피죄가 성립한다고 할 것이다(2003도4533)

• 범인은닉 · 도피죄에 있어 객체의 진범 여부

爭點 088

범인은닉 · 도피죄에 있어 객체의 진범 여부

1. 논의점

범인은닉 · 도피죄에 있어 객체가 진범임을 요하는지에 대하여 논의가 있다.

2. 견해의 대립

이에 대하여는 ① 진범이 아닌 자에 대한 은닉행위는 국가의 정당한 형벌권행사를 방해한다고 볼 수 없으므로 범인은닉죄의 객체는 진범이어야 한다는 **긍정설** ② 진범이 아닐지라도 범죄의 혐의를 받고 수사 또는 소추중인 자를 은닉하는 행위는 국가의 형사사법작용을 해하는 점에서 진범을 은닉하는 경우와 다르지 않으므로 범인은닉죄의 객체는 반드시 진범일 필요는 없다는 **부정설** 등이 대립하고 있다.

3. 판례의 태도

판례는 '형법 제151조 제1항 소정의 "죄를 범한 자"라 함은 범죄의 혐의를 받아 수사대상이 되어 있는 자를 포함한다. 따라서 구속수사의 대상이 된 공소외인이 그 후 무혐의로 석방되었다 하더라도 위 죄의 성립에는 영향이 없다'라고 하여 **부정설**의 입장이다.

4. 검 토

생각건대 범인은닉죄는 형사사법 기능을 보호법익으로 하고 있으므로 진범이 아닌 자도 수사의 대상이 되어 있다면 범인은닉죄의 객체가 된다는 부정설이 타당하다.

5. 관련 판례

□ 범인은닉 후 무혐의로 석방되더라도 범인도피죄가 성립한다는 판례(81도1931) (22 2차)

- **은닉** : 수사기관의 발견·체포를 곤란하게 하거나 면할 수 있는 장소를 제공하여 범인을 숨겨주는 적극적인 행위를 말한다.
- **도피** : 도피란 은닉 이외의 방법으로 수사기관의 발견·체포를 곤란 내지 불가능하게 하는 일체의 행위를 말한다. 다만 도피행위는 직접 범인을 도피시키는 행위 또는 도피를 직접적으로 용이하게 하는 행위에 한정된다.

□ **'도피하게 하는 행위'의 의미** : 형법 제151조 소정의 범인도피죄에서 '도피하게 하는 행위'는 은닉 이외의 방법으로 범인에 대한 수사, 재판 및 형의 집행 등 형사사법의 작용을 곤란 또는 불가능하게 하는 일체의 행위를 말하는 것으로서 그 수단과 방법에는 어떠한 제한이 없다(2002도5374)

□ **범인도피죄는 간접적으로 범인이 안심하고 도피할 수 있게 한 경우는 포함되지 않는다는 판례** : 형법 제151조 소정의 범인도피죄는 위험범으로서 현실적으로 형사사법의 작용을 방해하는 결과가 초래될 것이 요구되지 아니하지만, 같은 조에 함께 규정되어 있는 은닉행위에 비견될 정도로 수사기관의 발견·체포를 곤란하게 하는 행위 즉 직접 범인을 도피시키는 행위 또는 도피를 직접적으로 용이하게 하는 행위에 한정된다고 해석함이 상당하고, 그 자체로는 도피시키는 것을 직접적인 목적으로 하였다고 보기 어려운 어떤 행위의 결과 간접적으로 범인이 안심하고 도피할 수 있게 한 경우까지 포함되는 것은 아니다(2002도5374) (20 변시)

- **수사기관에서의 허위진술** : 수사기관에 출두한 피의자나 참고인이 범인에 관하여 조사를 받으면서 알고 있는 사실을 묵비하거나 허위로 진술하여 진범인이 석방되었다고 하여도 그것만으로는 범인도피죄가 성립하지 않는다. 그러나 범인이 아닌 자가 수사기관에 범인임을 자처하고 허위사실을 진술하여 적극적으로 수사기관을 착오에 빠지게 함으로써 범인의 발견 또는 체포를 곤란 내지 불가능하게 한 경우에는 범인도피죄에 해당한다.

□ **참고인이나 피의자의 묵비 또는 허위진술** : 원래 수사기관은 범죄사건을 수사함에 있어서 피의자나 참고인의 진술 여하에 불구하고 피의자를 확정하고 그 피의사실을 인정할 만한 객관적인 제반 증거를 수집·조사하여야 할 권리와 의무가 있으므로, 참고인이 수사기관에서 범인에 관하여 조사를 받으면서 그가 알고 있는 사실을 묵비하거나 허위로 진술하였다고 하더라도, 그것이 적극적으로 수사기관을 기만하여 착오에 빠지게 함으로써 범인의 발견 또는 체포를 곤란 내지 불가능하게 할 정도가 아닌 한 형법 제151조 소정의 범인도피죄를 구성하지 않으며, 이러한 법리는 피의자가 수사기관에서 공범에 관하여 묵비하거나 허위로 진술한 경우에도 그대로 적용된다(2007도11137) [2024 변시][2023 1차]

□ **범인 자처 사건** : 범인 아닌 자가 수사기관에서 범인임을 자처하고 허위사실을 진술하여 진범의 체포와 발견에 지장을 초래하게 한 행위는 범인은닉죄에 해당한다(96도1016) [2023 3차]

□ **신원보증 사건** : 수사절차에서 작성되는 신원보증서는 체포된 피의자 석방의 필수적인 요건이거나 어떠한 법적 효력이 있는 것은 아니고, 다만 피의자나 신원보증인에게 심리적인 부담을 줌으로써 수사기관이나 재판정에의 출석 또는 형 집행 등 형사사법절차상의 편의를 도모하는 것에 불과하여 보증인에게 법적으로 진실한 서류를 작성 · 제출할 의무가 부과된 것은 아니므로, 신원보증서를 작성하여 수사기관에 제출하는 보증인이 피의자의 인적 사항을 허위로 기재하였다고 하더라도, 그로써 적극적으로 수사기관을 기망한 결과 피의자를 석방하게 하였다는 등 특별한 사정이 없는 한, 그 행위만으로 범인도피죄가 성립되지 않는다고 한 사례(2002도5374) (12 변시)

□ **바지사장 사건** : 게임산업진흥에 관한 법률 위반, 도박개장 등의 혐의로 수사기관에서 조사받는 피의자가 사실은 게임장 · 오락실 · 피씨방 등의 실제 업주가 아니라 그 종업원임에도 불구하고 자신이 실제 업주라고 허위로 진술하였다고 하더라도, 그 자체만으로 범인도피죄를 구성하는 것은 아니다. 다만, 그 피의자가 실제 업주로부터 금전적 이익 등을 제공받기로 하고 단속이 되면 실제 업주를 숨기고 자신이 대신하여 처벌받기로 하는 역할(이른바 '바지사장')을 맡기로 하는 등 수사기관을 착오에 빠뜨리기로 하고, 단순히 실제 업주라고 진술하는 것에서 나아가 게임장 등의 운영 경위, 자금 출처, 게임기 등의 구입 경위, 점포의 임대차계약 체결 경위 등에 관해서까지 적극적으로 허위로 진술하거나 허위 자료를 제시하여 그 결과 수사기관이 실제 업주를 발견 또는 체포하는 것이 곤란 내지 불가능하게 될 정도에까지 이른 것으로 평가되는 경우 등에는 범인도피죄를 구성할 수 있다(2009도10709) (22 2차)

• 범인의 자기은닉 · 도피의 교사

> **爭點 089**

범인의 자기은닉 · 도피의 교사 [2015 1차][2015 2차][2018 3차][2021 변시]

1. 논의점

범인이 타인을 교사하여 자기를 은닉 또는 도피하게 한 경우에 본죄의 교사범이 성립할 수 있는지에 대하여 논의가 있다.

2. 견해의 대립

이에 대하여는 ① 본범이 타인을 교사하여 자기를 은닉 또는 도피하게 한 경우는 자기비호권의 한계를 일탈한 것으로서 기대가능성이 부정되는 경우가 아니므로 자기범인은닉의 교사범을 인정하는 긍정설과 ② 본범이 타인을 교사하여 자기를 은닉 또는 도피하게 한 경우는 자기비호권의 연장이라고 볼 수 있으므로 자기범인은닉의 교사범을 부정하는 부정설이 대립하고 있다.

3. 판례의 태도

판례는 '범인 스스로 도피하는 행위는 처벌되지 아니하므로, 범인이 도피를 위하여 타인에게 도움을 요청하는 행위 역시 도피행위의 범주에 속하는 한 처벌되지 아니하며, 범인의 요청에 응하여 범인을 도운 타인의 행위가 범인도피죄에 해당한다고 하더라도 마찬가지이다. 다만 범인이 타인으로 하여금 허위의 자백을 하게 하는 등으로 범인도피죄를 범하게 하는 경우와 같이 그것이 방어권의 남용으로 볼 수 있을 때에는 범인도피교사죄에 해당할 수 있다'라고 하여 방어권의 남용으로 볼 수 있는 경우에만 한정적으로 자기은닉·도피의 교사범을 인정하고 있다.

4. 검 토

생각건대 피고인의 방어권보장과 형사정책적인 측면을 모두 고려한다면 방어권의 남용이 있는 경우에만 범인의 자기은닉교사범을 인정하는 판례의 태도가 타당하다.

5. 관련 판례

□ **범인이 범인도피죄의 교사범이 되기 위한 요건** : 범인 스스로 도피하는 행위는 처벌되지 아니하므로, 범인이 도피를 위하여 타인에게 도움을 요청하는 행위 역시 도피행위의 범주에 속하는 한 처벌되지 아니하며, 범인의 요청에 응하여 범인을 도운 타인의 행위가 범인도피죄에 해당한다고 하더라도 마찬가지이다. 다만 범인이 타인으로 하여금 허위의 자백을 하게 하는 등으로 범인도피죄를 범하게 하는 경우와 같이 그것이 방어권의 남용으로 볼 수 있을 때에는 범인도피교사죄에 해당할 수 있다. 이 경우 방어권의 남용이라고 볼 수 있는지 여부는, 범인을 도피하게 하는 것이라고 지목된 행위의 태양과 내용, 범인과 행위자의 관계, 행위 당시의 구체적인 상황, 형사사법의 작용에 영향을 미칠 수 있는 위험성의 정도 등을 종합하여 판단하여야 한다(2013도12079) (20 변시)

□ **형제 사건** : [1] 범인이 자신을 위하여 타인으로 하여금 허위의 자백을 하게 하여 범인도피죄를 범하게 하는 행위는 방어권의 남용으로 범인도피교사죄에 해당하는바, 이 경우 그 타인이 형법 제151조 제2항에 의하여 처벌을 받지 아니하는 친족, 호주 또는 동거 가족에 해당한다 하여 달리 볼 것은 아니다. [2] 무면허 운전으로 사고를 낸 사람이 동생을 경찰서에 대신 출두시켜 피의자로 조사받도록 한 행위는 범인도피교사죄를 구성한다(2005도3707) (12 변시)(14 변시)(17 변시)(22 변시)(23 변시)(22 2차)

□ **범인이 처에게 자신을 도피하도록 방조한 사건** : 범인이 자신을 위하여 타인으로 하여금 허위의 자백을 하게 하여 범인도피죄를 범하게 하는 행위는 방어권의 남용으로 범인도피교사죄에 해당하는바, 이 경우 그 타인이 형법 제151조 제2항에 의하여 처벌을 받지 아니하는 친족, 호주 또는 동거 가족에 해당한다 하여 달리 볼 것은 아니다. 한편, 이와 같은 법리는 범인을 위해 타인이 범하는 범인도피죄를 범인 스스로 방조하는 경우에도 마찬가지로 적용된다 할 것이다(2008도7647) (12 변시)

□ 콜라텍 사건 : 범인도피죄는 타인을 도피하게 하는 경우에 성립할 수 있는데, 여기에서 타인에는 공범도 포함되나 범인 스스로 도피하는 행위는 처벌되지 않는다. 또한 공범 중 1인이 그 범행에 관한 수사절차에서 참고인 또는 피의자로 조사받으면서 자기의 범행을 구성하는 사실관계에 관하여 허위로 진술하고 허위 자료를 제출하는 것은 자신의 범행에 대한 방어권 행사의 범위를 벗어난 것으로 볼 수 없다. 이러한 행위가 다른 공범을 도피하게 한 결과가 된다고 하더라도 범인도피죄로 처벌할 수 없다. 이때 공범이 이러한 행위를 교사하였더라도 범죄가 될 수 없는 행위를 교사한 것에 불과하여 범인도피교사죄도 성립하지 않는다(2015도20396) (20 변시)(21 3차) (22 2차)(23 1차)

□ 甲이 음주운전 혐의로 적발되자 평소 알고 지내던 乙을 음주단속 현장으로 불러내어 乙로 하여금 단속경찰관인 P가 甲에 대한 주취운전자적발보고서를 작성하거나 재차 음주측정을 하지 못하도록 제지하는 등 P의 수사를 곤란하게 한 경우, 甲에게 범인도피죄의 교사범이 성립한다(2005도7528) (22 3차)

- **친족간의 특례의 적용요건 중 주체** : 친족 또는 동거의 가족이다. 친족 등의 의미는 규범적 요소이므로 민법에 따른다. 사실상의 친족이 포함되느냐에 대하여 ① 피고인에게 유리한 유추는 허용되므로 포함된다는 긍정설도 있으나 ② 판례는 사실혼관계에 있는 자는 민법 소정의 친족이라 할 수 없어 포함되지 않는다는 부정설의 입장이다.

□ 사실혼관계 사건 : 형법 제151조 제2항 및 형법 제155조 제4항은 친족, 호주 또는 동거의 가족이 본인을 위하여 범인도피죄, 증거인멸죄 등을 범한 때에는 처벌하지 아니한다고 규정하고 있는바, 사실혼관계에 있는 자는 민법 소정의 친족이라 할 수 없어 위 조항에서 말하는 친족에 해당하지 않는다(2003도4533) (19 변시)(24 변시) (22 2차)

제4절 | 위증과 증거인멸의 죄

I. 단순위증죄 (자수범, 신분범, 표현범, 자수 · 자백의 특례 적용)

1. 주 체
- **공동피고인의 증인적격** : 공동피고인이 증인적격이 있는지에 대하여 논의는 있지만, 다수설과 판례는 공동피고인을 구별하여 ① 공범자 아닌 공동피고인은 증인적격이 있지만 ② 공범자인 공동피고인은 증인적격이 없다는 절충설의 입장이다. 단, 공범자인 공동피고인도 변론이 분리되면 증인적격이 인정된다.

□ **공동피고인의 증인적격** : 공범인 공동피고인은 당해 소송절차에서는 피고인의 지위에 있으므로 다른 공동피고인에 대한 공소사실에 관하여 증인이 될 수 없으나, 소송절차가 분리되어 피고인의 지위에서 벗어나게 되면 다른 공동피고인에 대한 공소사실에 관하여 증인이 될 수 있다(2008도3300) (23 2차)

• **증언을 거부할 수 있는 자가 증언거부권을 행사하지 않고 선서 후 위증한 경우** : 논의는 있지만 증언거부권은 증인의 권리이지 의무가 아니므로 이를 행사하지 않고 위증한 때에는 본죄가 성립한다.

□ **증언거부권을 행사하지 않고 위증하면 위증죄가 성립한다는 판례** : 증인신문절차에서 형사소송법 제160조에 정해진 증언거부권이 고지되었음에도 불구하고 위 피고인이 자기의 범죄사실에 대하여 증언거부권을 행사하지 아니한 채 허위로 진술하였다면 위증죄가 성립된다고 할 것이다(2012도6848)

• **증언을 거부할 수 있는 자가 증언거부권이 있음을 고지받지 못하고 위증한 경우** : 증언을 거부할 수 있는 자가 증언거부권을 고지받지 못하고 위증한 경우에 위증죄가 성립할 수 있는지에 대하여 판례는 '증인이 침묵하지 아니하고 진술한 것이 자신의 진정한 의사에 의한 것인지 여부를 기준으로 판단하여야 한다고 하면서 **원칙적으로 위증죄가 성립하지만**, **예외적으로 증인이 증언거부권을 고지받지 못함으로 인하여 그 증언거부권을 행사하는 데 사실상 장애가 초래되었다고 볼 수 있는 경우에는 위증죄의 성립을 부정할 수 있다**'고 판시하고 있다. [2014 2차]

□ **증언거부권자에게 증언거부권을 고지하지 않은 사건** : 헌법 제12조 제2항에 정한 불이익 진술의 강요금지 원칙을 구체화한 자기부죄거부특권에 관한 것이거나 기타 증언거부사유가 있음에도 증인이 증언거부권을 고지받지 못함으로 인하여 그 증언거부권을 행사하는 데 사실상 장애가 초래되었다고 볼 수 있는 경우에는 위증죄의 성립을 부정하여야 할 것이다(2008도942 전합) (13 변시)(16 변시)(18 변시)(20 변시)(23 변시)(21 3차)(23 2차)

□ **민사재판과 증언거부권고지 규정** : 형사소송법은 증언거부권에 관한 규정(제148조, 제149조)과 함께 재판장의 증언거부권 고지의무에 관하여도 규정하고 있는 반면(제160조), 민사소송법은 증언거부권 제도를 두면서도(제314조 내지 제316조) 증언거부권 고지에 관한 규정을 따로 두고 있지 않다. 그렇다면 민사소송절차에서 재판장이 증인에게 증언거부권을 고지하지 아니하였다 하여 절차위반의 위법이 있다고 할 수 없고, 따라서 적법한 선서절차를 마쳤는데도 허위진술을 한 증인에 대해서는 달리 특별한 사정이 없는 한 위증죄가 성립한다고 보아야 한다(2009도14928) (16 변시)

- **확정판결을 받은 공범의 증언거부권 여부** : 증언거부권이 있었던 공범이라도 이미 유죄의 확정판결을 받은 피고인은 공범의 형사사건에서 그 범행에 대한 증언을 거부할 수 없다. 따라서 확정판결을 받은 피고인이 위증을 하는 경우에는 원칙적으로 위증죄가 성립하지만, 예외적으로 유죄의 확정판결의 증거의 신빙성을 인정하기 어렵고, 달리 피고인의 증언이 허위라고 인정할 만한 증거가 없다면 위증죄가 성립하지 않는다. (12 변시)(13 변시)(18 변시)(19 변시)(20 변시)

> □ **유죄판결 확정된 사건** : 이미 유죄의 확정판결을 받은 피고인은 공범의 형사사건에서 그 범행에 대한 증언을 거부할 수 없을 뿐만 아니라 나아가 사실대로 증언하여야 하고, 설사 피고인이 자신의 형사사건에서 시종일관 그 범행을 부인하였다 하더라도 이러한 사정은 위증죄에 관한 양형참작사유로 볼 수 있음은 별론으로 하고 이를 이유로 피고인에게 사실대로 진술할 것을 기대할 가능성이 없다고 볼 수는 없다(2005도10101) (12 변시)(13 변시)(18 변시)(19 변시)(20 변시)

2. 행 위

- **위증죄에 있어 진술의 허위성** : 판례는 '위증죄에 있어서의 허위의 공술이란 증인이 자기의 기억에 반하는 사실을 진술하는 것을 말하는 것으로서 그 내용이 객관적 사실과 부합한다고 하여도 위증죄의 성립에 장애가 되지 않는다'라고 하여 주관설의 입장이다.

> □ **기억에 반하는 진술이라도 객관적 사실과 부합한 사건** : 위증죄에 있어서의 허위의 공술이란 증인이 자기의 기억에 반하는 사실을 진술하는 것을 말하는 것으로서 그 내용이 객관적 사실과 부합한다고 하여도 위증죄의 성립에 장애가 되지 않는다 (88도580) (13 변시)

> □ **기억하고 있는 사실을 진술한 사건** : 위증죄는 법률에 의하여 선언한 증인이 자기의 기억에 반하는 사실을 진술함으로써 성립하는 것이므로, 경험을 통하여 기억하고 있는 사실을 진술한 이상 그 진술이 객관적 사실에 부합되지 아니하거나 경험한 사실에 기초한 주관적 평가나 그 법률적 효력에 관한 견해를 부연한 부분에 다소의 오류나 모순이 있다고 하여 위증죄가 성립하는 것은 아니다(83도37)

> □ 증언의 내용이 타인이 경험한 바를 전해들은 것이거나 기록 또는 문서를 보고 간접적으로 알게 된 것이라면 그 진술이 전해 준 내용이나 알게 된 문서의 내용에 일치되지 아니하는 때에는 그 진술은 일응 기억에 반한 것으로 보아야 할 것이므로 위증죄에 해당한다 할 것이니 이러한 경우에는 증인이 그 증언내용을 알게 된 경위에 따라 그 증언내용이 기억에 반한 진술인지의 여부를 가려야 한다(83도44) (23 2차)

☐ 증인이 스스로 경험할 수 없었던 과거의 사실에 관한 증언내용이 증인 나름대로의 단순한 의견이나 추측에 의한 것인 때에는 그 진술이 위증죄의 구성요건인 허위의 진술에 해당한다고 할 수는 없다(83도44) (23 2차)

• **진술의 대상** : 진술대상은 증인이 경험한 사실에 한정되고, 가치판단은 제외된다.

☐ **허위의 진술의 범위** : 위증죄는 법률에 의하여 선서한 증인이 사실에 관하여 기억에 반하는 진술을 한 때에 성립하고, 증인의 진술이 경험한 사실에 대한 법률적 평가이거나 단순한 의견에 지나지 아니하는 경우에는 위증죄에서 말하는 허위의 공술이라고 할 수 없으며, 경험한 객관적 사실에 대한 증인 나름의 법률적 · 주관적 평가나 의견을 부연한 부분에 다소의 오류나 모순이 있더라도 위증죄가 성립하는 것은 아니라고 할 것이다(2008도11007) (13 변시)

☐ **똑같이 대했다 사건** : 피고인이 공소외 2와의 사이를 원장과 직원 관계라고 한 것이나 다른 직원과 똑같이 대했다고 한 것은 사실 그대로이거나 주관적 평가 내지 의견을 말한 것에 지나지 않는다고 봄이 상당하고, 이를 위증죄의 대상이 되는 과거에 경험한 사실을 허위로 진술한 경우에 해당한다고 보기는 어렵다고 할 것이다 (2008도11007) (13 변시)

☐ **법률적 표현을 써서 진술한 사건** : 위증죄는 증인이 사실에 관하여 기억에 반하는 사실을 진술함으로써 성립하고, 다만 경험한 사실에 대한 법률적 평가이거나 단순한 의견에 지나지 않는다면 허위의 공술이라고 할 수는 없으나 자기가 지득하지 아니한 어떤 사실관계를 단순히 법률적 표현을 써서 진술한 것이라면 이는 객관적 사실을 토대로 한 증인 나름의 법률적 견해를 진술한 것과는 다르므로 위증죄의 성립을 부인할 수 없다(84도2039) (23 2차)

• **진술의 방법** : 진술방법에는 제한이 없다. 그러나 증인이 진술서나 진술조서에 기재된 내용이 사실대로라는 취지의 진술만으로는 기재내용을 진술했다고 보기에는 부족하다.

• **진술의 내용** : 증인신문의 내용이 된 것이면 모두 해당된다. 반드시 요증사실에 대한 것으로 판결에 영향을 미칠 수 있는 것임을 요하지 않는다.

☐ **진술 내용의 범위** : 위증죄는 선서한 증인이 고의로 자신의 기억에 반하는 증언을 함으로써 성립하고, 그 진술이 당해 사건의 요증사항인 여부 및 재판의 결과에 영향을 미친 여부는 위증죄의 성립에 아무 관계가 없다(80도2783) (13 변시)

• **위증죄의 기수시기** : 판례는 '증인의 증언은 그 전부를 일체로 관찰 판단하는 것이므로 위증죄의 기수시기는 신문 진술이 종료한 때로 해석할 것이다'라고 하여 **신문절차종료시설**의 입장이다.

□ 위증죄의 기수시기는 신문 진술이 종료한 때라는 판례 : 증인의 증언은 그 전부를 일체로 관찰 판단하는 것이므로 선서한 증인이 일단 기억에 반한 허위의 진술을 하였더라도 그 신문이 끝나기 전에 그 진술을 취소 시정한 경우에는 위증이 되지 아니한다고 봄이 상당하며 따라서 위증죄의 기수시기는 신문 진술이 종료한 때로 해석할 것이다(진술후에 선서를 명하는 경우는 선서종료한 때 기수가 될 것이다) (74도1231) (23 2차)

□ 다시 증인으로 출석하여 종전 기일의 허위진술을 철회한 사건 : 피고인으로부터 위증의 교사를 받은 갑이 관련사건의 제1심 제9회 공판기일에 증인으로 출석하여 한 허위 진술이 철회·시정된 바 없이 증인신문절차가 그대로 종료되었다가, 그 후 증인으로 다시 신청·채택된 갑이 위 관련사건의 제21회 공판기일에 다시 출석하여 종전 선서의 효력이 유지됨을 고지받고 증언하면서 종전 기일에 한 진술이 허위 진술임을 시인하고 이를 철회하는 취지의 진술을 한 사안에서, 갑의 위증죄는 이미 기수에 이른 것으로 보아야 하고, 그 후 다시 증인으로 신청·채택되어 종전 신문절차에서 한 허위 진술을 철회하였더라도 이미 성립한 위증죄에 영향을 미친다고 볼 수는 없음에도, 이와 달리 본 원심판단에 법리오해의 위법이 있다고 한 사례 (2010도7525) (19 변시)(23 변시)(24 변시)

• 위증죄의 고의 : 법률에 의하여 선서한 증인이라는 신분에 대한 인식뿐만 아니라 허위의 사실을 진술한다는 점에 대한 인식이 있어야 한다. 그러므로 오해 또는 착오에 의한 진술이나, 기억이 분명하지 못하여 잘못 진술한 때에는 본죄가 성립하지 않는다. (24 변시)

□ 신문취지를 오해한 사건 : 증언 당시 판사의 신문취지를 오해 내지 착각하고 진술한 것이라면 위증의 고의가 있었다고 보기 어렵다(86도1050)

• 범인이 타인을 교사하여 위증하게 한 경우

爭點 090

범인이 타인을 교사하여 위증하게 한 경우 (13 변시)(17 변시)(19 변시)(20 변시)

1. 논의점

현행법상 당해 사건의 피고인은 증인적격이 없으므로 위증죄의 주체가 될 수 없다. 그러나 이러한 피고인이 당해 사건에 대하여 타인을 교사하여 위증하게 한 경우에 교사범이 성립될 수 있는지에 대하여 논의가 있다.

2. 견해의 대립

이에 대하여는 ① 교사에는 새로운 범죄 창조라는 특수한 반사회성이 있으며, 타인에게 위증을 교사하는 경우까지 기대가능성이 없다고 할 수 없으므로 형사피고인도 본죄의 교사범이 성립될 수 있다는 **긍정설**과 ② 정범으로 처벌되지 않는 피고인을 교사범으로 처벌하는 것은 부당하며, 형사피고인의 위증교사는 자기비호의 연장으로 기대가능성이 없으므로 형사피고인은 교사범이 성립될 수 없다는 **부정설**이 대립하고 있다.

3. 판례의 태도

판례는 '자기의 형사사건에 관하여 타인을 교사하여 위증죄를 범하게 하는 것은 이러한 방어권을 남용하는 것이라고 할 것이어서 교사범의 죄책을 부담케 함이 상당하다'라고 하여 **긍정설**의 입장이다.

4. 검 토

생각건대 피고인의 방어권보장과 형사정책적인 측면을 모두 고려한다면 방어권의 남용이 있는 경우에는 위증죄의 교사범을 인정하는 것이 타당하다. 따라서 자기의 형사사건에 관하여 타인을 교사하여 위증하게 하는 것은 방어권을 남용하는 경우이므로 위증죄의 교사범이 성립한다.

5. 관련 판례

> ☐ **자기의 형사사건에 대한 위증교사 사건** : 피고인이 자기의 형사사건에 관하여 허위의 진술을 하는 행위는 피고인의 형사소송에 있어서의 방어권을 인정하는 취지에서 처벌의 대상이 되지 않으나, 법률에 의하여 선서한 증인이 타인의 형사사건에 관하여 위증을 하면 형법 제152조 제1항의 위증죄가 성립되므로 자기의 형사사건에 관하여 타인을 교사하여 위증죄를 범하게 하는 것은 이러한 방어권을 남용하는 것이라고 할 것이어서 교사범의 죄책을 부담케 함이 상당하다(2003도5114) (24 변시)(21 3차)

• 죄 수

☐ **위증죄의 죄수 판단은 기일을 기준으로 한다는 판례** : 하나의 사건에 관하여 한 번 선서한 증인이 같은 기일에 여러 가지 사실에 관하여 기억에 반하는 허위의 공술을 한 경우 이는 하나의 범죄의사에 의하여 계속하여 허위의 공술을 한 것으로서 포괄하여 1개의 위증죄를 구성하는 것이고 각 진술마다 수개의 위증죄를 구성하는 것이 아니다(92도498) (13 변시)

☐ **최초 한 선서의 효력을 유지시킨 사건** : 행정소송사건의 같은 심급에서 변론기일을 달리하여 수차 증인으로 나가 수 개의 허위진술을 하더라도 최초 한 선서의 효력을 유지시킨 후 증언한 이상 1개의 위증죄를 구성함에 그친다(2006도9463) (13 변시)(19 변시)

- **자백, 자수의 특례** : 본죄를 범한 자가 그 공술한 사건의 재판 또는 징계처분이 확정되기 전에 자백 또는 자수한 때에는 그 형을 감경 또는 면제한다. 이러한 특례는 위증에 의한 오판을 방지하기 위한 정책적 규정이다. (24 변시)

> □ **'재판이 확정되기 전'의 범위** : 형법 제153조에서 정한 '재판이 확정되기 전'에는 피고인의 고소사건 수사 결과 피고인의 무고 혐의가 밝혀져 피고인에 대한 공소가 제기되고 피고소인에 대해서는 불기소결정이 내려져 재판절차가 개시되지 않은 경우도 포함된다(2018도7293)

Ⅱ. 모해위증죄 (자수범, 신분범, 표현범, 부진정목적범, 자수 · 자백의 특례)

- **모해목적과 신분** : 이론적으로는 행위관련적인 목적은 행위자관련적인 특별한 인적 특성 · 관계 · 상황인 신분이 아니므로 제33조가 적용될 수 없다. 그러나 판례는 모해목적을 신분으로 보고, 모해목적을 가진 자에 대하여 공범과 신분 규정인 제33조를 적용하고 있다. [2016 1차]

> □ **모해위증 사건(행위관련적인 목적을 행위자관련적인 신분으로 보고 있으며, 제31조 보다도 제33조 단서를 우선 적용함으로써 공범종속성 보다도 책임의 개별화를 우선시한 판례)** : 타인을 교사하여 죄를 범하게 한 자는 죄를 실행한 자와 동일한 형으로 처벌한다.'고 규정한 형법 제31조 제1항은 협의의 공범의 일종인 교사범이 그 성립과 처벌에 있어서 정범에 종속한다는 일반적인 원칙을 선언한 것에 불과하고, 따라서 이 사건과 같이 신분관계로 인하여 형의 경중이 있는 경우에 신분이 있는 자가 신분이 없는 자를 교사하여 죄를 범하게 된 때에는 형법 제33조 단서가 위 제31조 제1항에 우선하여 적용됨으로써 신분이 있는 교사범이 신분이 없는 정범보다 중하게 처벌된다고 할 것이므로, 이와 달리 정범이 단순위증죄로 처벌된 이상 위 형법 제31조 제1항에 따라 피고인도 단순위증죄의 동일한 형으로 처벌할 수밖에 없다는 소론은 위에서 설시한 법리와 상치되는 독자적 견해에 불과하여 받아들일 수 없다 (93도1002) (12 변시)(14 변시)(16 변시)(23 변시)(21 3차)(22 2차)

Ⅲ. 허위의 감정 · 통역 · 번역죄 (자수범, 신분범, 표현범, 자수 · 자백의 특례)

Ⅳ. 단순증거인멸죄 (친족간의 특례 적용)

- **주체** : 범인 이외의 자이다. 따라서 자기증거인멸은 범죄로 되지 않는다. 그리고 친족 또는 동거가족도 본죄의 주체가 될 수 있으나, 친족간의 특례규정(제155조 제4항)에 따라 책임이 조각된다.
- **타인의 사건** : 타인이란 형사사건 또는 징계사건의 당사자 이외의 자를 말한다. 따라서 자기의 형사사건 · 징계사건에 대한 증거는 본죄의 객체가 되지 않는다.

• 공범자와 공통된 증거인멸의 경우

爭點 091

공범자와 공통된 증거인멸의 경우 [2013 3차][2017 3차][2021 2차][2021 3차]

1. 논의점

공범자의 형사피고사건에 대한 증거를 타인의 형사사건에 대한 증거라고 볼 수 있는지에 대하여 논의가 있다.

2. 견해의 대립

이에 대하여는 ① 공범자의 형사사건에 대한 증거도 타인의 증거로 보아 증거인멸죄가 성립한다는 **긍정설** ② 공범자의 형사사건에 관한 증거는 '자기'의 형사사건에 관한 증거라고 보아 증거인멸죄가 성립하지 않는다는 **부정설** ③ 공범자만을 위한 증거인멸은 타인의 형사사건에 관한 것으로 보아 본죄를 구성하지만, 자기만을 위하거나 자기와 공범자의 이익을 위한 증거인멸은 본죄를 구성하지 않는다는 **절충설**이 대립하고 있다.

3. 판례의 태도

판례는 '피고인 자신이 자기의 이익을 위하여 그 증거가 될 자료를 인멸하였다면, 그 행위가 동시에 다른 공범자의 증거를 인멸한 결과가 된다고 하더라도 이를 증거인멸죄로 다스릴 수 없다'라고 하여 **절충설**의 입장이다.

4. 검토

생각건대 자기증거인멸을 처벌하지 않는 것은 기대가능성이 없기 때문이므로, 자기의 이익만을 위하거나 자기와 공범자의 이익을 위하여 증거인멸하는 경우에도 범인에게 기대가능성이 없는 경우라는 것은 동일하므로 절충설이 타당하다.

5. 관련 판례

> ☐ **자기증거인멸이 동시에 공범자의 증거인멸이 된 사건** : 증거인멸죄는 타인의 형사사건 또는 징계사건에 관한 증거를 인멸하는 경우에 성립하는 것으로서, 피고인 자신이 직접 형사처분이나 징계처분을 받게 될 것을 두려워한 나머지 자기의 이익을 위하여 그 증거가 될 자료를 인멸하였다면, 그 행위가 동시에 다른 공범자의 형사사건이나 징계사건에 관한 증거를 인멸한 결과가 된다고 하더라도 이를 증거인멸죄로 다스릴 수 없고, 이러한 법리는 그 행위가 피고인의 공범자가 아닌 자의 형사사건이나 징계사건에 관한 증거를 인멸한 결과가 된다고 하더라도 마찬가지이다(94도2608) (15 변시)(17 변시)(19 변시)(21 2차)(21 3차)

• **형사사건 또는 징계사건에 대한 증거** : 형사사건 또는 징계사건에 대한 증거임을 요하므로, 민사 · 행정 또는 선거사건에 대한 증거는 여기에 포함되지 않는다.

- **형사사건** : 형사사건인 한 유죄의 종국판결의 선고 · 확정여부를 불문하므로 재심 · 비상 상고사건도 당연히 포함된다. 형사사건은 반드시 공소가 제기되어야 할 필요가 없으므로 형사피고사건은 물론 형사피의사건도 포함된다. 또한 수사개시이전의 증거인멸도 포함된다.

  □ **수사개시 이전의 증거인멸 사건** : 형법 제155조 제1항의 증거은닉죄에 있어서 "타인의 형사사건 또는 징계사건"이라함은 이미 수사가 개시되거나 징계절차가 개시된 사건만이 아니라 수사 또는 징계절차 개시전이라도 장차 형사사건 또는 징계사건이 될 수 있는 사건을 포함한 개념이라고 해석할 것이다(82도274) (19 변시)(21 2차)

- **징계사건** : 징계사건이란 국가의 징계사건에 한정되고 **사인간의 징계사건은 포함되지 않는다.**

  □ **사인간의 징계사건** : 형법 제155조 제1항의 증거인멸 등 죄는 위증죄와 마찬가지로 국가의 형사사법작용 내지 징계작용을 그 보호법익으로 하므로, 위 법조문에서 말하는 '징계사건'이란 국가의 징계사건에 한정되고 사인간의 징계사건은 포함되지 않는다(2007도4191) (21 2차)

- **증거의 의의** : 증거란 범죄사실의 존부와 양형에 관련된 일체의 자료를 말한다.

  □ **증거인멸죄에서의 증거의 범위** : 증거인멸죄에서 '증거'라 함은 타인의 형사사건 또는 징계사건에 관하여 수사기관이나 법원 또는 징계기관이 국가의 형벌권 또는 징계권의 유무를 확인하는 데 관계있다고 인정되는 일체의 자료를 의미하고, 타인에게 유리한 것이건 불리한 것이건 가리지 아니하며 또 증거가치의 유무 및 정도를 불문한다(2011도5329)

- **위조** : 위조란 부진정한 새로운 증거를 작출하는 것이다. 증거를 위조한다 함은 증거 자체를 위조함을 말하므로 선서무능력자에게 위증을 하도록 하거나 참고인이 수사기관에서 허위진술을 하는 것은 증거위조죄에 해당하지 않는다. 그리고 최신 판례에 의하면 문서 자제에 아무런 허위가 없다면, 그것이 부진정한 사실관계를 입증하기 위한 것이라고 하더라도 증거의 위조행위에 해당하지 않는다.

  □ **증거위조죄에서의 위조의 개념** : 타인의 형사사건 또는 징계사건에 관한 증거를 위조한 경우에 성립하는 형법 제155조 제1항의 증거위조죄에서 '위조'란 문서에 관한 죄에 있어서의 위조 개념과는 달리 새로운 증거의 창조를 의미하는 것이므로 존재하지 아니한 증거를 이전부터 존재하고 있는 것처럼 작출하는 행위도 증거위조에 해당하며, 증거가 문서의 형식을 갖는 경우 증거위조죄에 있어서의 증거에 해당하는지 여부가 그 작성권한의 유무나 내용의 진실성에 좌우되는 것은 아니다(2002도3600) (15 변시)

□ **증거위조의 의미** : [1] 형법 제155조 제1항의 증거위조죄에서 말하는 '증거'란 타인의 형사사건 또는 징계사건에 관하여 수사기관이나 법원 또는 징계기관이 국가의 형벌권 또는 징계권의 유무를 확인하는 데 관계있다고 인정되는 일체의 자료를 뜻한다. 따라서 범죄 또는 징계사유의 성립 여부에 관한 것뿐만 아니라 형 또는 징계의 경중에 관계있는 정상을 인정하는 데 도움이 될 자료까지도 본조가 규정한 증거에 포함된다. [2] 형법 제155조 제1항은 타인의 형사사건 또는 징계사건에 관한 증거를 인멸, 은닉, 위조 또는 변조하거나 위조 또는 변조한 증거를 사용한 자를 처벌하고 있고, 여기서의 '위조'란 문서에 관한 죄의 위조 개념과는 달리 새로운 증거의 창조를 의미한다. 그러나 사실의 증명을 위해 작성된 문서가 그 사실에 관한 내용이나 작성명의 등에 아무런 허위가 없다면 '증거위조'에 해당한다고 볼 수 없다. 설령 사실증명에 관한 문서가 형사사건 또는 징계사건에서 허위의 주장에 관한 증거로 제출되어 그 주장을 뒷받침하게 되더라도 마찬가지이다(2020도2642) (21 3차)

□ **입금 후 다른 계좌로 돌려받은 사안에서의 입금영수증 사건** : [1] 형법 제155조 제1항은 타인의 형사사건 또는 징계사건에 관한 증거를 인멸, 은닉, 위조 또는 변조하거나 위조 또는 변조한 증거를 사용한 자를 처벌하고 있고, 여기서의 '위조'란 문서에 관한 죄의 위조 개념과는 달리 새로운 증거의 창조를 의미한다. 그러나 사실의 증명을 위해 작성된 문서가 그 사실에 관한 내용이나 작성명의 등에 아무런 허위가 없다면 '증거위조'에 해당한다고 볼 수 없다. 설령 사실증명에 관한 문서가 형사사건 또는 징계사건에서 허위의 주장에 관한 증거로 제출되어 그 주장을 뒷받침하게 되더라도 마찬가지이다. [2] 변호인 甲이 A의 감형을 받기 위해서 A의 은행 계좌에서 B 회사 명의의 은행 계좌로 금원을 송금하고 다시 되돌려 받는 행위를 반복한 후 그중 송금자료만을 발급받아서 이를 2억 원을 변제하였다는 허위 주장과 함께 법원에 제출한 경우, 甲에게는 증거위조죄가 성립하지 않는다고 한 사례(2020도2642) (23 변시)(24 변시)(22 2차)

□ **처분문서 작성일 소급 사건** : 타인의 형사사건과 관련하여 수사기관이나 법원에 제출하거나 현출되게 할 의도로 법률행위 당시에는 존재하지 아니하였던 처분문서, 즉 그 외형 및 내용상 법률행위가 그 문서 자체에 의하여 이루어진 것과 같은 외관을 가지는 문서를 사후에 그 작성일을 소급하여 작성하는 것은, 가사 그 작성자에게 해당 문서의 작성권한이 있고, 또 그와 같은 법률행위가 당시에 존재하였다거나 그 법률행위의 내용이 위 문서에 기재된 것과 큰 차이가 없다 하여도 증거위조죄의 구성요건을 충족시키는 것이라고 보아야 하고, 비록 그 내용이 진실하다 하여도 국가의 형사사법기능에 대한 위험이 있다는 점은 부인할 수 없다(2002도3600) (15 변시)

□ **참고인의 허위의 사실확인서나 진술서 사건** : 참고인이 타인의 형사사건 등에서 직접 진술 또는 증언하는 것을 대신하거나 그 진술 등에 앞서서 허위의 사실확인서나 진술서를 작성하여 수사기관 등에 제출하거나 또는 제3자에게 교부하여 제3자가 이를 제출한 것은 존재하지 않는 문서를 이전부터 존재하고 있는 것처럼 작성하는 등의 방법으로 새로운 증거를 창조한 것이 아닐뿐더러, 참고인이 수사기관에서 허위의 진술을 하는 것과 차이가 없으므로, 증거위조죄를 구성하지 않는다고 할 것이다(2015도9010) (14 변시)(15 변시)

□ **녹음파일 또는 녹취록 사건(딸 강간 사건)** : 참고인이 타인의 형사사건 등에 관하여 제3자와 대화를 하면서 허위로 진술하고 위와 같은 허위 진술이 담긴 대화 내용을 녹음한 녹음파일 또는 이를 녹취한 녹취록은 참고인의 허위진술 자체 또는 참고인 작성의 허위 사실확인서 등과는 달리 그 진술내용만이 증거자료로 되는 것이 아니고 녹음 당시의 현장음향 및 제3자의 진술 등이 포함되어 있어 그 일체가 증거자료가 된다고 할 것이므로, 이는 증거위조죄에서 말하는 '증거'에 해당한다. 또한 위와 같이 참고인의 허위 진술이 담긴 대화 내용을 녹음한 녹음파일 또는 이를 녹취한 녹취록을 만들어 내는 행위는 무엇보다도 그 녹음의 자연스러움을 뒷받침하는 현장성이 강하여 단순한 허위진술 또는 허위의 사실확인서 등에 비하여 수사기관 등을 그 증거가치를 판단함에 있어 오도할 위험성을 현저히 증대시킨다고 할 것이므로, 이러한 행위는 허위의 증거를 새로이 작출하는 행위로서 증거위조죄에서 말하는 '위조'에도 해당한다고 봄이 상당하다. 따라서 참고인이 타인의 형사사건 등에 관하여 제3자와 대화를 하면서 허위로 진술하고 위와 같은 허위 진술이 담긴 대화 내용을 녹음한 녹음파일 또는 이를 녹취한 녹취록을 만들어 수사기관 등에 제출하는 것은, 참고인이 타인의 형사사건 등에 관하여 수사기관에 허위의 진술을 하거나 이와 다를 바 없는 것으로서 허위의 사실확인서나 진술서를 작성하여 수사기관 등에 제출하는 것과는 달리, 증거위조죄를 구성한다(2013도8085) (15 변시)(23 변시)(21 2차)

• 범인이 타인에게 증거인멸을 교사한 사례

爭點 092

범인이 타인에게 증거인멸을 교사한 사례 [2022 1차]

1. 논의점

자기의 형사사건에 대한 증거를 인멸하기 위하여 타인을 교사한 경우에 증거인멸죄의 교사범을 인정할 것인가에 대하여 논의가 있다.

2. 견해의 대립

이에 대하여는 ① 교사에는 새로운 범죄 창조라는 특수한 반사회성이 있으며, 타인에게 증거인멸을 교사하는 경우까지 기대가능성이 없다고 할 수 없으므로 범인도 증거인멸죄의 교사범이 성립될 수 있다는 **긍정설**과 ② 정범으로 처벌되지 않는 범인을 교사범으로 처벌하는 것은 부당하며, 범인의 증거인멸교사는 자기비호의 연장이어서 기대가능성이 없으므로 범인은 교사범이 성립될 수 없다는 **부정설**이 대립하고 있다.

3. 판례의 태도

종래 판례는 '자기의 형사 사건에 관한 증거를 인멸하기 위하여 타인을 교사하여 죄를 범하게 한 자에 대하여는 증거인멸교사죄가 성립한다'라고 하여 **긍정설**의 입장이었으나, 최근 판례에서는 **방어권의 남용**이 있는 경우에만 증거인멸교사죄의 성립을 긍정하고 있다.

4. 검 토

생각건대 피고인의 방어권보장과 형사정책적인 측면을 모두 고려한다면 방어권의 남용이 있는 경우에는 증거인멸죄의 교사범을 인정하는 판례의 태도가 타당하다.

5. 관련 판례

☐ **자기증거 인멸 교사 사건** : 자기의 형사 사건에 관한 증거를 인멸하기 위하여 타인을 교사하여 죄를 범하게 한 자에 대하여는 증거인멸교사죄가 성립한다(99도5275) (15 변시)

☐ **자기증거 은닉 교사범과 방어권의 남용** : 증거은닉죄는 타인의 형사사건이나 징계사건에 관한 증거를 은닉할 때 성립하고 자신의 형사사건에 관한 증거은닉 행위는 형사소송에 있어서 피고인의 방어권을 인정하는 취지와 상충하여 처벌의 대상이 되지 아니하므로 자신의 형사사건에 관한 증거은닉을 위하여 타인에게 도움을 요청하는 행위 역시 원칙적으로 처벌되지 아니하나, 다만 그것이 방어권의 남용이라고 볼 수 있을 때는 증거은닉교사죄로 처벌할 수 있다. 방어권 남용이라고 볼 수 있는지 여부는, 증거를 은닉하게 하는 것이라고 지목된 행위의 태양과 내용, 범인과 행위자의 관계, 행위 당시의 구체적인 상황, 형사사법작용에 영향을 미칠 수 있는 위험성의 정도 등을 종합하여 판단하여야 한다(2016도5596)

• **친족간의 특례** : 친족 또는 동거의 가족이 본인을 위하여 본조의 죄를 범한 때에는 처벌하지 아니한다(제155조 제4항).

☐ **사실혼 관계 사건** : 형법 제151조 제2항 및 형법 제155조 제4항은 친족, 호주 또는 동거의 가족이 본인을 위하여 범인도피죄, 증거인멸죄 등을 범한 때에는 처벌하지 아니한다고 규정하고 있는바, 사실혼관계에 있는 자는 민법 소정의 친족이라 할 수 없어 위 조항에서 말하는 친족에 해당하지 않는다(2003도4533) (21 2차)

V. 증인 은닉 · 도피죄 (친족간의 특례 적용)

- **타인의 형사사건 또는 징계사건에 대한 증인** : 증인은 형사소송법상의 증인뿐만 아니라 수사기관에서 조사하는 참고인을 포함한다. 즉, 광의의 증인을 의미한다.

- **공범자와 공통된 증인을 도피시킨 경우** : 공범자의 증거인멸의 경우와 동일한 논의가 있다. 따라서 판례도 공범자와 공통된 증인을 도피하게 한 사안에서 '피고인이 자기의 이익을 위하여 증인이 될 사람을 도피하게 하였다면, 그 행위가 동시에 다른 공범자의 형사사건이나 징계사건에 관한 증인을 도피하게 한 결과가 된다고 하더라도 이를 증인도피죄로 처벌할 수 없다'라고 하여 **절충설**의 입장이다. 〈보다 자세한 내용은 공범자의 증거인멸의 경우 부분 참조〉

> ☐ **공범자와 공통된 증인을 도피시킨 행위에 대해 절충설을 따른 판례** : 형법 제155조 제2항의 소정의 증인도피죄는 타인의 형사사건 또는 징계사건에 관한 증인을 은닉 · 도피하게 한 경우에 성립하는 것으로서, 피고인 자신이 직접 형사처분이나 징계처분을 받게 될 것을 두려워한 나머지 자기의 이익을 위하여 증인이 될 사람을 도피하게 하였다면, 그 행위가 동시에 다른 공범자의 형사사건이나 징계사건에 관한 증인을 도피하게 한 결과가 된다고 하더라도 이를 증인도피죄로 처벌할 수 없다 (2002도6134)

VI. 모해증거인멸 · 증인도피죄 (부진정목적범, 친족간의 특례 적용)

제5절 | 무고의 죄

- **승낙무고** : 무고죄는 국가의 형사사법권 또는 징계권의 적정한 행사를 주된 보호법익으로 하고 다만, 개인의 부당하게 처벌 또는 징계받지 아니할 이익을 부수적으로 보호하는 죄이므로, 설사 무고에 있어서 피무고자의 승낙이 있었다고 하더라도 무고죄의 성립에는 영향을 미치지 못한다.

> ☐ **승낙무고도 무고죄가 성립한다는 판례** : 무고죄는 국가의 형사사법권 또는 징계권의 적정한 행사를 주된 보호법익으로 하고 다만, 개인의 부당하게 처벌 또는 징계받지 아니할 이익을 부수적으로 보호하는 죄이므로, 설사 무고에 있어서 피무고자의 승낙이 있었다고 하더라도 무고죄의 성립에는 영향을 미치지 못한다 할 것이다 (2005도2712) (13 변시)(14 변시)(21 1차)

- **공무소 또는 공무원** : 공무소 또는 공무원이란 신고를 받고 형사처분 또는 징계처분을 내릴 권한이 있는 담당관서 또는 그 소속 상급기관을 말하고, 형사처분 또는 징계처분을 촉구할 수 있는 기관이나 상급자를 포함한다.

□ **공무소 또는 공무원의 범위** : 형법 제156조의 '공무소 또는 공무원'이란 징계처분에 있어서는 징계권자 또는 징계권의 발동을 촉구하는 직권을 가진 자와 그 감독기관 또는 그 소속 구성원을 말한다(2010도10202)

□ **변호사회에 허위 내용의 진정서를 제출하면 무고죄가 성립한다는 판례** : 변호사에 대한 징계처분은 형법 제156조에서 정하는 '징계처분'에 포함된다고 봄이 상당하고, 구 변호사법 제97조의2 등 관련 규정에 의하여 그 징계 개시의 신청권이 있는 지방변호사회의 장은 형법 제156조에서 정한 '공무소 또는 공무원'에 포함된다(2010도10202)

• **허위의 사실** : 허위의 사실이란 객관적 진실에 반하는 사실을 말한다. 따라서 무고자가 허위의 사실이라고 생각하였으나 진실인 경우에는 무고죄는 성립하지 않는다.

□ **객관적 사실에 부합한 사건** : 무고죄는 타인으로 하여금 형사처분 등을 받게 할 목적으로 신고한 사실이 객관적 진실에 반하는 허위사실인 경우에 성립되는 범죄로서, 신고자가 그 신고내용을 허위라고 믿었다 하더라도 그것이 객관적으로 진실한 사실에 부합하는 때에는 허위사실의 신고에 해당하지 않아 무고죄는 성립하지 않는 것이며, 한편 위 신고한 사실의 허위여부는 그 범죄의 구성요건과 관련하여 신고사실의 핵심 또는 중요내용이 허위인가에 따라 판단하여 무고죄의 성립 여부를 가려야 한다(91도1950)

□ 甲은 약사 A로 하여금 형사처벌을 받게 할 목적으로 종업원이 의약품을 처방·판매하지 아니하였음에도 A가 무자격자인 종업원으로 하여금 불특정 다수의 환자들에게 의약품을 판매하도록 지시하거나 실제로 자신에게 의약품을 판매하였다는 취지로 국민권익위원회에서 운영하는 국민신문고에 민원을 제기한 경우, 甲에게는 무고죄가 성립한다(2022도3413) (23 3차)

□ 법원은 성폭행 등의 피해를 입었다는 신고사실에 관하여 불기소처분 또는 무죄판결이 내려졌더라도 그 자체를 무고를 하였다는 적극적인 근거로 삼아 신고내용을 허위라고 판단하여서는 아니된다(2018도2614) (21 1차)(23 3차)

• **허위사실의 내용 정도** : 무고죄에서의 허위의 사실이란 피신고자가 형사처분 또는 징계처분을 받게 될 위험이 있는 사실이어야 한다. 형사처분 또는 징계처분의 원인이 될 수 있는 사실임을 요하므로 ① 처벌규정이 없거나 ② 범죄성립을 조각하는 사유가 있거나 ③ 사면 또는 공소시효가 완성된 사실의 신고는 무고가 아니다. 그러나 객관적으로는 위법조각사유가 있음에도 위법조각사유에 해당되지 않는 것처럼 고소하거나, 공소시효가 완성된 사실을 공소시효가 완성되지 아니한 것처럼 고소한 경우는 무고죄가 성립한다.

☐ **신고사실 자체가 범죄를 구성하지 않는 사건** : 타인에게 형사처분을 받게 할 목적으로 '허위의 사실'을 신고한 행위가 무고죄를 구성하기 위해서는 신고된 사실 자체가 형사처분의 대상이 될 수 있어야 하므로, 가령 허위의 사실을 신고하였다고 하더라도 신고 당시 그 사실 자체가 형사범죄를 구성하지 않으면 무고죄는 성립하지 않는다(2002도3738) [2018 변시](15 변시)(23 3차)

☐ **송이채취권 사건** : "피고소인이 송이의 채취권을 이중으로 양도하여 손해를 입었으니 엄벌하여 달라"는 내용의 고소사실이 횡령죄나 배임죄 기타 형사범죄를 구성하지 않는 내용의 신고에 불과하여 그 신고 내용이 허위라고 하더라도 무고죄가 성립할 수 없다고 한 사례(2006도558) (21 1차)

☐ **판례의 변경과 무고** : 허위로 신고한 사실이 무고행위 당시 형사처분의 대상이 될 수 있었던 경우에는 국가의 형사사법권의 적정한 행사를 그르치게 할 위험과 부당하게 처벌받지 않을 개인의 법적 안정성이 침해될 위험이 이미 발생하였으므로 무고죄는 기수에 이르고, 이후 그러한 사실이 형사범죄가 되지 않는 것으로 판례가 변경되었다고 하더라도 특별한 사정이 없는 한 이미 성립한 무고죄에는 영향을 미치지 않는다(2015도15398) (19 변시)(20 변시)(21 변시)(21 1차)(23 3차)

☐ **공소시효 미완성 가장 사건** : 객관적으로 고소사실에 대한 공소시효가 완성되었더라도 고소를 제기하면서 마치 공소시효가 완성되지 아니한 것처럼 고소한 경우에는 국가기관이 직무를 그르칠 염려가 있으므로 무고죄를 구성한다(95도1908) (15 변시)(20 변시)

☐ **공소시효완성 여부의 판단** : 무고죄는 타인으로 하여금 형사처분 등을 받게 할 목적으로 공무소 등에 허위의 사실을 신고함으로써 성립하는 범죄이므로, 그 신고 된 범죄사실이 이미 공소시효가 완성된 것이어서 무고죄가 성립하지 아니하는 경우에 해당하는지 여부는 그 신고시를 기준으로 하여 판단하여야 한다고 할 것이다(2007도11153)

☐ **친고죄에서 고소기간이 경과한 사건** : 타인으로 하여금 형사처분을 받게 할 목적으로 공무소에 대하여 허위의 사실을 신고하였다고 하더라도, 그 사실이 친고죄로서 그에 대한 고소기간이 경과하여 공소를 제기할 수 없음이 그 신고내용 자체에 의하여 분명한 때에는 당해 국가기관의 직무를 그르치게 할 위험이 없으므로 이러한 경우에는 무고죄는 성립하지 아니한다(98도150) (20 변시)(21 변시)(24 변시)(23 3차)

• **허위의 사실의 증명** : 신고한 사실이 객관적 사실에 반하는 허위사실이라는 요건은 적극적인 증명이 있어야 한다.

□ **허위사실의 증명** : 무고죄는 타인으로 하여금 형사처분이나 징계처분을 받게 할 목적으로 신고한 사실이 객관적 진실에 반하는 허위사실인 경우에 성립되는 범죄이므로 신고한 사실이 객관적 진실에 반하는 허위사실이라는 점에 관하여는 적극적인 증명이 있어야 한다(2011도15767) (21 변시)

• **정황의 과장** : 고소내용이 사실에 기초하였으나 그 정황을 다소 과장한 정황의 과장은 허위의 사실이라고 할 수 없다. 이러한 정황의 과장을 인정하는 이유는 고소의 본질은 고소인의 피해를 국가가 해결해준다는 점에 있으며, 피해를 입은 사실만 있으면 실체적 진실은 국가가 발견해 준다는 사상이 전제되어 있기 때문이다.

□ **무고죄와 정황의 과장** : 무고죄는 타인으로 하여금 형사처분이나 징계처분을 받게 할 목적으로 신고한 사실이 객관적인 진실에 반하는 허위사실인 경우에 성립하는 범죄이므로, 신고한 사실이 객관적 진실에 반하는허위 사실이라는 요건은 적극적 증명이 있어야 하고, 신고사실의 진실성을 인정할 수 없다는 소극적 증명만으로 곧 그 신고사실이 객관적 진실에 반하는 허위의 사실이라 단정하여 무고죄의 성립을 인정할 수는 없으며, 신고내용에 일부 객관적 진실에 반하는 내용이 포함되어 있더라도 그것이 범죄의 성부에 영향을 미치는 중요한 부분이 아니고 단지 신고사실의 정황을 과장하는 데 불과하다면 무고죄는 성립하지 않는다(2018도2614)

• **신고사실의 일부에 허위의 사실이 포함된 경우** : 신고사실의 일부에 허위의 사실이 포함된 경우에는 ① 수개의 혐의사실 중 일부만이 허위인 경우에는 그 부분만 무고죄가 성립하고 ② 하나의 혐의사실 중 일부만이 허위인 경우에는 일부 허위인 사실이 국가의 심판 작용을 그르치거나 부당하게 처벌을 받지 아니할 개인의 법적 안정성을 침해할 우려가 있을 때에는 무고죄가 성립한다.

□ **일부가 허위사실일 때의 법리** : 신고사실의 일부에 허위의 사실이 포함되어 있다고 하더라도 그 허위부분이 범죄의 성부에 영향을 미치는 중요한 부분이 아니고, 단지 신고한 사실을 과장한 것에 불과한 경우에는 무고죄에 해당하지 아니하지만, 그 일부 허위인 사실이 국가의 심판 작용을 그르치거나 부당하게 처벌을 받지 아니할 개인의 법적 안정성을 침해할 우려가 있을 정도로 고소사실 전체의 성질을 변경시키는 때에는 무고죄가 성립한다(2008도8573)

□ **자신의 가담사실을 숨기고 공범만을 고소한 사건** : 피고인 자신이 상대방의 범행에 공범으로 가담하였음에도 자신의 가담사실을 숨기고 상대방만을 고소한 경우, 피고인의 고소내용이 상대방의 범행 부분에 관한 한 진실에 부합하므로 이를 허위의 사실로 볼 수 없고, 상대방의 범행에 피고인이 공범으로 가담한 사실을 숨겼다고 하여도 그것이 상대방에 대한 관계에서 독립하여 형사처분 등의 대상이 되지 아니할뿐더러 전체적으로 보아 상대방의 범죄사실의 성립 여부에 직접 영향을 줄 정도에 이르지 아니하는 내용에 관계되는 것이므로 무고죄가 성립하지 않는다(2008도3754) (15 변시)

- **도박자금대여를 숨기고 사기죄로 고소한 경우** : 도박자금대여를 숨기로 차용금 사기로 고소한 경우에는 ① 차용금의 용도를 속이는 바람에 대여하였다고 주장하며 고소한 경우에는 무고죄가 성립하고 ② 단순히 차용인이 변제의사와 능력의 유무에 관하여 기망하였다는 내용으로 고소한 경우에는 무고죄가 성립하지 않는다.

> ☐ **차용금 사기 고소와 무고** : 금원을 대여한 고소인이 차용금을 갚지 않은 차용인을 사기죄로 고소하는 데 있어서, 피고소인이 차용금의 용도를 사실대로 이야기하였더라면 금원을 대여하지 않았을 것인데 차용금의 용도를 속이는 바람에 대여하였다고 주장하는 사안이라면, 차용금의 실제 용도는 사기죄의 성립 여부에 영향을 미치는 것으로서 고소사실의 중요한 부분이 되고 따라서 실제 용도에 관하여 고소인이 허위로 신고할 경우에는 그것만으로도 무고죄에서 허위의 사실을 신고한 경우에 해당한다고 할 수 있다. 그러나 단순히 차용인이 변제의사와 능력의 유무에 관하여 기망하였다는 내용으로 고소한 경우에는, 차용금의 용도와 무관하게 다른 자료만으로도 충분히 차용인의 변제의사나 능력의 유무에 관한 기망사실을 인정할 수 있는 경우도 있을 것이므로, 차용금의 실제 용도에 관하여 사실과 달리 신고하였다는 것만으로는 범죄사실의 성립 여부에 영향을 줄 정도의 중요한 부분을 허위로 신고하였다고 할 수 없다. 이와 같은 법리는 고소인이 차용사기로 고소할 때 묵비하거나 사실과 달리 신고한 차용금의 실제 용도가 도박자금이었더라도 달리 볼 것은 아니다(2011도3489) (15 변시)

- **신고** : 신고란 자진하여 사실을 고지하는 것을 말하며, 자발성이 없는 경우에는 신고가 될 수 없다. 따라서 신고는 **자발성**을 요건으로 하므로 수사기관의 추문에 의한 진술은 신고가 아니지만, **고소보충조서**를 받으면서 자발적으로 진술한 경우에는 진술부분까지 신고한 것으로 보아야 한다.

> ☐ **고소보충조서 사건** : 무고죄에 있어서의 신고는 자발적인 것이어야 하고 수사기관 등의 추문에 대하여 허위의 진술을 하는 것은 무고죄를 구성하지 않는 것이지만, 당초 고소장에 기재하지 않은 사실을 수사기관에서 고소보충조서를 받을 때 자진하여 진술하였다면 이 진술부분까지 신고한 것으로 보아야 한다(95도2652)

- **신고의 방법** : 신고의 방법에는 제한이 없지만, 피무고자는 특정되어야 한다.
- **기수시기** : 본죄는 허위사실의 신고가 **공무소 또는 공무원**에게 도달한 때에 기수가 된다. 그리고 공무소에 도달한 이상 후에 고소장을 되돌려받았다 하여도 본죄의 성립에 영향이 없다.

> ☐ **경찰관에게 제출하였다가 반환 받은 사건** : 피고인이 최초에 작성한 허위내용의 고소장을 경찰관에게 제출하였을 때 이미 허위사실의 신고가 수사기관에 도달되어 무고죄의 기수에 이른 것이라 할 것이므로 그 후에 그 고소장을 되돌려 받았다 하더라도 이는 무고죄의 성립에 아무런 영향이 없다(84도2215) (15 변시)

- **무고죄의 고의** : 본죄는 고의범이므로 공무소·공무원에게 허위의 사실을 신고한다는 인식과 의사가 있어야 한다. 그리고 반드시 상대방을 처벌받도록 의도할 필요도 없다.

  ☐ **무고의 고의** : 무고죄는 타인으로 하여금 형사처분이나 징계처분을 받게 할 목적으로 신고한 사실이 객관적 진실에 반하는 허위사실인 경우에 성립되는 범죄인데 여기에서 허위사실의 신고라 함은 신고사실이 객관적 사실에 반한다는 것을 확정적이거나 미필적으로 인식하고 신고하는 것을 말하는 것이니, 가사 고소사실이 객관적 사실에 반하는 허위의 것이라 할지라도 그 허위성에 대한 인식이 없을 때에는 무고에 대한 고의가 없다(2002도5939)

  ☐ **신고자가 진실하다는 확신이 없는 사실을 신고하면 무고죄가 성립한다는 판례** : 무고죄에 있어서의 범의는 확정적 고의임을 요하지 아니하고 미필적 고의로써 족하다 할 것이므로 신고자가 진실하다는 확신이 없는 사실을 신고함으로써 무고죄는 성립하고 그 신고사실이 허위라는 것을 확신할 것까지는 없다(91도2127) (23 변시)(24 변시)

- **자기무고** : 자기무고란 자신을 무고하는 경우이다. 무고죄는 타인을 대상으로 해야 하므로 자기무고는 본죄의 구성요건해당성이 없다. 그리고 최신 판례에 의하면 자기무고죄의 공동정범도 성립하지 않는다.

  ☐ **자기무고의 공동정범을 부정한 판례** : [1] 형법 제156조에서 정한 무고죄는 타인으로 하여금 형사처분 또는 징계처분을 받게 할 목적으로 허위의 사실을 신고하는 것을 구성요건으로 하는 범죄이다. 자기 자신으로 하여금 형사처분 또는 징계처분을 받게 할 목적으로 허위의 사실을 신고하는 행위, 즉 자기 자신을 무고하는 행위는 무고죄의 구성요건에 해당하지 않아 무고죄가 성립하지 않는다. 따라서 자기 자신을 무고하기로 제3자와 공모하고 이에 따라 무고행위에 가담하였다고 하더라도 이는 자기 자신에게는 무고죄의 구성요건에 해당하지 않아 범죄가 성립할 수 없는 행위를 실현하고자 한 것에 지나지 않아 무고죄의 공동정범으로 처벌할 수 없다. [2] 피고인이 자기 자신을 무고하기로 제3자와 공모하고 그 공모에 따라 제3자는 피고인을 허위로 고소하고, 피고인은 수사기관의 예상 질문에 대한 대답을 준비한 사안에서, 자기 자신을 무고하는 행위에 피고인이 공모·가담하였다 하더라도 이는 자기 자신에게는 무고죄의 구성요건에 해당하지 않는 행위에 가담한 것에 지나지 않으므로 무고죄의 공동정범으로 처벌할 수 없다는 이유로 상고기각한 사안임 (2013도12592) (20 변시)(22 1차)

• 자기무고에 대한 교사 · 방조

爭點 093

자기무고에 대한 교사 · 방조 [2020 1차]

1. 논의점

자기무고는 범죄가 되지 않는다. 그런데 타인으로 하여금 자신을 무고하도록 교사하거나 방조한 경우에 무고죄의 공범이 성립될 수 있는지에 대하여 논의가 있다.

2. 견해의 대립

이에 대하여는 ① 자기무고의 교사 · 방조행위는 권리의 남용이고, 자기무고를 교사 · 방조하는 것까지 기대가능성이 없다고 할 수 없으므로 자기무고방조를 긍정하는 **긍정설** ② 정범으로도 처벌되지 않음에도 불구하고 교사범으로 처벌된다는 것은 부당하고, 피고인이 타인을 교사하여 자기를 무고하도록 하는 것은 자기무고와 다를 바 없으므로 자기무고방조를 부정하는 **부정설**이 대립하고 있다.

3. 판례의 태도

판례는 '피무고자의 교사 · 방조 하에 제3자가 피무고자에 대한 허위의 사실을 신고한 경우에는 제3자의 행위는 무고죄의 구성요건에 해당하여 무고죄를 구성하므로, 제3자를 교사 · 방조한 피무고자도 교사 · 방조범으로서의 죄책을 부담한다'라고 하여 **긍정설**의 입장이다.

4. 검토 및 사안의 해결

생각건대 무고죄는 기본적으로 국가적 법익에 관한 죄이므로 제3자를 교사 · 방조한 피무고자도 국가의 사법기능을 위태롭게 한 것이므로 긍정설이 타당하다.

5. 관련 판례

☐ 제3자를 교사 · 방조하여 자신에 대한 허위의 사실을 신고하게 하면, 피무고자는 무고죄의 교사 · 방조범의 죄책을 진다고 본 판례(2008도4852) (15 변시) (17 변시)(20 변시)

• **사자나 허무인 무고** : 타인은 실재인임을 요하므로 사자나 허무인에 대한 무고는 무고죄가 성립하지 않는다.

• **형사처분** : 형사처분은 형법에 의한 형벌은 물론 이에 대신하는 보안처분이나 보호처분 및 사회봉사명령 또는 수강명령도 포함한다.

• **징계처분** : 징계처분이란 공법상의 특별권력관계에 기인하여 질서유지를 위하여 과하여지는 제재를 의미하므로 사립학교의 징계처분은 포함되지 않지만, 판례에 의하면 변호사에 대한 징계처분은 형법 제156조에서 정하는 징계처분에 포함된다.

□ **사립학교 교원 징계처분 사건** : 사립학교 교원에 대한 학교법인 등의 징계처분은 형법 제156조의 '징계처분'에 포함되지 않는다고 해석함이 옳다(2014도6377) (21 변시) (23 변시)

• **목적의 인식 정도** : 형사처분 또는 징계처분이라는 결과발생에 대한 인식은 미필적 인식으로 족하며 그 결과발생을 희망하는 것까지를 요하는 것은 아니다.

□ **무고죄의 목적의 인식의 정도** : 무고죄에 있어서 형사처분 또는 징계처분을 받게 할 목적은 허위신고를 함에 있어서 다른 사람이 그로 인하여 형사 또는 징계처분을 받게 될 것이라는 인식이 있으면 족한 것이고 그 결과발생을 희망하는 것까지를 요하는 것은 아니다(2005도2712) (22 변시)

□ 무고죄에서 형사처분 또는 징계처분을 받게 할 목적은 허위신고를 함에 있어서 다른 사람이 그로 인하여 형사 또는 징계처분을 받게 될 것이라는 인식이 있으면 족하고 그 결과발생을 희망하는 것까지를 요하는 것은 아니므로, 고소인이 고소장을 수사기관에 제출한 이상 그러한 인식은 있었다고 보아야 한다. (22 2차)

• **자백 · 자수에 대한 특례**

□ **형법 제157조의 '재판이 확정되기 전'의 범위** : 형법 제153조에서 정한 '재판이 확정되기 전'에는 피고인의 고소사건 수사 결과 피고인의 무고 혐의가 밝혀져 피고인에 대한 공소가 제기되고 피고소인에 대해서는 불기소결정이 내려져 재판절차가 개시되지 않은 경우도 포함된다(2020도13077) (23 변시)

□ 무고죄를 범한 사람이 재판이 확정되기 전에 자백한 경우 그 형을 감경 또는 면제하는데, 여기서 '재판이 확정되기 전'에는 피고인의 고소사건 수사 결과 피고인의 무고 혐의가 밝혀져 피고인에 대한 공소가 제기되고 피고소인에 대해서는 불기소결정이 내려져 재판절차가 개시되지 않은 경우도 포함된다(2020도13077) (21 1차)

MEMO

MEMO

MEMO